ΙΣΤΟΡΙΑ
ΤΗΣ
ΕΛΛΗΝΙΚΗΣ ΕΠΑΝΑΣΤΑΣΤΕΩΣ

ΤΟΜΟΣ Α

ΙΣΤΟΡΙΑ
ΤΗΣ
ΕΛΛΗΝΙΚΗΣ ΕΠΑΝΑΣΤΑΣΤΕΩΣ

ΤΟΜΟΣ Α

ΣΠΥΡΙΔΩΝ ΤΡΙΚΟΥΠΗΣ

Athens ✝ Manchester

Ιστορία της Ελληνικής Επαναστάσεως (τόμος Α)

Old Book Publishing Ltd

Σχεδιασμός εξωφύλλου: Old Book Publishing Ltd

Copyright © 2012 Old Book Publishing Ltd

Απαγορεύεται η αναδημοσίευση, η αναπαραγωγή, ολική, μερική ή περιληπτική, με οποιονδήποτε τρόπο αναπαραγωγής έργου, λόγου ή τέχνης, η απόδοση κατά παράφραση, μετάφραση ή διασκευή με οποιονδήποτε τρόπο, μηχανικό, ηλεκτρονικό, φωτοτυπικό, ηχογράφησης ή άλλο, η αποθήκευση σε βάση δεδομένων, η αναμετάδοση σε ηλεκτρονική ή οποιαδήποτε άλλη μορφή, η ηχογράφηση με οποιονδήποτε τρόπο, ολική, μερική ή περιληπτική, στο πρωτότυπο, σε μετάφραση ή άλλη διασκευή, καθώς επίσης και η αναπαραγωγή της στοιχειοθεσίας, σελιδοποίησης, εξωφύλλου και γενικότερα της όλης αισθητικής εμφάνισης του παρόντος έργου, με φωτοτυπικές, ηλεκτρονικές ή οποιεσδήποτε άλλες μεθόδους χωρίς την προηγούμενη γραπτή άδεια του εκδότη σύμφωνα με τις διατάξεις του Ν. 2121/1993 (όπως εκάστοτε ισχύει) και τους κανόνες του Διεθνούς Δικαίου που ισχύουν στην Ελλάδα.

Τίτλος πρωτοτύπων: *Ιστορία της Ελληνικής Επαναστάσεως*. (τόμος Α)
Αρχική Έκδοση 1860

Εικόνα εξωφύλλου: Η Μάχη των Βασιλικών (Η εικονογραφία του Αγώνα κατ' έμπνευση Ιω. Μακρυγιάννη, πίνακας του Π. Ζωγράφου, τέμπερα σε ξύλο Εθνικό Ιστορικό Μουσείο, αρ. κατ. 3750γ)

Το 1836 ο Ι. Μακρυγιάννης αποφάσισε να πραγματοποιήσει μια σειρά εικόνων με θέματα από τον Αγώνα της Ανεξαρτησίας. Στόχος του ήταν η παραγωγή αφηγηματικών εικόνων, ικανών να ιστορήσουν με τρόπο κατανοητό τα γεγονότα, όπως εκείνος τα αντελήφθη. Για το λόγο αυτό κάλεσε στην Αθήνα τον Παναγιώτη Ζωγράφο με τους δύο γιους του, αγιογράφους από τη Σπάρτη, με τους οποίους συνεργάστηκε στενά μέχρι το 1839. Υπό την καθοδήγηση του, φιλοτεχνήθηκε μια σειρά 24 πινάκων σε ξύλο. Η σειρά αυτή αποτέλεσε πρότυπο για τέσσερις ακόμα σειρές ισάριθμων υδατογραφιών σε χαρτόνι, τις οποίες δώρισε στον βασιλέα Όθωνα και στους πρέσβεις της Αγγλίας, Γαλλίας και Ρωσίας. Από την αρχική σειρά σώζονται οχτώ πίνακες.

ISBN–10: 1-78107-087-3 **τόμος Α**
ISBN–10: 1-78107-088-1 τόμος Β
ISBN–10: 1-78107-089-X τόμος Γ
ISBN–10: 1-78107-090-3 τόμος Δ
ISBN–10: 1-78107-091-1 τετράτομο έργο

ISBN–13: 978-1-78107-087-1 **τόμος Α**
ISBN–13: 978-1-78107-088-8 τόμος Β
ISBN–13: 978-1-78107-089-5 τόμος Γ
ISBN–13: 978-1-78107-090-1 τόμος Δ
ISBN–13: 978-1-78107-091-8 τετράτομο έργο

ΣΗΜΕΙΩΜΑ ΤΟΥ ΕΚΔΟΤΗ

Η Old Book Publishing Ltd φροντίζει για τη διαφύλαξη του κειμένου και των εικόνων του πρωτότυπου βιβλίου. Για το λόγο αυτό έχουμε επενδύσει σε τεχνολογία που μας δίνει τη δυνατότητα να βελτιώσουμε την ποιότητα της εν λόγω αναπαραγωγής. Η επένδυση αυτή βοηθά στην επίλυση των προβλημάτων που συναντούνται κατά την αναπαραγωγή παλαιών βιβλίων, όπως λεκέδες, χρωματιστό χαρτί, αποχρωματισμός μελανιού, κιτρινισμένες σελίδες, διαφάνεια και λεπτότητα του ίδιου του χαρτιού.

Αυτή η αναπαραγωγή, που έχει δημιουργηθεί από ψηφιακές εικόνες του πρωτοτύπου, μπορεί να περιέχει περιστασιακά ελαττώματα, όπως σελίδες που λείπουν ή άλλα ψεγάδια που οφείλονται στο περιεχόμενο του αρχικού ή που προέκυψαν από τη διαδικασία σάρωσης.

Αυτές είναι σαρωμένες σελίδες και η ποιότητα της εκτύπωσής τους αντιπροσωπεύει με ακρίβεια την ποιότητα εκτύπωσης του πρωτότυπου βιβλίου, αν και ίσως να ήμασταν σε θέση να την βελτιώσουμε.

Καθώς αυτό το βιβλίο έχει σαρωθεί και/ή αναδιαμορφωθεί από το πρωτότυπο, δεν μπορούμε να εγγυηθούμε ότι είναι χωρίς λάθη ή περιέχει το πλήρες περιεχόμενο του πρωτοτύπου.

Ωστόσο, πιστεύουμε ότι αυτό το έργο είναι πολιτιστικά αξιόλογο, και παρά τις όποιες ατέλειές του, επιλέξαμε να το επαναφέρουμε στη δημοσιότητα, ως μέρος της δέσμευσής μας για τη διατήρηση των εκτυπωμένων έργων.

Old Book Publishing

ΣΠΥΡΙΔΩΝΟΣ ΤΡΙΚΟΥΠΗ

ΙΣΤΟΡΙΑ

ΤΗΣ

ΕΛΛΗΝΙΚΗΣ ΕΠΑΝΑΣΤΑΣΕΩΣ.

ΕΚΔΟΣΙΣ ΔΕΤΤΕΡΑ

ΕΠΙΘΕΩΡΗΘΕΙΣΑ ΚΑΙ ΔΙΟΡΘΩΘΕΙΣΑ.

ΤΟΜΟΣ Α.

" Καλλίστην παιδείαν ἡγητέον πρὸς ἀληθινὸν
βίον τὴν ἐκ τῆς πραγματικῆς ἱστορίας περιγι-
γνομένην ἐμπειρίαν· μόνη γὰρ αὕτη χωρὶς βλάβης
ἀπὸ παντὸς καιροῦ καὶ περιστάσεως κριτὰς ἀλη-
θινοὺς ἀποτελεῖ τοῦ βελτίονος."

Ἐκ τῶν τοῦ Πολυβίου.

ΕΝ ΛΟΝΔΙΝΩ·

ΕΚ ΤΗΣ ΕΝ ΤΗ ΑΥΛΗ ΤΟΥ ΕΡΥΘΡΟΥ ΛΕΟΝΤΟΣ ΤΥΠΟΓΡΑΦΙΑΣ
ΤΑΫΛΟΡΟΥ ΚΑΙ ΦΡΑΓΚΙΣΚΟΥ.

͵αωξ´.

ΤΗΙ

ΕΛΛΗΝΙΚΗΙ ΦΥΛΗΙ

ΤΗΝ ΙΣΤΟΡΙΑΝ ΤΑΥΤΗΝ

ΑΝΑΤΙΘΗΣΙΝ

Ο ΣΥΓΓΡΑΦΕΥΣ.

ΜΕΤΑ τὴν πρώτην ἔκδοσιν τῆς Ἱστορίας τῆς Ἑλληνικῆς Ἐπαναστάσεως ἐξεδόθησαν διὰ τοῦ τύπου, καὶ ἐκοινοποιήθησαν καὶ πρὸς ἐμὲ ἰδιαιτέρως, διατριβαὶ καὶ ὑπομνήματα περὶ ἧς διεπραγματεύθην ὕλης, καὶ περί τινων χωρίων ἢ ὡς ἐλλειπῶν ἢ ὡς ἐσφαλμένων.

Περὶ πολλοῦ ποιούμενος τὴν ἐπὶ τὸ ἀκριβέστερον καὶ πληρέστερον διήγησιν τῶν γεγονότων προθύμως παρεδέχθην ἐν τῇ δευτέρᾳ ταύτῃ ἐκδόσει ὅ,τι ἐξ ὧν ἐγράφησαν ηὗρα ὀρθὸν καὶ ἄξιον γενικῆς ἱστορίας, τόσῳ μᾶλλον καθ' ὅσον πρὸς τὸν σκοπὸν κυρίως τοῦτον ἐξέδωκα τὸ σύγγραμμά μου ζώσης εἰσέτι τῆς γενεᾶς τῶν ἀγωνιστῶν· ἐπεμελήθην δὲ νὰ βελτιώσω καὶ τινα οἴκοθεν ὅπως δεύτεραι μελέται καὶ νέαι ἔρευναι ὑπηγόρευσαν.*

Ἐπιμελῶς καὶ εὐσυνειδήτως ἐπιλαβόμενος τοῦ ἔργου μου ἐξ αὐτῆς τῆς ἀρχῆς ἀπρεπὲς ἐνόμισα χάριν παρανενοημένης φιλογενείας ν' ἀποκρύψω ἢ νὰ παραμορφώσω ἐν τῇ διηγήσει τῶν συμβάντων τὰ κακῶς ἔχοντα. Ἡ μὴ ἀληθὴς καὶ μὴ ἀμερόληπτος ἱστορία εἶναι ἀναξία ἔθνους, οὗτινος ὁ ἐν μέσῳ παντοίων δεινῶν πολυένδοξος καὶ μοναδικὸς ἀγὼν μεγαλύνει τὸν ἄνθρωπον, δοξάζει τὸν καθ' ἡμᾶς αἰῶνα καὶ εὐαγγελίζεται τὸ αἴσιον τέρμα τοῦ εἰσέτι ἀτελοῦς μεγάλου ἔργου.

* Παρέπεμψα εἰς τὸ τέλος τοῦ συγγράμματος, ὡς εἰς οἰκειότερον τόπον, τὰ ἐν τῇ ἀρχῇ αὐτοῦ κατὰ τὴν πρώτην ἔκδοσιν περὶ τοῦ χαρακτῆρος τῆς ἑλληνικῆς ἐπαναστάσεως, καθὼς καὶ τὴν ἐν τῷ Ζ κεφαλαίῳ γενικὴν ἐπιθεώρησιν τῆς πρὸς τὸν ἑλληνικὸν ἀγῶνα πολιτικῆς τῶν μεγάλων Δυνάμεων.

"Αν παντός έθνους ιστορικός χρεωστή νά είπη εν παντί καιρώ την αλήθειαν, χρεωστεί υπέρ πάντα άλλον και υπεράλλοτε νά την είπη ο εν τοις σημερινοίς καιροίς συγγράφων την ιστορίαν της ελληνικής επαναστάσεως "Ελλην και νά δείξη δι' αυτών των πραγμάτων προς τους πασιφανώς οργώντας προς την ελευθερίαν ομογενείς και ομοπίστους ποία τα αιρετά και επαινετά, και ποία τα φευκτά και μεμπτά, "ώς είποτε " και αύθις τα όμοια καταλάβοι, έχοιεν, προς τα προγε- " γραμμένα αποβλέποντες, ευ χρήσθαι τοις εν ποσίν."

Σ. ΤΡΙΚΟΥΠΗΣ.

Εν Λονδίνω, 1860.

ΠΙΝΑΞ.

ΠΡΟΛΕΓΟΜΕΝΑ.

Περὶ συγχρόνων ἱστοριῶν καὶ συλλογῆς τῆς ὕλης τοϋ συγγράμματος.—Περὶ τῶν ἐπὶ τοῦ ἀγῶνος κακῶν πράξεων Ἑλλήνων καὶ Τούρκων.—Περὶ τῆς σημερινῆς γλώσσης . . . . ια'

ΠΡΟΟΙΜΙΟΝ.

Αἴτια τῆς ἑλληνικῆς ἐπαναστάσεως 1

ΚΕΦΑΛΑΙΟΝ Α.

Ἑταιρία τῶν Φιλικῶν καὶ διάδοσις αὐτῆς.—Ἀποκήρυξις τοῦ Ἀλήπασα Τεπελενλῆ 7

ΚΕΦΑΛΑΙΟΝ Β.

Ὁ Ἀλέξανδρος Ὑψηλάντης καθίσταται ἐπίτροπος τῆς Ἀρχῆς τῆς Ἑταιρίας τῶν Φιλικῶν.—Ἐνέργειαι α'- τοῦ καὶ προετοιμασίαι εἰς ἐπανάστασιν τῆς Ἑλλάδος 19

ΠΙΝΑΞ.

ΚΕΦΑΛΑΙΟΝ Γ.

Ἀποστασία Θεοδώρου Βλαδιμιρέσκου. — Μετάβασις Ὑψηλάντου εἰς Μολδοβλαχίαν, καὶ τὰ κατ' ἐκείνας τὰς ἡγεμονείας συμβάντα μέχρι τῶν ἀρχῶν ἀπριλίου 32

ΚΕΦΑΛΑΙΟΝ Δ.

Ἔποψις τῆς Πελοποννήσου καὶ κατάστασις αὐτῆς ἐπὶ τῶν παραμονῶν τῆς ἐπαναστάσεως 46

ΚΕΦΑΛΑΙΟΝ Ε.

Ἐπανάστασις τῆς Πελοποννήσου 58

ΚΕΦΑΛΑΙΟΝ ΣΤ.

Τραγικὰ συμβάντα ἐν Κωνσταντινουπόλει καὶ ἀλλαχοῦ τῆς ὀθωμανικῆς αὐτοκρατορίας 75

ΚΕΦΑΛΑΙΟΝ Ζ.

Ἐξωτερικὴ πολιτικὴ πρὸς τὴν Ἑλλάδα καὶ διαγωγὴ τῆς Ῥωσσίας πρὸς τὸν Ὑψηλάντην 98

ΚΕΦΑΛΑΙΟΝ Η.

Τὰ κατὰ τὸν Ὑψηλάντην διατρίβοντα ἐν Κολεντίνῃ.—Φυγὴ τοῦ ἡγεμόνος Σούτσου.—Τὰ κατὰ τὸν Πεντεδέκαν.—Μετάβασις Ὑψηλάντου εἰς Τυργόβιστον.—Συμβάντα ἐν Μολδαυΐᾳ.—Μάχη Γαλατσίου . . . 103

ΠΙΝΑΞ.

ΚΕΦΑΛΑΙΟΝ Θ.

Είσοδος Τουρκικών δυνάμεων εις Βουκουρέστι.—Ἐπιβουλὴ Σάββα.—Φόνος Βλαδιμιρέσκου ὡς προδότου.— Μάχαι Νουτσέτου καὶ Δραγασανίου.—Ἀπέλευσις Ὑψηλάντου.—Οἱ ἐναπομείναντες ὁπλαρχηγοί.—Τὰ κατὰ τὴν Μολδαυΐαν.—Θάνατος Γεωργάκη Ὀλυμπίου.—Ἐπιθεώρησις τῆς διαγωγῆς τοῦ Ὑψηλάντου 115

ΚΕΦΑΛΑΙΟΝ Ι.

Καταστασις τῶν νήσων, Ὕδρας, Σπετσῶν καὶ Ψαρῶν.— Αἴτια τῆς εὐτυχίας των.—Ἀποστασία αὐτῶν καὶ τῶν τοῦ Αἰγαίου πελάγους.—Ἔκπλους τοῦ ἑλληνικοῦ στόλου 143

ΚΕΦΑΛΑΙΟΝ ΙΑ.

Κατάστασις τῆς στερεᾶς Ἑλλάδος 166

ΚΕΦΑΛΑΙΟΝ ΙΒ.

Ἀποστασία Φωκίδος καὶ Βοιωτίας.—Ἐκστρατεία εἰς Πατρατσίκι. — Ἀποστασία Ἀττικῆς. — Περιγραφὴ καὶ ἀποστασία Θετταλομαγνησίας καὶ Εὐβοίας.— Ἀποστασία Μακεδονίας καὶ Κρήτης 170

ΚΕΦΑΛΑΙΟΝ ΙΓ.

Διασκορπισμὸς τῶν περὶ τὴν Καρύταιναν Ἑλλήνων.— Συγκρούσεις Τούρκων καὶ Ἑλλήνων περὶ τὴν Τριπολιτσάν.—Ἀπόβασις τοῦ κεχαγιᾶ τοῦ ἡγεμόνος τῆς Πελοποννήσου εἰς Πάτρας καὶ εὐτυχὴς αὐτοῦ ἄνοδος εἰς Τριπολιτσάν.—Μάχαι Βαλτετσίου καὶ Δολιανῶν 204

η' ΠΙΝΑΞ.

ΚΕΦΑΛΑΙΟΝ ΙΔ.

Μάχαι Θερμοπυλών και Γραβιάς 225

ΚΕΦΑΛΑΙΟΝ ΙΕ.

Πτώσις Άντώνη Οικονόμου.—Πλους ελληνικής μοίρας προς τον Ελλήσποντον και άλλης εις τον Κορινθιακόν κόλπον.—Εμπρησμός τουρκικού δικρότου εν Ερισώ.—Καταστροφή Κυδωνιών 233

ΚΕΦΑΛΑΙΟΝ ΙΣΤ.

Παθήματα των Σμυρναίων, Κυπρίων και Κώων Χριστιανών 248

ΚΕΦΑΛΑΙΟΝ ΙΖ.

Επανάστασις της Αιτωλοακαρνανίας.—Εισβολή Ελλήνων εις Βραχώρι και κυρίευσις αυτού, του Τεκέ, της Πλαγιάς και του Ζαπαντίου.—Μάχαι Μακρυνόρους και Πέτα.—Καταστροφή Καλαρρύτων και Συράκου. —Τα κατά το Καρπενήσι και το Ασπροπόταμον.— Αποτυχία της προς ελευθέρωσιν της Πάργας εκστρατείας. 259

ΚΕΦΑΛΑΙΟΝ ΙΗ.

Οι Λαλιώται.—Απόβασις Επταννησίων εις Γαστούνην.— Μάχαι.—Μετάβασις Λαλιωτών εις Πάτρας.—Πολιτική της αγγλοϊονικής κυβερνήσεως προς την Ελλάδα 280

ΠΙΝΑΞ. *θ'*

ΚΕΦΑΛΑΙΟΝ ΙΘ.

Συνέλευσις ἐν Καλτετσιαῖς καὶ σύστασις πελοποννησιακῆς γερουσίας.—Ἔλευσις τοῦ Δημητρίου Ὑψηλάντου εἰς Ἑλλάδα καὶ διενέξεις αὐτοῦ καὶ τῆς γερουσίας 301

ΣΗΜΕΙΩΣΕΙΣ 311

ΠΡΟΛΕΓΟΜΕΝΑ.

Περὶ συγχρόνων ἱστοριῶν καὶ συλλογῆς τῆς ὕλης τοῦ συγγράμματος.—Περὶ τῶν ἐπὶ τοῦ ἀγῶνος κακῶν πράξεων Ἑλλήνων καὶ Τούρκων.—Περὶ τῆς σημερινῆς γλώσσης.

ΠΟΛΛΑΚΙΣ ἀνέγνωσα καὶ ἤκουσα, ὅτι εἰς ἄκρον δύσκολον, ἂν ὄχι καὶ ἀδύνατον, εἶναι τὸ ἔργον τοῦ ἐπιχειροῦντος νὰ συγγράψῃ ἀπαθῶς τὴν ἱστορίαν τῶν συγχρόνων του, καὶ μάλιστα τῶν πρὸς οὓς ἔτυχε, δι᾽ ἣν ἔλαχε μεταξὺ αὐτῶν θέσιν, νὰ σχετισθῇ ἢ ν᾽ ἀντιπολιτευθῇ. Ὁ λόγος οὗτος δὲν μ᾽ ἐφάνη ἱκανὸς εἰς ἀποτροπὴν τοῦ ἔργου μου. Παρετήρησα, ὅτι ὁ Θουκυδίδης, περιττὸν ν᾽ ἀναφέρω ἄλλους, συνέγραψεν ὄχι μόνον τὴν ἱστορίαν τοῦ καιροῦ του, ἀλλὰ καὶ τῶν ἀνθρώπων μεθ᾽ ὧν ἐπολιτεύθη καὶ ἐπολέμησε, καὶ ὑφ᾽ ὧν ἔπαθε καὶ ἡττήθη· καὶ ὅμως ὅλοι ὁμοφώνως τῷ ἀπέδωκαν τὴν ἐπωνυμίαν τοῦ φιλοδικαίου ἱστορικοῦ, ὡς προτιμῶντι τὴν ἀλήθειαν τῶν συμπαθειῶν καὶ ἀντιπαθειῶν του. Δὲν εἶναι ἄρα ὁ συγχρονισμὸς ὁ βλάπτων τὴν οὐσίαν τῆς ἱστορίας, ὅ ἐστι τὴν ἀλήθειαν. Ἀλλά, καὶ ἂν ὑποθέσωμεν ὅτι προέρχεται ἐντεῦθεν ζημία εἰς τὴν εὕρεσιν ἢ τὴν διήγησιν τῆς ἀληθείας, δὲν ἀναπληροῖ ταύτην ἡ ὠφέλεια ἡ ἐκ τῆς καθαρᾶς προερχομένης γνώσεως, ἣν ὁ σύγχρονος ἱστορικὸς ἔχει καὶ τῶν ἀνθρώπων μεθ' ὧν ἔζησε καὶ εἰργάσθη, καὶ τῶν πραγμάτων, ὅσα εἶδεν αὐτοψί, ἢ ἔμαθε παρ' αὐτόπτου; Ἐξαιρετικὸν καὶ μέγιστον πλεονέκτημα τοῦ συγχρόνου ἱστορικοῦ, καὶ μάλιστα ὁμοεθνοῦς καὶ συνεργασθέντος ἐν οἷς ἱστορεῖ, εἶναι ἡ οὕτως εἰπεῖν συνενσάρκωσίς του, διότι ἐξ αὐτῆς ἀπορρέει ζῶσα καὶ ἀκμαία ἡ ἀφήγησις τῶν γεγονότων. Ἡ σύγχρονος ἱστορία ἔχει καὶ ἄλλο μέγα καλόν· ἀναγινώσκεται καὶ ἐπικρίνεται παρὰ τῶν εἰδότων ὅσα ἀναφέρει, καὶ μάλιστα παρ' αὐτῶν τῶν προσώπων τοῦ ἱστορικοῦ δράματος, μέγιστον συμφέρον ἐχόντων ν' ἀνακαλύπτωσι τὰ λάθη της, καὶ ὅλων τῶν εἰς διόρθωσιν εὐπορούντων ἐξ ὧν οἱ ἴδιοι καὶ εἶδαν καὶ ἤκουσαν καὶ ἔπραξαν καὶ ἔπαθαν. Ἡ σφαλερὰ ἄρα ἔκθεσις τῶν συμβάντων πηγάζει ἐκ τῆς κακῆς διαθέσεως καὶ μεροληψίας τοῦ γράφοντος, ἐξ ὧν ἀπαντᾷ δυσκολιῶν εἰς εὕρεσιν τῆς ἀληθείας, καὶ ἐκ τῆς ἀνικανότητός του ἢ τῆς σφαλερᾶς του καὶ ἀδυνάτου κρίσεως. Ἀλλ' ὁ κίνδυνος οὗτος, κίνδυνος τῷ ὄντι πραγματικός, δὲν εἶναι μόνον τῆς συγχρόνου ἀλλὰ καὶ παντὸς ἄλλου καιροῦ ἱστορίας, ὡς προερχόμενος ἐκ τῆς φύσεως, τοῦ χαρακτῆρος καὶ τῆς ἀδυναμίας τῶν ἀνθρώπων ὅλων τῶν καιρῶν.

Ἐπίκειται καὶ ἄλλος κίνδυνος ὡς πρὸς τὴν ἔκθεσιν τῆς ἀληθείας. Πᾶς ἄνθρωπος ἔχει τὰς πολιτικάς του δοξασίας, ὥστε δύσκολον γράφων νὰ μὴ ἐπιρρεάζεται ἐντεῦθεν ἀνεπαισθήτως. Ἀλλὰ καὶ ὁ κίνδυνος οὗτος προέρχεται ἐκ τῶν φρονημάτων τῶν ἀνθρώπων παντὸς καιροῦ, καὶ ὄχι ἐκ τῶν περιστάσεων μόνον καθ' ἃς τὰ ἱστορούμενα συνέβησαν.

Ἂν ἀφήσωμεν μόνους τοὺς μεταγενεστέρους νὰ συγγράψωσι τὴν σημερινὴν ἱστορίαν, δὲν δύνανται νὰ τὴν συγγράψωσι βεβαίως ἐκ προσωπικῶν γνώσεων, ὡς μὴ σύγχρονοι, ἀλλ' ἐκ παραδόσεως καὶ ἁπλῆς ἀκοῆς· οἱ δὲ μέλλοντες νὰ ἐπικρίνωσι τὴν συγγραφὴν ταύτην, ἢ σύγχρονοι θὰ εἶναι τοῦ μεταγενεστέρου τούτου συγγραφέως, ἢ μεταγενέστεροι αὐτοῦ· ὅ ἐστιν, οὐδεὶς ἐκ τῶν αὐτοπτῶν. Δύνανται νὰ συγγράψωσιν οἱ μεταγενέστεροι τὴν ἱστορίαν καὶ ἐκ τῶν σωζομένων ἐγγράφων τοῦ καιροῦ τούτου. Ἀλλὰ τίς ἀγνοεῖ ὅτι τὰ ἔγγραφα ταῦτα, ἐξ αἰτίας τῶν περιστάσεων, διηγοῦνται ὡς ἐπὶ τὸ πλεῖστον ἄλλ' ἀντ' ἄλλων, ποτὲ μὲν ἐν γνώσει, ποτὲ δὲ ἐν ἀγνοίᾳ τῆς ἀληθείας; Ποίας λοιπὸν πίστεως ἀξία ἠμπορεῖ νὰ θεωρηθῇ ἱστορία γραφεῖσα τοιουτοτρόπως, ὅ ἐστιν ἀνεξέλεγκτος, ἀναπόδεικτος καὶ ὕποπτος;

Ταῦτα πάντα λαβὼν ὑπ' ὄψιν, δὲν ἐδίστασα νὰ ἐπιχειρήσω τὴν συγγραφὴν τῆς συγχρόνου μου ἐπαναστάσεως, καὶ τόσῳ μᾶλλον, καθ' ὅσον εἴκοσι καὶ τριάντα ἐτῶν παρέλευσις ἀφ' ὅτου τὰ ἱστορούμενα συνέβησαν ἀρκεῖ καὶ τὸν σάλον τῶν παθῶν, ὅσα διήγειραν οἱ καιροὶ ἐκεῖνοι, νὰ κατευνάσῃ, καὶ τὴν ἐπὶ τῶν συμβάντων τούτων παθοῦσαν, ἴσως καὶ νοσήσασαν, τοῦ ἀνθρώπου κρίσιν σώαν καὶ ὑγιᾶ ν' ἀποκαταστήσῃ. Ἂν ἔσφαλα, δὲν ἔσφαλα ὡς σύγχρονος, ἀλλ' ὡς παντός καιροῦ ἄνθρωπος, καθ' ὅσον μάλιστα ἡ ἱστορικὴ αὕτη ὕλη ἦτο καὶ εἶναι εἰσέτι ἀσύνακτος καὶ ἀκαθάριστος.

Ἔρχομαι τώρα νὰ εἴπω καὶ ποίας ἀρχὰς ἠκολούθησα ὡς πρὸς τὴν εὕρεσιν καὶ ἔκθεσιν τῆς ἀληθείας.

Ὅσον μεμπτὸν εἶναι νὰ παραβάλλωνται οἱ μικροὶ πρὸς τοὺς μεγάλους, τόσον ἐπαινετὸν νὰ τοὺς μιμῶνται. Ὁ μέγας ἱστορικός, ὃν ἀνέφερα πρὸ ὀλίγου, διηγούμενος εν τω άξιοθαυμάστω προοιμίω του πόθεν και πως συνέλεξε την ύλην της ιστορίας του, λέγει·

"Τα δε έργα των πραχθέντων εν τω πολέμω ουκ "εκ του παρατυχόντος πυνθανόμενος ήξίωσα γρά- "φειν, ουδ' ως εμοί εδόκει, αλλ' οις τε αυτός παρήν "και παρά των άλλων όσον δυνατόν ακριβεία περι "εκάστου επεξελθών· επιπόνως δε ευρίσκετο, "διότι οι παρόντες τοις έργοις εκάστοις ου "ταυτά περί των αυτών έλεγον, αλλ' ως εκα- "τέρων τις ευνοίας ή μνήμης έχοι."

Τους λόγους τούτους του ιστορικού είχα και εγώ παντοτεινόν οδηγόν μου συγγράφων· τούτους παρακαλώ και τον αναγνώστην να έχη υπ' όψιν, οσάκις τύχη ν' ακούση αυτόπτας ων διηγείται η παρούσα ιστορία έργων μη λέγοντας τα αυτά περί των αυτών.

Πας ο καλά πράττων είναι αξιέπαινος, και πας ο κακά πράττων αξιόμεμπτος· και χρέος δικαίου ιστορικού είναι τας μεν καλάς πράξεις να επαινή, τας δε κακάς να κατακρίνη, είτε φίλος είτε εχθρός είναι ο πράξας· Εντεύθεν ορμώμενος επέκρινα αμερολήπτως τας πράξεις Ελλήνων και Τούρκων. Αλλά, αν ήναι δίκαιον να επικρίνωνται οι άνθρωποι καθ' ην έλαβαν ανατροφήν, καθ' ας απέκτησαν γνώσεις, καθ' ους έζησαν καιρούς, κατά τους σκοπούς προς ους ωρμήθησαν, και καθ' ας περιστάσεις ευρέθησαν, αν ήναι αληθές, ότι τα αθεμιτουργήματα των καταστρεφουσών τας κυβερνήσεις επαναστάσεων είναι καρποί των καταστρεφομένων κυβερνήσεων, οφείλομεν να μη μετρώμεν διά του αυτού μέτρου τας κακάς πράξεις των καταθλιβόντων αρχόντων και των εξανισταμένων υπεξουσίων, μηδέ να ζητώμεν παρά τοις δούλοις των

ΠΡΟΛΕΓΟΜΕΝΑ. ιε'

δούλων του κορανίου τὰς ἀρετὰς δι' ὧν ἐδοξάσθησαν οἱ γεννηθέντες, τραφέντες καὶ ἀποθανόντες ὑπὸ τὴν νομοθεσίαν τῶν Λυκούργων καὶ τῶν Σολώνων. Τὰ ἀθεμιτουργήματα τῶν Ἑλλήνων εἶναι μαθήματα τῆς τουρκικῆς σχολῆς καὶ ἀποκυήματα τῆς δουλείας· τὰ δὲ τῶν Τούρκων εἶναι ἔργα τῆς θελήσεως καὶ τῆς ἐξουσίας των, καὶ ὡς τοιαῦτα ἀσυγκρίτῳ λόγῳ ἀξιομεμπτότερα· διὰ τοῦτο δίκαιον νὰ κατακρίνωνται ἐπὶ τῶν αὐτῶν ἀθεμιτουργημάτων οἱ διδάσκαλοι καὶ οἱ κύριοι μᾶλλον ἢ οἱ διδασκόμενοι καὶ οἱ δοῦλοι. Ἂν χρέος ἀπαραίτητον πάσης κυβερνήσεως ἦναι νὰ καθοδηγῇ τὸν λαόν της εἰς τὰ ἠθικὰ καθήκοντά του, ἂν ἀξιοκατάκριτος ἦναι πᾶσα κυβέρνησις ἀμελοῦσα τὸ πρώτιστον τοῦτο πρὸς τὸν λαόν της χρέος, δὲν εἶναι ἆρα πολλῷ μᾶλλον ἀξιοκατάκριτος ἡ δίδουσα ἐκ συστήματος ἡ ἰδία διὰ τῶν βδελυρῶν καὶ ἀπανθρώπων πράξεών της τὸ αἴσχιστον παράδειγμα πάσης πολιτικῆς καὶ κοινωνικῆς ἀκολασίας ; Τοιαύτη ἦτον ὁμολογουμένως ἐπὶ τῆς ἑλληνικῆς ἐπαναστάσεως ἡ τουρκικὴ κυβέρνησις μήτε θεῖα τιμῶσα μήτε ἀνθρώπινα, καὶ ὡς τοιαύτη ἀξία πάσης κατακρίσεως· διότι, ἀντὶ νὰ ἐξημερόνῃ, ἐξηγρίονεν αὐτοθελήτως τὸν φανατικὸν λαόν της, καίτοι ζῶσα ἐν μέσῳ τοῦ εὐρωπαϊκοῦ φιλανθρωπισμοῦ.

Νομίζω ἀναγκαῖον νὰ εἴπω ὀλίγα τινὰ καὶ περὶ τῆς σημερινῆς γλώσσης, καθ' ὅσον μάλιστα ἔλαβα ἀφορμὴν ἐκ τῆς ἀνὰ χεῖρας συγγραφῆς νὰ μελετήσω τὰ κατ' αὐτὴν βαθέως.

Τὴν μέσην ὁδόν, τὴν μεταξύ, λέγω, τῶν χυδαϊζόντων καὶ τῶν ἑλληνιζόντων, ἐβουλήθην συγγράφων νὰ βαδίσω, διότι ἐθεώρησα καὶ θεωρῶ ὅτι ἐν τῇ μέσῃ ὁδῷ κεῖνται τὰ εἰσέτι ἀφανῆ ὅρια τῆς γλώσσης, ἂν θέλωμεν ουδ' ημπορούμεν να μη θέλωμεν, να καταντήση η λαλουμένη και η γραφομένη γλώσσα μία και η αυτή.

Πολλάς χάριτας έχει η κοινή γλώσσα, και αφιλόκαλος είναι όστις δεν τας αισθάνεται και δεν ευφραίνεται αναγινώσκων τα εν αυτή καθαρώς γραφόμενα. Η γλώσσα αύτη δεν είναι θυγάτηρ της παλαιάς ελληνικής, ως η ιταλική της λατινικής· είναι αυτή η παλαιά, ης το απαράμιλλον κάλλος παρήλλαξεν ολίγον ο πολύς χρόνος· έλαβε δ' επί του αγώνος και λαμβάνει καθ' εκάστην τόσην ανάπτυξιν ένεκα των πολυειδών κοινωνικών και πολιτικών αναγκών, ας εγέννησεν η νέα τάξις των πραγμάτων εν τη ελευθερωθείση Ελλάδι, και ένεκα της αφθονοπαρόχως διαδιδομένης γνώσεως της παλαιάς ελληνικής και της μελέτης των επιστημών, ώστε κατέστη ήδη ικανή και όλα τα διανοήματα του ανθρώπου να διερμηνεύη, και όλα τα πάθη του να εκφράζη όπως και αι των άλλων εθνών σοφαί γλώσσαι· αλλά χρειάζεται, νομίζω, εις το εξής πολλή προσοχή μη απομακρυνθώμεν της κοινής γλώσσης πέραν του δέοντος, υπερελληνίζοντες, και μη καταντήσωμεν ανεπαισθήτως να έχωμεν διττήν γλώσσαν, την μεν του λαού, την δε των λογίων, ως είχαν οι αρχαίοι Αιγύπτιοι διττά γράμματα, τα μεν ιερά, τα δε δημοτικά.

Σφάλλει όστις φρονεί, ότι αρκεί μόνον να καταλαμβάνη ο λαός ό,τι λαλεί και ό,τι γράφει ο πεπαιδευμένος. Ο λαός ανάγκη πάσα να λαλή και να γράφη όπως λαλεί και όπως γράφει ο πεπαιδευμένος. Δεν λέγω ως προς τον τρόπον καθ' ον ούτος εκφράζεται, διότι τούτο είναι έργον της τριβής του, της παιδείας του και της μελέτης του, ουδ' ως προς ας λέξεις μεταχειρίζεται, διότι δὲν ἔλαβεν ἐκεῖνος τὴν ἀνατροφὴν τούτου· ἀλλ' ὡς πρὸς τὸν σχηματισμὸν καὶ τὰς κλίσεις τῶν μερῶν τοῦ λόγου. Ἂς παρατηρήσωμεν ὅτι, ἂν καὶ διαφοροτρόπως ἐκφράζωνται οἱ πεπαιδευμένοι καὶ οἱ ἀπαίδευτοι τῶν καθ' ἡμᾶς σοφῶν ἐθνῶν, μίαν ὅμως καὶ τὴν αὐτὴν ἔχουν γραμματικήν, οἱ μὲν θεωρητικῶς, οἱ δὲ πρακτικῶς, συντάττοντες κλίνοντες καὶ σχηματίζοντες καθ' ἕνα καὶ τὸν αὐτὸν τρόπον ὅλοι καὶ ὀνόματα καὶ ῥήματα. Εἶναι δὲ γνωστὸν ὅτι ὀλίγον ὠφελεῖ τὸν λαὸν ἀναγινωσκομένη ἢ ἀκουομένη γλῶσσα, ἥτις δὲν τὸν θέλγει· καὶ δὲν τὸν θέλγει βεβαίως ἐ εἰς τὴν ἀκοήν του ἀσυνήθης.

Λυπηρὸν ὅτι οἱ πλεῖστοι τῶν ἡμετέρων λογίων, γοητευόμενοι ὑπὸ τῆς ἀναγνώσεως τῶν ἀττικῶν συγγραφέων, καὶ παραγνωρίζοντες ἢ ὀλιγωροῦντες τὸν χαρακτῆρα τῆς γλώσσης των, ἐξέκλιναν τῆς ὁδοῦ ταύτης μετασχηματίζοντες ἐπὶ τὸ ἀττικώτερον τὴν αἰολοδωρίζουσαν γλῶσσάν των, ὡς ἂν δὲν ἦσαν οἱ αἰολοδωρισμοί της ἑλληνισμοί. Ἡ ἄσκεπτος αὕτη ῥοπὴ εἰς τὸ ἀττικίζειν εἶναι ἔτι μᾶλλον λυπηρά, διότι ἀπομακρύνει ὑπέρ τι ἄλλο τῆς καθομιλουμένης τὴν γραπτὴν γλῶσσαν μήτε πλουτίζουσα μήτε καθαρίζουσα αὐτήν, ὡς μηδεμίαν χρείαν ἔχουσαν τοιούτου καθαρισμοῦ. Τοιαύτη ῥοπή, μηδὲν ὠφελοῦσα καὶ πολὺ βλάπτουσα, ἔχει κατ' ἐμὲ ἀνάγκην ἀναστολῆς, ὡς ἀδίκως καὶ παραλόγως τοὺς ἐν κοινῇ χρήσει ἰδιωτισμοὺς ἑλληνικῆς καὶ ζώσης διαλέκτου εἰς τοὺς μὴ ἐν κοινῇ χρήσει ἰδιωτισμοὺς ἄλλης ἑλληνικῆς καὶ μὴ ζώσης διαλέκτου μετατρέπουσα. Ἀλλ' ὁ τρόπος οὗτος τοῦ ἀττικίζειν τόσον ἐπλεόνασεν, ὥστε καὶ ἐγώ, ἂν καὶ τὸν ἀποδοκιμάζω, ἠναγκάσθην, ὡς ἐπικρατήσαντα παρὰ τοῖς λογίοις, νὰ τὸν ἀκολουθήσω πολλάκις παρὰ τὰς ἀρχὰς ἃς θεωρῶ μόνας ὑγιεῖς. Ἀλλὰ πάλιν τὸ λέγω, τὸ "μὴ περαιτέρω" φαίνεται ὀρθὸν καὶ σωτήριον παράγγελμα, ὄχι βεβαίως ὡς πρὸς τὸν πλουτισμὸν τῆς κοινῆς γλώσσης, ἥτις καλὸν νὰ πλουτίζεται ἀφθόνως ἐκ τῶν θησαυρῶν τῆς παλαιᾶς, ἀλλ᾽ ὡς πρὸς τὸν μηχανισμὸν καὶ τὸν ἰδιωτισμόν της. Δυσκολεύεται ὁ λαὸς ν᾽ ἀλλάξῃ τὸν σχηματισμὸν καὶ τὴν σύνταξιν τοῦ λόγου του, ἀλλὰ δὲν δυσκολεύεται νὰ μανθάνῃ λέξεις τῆς προγονικῆς του γλώσσης μὴ τὴν σήμερον ἐν χρήσει. Ἐπὶ τῇ παρατηρήσει ταύτῃ συνεισέφερα καὶ ἐγὼ πλουσιοπαρόχως διὰ τῆς ἀνὰ χεῖρας συγγραφῆς εἰς τὸν ὑλικὸν τοῦτον τῆς σημερινῆς γλώσσης πλουτισμόν· ἀλλὰ ἐτήρησα ὅσον ἔπρεπε τὸν τρόπον τοῦ σχηματίζειν καὶ συντάττειν τὰ μέρη τοῦ λόγου κατὰ τὴν κοινῶς ἐπικρατοῦσαν τάξιν. Ἡ γλῶσσα εἶναι κτῆμα ὅλου τοῦ ἔθνους, καὶ ὅσον ἀξιέπαινος εἶναι ὁ πλουτίζων τὸ ἐθνικὸν τοῦτο κτῆμα, τόσον ἀξιόμεμπτος σφετεριστὴς εἶναι ὁ μεταποιῶν καὶ διαχειριζόμενος αὐτὸ κατὰ τὴν ὄρεξίν του. Ὁ τοιοῦτος, ἀντὶ νὰ ἐπιταχύνῃ, παρεμποδίζει τὴν τελειοποίησιν τῆς γλώσσης του, καὶ ἀναστέλλει, ἀντὶ νὰ ἐνισχύῃ, τὴν διανοητικὴν πρόοδον τοῦ ἔθνους του. Ἂς ἐνθυμηθῶμεν, ὅτι ὁ Δάντης καὶ οἱ σοφοὶ τοῦ καιροῦ του, οἱ πατέρες τῆς ἰταλικῆς φιλολογίας, εὑρεθέντες ὡς πρὸς τὴν γλῶσσάν των εἰς ἃς εὑρισκόμεθα καὶ ἡμεῖς περιστάσεις σήμερον ὡς πρὸς τὴν ἡμετέραν, ἐπλούτισαν, ἐλάμπρυναν, ἐκαθάρισαν καὶ ἐκανόνισαν τὴν τόσον μητρώζουσαν γλῶσσάν των· ἀλλ᾽ ἀκριβῶς ἐτήρησαν τὸν ἰδίζοντα χαρακτῆρά της, καὶ δὲν ἀπεπλανήθησαν ἐπὶ λόγῳ τῆς πρὸς τὴν μητέρα της στενῆς συγγενείας της. Αὐτὰ ταῦτα ἔπραξαν καὶ οἱ σοφοὶ

ΠΡΟΛΕΓΟΜΕΝΑ.

τῶν ἄλλων ἐθνῶν, ὧν ἡ γλῶσσα ἔχει τὴν αὐτὴν τῆς ἰταλικῆς παραγωγήν. Καὶ αὐτὸς ὁ ἀείμνηστος Κοραῆς, ὁ φιλολογώτερος καὶ κριτικώτερος τῶν σημερινῶν Ἑλλήνων, ὁ τὰ περὶ γλώσσης ὑπέρ τινα ἄλλον καὶ μελετήσας καὶ διδάξας, τὴν αὐτὴν ἐβάδισεν ὁδόν, καὶ τὴν αὐτὴν ὁδὸν νὰ βαδίσωμεν καὶ ἡμεῖς μεγάλῃ τῇ φωνῇ μᾶς ἐσυμβούλευσεν.

Ἐπὶ τῇ βάσει λοιπὸν τῶν ἀρχῶν τούτων, ἃς θεωρῶ μόνας ὑγιεῖς, συνέταξα κ' ἐγὼ τὸ σύγγραμμά μου, καὶ πᾶσαν κατέβαλα φροντίδα ὥστε ὁ λόγος μου νὰ ἦναι καθαρός, εὔληπτος, ὁμαλός, ὁμοιόμορφος καὶ κανονικός, μὴ ἀποχωριζόμενος τῆς κοινῆς συνηθείας εἰμὴ καθ' ὅσην ἔλαβεν ἤδη ἀνάπτυξιν ἡ γλῶσσα, καὶ δεχόμενος μετὰ πολλῆς συστολῆς τοὺς παλαιοὺς ἑλληνισμοὺς ὅσων ἐθεώρησα τὴν γλῶσσαν δεκτικήν.

Μέμφονταί τινες τῶν καθαριστῶν τὴν κοινὴν γλῶσσαν ὡς γαλλίζουσαν ἐν πολλοῖς ἢ ἰταλίζουσαν. Χάρις τῷ Θεῷ, ἡ γλῶσσα ἐκαθαρίσθη ἤδη ὅλων τῶν ξένων λέξεων· ἀλλὰ ποία γλῶσσα εἶναι ἄμικτος ξένων ἰδιωτισμῶν; μήπως καὶ αὐτὴ ἡ ἀττικὴ καθαρεύει; ἰδοὺ τί λέγει περὶ αὐτῆς ὁ ἀττικώτατος Ξενοφῶν. "Φωνὴν δὲ τὴν πᾶσαν ἀκούοντες οἱ Ἀθηναῖοι "ἐξελέξαντο τοῦτο μὲν ἐκ τῆς, τοῦτο δὲ ἐκ τῆς· καὶ "οἱ μὲν Ἕλληνες ἰδίᾳ μᾶλλον καὶ φωνῇ καὶ διαίτῃ "καὶ σχήματι χρῶνται· Ἀθηναῖοι δὲ κεκραμένῃ ἐξ "ἁπάντων τῶν Ἑλλήνων καὶ βαρβάρων." Τὸ περίεργον δὲ ὅτι λέγει ταῦτα ὁ Ξενοφῶν πρὸς ἔπαινον τῆς ἀττικῆς φωνῆς του· ἀλλ' ἡμεῖς οἱ μὴ ἀττικοὶ θέλομεν νὰ φανῶμεν καὶ τῶν ἀττικῶν αὐτῶν ἀττικώτεροι.

Κάπου ἀνέγνωσα καὶ πολλάκις ἤκουσα, ὅτι οἱ εἰσαγόμενοι σήμερον εἰς τὴν γλῶσσαν ἀσυνήθεις κ΄ ΠΡΟΛΕΓΟΜΕΝΑ.

ἑλληνισμοὶ θὰ καταντήσουν μετὰ πεντηκονταετίαν χυδαϊσμοί. Ἀλλοίμονον, ἂν, ἐλεύθεροι ὄντες καὶ ἐλευθέρως φιλολογοῦντες φιλοσοφοῦντες καὶ πολιτευόμενοι ἐν τοῖς κόλποις τοῦ σημερινοῦ φωτὸς τοῦ φωτίζοντος τὸν κόσμον ὅλον, δὲν ἀξιωθῶμεν ν' ἀποκτήσωμεν πρὸ τῆς λήξεως τῆς θαυματουργοῦ ταύτης ἑκατονταετηρίδος συγγραφεῖς ἀξίους νὰ μᾶς εἴπωσιν ἀποφθεγματικῶς, "ἰδοὺ ἡ ὁδός," καὶ τὴν ὁδὸν αὐτῶν ἀπαρεγκλίτως ὅλοι νὰ βαδίσωμεν.

Ἰδού, φιλίστορ ἀναγνῶστα, ὅσα ἐνόμισα σκόπιμον νὰ εἴπω προοιμιάζων περὶ τοῦ ἀνὰ χεῖρας συγγράμματος· διερχόμενος δὲ σὺ αὐτὸ, φανοῦ ἐπιεικὴς πρὸς τὰς ἀτελείας τοῦ συγγραφέως, συλλογιζόμενος ὅτι μεταξὺ τόσων σοφωτέρων καὶ ἱκανωτέρων μου, ἀλλ' ὄχι, τολμῶ εἰπεῖν, καὶ ἀπροσωποληπτοτέρων μου, μόνος ἐγὼ ἀνεδέχθην καὶ ἔφερα εἰς πέρας τὴν γενικὴν ἐξιστόρησιν τῶν ἐπὶ τοῦ ἱεροῦ ἀγῶνος μεγάλων συμφορῶν καὶ μεγάλων ἀνδραγαθημάτων τῶν συγχρόνων ὁμογενῶν, ὧν ἡ μνήμη, δι' ὅσα ὑπὲρ τῆς ἀναστάσεως τῆς πατρίδος καρτεροψύχως ὑπέμειναν ἢ φιλοκινδύνως κατώρθωσαν, διαμένει ἐν γενεαῖς, καὶ τὸ ὄνομα ζῇ ἐν εὐλογίαις.

ΙΣΤΟΡΙΑ

ΤΗΣ ΕΛΛΗΝΙΚΗΣ ΕΠΑΝΑΣΤΑΣΕΩΣ.

ΠΡΟΟΙΜΙΟΝ.

Αἴτια τῆς ἑλληνικῆς ἐπαναστάσεως (α).

ΑΔΥΝΑΤΟΝ νὰ διατηρηθῇ ἀμετάβλητος ἡ πολιτικὴ θέσις δύο ἐθνῶν, κατοικούντων ἕνα καὶ τὸν αὐτὸν τόπον, ὅταν τὸ μὲν δεσπόζον διαμένῃ στάσιμον, τὸ δὲ δεσποζόμενον προοδεύῃ. Ἡ πολιτικὴ τῶν ἐθνῶν τούτων μεταβολὴ καθίσταται ἔτι μᾶλλον βεβαία, ἂν τὰ ἔθνη ταῦτα ἔχωσι διάφορον καταγωγήν, πρεσβεύωσι διάφορον θρησκείαν, λαλῶσι διάφορον γλῶσσαν, ζῶσι μακρὰν πάσης πρὸς ἄλληλα συγγενικῆς ἐπιμιξίας, θεωρῶνται ἀμοιβαίως ὡς βέβηλα καὶ μισῶνται.

Τοιαύτη ἦτον ἡ θέσις τῶν Τούρκων καὶ τῶν Ἑλλήνων πρὸς ἀλλήλους· ἡ δὲ ταχεῖα ἢ βραδεῖα φορὰ τῆς μεταβολῆς ἀπέκειτο εἰς τὸν καιρὸν καὶ εἰς τὰς περιστάσεις. Σημειώσεως ἄξιον, ὅτι ἡ Ἑλλάς, πεσοῦσα ὑπὸ τοὺς Τούρκους, δὲν ὑπέστη ὅ,τι ὑπέστησαν τὰ ὑπὸ ξένην Ἀρχὴν πεσόντα ἐπὶ τῆς εἰσβολῆς τῶν βαρβάρων εὐρωπαϊκὰ ἔθνη, ὅπου δορυκτήτορες καὶ δορύκτητοι συνεμίγησαν ὑπὸ τὴν αὐτὴν θρησκείαν καὶ τὴν αὐτὴν γλῶσσαν, καὶ ἀποκατέστησαν, τοῦ καιρού προϊόντος, εν και το αυτό έθνος υπό μίαν και την αυτήν κλήσιν. Ήκμαζεν ο ισλαμισμός μέχρι φανατισμού ότε η Ελλάς έπεσεν εις χείρας των πρεσβευόντων τα του κορανίου, εν ώ η ειδωλολατρεία των εθνών, όσα διεχύθησαν εις την Ευρώπην, ήτον εις την παρακμήν της ότε την υπέταξαν· διά τούτο επί μεν τούτων υπερίσχυσεν ο χριστιανισμός και συνέχεε κρατούντας και κρατουμένους, επί δ' εκείνων δεν υπερίσχυσε, και Μωαμεθανοί και Έλληνες διέμειναν εντός της Ελλάδος άμικτοι διά παντός, ουδέ την αυτήν εβάδισαν οδόν ως προς την κοινωνικήν ανάπτυξίν των. Τω όντι οι Τούρκοι ουδέν έμαθαν και ουδέν απέμαθαν αφ' ου εκυρίευσαν την Ελλάδα· αφιλέμποροι, αβιομήχανοι, αμαθείς, οιηματίαι και καταφρονηταί πάσης ευρωπαϊκής βελτιώσεως και ήσαν και διέμειναν, διότι η αντικοινωνική θρησκεία των εθεωρείτο πρόσκομμα πάσης κοινωνίας προς τα ετερόθρησκα έθνη τα μισούμενα παρ' αυτών και καταφρονούμενα. Διά τούτο διέβησαν δι' αυτούς ως τέσσαρες ημέραι οι από της αλώσεως της Κωνσταντινουπόλεως τέσσαρες θαυματουργοί αιώνες, οι διά της αναγεννήσεως των γραμμάτων και διά της προόδου των ανθρωπίνων γνώσεων μετενεγκόντες την Ευρώπην εκ της βαρβαρότητος εις τον πολιτισμόν, οι βελτιώσαντες τα πολιτικά συστήματά της, οι εισαγαγόντες την τακτικήν εις τα στρατεύματα και εις το ναυτικόν της και οι καταστήσαντες τον πόλεμον τέχνην καθ' ην η καλλιέργεια του νοός νικά την ισχύν του σώματος.

Αλλ' οι Έλληνες, κύψαντες ως νενικημένοι τον αυχένα υπό τους Τούρκους ως νικητάς, δεν υπεδούλωσαν ολοτελώς και τον νουν των· πρεσβεύοντες θρησκείαν διδάσκουσαν την υψηλήν αρχήν και το υψηλότερον τέλος της φύσεως του ανθρώπου και συντελούσαν θαυμασίως εις τελειοποίησιν του αν-

ΠΡΟΟΙΜΙΟΝ. 3

θρωπίνου νοός, δὲν ἔπαυσαν πλατύνοντες, ὅσον ἐπέτρεπεν ἡ δουλικὴ τῶν κατάστασις, τὸν κύκλον τῶν ἰδεῶν των· καταγόμενοι δὲ καὶ ἐκ μεγάλων προπατόρων, ὧν τὰ συγγράμματα καὶ τὰ ἔργα οὐδέποτε τοῖς ἦσαν ὁλοτελῶς ἄγνωστα, δὲν ἦτο δυνατὸν νὰ φανῶσι διόλου ἀνάξιοι τῆς λαμπρᾶς καταγωγῆς των. Κινούμενοι ἐκ τῶν δύο τούτων ὑψηλῶν ἀρχῶν, τῆς θρησκευτικῆς, λέγω, καὶ τῆς γενεαλογικῆς, ὠφελούμενοι καὶ ἐκ τῆς νωθρότητος, τῆς ἀβελτηρίας καὶ τῆς ἀπρονοησίας τῶν κρατούντων, ἐσχετίζοντο πρὸς τὰ σοφὰ καὶ βιομήχανα ἔθνη διὰ τῆς ναυτιλίας τῆς τόσον καταλλήλου εἰς τὴν γεωγραφικὴν θέσιν τῆς Ἑλλάδος, καὶ διὰ τοῦ ἐμπορίου, πλουτοῦντες ὑλικῶς καὶ φωτιζόμενοι νοερῶς. Σοφώτεροι οἱ κρατούμενοι Ἕλληνες τῶν κρατούντων Τούρκων ὡς ἐκ τῆς σχέσεώς των πρὸς τοὺς Εὐρωπαίους καὶ τῆς πρὸς τὰ γράμματα κλίσεώς των, εὔκαμπτοι καὶ ὕπουλοι ὡς ἐκ τῆς πολιτικῆς θέσεώς των, προσεκτικοὶ καὶ ἐπιτήδειοι νὰ ὠφελῶνται ἐκ τῶν συμπιπτουσῶν περιστάσεων, καὶ ἔχοντες συνήγορον ἣν αἰσθάνεται ἀνάγκην ὁ ἠθικῶς κατώτερος ἄνθρωπος τῆς συνδρομῆς τοῦ ἠθικῶς ἀνωτέρου, παρεισέδυσαν κατ᾽ ὀλίγον καὶ εἰς αὐτὰ τὰ πολιτικὰ συμβούλια τῶν κρατούντων ὑπὸ διαφόρους ὑπηρεσίας, ἂν καὶ πάντοτε ὑποβλεπόμενοι καὶ κινδυνεύοντες.

Ἡ ἀγάπη τῆς ἐλευθερίας εἶναι ἔμφυτος ἐν ταῖς καρδίαις τῶν ἀνθρώπων· καὶ ὁσάκις ἡ κοινωνία δὲν παρέχει ἀποχρώσας ὑπὲρ αὐτῆς ἐγγυήσεις, ὁ κοινωνικὸς βίος καταντᾷ ζυγὸς βαρύς. Πολλοὶ τότε, προτιμῶντες παντὸς ἄλλου καλοῦ τὴν ἀπόλαυσιν τῆς ἐλευθερίας ἂν καὶ ἀγρίας καὶ ἀκανονίστου, ἀπαρνοῦνται οἰκειοθελῶς πᾶσαν συμβίωσιν μετὰ τῶν ὁμοίων, καὶ πλανώμενοι ἡμέραν καὶ νύκτα εἰς ἀγρίους τόπους, καταντοῦν διὰ τὴν συντήρησιν τῆς προσωπικῆς ἐλευθερίας καὶ τῆς φυσικῆς ὑπάρξεως λυμεῶνες καὶ ὅλης τῆς κοινωνίας. Τοιαύτη κατάστασις τῆς κοινωνικῆς ἐλευθερίας, ἐπικρατήσασα ἐν Ἑλλάδι, ἀφ' οὗ ἡ Ἑλλὰς ὑπεδουλώθη, προήγαγε τάξιν ἀνθρώπων γνωριζομένων ὑπὸ τὸ ὄνομα κλεπτῶν. Ἡ τάξις αὕτη διεκρίνετο τῶν ἄλλων τῶν Ἑλλήνων διὰ τὸν ἰδιαίτερον πολεμικὸν χαρακτῆρα, ὡς ἔχουσα μόνον τὸ ὅπλον καὶ πόρον καὶ δόξαν καὶ ἀσφάλειαν. Ἀλλὰ τὸ ὄνομα καὶ τὸ ἔργον τοῦ κλέπτου παρὰ τοῖς νεωτέροις, καθὼς τὸ ὄνομα καὶ τὸ ἔργον τοῦ λῃστοῦ παρὰ τοῖς ἀρχαίοις, ὄχι μόνον δὲν ἐθεωρεῖτο αἰσχρόν (β), ἀλλ' ἐνομίζετο καὶ ἔνδοξον, καὶ τὰ ὀνόματα τῶν διαπρεψάντων μεταξὺ τῶν ἀνδρῶν τούτων μετεδίδοντο εὐσεβάστως ἀπὸ γενεᾶς εἰς γενεάν, καὶ τὰ ἆθλά των ἦσαν ἡ γλυκεῖα ᾠδὴ τῶν νεωτέρων Ἑλλήνων, θεωρούντων πάντοτε τὴν τάξιν ταύτην τῶν ὁμογενῶν ὡς ἄγκυραν ἐλπίδων πρὸς τὴν μέλλουσαν πολιτικὴν ἀναγέννησίν των.

Ἡ τάξις τῶν κλεπτῶν, ὅ ἐστιν, ἐνόπλων Χριστιανῶν βλαπτόντων τοὺς τόπους οὓς περιέτρεχαν καὶ ἐνοχλούντων καὶ τοὺς ἐγκατοίκους, προήγαγεν ἄλλην ὁμοίαν, τὴν τῶν ἁρματωλῶν, ὅ ἐστιν, ἐνόπλων καὶ αὐτῶν Χριστιανῶν ταττομένων ὑπὸ τῶν ἰδίων τουρκικῶν Ἀρχῶν εἰς προφύλαξιν τῶν τόπων καὶ τῶν ἐγκατοίκων ἀπὸ τῆς κακώσεως τῶν κλεπτῶν. Τοιουτοτρόπως ἐπολλαπλασιάζοντο οἱ ἔνοπλοι Χριστιανοί, ἐγυμνάζοντο τὰ τοῦ πολέμου, καὶ ὑψοῦτο ὁ νοῦς των ὑπεράνω τῆς δουλικῆς καταστάσεώς των.

Ὑψοῦτο ὁ νοῦς καὶ πολλῶν μὴ ἐνόπλων Χριστιανῶν ὑπεράνω τῆς δουλικῆς καταστάσεώς των ἐξ αἰτίας τοῦ δημογεροντικοῦ συστήματος, διαμείναντος ἐν ἰσχύϊ καθ' ὅλην τὴν Ἑλλάδα, ἐκτὸς τῆς Κρήτης, ἐπὶ τουρκοκρατίας, χάρις εἰς τὴν ἀμάθειαν, τὴν ὀκνηρίαν καὶ τὴν ὑπεροψίαν τῶν κρατούντων. Τὸ σύστημα τοῦτο, ὅπερ δύναταί τις εὐλόγως νὰ ὀνομάσῃ ἡμιαυτονομίαν, ἰσχυροποίει τοὺς εἰρηνικοὺς προὔχοντας τῶν πόλεων καὶ χωρίων ἐνώπιον τῆς τουρκικῆς ἐξουσίας καὶ ἐζωοποίει ὁπωσοῦν τὸν τόπον ἐν μέσῳ τοῦ πολιτικοῦ θανάτου(γ).

Ἀτενίζων ὁ παρατηρητὴς εἰς τὴν ὑλικὴν καὶ νοερὰν βελτίωσιν τοῦ ἀδικουμένου καὶ προοδεύοντος ἔθνους ἀπέναντι τοῦ ἀδικοῦντος καὶ μὴ προοδεύοντος, προέβλεπε πρὸ πολλοῦ καὶ προέλεγε τὴν πολιτικὴν σύγκρουσίν των, καὶ τὴν μεταβολὴν τῆς τύχης των. Ἐδόθησαν δὲ καὶ περιστάσεις καθ' ἃς ἔγειναν καὶ ἀπόπειραι καὶ κινήματα ἔνοπλα τῶν ἀδικουμένων κατὰ τῶν ἀδικούντων ἐπὶ μεταβολῇ τῆς πολιτικῆς θέσεώς των· ἀλλ' ὄχι μόνον δὲν εὐδοκίμησαν, ἀλλὰ καὶ μυρία δεινὰ ἐπροξένησαν, διότι οὔτε ἡ πρόοδος ἐκείνων οὔτε ἡ στασιμότης τούτων ἦσαν τοιαῦται, ὥστε νὰ φέρωσι τὴν ἐκ τῆς νοερᾶς καὶ ὑλικῆς καταστάσεως ἑκατέρων πολιτικὴν μεταβολήν (δ). Ἀλλ' ἀφ' οὗ ἦλθε τὸ πλήρωμα τοῦ χρόνου, ὅ ἐστιν, ὁ ἀπαιτούμενος βαθμὸς τῆς προόδου τοῦ ἑνὸς καὶ τῆς στασιμότητος τοῦ ἄλλου τῶν δύο συζώντων ἀλλὰ μὴ συμμιγνυομένων ἐθνῶν, τότε οὔτε ἡ τελεία ἀποτυχία τοῦ ἐπαναστατικοῦ κινήματος κατὰ τὰς παραδουναβίους ἡγεμονείας (ε), οὔτε ἡ ἀποκήρυξις τῆς Ῥωσσίας, οὔτε ἡ κατάκρισις τῆς ἱερᾶς συμμαχίας, οὔτε οἱ ἐπὶ τῆς ἁγίας τραπέζης ἀφορισμοὶ καὶ αἱ κατάραι τῆς μεγάλης ἐκκλησίας, οὔτε οἱ ἐπὶ τῆς ἐπαναστάσεως μέγιστοι κίνδυνοι, οὔτε αἱ παντὸς εἴδους στερήσεις ἀνέστειλαν τὴν πρόοδον τῆς ἑλληνικῆς ἐπαναστάσεως· διότι ὁσάκις ἡ πάσχουσα ἀνθρωπότης, αἰσθανομένη τὴν κάκωσίν της συναισθάνεται καὶ τὴν δύναμίν της, ἡ ὁρμή της εἰς βελτίωσιν τῆς καταστάσεώς της καταντᾷ ἀκράτητος. Ἀλλ' ἡ πολιτικὴ μεταβολὴ τῆς Ἑλλάδος ἐπήγασε μᾶλλον ἐκ τῆς στασιμότητος τῶν Τούρκων ἢ ἐκ τῆς προόδου τῶν Ἑλλήνων. Ἡ παρατήρησις αὕτη εἶναι πολλοῦ λόγου ἀξία, ὡς μόνη δυναμένη νὰ μᾶς ἐξηγήσῃ πολλὰ ἐπὶ τῆς ἐπαναστάσεως συμβάντα, μὴ ἐξηγούμενα ἢ παρεξηγούμενα ἂν ἄλλως πως θεωρηθῶσιν.

ΠΡΟΟΙΜΙΟΝ.

Ἀφ' οὗ δὲ ὁ πολὺς καιρὸς καὶ αἱ ἀλλεπάλληλοι ἁρμόδιαι περιστάσεις προετοιμάσωσι τὴν πολιτικὴν μεταβολήν τινος ἔθνους, χρειάζεται καὶ ἀφορμή τις εἰς τὴν πρώτην κίνησιν. Τὴν ἀφορμὴν ταύτην, ὡς πρὸς τὴν πολιτικὴν μεταβολὴν τῆς Ἑλλάδος, ἔδωκεν ἡ σύστασις τῆς Φιλικῆς Ἑταιρίας, ἧς ἐρχόμεθα τώρα νὰ ἐξετάσωμεν καὶ τὴν ἀρχὴν καὶ τὴν πρόοδον. Διὰ τῆς ἐξετάσεως δὲ ταύτης, δι' ἧς ἀνακαλύπτεται ἡ μυστηριώδης ἀλήθεια καὶ τῆς εὐτελοῦς της ἀρχῆς καὶ τῶν εὐτελεστέρων της τρόπων δι' ὧν προήχθησαν ἀποτελέσματα τόσον γιγαντιαῖα, ὁ μὲν εὐλαβὴς θὰ ψηλαφήσει τὸν δάκτυλον τοῦ Θεοῦ, οὗ ἡ δύναμις ἐν ἀσθενείᾳ τελειοῦται· ὁ δὲ πολιτικὸς θὰ παρατηρήσει, ὅτι μικρὰ ἀφορμὴ ἀρκεῖ ν' ἀνατρέψῃ ἐκ θεμελίων πολυχρόνιον Ἀρχὴν μὴ ἔχουσαν βάσιν τὴν δικαιοσύνην, ἀλλ' ἐξουθενοῦσαν καὶ καταθλίβουσαν τὸ ὑπήκοον.

ΚΕΦΑΛΑΙΟΝ Α.

Εταιρία των Φιλικών και διάδοσις αυτής.—Αποκήρυξις του Αλήπασα Τεπελενλή.

ΠΕΡΙ το 1813 ήκμαζεν ή εν Αθήναις Φιλόμουσος Εταιρία, ης κύριος σκοπος ητον η διατήρησις των φθειρομένων υπο την τότε άμουσον κυβέρνησιν αρχαιοτήτων, και η νοερα και ηθικη βελτίωσις της ελληνικης νεολαίας δια της εν τη πόλει ταύτη συστάσεως σχολείων. Ο φιλομαθης και ουδόλως πολιτικος σκοπός της και το λαμπρον όνομα της γης όπου έλαβε το είναι, την διέδοσαν ταχέως και εντος και εκτος της Ελλάδος, εν μέσω και των ελευθέρων και των δεσποτικών επικρατειών. Τω όντι, ευγενείς και σοφοί, υπουργοι και βουλευταί, ηγεμόνες και βασιλόπαιδες, όλοι εσεμνύνοντο φορούντες το χαλκούν η το χρυσούν δακτυλίδιον, το γνώρισμα των συνηγόρων η των ευεργετών της Φιλομούσου Εταιρίας.

Περι δε τα τέλη του 1814 Νικόλαός τις Σκουφάς, εξ Αρτης, άνθρωπος τιμίου χαρακτήρος, πολύπειρος, αλλ' ολίγης παιδείας και μικράς σημασίας, υπάλληλος άλλοτε εμπορικού οίκου, συνέλαβε πρώτος εν Οδησσώ την ιδέαν συστάσεως πολιτικης εταιρίας, ην ωνόμασεν "*Εταιρίαν των Φιλικών*." αρκεί δε μόνη η ονομασία αύτη ίνα δείξη ην είχε μικραν γνώσιν και αυτης της μητρικης γλώσσης του. Ο ασήμαντος ούτος θεμελιωτης ασημάντους παρέλαβε συμπράκτορας κατ' αρχάς (α), και αφ' ου τοις ανεκάλυψε τον σκοπόν του συνενοήθη περι του τρόπου της προόδου του. Η ύποπτος δε αύτη και επικίνδυνος

ΤΟΜ. Α.   C

Εταιρία συνεχέετο επιτηδείως ενώπιον πολλών μετά της ανυπόπτου και ακινδύνου των Φιλομούσων· ο δε Ιωάννης Καποδίστριας, υπουργός του αυτοκράτορος Αλεξάνδρου και πασίγνωστος προστάτης της Φιλομούσου Εταιρίας, εψιθυρίζετο επιτηδείως ως μυστικός και ταύτης προστάτης. Άν και η Φιλόμουσος Εταιρία ουδένα έτρεφε κρυπτόν σκοπόν, οι φροντίζοντες την διάδοσιν της Φιλικής διέδιδαν, ότι έτρεφεν ον επεχείρησε να πραγματοποιήση αύτη· ώστε υπό την σκιάν της πρώτης ανεφαίνετο η δευτέρα και ηύξανεν ως παραφυάς. Τοιουτοτρόπως η σύμπτωσις αύτη και η μυστηγορία συνέτρεξαν όχι ολίγον κατ' αρχάς εις την παραδοχήν της μυστικής ταύτης Εταιρίας. Αλλ' ό,τι προ παντός άλλου εκράτυνε την υπόληψίν της και συνετέλεσεν εις τον σκοπόν της ήτο το εξής.

Θρησκευτική ομοδοξία και άσπονδον μίσος προς τους Τούρκους συνέδεαν πάντοτε Έλληνας και Ρώσσους. Η εκκλησία των Ελλήνων εθεώρει δικαίως ως προστάτριάν της την ρωσσικήν αυλήν. Υπό την ρωσσικήν σημαίαν οι ναύται Έλληνες, διαρκούσης της δουλείας των, ηύρισκαν πολλάς ωφελείας, και οι έμποροι εντός της πατρίδος των ισχυράν προστασίαν, οι δε μεταναστεύοντες εις Ρωσσίαν πάντοτε άσυλον και παραμυθίαν, πολλάκις δε τιμάς και πλούτη. Παραδόσεις, Αποκαλύψεις, και Αγαθάγγελοι προέλεγαν σωτήρα της Ελλάδος των Ξανθών το γένος, και οι συχνοί και ευτυχείς πόλεμοι των Ρώσσων κατά των Τούρκων ανεπτέρουν πάντοτε τας υπέρ απελευθερώσεώς της ελπίδας. Άν και συνέπεσεν εκ περιστάσεως να λάβη την ύπαρξίν της η Φιλική Εταιρία εντός της Ρωσσίας, συνέτρεξε τούτο μεγάλως εις διάδοσίν της· οι δε πρώτοι συστηταί της, όντες οποίοι ήσαν, ησθάνθησαν ότι δεν ενέπνεαν παραμικράν πίστιν, και έθεσαν την Εταιρίαν υπό το

ΚΕΦΑΛΑΙΟΝ Α.

μυστηριῶδες ὄνομα ἀγνώστου καὶ ἀνυπάρκτου ὑπερτάτης Ἀρχῆς, ὑπαινιττόμενοι τὴν αὐλὴν τῆς Ῥωσσίας. Ἄνευ τοῦ συνετοῦ τούτου στρατηγήματος, ἡ Φιλικὴ Ἑταιρία θὰ διέμενεν ὅ,τι ἦτο, μηδέν. Συνέτρεξαν δὲ πολλὰ καὶ εἰς πιθανολογίαν τῆς ὑποτιθεμένης ὑψηλῆς καταγωγῆς της. Πρῶτον, ἡ ἐπικρατοῦσα παλαιόθεν γενικὴ ἰδέα, ὅτι ἡ Ῥωσσία ἔμελλε ν' ἀπελευθερώσῃ μίαν ἡμέραν τὴν Ἑλλάδα· δεύτερον, ἡ σύστασις τῆς Ἑταιρίας ἐντὸς τῆς Ῥωσσίας· τρίτον, ὁ συνεταιρισμὸς τῶν κατὰ τὴν Ἑλλάδα προξένων Ῥώσσων· τέταρτον, ἡ ἐν Ῥωσσίᾳ ὑψηλὴ πολιτικὴ θέσις τοῦ Ἰωάννου Καποδιστρίου, θεωρουμένου ὡς συνδέσμου ταύτης καὶ τῆς Ἑλλάδος, καὶ τελευταῖον, ἡ ἐπὶ τῶν ἐπαναστατικῶν κινημάτων ἀρχηγία στρατηγοῦ καὶ ὑπασπιστοῦ τοῦ αὐτοκράτορος Ἀλεξάνδρου.

Ἀλλ' ὅπως καὶ ἂν θεωρήσῃ τις τὴν Φιλικὴν Ἑταιρίαν, οἱαδήποτε καὶ ἂν ὑπολάβῃ τὰ αἴτια ἐξ ὧν κινούμενοι οἱ συστηταί της συνέλαβαν καὶ ἐπραγματοποίησαν τὴν ἰδέαν τῆς συστάσεώς της, καὶ ὁποῖα τεχνάσματα εἰς διάδοσιν αὐτῆς καὶ ἂν μετεχειρίσθησαν, ὀφείλει νὰ ὁμολογήσῃ, ὅτι συνέδεσεν αὕτη ὅλην τὴν Ἑλλάδα διὰ τοῦ προσηλυτισμοῦ της, καὶ προητοίμασε καὶ ἤνοιξε τὸν ἀγῶνα διὰ τῆς μυστηριώδους συνεργείας της.

Ἡ Ἑταιρία αὕτη καθ' ἑαυτὴν οὐδὲν εἶχεν ἀξιοσύστατον. Ὁ ὀργανισμός της ἦτον ἀσύνετος καὶ ἀνεπιτήδειος. Εἶχεν ἑπτὰ βαθμούς (β)· τῶν βλαμίδων (ὡς ἂν δὲν εἶχεν ἡ γλῶσσα τὴν λέξιν " ἀδελφοποιητῶν"), τῶν συστημένων, τῶν ἱερέων, τῶν ποιμένων, τῶν ἀρχιποιμένων, τῶν ἀφιερωμένων καὶ τῶν ἀρχηγῶν τῶν ἀφιερωμένων. Τῶν ἑπτὰ δὲ τούτων βαθμῶν οἱ δύο τελευταῖοι ἐθεωροῦντο ὡς στρατιωτικοὶ καὶ ἐσυστήθησαν μετὰ ταῦτα.

ΚΕΦΑΛΑΙΟΝ Α.

Αν ή βαθμολογία εισήχθη διά την κατά τους βαθμούς ανακάλυψιν του μυστηρίου, δεν φαίνεται ότι διά ταύτης επληρούτο ο σκοπός της Εταιρίας. Οι των κατωτέρων τάξεων Φιλικοί εγνώριζαν όσα οι των ανωτέρων· διότι ο μεν βλάμης κατηχούμενος παρηγγέλετο να έχη έτοιμα τα όπλα του και 50 φυσέκια εν τω κιβωτίω του εις χρήσιν, όταν προστάξη ο αρχηγός του· ο δε συστημένος μυσταγωγούμενος ήκουε " μάχου υπέρ πίστεως και υπέρ " πατρίδος, να μισήσης, να καταδιώξης, και " να εξολοθρεύσης τους εχθρούς της θρη- " σκείας του έθνους και της πατρίδος σου." το δε δίπλωμα έφερεν επί κορυφής σταυρόν εφιστάμενον ημισελήνου κάτω κυπτούσης· ο δε ιερεύς κατηχούμενος εμάνθανεν, ότι ο σκοπός της Εταιρίας ήτον η ελευθερία του έθνους· τα αυτά εμάνθαναν και οι των ανωτέρων τάξεων μέχρι του αρχηγού των αφιερωμένων. Καθ' ην δε ώραν κατηχείτο ούτος, τω ενεχείριζεν ο κατηχητής σπάθην και τω έλεγεν, " η πατρίς σου σοι την δίδει διά να την με- " ταχειρισθής δι' αυτήν."

Η τάξις των ιερέων ήτο πολυπληθής. Ο ιερεύς είχεν εξουσίαν να εισποιή αδελφούς και απονέμη και αυτόν τον βαθμόν του ιερέως· και επειδή οι μυσταγωγούμενοι ώφειλαν να παρακαταθέτωσι χρήματα εις χείρας του κατηχητού, πολλοί ελάμβαναν τον βαθμόν του ιερέως επί αργυρολογία, και εντεύθεν προήλθε κυρίως η τόση πλημμύρα κατηχούντων και κατηχουμένων. Αν ασύνετος ήτον η κατήχησις θεωρουμένη πολιτικώς, τερατώδες μίγμα αληθείας και ψεύδους, ευσεβείας και ασεβείας, ήτο θεωρουμένη θρησκευτικώς· διότι, εν ω ο αγών ήτον υπέρ της ιεράς ημών πίστεως και υπέρ πατρίδος, και οι όρκοι εγίνοντο επί του αγίου ευαγγελίου ή επί των αγίων εικόνων, ο κατηχών ιερεύς έλεγε τω κατηχουμένω,

ΚΕΦΑΛΑΙΟΝ Α.

ότι τον παρεδέχετο καθ' ην τω έδωκαν δύναμιν οι μεγάλοι ιερείς των Ελευσινίων. Η Εταιρία των Φιλικών, καθώς και όλαι αι μυστικαί εταιρίαι, είχε σημεία και λέξεις εις αναγνώρισιν των συναπαντωμένων μελών· είχε δε και μυστικά γράμματα εις χρήσιν των απόντων· αλλά μόνοι οι ιερείς και οι των ανωτέρων τάξεων τα εγνώριζαν· εις αποφυγήν δε προσωπικών κινδύνων υπεγράφοντο υπό πλαστά ονόματα και υπό τινα σύμβολα.. Τόσαι δε ήσαν αι επιστημονικαί γνώσεις των συστητών και οργανιστών της Φιλικής Εταιρίας, ώστε οι κατηχούμενοι ηρωτώντο παρά του κατηχητού αν εγνώριζαν εφεύρεσίν τινα ακοινολόγητον. Ηρωτώντο δε την αλλόκοτον ταύτην ερώτησιν, διότι οι συστηταί της Εταιρίας επίστευαν την ύπαρξιν του φιλοσοφικού λίθου, και κατεγίνοντο εις την αλλοίωσιν των ποταπών μετάλλων εις πολύτιμα.

Αφ' ότου η Εταιρία εσυστήθη μέχρι του 1817 ολίγον προώδευσεν εκτός της Ελλάδος, εντός δε αυτής έμεινεν ολοτελώς άγνωστος, και εκινδύνευσεν εν τη προόδω της δια την εξής αιτίαν.

Νικόλαός τις Γαλάτης, Ιθακήσιος, νέος πνευματώδης αλλ' άσωτος και κομπαστής, απερχόμενος εις Πετρούπολιν προς εύρεσιν τύχης, διέβη το 1816 δια της Οδησσού, όπου ο θεμελιωτής της Εταιρίας Σκουφάς, όστις, αναβάς εις Μόσχαν επί τη συστάσει της Εταιρίας προς διάδοσιν αυτής, είχεν επανέλθει εις Οδησσόν το έτος τούτο, επροθυμήθη να τον μυσταγωγήση όχι μόνον τα της Εταιρίας, αλλά και τα της Αρχής, ό εστι, τον παρέλαβε μέλος της Αρχής. Ο Γαλάτης όλως ενθουσιών, και θεωρών ό,τι τω ανεκαλύφθη ως συντελεστικόν εις εύρεσιν της τύχης ην εθήρευεν, ενήργει εντός της Πετρουπόλεως απερισκέπτως υπέρ της διοδόσεως της Εταιρίας, έως ου η ρωσσική κυβέρνησις, λαβούσα γνῶσιν τῶν ἐνεργουμένων, τὸν ἐξώρισε, καὶ διέταξε τὸν ἐν Βλαχίᾳ πρόξενόν της, ὅπου μετέβαινε, νὰ ἐπιτηρῇ τὴν διαγωγήν του.

Ἀρχομένου δὲ τοῦ ἀπριλίου τοῦ 1818 μετέβη ὁ Σκουφᾶς εἰς Κωνσταντινούπολιν, ὅπου αὐτὸς καὶ οἱ ἐκεῖ συμμῦσταί του ἤρχισαν σπουδαιότερον καὶ εὐτυχέστερον νὰ ἐργάζωνται ὑπ' αὐτὴν τὴν ὀθωμανικὴν ἐξουσίαν τυφλώττουσαν περὶ τὰ τοιαῦτα, ὡς μὴ ἔχουσαν ἀστυνομίαν πρὸς ἀνακάλυψιν. Ἐν ᾧ δὲ διέτριβεν ὁ Σκουφᾶς ἐν Ὀδησσῷ, ἔτυχε νὰ διαβῶσιν ἐκεῖθεν, ἀπερχόμενοι εἰς Πετρούπολιν ἐπὶ ἀντιμισθίᾳ τῶν κατὰ τὴν Ἑπτάννησον στρατιωτικῶν ὑπηρεσιῶν των καθ' ὃν καιρὸν ἐτέλει αὕτη ὑπὸ τοὺς Ῥώσσους, ὁ Ἀναγνωσταρᾶς, ὁ Περῥαιβός, ὁ Χρυσοσπάθης, ὁ Π. Δημητρόπουλος καὶ ὁ Ἰ. Φαρμάκης, οἵτινες κατηχήθησαν ὑπὸ τοῦ Σκουφᾶ· ἐπὶ δὲ τῆς εἰς Κωνσταντινούπολιν ἐπανόδου των ἐνεπιστεύθησαν καὶ τὸ ἀποστολικὸν ἔργον ἐντὸς τῆς Ἑλλάδος. Ἐχειροτονήθησαν μετὰ ταῦτα ἀπόστολοι καὶ ὁ Καμαρινός, ὁ Πελοπίδας, καὶ ἄλλοι. Διασπαρέντες οὗτοι, οἱ μὲν ἐντὸς τῆς Ἑλλάδος, οἱ δὲ ἐκτὸς ὅπου ἦσαν Ἕλληνες, καὶ κατηχοῦντες ὅλοι ὑπὸ τὸ μυστηριῶδες ὄνομα τῆς ὑπερτάτης Ἀρχῆς, διέδιδαν κατὰ πρῶτον προσεκτικῶς καὶ συνεσταλμένως τὸ μυστικόν· ἀλλ' εὐτυχήσαντες κατὰ τὰς πρώτας δοκιμάς, ἔγειναν θαρραλεώτεροι, ἐνήργουν ἀπερισκέπτως, ἐχειροτόνουν καὶ διέσπειραν ἄλλους ἀποστόλους, καὶ οὗτοι ἄλλους, ὥστε ἐντὸς ὀλίγου ἡ Ἑταιρία ἦτο τὸ κοινὸν θέμα τῶν λόγων καὶ τῶν σκέψεων τῶν Ἑλλήνων, πιστευόντων ὅτι δάκτυλος ῥωσσικὸς διέταττε τὰ πάντα ἀοράτως.

Ἐξ αἰτίας τοῦ φόβου τοῦ δυνάστου τῶν Ἰωαννίνων ἡ Ἑταιρία ὀλίγον προώδευσεν ἐν τῇ στερεᾷ Ἑλλάδι· ἀλλ' ἡ Πελοπόννησος, ὅπου δὲν ἐπίεζε τόσον τὸ ὑπήκοον ἡ σιδηρᾶ χεὶρ τοῦ δεσποτισμοῦ, καὶ αἱ νῆσοι, ὅπου οὔτε Ἀρχαὶ οὔτε κάτοικοι Τοῦρκοι

ΚΕΦΑΛΑΙΟΝ Α. 13

ήσαν, έγέμισαν Φιλικών· ώστε ό ενθουσιασμός πολλών, ή ακρισία και ή άθυροστομία τών πλείστων, και ή ατιμωρησία όλων έβαλαν πολλάκις εις κίνδυνον την άδελφότητα. Έν τοσούτω ούτε Αρχή ουδαμού της στερεάς Ελλάδος, της Πελοποννήσου ή τών νήσων εις συστολήν τών ύπερπλεονασάντων καταχραστών έφαίνετο, ούτε κανονισμός τις υπήρχε εις τακτικήν του έργου πρόοδον· δια τούτο οί φρονιμώτεροι και έλυπούντο και άνησύχαζαν. Ήρχισαν δε καί τινες, εξ ών έβλεπαν, να διστάζωσι και περί της Αρχής, άν ήτο τώ όντι οποία υπετίθετο.

Ήδη κατά το 1819 κατηχηθείς ό ηγεμών της Μάνης Πετρόμπεης Μαυρομιχάλης τα της Εταιρίας υπό του γνωρίμου του Καμαρινού, καταβάντος εξ Όδησσού και Κωνσταντινουπόλεως, απέστειλε τον αυτόν κατηχητήν εις Πετρούπολιν προς τον Καποδίστριαν όν επίστευαν αμφότεροι Αρχήν της Εταιρίας, και προς τον Αυτοκράτορα Αλέξανδρον, όν υπέθεταν υποκινούντα τον αγώνα· δι' ών δε γραμμάτων έφωδίασε τον άποστελλόμενον έμαρτύρει την άφοσίωσίν του εις τον μελετώμενον αγώνα και εζήτει τα εις εξόπλισιν και έκστρατείαν τών Μανιατών αναγκαία. Ο Καποδίστριας, αναγνώσας τα γράμματα, δεν έδίστασε και τον Καμαρινόν να ειδοποιήση και τον Μαυρομιχάλην δι' αυτού εγγράφως να βεβαιώση, ότι ούτε ό αυτοκράτωρ ούτε αυτός ενείχοντο εις τα επαναστατικά σχέδια, ουδέ τα ενέκριναν. Εξ όσων δε ήκουσεν ό Καμαρινός ενόησε την άπάτην, εις ήν και αυτός έπεσε και τον Μαυρομιχάλην παρέσυρε, και έσπευσε να έπανέλθη εις την Ελλάδα προς φωτισμόν τών άλλων λέγων ανυποκρίτως καθ' οδόν όλην την άλήθειαν και έπισφραγίζων τους λόγους του δι' ών έφερεν απαντήσεων του Καποδιστρίου. Τούτο μαθόντες οί μη θέλοντες την άνακάλυψιν της αληθείας αρχηγοί της Εταιρίας, ως άνατρεπτικήν τών σχεδίων των, καὶ ἀναλογισθέντες ὅτι, ἂν ἠκούοντο ἐν Ἑλλάδι οἱ λόγοι τοῦ φιλαλήθους Καμαρινοῦ, καὶ ἀναγινώσκοντο αἱ ἀπαντήσεις τοῦ Καποδιστρίου, θὰ ἐθεατρίζετο τὸ ψεῦδος καὶ θὰ ἐματαιοῦντο οἱ σκοποὶ τῆς Ἑταιρίας, ἐδολοφόνησαν τὸν Καμαρινὸν καθ' ὁδόν, ἠφάνισαν καὶ τὰ γράμματα καὶ οὕτω διέμειναν οἱ περὶ τὸν ἡγεμόνα ἐν σκότει καὶ ἀπάτῃ ὡς καὶ πρότερον.

Ἀρχομένου δὲ τοῦ 1820, συνῆλθαν εἰς Τριπολιτσὰν πολλοὶ τῶν προκρίτων τῆς Πελοποννήσου διὰ κοινὰς ὑποθέσεις μεμυημένοι τὰ τῆς Ἑταιρίας. Ἡ συνέντευξις αὕτη τοῖς ἔδωκεν ἀφορμὴν νὰ συσκεφθῶσι καὶ περὶ τῆς ὑπενεργουμένης πολιτικῆς μεταβολῆς. Πατριωτισμὸς καὶ ἀδελφικὴ ἀγάπη διέκριναν τὴν πρώτην συνέντευξίν των. Ἐπειδὴ οἱ προὔχοντες Τοῦρκοι ἦσαν εἰς δύο κόμματα διῃρημένοι, διῃρημένοι εἰς δύο κόμματα ἦσαν καὶ οἱ ἀρχιερεῖς καὶ οἱ προὔχοντες Χριστιανοί. Ἀλλ' ὁ δεσμὸς τῆς Ἑταιρίας καὶ ὁ σκοπὸς τοῦ μεγάλου ἀγῶνος ἀπῄτουν τὴν ἕνωσιν ὅλων τῶν εἰς Χριστὸν πιστευόντων καὶ τὴν ἀπὸ τῶν Τούρκων ἀπόσπασίν των. Ἠσθάνθησαν οἱ συνελθόντες τὴν ἀνάγκην ταύτην, καὶ ἀφήσαντες τὰ τοπικὰ καὶ προσωπικά, ἡνώθησαν ὅλοι διὰ τοῦ ἐν Χριστῷ ἀσπασμοῦ, καὶ ὡρκίσθησαν κρυφίως καὶ τὰς διχονοίας των νὰ λησμονήσωσι, καὶ ἀπὸ τῶν ἀλλοπίστων ν' ἀποσπασθῶσι συμβοηθούμενοι εἰς τὸ ἐξῆς ὡς ἀδελφοί. Τούτου δὲ γενομένου, ἀπεφάσισαν νὰ στείλωσιν εἰς Ῥωσσίαν ἄνδρα τῆς ἐμπιστοσύνης των εἰς ἀνίχνευσιν τῆς ὑψηλῆς καὶ ἀγνώστου Ἀρχῆς, εἰς κοινοποίησιν πρὸς αὐτὴν τῶν ἰδεῶν των περὶ τοῦ μελετωμένου ἀγῶνος, καὶ εἰς αἴτησιν τῶν διαταγῶν καὶ ὁδηγιῶν της. ηὗραν δὲ ὡς τοιοῦτον τὸν Ἰωάννην Παπαρρηγόπουλον, καὶ τῷ ἐνεπίστευσαν καὶ δύο ἔγγραφα, ἅτινα, ἀφ' οὗ ὑπέγραψαν, ἀπέστειλαν μυστικῷ τῷ τρόπῳ εἰς τὰς ἐπαρχίας καὶ τὰ συνυπέγρα-

ΚΕΦΑΛΑΙΟΝ Α. 15

ψαν καὶ οἱ λοιποὶ ἀρχιερεῖς καὶ προεστῶτες· καὶ τὸ μὲν συνίστα παρὰ τῇ ὑπερτάτῃ Ἀρχῇ τὸν ἀποστελλόμενον καὶ ἐξήγει τὸν σκοπὸν τῆς ἀποστολῆς του· τὸ δὲ ἦτον ἄγραφον, ἵνα ἐγγράψῃ ὁ ἀποστελλόμενος ἐπὶ τῇ εὐθύνῃ ὧν ἔφερε τὴν ὑπογραφὴν ὅ,τι ἡ περίστασις τὸν ὡδήγει, ἀφ' οὗ ἀνεκάλυπτε τὴν ἀληθινὴν Ἀρχήν, τὰ σχέδιά της καὶ τοὺς πόρους της.

Πρό τινος δὲ καιροῦ, πρὶν ἀποφασισθῇ ἡ παροῦσα ἀποστολή, ὁ Ἀλήπασας, ὑποπτεύων καταδρομήν, ἐπεθύμει νὰ σχετισθῇ πρὸς τὴν Ῥωσσίαν ὡς τὴν ἀδιάλλακτον πάντοτε ἐχθρὰν τῆς Πύλης· καὶ ἐπειδὴ ἐγνώριζεν ἄλλοτε τὸν Παπαρρηγόπουλον, τελοῦντα ἔργα διερμηνέως παρὰ τῷ ἐν Πάτραις Ῥώσσῳ προξένῳ, διενοήθη νὰ κοινοποιήσῃ δι' αὐτοῦ τοὺς στοχασμούς του πρὸς τὴν αὐλὴν τῆς Ῥωσσίας, καὶ τὸν ἐκάλεσεν εἰς Πρέβεζαν, ὅπου διέτριβεν. Ὁ Παπαρρηγόπουλος ὑπῆγε καὶ συνδιελέχθη, ἀλλὰ δὲν ἐδέχθη τὴν πρότασιν ἐπὶ λόγῳ ὅτι εἰς μάτην ἤλπιζε τὴν προστασίαν τῆς Ῥωσσίας κινούμενος κατὰ τοῦ κυριάρχου του· ἐπανελθὼν δὲ εἰς Πάτρας, εἰδοποίησε τὸν ἀρχιεπίσκοπον Γερμανόν, συνεταῖρον, περὶ τούτων. Ὁ Γερμανὸς ἐθεώρησεν, ὅτι δὲν ἔπρεπε νὰ ἀπελπισθῇ ὁ Ἀλῆς, καὶ παρεκίνησε τὸν Παπαρρηγόπουλον ν' ἀναδεχθῇ τὴν ἀποστολήν. Ὁ Παπαρρηγόπουλος ἐπείσθη καὶ εἰδοποίησε τὸν Ἀλῆν ὅτι, καθ' ἃς ἐπανελθὼν εἰς Πάτρας ἔλαβεν εἰδήσεις, ἐφρόνει ὅτι ἡ ρωσσικὴ αὐλή, ἂν ἔβλεπε σταθερὰν τὴν ἐπιμονήν του κατὰ τοῦ σουλτάνου, ἦτο πολὺ πιθανὸν νὰ τὸν βοηθήσῃ, καὶ ὅτι ἔτρεφε τόσον χρηστὰς ἐλπίδας περὶ τούτου, ὥστε ἕτοιμος ἦτο ν' ἀναδεχθῇ ἣν ἀπεποιήθη πρὸ ὀλίγου ἀποστολήν. Ἐχάρη ὁ Ἀλῆς ἐπὶ τῇ ἀγγελίᾳ ταύτῃ, καὶ πλήρης ἐλπίδων τῷ ἔστειλεν ὁδηγίας περὶ τῆς εἰς Πετρούπολιν ἀπελεύσεώς του· ὥστε ὁ ἀπόστολος οὗτος τῶν Πελοποννησίων πρὸς τὴν Ἀρχήν, ἦτο καὶ ἀπόστολος τοῦ Ἀλῆ πρὸς τὴν

ΚΕΦΑΛΑΙΟΝ Α.

ρωσσικὴν αὐλήν, ἀγνοοῦντος τὴν ἄλλην ἀποστολήν. Αἱ δὲ προτάσεις τῆς πελοποννησιακῆς ὁμηγύρεως διὰ τοῦ ἀποστόλου τούτου ἦσαν ἐν περιλήψει αἱ ἑξῆς.

Α. Ἡ Ἀρχὴ νὰ διορίσῃ ἐφορίαν ἐκ τῶν ἐν Πελοποννήσῳ ἀδελφῶν ἐνεργοῦσαν ὑπὲρ τοῦ σκοποῦ ὑπὸ τὰς διαταγὰς τῆς Ἀρχῆς, καὶ πληροφοροῦσαν αὐτὴν περὶ πάντων.

Β. Νὰ διατάξῃ ὅλους τοὺς ἀδελφοὺς νὰ πείθωνται καὶ ἀναφέρωνται εἰς τὴν ἐφορίαν περὶ παντός, καὶ νὰ μὴ ἐνεργῶσί τι ἄνευ ἀδείας αὐτῆς ἐπὶ ποινῇ ἀποβολῆς ἐκ τῆς Ἑταιρίας.

Γ. Νὰ δώσῃ διαταγὴν νὰ συναχθῶσιν εἰς κοινὸν ταμεῖον ἐν Πελοποννήσῳ, ὑπὸ τὴν φροντίδα τιμίων ἀνδρῶν, ὅλαι αἱ συνεισφοραὶ τῶν ἐν Πελοποννήσῳ ἀδελφῶν καὶ αὐτῶν τῶν ἐν ταῖς ἰονίοις νήσοις εἰ δυνατόν, καὶ νὰ μὴ δαπανᾶταί τι ἄνευ τῆς γνώμης τῶν προκρίτων ἀδελφῶν καὶ ἄνευ ἀδείας τῆς Ἀρχῆς.

Δ. Νὰ διαταχθῇ τις τῶν ἐν Ὕδρᾳ ἀδελφῶν ὅπως φροντίζῃ περὶ τῆς ἀσφαλοῦς ἀλληλογραφίας τῆς Ἀρχῆς καὶ τῆς συστηθησομένης πελοποννησιακῆς ἐφορίας.

Τοιουτοτρόπως ἐφωδιασμένος ὁ Παπαρρηγόπουλος, καὶ παραγγελίαν ἔχων ἰδιαιτέρως νὰ φροντίσῃ καὶ περὶ ἀνακαλύψεως τῆς μυστηριώδους Ἀρχῆς ἀπεδήμησεν.

Ἐν τοσούτῳ ἡ ἀνάγκη συστάσεως ἐφοριῶν εἰς συστολὴν καὶ ἐπιτήρησιν τῆς διαγωγῆς τῶν ἀδελφῶν, ἣν ᾐσθάνθησαν οἱ Πελοποννήσιοι, ἔγεινε διὰ τοὺς αὐτοὺς λόγους ἐπαισθητὴ καὶ παρὰ τοῖς ἄλλοις· καὶ οἱ ἀρχηγοὶ τῆς Ἑταιρίας, πρὶν λάβωσι τὰς περὶ ὧν ὁ λόγος προσκλήσεις, ἔσπευσαν νὰ τὰς συστήσωσι κατὰ τόπους μυστικῶς.

Ἀλλ᾽ ὅσον προώδευεν ἡ Ἑταιρία καὶ ἐπλησίαζεν ἡ ὥρα τῆς ἐνάρξεως τοῦ ἀγῶνος, τόσον ᾐσθάνοντο οἱ πατέρες αὐτῆς τὴν ἀνάγκην ν᾽ ἀνατεθῇ ἡ ἀρχηγία εἰς

ΚΕΦΑΛΑΙΟΝ Α. 17

ἄνθρωπον ἱκανὸν νὰ ἐμπνεύσῃ θάρρος καὶ σέβας, καὶ ἔστειλαν ἕνα ἐξ αὐτῶν, τὸν Ἐμμανουὴλ Ξάνθον, εἰς Πετρούπολιν διατάξαντές τον νὰ δοκιμάσῃ τὴν περὶ τούτου γνώμην τοῦ Ἰωάννου Καποδιστρίου, καὶ τῷ προσφέρῃ τὴν ἀρχηγίαν, ἂν τὸν εὕρισκεν εὐδιάθετον, ἐκθέτων αὐτῷ τὰς μεγάλας προόδους τῆς Ἑταιρίας ἐντὸς καὶ ἐκτὸς τῆς Ἑλλάδος. Καθ᾽ ὃν δὲ καιρὸν ἐσκέπτοντο καὶ ἐνήργουν περὶ τούτου, παρενέπεσε τὸ ἀκόλουθον μέγα πολιτικὸν συμβὰν ἐπιταχύναν τὸν μελετώμενον ἀγῶνα.

Συντελεστικὸν εἰς στερέωσιν τοῦ κλονιζομένου ὀθωμανικοῦ κράτους ἐθεώρησεν ὁ σουλτάνος τὴν ἐξόντωσιν τῶν δυνατῶν τοπαρχῶν του· ἐπερρεάζετο δὲ πρὸς τοῦτο ὄχι μόνον ὑπὸ τῆς πολιτικῆς του, ἀλλὰ καὶ ὑπὸ τῆς σφοδρᾶς ἐπιθυμίας του νὰ σφετερισθῇ τοὺς θησαυρούς των.

Ὁ Ἀλῆς ἦτο καὶ δυνατὸς καὶ πλούσιος· πλήρης δὲ καὶ τόλμης, ἣν ἐμπνέει ἡ εὐτυχία, καὶ σύστημα ἔχων ν᾽ ἀπαλλάττεται ἐχθρῶν καὶ ἀντιζήλων διὰ παντὸς θεμιτοῦ ἢ ἀθεμίτου τρόπου δὲν ἐβράδυνε νὰ δώσῃ τῷ καιροφυλακτοῦντι κυριάρχῃ του δικαίαν ἀφορμὴν τῆς μέχρι θανάτου καταδρομῆς του διὰ τοῦ ἑξῆς τολμήματος.

Ἔπεσεν εἰς τὴν ὀργὴν τοῦ σατράπου τούτου καὶ κατεδιώκετο μέχρι θανάτου ὁ συγγενής του καὶ ἄλλοτε ἐπιστήθιος φίλος του καὶ συνεργὸς τῶν σκοπῶν του Ἰσμαήλμπεης ὁ καὶ Πασόμπεης. Κατέφυγεν ὁ μπέης οὗτος πρὸς ἀποφυγὴν τῶν δεινῶν του εἰς πολλὰ μέρη, ἀλλὰ παντοῦ ἐκινδύνευσε· μετέβη ἐπὶ τέλους εἰς Κωνσταντινούπολιν διψῶν ἐκδίκησιν κατὰ τοῦ θανασίμου ἐχθροῦ του, καὶ εὐτύχησε νὰ εἰσχωρήσῃ εἰς τὰ συμβούλια τῆς Πύλης ὡς καπουτσήμπασης, νὰ κερδίσῃ τὴν εὔνοιαν καὶ νὰ κινήσῃ κατὰ τοῦ Ἀλῆ τὴν ὀργὴν τοῦ τότε παντοδυνάμου Χαλέτ-ἐφέντη. Ὁ Ἀλῆς κατεταράχθη μαθὼν τὴν ὕψωσιν τοῦ ἐχθροῦ

ΚΕΦΑΛΑΙΟΝ Α.

του, καὶ ἔτι μᾶλλον ἀφ' οὗ εἶδε μετ' ὀλίγον, ὅτι ὁ δευτερότοκος υἱός του, Βελήπασας, ἡγεμὼν τῆς Λαρίσσης, μετετέθη ἐκ τῆς λαμπρᾶς ἐκείνης ἡγεμονείας εἰς τὴν ποταπὴν τῆς Ναυπάκτου διὰ τῆς παρὰ τῷ σουλτάνῳ ἐνεργείας τοῦ Χαλέτη. Ἀκολουθῶν δὲ τὴν ἐπίβουλον καὶ ἀσυνείδητον πολιτικήν του ἀπεφάσισε νὰ δολοφονήσῃ τὸν Πασόμπεην ἐντὸς τῆς βασιλευούσης, καὶ ἐμίσθωσεν ἐπὶ τούτῳ τρεῖς Ἀλβανούς, οἵτινες καιροφυλακτήσαντες τὸν ἐπιστόλισαν, ἀλλὰ δὲν τὸν ἔβλαψαν, καὶ συλληφθέντες ὡμολόγησαν, ὅτι ἦσαν ὄργανα τῆς θελήσεως τοῦ Ἀλῆ. Καὶ οὗτοι μὲν ὡς κακοῦργοι ἐκρεμάσθησαν, ὁ δὲ Ἀλῆς μετεπέμφθη ἐντὸς ῥητῆς προθεσμίας εἰς Κωνσταντινούπολιν ἵνα ἀπολογηθῇ. Παρήκουσε, καὶ ἡ Πύλη ἐκίνησεν ὅπλα κατ' αὐτοῦ, ὡς ἀπειθοῦς καὶ ἀποστάτου, καὶ ἀνέδειξε τὸν Πασόμπεην ἀρχιστράτηγον τῶν κατ' αὐτοῦ δυνάμεων καὶ ἡγεμόνα Ἰωαννίνων καὶ Δελβίνου.

Κατετάραξε τὴν Ἑλλάδα τὸ κατὰ τοῦ Ἀλῆ κίνημα, καὶ ὥπλισε τοὺς Ἕλληνας, τοὺς μὲν ὑπὲρ αὐτοῦ, τοὺς δὲ κατ' αὐτοῦ. Οἱ δὲ διευθύνοντες τὰ τῆς Ἑταιρίας ἐθεώρησαν τὴν περίστασιν τῆς τουρκικῆς ταύτης ἀλληλομαχίας ἁρμοδίαν εἰς ἔναρξιν τοῦ ἑλληνικοῦ ἀγῶνος, καὶ δὲν ἐσυλλογίσθησαν ὅτι τὰ πάντα ἦσαν ἀνέτοιμα, οὐδὲ πόσον ἐναντίαι πρὸς τὸν μελετώμενον σκοπὸν ἐφαίνοντο αἱ ἐξωτερικαὶ περιστάσεις, καθ' ὃν καιρὸν ἡ ἱερὰ συμμαχία, καταπτοηθεῖσα δι' ὅσα ἐνήργησεν ὁ καρβοναρισμὸς ἐν τῇ Ἰταλίᾳ εἰς ἀνατροπὴν τῶν καθεστώτων, ὄχι μόνον ἐκινήθη ἔνοπλος κατ' αὐτοῦ, ἀλλὰ ἐκηρύχθη καὶ ἐπισήμως κατὰ πάσης πολιτικῆς καινοτομίας γινομένης παρὰ γνώμην τῶν κρατούντων, οἱαδήποτε καὶ ἂν ἦσαν τὰ κινοῦντα αἴτια, καὶ πρὸς οἱονδήποτε σκοπὸν καὶ ἂν ἀπέβλεπαν.

ΚΕΦΑΛΑΙΟΝ Β.

Ὁ Ἀλέξανδρος Ὑψηλάντης καθίσταται ἐπίτροπος τῆς Ἀρχῆς τῆς Ἑταιρίας τῶν Φιλικῶν.—Ἐνέργειαι αὐτοῦ καὶ προετοιμασίαι εἰς ἐπανάστασιν τῆς Ἑλλάδος.

ΕΙΠΑΜΕΝ, ὅτι οἱ διευθύνοντες τὰ τῆς Ἑταιρίας ἔστειλαν ἕνα ἐξ αὐτῶν, τὸν Ξάνθον, πρὸς τὸν Καποδίστριαν προσφέροντές τῳ τὴν ἀρχηγίαν τῆς Ἑταιρίας. Ἀλλ' ὁ ἀπόστολος οὗτος ὄχι μόνον δὲν ηὗρεν εὐμενῆ ὑποδοχὴν παρὰ τῷ Καποδιστρίᾳ, ἀλλὰ καὶ κακῶς ἀπεπέμφθη ὡς συνεργῶν εἰς τὴν καταστροφὴν τοῦ ἔθνους του, καὶ ἠναγκάσθη νὰ στρέψῃ πρὸς ἄλλον τὰ βλέμματά του.

Ὁ Ἀλέξανδρος Ὑψηλάντης ἔζη ἐν Ῥωσσίᾳ· ἦτο βλαστὸς λαμπρᾶς οἰκογενείας καὶ υἱὸς ἡγεμόνος καταδιωχθέντος ὑπὸ τῆς Πύλης καὶ πρόσφυγος εἰς Ῥωσσίαν· διέπρεψε μαχόμενος ὑπὸ τὴν ῥωσσικὴν σημαίαν· ἐν δὲ τῇ μάχῃ τῆς Δρέσδης ἀπεκόπη καὶ ἡ δεξιά του. Ἔφερε τίτλον πρίγκηπος καὶ βαθμὸν στρατηγοῦ, καὶ ἐδείκνυε πάντοτε πολλὴν φιλογένειαν καὶ μέγαν ἐνθουσιασμὸν ὑπὲρ τῆς ἐλευθερίας τῆς Ἑλλάδος. Τοιαῦτα χαρακτηριστικὰ ἐθεώρησεν ὁ πρὸς τὸν Καποδίστριαν ἀποσταλεὶς καὶ ἀποβληθεὶς Ξάνθος ἄξια τῆς γενικῆς ἀρχηγίας τῆς Ἑταιρίας. Ὡς μυστικὸς δὲ καὶ αὐτὸς ἀρχηγὸς αὐτῆς δὲν ἔκρινεν ἀναγκαῖον νὰ ζητήσῃ τὴν γνώμην τῶν συναρχηγῶν του· ἔφερεν ὑπογεγραμμένην παρ' αὐτῶν σύμβασιν, ἣν ἔπρεπε νὰ προσυπογράψῃ ὁ Καποδίστριας, ἂν ἐδέχετο τὴν γενικὴν ἀρχηγίαν (α). Κατ' αὐτὴν ὤφειλεν ὁ γενικὸς ἀρχηγὸς νὰ συμβουλεύεται καὶ αὐτοὺς περὶ πάντων.

ΚΕΦΑΛΑΙΟΝ Β.

Ὁ ἀποσταλεὶς, εὑρὼν τὸν Ὑψηλάντην πρόθυμον νὰ τὴν προσυπογράψῃ, τὸν ἐχειροτόνησεν ἐπίτροπον τῆς Ἀρχῆς· ὁ δὲ Ὑψηλάντης, λαβὼν ἐντεῦθεν τὴν ἀπαιτουμένην ἐξουσίαν, καὶ κατανοήσας ὁποῖοι ἦσαν οἱ συνιστῶντες τὴν Ἀρχήν, ἐσφετερίσθη ὅλην τὴν ὑπερτάτην διοίκησιν τῶν πραγμάτων, ὀλιγωρήσας μὲν τοὺς ἀρχηγοὺς τῆς Ἑταιρίας καὶ δοτῆρας τῆς ἐξουσίας του, καὶ θεωρήσας τὴν ὑπογραφεῖσαν πρᾶξιν ὡς χαρτίον ἄγραφον, προσποιούμενος δὲ πάντοτε, ὅτι ἐνήργει ὑπὸ διαταγὰς ἀνωτέρων εἰς πλάνην τῶν μὴ εἰδότων τὸ μυστήριον τῆς ἀνυπάρκτου Ἀρχῆς· ἀνέλαβε δὲ τὴν γενικὴν ἀρχηγίαν τὴν 20 ἰουνίου 1820, καὶ ἤρχισεν ἔκτοτε νὰ ἐνεργῇ ἐντὸς τῆς Ῥωσσίας ὅ,τι ἐνόμιζεν ὠφέλιμον πρὸς τὸν σκοπόν του.

Ὁ δὲ Γαλάτης μετά τινα διατριβὴν ἐν Βλαχίᾳ, ὅπου πρῶτος εἰσῆξε τὴν Ἑταιρίαν, ἀφίχθη εἰς Κωνσταντινούπολιν. Ὑποπτεύσαντές τον οἱ ἐκεῖ συνάδελφοί του ὡς ἐπίβουλον, ἢ ὡς προσπαθοῦντα νὰ σφετερισθῇ τὴν Ἀρχήν, τὸν ἔπεισαν ν' ἀπέλθῃ, ἐπὶ προετοιμασίᾳ δῆθεν τοῦ ἀγῶνος, εἰς Πελοπόννησον ἐν συνοδίᾳ τινῶν συνεταίρων· ἀλλὰ φθάσας παρὰ τὴν Ἑρμιόνην (Καστρὶ) ἀντικρὺ τῶν Σπετζῶν ἐδολοφονήθη παρ' αὐτῶν, ὑπερμεσοῦντος τοῦ ἔτους. Τόσον δὲ ὁ ζῆλος τῆς Ἑταιρίας κατέτρωγε τοὺς μύστας αὐτῆς, ὥστε ἐπλήγωσέ τις αὐτῶν καιρίως ἐν Κωνσταντινουπόλει τὸν Ἀναγνώσην Δηληγιάννην ὡς ἀποδοκιμάζοντα τὰ τῆς ἑταιρίας.

Ἐν τούτοις, ὁ Παπαρρηγόπουλος ἐφιχθεὶς εἰς Κωνσταντινούπολιν παρέστη ἐνώπιον τῶν ἐκεῖ ἐφόρων τῆς Ἑταιρίας, καὶ ἀπεστάλη εἰς Πετρούπολιν πρὸς συνέντευξιν τοῦ Ὑψηλάντου ὅπως μυσταγωγηθῇ δῆθεν παρ' ἐκείνου τὰ τῆς Ἀρχῆς καὶ τῷ ἐγχειρίσῃ τὰ πρὸς αὐτὴν γράμματα. Ὡς δὲ διπλοῦς ἀπόστολος, ἐπεσκέφθη καὶ τὸν ἐν Κωνσταντινου-

ΚΕΦΑΛΑΙΟΝ Β.

πόλει επίτροπον του Αλή προς ον ήτο συστημένος, και δι' αυτού εθάρρυνεν αύθις τον Αλήν να επιμείνη εις ην εμελέτα προς τον σουλτάνον αντίστασιν, και να ελπίζη πάντοτε εις την ρωσσικήν υπεράσπισιν· τα αυτά τω εγνωστοποίησε και αφ' ου έφθασεν εις Πετρούπολιν, και τω προανήγγειλεν ως άφευκτον τον προς την Πύλην ρωσσικόν πόλεμον. Μη ευρών δε τον Υψηλάντην εν Πετρουπόλει, έτρεξε κατόπιν του εις Μόσχαν, κάκείθεν εις Όδησσόν, όπου τον συνήντησε και τω ανεκάλυψε τον σκοπόν της αποστολής του. Ερωτήσας δε αυτόν και περί της Αρχής προς ην εστέλλετο, ήκουσεν, ότι ήτον αφανής, ότι αυτός ήτον ο πληρεξούσιός της, και ότι αυτώ έπρεπε τα προς αυτήν γράμματα να εγχειρίση, και τους στοχασμούς του να ανακοινώση, και ότι δια του πληρεξουσίου της θα εμάνθανεν η Αρχή τα πάντα και δι' αυτού θα έδιδε τας αναγκαίας διαταγάς. Ο Παπαρρηγόπουλος τω έδωκεν επί τοις λόγοις τούτοις το συστατικόν των Πελοποννησίων, τω είπεν ότι οι Έλληνες ανέμεναν όλα τα του πολέμου παρά της Αρχής, και τον επληροφόρησεν ακριβώς περί της καταστάσεως των πραγμάτων καθ' όλην την Ελλάδα. Ηπόρησεν ο Υψηλάντης ακούσας, ότι ούτε στρατεύματα ήσαν μυστικώς προωργανισμένα, ούτε χρήματα αποτεταμιευμένα, ούτε πολεμεφόδια ουδαμού συσσωρευμένα. Εις τόσην δε απάτην τον έρριψαν οι απόστολοί του, ώστε εδίσταζε να πιστεύση όσα αληθώς τω έλεγεν ο Παπαρρηγόπουλος, όστις θεωρήσας εθνοφθόρον τον δισταγμόν του έγραψε δι' άλλης χειρός επί του αγράφου και παρά των αρχιερέων και προκρίτων της Πελοποννήσου υπογεγραμμένου χαρτίου όσα ενόμισε συντελεστικά εις παύσιν του δισταγμού και εις αναίρεσιν των ψευδολογιών εφ' ων ο ατυχής πληρεξούσιος εσάλευε τας ελπίδας του και ερριψοκινδύνευε την ύπαρξιν του έθνους του· αλλ' ούδ' αυτό το έγγραφον ίσχυσε να απάλλαξη τον Υψηλάντην της απάτης του.

Το φθινόπωρον του 1820 επανήλθεν ο Παπαρρηγόπουλος εις Πάτρας και ενεχείρισε τω Παλαιών Πατρών (β) τα παρά του Υψηλάντου ως πληρεξουσίου επιτρόπου της Αρχής αποκριτικά γράμματα πραγματοποιούντα τας αιτήσεις της πελοποννησιακής ομηγύρεως δι' αδείας εγκαταστάσεως γενικής εφορίας διοικούσης εν Πελοποννήσω τα της Εταιρίας υπό την Αρχήν και εχούσης την απαιτουμένην ισχύν εφ' όλων των αδελφών, και δια συστάσεως γενικού ταμείου των κατά την Πελοπόννησον, καθ' όλον το Αιγαίον και κατά την Επτάννησον συνεισφορών αυτών. Τα αυτά γράμματα ανήγγελλαν ως εξ ονόματος της Αρχής και την αναγόρευσιν του Υψηλάντου ως πληρεξουσίου αυτής. Οι Πελοποννήσιοι λαβόντες ταύτα, ακούσαντες και τους θαρρυντικούς λόγους του αποστόλου των υποπτεύσαντος τα του Υψηλάντου ως σαθρά, αλλά μη στηλιτεύσαντος αυτά, και αναγνώσαντες μάλιστα και φράσιν των προς αυτούς γραμμάτων λέγουσαν, "εζητήθη και όθεν "έδει η ανήκουσα βοήθεια και υπεράσπισις "και εχορηγήθη αφθόνως," εθαρρύνθησαν και εσύστησαν την εφορίαν, υπό την προεδρίαν του Ιωάννου Βλασοπούλου προξένου της Ρωσσίας, εκ των αρχιερέων, Π. Πατρών Γερμανού, Μονεμβασίας Χρυσάνθου, Χριστιανουπόλεως Γερμανού, και εκ των προκρίτων Ασημάκη Ζαήμη, Σωτήρη Χαραλάμπη και Θεοδώρου Ρέντη· διώρισαν δε και ταμίας τον Ιωάννην Παπαδιαμαντόπουλον και τον Πιναγιώτην Αρβάλην. Η εκλογή αύτη εψύχρανέ τινας μη συμπαραληφθέντας εν τη εφορία, και εντεύθεν ανεφύη έρις και αντίπραξις πριν αρχίση ο αγών, και η εφορία έμεινεν εξ αυτής της συστάσεώς της νεκρά.

ΚΕΦΑΛΑΙΟΝ Β.

Ἐν τῷ μεταξὺ δὲ τούτῳ ὁ ἐν Ῥωσσίᾳ Ὑψηλάντης ᾔτησε παρὰ τῆς ῥωσσικῆς κυβερνήσεως ἄδειαν ἀπουσίας, καὶ μετέβη εἰς Βεσσαραβίαν, ὅπου πολλάκις διελέχθη μετὰ διαφόρων μελῶν τῆς Ἑταιρίας ἐλθόντων πολλαχόθεν εἰς ἔντευξίν του, προετοιμάζων τὰ πάντα πρὸς ἔναρξιν τοῦ ἀγῶνος. Οἱ ἀπόστολοι τῆς Ἑταιρίας, οἱ γενικῶς τὴν ταχεῖαν ἔναρξιν τοῦ ἀγῶνος ἐπιθυμοῦντες, τοὺς μὲν Ἕλληνας, πρὸς οὓς ἐστέλλοντο, ἐβεβαίουν ὅτι πᾶσα βοήθεια θὰ ἤρχετο ἔξωθεν ἅμα ἤρχιζεν ἐντὸς ὁ ἀγών, τὸν δὲ Ὑψηλάντην ἐθάρρυναν λέγοντες, ὅτι τὰ πάντα ἦσαν ἕτοιμα ἐντὸς τῆς Ἑλλάδος, καὶ ὅτι οἱ Ἕλληνες δὲν ἐζήτουν εἰ μὴ ἀρχηγὸν ἔξωθεν εἰς ἔναρξιν. Ὁ Ὑψηλάντης ἐπίστευεν ὅσα τῷ ἔλεγαν, διότι ἦσαν ὅσα ἐπεθύμει, καὶ ἐνόμιζεν ὅτι δὲν ἐπρόκειτο ν' ἀνεγείρῃ θρόνον, ἀλλὰ νὰ καθήσῃ ἐπὶ ἤδη ἀνεγερθέντος. Ἂν δέ τις τῷ ἔλεγε τὴν ἀλήθειαν, δὲν ἐπιστεύετο· τόσον ἐφάνη εὐαπάτητος. Ἀπεφάσισε δὲ ἐν πρώτοις νὰ κατέλθῃ εἰς Ἑλλάδα, καὶ ἔστειλε καί τινας φέροντας μυστικὰ γράμματα εἰς τὴν Πελοπόννησον, εἰς τὰς νήσους καὶ εἰς τὴν στερεὰν Ἑλλάδα, καὶ ἔχοντας ἐντολὴν νὰ προκηρύξωσι τὴν ταχεῖαν ἔλευσίν του καὶ προετοιμάσωσι τὴν ὁδόν του· διενοεῖτο δὲ ἄγνωστος νὰ καταβῇ εἰς Τεργέστην ὅπου θὰ τὸν περιέμενεν ἑλληνικὸν πλοῖον περὶ τὴν 20 νοεμβρίου, καὶ ἄγνωστος νὰ καταπλεύσῃ εἰς τὰ παράλια τῆς Μάνης, ὅθεν ἐμελέτα ν' ἀρχίσῃ τὰ ἔνοπλα κινήματά του τὴν 25 μαρτίου, ἡμέραν τοῦ Εὐαγγελισμοῦ, ὡς εὐαγγελιζομένην τὴν πολιτικὴν λύτρωσιν τοῦ ἑλληνικοῦ ἔθνους· ἀλλ' ἐν ᾧ κατεγίνετο παρασκευάζων τὴν εἰς Ἑλλάδα κατάβασίν του, τινὲς τῶν περὶ αὐτὸν ὑπερίσχυσαν συμβουλεύοντές τον νὰ μεταβῇ εἰς Μολδοβλαχίαν, καὶ ἐκεῖθεν ν' ἀρχίσῃ τὸν ἀγῶνα. Εἰς ὑποστήριξιν δὲ τῆς γνώμης των τῷ ἔλεγαν, ὅτι αἱ δύο αὗται ἡγεμονεῖαι ἐθεωροῦντο ὡς ἄλλη Ἑλλάς, διότι καὶ ἡγεμόνες καὶ αὐλικοὶ ἦσαν

ΚΕΦΑΛΑΙΟΝ Β.

Έλληνες, και ο λαός ως ομόδοξος ήτο πρόθυμος να συναγωνισθή τον υπέρ πίστεως αγώνα, ότι ο ηγεμών της Μολδαυίας τον εδέχετο προθύμως, ότι η ηγεμονεία της Βλαχίας, χηρεύουσα διά τον μεσούντος του ιανουαρίου θάνατον του ηγεμόνος της Αλεξάνδρου Σούτσου, ετέλει υπό αδύνατον μεσηγεμονίαν ή μάλλον ειπείν αναρχίαν, ότι ευρίσκετο εν ταις ηγεμονείαις μέγας αριθμός Φιλικών, ότι Τούρκοι δεν ενυπήρχαν, ότι ο τόπος είχεν αφθόνους τροφάς εις διατήρησιν πολυπληθών στρατευμάτων, και ότι το ταμείον της Φιλικής Εταιρίας δεν ήτο κενόν. Τον εβεβαίουν δε εξ ων είχαν πληροφοριών, ότι έτοιμοι ήσαν να συναγωνισθώσιν όλοι οι Αρβανίται. Αρβανίται δε ελέγοντο οι εν ταις δύο ηγεμονείαις σύμμικτοι Έλληνες, Βούλγαροι και Σέρβοι συνδεόμενοι διά του αυτού δόγματος και ποριζόμενοι τα προς το ζην δι' οπλοφορίας, τινές δε διά μισθώσεως προσόδων. Οι Φαναριώται αυθένται, εξ ότου η ηγεμονία μετέπεσεν εις χείράς των, τους μετεχειρίζοντο εις ιδίαν φρουράν και εις δημοσίαν υπηρεσίαν. Το παράδειγμα των αυθέντων μιμούμενοι οι εντόπιοι άρχοντες είχαν και ούτοι Αρβανίτας και εις υπηρεσίαν των και εις φύλαξιν των γαιών των. Οι σύμμικτοι δε ούτοι, πολεμικώτεροι των εντοπίων, ελογίζοντο τω καιρώ εκείνω τετρακισχίλιοι. Εθάρρυναν τον Υψηλάντην ίνα μεταβή εις τας ηγεμονείας και οι εξής λόγοι.

Διέτριβαν εν Βλαχία δύο σημαντικοί οπλαρχηγοί Έλληνες, ο Γεωργάκης Ολύμπιος, υπηρετήσας άλλοτε υπό τους Ρώσσους, και ο Πάτμιος Σάββας Καμινάρης, έχοντες αμφότεροι ικανόν αριθμόν οπλοφόρων· και ο μεν Ολύμπιος, νυμφευθείς την χήραν του περιφήμου Σέρβου Χαϊδούκου Βέλκου και πολεμήσας άλλοτε υπέρ αυτού εν Σερβία, είχεν εκεί μέγα κόμμα· ο δε Σάββας είχε πολλήν επιρροήν εν Βουλγαρία· αμφότεροι δε ούτοι, μέλη όντες της Εταιρίας των Φιλικών,

ΚΕΦΑΛΑΙΟΝ Β.

εἰδοποίησαν τὸν Ὑψηλάντην, ὅτι ἦσαν καὶ ἕτοιμοι καὶ εὐέλπιδες νὰ κινήσωσιν εἰς ἐπανάστασιν τοὺς τόπους ἐκείνους. Ἐκτὸς τούτου, ἀπηγορεύετο κατὰ τὰς συνθήκας Τουρκίας καὶ Ῥωσσίας πᾶσα εἰσβολὴ τουρκικῶν στρατευμάτων εἰς τὰς ἡγεμονείας ἄνευ προηγουμένης συγκαταθέσεως τῆς Ῥωσσίας, καὶ εὐλόγως ἐσυλλογίζετο ὁ Ὑψηλάντης ὅτι ἂν ἐτάραττε τὰς ἡγεμονείας, ἡ Πύλη μανθάνουσα τὰς ταραχὰς ἢ θὰ ἔστελλεν ἀμέσως διὰ τὸ κατεπεῖγον τῆς περιστάσεως κατὰ τῶν ἀποστατῶν δυνάμεις ἄνευ προηγουμένης συγκαταθέσεως τῆς Ῥωσσίας, καὶ τότε παρέβαινε τὰς συνθήκας καὶ ἔδιδε δικαίαν ἀφορμὴν πολέμου, ἢ θὰ ἐζήτει τὴν συγκατάθεσίν της εἰς ἀποστολὴν στρατευμάτων, καὶ τότε παρήρχετο πολὺς καιρός· ὥστε ἐδύνατο ὁ Ὑψηλάντης ἐν τῷ μεταξὺ τούτῳ, μένων ἀνεπηρέαστος, νὰ ὀργανίσῃ ἱκανὰς δυνάμεις ἐν ταῖς ἡγεμονείαις καὶ εὐτυχῶς νὰ προοδεύσῃ· ἐπίστευε δὲ ὡς κατορθωτὸν καὶ σχέδιόν τι σταλὲν παρὰ τῆς ἐν Κωνσταντινουπόλει ἐφορίας καὶ ἐπιδιορθωθὲν καὶ ἐγκριθὲν παρ' αὐτοῦ, καθ' ὃ ἡ Κωνσταντινούπολις ἐν ῥητῇ ἡμέρᾳ θὰ ἐκαίετο, ὁ σουλτάνος θὰ ἐφονεύετο, ὁ στόλος θὰ ἐκυριεύετο ἢ θὰ κατεστρέφετο, καὶ οἱ βασιλικοὶ θησαυροὶ θὰ διηρπάζοντο. Τοιοῦτοι λόγοι ἔπεισαν τὸν Ὑψηλάντην νὰ προτιμήσῃ τὴν εἰς τοὺς παραδουναβίους τόπους μετάβασιν ἐπὶ σκοπῷ πάντοτε νὰ μὴ διαμείνῃ ἐν Μολδοβλαχίᾳ, Σερβίᾳ ἢ Βουλγαρίᾳ, ἀλλὰ νὰ καταβῇ εἰς Ἑλλάδα ἀνάπτων παντοῦ καθ' ὁδὸν τὴν φλόγα τῆς ἀποστασίας. Ἐπετάχυναν δὲ τὴν ἔναρξιν τοῦ ἀγῶνος πρὸ τῆς προσδιορισθείσης ἡμέρας τῆς 25 μαρτίου αἱ ἑξῆς αἰτίαι.

Μεταξὺ τῶν ἀποστόλων οὓς ὁ Ὑψηλάντης ἔπεμψεν εἰς διάφορα μέρη φέροντας τὰς περὶ τῆς ἀποστασίας ἐντολάς του, ἦσαν καὶ ὁ Δημήτριος Ὕππατρος Μετσοβίτης, καὶ ὁ Ἀριστείδης Παπᾶς ἢ

Πώπ Θεσσαλός, και οι δύο άλλοτε κληρικοί. Τούτων ο μεν πρώτος διέβη εις Θεσσαλονίκην φέρων γράμματα του Υψηλάντου, εν οις και ιδιόχειρα αυτού, προς πολιτικούς και πολεμικούς των μερών εκείνων και σκοπεύων ν' απέλθη εις Ήπειρον· ο δε δεύτερος εστέλλετο εις Σερβίαν φέρων και αυτός γράμματα προς επανάστασιν της ηγεμονείας εκείνης. Αμφότεροι δε συλληφθέντες καθ' οδόν, αρχομένου του ιανουαρίου, εφονεύθησαν, και τα γράμματα έπεσαν εις χείρας της οθωμανικής εξουσίας. Ο Υψηλάντης, εν αγνοία εισέτι των κατά τον Αριστείδην, αλλ' εν πλήρει γνώσει των κατά τον Ύππατρον, κατεθορυβείτο αναλογιζόμενος ότι, αν η Πύλη έστελλε τα γράμματα ταύτα προς τον αυτοκράτορα Αλέξανδρον παραπονουμένη, ότι στρατηγός του ωργάνιζεν επανάστασιν εντός της οθωμανικής αυτοκρατορίας, και απαιτούσα την ματαίωσιν του σχεδίου του, θα ηναγκάζετο ο αυτοκράτωρ να τον ανακαλέση εκ Βεσσαραβίας και να τον καταστήση διόλου άχρηστον· αρθέντος δε αυτού εκ μέσου, εματαιούντο όλα τα σχέδια της Εταιρίας. Εκτός του δεινού τούτου συμβάντος, εγνώσθη ότι και τις Ασημάκης Θεοδώρου Πελοποννήσιος επρόδωκε την Εταιρίαν τω σουλτάνω, καί τις Διόγος Επταννήσιος, μέλος της Εταιρίας, την επρόδωκε και αυτός τω Αλή, ούτος δε την ανεκάλυψε τω κυριάρχη του επ' ελπίδι να εύρη χάριν ενώπιόν του· έλαβε δε και εξ Ελλάδος ο Υψηλάντης κατ' εκείνας τας ημέρας γράμματα λέγοντα, ότι η Εταιρία ήτο πασίγνωστος, ότι το έθνος ευρίσκετο επί του χείλους της αβύσσου εξ αιτίας της ανακαλύψεώς της, και ότι ώφειλε να καλέση τους λαούς άνευ ουδεμιάς αναβολής εις τα όπλα.

Λήγοντος δε του δεκεμβρίου του αυτού έτους, κατέβη εις Πελοπόννησον ως αντιπρόσωπος του Υψηλάντου ο εκ της επαρχίας του Λεονταρίου αρχι-

ΚΕΦΑΛΑΙΟΝ Β. 27

μανδρίτης Γρηγόριος Δικαίος Φλέσσας, ὁ κατ' ἀρχὰς ἀπόστολος καὶ μετὰ ταῦτα μέλος τῆς ὑπερτάτης Ἀρχῆς, ἤτοι εἰδὼς τὸ μυστήριον τῆς ἀπάτης, ἄνθρωπος νεωτεριστής, μεγαλότολμος καὶ πνευματώδης, ἀλλ' ἀνίκανος νὰ ἐμπνεύσῃ σέβας διὰ τοῦ χαρακτῆρός του ἢ τῆς διαγωγῆς του· διὰ ταῦτα, καὶ διότι οἱ ἀρχιερεῖς καὶ οἱ προεστῶτες τῆς Πελοποννήσου, γινώσκοντες τὸν πρὸ ὀλίγου μικρόν, τὸν εἶδαν διὰ μιᾶς μέγαν, κακίστην ἐπροξένησεν ἐντύπωσιν ὁ ὑψηλὸς διορισμός του ἐξ αὐτῶν τῶν προοιμίων.

Ἡ δὲ ἐν Πελοποννήσῳ τουρκικὴ ἐξουσία εἶχε συλλάβει πρό τινος καιροῦ μεγάλας ὑποψίας περὶ τῶν μελετωμένων. Πᾶσα ἄλλη ἐξουσία θὰ ἐξιχνίαζεν ἀκόπως καὶ ἀκριβῶς ὅλην τὴν ἀλήθειαν ἐξ ὅσων ἀσυστόλως ἐλέγοντο καὶ ἐνηργοῦντο καθ' ὅλας τὰς ἐπαρχίας τῆς Πελοποννήσου· ἀλλ' οἱ ὑπὸ τὴν Πύλην ἡγεμόνες, καταγινόμενοι εἰς τὸ ν' ἀργυρολογῶσι μᾶλλον ἢ νὰ διοικῶσιν, ἔχοντες δὲ καὶ ἕξιν νὰ σφάζωσι καὶ καταστρέφωσι ὁσάκις συνελάμβαναν πολιτικὰς ὑποψίας, συγχέοντες πταίστας ὑπόπτους καὶ ἀθώους, δὲν ἐφρόντιζαν συνήθως νὰ προασφαλίζωσι τὴν ἐπικράτειαν καθ' οὓς ἀπαιτεῖ ἡ προνοητικὴ πολιτικὴ τρόπους. Τὴν φύσει δὲ τυφλὴν ὡς πρὸς τὰ τοιαῦτα τουρκικὴν ἐξουσίαν ἀπετύφλωσε ἡ ἀποστασία τοῦ Ἀλῆ, ἣν δράξαντες ὡς ἀφορμὴν οἱ Ἕλληνες διέσπειραν ἐπιτηδείως παντοῦ, ὅτι ὁ Ἀλῆς, ὃν παρωνόμαζαν ἐπονειδίστως Καραλῆν, ἠρέθιζε τὴν Πελοπόννησον, καὶ ὅτι ἀρχιερεῖς καὶ ἄρχοντες κατεγίνοντο εἰς ματαιώσιν τῶν σχεδίων του. Ἀλλὰ μόλις διεσκεδάζοντο αἱ ἐπικρατοῦσαι ὑποψίαι, καὶ ἀνεφύοντο τὴν ἐπαύριον νέαι ἰσχυρότεραι, ὥστε οἱ ἐντόπιοι Τοῦρκοι, ἔχοντες ἄλλα συμφέροντα παρὰ τὰ τῶν ἡγεμόνων, ἦσαν πάντοτε ἔμφοβοι. Διὰ τὰς αἰτίας ταύτας, καὶ πρὸς ἀκριβῆ γνῶσιν τῆς ἀποστολῆς τοῦ Δικαίου, καὶ σπουδαίαν σύσκεψιν περὶ τοῦ πρακτέου, συνῆλθαν εἰς Βοστίτσαν, ὡς εἰς ἀπόκεντρον μέρος, ἀρχιερεῖς τινες καὶ προεστῶτες συναινέσει καὶ τῶν μὴ παρόντων, εἰς ἀποφυγὴν ὑποψιῶν. Θέλοντες δὲ νὰ κρύψωσι καὶ οἱ ὀλίγοι οὗτοι τὸν ἀληθῆ σκοπὸν τῆς συνελεύσεως, διέδοσαν ὅτι συνείρχοντο κατὰ διαταγὴν τῆς μεγάλης ἐκκλησίας πρὸς ἐπιτόπιον ἐπιθεώρησιν ἀγροῦ τινος σταυροπηγιακοῦ διαφιλονεικουμένου. Ὑπὸ τὸ πρόσχημα τοῦτο συνεδρίασαν κατὰ πρώτην φορὰν τὴν 26 ἰανουαρίου, καὶ ἠκροάσθησαν τὸν Δικαῖον διαδίδοντα ἀσκέπτως καὶ ἀσυστόλως ἐπὶ τῆς εἰς Ἑλλάδα καταβάσεώς του καὶ τῆς εἰς Βοστίτσαν ἐλεύσεώς του, ὅτι ἤγγιζεν ἡ ἔναρξις τοῦ ἀγῶνος, καὶ ὅτι ἐστέλλοντο ἔξωθεν ἄφθονα καὶ πολυειδῆ πολεμικὰ βοηθήματα. Ἔδειξε δὲ ἐν Βοστίτσῃ καὶ τὰς ὁδηγίας του καὶ τὰ πιστωτήριά του, δι᾽ ὧν ἀπεκαλεῖτο παρὰ τοῦ Ὑψηλάντου "ἄλλος ἐγώ." Εἰς ἀπόδειξιν δὲ τῆς πολλῆς ἀπάτης τοῦ Ὑψηλάντου περὶ τῶν τῆς Ἑλλάδος, καὶ τῆς σφαλερᾶς κρίσεώς του, σημειοῦμεν ἐκ τῶν περὶ ὧν ὁ λόγος ὁδηγιῶν τὰ ἀκόλουθα.

"Ἄρθρ. β'. Οἱ ἀρχιερεῖς οἱ ἄρχοντες καὶ οἱ
" δημογέροντες τῆς Πελοποννήσου νὰ ἐκλέξωσιν
" ἀπὸ ὅλον τὸ σύστημα τῶν προεστώτων δύω τοὺς
" δοκιμωτέρους καὶ ὑποληπτικωτέρους, οἱ ὁποῖοι κα-
" θήμενοι εἰς Τριπολιτσὰν νὰ θεωρῶσι τὰς συμ-
" πιπτούσας κοινὰς τῆς πατρίδος ὑποθέσεις μὲ κα-
" θαρὰν συνείδησιν, οἱ δὲ λοιποὶ νὰ διοργανίσωσιν
" εἰς τὰς ἐπαρχίας τὸ πρᾶγμα εὐτάκτως καὶ ταχέως.

"Ἄρθρ. γ'. Τὸ στρατιωτικὸν νὰ διοργανισθῇ
" εὐτάκτως· ἡ εὐταξία φέρουσα τὴν εὐδαιμονίαν
" τῶν ὅπλων, τότε θέλει φυλαχθῇ, ὅταν καθ᾽ ὅλας
" τὰς ἐπαρχίας διορισθῶσι χιλίαρχοι οἱ πλέον φρό-
" νιμοι καὶ δόκιμοι εἰς τὸ νὰ ὁπλοφορῶσι καὶ νὰ
" διοικήσωσι στρατόν. Πρέπει νὰ γενῇ κατὰ ἐπαρ-
" χίαν ἡ ἐκλογὴ ἑνὸς χιλιάρχου ἔχοντος τὴν ἄδειαν

ΚΕΦΑΛΑΙΟΝ Β.

" νὰ στρατολογήσῃ καὶ νὰ ἐπιστήσῃ κατὰ τὴν τάξιν
" τῆς χιλιαρχίας τοὺς ἀξιωματικούς, ἤτοι ἑκατον-
" τάρχους, πεντηκοντάρχους καὶ δεκάρχους. Εἰς
" αὐτοὺς θέλει ὑπόκειται νομίμως διοικούμενος ὁ
" στρατός.

" Ἄρθρ. στ'. Ὁ γενικὸς ἔφορος (Ὑψηλάντης)
" δὲν κρίνει εὔλογον, νὰ ἁρματωθῇ ὁ τυχὼν διὰ τὴν
" προξενουμένην σύγχυσιν καὶ ζημίαν ἀπὸ τὴν ἀπει-
" ρίαν τοῦ ὄχλου. Νὰ ἐκλεχθῶσι δὲ ἀπὸ τὴν Πελο-
" πόννησον ὅλην εἴκοσι πέντε μόνον χιλιάδες
" στρατὸς ἀπὸ ἄνδρας ἐκλεκτοὺς καὶ ἐμπεί-
" ρους εἰς τὰ ὅπλα, διὰ νὰ ὁδηγηθῶσι τακτικῶς
" ἀπὸ τοῦτον μὲ τὴν ἀνήκουσαν ὑπακοὴν εὐθὺς
" ὁποῦ φανῇ εἰς τὴν Πελοπόννησον.

" Ἄρθρ. ή. Ἀνάγκη πᾶσα νὰ γίνῃ κατάλογος
" καθαρὸς τῆς ἀδελφότητος ὅλης διὰ νὰ ἐξετασθῇ ἡ
" κατάστασις τοῦ καθ' ἑνὸς καὶ νὰ ὑποχρεωθῇ νὰ
" συνεισφέρῃ ἀναλόγως, ὥστε ἡ καταβολὴ νὰ γενῇ
" ἐπέκεινα τοῦ ἑνὸς μιλιουνίου. Αὕτη εἶναι ἡ γνώμη
" τοῦ γενικοῦ ἐφόρου καὶ τῆς σεβαστῆς Ἀρχῆς.

" Ἄρθρ. θ'. Οἱ χιλίαρχοι καὶ ἀξιωματικοὶ ἔχουν
" χρέος νὰ ὁρκίσωσι τοὺς στρατιώτας των ἐν ὀνόματι
" τοῦ Ἰησοῦ Χριστοῦ κ.τ.λ."

Κατὰ τὰς ὁδηγίας ταύτας ὁ Ὑψηλάντης ἐπίστευεν ὅτι ἡ Τριπολιτσά, καθέδρα τῆς Πελοποννήσου, ὅλη σχεδὸν ὑπὸ Τούρκων κατοικουμένη καὶ ὑπὲρ πᾶσαν πελοποννησιακὴν πόλιν φρουρουμένη, ἦτον ὁ καταλληλότερος τόπος εἰς ἐγκατάστασιν ἐπαναστατικῆς Ἀρχῆς καὶ εἰς μυστικὴν διεξαγωγὴν τῶν συμπιπτουσῶν τῆς πατρίδος ὑποθέσεων, καὶ ὅτι δυνατὸν ἦτο νὰ ἐκλεχθῶσι μεταξὺ τῶν Πελοποννησίων, ἀνθρώπων καταγινομένων εἰς εἰρηνικὰς ἐργασίας, νὰ ὀργανισθῶσι μυστικῶς καὶ ὁρκισθῶσιν ἐνώπιον τῆς ἀκμαζούσης τουρκικῆς ἐξουσίας στρατεύματα εἴκοσι πέντε χιλιάδων ἐξ ἐμπειροπολέμων ἀνδρῶν.

ΚΕΦΑΛΑΙΟΝ Β.

Καὶ ταῦτα μὲν ἔλεγαν αἱ ὁδηγίαι. Ὁ δὲ ἄλλος ἐγὼ Δικαῖος ἐπρόσθετεν, ὅτι ἡ Ῥωσσία ἐκίνει τὸν Ὑψηλάντην, ὅτι θὰ ἐκήρυττε πόλεμον κατὰ τῆς Πύλης ἅμα ἤρχιζεν ὁ ἀγὼν ἐν Ἑλλάδι, καὶ ὅτι θὰ ἔστελλε τότε καὶ στόλους καὶ στρατεύματα καὶ πολεμεφόδια καὶ θησαυρούς. Ἰδὼν δέ, ὅτι ὅσα ἐκομπορρημόνει δὲν ἐπιστεύοντο, δὲν ἐσυστάλη νὰ βεβαιώσῃ ὅτι ἔφθασεν ἤδη εἰς Ὕδραν ἱκανὴ ποσότης καὶ ὅπλων καὶ χρημάτων καὶ πολεμεφοδίων ἐκ τῆς Ῥωσσίας, καὶ ὅτι ἡτοιμάζοντο καὶ πλοῖα τῆς νήσου ἐκείνης εἰς ἔκπλουν. Ἠγανάκτησεν ἡ συνέλευσις διὰ τὰς ἀναιδεῖς ψευδολογίας τοῦ Δικαίου, τὸν ἐπέπληξεν αὐστηρῶς καὶ τὸν ἐφοβέρισεν, ὅτι θὰ τὸν ἐφυλάκιζεν, ἂν δὲν ἔπαυεν ἐρεθίζων τὰ πνεύματα, διαδίδων τόσῳ ψευδεῖς φήμας καὶ ῥιψοκινδυνεύων τὴν ὕπαρξιν τοῦ ἔθνους. Πάντα ταῦτα ἔδωκαν κακίστην ἰδέαν καὶ περὶ τοῦ προσωπικοῦ καὶ περὶ τῶν πόρων τῆς Ἀρχῆς. Ὄχι ὀλιγώτερον εἶχε κλονίσει τὴν πεποίθησιν τῶν συνελθόντων καὶ ἡ πρό τινος καιροῦ γενομένη καὶ ἀποῤῥιφθεῖσα ἀπαίτησις τῆς ἐν Κωνσταντινουπόλει γενικῆς ἐφορίας τοῦ ν' ἀποστείλωσιν οἱ Πελοποννήσιοι ἐκεῖ κατὰ διαταγὴν τῆς Ἀρχῆς ὅλας τὰς συνεισφοράς των. Ἀλλὰ, καὶ ἂν ὑπώπτευσαν ὅτι αἱ μεγάλαι ἐλπίδες ἃς συνέλαβαν ἦσαν ἀπατηλαί, δὲν ἐδύναντο μήτε αὐτοὶ νὰ ὀπισθοδρομήσωσι μήτε τὴν ὁρμὴν τῶν πολλῶν ἐνθουσιώντων νὰ ἀναστείλωσιν. Πεντάκις δὲ συνεδριάσαντες διέλυσαν τὴν συνέλευσιν ἀποφασίσαντες τὰ ἑξῆς.

" Ὁ Δικαῖος ν' ἀναχωρήσῃ εἰς τὰ ἴδια καὶ νὰ ἡσυχάσῃ.

" Νὰ γένῃ φροντὶς περὶ καταγραφῆς καὶ συλλογῆς τῶν συνεισφορῶν, καὶ νὰ κατατεθῶσι παρὰ τῷ ἐν Πάτραις γενικῷ ταμίᾳ Παπαδιαμαντοπούλῳ.

" Ἡ Πελοπόννησος νὰ μὴ κινηθῇ μηδὲ ἀφ' οὗ

ΚΕΦΑΛΑΙΟΝ Β. 31

ἔλθῃ ὁ προσδοκώμενος πληρεξούσιος, ἂν δὲν κινηθῶσι προηγουμένως τὰ ἄλλα μέρη τῆς Ἑλλάδος.

" Νὰ ἐξιχνιασθῇ διὰ νέας ἀποστολῆς εἰς Ῥωσσίαν καὶ Πίσαν, ὅπου διέτριβεν ὁ μητροπολίτης Ἰγνάτιος, ὁποία ἡ γνώμη τοῦ αὐτοκράτορος Ἀλεξάνδρου ὡς πρὸς τὸν μελετώμενον ἀγῶνα, καὶ ποίαν βοήθειαν ἐδύναντο οἱ Ἕλληνες νὰ προσδοκῶσιν ἐκεῖθεν.

" Νὰ ἐξετασθῇ ἡ διάθεσις τῶν προκρίτων Ὕδρας Σπετσῶν καὶ Ψαρῶν ὡς πρὸς τὸν ἀγῶνα.

" Νὰ ἀποποιηθῶσιν εὐσχήμως οἱ προεστῶτες τὴν εἰς Τριπολιτσὰν ἀπέλευσίν των ἂν ἐκαλοῦντο παρὰ τῆς ἐξουσίας· καὶ ἂν αὕτη ἐπέμενε, νὰ μεταβῶσιν εἰς τὰς Κυκλάδας ἐπὶ λόγῳ μὲν ὅτι ἀπήρχοντο εἰς Κωνσταντινούπολιν, ἐπὶ σκοπῷ δὲ νὰ ἀναμείνωσιν ἐκεῖ τὰς ἔξωθεν ἀπαντήσεις καὶ ὁδηγηθῶσι περὶ τοῦ πρακτέου."

Ταῦτα ἐβουλεύθησαν, καὶ παρηγγέλθησαν καί τινες αὐτῶν, ἐπανερχόμενοι εἰς τὰ ἴδια, νὰ τὰ κοινοποιήσωσι τοῖς πλησιεστέροις συναδέλφοις των, διέταξαν δὲ καὶ τὸν μεγασπηλαιώτην Ἱερόθεον νὰ περιέλθῃ τὴν Πελοπόννησον μυστικῶς ἐπὶ καταγραφῇ καὶ εἰσπράξει τῶν συνεισφορῶν.

Τοιαῦται ἦσαν αἱ περιστάσεις καὶ αἱ διαθέσεις τῶν ἐν Ἑλλάδι, ὅτε ὁ Ὑψηλάντης ἀπεφάσισε νὰ κινήσῃ τὴν ἐπανάστασιν. Ἐν ᾧ δὲ κατεγίνετο προετοιμάζων καὶ προετοιμαζόμενος, συνέβη τὸ ἐξῆς εἰς ἐπιθάρρυνσίν του.

1821.

ΚΕΦΑΛΑΙΟΝ Γ.

Ἀποστασία Θεοδώρου Βλαδιμιρέσκου.—Μετάβασις Ὑψηλάντου εἰς Μολδοβλαχίαν, καὶ τὰ κατ' ἐκείνας τὰς ἡγεμονείας συμβάντα μέχρι τῶν ἀρχῶν ἀπριλίου.

ΘΕΟΔΩΡΟΣ τις, γεννηθεὶς ἔν τινι χωρίῳ τῆς μικρᾶς Βλαχίας, καὶ ἐξ οὗ ἔφερε παρασήμου τοῦ ἁγίου Βλαδιμίρου παρονομαζόμενος Βλαδιμιρέσκος, ἐστράτευσεν ὑπὸ τοὺς Ῥώσσους ἐπὶ τοῦ ἐν ἔτει 1812 παύσαντος ἑξαετοῦς Τουρκορρωσσικοῦ πολέμου· μετὰ δὲ τὴν γενικὴν ἀμνηστείαν διωρίσθη, ἐπὶ τῆς ἡγεμονίας Ἰωάννου Καρατσᾶ, κατὰ σύστασιν τοῦ ἐν Βουκουρεστίῳ γενικοῦ προξένου τῆς Ῥωσσίας τοῦ προστατεύοντος αὐτόν, Ὑποθεματάρχης, καὶ ὡς τοιοῦτος διετέλει καὶ ἐπὶ τοῦ διαδεχθέντος τὸν Καρατσᾶν Ἀλεξάνδρου Σούτσου, γνωστὸς διὰ τὸν φιλαυτοχθονισμόν του καὶ τὴν ἀνδρίαν του.

Ὁ Θεόδωρος οὗτος μετέβη δι' ἰδιαιτέρας του ὑποθέσεις εἰς Βουκουρέστι καθ' ὃν καιρόν, ἐξ αἰτίας τῆς ἀναφυείσης ἀλληλομαχίας τῆς Πύλης καὶ τοῦ Ἀλῆ, ἐφαίνετο ἐγγίζουσα ἡ ἔναρξις τοῦ ἑλληνικοῦ ἀγῶνος καὶ οἱ ἐν Βουκουρεστίῳ Φιλικοὶ κατεγίνοντο προετοιμάζοντες τὸν ἀγῶνα κατ' ἐκεῖνα τὰ μέρη δι' ἐσωτερικῶν ταραχῶν ὑπ' ἄλλο πρόσχημα. Ὁ καταλληλότερος ταραξίας τοῖς ἐφάνη ὁ Βλαδιμιρέσκος, καὶ ὁ ἁρμοδιώτερος τῶν ταραχῶν καιρὸς ἡ συμπεσοῦσα μεσηγεμονία. Μεταξὺ τῶν ἐν Βλαχίᾳ σημαντικῶν Φιλικῶν διέπρεπεν ὁ ὁπλαρχηγὸς Γεωργάκης Ὀλύμπιος διὰ τὸν πατριωτισμόν, τὴν σύνεσιν, τὴν ἀνδρίαν, καὶ τὴν ἐπιρροήν του. Ὁ ὁπλαρχηγὸς οὗτος, ὁ ὑπὸ τὸν τίτλον γκιουλὲρ-ἀγασῆ ὑπηρετῶν παρὰ τῷ ἡγεμόνι Σούτσῳ, κατήχησε πρό τινων μηνῶν διὰ προτροπῆς τῶν Φιλικῶν τὸν Βλαδιμιρέσκον τὰ τῆς Ἑταιρίας ἐπὶ τῇ βεβαιώσει ῥωσσικῆς συμπράξεως, καὶ τὸν ἐβεβαίωσεν ὡς φιλόπατριν ὅτι ὁ σκοπὸς τῆς Φιλικῆς Ἑταιρίας ἦτο νὰ ἐπαναστατήσῃ καὶ ἐλευθερώσῃ ὅλους τοὺς ὑπὸ τὸν τουρκικὸν ζυγὸν χριστιανικοὺς λαοὺς ὁποίας καὶ ἂν ἦσαν φυλῆς. Συμβάντος δὲ τοῦ θανάτου τοῦ Σούτσου, τὸν ἐσυμβούλευσε ν᾿ ἀπέλθῃ εἰς μικρὰν Βλαχίαν, νὰ κινήσῃ τὸν λαόν της εἰς τὰ ὅπλα, καὶ μὴ ἀνακαλύπτων ὅλον τὸν ἀληθῆ σκοπὸν τοῦ κινήματός του νὰ κηρύξῃ ἐπὶ τοῦ παρόντος, ὅτι ἐκινεῖτο εἰς ἀπόσεισιν τῆς φαναριωτικῆς ξενοκρατίας καὶ ἀνάκτησιν τῶν ἀρχαίων προνομίων τῆς πατρίδος του ὑπὸ τὴν κυριαρχίαν πάντοτε τοῦ σουλτάνου. Ὁ Βλαδιμιρέσκος, σεβόμενος εἰς ἄκρον τὸν κατηχητήν του, ἐδέχθη προθύμως τὰς συμβουλάς του, ἔλαβε παρ᾿ αὐτοῦ ὄχι πλειοτέρους τῶν 30 στρατιωτῶν καί τινα χρήματα παρὰ τῆς ἐφορίας, ἐπανῆλθεν εἰς μικρὰν Βλαχίαν, ἐκάλεσε τὸν λαὸν εἰς τὰ ὅπλα, καὶ διέδωκεν ὅτι ἦτο πιστὸς ὑπήκοος τῆς μεγάλης καὶ κραταιᾶς ὀθωμανικῆς αὐτοκρατορίας, ὅτι δὲν ὡπλίσθη εἰ μὴ εἰς παῦσιν τῶν καταχρήσεων καὶ εἰς ἀνάκτησιν τῶν ἀρχαίων προνομίων τῆς πατρίδος του καταπατηθέντων ἢ εἰς ὠφέλειαν μόνον τῶν ἀρχόντων ἀποβάντων, καὶ ὅτι ἐπάναγκες ἐθεώρει νὰ στείλωσιν αἱ ἐπαρχίαι πρὸς αὐτὸν πληρεξουσίους εἰς σύσκεψιν περὶ τοῦ κοινοῦ καλοῦ· ἐξέδωκε δὲ καὶ προκηρύξεις καὶ ἀπέστειλε καὶ ἱκετήριον ἀναφορὰν πρὸς τὸν σουλτάνον τῆς αὐτῆς ἐννοίας.

Διάδοχος τοῦ ἀποθανόντος ἡγεμόνος τῆς Βλαχίας διωρίσθη ὁ Σκαρλάτος Καλλιμάχης. Οὗτος ἀκούσας, ἐν Κωνσταντινουπόλει ἔτι διατρίβων, τὰ κατὰ τὸν

Βλαδιμιρέσκον έστειλεν αμέσως ανθηγεμόνας, τον Ιωάννην Σαμουρκάσην, τον Κωνσταντίνον Νέγρην και τον Στέφανον Βογορίδην προς καθησύχασιν της ταραχθείσης ηγεμονείας του. Φθάσαντες οι ανθηγεμόνες εις Βουκουρέστι έστειλαν τον Γεωργάκην και τον φίλον του και συστρατιώτην Φαρμάκην Μακεδόνα μετά 600 κατά του Βλαδιμιρέσκου, τον δε Σάββαν εκράτησαν παρ' αυτοίς ως αρχηγόν της φρουράς της πρωτευούσης, αγνοούντες ότι οι οπλαρχηγοί ούτοι ήσαν μέλη της Εταιρίας. Εκστρατεύσαντες οι περί τον Γεωργάκην και τον Φαρμάκην, αντί να κατατρέξωσι τον Βλαδιμιρέσκον, τον συνέτρεχαν κρυφίως διδόντες τῳ πάσαν ευκαιρίαν υπό διαφόρους προφάσεις να ενδυναμωθή έτι μάλλον και προοδεύση. Φθάσαντες δε εις Κραϊόβαν, πρωτεύουσαν της μικράς Βλαχίας, ηύραν ετοίμους να κινηθώσιν επί τον Βλαδιμιρέσκον κατά διαταγήν των ανθηγεμόνων τον Ιωάννην Σολωμόν και τον Διαμαντήν Σιρδάρην μετά πολλών στρατιωτών· αλλ' ο φιλόπατρις Γεωργάκης κατήχησε και αυτούς τα της Εταιρίας και τους ουδετέρωσεν. Εν τοσούτῳ ο Βλαδιμιρέσκος, ασφαλισθείς τοιουτοτρόπως από πάσης προσβολής, έχων ικανόν αριθμόν Πανδούρων (α) και συλλέξας καθ' οδόν πλήθος άλλων οπλοφόρων και ροπαλοφόρων, ώδευεν αφόβως εις Βουκουρέστι. Η ευτυχής και ακώλυτος πρόοδός του και η προσέγγισίς του εις την πρωτεύουσαν ηνάγκασαν τους άρχοντας να καταφύγωσιν εις Τρανσιλβανίαν, τους δε ανθηγεμόνας εις Ρουτσούκι, παραδουνάβιον πόλιν της Τουρκίας. Απομακρυνόμενοι δε ούτοι της πρωτευούσης, διέταξαν τον Σάββαν θεωρούμενον πιστόν ν' ασφαλίση την πόλιν από του αποστάτου. Εν τοσούτῳ ο Βλαδιμιρέσκος έφθασε παρά το Βουκουρέστι την 15 μαρτίου μέγας και πολύς, και κατέλυσεν εν Κοτροτσανίῳ, μοναστηρίῳ του αγίου Όρους, ημιώριον προς δυσμάς από της πόλεως. Την δε 17 εξέδωκε κήρυγμα προς τους κατοίκους του Βουκουρεστίου(β) λέγων όσα έλεγε και επί της οδοιπορίας του, και προσθέτων, ότι εις ευόδωσιν του μεγάλου εθνικού σκοπού του συνήχθησαν υπό την οδηγίαν του δεκαεξακισχίλιοι οπλοφόροι, ότι η υψηλή Πύλη εσκόπευε να στείλη αντιπρόσωπόν της εις διόρθωσιν των κακώς εχόντων, και ότι αναγκαίον ήτο να στείλωσι και οι λαοί προς αυτόν πληρεξουσίους, να ενωθώσιν ως Χριστιανοί μετά του κινηθέντος πλήθους υπέρ του γενικού καλού, και να ετοιμάσωσι και τα αναγκαία καταλύματα. Κατόπιν του Βλαδιμιρέσκου αφίχθησαν εις Βουκουρέστι ο Γεωργάκης και ο Φαρμάκης, και κατέλυσαν εντός της πόλεως όπου διέτριβε και ο αρχηγός της φρουράς Σάββας· όλοι δε οι εντός και οι εκτός ήρχοντο συχνάκις εις λόγους χωρίς να συγκρούωνται.

Καθ' ον δε καιρόν διετάραττεν ο Βλαδιμιρέσκος την Βλαχίαν, ο Υψηλάντης, έχων εν τη συνοδία του τους δύο νεωτέρους αδελφούς του, Νικόλαον και Γεώργιον, τον συνταγματάρχην του ελαφρού ρωσσικού ιππικού Γεώργιον Καντακουζηνόν (γ), τον ταμίαν του, Γεώργιον Μάνον, αξιωματικόν τινα Πολωνόν, Γαρνόφσκην, και δύο υπηρέτας, επέρασεν εν ρωσσική στολή τον Προύθον την 22 φεβρουαρίου περί την ε΄ ώραν μετά μεσημβρίαν, και υποδεχθείς επί της αποβάσεώς του και συνοδευθείς παρά τινων στρατιωτών ευρεθέντων εκεί διά της μυστικής ενεργείας οπαδών του προσταλέντων επί τούτω εις Ιάσι, εισήλθε δύνοντος του ηλίου εις την πόλιν και έστησε το στρατοπεδαρχείον του εν τη οικία της Καντακουζηνής, αυτός δε κατέλυσεν εν τω μοναστηρίω του Γαλατά επί λόφου κειμένω είκοσι λεπτά μακράν της πόλεως. Μόλις δ' έφθασε, και όλοι οι εν τη πόλει οπλοφόροι Αρβανίται, όντες μυστικώς προωργανισμένοι, αφήκαν πάσαν υπηρεσίαν κοινήν και ιδιωτικήν, και ετάχθησαν δια μιας υπό τας διαταγάς του. Ετάχθησαν υπό τας διαταγάς του και άλλοι, και πολλοί των μαθητών αυτοπροαίρετοι και ενθουσιώντες.

Κατ' εκείνον τον καιρόν ηγεμόνευεν εν Μολδαυία ο Μιχαήλ Σούτσος προ ολίγων μόνον εβδομάδων κατηχηθείς τα της Εταιρίας. Ο κατηχητής του, είτε θέλων να τον ελκύση, είτε αγνοών και αυτός τα σχέδια της Εταιρίας, τον εβεβαίωσεν, ότι μήτε αι ηγεμονείαι θα εταράττοντο μήτε η επανάστασις θα εξερρηγνύετο εν Ελλάδι προ του 1825. Ο Σούτσος θεωρών το τέρμα τούτο βραχύ, επρότεινε δια του κατηχητού του τη υπερτάτη Αρχή παράτασιν μέχρι του 1827, και έγραψε τα αυτά κατ' ευθείαν τω Υψηλάντη διατρίβοντι εν Βεσσαραβία. Ο Υψηλάντης, υποπτεύσας ότι δια της προτάσεως ταύτης ο Σούτσος διενοείτο ν' αποκαρπωθή εν ανέσει την επταετή ηγεμονίαν του, και φοβούμενος μη τον εύρη αντίπαλον αν ηναντιούτο, υπέκρυψε τους αληθείς σκοπούς του· ώστε ο Σούτσος ηπόρησε και εταράχθη ότε παρά πάσαν προσδοκίαν έμαθε την 21 φεβρουαρίου κατά πρώτον, ότι ο Υψηλάντης θα επέρα τον Προύθον την επαύριον· αλλ' ούτε αντείπεν ούτε αντέπραξεν· εξ εναντίας έδωκε πάσαν βοήθειαν, πιστεύων και αυτός αδιστάκτως, ως και οι λοιποί, ότι η Ρωσσία τον υπεκίνει. Η διαγωγή αύτη του ηγεμόνος έπεισε τους εντοπίους άρχοντας, ότι το κίνημα του Υψηλάντου δεν ήτον απροστάτευτον έξωθεν, και ότι προανήγγελλε ταχείαν είσοδον εις τας ηγεμονείας ρωσσικών δυνάμεων, και μεταβολήν της πολιτικής τύχης των. δια τούτο και αυτοί ούτε αντείπαν ούτε αντέπραξαν. Αλλ' έβλαψαν τον αγώνα εξ αυτών των προοιμίων του αυτοί οι αγωνισταί. Τα πλείστα των επί των ορίων των ηγεμονειών φρούρια ήσαν και

1821. ΚΕΦΑΛΑΙΟΝ Γ'. 37

ἀνώχυρα καὶ ἀπροφύλακτα καὶ ἀνεφοδίαστα ἐξ αἰτίας τῆς συνήθους ἀμελείας τῶν Τούρκων ἐνισχυομένης ἔτι μᾶλλον ὑπὸ τῆς ἐπικρατούσης τότε βαθείας εἰρήνης· διὰ τοῦτο ἦσαν εὐάλωτα προσβαλλόμενα αἴφνης. Ἀλλ' ἀντὶ νὰ προσβληθῇ αἴφνης καὶ ἁλωθῇ ἡ Βραῖλα, ὡς ἔχουσα μικρὰν καὶ ἀδύνατον φρουράν, ὁ διατελῶν ὑπὸ τὰς διαταγὰς τοῦ Ὑψηλάντου Βασίλης Καραβιᾶς, ὁπλαρχηγὸς καὶ αὐτὸς τῶν ἐν ταῖς ἡγεμονείαις μὴ ἐντοπίων, ἐξύπνησε τοὺς Τούρκους, πράξας ἔμπροσθεν οὕτως εἰπεῖν τῶν πυλῶν τοῦ φρουρίου τούτου πρᾶξιν ἀπολίτευτον, ἀπάνθρωπον καὶ ἀδικαιολόγητον.

Καθ' ὅλας τὰς πόλεις τῆς Μολδοβλαχίας ὅπου ἐσύχναζαν Τοῦρκοι, ὡς διαβάται ἢ ὡς ἔμποροι, διέτριβεν ἀξιωματικὸς Τοῦρκος, ἔχων παρ' ἑαυτῷ καί τινας στρατιώτας πρὸς συστολὴν τῶν ἀτακτούντων ὁμοπίστων του μὴ σεβομένων συνήθως τὴν χριστιανικὴν φρουράν. Τοιοῦτός τις διέτριβε καὶ ἐν Γαλατσίῳ, παραδουναβίῳ ἐμπορικῇ πόλει τῆς Μολδαυίας, ὅπου ἦσαν καί τινες Τοῦρκοι φιλήσυχοι καὶ φιλέμποροι. Τὸν ἀξιωματικὸν τοῦτον, τοὺς περὶ αὐτὸν καὶ ὅσους ἐκ τῶν ἐμπορευομένων Τούρκων ἐδυνήθη νὰ συλλάβῃ ὁ Καραβιᾶς, ὁ ὡς ἀρχιχωροφύλαξ ἐκεῖ σταθμεύων, ἐφόνευσε σχεδὸν ὅλους ἐπιπεσὼν αἴφνης ἄνευ διαταγῆς τοῦ Ὑψηλάντου τὴν προτεραίαν τῆς εἰς Μολδαυΐαν περαιώσεώς του. Ἐναβρυνόμενος δὲ ἐπὶ τῷ κατορθώματί του ἐσόβει διὰ τῆς ἀγορᾶς φορῶν τὴν μηλωτὴν τοῦ φονευθέντος ἀξιωματικοῦ ὡς τὴν λεοντὴν ὁ Ἡρακλῆς.

Ἡ εἴδησις τῆς αἱμοσταγοῦς ταύτης πράξεως, τῆς πρώτης πράξεως τοῦ ὑπὲρ ἐλευθερίας καὶ εὐνομίας ἀγῶνος, ἔφθασεν εἰς Ἰάσι καθ' ἣν ἑσπέραν εἰσῆλθεν ὁ Ὑψηλάντης, καὶ τὴν διεδέχθη ἄλλη ὁμοίας φύσεως ὑπὸ τοὺς ὀφθαλμοὺς αὐτοῦ τοῦ Ὑψηλάντου. 40 Τοῦρκοι ὑπὸ Ὀθωμανὸν ἀρχιφρούραρχον τῆς ἡγεμονείας διέτριβαν εν Ιασίω δι' ους λόγους διέτριβαν τοιούτοι και εν Γαλατσίω και αλλού. Εισελθόντος του Υψηλάντου, οι Τούρκοι ούτοι αφωπλίσθησαν κατά διαταγήν του ηγεμόνος και εφυλακίσθησαν· εφυλακίσθησαν και 30 έμποροι Οθωμανοί ευρισκόμενοι εν τη αυτή πόλει· αλλά την νύκτα οι πλείστοι εφονεύθησαν ανηλεώς και αναιτίως. Αι δύο δε αύται πράξεις δείξασαι εξ αυτής της αρχής, ότι ούτε σύνεσις ωδήγει τους οπλαρχηγούς, ούτε πειθαρχία επεκράτει, δυσηρέστησαν εις άκρον και τον ηγεμόνα και τους αυλικούς και τους εντοπίους άρχοντας. Αλλ' ο Υψηλάντης, αντί να εκφράση πανδήμως την δυσαρέσκειάν του και ελέγξη αν όχι και παιδεύση τους αιτίους, περί μεν των υπό τους οφθαλμούς του συμβάντων εσιώπησε, περί δε των εν Γαλατσίω εξέδωκεν ημερησίαν διαταγήν ευφημών την αθέμιτον πράξιν του Καραβιά ως λαμπρόν κατόρθωμα. Παρόμοιοι πράξεις εξ αιτίας της τοιαύτης διαγωγής του Υψηλάντου προς τον Καραβιάν επαναληφθείσαι και αλλαχού της ηγεμονείας ηύξησαν έτι μάλλον την γενικήν και δικαίαν δυσαρέσκειαν, και εσύστησαν κάκιστα εξ αυτής της αρχής τον αγώνα. Εξ αυτής της αρχής ο Υψηλάντης έπεσε και εις άλλο άτοπον. Ήκουσεν ότι πολλά χρήματα της Εταιρίας απετέθησαν παρά τω εν Ιασίω τραπεζίτη Παύλω Ανδρέου. Διατεινομένου δε τούτου, ότι το άκουσμα ήτο ψευδές, διέταξεν ο Υψηλάντης ούτος μεν και ο παραυιός του να φυλακισθώσι, τα δε βιβλία του να εξετασθώσι. Γενομένης δε της εξετάσεως απεδείχθη το άκουσμα πάντη ψευδές. Αλλ' ο Υψηλάντης δεν απεφυλάκισε τους αδίκως φυλακισθέντας ειμή επί πληρωμή γροσίων 60000 εις χρήσιν του στρατού. Η βία και η αρπαγή αύτη έβαλαν εις ανησυχίαν τους πλουσίους της ηγεμονείας και συνήργησαν μεγάλως εις την μετ' ολίγας ημέρας συμβάσαν αιφνίδιον φυγήν του Ροσ-

νοβάνου καὶ τοῦ Στούρτσα Σαντουλάκη, δύο τῶν πρωτίστων ἀρχόντων τῆς Μολδαυίας· ἀνεκάλυψαν δὲ καὶ τὴν μηδαμινότητα τῶν πόρων τοῦ Ὑψηλάντου καὶ διήγειραν πολλὰς ἀμφιβολίας περὶ τῆς πιστευομένης ὑποκινήσεως τῆς Ῥωσσίας, ἥτις, ἂν ἐνείχετο, δὲν θ' ἄφινε τὸν Ὑψηλάντην ἄπορον. Ἰδοὺ καὶ ἄλλο κακὸν χεῖρον τῶν πρώτων. Ὁ Ὑψηλάντης ἦλθε ν' ἀνοίξῃ τὸν ἑλληνικὸν ἀγῶνα ἐντὸς ξένων τόπων χωρὶς νὰ ἔχῃ προεσχεδιασμένον τί νὰ πράξῃ ὡς πρὸς τοὺς ἐγκατοίκους. Πασίγνωστον εἶναι, ὅτι ἐν ταῖς ἡγεμονείαις λαὸς δὲν ὑπάρχει· ὑπάρχουν μόνον αὐθένται καὶ δοῦλοι· οἱ δὲ δοῦλοι τόσον ἐξευτελίσθησαν ἐκ τῆς δουλείας, ὥστε ἔχασαν καὶ αὐτὸν τὸν πόθον τῆς ἐλευθερίας. Ὁ Ὑψηλάντης, ἀντὶ νὰ ἐγκολπωθῇ τὴν ἰσχυρὰν μερίδα, τὴν τῶν ἀρχόντων, καὶ διὰ τῆς συνδρομῆς αὐτῶν νὰ ἐνισχύσῃ τὸν ἀγῶνα, ἐμελέτησε νὰ καταργήσῃ τὰ προνόμιά των καὶ νὰ κηρύξῃ πυλιτικὴν ἰσότητα, ὅ ἐστι, νὰ ἐφελκύσῃ τὴν ἀγανάκτησιν τῶν δυνατῶν χωρὶς κἂν νὰ ὠφελήσῃ ἢ νὰ προσοικειωθῇ τοὺς δούλους ὄντας ὁποίους τοὺς ἐδείξαμεν· ἀλλὰ πεισθεὶς περὶ τῆς δεινότητος τῶν ἀποτελεσμάτων τοιαύτης πράξεως παρῃτήθη, δὲν ἐξέδωκεν ἣν ἐμελέτα προκήρυξιν, ἀλλ' ἐξέδωκεν ἄλλην τὴν ἐπιοῦσαν τῆς ἀφίξεώς του, δι' ἧς, ἀποτεινόμενος πρὸς τοὺς Μολδαυούς, τοῖς ἔλεγεν, ὅτι διέβαινεν ἁπλῶς πορευόμενος εἰς Ἑλλάδα, ὅπου τὸν ἐκάλει ἡ φωνὴ τοῦ λαοῦ δράξαντος τὰ ὅπλα κατὰ τοῦ τυράννου, καὶ τοὺς ἐθάῤῥυνε ν' ἀσχολῶνται ἀφόβως εἰς τὰ εἰρηνικὰ ἔργα των καὶ νὰ ὑπακούωσι τὸν ἡγεμόνα καὶ τοὺς νόμους των· ἐπρόσθετε δέ, ὅτι, ἄν τινες ἀπηλπισμένοι Τοῦρκοι ἐτόλμων νὰ πατήσωσι τὸ ἔδαφός των, "Ἰσχυρὰ Δύναμις
" εὑρίσκετο ἑτοίμη διὰ νὰ τιμωρήσῃ τὴν τόλ-
" μην των." Τὴν δὲ 24 φεβρουαρίου ἐξέδωκεν ἄλλην προκήρυξιν ἀποτεινόμενος πρὸς τοὺς παρεπιδημοῦντας Ἕλληνας, λέγουσαν πρὸς τοῖς ἄλλοις,

" Κινηθῆτε, καὶ θέλετε ἰδεῖ μίαν κραταιὰν
" Δύναμιν νὰ ὑπερασπισθῇ τὰ δίκαιά μας,"
αἰνιττόμενος τὴν Ῥωσσίαν. Τὴν αὐτὴν ἡμέραν κατὰ προτροπὴν αὐτοῦ ὁ αὐθέντης Σοῦτσος, συγκαλέσας τὸ συμβούλιον, ἀνήγγειλεν, ὅτι ὁ πρίγκηψ Ὑψηλάντης διέβαινε μόνον ἀπερχόμενος εἰς Ἑλλάδα, ἀλλ' ὅτι ἐνδεχόμενον ἡ Πύλη ὀργισθεῖσα νὰ στείλῃ στρατεύματα καὶ ἀφανίσῃ τὸν τόπον· διὰ τοῦτο ἔκρινεν ἀναγκαῖον νὰ ἱκετεύσωσι τὴν προστάτριαν Δύναμιν ἵνα μὴ ἐπιτρέψῃ εἰσβολήν. Τὸ συμβούλιον ἔγραψε τὴν προβληθεῖσαν ἀναφορὰν συστηθεῖσαν καὶ δι' ἰδιαιτέρας τοῦ ἡγεμόνος πρὸς τὸν διατρίβοντα τότε ἐν Λαϋβάχῃ αὐτοκράτορα Ἀλέξανδρον, ἔγραψε πρὸς αὐτὸν καὶ ὁ Ὑψηλάντης ὑποστηρίζων τὴν αἴτησιν τοῦ κοινοῦ, ὁμολογῶν, ὅτι τῷ ὄντι ἀνεδέχθη τὸν ὑπὲρ τῆς ἐλευθερίας τῆς Ἑλλάδος ἀγῶνα καὶ ἐκθέτων τοὺς λόγους. Τὴν δὲ 26 ἐξέδωκε στρατιωτικὸν ὀργανισμόν, καθ' ὃν ἐπλάττοντο στρατηγοὶ σωματάρχαι, ὡς τοὺς ἐκάλει ὁ ὀργανισμός, στρατηγοὶ φαλαγγάρχαι, στρατηγοὶ ταγματάρχαι, χιλίαρχοι, συνταγματάρχαι, ἑκατόνταρχοι καὶ τοιοῦτοι· ἔταξε δὲ εἰς τὴν πρώτην τάξιν τοὺς δύο ἀδελφούς του καὶ τὸν Καντακουζηνόν, οὐδένα εἰς τὴν δευτέραν, εἰς τὴν τρίτην τὸν Ὀρφανὸν καὶ τὸν Δοῦκαν, καὶ εἰς τὰς κατωτέρας ἄλλους. Ἑτοιμασθεὶς δὲ νὰ ἐκστρατεύσῃ εἰς Βλαχίαν διέταξε καὶ ἐψάλη τὴν 28 ἐν τῷ ναῷ τῶν τριῶν ἱεραρχῶν δοξολογία, ἐν ᾗ παρέστη ὅλος ὁ στρατὸς καὶ αὐτὸς ὡς ἀρχιστράτηγος. Κατὰ τὴν τελετὴν δὲ ταύτην ὁ μητροπολίτης τὸν ἔζωσε τὴν σπάθην εἰπὼν μεγαλοφώνως τὸ προφητικὸν λόγιον "Περίζωσε τὴν ῥομφαίαν σου ἐπὶ τὸν μηρόν " σου δυνατὲ τῇ ὡραιότητί σου καὶ τῷ κάλει σου, " καὶ ἔντεινε καὶ κατευοδοῦ καὶ βασίλευε." Εὐλόγησε δὲ καὶ τὴν σημαίαν του φέρουσαν ἔνθεν μὲν τὸ σημεῖον τοῦ σταυροῦ, τὰ ὁμοιώματα τοῦ ἁγίου Κων-

ΚΕΦΑΛΑΙΟΝ Γ.

σταντίνου καὶ τῆς ἁγίας Ἑλένης καὶ τὸ " ἐν τούτῳ " νίκα·" ἔνθεν δὲ τὸν φοίνικα καὶ τὸ " ἐκ τῆς κόνεώς " μου ἀναγεννῶμαι." Ὅλοι δὲ ὡρκίσθησαν πανδήμως τὸν ὑπὲρ τῆς ἐλευθερίας τῆς πατρίδος ὅρκον.

Ὁ δὲ Ὑψηλάντης, ἀφ' οὗ διέτριψεν ἓξ ἡμέρας ἐν Ἰασίῳ, καὶ διένειμε χρήματα εἰς τοὺς στρατιώτας, ἐξεστράτευσεν εἰς Βουκουρέστι μετὰ 800 ἱππέων προδιατάξας νὰ ἑτοιμασθῶσι παντοῦ τροφαὶ εἰς χρῆσιν δεκακισχιλίων στρατιωτῶν. Ἀλλ' ἡ ἐν Ἰασίῳ ἑξαήμερος διατριβή του οὔτε τὸ ἐπιχείρημά του ἐσύστησεν, οὔτε αὐτὸν ὕψωσεν ἐξ αἰτίας τῆς ἀναξίας ὑπαλληλίας του καὶ τῆς κακοηθείας τοῦ συρφετώδους στρατοῦ, ὅστις ἀχαλίνωτος εἰς τὰς ὀρέξεις του ἔπραττε παντὸς εἴδους καταχρήσεις ἀσυστόλως καὶ ἀφόβως ὑπὸ τὰς ὄψεις τοῦ ἀρχιστρατήγου καὶ ἐκίνει μέγαν γογγυσμόν· μόνη ἡ ἰδέα τῆς ῥωσσικῆς ὑποκινήσεως διεσώζετο καὶ κατεῖχε τὴν γενικὴν καὶ δικαίαν ἀγανάκτησιν. Πολλοὶ δὲ τῶν κατοίκων τῆς Βλαχίας, μαθόντες ὅτι τὰ ἄτακτα ταῦτα στρατεύματα μετέβαιναν ἐκεῖ, ἐφοβήθησαν μὴ πάθωσιν ὅσα οἱ Μολδαυοὶ καὶ ἔφυγαν. Τοῦτο μαθὼν ὁ Ὑψηλάντης καθ' ὁδόν, ἐξέφρασε πρὸς τὸν μητροπολίτην καὶ τοὺς συγκροτοῦντας τὴν Ἀρχὴν προκρίτους τῆς Βλαχίας τὴν ἀπορίαν του, ὡς διατηρουμένης, κατὰ τὸ λέγειν του, αὐστηρᾶς εὐταξίας ἐν Μολδαυίᾳ· τοῖς ἔστειλε δὲ, ἐπ' ἐλπίδι νὰ τοὺς καθησυχάσῃ, καὶ τὰς πρὸς τοὺς Βλάχους προκηρύξεις του εἰς δημοσίευσιν, καὶ τοῖς ἔλεγεν ὅτι ἡ προστατεύουσα τὰς Ἡγεμονείας μεγάλη Δύναμις θὰ ἐμπόδιζε τὴν εἰσβολὴν τῶν βαρβάρων· εἰς πίστωσιν δὲ τούτου ἐπρόσθετεν, ὅτι ὁ στρατηγὸς Βιτγενστέης διετάχθη νὰ φέρῃ ἐπὶ τῶν ὁρίων τὰ ἐν Βεσσαραβίᾳ στρατεύματα, καὶ ὅτι οὐδ' αὐτὸς θὰ διέμενεν ἐν τῇ Βλαχίᾳ· τοὺς διέταττε δὲ νὰ ἑτοιμάσωσιν εἰς χρῆσιν τῶν μεγάλων δυνάμεών του τροφὰς καὶ καταλύματα ἐπὶ τῆς διαβάσεως.

Μετὰ ἑπταήμερον δὲ ὁδοιπορίαν ἔφθασεν εἰς Φωξάνην, πόλιν ἐπὶ τῶν ὁρίων Μολδαυίας καὶ Βλαχίας, ὅπου ηὗρε τοὺς ὁπλαρχηγοὺς Ἀναστάσην Ἀργυροκαστρίτην καὶ Καραβιᾶν ἀναμένοντάς τον. Ὁ τελευταῖος οὗτος ἔφερεν ἐκ Γαλατσίου δύο κανόνια καὶ ἔσυρε κατόπιν του καὶ πολὺν ὄχλον, ὃν ὁπλίσας διὰ τοῦ παρατυχόντος, καὶ παρατάξας καθ᾽ ἣν ὥραν εἰσήρχετο ὁ Ὑψηλάντης ἐφείλκυσε τόσον τὴν προσοχὴν αὑτοῦ ὡς ἄνθρωπος μεγάλης ἀξιότητος, ὥστε ἀνεδείχθη στρατηγὸς ταγματάρχης (ε). Ἑπτὰ ἡμέρας διέμεινεν ὁ Ὑψηλάντης ἐν Φωξάνῃ, καθ᾽ ἃς κατεγίνετο γυμνάζων κατὰ τὴν εὐρωπαϊκὴν τάξιν πολλοὺς νέους, πεπαιδευμένους ὡς ἐπὶ τὸ πλεῖστον καὶ ἀγαθῶν γονέων, συρρέοντας καθ᾽ ἡμέραν πολλαχόθεν ὑπὸ τὰς σημαίας του, ἐξ ὧν συνεκροτήθη τάγμα ἐπονομασθὲν "ἱερὸς λόχος." Ἐλέγοντο δὲ οἱ ἱερολοχῖται οὗτοι καὶ μαυροφορῖται, διότι ἐμελανοφόρουν· ἔφεραν δὲ ἐπὶ τοῦ πίλου κατὰ μέτωπον ὁμοίωμα κρανίου ἐπὶ δύο κοκκάλων ἐν χιαστῷ σχήματι ὑφ᾽ ὃ ἐπιγραφὴ "Ἐλευθερία ἢ θάνατος·" ἐφόρουν δὲ καὶ ἐθνόσημον τρίχρουν.

Ἐκστρατεύσας ὁ Ὑψηλάντης ἐκ Φωξάνης ἔφθασε τὴν 16 μαρτίου εἰς Βουζέον, πόλιν παρὰ τὸν ὁμώνυμον ποταμόν, κἀκεῖθεν ἐπροχώρησεν εἰς Πλοέστι, ὅπου διέμεινεν ὡς δέκα ἡμέρας. Τὴν δὲ 28 ἐστρατοπέδευσεν ἐν Κολεντίνῃ ἡμιώριον ἀπὸ Βουκουρεστίου· ὥστε ἐχρονότριψε καθ᾽ ὁδὸν ἀπὸ Ἰασίου εἰς Κολεντίναν τέσσαρας ἑβδομάδας. Ἡ τόση χρονοτριβὴ καθ᾽ οὓς καιροὺς ἡ ταχύτης συντελεῖ τὰ μέγιστα εἰς πρόοδον τοιούτων τολμημάτων, ἐπήγασε κυρίως ἐξ ὅσων ἐλάμβανεν ἐπὶ τῆς ὁδοιπορίας του μυστικῶν εἰδήσεων, ὅτι ὁ μὲν Βλαδιμιρέσκος ἐμελέτα κατ᾽ αὐτοῦ ἐπιβουλήν, ὁ δὲ Σάββας ἐκλονίζετο· διὰ τοῦτο ὁδοιπορῶν ἐταλαντεύετο ἂν ἔπρεπε νὰ ὑπάγῃ εἰς Βουκουρέστι, ὅπου ἦσαν ὁ Βλαδιμιρέσκος καὶ ὁ

Σάββας έχοντες ικανάς δυνάμεις, ή νά στρατοπεδεύση εν Τυργοβίστω, αρχαία μητροπόλει της ηγεμονείας.

Τὸ Βουκουρέστι έκειτο ύπὸ στρατιωτικὴν μάστιγα καθ' ὃν καιρόν προσήγγισεν ὁ Ὑψηλάντης· διὰ τοῦτο οἱ κάτοικοι ἐχάρησαν ἐπὶ τῷ ἐρχομῷ του ἐλπίζοντες ἀνακούφισιν τῶν δεινῶν, οἱ δὲ σημαντικώτεροι τῶν ἐναπομεινάντων ἀρχόντων, ἐν οἷς καὶ ὁ μητροπολίτης, ὑπῆγαν εἰς προϋπάντησίν του παρακαλοῦντές τον νὰ ἔμβῃ εἰς τὴν πόλιν, ἀλλὰ δὲν εἰσηκούσθησαν δι' ἃς συνέλαβεν ὑποψίας. Ἐκ δὲ τῶν ὁπλαρχηγῶν ὁ μὲν Γεωργάκης προϋπήντησε τὸν Ὑψηλάντην κατὰ τὴν Μενζίλην, τὸν συνώδευσεν εἰς Κολεντίναν καὶ διέμεινε παρ' αὐτῷ καὶ ὑπὸ τὰς διαταγάς του μετὰ τῶν στρατιωτῶν του· ὁ δὲ Βλαδιμιρέσκος καὶ ὁ Σάββας δὲν προσῆλθαν οὐδ' ἀφ' οὗ ἔφθασεν εἰς Κολεντίναν. Τὴν δὲ ἐπαύριον ἐστάλη πρὸς τὸν Σάββαν ὁ ἐξ ἀπορρήτων τοῦ Ὑψηλάντου Λασσάνης εἰς γνῶσιν τῆς αἰτίας. Ὁ Σάββας ὑπεκρίθη κατ' ἀρχὰς τὸν ἄρρωστον, ἀλλ' ἀναγκασθεὶς νὰ ἐξηγηθῇ σαφέστερον ὡμολόγησεν, ὅτι τὸ κίνημα τοῦ πρίγκηπος δὲν ἦτον ὁποῖον ἐφημίζετο, ὅτι ἐπὶ τῇ βεβαιώσει ρωσσικῆς συμπράξεως ἀνεδέχθησαν ὅλοι τὸν ἀγῶνα, ὅτι παρῆλθαν πέντε ἑβδομάδες ἀφ' οὗ ὁ πρίγκηψ ἐπέρασε τὸν Προῦθον, καὶ ρωσσικὴ σύμπραξις δὲν ἐφάνη, ὅτι ἔβλεπεν ἄφευκτον τὸν ἀφανισμὸν τῶν δύο ἡγεμονειῶν καὶ τὸν παντελῆ ὄλεθρον τῶν πρωταγωνιστῶν, καὶ ὅτι ἐδίσταζε περὶ τοῦ πρακτέου. Ὁ Λασσάνης ἐπροσπάθησε νὰ τὸν θαρρύνῃ εἰπὼν ὅτι αἱ ἐλπίδες τῆς ρωσσικῆς συμπράξεως ἦσαν βάσιμοι, ἀλλ' ἡ ὥρα δὲν ἦλθε, διότι δὲν εἰσέβαλαν εἰς τὰς ἡγεμονείας τουρκικὰ στρατεύματα, ὥστε νὰ λάβωσιν ἐντεῦθεν ἀφορμὴν νὰ ἐσβάλωσι καὶ ρωσσικά. Διὰ τούτων καὶ τοιούτων λόγων ἔφερε τὸν Σάββαν ὁ Λασσάνης πρὸς τὸν Ὑψηλάντην, όστις τον εδέχθη φιλοφρονέστατα και υπεστήριξε και αυτός τας δοθείσας αυτώ ελπίδας. Γενομένου δε λόγου περί του Βλαδιμιρέσκου, ο Υψηλάντης εξεμυστηρεύθη όσας υποψίας συνέλαβε κατ' αυτού, προσθέσας, ότι δις υπήγεν ο Γεωργάκης να τον φέρη εις Κολεντίναν και απέτυχε. Ο Σάββας ανεδέχθη να τον πείση, και τω όντι το κατώρθωσε μείνας εν τω στρατοπέδω του Βλαδιμιρέσκου εις ασφάλειαν αυτού μέχρι της επανόδου του. Ο δε Βλαδιμιρέσκος, παραστάς ενώπιον του Υψηλάντου, υπεκρίθη τελείαν αφοσίωσιν εις αυτόν και ζήλον προς τον αγώνα· εξέφρασε δε επιθυμίαν να μείνη αυτός ως οπισθοφυλακή εν Βλαχία, ο δε Υψηλάντης να μεταβή εις Βουλγαρίαν, ως προεσχεδιάσθη· επέμενε δε τόσω μάλλον εις το να προχωρήση ο Υψηλάντης όσον τάχιον, καθ' όσον είχεν ελθεί είδησις, ότι η Βουλγαρία ετοίμη ήτο να δράξη τα όπλα επί τω εμφανισμώ αυτού, και ότι επί τω σκοπώ τούτω εστάλη εκείθεν και έφθασεν ήδη εις την επί του Δουνάβεως αντικρύ του Σιστόβου Ζέμνιτσαν ο Χρίστος Πάγκας, εις των οπλαρχηγών της Βουλγαρίας, μετά 400 στρατιωτών και των εις περαίωσιν του στρατού αναγκαίων πλοιαρίων. Αλλ' οι λόγοι του Βλαδιμιρέσκου δεν ίσχυσαν· και αυτός μεν επανήλθεν αβλαβής εις τα ίδια, ο δε Σάββας απελύθη ευφημούμενος δια τον ζήλόν του.

Όσον δε το σχέδιον του Υψηλάντου ήτον εξ αρχής σαθρόν, τόσον η θέσις του καθίστατο καθ' ημέραν κινδυνωδεστέρα. Συνέρρευσαν υπό τας σημαίας του και καθ' οδόν και εν Κολεντίνη πολλοί ένοπλοι, και ελογίζοντο όλοι τρισχίλιοι· αλλ' άτακτοι εν γένει και καταχρασταί· και έχοντες υπ' όψιν το σκανδαλώδες παράδειγμα των πλείστων οπλαρχηγών, ων τα εν Βλαχία αθεμιτουργήματα υπερέβησαν και αυτά τα εν Μολδαυία, εγίνοντο ημέρα τη ημέρα έτι

ΚΕΦΑΛΑΙΟΝ Γ.

μᾶλλον ἀκράτητοι. Μεταξὺ δὲ τῶν τριῶν ὁπλαρχηγῶν, τῶν ἐχόντων καὶ ἐπιῤῥοὴν καὶ ἱκανότητα καὶ τὰ ἀνδρειότερα καὶ πολυπληθέστερα σώματα, πιστὸς ἦτο καὶ πιστὸς διέμεινε μέχρι τέλους ὁ Γεωργάκης, ἀλλ' ὁ Σάββας καὶ ὁ Βλαδιμιρέσκος ἦσαν ἐπίβουλοι καὶ προδόται. Οἱ ἐντόπιοι ὅλοι ἠχθρεύοντο τὸν Ὑψηλάντην, διότι ὁ ἀγὼν ἦτον ἐπ' ὠφελείᾳ ξένης γῆς καὶ ἐπὶ φθορᾷ τῆς πατρίδος των· πᾶσα δὲ ἠθικὴ δύναμις, ἐξ ὅσων ἔβλεπαν καὶ ἔπασχαν, ἐξέλειψεν· ὥστε ἡ τελεία καταστροφὴ τοῦ ἀγῶνος ἐφαίνετο ἄφευκτος ἐπερχομένης ἐχθρικῆς δυνάμεως.

Τοιαῦτα ἦσαν τὰ κατὰ τὴν Βλαχομολδαυΐαν ἀρχομένου τοῦ ἀπριλίου. Ἐρχόμεθα τώρα νὰ θεωρήσωμεν καὶ τὰ κατὰ τὴν Ἑλλάδα.

1821.

ΚΕΦΑΛΑΙΟΝ Δ.

Έποψις της Πελοποννήσου και κατάστασις αυτής επί των παραμονών της επαναστάσεως.

ΚΑΘ' όλα τα μέρη της ελληνικής γης ο αριθμός των εντοπίων Χριστιανών ήτον ανώτερος του των εντοπίων Τούρκων. Αλλ' η Πελοπόννησος, εκτός του γενικού τούτου πλεονεκτήματος, είχε και ιδιαίτερα. Περιείχε χριστιανικόν λαόν πολυπληθέστερον ευπορώτερον, εμπορικώτερον και βιομηχανώτερον αναλόγως των άλλων λαών της στερεάς Ελλάδος, διότι και ο τουρκικός ζυγός ήτον ελαφρότερος. Οι στελλόμενοι εις Πελοπόννησον ηγεμόνες συχνάκις αλληλοδιεδέχοντο, και ως εκ τούτου η επί του τόπου ισχύς των πολλή δεν ήτον. Εφορευόμενοι δε υπό των διατριβόντων εν τη βασιλευούση αντιπροσώπων της Πελοποννήσου εσυστέλλοντο έτι μάλλον εν ταις κακοεργίαις των. Οι αρχιερείς και οι προεστώτες είχαν μεγάλην επιρροήν επί των ομοπίστων αυτών και ως εκ τούτου ήσαν ισχυροί παρά τη εξουσία· συνήρχοντο δε περί κοινών υποθέσεων εις την πρωτεύουσαν της Πελοποννήσου δις του έτους, συνενισχυόμενοι ενώπιον της τουρκικής εξουσίας. Αν και γενικώς οι λαοί της Πελοποννήσου, καταγινόμενοι εις ειρηνικά έργα, δεν ήσαν μάχιμοι, διέπρεπαν όμως μεταξύ αυτών άνδρες εκ της τάξεως των κλεπτών φημιζόμενοι επ' ανδρία και πολεμική εμπειρία. Έξη και λαός προς την μεσημβρινήν άκραν αυτής διασώσας πολλά λείψανα της σπαρτιατικής καταγωγής του. Επιτηδειοτάτη εις αμυντικόν πόλεμον είναι η γεωγραφική θέσις της. Θαλασσοτείχιστος η χώρα αύτη παρέχει μόνον τον στενόν Ισθμόν εις εισβολήν εχθρικών στρατευμάτων, αλλά και αυτόν βουνώδη προς την Μεγαρίδα και δυσπρόσιτον. Βουνώδη και δυσπρόσιτα είναι και πάμπολλα εντός αυτής μέρη. Τα μεταξύ Κορίνθου και Άργους στενά τα κοινώς λεγόμενα Δερβενάκια και το Αγιονόρι, το μεταξύ Άργους και Τριπολιτσάς Παρθένι, το μεταξύ Τριπολιτσάς και Καλαμάτας Μακρυπλάγι, το μεταξύ Αρκαδίας και Πύργου Κλειδί, τα μεταξύ Κορίνθου και Βοστίτσης στενά της. Ακράτας, τα μεταξύ Πατρών και Βοστίτσης Σελλά, ο διατέμνων την Μάνην Ταΰγετος και τόσαι άλλαι ορειναί και δύσβατοι θέσεις είναι ευϋπεράσπιστοι, και δι' ολίγων επιτηδειόταται εις παρεμπόδισιν της από τόπου εις τόπον μεταβάσεως πολλών· φρουρείται δε η χερσόνησος αύτη υπό μεγάλων προμαχώνων, ένθεν μεν της στερεάς Ελλάδος, ένθεν δε των ναυτικών νήσων και της Κρήτης· βοηθείται και υπό της παραλίου περιφερείας της εις εισαγωγήν άλλοθεν των αναγκαίων. Όλα ταύτα ανεδείκνυαν την Πελοπόννησον, ην δικαίως θεωρεί ο Στράβων ακρόπολιν όλης της Ελλάδος, την καταλληλοτέραν και ασφαλεστέραν βάσιν του μελετωμένου επαναστατικού κινήματος.

Δύο ήσαν αι εν αυτή εστίαι της επαναστάσεως, η Αχαΐα και η Μάνη· εκείνη μεν πολιτική, αύτη δε πολεμική.

Η πόλις των Πατρών ήκμαζεν υπέρ πάσαν άλλην της Πελοποννήσου διά το εμπόριον και το πολύτιμον προϊόν της σταφίδος· ευρωπαΐζε δε και υπέρ τας άλλας διά την συχνήν μετά τινων παραθαλασσίων της Ευρώπης πόλεων εξ αιτίας του εμπορίου επιμιξίαν, και διά την εν αυτή διαμονήν προξένων ισχυόντων παρὰ ταῖς τουρκικαῖς Ἀρχαῖς καὶ πολλὰς σχέσεις πρὸς τοὺς ἐντοπίους ἐχόντων· εἶχε καὶ φιλομούσους καὶ φιλοκάλους πολίτας Χριστιανοὺς καὶ ἡμέρους πολίτας Τούρκους. Τρεῖς πολιτικοὶ ἄνδρες τῆς Ἀχαΐας, ὁ Π. Πατρῶν Γερμανός, ὁ Ἀνδρέας Ζαήμης προεστὼς τῶν Καλαβρύτων, καὶ ὁ Ἀνδρέας Λόντος προεστὼς τῆς Βοστίτσης, ἦσαν εἰλικρινῶς συνδεδεμένοι πρὶν ἔτι γνωσθῶσιν ἐν Πελοποννήσῳ τὰ τῆς Ἑταιρίας. Οἱ συνετοὶ δὲ καὶ φιλοπάτριδες οὗτοι ἄνδρες ἐν πολλῇ ὄντες ὑπολήψει ἴσχυαν ἐξ αἰτίας τοῦ δεσμοῦ των καὶ τῆς ἀξίας των καὶ παρὰ τοῖς τοπικοῖς συμβουλίοις καὶ παρὰ τοῖς γενικοῖς· ἔμειναν δὲ μέχρι τέλους ζωῆς, ἐν μέσῳ τόσων πολιτικῶν καὶ πολεμικῶν περιπετειῶν τοῦ ἀγῶνος, πιστοὶ πρὸς ἀλλήλους πολιτευόμενοι πάντοτε τὴν αὐτὴν πολιτικήν. Ἡ ὑπόληψις τῶν τριῶν τούτων ἀνδρῶν συνέτεινεν ὄχι ὀλίγον εἰς τὸ νὰ κατασταθῇ ἡ πόλις τῶν Πατρῶν πολιτικὸν κέντρον τῆς Πελοποννήσου.

Ἡ Μάνη, ἐξ αἰτίας τῆς ὀρεινῆς θέσεως καὶ τῆς ἀκαρπίας τῆς γῆς, δὲν ἔπεσεν εἰς τὰς αὐτὰς πολιτικὰς περιπετείας, οὔτε διήγειρε τὴν φιλοδοξίαν καὶ τὴν πλεονεξίαν τῶν δορυκτητόρων, ὡς ἡ λοιπὴ Πελοπόννησος. Ὁ λαός της πτωχὸς ὡς ὁ τόπος ὃν κατοικεῖ, ἀφιλέμπορος, ἀβιομήχανος, ἄμικτος, καὶ διαβιῶν ἐν σκληραγωγίαις καὶ τῇ χρήσει τῶν ὅπλων, ἐθήρευε πολλάκις τὰ πρὸς τὸ ζῆν δι᾽ ἁρπαγῶν κατὰ γῆν καὶ κατὰ θάλασσαν. Οὔτε Ἀρχὴν τουρκικήν, οὔτε κατοίκους Τούρκους εἶχέ ποτε ἡ Μάνη· ἀπελάμβανε δὲ πλήρη αὐτονομίαν ὑπὸ τὴν κυριαρχίαν τοῦ κατὰ καιροὺς καπητάμπασα ἐπὶ ἐτησίῳ φόρῳ, σπανίως καὶ αὐτῷ ἀποδιδομένῳ, τεσσάρων μὲν χιλιάδων γροσίων κατ᾽ ἀρχάς, δεκαπέντε δὲ μετὰ ταῦτα. Εἶχεν ἑπτὰ ἀρχιερεῖς· καὶ ἀρχῆθεν μὲν διῃρεῖτο εἰς ὀκτὼ καπητανάτα, ἔπειτα δὲ εἰς ἕνδεκα· πᾶς δὲ καπητάνος ἦτο σχεδὸν ἀνεξάρτητος, καὶ διεδέχετο ὡς ἐπὶ τὸ πλεῖστον

1821. ΚΕΦΑΛΑΙΟΝ Δ.

την αξίαν του ο κληρονόμος του· ανεδεικνύετο δε εις εξ αυτών ανώτερος των άλλων, παρ' αυτών μεν κατ' αρχάς, φέρων τον τίτλον Μπάς-καπητάνος, μετά δε το 1770 παρά του κατά καιρούς καπητάμπασα υπό τον τίτλον Μπάς-μπογούς, αλλ' έκτοτε κοινώς προσαγορευόμενος "Μανιατμπέης·" δικαίως δε εθεωρείτο ο τόπος διά τα πλεονεκτήματά του πολεμικόν κέντρον της Πελοποννήσου· επρόκειτο δε να κινηθώσιν οι κάτοικοί του προ των άλλων, διότι εις εκείνους απέβλεπαν κυρίως οι λοιποί λαοί της Πελοποννήσου διά την φήμην της ανδρίας των. Αλλ' η Αρχή της Εταιρίας, καίτοι θεωρούσα και αυτή τον τόπον τούτον εστίαν της επαναστάσεως, ούτε όπλα, ούτε τροφάς, ούτε πολεμεφόδια, ούτε χρήματα εναποταμίευσεν, αλλ' έστειλε μόνον κατηχητάς και έδωκεν υποσχέσεις (α).

Τον δε νοέμβριον του αυτού έτους κατέβη εις την Πελοπόννησον ως ηγεμών αυτής ο Χουρσήδπασας, άνθρωπος μεγαλοπρεπής ως σουλτάνος, σκληροκάρδιος, πολυδάπανος ως ουδείς άλλος των ηγεμόνων της Πελοποννήσου και τρόμον τοις υπ' αυτόν εμπνέων (β)· διέπρεψε δε και επί των λαμπροτέρων υπουργιών του οθωμανικού κράτους και υπηρέτησε και ως μέγας βεζίρης· εστάλη δε εις την Πελοπόννησον κυρίως προς παρατήρησιν της πολιτικής καταστάσεως του τόπου και του πνεύματος των κατοίκων, και διετάχθη, αν εύρισκεν αφορμήν να υποπτεύσῃ ότι εμελετάτό τι κατά του κράτους, να ενεργήσῃ τρία τινά· την αφόπλισαν των Χριστιανών, την μετάπεμψιν εις Τριπολιτσάν των αρχιερέων και προεστώτων και την εισαγωγήν εις την Πελοπόννησον στρατευμάτων προς ενίσχυσιν της εξουσίας. Πολλά εθρυλλούντο κατά των Χριστιανών ότε έφθασεν ο Χουρσήδης εις την Πελοπόννησον· αλλ' αυτός ούτε πίστιν ούτε προσοχήν πολλήν έδωκε· και εκ τούτου φαίνεται, ότι η Πύλη είχε μέχρι τούδε απλάς μόνον υποψίας, αποδίδουσα ἴσως καὶ αὕτη τὴν φαινομένην ἀνησυχίαν καὶ κίνησ τῶν ἑλληνικῶν πνευμάτων εἰς τὰς ῥᾳδιουργίας τοῦ ἀποστάτου Ἀλήπασα. Ἀλλ' ὁ ἄγριος χαρακτὴρ τοῦ νέου τούτου ἡγεμόνος, ἡ αἱμοβόρος διάθεσίς του καὶ ἡ δραστηριότης του διέσπειραν τόσον φόβον, ὥστε ἡ Πελοπόννησος ἢ δὲν θὰ ἐκινεῖτο καθ' ὅλην τὴν διάρκειαν τῆς ἡγεμονίας του, ἢ, ἂν ἐκινεῖτο, θ' ἀπετύγχανεν ἀφεύκτως παρόντος αὐτοῦ. Ἀλλ' ἡ Πύλη, δυσαρεστηθεῖσα ἐπὶ τῇ διαγωγῇ τοῦ ἀρχηγοῦ τῆς κατὰ τοῦ Ἀλῆ ἐκστρατείας, ἀνέθεσε τὴν ἀρχιστρατηγίαν ἐκείνην εἰς τὸν Χουρσήδην, ὅστις ἐξῆλθε τῆς Πελοποννήσου ὀλίγας ἑβδομάδας ἀφ' οὗ εἰσῆλθεν. Ἐκλήθη δὲ ἀντ' αὐτοῦ εἰς τὴν ἡγεμονείαν τῆς Πελοποννήσου ὁ οἰκεῖός του Κιοσὲ Μεχμέτπασας, ἀλλὰ καὶ αὐτὸς συνηκολούθησε τὸν Χουρσήδην, ὥστε ἡ ἡγεμονεία ἔμεινεν ὑπὸ διοίκησιν ἀνθηγεμόνος, τοῦ Μεχμὲτ-Σαλήχαγα, μήτε πολλὴν ἱκανότητα ἔχοντος, μήτε τὴν προσήκουσαν συστολὴν ἐμπνέοντος. Τόσον δὲ ἀνύποπτοι ἦσαν πρὸς ὅσα συνέβησαν μετ' ὀλίγον ἐν Πελοποννήσῳ καὶ ὁ Χουρσήδης καὶ ὁ Μεχμέτης, ὥστε ἀμφότεροι ἀφῆκαν ἐν Τριπολιτσᾷ καὶ τὰς γυναῖκας καὶ τὰ πλούτη των ὡς ἐν τόπῳ ἀσφαλεῖ καὶ ἡσύχῳ· θέλοντες δὲ νὰ καθησυχάσωσι τὰ πνεύματα τῶν ἐντοπίων Τούρκων, ὑποπτευόντων καὶ φοβουμένων, ἀπέστειλαν εἰς Πελοπόννησον μετὰ τὴν ἔξοδόν των χιλίους στρατιώτας πρὸς ἐνίσχυσιν τῆς ἐξουσίας καὶ ματαίωσιν ἐνδεχομένου ἀνιαροῦ συναντήματος. Τοιουτοτρόπως ἡ Πελοπόννησος ἠλευθερώθη τοῦ Χουρσήδη, καὶ οἱ Χριστιανοὶ ἀνέπνευσαν. Ἀλλ' οἱ ἐντόπιοι Τοῦρκοι ἦσαν πάντοτε ἔμφοβοι, σχεδιάζοντες πῶς νὰ ματαιώσωσι τὰς βουλὰς τῶν Ἑλλήνων· ἐφοβοῦντο δὲ πρὸ παντὸς ἄλλου τοὺς λεγομένους κλέπτας, ὧν ἐσώζοντο λείψανα ἐν Πελοποννήσῳ· διὰ τοῦτο ἠξεύροντες, ὅτι ὁ ποτὲ κλέπτης Ἀναγνωσταρᾶς εἶχεν εἰσέλθει πρό τινος καιροῦ κρυφίως εἰς

ΚΕΦΑΛΑΙΟΝ Δ.

Πελοπόννησον, καὶ ὅτι ὑπενήργει τι ἐν ταῖς μεσσηνιακαῖς ἐπαρχίαις, βουλὴν ἔβαλαν ἢ νὰ τὸν συλλάβωσιν ἢ νὰ τὸν φέρωσιν εἰς Τριπολιτσὰν διὰ φιλικῶν τρόπων, ἀλλ' ἀπέτυχαν. Βουλὴν ἔβαλαν νὰ συλλάβωσι καὶ τοὺς τῇδε κἀκεῖσε ὀλίγους ἄλλους καπητάνους, ὡς τοὺς Κουμανιώτας καὶ τοὺς Πετμεζάδας· καὶ διαδόσαντες ἐπιτηδείως καὶ πανούργως ὅτι τινὲς τῶν ἀγάδων τοῦ Λάλα, ἀπειθήσαντες εἰς τὰς διαταγὰς τῆς ἐξουσίας, ἐξωπλίσθησαν, διέταξαν τοὺς ῥηθέντας νὰ ἐπιστρατεύσωσιν ἐπὶ μισθῷ, σκοπὸν ἔχοντες νὰ τοὺς συλλάβωσιν ἀπροφυλάκτους ἢ νὰ τοὺς δολοφονήσωσιν. Ἀλλ' οἱ ἐπιβουλευόμενοι δὲν ἐπαγιδεύθησαν. Ἡ ἀπείθεια καὶ ἡ προφύλαξις τῶν Ἑλλήνων ἀνησύχαζαν ἔτι μᾶλλον τοὺς Τούρκους· ἀλλ' ὅ,τι ὑπερηύξησε τὴν ἀνησυχίαν των ἦτο τὸ ἑξῆς.

Ὁ μέχρι θανάτου καταδιωκόμενος ὑπὸ τῆς τουρκικῆς ἐξουσίας Θεόδωρος Κολοκοτρώνης, καὶ καταφυγὼν πρὸ πολλῶν ἐτῶν εἰς Ἑπτάννησον, ἦλθε τὴν 6 ἰανουαρίου εἰς τὴν Μάνην τὴν γενναίως καὶ φιλοφρόνως τοὺς καταδιωκομένους ὁμογενεῖς καὶ ὁμοπίστους ἀείποτε δεχομένην. Ἡ εἴδησις τοῦ ἐρχομοῦ του κατὰ τὰς περιστάσεις ἐκείνας ἐφάνη τρανὸν προμήνυμα ταραχῶν, καὶ ἡ τουρκικὴ ἐξουσία ἠρώτησε τὸν Μαυρομιχάλην περὶ αὐτοῦ καὶ τὸν παρεκίνησε νὰ τὸν συλλάβῃ ἢ ἀποδιώξῃ ὡς κακεντρεχῆ καὶ ἐπικίνδυνον, ἀλλ' οὐδὲν κατώρθωσε, καὶ ὁ Κολοκοτρώνης καθήμενος ἐκεῖ ἄφοβος μέχρις οὗ ἐξέσπασεν ἡ ἐπανάστασις δὲν ἔπαυεν ἀνταποκρινόμενος μετὰ τῶν ἐν Πελοποννήσῳ οἰκείων του, καὶ προδιαθέτων αὐτοὺς εἰς τὸ νὰ δράξωσι τὰ ὅπλα τὴν 25 μαρτίου, καθ' ἥν, ὡς προεσχεδιάσθη, θὰ ἐκινεῖτο ἡ Μάνη πρὸ τῶν ἄλλων ἐπαρχιῶν τῆς Πελοποννήσου εἰς ἐμψύχωσιν καὶ παράδειγμα αὐτῶν. Ἀλλ' ὅσον παρήρχοντο αἱ ἡμέραι, τόσον τὸ πρᾶγμα ἐγίνετο σπουδαιότερον· δὲν ἔλειπαν δὲ καὶ περιστάσεις εἰς αὔξησιν τῶν ὑποψιῶν τῶν Τούρκων, καὶ ἡ ἀκόλουθος ὄχι ὀλίγον τοὺς ἐτάραξε.

Διάφοροι νερόμυλοι ἦσαν πρὸ πολλῶν ἐτῶν κατηδαφισμένοι ἐν Δημιτσάνῃ, κωμοπόλει τῆς Καρυταίνης. Οἱ ἀδελφοὶ Σπηλιωτόπουλοι ἀνήγειράν τινας, καὶ φέροντες ἄλλοθεν ὕλην ἤρχισαν νὰ κατασκευάζωσι κρυφίως πυρίτιδα. Ἀνεκάλυψε τοῦτο ἡ τουρκικὴ Ἀρχὴ τῆς Καρυταίνης ἀρχομένου τοῦ φεβρουαρίου, κατεταράχθη, ἐπάτησε τὰ ὕποπτα μέρη, ἐν οἷς, ἂν δὲν ηὗρε πυρόκονιν, ηὗρε τὰ εἰς κατασκευήν της, καὶ ἀνέφερε τὰ πάντα εἰς τὸν ἐν Τριπολιτσᾷ ἀνθηγεμόνα, ὅστις διέταξε καὶ κατηδαφίσθησαν οἱ ἀνεγερθέντες ὕποπτοι μύλοι.

Ἡ τουρκικὴ Ἀρχὴ ὁσάκις συνελάμβανε πολιτικὰς ὑποψίας, συνείθιζε ν' ἀσφαλίζεται λαμβάνουσα ὁμήρους· ἐν τῇ παρούσῃ ὅμως περιστάσει φοβηθεῖσα τὴν παρακοὴν τῶν Χριστιανῶν ἠρκέσθη εἰς τὴν ὑπ' ἄλλην πρόφασιν κλῆσιν εἰς Τριπολιτσὰν ἐν πρώτοις μὲν τῶν προεστώτων, ἔπειτα δὲ καὶ τῶν ἀρχιερέων προσκαλουμένων συνήθως ὁσάκις ἢ πόλεμος ἐξωτερικὸς ἐπέκειτο, ἢ ἐσωτερικαὶ ταραχαὶ ἀνεφύοντο. Σκοπὸς δὲ τῆς ἐξουσίας ἦτο μηδενὸς νὰ ἐπιτρέψῃ τὴν ἔξοδον καὶ νὰ ματαιώσῃ τοιουτοτρόπως ὅ,τι ἐτεκταίνετο. Ἡ συγκάλεσις αὕτη κατεθορύβησεν ὅλους συνειδότας τὴν ἐνοχὴν καὶ εἰκάζοντας τὴν αἰτίαν. Μέχρι τινὸς ἀμφίβαλλαν περὶ τοῦ πρακτέου· εἶχαν ὑπ' ὄψιν τὴν ἀπόφασιν τῆς ἐν Βοστίτσῃ συνελεύσεως τοῦ νὰ μὴ ὑπάγωσιν εἰς Τριπολιτσὰν προφασιζόμενοι ἀλλ' ἀντ' ἄλλων· ἀλλ' ἐσυλλογίζοντο ἐν ταὐτῷ ὅτι, ἂν παρήκουαν, ἔσχιζαν τὸ προσωπεῖον, καὶ ὤφειλαν νὰ ὁπλισθῶσιν ἀμυνόμενοι, καί τοι ἀνέτοιμοι, ἀνεφοδίαστοι, διεσκορπισμένοι ἐν ταῖς ἐπαρχίαις καὶ μήτε κἂν νὰ συννοηθῶσι δυνάμενοι διὰ τοὺς εἰς σύλληψιν ἀποστόλων ἢ γραμμάτων παραφυλάττοντας Τούρκους· διὰ τοῦτο νομίσαντες ἀδύνατον ἢ ὀλεθρίαν τὴν ἀντίστασιν, απεφάσισαν να υπακούσωσιν, ελπίζοντες διά του εμφανισμού των να εμπνεύσωσι θάρρος και διασκεδάσωσι τας υποψίας. Ήγγιζε δε και το Πάσχα, καθ' ο επανήρχοντο συνήθως εις τα ίδια, ώστε ήλπιζαν και διά ταύτην την αιτίαν να μη μείνωσιν εν Τριπολιτσά ειμή ολίγας ημέρας. Οι Τούρκοι ηθέλησαν να λάβωσι τα πιστά και παρά της Μάνης, ην υπέρ πάσαν άλλην επαρχίαν υπώπτευαν· αλλ' η Μάνη δεν εκρέματο από της τουρκικής Αρχής της Πελοποννήσου· διά τούτο ο Πετρόμπεης παρηγγέλθη περιποιητικώ τώ τρόπω ν' αναβή και αυτός ως πιστός υπήκοος εις Τριπολιτσάν προς διασκέδασιν διά της παρουσίας του των προς βλάβην αυτού και του τόπου του φημιζομένων. Ο Πετρόμπεης απεποιήθη ευσχήμως ν' απέλθη, αλλ' έστειλε λήγοντος του φεβρουαρίου ένα των υιών του, τον Αναστάσην, και ένα των ανεψιών του, τον Πανάγον Πικουλάκην (γ), ών η εν Τριπολιτσά παρουσία ενέπνευσε μέγα θάρρος. Το θάρρος τούτο ηύξησεν έτι μάλλον η κατόπιν αλληλοδιάδοχος είσοδος αρχιερέων και προεστώτων, υποκρινομένων όλων ότι τα πάντα ήσαν ραδιουργίαι του Καραλή.

Ουδεμία επαρχία ήτο τόσον τεταραγμένη όσον η των Πατρών. Τούρκοι και Χριστιανοί υπέβλεπαν και παρετήρουν αλλήλους. Λόγοι απειλητικοί παρ' εκείνων και ύποπτοι παρά τούτων ελέγοντο συχνάκις, και το πάν επρομήνυε ταχείαν και βαρείαν ρήξιν· και άλλοι μεν των Πατρέων Χριστιανών μετέφεραν τα φίλτατά των εις τα χωρία, άλλοι δε τα διεβίβαζαν εις την Επτάννησον. Οι δε Τούρκοι, περιφερόμενοι ένοπλοι, τους εμπόδιζαν, και εντεύθεν συνέβαιναν λογοτριβαί και συγχύσεις. Ανίκανος ο Π. Πατρών να καθησυχάση τους τεταραγμένους Τούρκους, και φοβούμενος ρήξιν ανετοίμων των Ελλήνων έτι όντων, εκάλεσε τον εν Βοστίτση φίλον του Λόντον εις σύσκέψιν, και την έπαύριον της άφίξεώς του έπεσκέφθησαν αμφότεροι τον διοικητήν των Πατρών Σεκήραγαν, έντόπιον, και ηύραν παρ' αύτώ πλήρη συνέλευσιν των εντοπίων αγάδων σκεπτομένων περι των πραγμάτων. Ο Λόντος ένόησεν ότι οι Τούρκοι ήσαν μάλλον φοβισμένοι ή ώργισμένοι· δια τούτο τοις έλάλησε θαρραλέως. "Αγάδες," τοις είπεν, "έπανάστασις των ραγιάδων δεν γίνεται χωρίς να "θέλωμεν ήμεις, οι πρόκριτοι· και ήμεις, χάρις εις τον "μεγαλοδύναμον Θεον και εις τον πολυεύσπλαγχ-"νον αύθέντην μας, ειμεθα πλούσιοι και κτηματίαι "ώς και σεις. Ημεις ένθυμούμεθα ότι έμειναν "γυμνοι και πεινώντες οι άποστατήσαντες πρό τινων "ετών πατέρες μας, και δεν έπιθυμούμεν να πάθωμεν "τα αυτά. Έπειτα τότε ήκμαζεν ο προς την ύψη-"λην Πύλην ρωσσικος πόλεμος, σήμερον έξ εναντίας "είναι παντού βαθεια ειρήνη και καταδίωξις των "αποστατούντων. Ο αποστάτης Αλής, Αγάδες, "κινει τας ταραχάς, και σεις, χρεωστώ να είπω, "τας υποθερμαίνετε δι' ών πράττετε, άν και έν "αγνοία. Ιδού, έσκορπίσθη ο ραγιάς· πως θα "πραγματοποιηθή ή είσπραξις των βασιλικών είσο-"δημάτων; Αν δεν αλλάξετε διαγωγήν, ήμεις οι "προεστώτες δεν έγγυώμεθα την ησυχίαν του τόπου· "και έπειδη χρεωστούμεν και ήμεις λόγον τη ύψηλη "Πύλη περι τούτου, ίσως αναγκασθώμεν ν' άπολο-"γηθώμεν κατ' ευθειαν και να φανερώσωμεν τους "αιτίους."

Οι Τούρκοι όχι μόνον δεν ώργίσθησαν ακούσαντες τους αποτόμους τούτους λόγους έκ στόματος ραγιά, άλλα και εζήτησαν ευμενώς τας συμβουλας αυτού. "Αγάδες," επανέλαβεν ο Λόντος, "μη περι-"φέρεσθε ένοπλοι· άφήσατε τους ραγιάδας έλευθέ-"ρους να μεταφέρωσι τας οικογενείας και τα "πράγματά των όπου ευαρεστούνται, και ήμεις σας

"ἐγγυώμεθα τὴν ἡσυχίαν τοῦ τόπου, καὶ σᾶς προσ-
"φέρομεν καὶ πᾶσαν συνδρομὴν εἰς τὴν εἴσπραξιν
"τῶν βασιλικῶν εἰσοδημάτων, κινδυνευόντων νὰ
"χαθῶσιν." Οἱ Τοῦρκοι εἰσήκουσαν τοὺς λόγους τοῦ Λόντου, καὶ ἐφάνησαν ἀνυποπτότεροι μαθόντες μετ' ὀλίγον, ὅτι ἀρχιερεῖς καὶ προεστῶτες ἄλλων μερῶν τῆς Πελοποννήσου ἀπήρχοντο πρόθυμοι εἰς Τριπολιτσάν, καὶ ὅτι καὶ οἱ τῆς Ἀχαΐας ἐμελέτων καὶ αὐτοὶ ν' ἀπέλθωσι. Τῷ ὄντι καὶ ὁ Π. Πατρῶν καὶ ὁ Λόντος ἐκίνησαν πρὸς τὴν Τριπολιτσάν, ἀφ' οὗ ἔμαθαν ὅτι ἀπήρχοντο ἐκεῖ οἱ ἄλλοι, καὶ ἀνέβησαν καὶ εἰς Καλάβρυτα· ἀλλὰ συσκεφθέντες μετὰ τοῦ ἀρχιερέως καὶ τῶν προεστώτων τῆς ἐπαρχίας ἐκείνης, δὲν ηὗραν εὔλογον νὰ ὑπακούσωσι τὴν πρόσκλησιν τῆς ἐξουσίας, διότι οἱ σκοποί της ἐφαίνοντο ὀλέθριοι. Ἐφρόνουν δὲ ὅτι ἡ παρακοή των θὰ ὠφέλει μᾶλλον ἢ θὰ ἔβλαπτε καὶ τοὺς ἤδη προαπελθόντας, διότι θὰ ἐσυστέλλοντο οἱ Τοῦρκοι, ἐν ὅσῳ ἔμεναν οὗτοι ἔξω, νὰ κακοποιήσωσι τοὺς ἔσω, φοβούμενοι δικαίως μὴ τοὺς ἐρεθίσωσι, καὶ συμβῇ ὅ,τι ἐπροσπάθουν νὰ ἐμποδίσωσιν. Ἐπεθύμουν δὲ νὰ λάβωσι καὶ τὰς ἔξωθεν ἀπαντήσεις, ὡς προεσχεδιάσθη, καὶ νὰ πράξωσιν ἔπειτα ὅ,τι θὰ τοὺς ὑπηγόρευεν ἡ περίστασις· ἀλλὰ δὲν ἤθελαν καὶ νὰ σχίσωσιν εἰσέτι τὸ προσωπεῖον· ὅθεν ἐμεθοδεύθησαν τὸ ἀκόλουθον τέχνασμα. Ἔπλασαν ἐπιστολὴν ἀνώνυμον ὡς στελλομένην πρὸς αὐτοὺς παρά τινος τῶν ἐν Τριπολιτσᾷ Τούρκων φίλων των καὶ λέγουσαν, ὅτι θάνατος τοὺς ἀνέμενεν ἐν Τριπολιτσᾷ, καθὼς θάνατος ἀνέμενε καὶ τοὺς προεισελθόντας· διέταξαν δὲ τὸν κομιστὴν νὰ προπορευθῇ κρυφίως κατὰ τὴν ὁδὸν τῆς Τριπολιτσᾶς, καὶ ἐπανέλθῃ εἰς ἀπάντησίν των ὡς ἐρχόμενος ἐκ τῆς πόλεως ἐκείνης. Ταῦτα προετοιμάσαντες ἀπεχαιρέτησαν τὸν διοικητὴν τῶν Καλαβρύτων, συμπαρέλαβαν δύο τρεῖς Τούρκους καὶ ἀνεχώρησαν τὴν 9 μαρτίου

ὡς εἰς Τριπολιτσάν. Ἦσαν δὲ ὁ Π. Πατρῶν, ὁ ἐπίσκοπος Κερνίτσης Προκόπιος, ὁ Ζαήμης, ὁ Χαραλάμπης, ὁ Λόντος, ὁ Φωτίλας καὶ ὁ Θεοχαρόπουλος. Ἀφ᾽ οὗ δὲ ἐπλησίασαν ταῖς Κατσάναις ἀπήντησαν, ὡς προεσχεδιάσθη, τὸν ἐπιστολιοφόρον καὶ ἔλαβαν τὴν ἐπιστολὴν παρόντων τῶν συνακολουθούντων Τούρκων, ἣν ἀναγνώσαντες εἰς ἐπήκοον πάντων, ὑπεκρίθησαν ὅτι ἠγανάκτησαν καὶ ὑπῆγαν ὅλοι ὁμοῦ εἰς Καρνέσι· ἐκεῖθεν ἀνήγγειλαν τοῖς ἐν Τριπολιτσᾷ καὶ τῷ διοικητῇ τῶν Καλαβρύτων ὅσα τοῖς ἐκοινοποιήθησαν καθ᾽ ὁδόν, παραπονούμενοι διὰ τὴν πρὸς αὐτοὺς ἄδικον ἀπιστίαν τῶν ἀγάδων, καὶ ζητοῦντες ἄδειαν νὰ μένωσιν ἐν ταῖς ἐπαρχίαις των ὡς φοβούμενοι, ἕτοιμοι πάντοτε νὰ ἐκτελέσωσιν ὅσα κοινῇ γνώμῃ τῶν συνελθόντων θ᾽ ἀπεφασίζοντο ἐν Τριπολιτσᾷ. Τὴν δὲ ἐπιοῦσαν μετέβησαν εἰς τὴν μονὴν τῆς ἁγίας Λαύρας, καὶ ἀπέστειλαν εἰς Κωνσταντινούπολιν καλόγηρον φέροντα πρὸς τὸν πατριάρχην γράμματα εἰς καθησύχασιν τῆς Πύλης, ἂν τυχὸν διεβάλλοντο παρὰ τῶν ἐν Πελοποννήσῳ τουρκικῶν Ἀρχῶν ὡς ἀπειθεῖς καὶ κακὰ βουλευόμενοι. Διὰ τοῦ αὐτοῦ γραμματοκομιστοῦ ἐκοίνωσαν καὶ τοῖς ἐφόροις τῆς Ἑταιρίας τὴν ἀληθῆ κατάστασιν τῶν πραγμάτων αἰτούμενοι τὰς ὁδηγίας των. Λαβόντες οἱ ἐν Τριπολιτσᾷ ἀγάδες τὰ πρὸς αὐτοὺς γράμματα τῶν Ἀχαιῶν δὲν τὰ ἐξέλαβαν ὡς ἀπατηλά, καὶ κατεταράχθησαν, ζητοῦντες νὰ μάθωσι τίς ἐφόβησε τοὺς γράψαντας, ὑποθέτοντες ὅτι ἦτο Τοῦρκος. Ἐν τούτοις ἐστάλη πρὸς αὐτοὺς διατρίβοντας ἐν τῇ ἁγίᾳ Λαύρᾳ ἀπάντησις τῶν ἀγάδων, τῶν ἀρχιερέων καὶ τῶν προεστώτων λέγουσα ὅτι ἦσαν ὅλα ψευδῆ, καὶ θαρρύνουσα αὐτοὺς νὰ σπεύσωσιν εἰς Τριπολιτσαν ἀνυπόπτως. Αὐτὰ ταῦτα τοῖς ἔγραψε καὶ ὁ διοικητὴς Καλαβρύτων· ἀπεστάλη δὲ πρὸς αὐτοὺς ἐπὶ τῷ αὐτῷ σκοπῷ παρὰ τῶν ἐν Τριπολιτσᾷ καὶ ὁ Ἀνδρέας Καλαμογδάρτης ἀναβὰς εἰς τὴν πόλιν ἐκείνην καθ' ὃν καιρὸν ἀνέβησαν οἱ ἀρχιερεῖς καὶ οἱ προεστῶτες. Ἀλλ' αὐτοὶ καὶ τὸν πρέσβυν ἀπέστειλαν ἄπρακτον, καὶ ἐπανέλαβαν ὅσα καὶ πρότερον προσθέσαντες, ὅτι ἐνόμιζαη ἀναγκαῖον κατὰ τὴν παροῦσαν ταραχὴν τῶν πνευμάτων ν' ἀποσταλῶσιν εἰς τὰς ἐπαρχίας των καὶ οἱ ἐν Τριπολιτσᾷ ἀρχιερεῖς καὶ προεστῶτες πρὸς καθησύχασιν τοῦ λαοῦ, πρὸς εἴσπραξιν τῶν βασιλικῶν φόρων καὶ πρὸς εὐόδωσιν τῆς λοιπῆς ὑπηρεσίας. Ἀφ' οὗ δὲ ἔστειλαν τὰ περὶ ὧν ὁ λόγος γράμματα καὶ ἀπέπεμψαν καὶ τὸν Καλαμογδάρτην, μὴ ὄντα ἐκ τῶν Φιλικῶν, ἐπέμειναν ἐπὶ τῇ προτέρᾳ γνώμῃ, ὅ ἐστι, μήτε νὰ παραδοθῶσιν εἰς τὴν ἐξουσίαν, μήτε νὰ ἐπιτεθῶσιν ἕως οὗ ἔλθωσιν αἱ ἔξωθεν ἀναμενόμεναι ἀπαντήσεις. Ὑποπτεύοντες δ' ἔνοπλον καταδίωξιν διὰ τὴν παρακοήν, ἀπεφάσισαν νὰ στρατολογήσωσι μυστικῶς εἰς ὑπεράσπισιν, ἂν ἡ χρεία τὸ ἐκάλει. Ἐπειδὴ δὲ ἀσύμφορον ἐνόμισαν νὰ συνδιατρίβωσιν ὅλοι μὴ τύχῃ αἴφνης καὶ συλληφθῶσιν, διεχωρίσθησαν· καὶ ὁ μὲν Π. Πατρῶν καὶ ὁ Ζαήμης ἀπῆλθαν εἰς Νεζερᾶ, ὁ δὲ Κερνίτσης καὶ Φωτίλας εἰς Κερπινήν, ὁ δὲ Χαραλάμπης καὶ Θεοχαρόπουλος εἰς Ζαροῦχλαν, ὁ δὲ Λόντος εἰς Διακοφτόν. Ἀνεκλήθη παρ' αὐτῶν καθ' ὁδὸν καὶ ὁ εἰς Τριπολιτσὰν ἀπερχόμενος Γεώργιος Σισίνης προεστὼς τῆς Γαστούνης. Οἱ δ' ἐν Τριπολιτσᾷ μετὰ τὴν ἐπάνοδον τοῦ Καλαμογδάρτου καὶ τὴν παραλαβὴν ὧν ἀνεφέραμεν γραμμάτων ἔστειλαν πρὸς τοὺς Ἀχαιοὺς δεύτερον πρέσβυν, τὸν Νικόλαον Μοθωνιόν, καὶ δεύτερα γράμματα, δι' ὧν οἱ ἀρχιερεῖς καὶ οἱ προεστῶτες τοὺς ἐβεβαίουν περὶ τῆς ἀσφαλείας των ὡς ἂν ἦσαν οἱ δυστυχεῖς ἀσφαλεῖς αὐτοί· ἀλλ' οὔτε καὶ ἡ δευτέρα αὕτη ἀποστολὴ εὐτύχησεν, οὔτε οἱ πρὸς οὓς ἔγεινεν ἀπήντησαν, διότι δὲν συνδιέτριβαν· καὶ ὁ πρέσβυς Μοθωνιὸς ἰδὼν τὴν κατάστασιν τῶν πραγμάτων οὐδ' αὐτὸς ἐπανῆλθεν εἰς Τριπολιτσάν (δ).

1821.

ΚΕΦΑΛΑΙΟΝ Ε.

Ἐπανάστασις τῆς Πελοποννήσου.

"ΟΤΑΝ ὕλη εὔφλεκτος συσσωρευθῇ, σπινθὴρ ἀρκεῖ νὰ πέσῃ καὶ τὴν ἀνάπτει. Τοιοῦτόν τι συνέβη ἐν Πελοποννήσῳ παρὰ τὴν θέλησιν καὶ ἀπόφασιν ὅλων.

Ὁ γέρων Ἀσημάκης Ζαήμης, προεστὼς τῶν Καλαβρύτων καὶ πατὴρ τοῦ Ἀνδρέου, εἶχε παρ᾽ αὐτῷ δύο παλαιοὺς κλέπτας, τὸν Χονδρογιάννην καὶ τὸν Πετιώτην, οὓς ἄλλοτε λυτρώσας τοῦ θάνατου ἠγάπα, ἐπιστεύετο, κατήχησε τὰ τῆς Ἑταιρίας καὶ προπαρεσκεύαζεν εἰς τὸν μελετώμενον ἀγῶνα. Τὴν 15 μαρτίου, ἐν ᾧ ἐγευμάτιζε μόνος ἐν τῷ χωρίῳ του, τῇ Κερπινῇ, ὑπηρετούντων τοῦ Χονδρογιάννη καὶ τοῦ Πετιώτη, τοὺς ἠρώτησε "τί νέον;" Ἐκεῖνοι ἀπεκρίθησαν, ὅτι τὴν ἐπαύριον ἀνεχώρει εἰς Τριπολιτσὰν, φέρων χρήματα τοῦ δημοσίου, ὁ Σεηδῆς Λαλιώτης, σπαῆς, καὶ ὅτι, ἂν τοῖς ἔδιδε τὴν ἄδειαν, ἕτοιμοι ἦσαν να τὸν κτυπήσωσι καθ᾽ ὁδὸν, καὶ ἁρπάσωσι καὶ φέρωσι τὰ χρήματα πρὸς τὸν αὐθέντην των ἐπ᾽ ὠφελείᾳ τοῦ γένους. Ὁ γέρων Ζαήμης, ὀλιγολογώτερος καὶ αὐτῶν τῶν παλαιῶν Σπαρτιατῶν, τοὺς ἐκύτταξεν ἀσκαρδαμυκτί, τοῖς ἔνευσε νὰ τὸν κεράσωσι, καὶ ἀφ᾽ οὗ ἔπιεν εἰς τὴν ἐλευθερίαν τῆς πατρίδος, ἔκαμε τὸν σταυρόν του καὶ τοῖς εἶπε, "᾿ς τὴν εὐχήν μου παιδιά" (α). Οἱ δύο κλέπται, λαβόντες τὴν εὐχὴν τοῦ ἄρχοντος καὶ παραλαβόντες καί τινας ἄλλους, παρεμόνευσαν ἐπὶ τῆς εἰς Τριπολιτσὰν ὁδοῦ κατὰ τὴν

Χελονοσπηλιάν, καὶ ἐτουφέκισαν τὸν Σεηδῆν διαβαίνοντα ἀνύποπτον καὶ ἔχοντα συνοδὸν τὸν Ταμπακόπουλον ἀναβαίνοντα καὶ αὐτὸν δι' ὑποθέσεις του εἰς Τριπολιτσάν. Ὁ Σεηδῆς δὲν ἐβλάφθη, καὶ ἔφιππος ὢν ἔφυγε καὶ διεσώθη εἰς Τριπολιτσὰν διασώσας καὶ ὅσα ἔφερε χρήματα· διεσώθη ἀβλαβὴς καὶ ὁ συνοδοιπόρος του Ταμπακόπουλος, ἀφαρπασθέντος μόνον τοῦ σκευοφόρου ἵππου του. Ἔτυχε δὲ τὴν αὐτὴν ἡμέραν ν' ἀναχωρήσῃ εἰς Τριπολιτσὰν καὶ ὁ διοικητὴς τῶν Καλαβρύτων Ἰβραήμης Ἀρναούτογλους. Ὁ δὲ καταλυματίας του, προπορευόμενος εἰς ἀριστοποίησιν, καὶ πλησιάσας ὅπου ἐτουφεκίσθη ὁ Σεηδῆς, ἔμαθε τὸ γεγονός, καὶ φοβηθεὶς κατὰ τοῦ αὐθέντου του ἔνεδραν ἐπέστρεψεν ἔντρομος καὶ διηγήθη ὅσα συνέβησαν αὐθημερόν. Ὁ Ἀρναούτογλους, πλήρης καὶ πρότερον ὑποψιῶν, ἐθορυβήθη ἀκούσας τὸ γεγονός, ὠπισθοδρόμησεν εἰς Καλάβρυτα, ἐφόβισε τοὺς ἐντοπίους Τούρκους παραστήσας τὸ τόλμημα ὡς ἐπαναστατικὸν μᾶλλον ἢ ληστρικόν, καὶ παραλαβὼν αὐτοὺς ἐκλείσθη καὶ ὠχυρώθη ἐντὸς τριῶν δυνατῶν πύργων τῶν Καλαβρύτων, ὡς ἂν ἤρχοντο κατόπιν του ἐχθροί. Συγχρόνως ἐφονεύθησαν καὶ δύο σπαΐδες Τριπολιτσῶται κατὰ τὸ Λιβάρτσι, χωρίον τῶν Καλαβρύτων. Ἡγουμένου δὲ τοῦ Νικολοῦ Σολιώτη ἐφονεύθησάν τινες γυφτοχαρατσίδες κατὰ τὸ Ἀγρίδι, χωρίον τῆς αὐτῆς ἐπαρχίας, καὶ τρεῖς κομισταὶ γραμμάτων τοῦ τοποτηρητοῦ τῆς Τριπολιτσᾶς πρὸς τὸν Χουρσήδην· ἐκτυπήθησαν καί τινες ἄλλοι Τοῦρκοι ἀποβιβασθέντες ἐκ Σαλώνων εἰς Ἀκράταν, καὶ ἀπερχόμενοι εἰς Τριπολιτσάν, ἐξ ὧν οἱ μὲν ἐφονεύθησαν, οἱ δὲ συνελήφθησαν· Τὰ συμβάντα ταῦτα, ἂν καὶ μὴ ἐπαναστατικά, ηὔξησαν τὰς δικαίας ὑποψίας τῶν Ὀθωμανῶν.

Καθ' ἣν δὲ ἡμέραν ἐκλείσθησαν οἱ περὶ τὸν Ἀρναούτογλουν ἐντὸς τῶν πύργων, οἱ προεστῶτες τῶν

Καλαβρύτων απουσίαζαν. Πρώτος των άλλων, ο Χαραλάμπης, μαθών το γεγονός και αγνοών ότι φοβηθέντες οι περί τον Άρναούτογλουν εκλείσθησαν εις άμυναν μάλλον ή εις βλάβην, παρέλαβεν όσους εδυνήθη εκ του προχείρου ενόπλους υπό τους Πετμεζάδας, εισήλθεν εις την πόλιν και επολιόρκησε τους εν τοις πύργοις κλεισθέντας, οίτινες παρεδόθησαν. Γενομένου δε γνωστού του συμβάντος τούτου, όπερ και η φήμη και οι επικρατούντες φόβοι εμεγάλυναν, οι μεν εν Βοστίτση Τούρκοι διεπορθμεύθησαν όλοι αβλαβείς και ανεμπόδιστοι συν γυναιξί και τέκνοις εις Γαλαξείδι, και κατέφυγαν εις Σάλωνα όπου ήσαν ικανοί Τούρκοι· οι δε εν Πάτραις, οίτινες, και αφ' ότου έμαθαν, ότι οι Αχαιοί απεποιήθησαν να μεταβώσιν εις Τριπολιτσάν, είχαν αρχίσει να μεταφέρωσι τας γυναίκας και τα τέκνα των εις την ακρόπολιν, εγκατέλειψαν την πόλιν και συνεκλείσθησαν την 21 μαρτίου, μήτε πυλεμούντες μήτε πολεμούμενοι. Την αυτήν ημέραν ανέβησαν ένοπλοι έως 100 Τούρκοι εκ του Ρίου εις την πόλιν τουφεκίζοντες· τινές δε αυτών εμβάντες εις τι ρακοπωλείον κατά την ενορίαν της αγίας Τριάδος, αφ' ου εμέθυσαν, έχυσαν ρακήν εν τινι λεκάνη, και εμβάψαντες τα παρευρεθέντα παλαιόπανα, τα άναψαν, και δι' αυτών έκαυσαν το ρακοπωλείον· εφόνευσαν δε και τον ρακοπώλην· εκείθεν υπήγαν να πατήσωσι την οικίαν του Παπαδιαμαντοπούλου. αλλ' ευρόντες αντίστασιν αυτοί μεν την επολέμουν κάτωθεν, οι δε εν τη ακροπόλει την εκανονοβόλουν άνωθεν. Εν τοσούτω, αι φλόγες του ρακοπολείου διεδόθησαν και πολλαί οικίαι εκάησαν. Ήσαν παμπολλοί Επταννήσιοι εν τη πόλει, εξ ων πολλοί Φιλικοί. Ούτοι ακούσαντες τον τουφεκισμόν και βλέποντες τας φλόγας, ωπλίσθησαν και έτρεξαν εις διάφορα μέρη· τινές δε αυτών, παραλαβόντες αί τινας Πατρείς, επροχώρησαν εις το

ΚΕΦΑΛΑΙΟΝ Ε'.

Τάσι όπου συνήθως συνηθροίζοντο οι Τούρκοι· εκεί συνεκρούσθησαν κατά πρώτην φοράν, και εσκοτώθη ο Κεφαλλήν Βασίλης Όρκουλάτος. Εκείθεν απεσύρθησαν οι Επταννήσιοι προς την ενορίαν του αγίου Γεωργίου κατοικουμένην όλην υπό Χριστιανών κατά τα άκρα της πόλεως, όπου ήσαν τα προξενεία. Το δ' εσπέρας της αυτής ημέρας ο πρόξενος της Ρωσσίας Βλασσόπουλος, και ο πρόξενος της Σουηδίας Στράνης, κατοικούντες όχι μακράν της ακροπόλεως και φοβούμενοι την οργήν των Τούρκων υποπτευόντων αυτούς, και δικαίως, ως συνωμότας, εγκατέλιπαν τας οικίας των και διεσώθησαν εις τα πλοία· απέπλευσαν δε μετ' ολίγας ημέρας, και συναπέπλευσε και ο πρόξενος της Πρωσσίας Κοντογούρης, φίλος και αυτός του αγώνος. Την αυτήν ημέραν ήλθεν εις το μέσον ένοπλος ο εντόπιος Παναγιώτης Καρατσάς, απλούς τεχνίτης έως τότε, και πολλήν εξ αυτής της αρχής του κινήματος υπόληψιν αποκτήσας διά την ανδρίαν και τον πατριωτισμόν του. Ούτος, θέλων να δώση καιρόν να παραμερίσωσιν οι Πατρείς τα φίλτατα και τα πράγματά των διά νυκτός, συννοηθείς και μετά του Ν. Γερακάρη, ενός των αρχηγών των Επταννησίων, διέσπειρεν ανθρώπους εις διάφορα μέρη της πόλεως φωνάζοντας δι' όλης της νυκτός, " γρηγορείτε," επί σκοπώ να υποθέτωσιν οι Τούρκοι, ότι οι Έλληνες ήσαν πολλοί και προσεκτικοί, και να μη τολμήσωσι νυκτικήν επέξοδον. Τοιουτοτρόπως κατωρθώθη ο φιλάνθρωπος ούτος σκοπός. Την δε επαύριον (22 μαρτίου) οι Τούρκοι ευρέθησαν όλοι συνηγμένοι εν τη ακροπόλει, όπου διέμειναν κανονοβολούντες την πόλιν. Εντοσούτω οι πέριξ σημαντικοί Αχαιοί, μαθόντες τα εν Πάτραις συμβάντα, έσπευσαν να εισέλθωσι συμπαραλαβόντες όσους εδυνήθησαν εκ του προχείρου οπλοφόρους· και πρώτος μεν εισήλθε περί την μεσημβρίαν ο Παπαδιαμαντόπουλος·

ΚΕΦΑΛΑΙΟΝ Ε.

1821.

μετ' αυτόν δε ο Λόντος υπο ερυθράν σημαίαν, ην κατεσκεύασεν ως έτυχε και ως ήθελε την ώραν εκείνην, έχουσαν εν τω μέσω μέλανα σταυρόν εφ' ενός μόνου προσώπου. Εξ αιτίας δε του χρώματος της σημαίας οι εν τω φρουρίω Τούρκοι εξέλαβαν τους εισερχομένους ως Λαλιώτας Τούρκους, διότι ο επι του ενός προσώπου της σημαίας σταυρός δεν εφαίνετο εκ της ακροπόλεως· τους εχαιρέτησαν δε και ως συναδέλφους των κανονοβολούντες. Εισήλθαν την αυτήν ημέραν και ο Π. Πατρών, ο Κερνίτσης, ο Ζαήμης, και ο Ρούφος, επισύροντες πλήθη οπλοφόρων και ροπαλοφόρων· επι δε της εισόδου οι Πατρείς και οι παρεπιδημούντες Έλληνες εκραύγαζαν ενθουσιώντες, Ζήτω η ελευθερία· ζήτωσαν οι αρχηγοί· και εις την Πόλιν να δώση ο Θεός. Εισελθόντες δε οι αρχηγοί κατέλαβαν το δυτικον μέρος της πόλεως, το προς τον άγιον Γεώργιον, όπου ήσαν οι Επταννήσιοι. Ο δε Π. Πατρών διέταξε και έστησαν επι της πλατείας του αγίου Γεωργίου σταυρόν, ον έτρεχαν και ησπάζοντο οι παρευρεθέντες, ορκιζόμενοι τον υπερ πίστεως και πατρίδος όρκον. Εμοίρασαν δε οι αρχηγοί και εθνόσημα εξ ερυθρού υφάσματος φέροντα σταυρόν κυανόχρουν, διέταξαν και τους ιστοποιούς να τυπώσωσι σημαίας προς χρήσιν των παρόντων οπλοφόρων, και αποστολήν εις άλλα μέρη, εξέδωκαν παντού επαναστατικάς προκηρύξεις, έγραψαν τοις εντος και εκτος της Πελοποννήσου να δράξωσι τα όπλα, και έστειλαν προς τους εν Πάτραις εδρεύοντας προξένους την ακόλουθον εγκύκλιον.

" Ημείς, το Ελληνικον έθνος των Χριστιανών,
" βλέποντες ότι μας καταφρονεί το οθωμανικον
" γένος, και σκοπεύει όλεθρον εναντίον μας ποτε
" μ' ένα ποτε μ' άλλον τρόπον, απεφασίσαμεν στα-
" θερώς ή να αποθάνωμεν όλοι ή να ελευθερωθώμεν,

" καὶ τούτου ἕνεκα βαστοῦμεν τὰ ὅπλα εἰς χεῖρας
" ζητοῦντες τὰ δικαιώματά μας. Ὄντες λοιπὸν βέ-
" βαιοι ὅτι ὅλα τὰ χριστιανικὰ βασίλεια γνωρίζουν
" τὰ δίκαιά μας, καὶ ὄχι μόνον δὲν θέλουν μᾶς ἐναν-
" τιωθῇ, ἀλλὰ καὶ θέλουν μᾶς συνδράμει, καὶ ὅτι
" ἔχουν εἰς μνήμην ὅτι οἱ ἔνδοξοι πρόγονοί μας ἐφά-
" νησάν ποτε ὠφέλιμοι εἰς τὴν ἀνθρωπότητα, διὰ
" τοῦτο εἰδοποιοῦμεν τὴν ἐκλαμπρότητά σας, καὶ σᾶς
" παρακαλοῦμεν νὰ προσπαθήσετε νὰ ἤμεθα ὑπὸ τὴν
" εὔνοιαν καὶ προστασίαν τοῦ μεγάλου κράτους
" τούτου."

Ἂν καὶ οἱ ἐν Πάτραις Τοῦρκοι καὶ προέβλεπαν καὶ προέλεγαν τὰς ταραχάς, ἠμέλησαν διόλου τὸ φρούριόν των ἐξ αἰτίας τῆς συνήθους ἀπρονοησίας των, καὶ μηδὲ τὰς δεξαμενάς του κἂν ἐφρόντισαν νὰ καθαρίσωσι καὶ γεμίσωσιν· ὥστε μετὰ δύο ἡμέρας ἀφ' οὗ ἐκλείσθησαν, ἐδίψασαν, διότι οἱ Ἕλληνες ἔκοψαν τὸ ὑδραγωγεῖον, ἐκυρίευσαν καὶ τὰς παρὰ τὸ φρούριον τουρκικὰς οἰκίας, καὶ δὲν τοὺς ἄφιναν μήτε νὰ προκύπτωσι μήτε τὰ κανόνια νὰ γεμίζωσιν εἰμὴ ὑπὸ τὸ σκότος τῆς νυκτός. Διεκρίνετο ὡς τολμηρότερος τῶν ἄλλων ὁ Καρατσᾶς· τὰ μέγιστα δὲ διέπρεψε καὶ ὁ Σταμάτης Κουμανιώτης, θῦμα πεσὼν τῆς τόλμης του τὴν ἡμέραν τῆς εἰς τὴν πόλιν εἰσόδου. Τολμηροὶ οἱ Ἕλληνες τὰς πρώτας ἡμέρας καὶ ἐνθουσιῶντες ἔστησαν κατὰ τοῦ φρουρίου ἓξ κανόνια μετακομισθέντα ἐκ τῶν ἐν τῷ λιμένι ἰονίων πλοίων, καὶ ἤρχισαν νὰ ὑπονομεύωσι μετὰ πολλῆς προθυμίας καὶ ἐπιτυχίας εἰς ἀνατροπήν του· ἀλλὰ μαθόντες οἱ ἔμφρουροι ἐν καιρῷ πρὸς ποῖον μέρος διευθύνετο ἡ ὑπόνομυς, τὴν ἐματαίωσαν δι' ἀνθυπονόμου ὀλίγον ἀπέχουσαν τῶν βάθρων τοῦ φρουρίου (β). Πρὶν δὲ ματαιωθῇ τὸ ἐπιχείρημα τοῦτο, οἱ ἀρχηγοὶ ἔλαβαν γράμματα τοῦ Πανουργιᾶ, ἑνὸς τῶν ὁπλαρχηγῶν τῆς στερεᾶς Ἑλλάδος, λέγοντα, ὅτι ἐφόνευσε καθ όδον ταχυδρόμον του εκ Σερρών Ισούφη ηγεμόνος της Ευβοίας επανερχομένου εξ Ιωαννίνων εις την ηγεμονείαν του, και ανέγνωσε τα προς τας τουρκικάς Αρχάς της νήσου εκείνης γράμματά του διαλαμβάνοντα, ότι φθάσας εις Βραχώρι έμαθε τα εν Πάτραις συμβάντα, και ότι διέκοπτε την οδοιπορίαν του και μετέβαινεν εκεί εις υπεράσπισιν των ομοπίστων του. Κατεταράχθησαν επί τη ειδήσει ταύτη οι Αχαιοί, την εφύλαξαν, μυστικήν, ίνα μη φοβίσωσι τους οπαδούς των, και έσπευσαν να ειδοποιήσωσι τον εν τη επαρχία του Ζυγού περιφερόμενον ως κλέπτην Μακρήν και να τον παρακινήσωσιν εν ονόματι της Αρχής, να κτυπήση τον Ισούφην διαβαίνοντα τα προς την Ναύπακτον στενά. Ο Μακρής απεκρίθη, ότι δεν εδύνατο να πράξη τι άνευ της γνώμης των προεστώτων του Μεσολογγίου και των οπλαρχηγών της Αιτωλοακαρνανίας· αλλ' ο Ισούφης κατήλθε μετά τριακοσίων οπλοφόρων εις Μεσολόγγι, και κατέπλευσεν εις Αντίρριον, όθεν έστειλεν εις Πάτρας τον κεχαγιάν του υπ' άλλο όνομα πενιχροφορούντα ίνα μη κακοπάθη γνωρισθείς. Έφερε δε ούτος πρός τινας των προξένων γράμματα του πασά αιτούντος την σύμπραξίν των εις κατάπαυσιν των ταραχών, και είχεν εντολήν να καθησυχάση τους Χριστιανούς, επί υποσχέσει, ότι θα υπεστήριζεν ο πασάς εντόνως τα δίκαια παράπονά των κατά των εντοπίων Τούρκων.

Ο πρέσβυς ούτος ανέβη αβλαβώς υπό συνοδίαν Ελλήνων εις το επί της εν τη πόλει ανόδου πρωσσικόν προξενείον, όπου ανεγνώσθησαν τα γράμματά του· αλλ' απεπέμφθη άπρακτος και ανενόχλητος, αποκριθέντων των Ελλήνων, ότι εχλεύαζαν τας υποσχέσεις, κατεφρόνουν και τας απειλάς του πασά του. Ο πασάς ακούσας την απόκρισιν των Πατρέων διεβιβάσθη εις Ρίον όπου διέμεινε δύο ημέρας αγνοών τὴν κατάστασιν τῶν πραγμάτων. Μαθὼν δὲ τὰ πάντα καὶ ὅτι τὸ φρούριον ἔπιπτε διὰ λειψυδρίαν, ἂν δὲν ἐπρόφθανε νὰ λύσῃ τὴν πολιορκίαν, ἐκίνησε τὴν κυριακὴν τῶν Βαΐων πρωΐ (3 ἀπριλίου), καὶ εἰσῆλθεν ἀνεμπόδιστος, διότι οἱ ἐπὶ τῆς μεταξὺ ὁδοῦ τοποθετηθέντες ὑπὸ τὸν Ῥοδόπουλον Βοστιτσάνοι εἰς ἐμπόδιον τῆς μεταβάσεως ἔφυγαν ἀμαχητί, οἱ δὲ λοιποὶ οἱ πρὸς τὸ Βλατερόν, τὸ κάτω μέρος τῆς πόλεως, ἐγκατέλειψαν τὰς θέσεις των καὶ εἰσῆλθαν ἐπὶ λεηλασίᾳ εἰς τὴν πόλιν, ὅπου οἱ ἐντόπιοι Τοῦρκοι, καθ' ἣν ἡμέραν κατέφευγαν ἐν βίᾳ εἰς τὸ φρούριον, ἀφῆκαν τὰ δυσκόμιστα πράγματά των. Εἰσελθὼν δὲ ὁ πασᾶς ηὗρε τοὺς Τούρκους ἐν ἄκρᾳ ἀμηχανίᾳ, τοὺς ἐθάῤῥυνε, καὶ ἐπειδὴ ἡ λύσις τῆς πολιορκίας ἦτον ἡ μόνη σωτηρία των, τοὺς παρέλαβεν ὅλους, καὶ ἐξελθὼν ἤρχισε νὰ καίῃ πρῶτον τὰ πρὸς τὸ φρούριον ἄκρα τῆς πόλεως, καὶ πολεμῶν νὰ προχωρῇ καὶ νὰ καίῃ καὶ τὰ ἐνδότερα. Οἱ δὲ ὁπλοφόροι χωρικοί, ὅλοι ἀπειροπόλεμοι, ἀφιλότιμοι καὶ κωφεύοντες εἰς τὰς πατριωτικὰς φωνὰς τῶν ἀρχηγῶν, ἔφυγαν αἰσχρῶς ἀπέμπροσθεν τοῦ ἐχθροῦ, ἀφήσαντες καὶ τὴν πόλιν καὶ τὰ κανόνια καὶ αὐτὰ τὰ πολεμεφόδια εἰς χεῖράς του. Μόνοι οἱ ἀδελφοὶ Κουμανιῶται καὶ οἱ παρευρεθέντες Ξηρομερῖται Χασαπαῖοι ἐκλείσθησαν μετ' ὀλίγων ἐντός τινων οἰκιῶν πρὸς τὴν Ἀλεξιώτισσαν καὶ τὴν ἁγίαν Παρασκευήν, καὶ ἀφ' οὗ ἐπολέμησαν γενναίως καὶ εὐτυχῶς φονεύσαντές τινας ἐχθρούς, ἔφυγαν ἀβλαβεῖς. Οἱ δὲ ἀρχηγοί, βλέποντες τὴν λειποταξίαν τῶν οἰκείων καὶ τὴν πρόοδον τῶν ἐχθρῶν, ἐγκατέλειψαν καὶ αὐτοὶ ἣν κατεῖχαν θέσιν κατὰ τὸν ἅγιον Γεώργιον, καὶ κατέλαβαν ἄλλην κατὰ τὴν Ὁδηγήτριαν, ματαίως προσπαθοῦντες νὰ συγκεντρώσωσί τινας· ἀλλὰ μετ' ὀλίγον ἔφυγαν καὶ ἐκεῖθεν ἔμφοβοι καὶ περίλυποι διὰ τὴν ἀτυχῆ ἔναρξιν τῶν ἀγώνων των, καὶ ἔτι μᾶλλον διὰ τὴν πολεμικὴν ἀπειρίαν καὶ τὴν ἐντεῦθεν δειλίαν τῶν χωρικών, διά την φιλάρπαγα και άφιλότιμον διάθεσίν των, και διά την προς τους αρχηγούς απείθειάν των. Το εσπέρας δε της αυτής ημέρας εφάνη έμπροσθεν του λιμένος των Πατρών πλοίον τουρκικόν, εχαιρέτησε το φρούριον, αντεχαιρετήθη, και ηύξησεν εμφανισθέν τον πανικόν φόβον. Τοιουτοτρόπως η εμπορικωτέρα και πλουσιωτέρα πόλις της Πελοποννήσου, η μία των δύο επαναστατικών εστιών, καθ' ην πρώτον υψώθη το σύμβολον της ελευθερίας, κατεστράφη εκ πρώτης αφετηρίας παραδοθείσα εις πυρ και εις λεηλασίαν· και οι μεν δυστυχείς κάτοικοι, άλλοι ηχμαλωτίσθησαν, άλλοι εσφάγησαν, και άλλοι διεσώθησαν φεύγοντες γυμνοί και άποροι εις Επτάννησον. Οι δε ολίγοι Τούρκοι, νικηταί τόσου πλήθους, διεσκορπίσθησαν εις τα χωρία, συλλαμβάνοντες και φονεύοντες τους φεύγοντας, και φρίκην διασπείροντες (γ).

Επί των δεινών δε τούτων περιστάσεων τινές των προξένων, και κατ' εξοχήν ο της Γαλλίας, Πουκεβίλλος, εφάνησαν άξιοι παντός επαίνου, και ετίμησαν τας σημαίας των ανοίξαντες τας οικίας των εις καταφυγήν και σωτηρίαν πλήθους ανδρών και γυναικών καταδιωκομένων και κινδυνευόντων, και εις διάσωσιν της περιουσίας των. Αλλ' εν ω ούτοι εφέροντο τόσον γενναίως και φιλανθρώπως προς τους πάσχοντας, τινές, απορρίμματα της Ιταλίας και της Επταννήσου, οπλισθέντες δήθεν υπέρ ελευθερίας, κατήντησαν εις τόσην κακοήθειαν, ώστε εφέροντο προς τους αθλίους Πατρείς ως Τούρκοι. Άλλοι δε, αν και υπό γαλλικήν προστασίαν, ησέβησαν και εις αυτήν την προστάτριαν σημαίαν, ηγνωμόνησαν και εις αυτόν τον ευεργέτην των Πουκεβίλλον, ήρπασαν παρρησία την διασωθείσαν εκ των χειρών των Τούρκων και διατηρουμένην εν τω προξενείω περιουσίαν των Πατρέων, και ηνάγκασαν και αυτόν τον Πουκεβίλλον να εγκαταλείψη το προξενείον και καταφύγη εις τι αγγλικόν πλοῖον εὑρεθὲν ἐν τῷ λιμένι τῶν Πατρῶν, αἴροντες μιαιφόνον χεῖρα καὶ κατ' αὐτοῦ.

Ἂν καὶ ἀπέτυχε τὸ ἐν Πάτραις πρῶτον τοῦτο ἐπαναστατικὸν κίνημα, ἡ ἐπανάστασις διεδόθη ἀπὸ ἄκρου εἰς ἄκρον τῆς Πελοποννήσου. Πρώτη ἡ Μάνη, μαθοῦσα τὰ συμβάντα ταῦτα, ἐχύθη τὴν 23 μαρτίου εἰς Καλαμάταν ὑπὸ τὴν ἀρχηγίαν τοῦ ἡγεμόνος της Πετρόμπεη, ἀνδρὸς ἀξιοσεβάστου διὰ τὰς κοινωνικὰς ἀρετάς του καὶ τὴν ἐπ' ἀγαθῷ τῆς Ἑλλάδος χρῆσιν τῆς ἡγεμονίας του. Ἐξεπλάγησαν οἱ ἐν Καλαμάτᾳ Τοῦρκοι ἰδόντες ἐν τῇ πόλει τόσα πλήθη ἐνόπλων, καὶ μαθόντες τὸν σκοπὸν τῆς ἐκστρατείας, παρέδωκαν τὰ ὅπλα καὶ τὰ πράγματά των, παρεδόθησαν καὶ αὐτοὶ ἐπὶ ἀσφαλείᾳ ζωῆς καὶ τιμῆς καὶ δὲν ἐκακόπαθαν. Τούτου δὲ γενομένου, ἐψάλη πάνδημος δοξολογία ἐπὶ τὸν παραρρέοντα ποταμόν, καὶ ἔγεινε δέησις πρὸς τὸν Κύριον τῶν Δυνάμεων ὑπὲρ ἐνισχύσεως τῶν ὑπὲρ πίστεως καὶ πατρίδος ἀγωνιζομένων. Διεσπάρησαν δ' ἐκεῖθεν διάφοροι ὑπαρχηγοὶ εἰς διάφορα μέρη. Ὁ δὲ Πετρόμπεης, θεωρούμενος ὡς ὁ γενικὸς ἀρχηγός, ἐκάθησεν ἐν τῇ πόλει ἐκείνῃ, ὅπου ἐσυστήθη τοπικὴ διοίκησις (Γερουσία), ἥτις συνεδρίασε κατὰ πρώτην φορὰν τὴν 28 μαρτίου, καθ' ἣν ἐξέδωκε κήρυγμα πρὸς τὴν Εὐρώπην, ἐν ᾧ ἐξέθετε τὰ αἴτια τῆς ἐπαναστάσεως καὶ τὰς ἐπὶ τὴν συνδρομὴν τῆς Εὐρώπης ἐλπίδας τῆς ἀναδεχθείσης τὸν ὑπὲρ ἐλευθερίας ἀγῶνα Ἑλλάδος (δ).

Ἀφ' οὗ ἡ φωνὴ τῆς ἐλευθερίας ἤχησε καθ' ὅλην τὴν Πελοπόννησον, οἱ ἐνδιατρίβοντές Τοῦρκοι, πτοηθέντες καὶ ὑποπτεύοντες ξένην χεῖρα ὑποκινοῦσαν τοὺς Ἕλληνας, ἐγκατέλειψαν τὰς ἀτειχίστους πόλεις, καὶ ὑπὸ μηδενὸς καταδιωκόμενοι ἔτρεχαν εἰς τὰ διάφορα φρούρια σὺν γυναιξὶ καὶ τέκνοις πρὸς ἀσφάλειαν.

Οἱ κατοικοῦντες τὰ Μπαρδουνοχώρια τῆς Λακεδαιμονίας Τοῦρκοι εἶχαν μεγάλην καὶ δικαίαν φήμην ανδρίας, ετάραττον συχνά την Πελοπόννησον, και εφόβιζαν και αυτάς τας τουρκικάς Αρχάς, άλλοτε ως αντιπολιτευόμενοι, άλλοτε ως ανταρται, ενίοτε δε και ως λησταί. Αλλά κατά ταύτην την περίστασιν φόβος πανικός κατέλαβεν αυτούς όλους. Είχαν πολλούς και δυνατούς πύργους και τροφάς αφθόνους· αλλ' εις ουδέν τα ελογίσθησαν εξ αιτίας του ακολούθου περιστατικού.

Παρευρέθησαν κατ' εκείνας τας ημέρας πλοία τινα ελληνικά εμπορίου χάριν εν Μαραθωνησίω. Ο Κυριακούλης Μαυρομιχάλης, όστις είχε σχέσεις προς τους Μπαρδουνιώτας και δεν έπαυε γράφων αυτοίς, αρξαμένης της επαναστάσεως, ότι ήρχετο η Φραγκιά να κυριεύση την Ελλάδα, και ότι Φράγκοι εκίνησαν την επανάστασιν, διέτριβεν εκείνας τας ημέρας εν Μαραθωνησίω, και κραιπαλών διέταξε τα πλοία να κανονοβολήσωσιν. Ακούσαντες οι Μπαρδουνιώται τον βρόντον, και έμφοβοι δι' όσα εμάνθαναν περί επεμβάσεως της Φραγκιάς, ηρώτησαν τους διαβαίνοντας τι εσήμαιναν οι τόσοι κανονοβολισμοί. Αγωγιάταί τινες, ερχόμενοι εκ Μαραθωνησίου, τοις είπαν, ότι ο Φραγκιάς εκανονοβόλει· Φραγκιάς δ' ελέγετο ο διοικητής ενός των εν τω λιμένι του Μαραθωνησίου πλοίων, Μυκώνιος. Οι Τούρκοι, ή κακώς ακούσαντες, ή παρεξηγήσαντες την απόκρισιν των αγωγιατών, και προδιατεθειμένοι εις φόβον, και υποπτεύοντες ερχομόν Φράγκων, επίστευσαν ακούσαντες το όνομα του πλοιάρχου, ότι ήλθε τω όντι Φραγκιά εις υποστήριξιν του ελληνικού αγώνος, και όλοι, μικροί μεγάλοι, γυναίκες άνδρες, νέοι γέροντες, φωνάζοντες "Φραγκιά μας επλάκωσε," εγκατέλειψαν οικίας και περιουσίαν και έτρεχαν εις Τριπολιτσάν μη τους προφθάσωσιν οι Φράγκοι καθ' οδόν. Οδοιπορούντες δε όπως έτυχεν, εκλείσθησαν εν Τριπολιτσά την 27 μαρτίου. Προ της εκεί δε καταφυγῆς των ἐπρόλαβαν καὶ κατέφυγαν εἰς τὴν αὐτὴν πόλιν καὶ οἱ Λεονταρῖται Τοῦρκοι. Οἱ δὲ Καρυτινοὶ φοβηθέντες μὴ συλληφθῶσι καθ᾽ ὁδόν, ἀπερχόμενοι εἰς Τριπολιτσάν, δὲν μετετόπησαν.

Οἱ δὲ Κορίνθιοι Τοῦρκοι, ἰδόντες ὅτι ἐκινήθησαν οἱ ἐπὶ τοῦ ἰσθμοῦ Δερβενοχωρῖται, οἱ εἰς τὴν ὁπλοφορίαν ἐξ αἰτίας τῆς τοποθεσίας καὶ τῆς ὑπηρεσίας των ἠσκημένοι, συμπαρέλαβαν τὴν μητέρα τοῦ Κιαμήλμπεη ἀπόντος εἰς Τριπολιτσάν καὶ λοιποὺς οἰκείους του, καὶ ἀνέβησαν ὅλοι ἔντρομοι εἰς τὴν ἀκροκόρινθον, ὅπου ἐλθόντες τὴν ἐπαύριον οἱ Δερβενοχωρῖται καὶ ἄλλοι ὑπὲρ τοὺς δισχιλίους τοὺς ἐπολιόρκησαν ἡγουμένου τοῦ Ἀναγνώστη Πετμεζᾶ. Ἐξ μόνον ἐκλείσθησαν ἔν τινι πύργῳ ἐπὶ τῆς ἀναβάσεώς των καὶ παρεδόθησαν.

Οἱ δὲ Ἀργεῖοι Τοῦρκοι, ταλαντευόμενοι μέχρι τινός, ἐκυριεύθησαν καὶ αὐτοὶ ὑπὸ πανικοῦ φόβου, πεσούσης κατὰ περίστασιν ἐν τῇ πόλει μιᾶς καὶ μόνης πιστολίας, καὶ μετέφεραν τὰς οἰκογενείας των εἰς Ναύπλιον· αὐτοὶ δὲ διημέρευαν ἔνοπλοι ἐν Ἄργει, καὶ διενυκτέρευαν ἐν Ναυπλίῳ. Εἰς πλειοτέραν δὲ ἀσφάλειαν, ἔβαλαν κατὰ νοῦν νὰ μεταφέρωσιν εὐσχήμως εἰς Ναύπλιον τὰς οἰκογενείας τῶν προκρίτων Χριστιανῶν, καὶ ἦλθαν μιᾷ τῶν ἡμέρων 150 ἱππεῖς ἔνοπλοι εἰς Ἄργος ἐκ Ναυπλίου ἐπὶ σκοπῷ νὰ τοὺς βιάσωσιν, ἂν δὲν τοὺς ἔπειθαν. Οἱ πρόκριτοι εὐχαρίστησαν ὑπούλως τοὺς Τούρκους διὰ τὴν περὶ αὐτῶν φροντίδα, καὶ ὑπεσχέθησαν προθύμως νὰ ἑτοιμασθῶσιν αὐθημερὸν καὶ μεταφέρωσι τὰ φίλτατά των τὴν ἐπαύριον εἰς Ναύπλιον. Οἱ Τοῦρκοι, πιστεύσαντες τοὺς ἀπατηλοὺς λόγους των, ἐπέστρεψαν εἰς Ναύπλιον, σκοπεύοντες νὰ ἐπανέλθωσι τὴν ἐπαύριον εἰς Ἄργος καὶ νὰ τοὺς συνοδεύσωσιν· ἀλλ᾽ οἱ πρόκριτοι ἐδαπέτευσαν τὴν νύκτα σὺν γυναιξὶ καὶ τέκνοις, καὶ διασπαρέντες εἰς τὴν ἐπαρχίαν ἐνώπλιζαν τοὺς επαρχιώτας. Θέλοντες δε να διακόψωσι πάσαν συγκοινωνίαν Άργους και Ναυπλίου έστειλαν την 2 απριλίου δια νυκτός ικανούς ενόπλους εις το μεταξύ των δύο τούτων πόλεων χωρίον, την Δελαμανάραν, όπου φθάσαντες εκ Ναυπλίου οι Τούρκοι την επαύριον, είδαν αίφνης πολλών τουφεκιών στόματα προς αυτούς εστραμμένα, και ήκουσαν και φωνην λέγουσαν, πίσω αγάδες, πίσω· Χριστιανοί και Τούρκοι δεν συζούν πλέον. Οι Τούρκοι εστράφησαν οπίσω και δεν εδοκίμασαν έκτοτε να μεταβώσιν εις Άργος. Επανήλθαν τότε και οι πρόκριτοι εις την πόλιν, ύψωσαν λευκην σημαίαν ως σημαίαν ελευθερίας, και ήρχισαν να φροντίζωσι περί πολιορκίας του Ναυπλίου.

Οι δε Γαστουναίοι Τούρκοι ανεχώρησαν πανοικί την 27 μαρτίου· ειδοποιηθέντες δε καθ' οδόν ότι δεν ήσαν δεκτοί εις του Λάλα, διότι οι εκεί Τούρκοι υπώπτευαν μη, αποκλεισθέντες τόσω πολλοί, αποθάνωσι της πείνας, εστράφησαν προς το Χλουμούτσι, παλαιόν φρούριον παρά την Γλαρέντσαν, άφρουρον και διόλου ακατοίκητον. Φθάσαντες δε εις τα χωρία Σαβάτια και Ρουβιάτα μίαν ώραν μακράν της Γαστούνης εκτυπήθησαν υπό των Ελλήνων, αλλ' υπερίσχυσαν και έφθασαν αβλαβείς εις το φρούριον, όπου τους απέκλεισαν οι Έλληνες υπό την αρχηγίαν του Σισίνη και του Χαραλάμπη Βιλαέτη. Αλλ' οι Λαλιώται Τούρκοι προβλέποντες, ότι οι κλεισθέντες εν Χλουμουτσίω θα παρεδίδοντο μετ' ολίγον δι' έλλειψιν των αναγκαίων, εξεστράτευσαν εις βοήθειάν των, ως 400, υπό τον Κουτσοραίπαγαν και έλυσαν δια μιάς την πολιορκίαν, καταδιώξαντες κακήν κακώς τους Έλληνας μέχρι θαλάσσης, όπου τινές επνίγησαν. Λυθείσης τοιουτοτρόπως της πολιορκίας του Χλουμουτσίου, οι εν αυτώ Τούρκοι μετέβησαν όλοι εις Πάτρας, όπου ευρόντες καλήν υποδοχήν διέμειναν μέχρι τέλους.

Οἱ δὲ Ἀρκάδιοι Τοῦρκοι (ε), ἀκούσαντες ὅτι Ἕλληνες ἔνοπλοι ὑπὸ σταυροφόρους λευκὰς σημαίας συνήχθησαν εἰς Κεφαλάρι τοῦ Σουλιμᾶ, ὅτι διήρπασαν τὰς ἀποθήκας, ὅτι ἐκακοποίησαν τοὺς ἐπιστάτας τῶν χωρίων, καὶ ὅτι ἐμελέτων νὰ πέσωσι τὴν νύκτα τῆς 25 (στ) εἰς τὴν πόλιν, ἀνεβίβασαν αὐθεσπερὶ τὰς οἰκογενείας των εἰς τὸ παλαιοφρούριόν των· πρωίας δὲ γενομένης μετέφεραν αὐτὰς εἰς Μεθώνην καὶ Νεόκαστρον μήτε ἐνοχλούμενοι ἐπὶ τῆς μεταβάσεως, μήτε ἐνοχλοῦντες τοὺς Χριστιανούς, οὓς καὶ ἐπαρηγόρουν ὑποκρινομένους, ὅτι ἐλυποῦντο ἐγκαταλειπόμενοι. Ὡπλίσθησαν τῷ ὄντι οἱ τοῦ τμήματος τοῦ Σουλιμᾶ Χριστιανοί, ἀλλ᾽ εἰς ἄμυναν· διότι ἐξ ὅσων ἔλεγαν παρρησίᾳ οἱ Ἀρκάδιοι Τοῦρκοι, ἐφοβήθησαν, ὅτι ἐμελέτων οὗτοι νὰ ἐξελθωσιν εἰς τὰ χωρία, νὰ σφάξωσι καὶ νὰ καταστρέψωσιν. Ἐφοβήθησαν δὲ οἱ τοῦ τμήματος τοῦ Σουλιμᾶ μᾶλλον ἢ οἱ τῶν ἄλλων τῆς ἐπαρχίας τμημάτων, διότι ἐπ᾽ αὐτοὺς κυρίως, ὡς πολεμικωτέρους, ἐλέγετο ὅτι θὰ ἔπιπτεν ἡ αἱμοχαρὴς ὀργὴ τῶν Τούρκων.

Τὴν δὲ 26 ἐκίνησαν πρὸς τὴν Τριπολιτσὰν οἱ Φαναρῖται Τοῦρκοι, σὺν γυναιξὶ καὶ τέκνοις, μεθ᾽ ὧν καὶ οἱ τοῦ Ζούρτσα τῆς ἐπαρχίας τῆς Ἀρκαδίας ὡς γειτνιάζοντες· ἦσαν δὲ ὅλοι 2600 ψυχαί.

Ὁ δὲ Κολοκοτρώνης, ὁ καθήμενος καὶ καιροφυλακτῶν ἐν τῇ Μάνῃ, ἐθεωρεῖτο δικαίως ὡς ἓν τῶν στοιχείων τῆς πελοποννησιακῆς ἐπαναστάσεως διὰ τὴν πολεμικὴν ἐμπειρίαν καὶ φήμην του. Οὗτος συνώδευσε τοὺς Μανιάτας κατελθόντας εἰς Καλαμάταν· ἐκεῖθεν, λαβὼν ὑπὸ τὴν ὁδηγίαν του 300 ἐξ αὐτῶν, ἐστράτευσε τὴν 24 πρὸς τὴν Σκάλαν, 4 ὥρας ἀπέχουσαν τῆς Καλαμάτας. Ὁ ἐνθουσιασμὸς τῶν Χριστιανῶν ἐπὶ τῆς πορείας αὐτοῦ ἦτο μέγας. Ἄνδρες καὶ γυναῖκες τὸν ὑπεδέχοντο διαβαίνοντα εὐφημοῦντες· οἱ δὲ ἱερεῖς τὸν προϋπήντων φέροντες εἰκόνας καὶ θυμιάματα καὶ ψάλλοντες τὸ "Δόξα ἐν ὑψίστοις Θεῷ." Ὁ Κολοκοτρώνης φθάσας τὸ ἑσπέρας εἰς Σκάλαν ἔμαθεν, ὅτι οἱ Καρυτινοὶ Τοῦρκοι καὶ ὁ διοικητὴς τῶν Ἐμβλακίκων Μουσταφᾶς Ριζιώτης ἐκλείσθησαν ἐν τῷ παλαιοφρουρίῳ τῆς κώμης ἐκείνης ἐκτὸς ὀλίγων ἀπομεινάντων ἐν τῇ κώμῃ. Προχωρήσας ἐκεῖθεν, διεγείρων παντοῦ τὸν λαόν, θαῤῥύνων αὐτὸν κατὰ τῶν Τούρκων καὶ στρατολογῶν ἐκ τῶν συμπατριωτῶν του Καρυτινῶν ἔφθασε τὴν ἐπαύριον εἰς Δεδέμπεη, χωρίον μεταξὺ Λεονταρίου καὶ Καρυταίνης, ὅπου τῷ ἐδόθη γράμμα εὑρεθὲν παρά τινι πεζῷ στελλομένῳ παρὰ τῶν Φαναριτῶν Τούρκων πρὸς τοὺς Καρυτινοὺς καὶ συλληφθέντι. Τὸ γράμμα τοῦτο ἔλεγεν, ὅτι οἱ Φαναρῖται θὰ διέβαιναν τὴν ἐπαύριον διὰ τῆς Καρυταίνης, καὶ ὅτι ἤλπιζαν νὰ εὕρωσιν ἑτοίμους καὶ τοὺς ἐκεῖ Τούρκους πρὸς ἀσφαλῆ συμπορείαν εἰς Τριπολιτσάν, διότι ὁ Κολοκοτρώνης ἐστράτευσε μετὰ πολλῶν χιλιάδων Μανιατῶν ἐπὶ σκοπῷ νὰ τοὺς κτυπήσῃ καθ' ὁδόν. Ἐπὶ τῇ εἰδήσει ταύτῃ ὁ Κολοκοτρώνης κατέλαβε τὴν ἐπιοῦσαν τὴν διόδον· ἀλλὰ μὴ φανέντων τῶν ἐχθρῶν, ἐπορεύθη πρὸς τὴν Καρύταιναν, ἐξ ἧς οἱ ἐναπομείναντες ὀλίγοι Τοῦρκοι, ἰδόντες αὐτὸν ἐρχόμενον, ἔφυγαν ἡσύχως καὶ ἐκλείσθησαν καὶ αὐτοὶ ἐν τῷ παλαιοφρουρίῳ των.

Τὴν δὲ ἐπαύριον ὁ Κολοκοτρώνης, ἀφήσας ὀλίγους συντρόφους του ἐν τῇ κώμῃ, μετέβη τὰ χαράγματα εἰς τὸ πρὸς τὸν ἅγιον Ἀθανάσιον στενόν, παραφυλάττων τοὺς ἀναμενομένους ἐχθρούς. Οἱ ἐχθροὶ ἐφάνησαν μετ' ὀλίγον ἐρχόμενοι καὶ ἀποτελοῦντες μακρὰν γραμμὴν ἐξ αἰτίας τοῦ πλήθους τῶν φορτωμάτων καὶ τῆς στενοτοπίας. Ἰδόντες δὲ μακρόθεν ὅτι οἱ Ἕλληνες προκατέλαβαν τὴν δίοδον, ἦλθαν ἔμπροσθεν ὅλοι οἱ ἔνοπλοι, καὶ πλησιάσαντες ἐμάχοντο ἐξ ὥρας. Αὕτη ἦτον ἡ πρώτη ἐν τάξει μάχη τῆς πελοποννησιακῆς ἐπαναστάσεως μεταξὺ Ἑλλήνων καὶ Τούρκων, καὶ συνεκροτήθη κατὰ τύχην ὑπὸ τὸν πολέμαρχον τῆς Πελοποννήσου, Κολοκοτρώνην. Οἱ Τοῦρκοι ἐπολέμησαν γενναίως εἰς σωτηρίαν τῶν γυναικῶν καὶ τέκνων, καὶ εἰς διαφύλαξιν τῆς περιουσίας. Οἱ Μανιᾶται διέπρεψαν ἐπίσης πολεμοῦντες ὀλίγοι πρὸς πολλούς· μέχρι δὲ τῆς μεσημβρίας ἐσκοτώθησαν 15 Τοῦρκοι καὶ 6 Μανιᾶται· ἐπληγώθησαν καὶ ἐκ τῶν ἀρχηγῶν αὐτῶν ὁ Βοϊδῆς, καὶ ὁ Δουράκης. Οἱ Μανιᾶται καταναλώσαντες περὶ τὴν μεσημβρίαν τὰ φυσέκιά των, ἀφῆκαν ἣν ἕως τότε κατεῖχαν θέσιν καὶ ἀπεσύρθησαν εἴς τι παρακείμενον πετρῶδες ὕψωμα παρὰ τὴν γέφυραν τοῦ ποταμοῦ· τινὲς δὲ αὐτῶν ἀνεχώρησαν συνοδεύοντες τοὺς πληγωθέντας εἰς τὰ ἴδια. Οἱ Τοῦρκοι διέβησαν τὴν ἐγκαταλειφθεῖσαν θέσιν, καὶ συναχθέντες ὅλοι εἰς τὸ Κομμένον Τσαμί, ἐπροχώρουν εἰς τὴν γέφυραν· ἀλλ' οἱ ἐπὶ τοῦ ὑψώματος ὀλίγοι Ἕλληνες, προμηθευθέντες πολεμεφοδίων, δὲν τοὺς ἀφῆκαν νὰ περάσωσι τουφεκίζοντές τους. Τότε οἱ Τοῦρκοι ὀπισθοδρόμησαν, ἐπανῆλθαν εἰς τὸ Κομμένον Τσαμί, ἐπὶ σκοπῷ νὰ περάσωσι διὰ τοῦ πρὸς τοῦ Χαλούλαγα καλοκαιρινοῦ πόρου· ἀλλ' ἔφθασαν οἱ ἀδελφοὶ Πλαπούται, Γεωργάκης καὶ Δημήτρης, μετὰ 400 καὶ τοὺς ἐκτύπησαν· τοὺς ἐκτύπησαν τότε ἑνωθέντες μετὰ τῶν περὶ τοὺς Πλαπούτας ἀναφανδὸν καὶ οἱ ὑπὸ τὸν Νικολὸν Ζαριφόπουλον καὶ Τσανέτον Χριστόπουλον Φαναρῖται, συνακολουθοῦντες ἐξ ἀρχῆς μακρόθεν τοὺς συμπατριώτας των Τούρκους ὑπὸ πρόσχημα φιλῶν κατ' αἴτησιν αὐτῶν δι' ἀσφάλειάν των ἐπὶ τῆς πορείας. Ἐπειδὴ δὲ μόνη σωτηρίας ὁδὸς ἦτο ἡ ποταμοπορία, ἐρρίφθησαν εἰς τὸν πόρον ἐν πρώτοις ὅλοι οἱ ἄοπλοι, αἱ γυναῖκες καὶ τὰ παιδία, ἄλλοι ἔφιπποι καὶ ἄλλοι πεζοί· ἐρρίφθησαν καὶ τὰ πλεῖστα τῶν φορτηγῶν ζώων, οἱ δὲ ὁπλοφόροι ἔμειναν ὄπισθεν μαχόμενοι και υπερασπίζοντες την περαίωσιν. Έν ω δε επόταμοπόρουν τουφεκιζόμενοι και φονευόμενοι, κατέβησαν οι εντόπιοι Τούρκοι άνωθεν του παλαιοφρουρίου, απεδίωξαν τους απομείναντας εν τη κώμη ολίγους Έλληνας, και ήλθαν παρά τας όχθας του ποταμού προστατεύοντες τους συναδέλφους των. Υπό τοιαύτας περιστάσεις διεπέρασαν οι δυστυχείς Φαναρίται τον Ρουφιάν. Εκατόν σχεδόν εσκοτώθησαν, πλειότεροι επνίγησαν, μάλιστα γυναίκες, παιδία και γέροντες, και πολλά ζώα εζωγρήθησαν. Επειδή δε δεν τους εχώρει όλους το παλαιοφρούριον, διέμειναν οι πλείστοι έξω συσσώρευτοι.

Το δε εσπέρας της αυτής ημέρας έφθασεν ο Ηλίας Μαυρομιχάλης μετά διακοσίων έφθασε την επαύριον και ο Κανέλλος Δεληγιάννης μετ' άλλων τόσων έφθασαν κατόπιν αυτών και άλλοι και πλήθη χωρικών ώστε την 29 ήσαν έξωθεν της Καρυταίνης εξακισχίλιοι οπλοφόροι εκ διαφόρων επαρχιών. Και οι μεν Τούρκοι, φοβούμενοι να μείνωσι πλέον εν τη κώμη, κατέφυγαν όλοι περί το παλαιοφρούριον, όπου ούτε τροφή ούτε πόσις σχεδόν ήτον· οι δε Έλληνες κυκλώσαντες αυτούς ανέμεναν ώρα τη ώρα την παράδοσίν των. Τόσον δε τους εστενοχώρησαν και τους απήλπισαν, ώστε τους ηνάγκασαν να έλθωσι εις συνθηκολογίαν.

Τοιουτοτρόπως οι κατοικούντες τας ατειχίστους πόλεις και τα χωρία της Πελοποννήσου Τούρκοι, κυριευθέντες υπό πανικού φόβου, εγκατέλειψαν τας εστίας των και συνεσωρεύθησαν εντός των φρουρίων εν διαστήματι τριών εβδομάδων, αφ' ου τρεις τέσσαρες οπλοφόροι Καλαβρυτινοί έστησαν ένεδραν. Μόνοι δε οι Λαλιώται, μέγα φρονούντες επί τη ανδρία των, διέμειναν τρεις μήνας εν τη κωμοπόλει των πλήρεις θάρρους και ελπίδων, λεηλατούντες και καταστρέφοντες τα περίχωρα. (ζ.)

1821.

ΚΕΦΑΛΑΙΟΝ ΣΤ.

Τραγικὰ συμβάντα ἐν Κωνσταντινουπόλει καὶ ἀλλαχοῦ τῆς Ὀθωμανικῆς αὐτοκρατορίας.

Η ΠΥΛΗ εἶχεν ἀπό τινος καιροῦ ἀτελεῖς καὶ σύγκεχυμένας ἰδέας περὶ τῆς Ἑταιρίας καὶ ἀπέδιδεν ἴσως τὴν φαινομένην ἀνησυχίαν τῶν ἑλληνικῶν πνευμάτων εἰς τὰς ῥαδιουργίας τοῦ ἀποστάτου Ἀλῆ· ἀλλὰ τὰ συλληφθέντα γράμματα τοῦ Ὑψηλάντου, ὧν κομισταὶ ἦσαν ὁ Ὕππατρος καὶ ὁ Ἀριστείδης, δὲν ἀφῆκαν ἀμφιβολίαν περὶ τῆς ὑπάρξεως καὶ τοῦ σκοποῦ τῆς Ἑταιρίας καὶ περὶ τῆς ὅσον οὔπω ἐνάρξεως τοῦ ἐπαναστατικοῦ κινήματος. Ἀλλὰ τόση ἦτον ἡ ἀπάθειά της, ὥστε, ἂν καὶ τὰ περὶ ὧν ὁ λόγος γράμματα συνελήφθησαν περὶ τὰς ἀρχὰς τοῦ ἰανουαρίου τοῦ 1821, δὲν ἔδωκε σημεῖα τῆς συνήθους θηριώδους πολιτικῆς της εἰμὴ ἀρχομένου τοῦ μαρτίου. Ὅ,τι δέ, ὡς φαίνεται, τὴν κατετάραξε καὶ τὴν ἠρέθισεν ὑπέρμετρα ἦτον ἡ ἀνακάλυψις τοῦ σχεδίου τῶν Φιλικῶν εἰς καταστροφὴν τῆς Κωνσταντινουπόλεως. Ἐξ αἰτίας τῆς ἀνακαλύψεως ταύτης ἐδόθη προσταγὴ νὰ φύγωσιν ἐκεῖθεν ὅσοι τῶν Ἑλλήνων δὲν ἦσαν ἐγκάτοικοι· ἔγειναν δὲ καὶ κατ' οἴκους ἔρευναι εἰς εὕρεσιν κρυπτομένων, ὡς ὑπώπτευεν ἡ Ἀρχή, ὅπλων καὶ πολεμεφοδίων· παρετηρήθησαν καὶ διάφορα μέρη τῆς πόλεως, ὅπου ἐψιθυρίζετο ὅτι ὑπεσκάφθησαν ὑπόνομοι, ἐν οἷς ἄνθρωποι ἐκρύπτοντο, καὶ ὅπλα ἀπεταμιεύθησαν εἰς χρῆσιν, δοθέντος τοῦ σημείου· τόσος φόβος καὶ τρόμος κατέλαβε τὴν Πύλην· καὶ ἐντεῦθεν, φαίνεται, προήλθε κυρίως ή άπληστος αιμάτων παραφροσύνη της. Το πρωί της 1 μαρτίου έφθασεν εκ Μολδαυίας έκτακτος ταχυδρόμος προς τον εν Κωνσταντινουπόλει πρέσβυν της Ρωσσίας, όστις εκοινοποίησε τη Πύλη αυθημερόν τα κατά την 22 φεβρουαρίου εν τη ηγεμονεία εκείνη συμβάντα· αύθεσπερι δε τη εδόθη δια των τακτικών ταχυδρόμων η αυτή ειδησις και κατ' ευθείαν. Την επαύριον έφυγαν κρυφίως συν γυναιξί και τέκνοις εις Οδησσόν οι επίτροποι του αυθέντου της Μολδαυίας, Νικόλαος Σούτσος αδελφός του και Ιωάννης Σχινάς εξ αδελφής γαμβρός του καί τινες άλλοι. Την 3 μαρτίου ανέγνωσεν ο μέγας διερμηνεύς εν τω οικουμενικώ πατριαρχείω φιρμάνι διαλαμβάνον, ότι η υψηλή Πύλη, μαθούσα την κατά την Μολδαυίαν στάσιν τινών απονενοημένων τους ελυπείτο και παρεκίνει την μεγάλην εκκλησίαν να συμβουλεύση τους υπό την ποιμαντορίαν της πιστούς υπηκόους της κραταιάς βασιλείας να μη αποπλανηθώσι και πέσωσιν εις την δικαίαν και αδυσώπητον αγανάκτησιν και αυτής και των πιστών Οθωμανών. Κατά την βασιλικήν ταύτην διαταγήν εξέδωκεν η μεγάλη εκκλησία συνοδικά και πατριαρχικά έγγραφα (α) καταρωμένη και αφορίζουσα τον Υψηλάντην και τον Σούτσον ονομαστί, και παραινούσα πατρικώς τους λοιπούς Χριστιανούς όπως οι μεν πιστοί εμμείνωσι και του λοιπού εις την προς τον σουλτάνον πίστιν, οι δε αποπλανηθέντες επανέλθωσιν εις την προτέραν υποταγήν· απέλυσε δε και τους Φιλικούς του προς την Εταιρίαν όρκου ως ασεβούς και ολεθρίου. Τα κεραυνοφόρα δε ταύτα έγγραφα υπεγράφησαν εις πλειοτέραν φρίκην επί της αγίας Τραπέζης και εστάλησαν δι' εξάρχων εις τας επαρχίας· και εν μεν ταις ηγεμονείαις έφεραν αποτέλεσμα, αλλ' όχι και εν τη Ελλάδι· τοιαύτα έγγραφα εκίνησαν άλλοτε τους ευλαβείς λαούς της Ελλάδος κατά των κλεπτών· άλλ' οι καιροί δεν ήσαν οι αυτοί, και ο σημερινός αγών ήτον υψηλής φύσεως· διά τούτο ούτε αι εκκλησιαστικαί αύται παραινέσεις ησύχασαν ως άλλοτε τους Έλληνας, ούτε αι απειλαί τους ετάραξαν, ούτε οι αφορισμοί και αι κατάραι τους αφώπλισαν. Τινές δε των εν Κωνσταντινουπόλει βλέποντες την διαγωγήν της Πύλης προείδαν τί τοις έμελε και ότι η φυγή ήτον η σωτηρία των. Την 5 μαρτίου έφυγεν ο πρώην αυθέντης Αλέξανδρος Χαντσερής πανοικί και κατέφυγεν εις Οδησσόν. Πανοικί έφυγαν την 6 και κατέφυγαν εις τον αυτόν τόπον και ο Γεώργιος υιός του πρώην αυθέντου Καρατσά, ο έμπορος Γεώργιος Χρηστόπουλος και άλλοι. Την 8 ανεγνώσθη μυστικόν φιρμάνι καθ' όλα τα ζαμία της Κωνσταντινουπόλεως, δι' ου παρηγγέλλοντο όλοι οι πιστοί να ήναι διά παντός άγρυπνοι και έτοιμοι προς αντίκρουσιν των εν τοις κόλποις του κράτους εμφωλευόντων εχθρών, και οι μη έχοντες όπλα ν' αγοράσωσι πωλούντες και αυτά τα σκεπάσματά των, διότι ο κίνδυνος ήτο περί των όλων. (β.) Την 9 διετάχθη ο οικουμενικός πατριάρχης διά φιρμανίου να στείλη εις την Πύλην τινάς των εγκρίτων αρχιερέων, χωρίς να αιτιολογηθή η διαταγή αύτη· εστάλησαν δε ο Εφέσου Διονύσιος, ο Δέρκων Γρηγόριος, ο Νικομηδείας Αθανάσιος, ο Θεσσαλονίκης Ιωσήφ, ο Τυρνόβου Ιωαννίκιος, ο Αδριανουπόλεως Δωρόθεος ο και Πρώιος, και ο Αγχιάλου Ευγένιος. Παρασταθέντες οι αρχιερείς ούτοι ενώπιον του ρεήζ-εφέντη απεστάλησαν εις οθωμανικήν τινα οικίαν υπό φύλαξιν, έχοντες μεν τας αναπαύσεις των, αλλ' όχι και την άδειαν να βλέπωσιν άλλους ειμή τους διακόνους των ως υπηρέτας. Συγχρόνως η εξουσία έφερεν εις την βασιλεύουσαν πλήθος Ασιανών στρατιωτών και την 14 διέταξε να οπλισθώσι και όλοι οι εν Κωνσταντινουπόλει Οθωμανοί. Αφ' ου δε έστησε παντού φυλακάς, εκίνησεν αμέσως χείρα βαρείαν και μιαιφόνον καθ' όλων των σημαντικών Ελλήνων ανεξετάστως και ακρίτως· αι οικίαι και οι γυναικωνίταί των επατήθησαν, αι φυλακαι εγέμισαν υπόπτων, αιμοχαρείς Ασιανοί σείοντες γυμνάς τας ρομφαίας και φρυάττοντες περιέτρεχαν πληθηδον τας οδούς και τας αγοράς θύοντες και απολύοντες όσους του κοινού λαού απήντων, άνευ αδείας της κυβερνήσεως, αλλά και άνευ κωλύματος· η πολιτική δε λύσσα συνώμοσε μετά του θρησκευτικού φανατισμού κατά των αποστατών και των απίστων. Ανευ αποδείξεων ή ενδείξεων αλλ' επί απλή υποψία είλκυαν κατά διαταγήν της εξουσίας τους γνωστούς Χριστιανούς εις σφαγήν και εις αγχόνην· άλλους έσφαζαν επί των οδών, άλλους εκρέμων από των παραθύρων των οικιών των και έμπροσθεν των συγγενών των, άλλους παρέδιδαν εις τα βασανιστήρια· εκκλησίας εμίαιναν και εγύμνοναν, οικίας κατηδάφιζαν, περιουσίας εδήμευαν, γυναίκας και κοράσια ήρπαζαν, πλοία υπό ευρωπαϊκήν σημαίαν επεσκέπτοντο, και τους εις αυτά καταφυγόντας Έλληνας έσυραν εις την ξηράν υπό τους οφθαλμούς των πρέσβεων.

Το ξίφος του σουλτάνου έπεσεν εν πρώτοις επί την κεφαλήν των εν Κωνσταντινουπόλει Ελλήνων την 22 μαρτίου, καθ' ην απεκεφαλίσθησαν ο Νικόλαος Σκαναβής, ο Μιχαήλ Μάνος πρώην διερμηνεύς του στόλου και γαμβρός του Σκαναβή, ο Θεόδωρος Ρίζος και ο Αλέκος υιός του Φωτεινού αρχιατρού του αυθέντου της Μολδαυίας. Τα πρώτα ταύτα σφάγια της σουλτανικής μανίας διεδέχθησαν άλλα την 26 και 27, ήγουν ο Λεβίδης ο και Τσαλίκης, ο Στεργιαννάκης Τσουρπατσόγλους, τρείς καλόγηροι, τρείς ταχυδρόμοι του αυθέντου της Μολδαυίας και οκτώ άλλοι ολίγον γνωστοί. Την 3 απριλίου έφθασε ταχυδρόμος εξ Αθηνών αναγγέλλων δι' ων έφερε γραμμάτων, ὅτι ἀπεστάτησεν ὅλη ἡ Πελοπόννησος. Παράφρων ἔτι μᾶλλον ἔγεινεν ὁ σουλτάνος ἐπὶ τῇ εἰδήσει ταύτῃ, καὶ ἤρχισε νὰ φονεύῃ ἀπονώτερον.

Μέγας διερμηνεὺς τῷ καιρῷ ἐκείνῳ ἦτον ὁ Κωστάκης Μουρούζης, οὗτινος ὁ φιλογενέστατος οἶκος διηνεκὲς καὶ προσφιλὲς ἔργον εἶχε τὸν φωτισμὸν τῶν ὁμογενῶν του. Ὁ ἀνὴρ οὗτος, ἂν καὶ κατεῖχεν ὑψηλὴν θέσιν καὶ ὑπὸ τὴν μάχαιραν ἔκειτο τοῦ δημίου, εἰς οὐδὲν τὰ καθ᾽ ἑαυτὸν ἐλογίσθη προκειμένης τῆς ἀναστάσεως τῆς πατρίδος. Ἐν ᾧ δὲ εἰσήρχετο μίαν τῶν ἡμερῶν εἰς τὴν Πύλην κατὰ τὸ σύνηθες, τῷ ἐδόθη παρὰ πᾶσαν προσδοκίαν γράμμα τοῦ Ὑψηλάντου λέγον τὰ κατὰ τὰς ἡγεμονείας συμβάντα, καὶ θαρρύνον αὐτόν, ὡς μεμνημένον τὰ τῆς Ἑταιρίας, εἰς τὸν ἀγῶνα. Ὁ Μουρούζης λαβὼν τὸ γράμμα παρ᾽ ἀγνώστου καὶ ἐνώπιον πολλῶν, καὶ νομίσας ὅτι δὲν ἔπρεπε νὰ τὸ ἀποκρύψῃ μήπως κινήσῃ ὑποψίας, τὸ ἐκοινοποίησε τῷ ῥεὶζ-ἐφέντῃ ἀποδίδων αὐτὸ εἰς ῥᾳδιουργίαν, καὶ ἐπανῆλθεν εἰς τὴν οἰκίαν του ἀνενόχλητος· ἀλλὰ τὴν 4 ἀπριλίου μεταπεμφθεὶς παρὰ τῷ ῥεὶζ-ἐφέντῃ καὶ ἀποσταλεὶς παρ᾽ αὐτοῦ εἰς τὸν ἀρχιβεζίρην ἀπήχθη ἐκεῖθεν εἰς τὸ Μπάμπι-Χουμαϊούν, καὶ ἐκεῖ ἀπεκεφαλίσθη φορῶν τὴν στολήν του. Τὴν αὐτὴν ἡμέραν ἀπεκεφάλισεν ἡ Πύλη καὶ τὸν Ἀντωνάκην Τσιρᾶν ἔμπροσθεν τῆς οἰκίας του· ἐκρέμασε καὶ ἄλλους ὀκτὼ ἐν οἷς καὶ τὸν τραπεζίτην τοῦ πρώην αὐθέντου Ἀλεξάνδρου Σούτσου Δημήτριον Παπαρρηγόπουλον ἀπὸ τοῦ παραθύρου τῆς οἰκίας του· τὴν δὲ ἐπαύριον ἀπεκεφάλισε τὸν γαμβρὸν τοῦ Παπαρρηγοπούλου (γ) Δημήτριον Σκαναβῆν, τὸν Παναγιωτάκην Τσιγκῆν καὶ τὸν πρώην διερμηνέα τοῦ στόλου Μιχαλάκην Χαντσερῆν· ἐκρέμασε δὲ καὶ τὸν Γεώργιον Μαυροκορδάτον καὶ αὐτὸν ἀπὸ τοῦ παραθύρου τῆς οἰκίας του. (δ.) Τὴν 8 ἀπεκεφάλισε τρεῖς νεροκράτας ὡς μελετῶντας δῆθεν νὰ φαρμακεύσωσι τὰ νερὰ τῆς βασιλευούσης. Τὴν δὲ 9, ἤτοι τὸ μέγα σάββατον, ἀπεκεφάλισε δύο ἐφημερίους τῆς μεγάλης ἐκκλησίας φύλακας τῆς δομνίτσης Εὐφροσύνης Μουρούζη φυγούσης. Τὴν δὲ ἑσπέραν τῆς αὐτῆς ἡμέρας διεσκορπίσθησαν καθ' ὅλην τὴν ἐνορίαν τοῦ πατριαρχείου, ἐντὸς καὶ ἐκτὸς τοῦ Φαναρίου, πεντακισχίλιοι ὡπλισμένοι γενίτσαροι μηδενὸς εἰδότος τὴν αἰτίαν. Οἱ γενίτσαροι περιεφέροντο ὅλην τὴν νύκτα εἰς τὰς ὁδοὺς τοῦ Φαναρίου μέχρι τῆς ἐνορίας τοῦ ἁγίου Δημητρίου τῆς Ξηλόπορτας καὶ τοῦ Μπαλατᾶ μηδένα ἐνοχλοῦντες. Πρὸς δὲ τὸ μεσονύκτιον ἔκραξεν ὁ κράκτης τῆς ἐκκλησίας, καὶ οἱ Χριστιανοί, ἂν καὶ ἔμφοβοι, συνῆλθαν ἀκωλύτως καὶ ἀνενοχλήτως διὰ μέσου τοῦ πλήθους τῶν γενιτσάρων εἰς τὴν ἐκκλησίαν τοῦ πατριαρχείου. Ἐλειτούργησεν ὁ πατριάρχης μετὰ τῶν δώδεκα ἀρχιερέων κατὰ τὴν συνήθειαν, καὶ, ἀπολύσεως γενομένης, ἀνεχώρησαν ὅλοι εἰς τὰ ἴδια ὡς καὶ ἄλλοτε ἀνενόχλητοι. Ἀνέβη καὶ ὁ πατριάρχης εἰς τὰ πατριαρχεῖα ἐν ᾧ ἤρχιζε νὰ φωτίζῃ. Ἀλλά, μόλις ἀνέβη, καὶ εἰδοποιήθη ὅτι ὁ Σταυράκης Ἀριστάρχης, ὁ διαδεχθεὶς τὴν προτεραίαν τὸν ἀποκεφαλισθέντα μέγαν διερμηνέα Μουρούζην, ἤρχετο εἰς τὸ πατριαρχεῖον. (ε.) Ὁ πατριάρχης διέταξε νὰ τὸν εἰσάξωσιν εἰς τὸ ἰδιαίτερον δωμάτιόν του· ἀλλ' ὁ Ἀριστάρχης ἀπεκρίθη, ὅτι ἐπροτίμα νὰ εἰσαχθῇ κατ' εὐθεῖαν εἰς τὸ συνοδικόν, ὅπου καὶ εἰσήχθη. Εἰσήχθη μετ' ὀλίγην ὥραν εἰς τὸ συνοδικὸν καί τις Ὀθωμανὸς γραμματεὺς τοῦ ῥεὴζ-ἐφέντη, καὶ μετ' αὐτὸν εἰσῆλθε καὶ ὁ πατριάρχης εἰς ἔντευξίν των. Ἀφ' οὗ δὲ ἐχαιρετήθησαν καὶ ἐκάθησαν καὶ οἱ τρεῖς, ὁ μέγας διερμηνεὺς εἶπεν, ὅτι ὁ γραμματεὺς ἔφερε φιρμάνι καὶ εἶχε διαταγὴν νὰ τὸ ἀναγνώσῃ αὐθωρεὶ ἐπὶ παρουσίᾳ τῶν ἀρχιερέων, τῶν προὐχόντων καὶ τῶν ἀρχηγῶν τῶν συντεχνιῶν. Ὁ πατριάρχης διέταξε νὰ συνέλθωσιν

ΚΕΦΑΛΑΙΟΝ ΣΤ.

οἱ ῥηθέντες, καὶ εἰς ἐπήκοον τῶν συνελθόντων ἀνεγνώσθη τὸ φιρμάνι λέγον, "Ἐπειδὴ ὁ πατριάρχης "Γρηγόριος ἐφάνη ἀνάξιος τοῦ πατριαρχικοῦ θρόνου, "ἀχάριστος καὶ ἄπιστος πρὸς τὴν Πύλην καὶ ῥᾳδιοῦρ- "γὸς γίνεται ἔκπτωτος τῆς θέσεώς του, καὶ τῷ προσ- "διορίζεται διαμονὴ τὸ Καδδίκιοϊ μέχρι δευτέρας "διαταγῆς." Μετὰ δὲ τὴν ἀνάγνωσιν συνοδευόμενος ὁ πατριάρχης ὑπὸ τοῦ Νικηφόρου τοῦ πιστοῦ του ἀρχιδιακόνου, ἀπήχθη, παρὰ τὴν φράσιν τοῦ φιρμανίου καὶ κατὰ διαταγὴν ὡς φαίνεται μυστικήν, εἰς τὸ δεσμωτήριον τοῦ Μποσταντσήμπαση. Ἐξελθόντος δὲ τοῦ πατριάρχου ἐκ τοῦ συνοδικοῦ, ἀνεγνώσθη ἄλλο φιρμάνι ἔχον οὕτως. "Ἐπειδὴ ἡ ὑψηλὴ Πύλη "δὲν ἐπιθυμεῖ νὰ στερήσῃ τοὺς πιστούς της ὑπηκό- "ους τῆς πνευματικῆς κηδεμονίας τοῦ κοινοῦ πατρός "των, διατάττει νὰ ἐκλέξωσι πατριάρχην κατὰ τὴν "ἀνέκαθεν συνήθειαν." Ἐπὶ τῇ διαταγῇ ταύτῃ ἤρχισεν ἡ συζήτησις περὶ ἐκλογῆς πατριάρχου, σιωπώντων καὶ τοῦ διερμηνέως καὶ τοῦ γραμματέως, καὶ ἀπεφασίσθη ν' ἀνακληθῇ εἰς τὸν πατριαρχικὸν θρόνον ὁ ἐν Ἀδριανουπόλει διαμένων πρώην πατριάρχης Κύριλλος· ἀλλ' ὁ γραμματεὺς ἀκούσας τὴν ἐκλογὴν εἶπεν ὅτι δὲν ἦτο δεκτὴ ἀπόντος τοῦ ἐκλεχθέντος, διότι ἡ ὑψηλὴ Πύλη δὲν ἐπεθύμει κατὰ τὰς παρούσας περιστάσεις μηδὲ μίαν ὥραν νὰ μένῃ ὁ πατριαρχικὸς θρόνος κενός, καὶ ἀπῄτει νὰ ἐκλέξωσιν ἐκ τῶν παρόντων ὁποῖον ἤθελαν. Διὰ τὸν λόγον τοῦτον μετὰ δευτέραν μακρὰν καὶ ἐπίσης ἀνεπιρρέαστον συζήτησιν ἔπεσεν ἡ ψῆφος ἐπὶ τὸν Πεισιδίας Εὐγένιον, ὃν ὁ μέγας διερμηνεὺς καὶ ὁ γραμματεὺς ἀπέστειλαν ἀμέσως εἰς τὴν Πύλην κατὰ τὴν συνήθειαν· οὗτοι δὲ ἀπέμειναν ἐν τῷ πατριαρχείῳ καθὼς καὶ ὅλοι οἱ συνελθόντες ἀναμένοντες τὴν ἐπάνοδόν του. Μετὰ παρέλευσιν δέ τινων ὡρῶν ἐπανῆλθεν ὁ νέος πατριάρχης ὑπὸ λαμπροτέραν παρὰ τὴν συνήθη πομπήν.

Διήρκει ἡ περὶ ἧς ὁ λόγος τελετή, ὅτε ἐξήχθη τῆς φυλακῆς ὁ Γρηγόριος, ὅστις νοήσας ἔκ τινων σημείων ὅτι ἤγγιζεν ἡ ὥρα τοῦ θανάτου του, προητοιμάζετο ἀδιαλείπτως προσευχόμενος· ἐμβὰς δὲ εἰς πλοιάριον ἀπεβιβάσθη εἰς τὸ παράλιον τοῦ Φαναρίου. Ἐκεῖ ἀτενίσας εἰς τὸν οὐρανὸν, ὅπου ἔμελλε ν' ἀναβῇ μετ' ὀλίγον, ἔκαμε τὸν σταυρόν του, ἐγονάτισε, καὶ ἔκλινε τὴν μιξότριχα κεφαλήν του ὑπὸ τὴν μάχαιραν τοῦ δημίου· ἀλλ' ὁ δήμιος τὸν ἀνήγειρεν εἰπὼν αὐτῷ νὰ τὸν ἀκολουθήσῃ, διότι δὲν ἦτον ἐκεῖνος ὁ τόπος τῆς ποινῆς του. Ὁδεύοντες ἐκεῖθεν ἔφθασαν εἰς τὰ πατριαρχεῖα. Ἐκεῖ ὁ δήμιος τὸν ἐκρέμασε προσευχόμενον ἀπὸ τοῦ ἀνωφλίου τῆς μεγάλης πύλης μετὰ τὴν μεσημβρίαν τῆς κυριακῆς τοῦ Πάσχα· ὥστε, καθ' ἣν ὥραν ἐφήμιζαν ἄνωθεν τοῦ πατριαρχείου καὶ ἐπολυχρόνουν τὸν νέον πατριάρχην οἱ τρισάθλιοι Χριστιανοὶ ψάλλοντες τὸ εἰς πολλὰ ἔτη δέσποτα, ἐκρεμᾶτο κάτωθεν ὡς λῃστὴς καὶ κακοῦργος ὁ προκάτοχος αὐτοῦ, ὅστις πρὸ ὀλίγων ὡρῶν, προσφέρων τὴν ἀναίμακτον θυσίαν ὑπὲρ τῶν τοῦ λαοῦ ἀγνοημάτων, εὐλόγει τοὺς πιστοὺς ἀσπαζομένους ἐν εὐλαβείᾳ καὶ κατανύξει τὴν ἐν τοῖς ἁγίοις τῶν ἁγίων ἁγιασθεῖσαν καὶ ἁγιάζουσαν δεξιάν του. Αἱ τελευταῖαι στιγμαὶ τοῦ Γρηγορίου ἐφάνησαν στιγμαὶ ἀκραιφνοῦς πίστεως καὶ ἀνεξικακίας, ὁποίας προετοιμάζει ἀκηλίδωτος συνείδησις, ἀγαθοποιὸς καρδία, παράβλεψις τῆς προσκαίρου ζωῆς καὶ προσδοκία τῆς μελλούσης. Τὸ δὲ ἐπὶ τοῦ λειψάνου ἔγγραφον τῆς καταδίκης ἔλεγε τὰς αἰτίας δι' ἃς ἐκρίθη ἄξιος θανάτου. Ἰδοὺ τὸ ἔγγραφον, τὸ τουρκιστὶ λεγόμενον "Γιαφτᾶς."

"Χρέος τῶν ἀρχηγῶν τῶν ὑπὸ τὴν ἐξουσίαν μου
"διαφόρων λαῶν εἶναι νὰ ἐπαγρυπνῶσι νύκτα καὶ
"ἡμέραν τοὺς ὑπὸ τὴν ὁδηγίαν των, νὰ παρατηρῶσι
"τὴν διαγωγήν των καὶ ν' ἀνακαλύπτωσι καὶ ἀνα-

" φέρωσιν εἰς τὴν κυβέρνησίν μου τὰς ἀθεμίτους
" πράξεις των. Οἱ δὲ πατριάρχαι, ὡς ἀρχηγοὶ τῶν
" ραγιάδων ζώντων ἐν ἀσφαλείᾳ ὑπὸ τὴν σκιὰν τῆς
" αὐτοκρατορικῆς μου ἐξουσίας, ὀφείλουν νὰ ἦναι
" ὑπὲρ πάντα ἄλλον ἀνεπίληπτοι, τίμιοι, πιστοὶ καὶ
" εἰλικρινεῖς. Ἔχοντες δὲ τὰς ἀρετὰς ταύτας ὀφεί-
" λουν, ὁσάκις παρατηρήσουν κακὰς κλίσεις τοῦ λαοῦ
" των, νὰ τὰς ἐμποδίζωσι δι' ἀπειλῶν καὶ συμβου-
" λῶν, ἢ, ἂν ἀναγκαῖον, καὶ διὰ ποινῶν κατὰ τὰ
" ἔθιμα τῆς θρησκείας των, καὶ τοιουτοτρόπως νὰ
" φαίνωνται εὐγνώμονες ἐν μέρει πρὸς τὴν ὑψηλὴν
" Πύλην δι' ἃς ἀπολαμβάνουν χάριτας καὶ ἐλευθερίας
" ὑπὸ τὴν ἀγαθοποιὸν σκιάν της.

" Ἀλλ' ὁ ἄπιστος πατριάρχης τῶν Ἑλλήνων,
" ὁ δώσας ἄλλοτε δείγματα τῆς εἰς τὴν ὑψηλὴν Πύλην
" ἀφοσιώσεώς του, ἀδύνατον νὰ θεωρηθῇ ἀλλότριος
" τῶν στάσεων τοῦ ἔθνους του, ἃς διάφοροι κακό-
" τροποι καὶ ἀναίσθητοι, παρασυρόμενοι ὑπὸ χιμαι-
" ρικῶν καὶ διαβολικῶν ἐλπίδων, διήγειραν· καὶ
" χρέος του ἦτο νὰ διδάξῃ τοὺς ἁπλοῦς, ὅτι τὸ τόλ-
" μημα ἦτο μάταιον καὶ ἀτελεσφόρητον· διότι τὰ
" κακὰ διαβούλια δὲν εἶναι δυνατόν ποτε νὰ εὐδο-
" κιμήσωσι κατὰ τῆς μωαμεθανικῆς ἐξουσίας καὶ
" θρησκείας, αἵτινες ἔλαβαν ὕπαρξιν θεόθεν πρὸ
" ὑπερχιλίων ἐτῶν, καὶ θὰ διατηρηθοῦν μέχρι τῆς
" συντελείας τοῦ αἰῶνος καθὼς μᾶς βεβαιοῦν αἱ ἀπο-
" καλύψεις καὶ τὰ θαύματα· ἀλλ' ἐξ αἰτίας τῆς δια-
" φθορᾶς τῆς καρδίας του, ὄχι μόνον δὲν εἰδοποίησεν
" οὐδ' ἐπαίδευσε τοὺς ἀπατηθέντας, ἀλλὰ καθ' ὅλα
" τὰ φαινόμενα ἦτο καὶ αὐτός, ὡς ἀρχηγός, μυστι-
" κὸς συμμέτοχος τῆς ἐπαναστάσεως, καὶ ἀδύνατον
" νὰ μὴ ἀφανισθῇ καὶ πέσῃ εἰς τὴν ὀργὴν τοῦ Θεοῦ
" ὅλον σχεδὸν τὸ ἔθνος τῶν Ἑλλήνων, ἂν καὶ ἐν
" αὐτῷ εἶναι καὶ πολλοὶ ἀθῶοι.

" Καθ' ὃν καιρὸν ἐγνώσθη ἡ ἀποστασία, ἡ ὑψηλὴ

"Πύλη, συμπάθειαν λαβοῦσα πρὸς τοὺς ἀθλίους
" ραγιάδας της, ἠσχολήθη νὰ ἐπαναφέρῃ τοὺς πλα-
" νηθέντας διὰ τῆς γλυκύτητος εἰς τὴν ὁδὸν τῆς
" σωτηρίας, καὶ ἐπὶ τῷ σκοπῷ τούτῳ ἐξέδωκε πρόσ-
" ταγμα διατάττουσα καὶ συμβουλεύουσα τὸν πατρι-
" άρχην τὰ δέοντα, καὶ προσκαλοῦσα αὐτὸν ν' ἀφο-
" ρίσῃ ὅλους τοὺς ἀποστατήσαντας ραγιάδας ὅπου
" καὶ ἂν ἦσαν· ἀλλ', ἀντὶ νὰ δαμάσῃ τοὺς ἀποστάτας
" καὶ δώσῃ πρῶτος τὸ παράδειγμα τῆς εἰς τὰ καθή-
" κοντα ἐπιστροφῆς των, ὁ ἄπιστος οὗτος ἔγεινεν ὁ
" πρωταίτιος ὅλων τῶν ἀναφυεισῶν ταραχῶν. Εἴ-
" μεθα πληροφορημένοι ὅτι ἐγεννήθη ἐν Πελοπον-
" νήσῳ, καὶ ὅτι εἶναι συνένοχος ὅλων τῶν ἀταξιῶν
" ὅσας οἱ ἀποπλανηθέντες ραγιάδες ἔπραξαν κατὰ
" τὴν ἐπαρχίαν τῶν Καλαβρύτων. Οὗτος λοιπὸν
" εἶναι ὁ αἴτιος τοῦ θείᾳ βοηθείᾳ ἐπικειμένου παν-
" τελοῦς ἀφανισμοῦ τῶν ἀποπλανηθέντων ραγιάδων.
" Ἐπειδὴ πανταχόθεν ἐβεβαιώθημεν περὶ τῆς
" προδοσίας του ὄχι μόνον εἰς βλάβην τῆς ὑψηλῆς
" Πύλης, ἀλλὰ καὶ εἰς ὄλεθρον αὐτοῦ τοῦ ἔθνους
" του, ἀνάγκη ἦτο νὰ λείψῃ ὁ ἄνθρωπος οὗτος ἀπὸ
" τοῦ προσώπου τῆς γῆς, καὶ διὰ τοῦτο ἐκρεμάσθη
" πρὸς σωφρονισμὸν τῶν ἄλλων."

Δύο αἰτίαι τῆς καταδίκης τοῦ πατριάρχου ἀναφέρονται ἐν τῷ ἐγγράφῳ τούτῳ· ἡ μὲν " ὅτι δὲν ἐκί-
" νησε τὰ πνευματικά του ὅπλα κατὰ τῶν ἀποστα-
" τῶν·" ἡ δὲ " ὅτι καὶ αὐτὸς ἦτο συμμέτοχος τῆς
" ἀποστασίας."

Ὀλίγον ἀνωτέρω διηγήθημεν, ὅτι ἐπὶ τῇ προτάσει τῆς Πύλης καὶ τοὺς ἀρχιαποστάτας ὁ πατριάρχης ἀφώρισε καὶ ἀνεθεμάτισε, καὶ τοὺς ὑπὸ τὴν ποιμαντορίαν του λαοὺς εἰς τὴν προτέραν τῶν πρὸς τὸν σουλτάνον ὑποταγὴν ἀνεκάλεσε, καὶ τοὺς Φιλικοὺς τοῦ πρὸς τὴν Ἑταιρίαν ὅρκου ὡς ἀσεβοῦς καὶ ὀλεθρίου ἀπέλυσε. Σώζονται δὲ καὶ τὰ περὶ ὧν ὁ λόγος συνοδικὰ ἔγγραφα, ὥστε ἡ αἰτία αὕτη στηλιτεύεται ἐξ αὐτῶν τῶν πραγμάτων πάντη ψευδής. Πάντη ἀναπόδεικτος καὶ ἀνυπόστατος εἶναι καὶ ἡ ἄλλη αἰτία, δηλαδή, ὅτι ὁ πατριάρχης ἦτο συμμέτοχος τῆς ἀποστασίας. Τρία τινὰ ἐπιφέρει τὸ ἔγγραφον εἰς ἀπόδειξιν τῆς αἰτίας ταύτης, "ὅτι ὁ "καταδικασθεὶς εἰς θάνατον ἦτο καθ' ὅλα τὰ φαι- "νόμενα μυστικὸς συμμέτοχος τῆς ἀποστασίας, ὅτι "ἡ Πύλη πολλαχόθεν ἐβεβαιώθη περὶ τῆς ἐνο- "χῆς του, καὶ ὅτι ἐγεννήθη ἐν Πελοποννήσῳ "ὅπου κατὰ πρῶτον ἐξερράγη ἡ ἐπανάστασις."

Πρὸς Θεοῦ ! οἱ λόγοι οὗτοι "καθ' ὅλα τὰ φαι- "νόμενα, — πολλαχόθεν ἐβεβαιώθη, — ἐγεν- "νήθη ἐν Πελοποννήσῳ," εἶναι λόγοι σπουδαῖοι ; εἶναι ἀποδείξεις ; δικαιοῦν τοιοῦτον τόλμημα; Ἂν εἶχεν ἡ Πύλη ἀποδείξεις τῆς ἐνοχῆς τοῦ θύματός της, ὡς διετείνετο, διατί δὲν τὰς ἐδημοσίευε ; διατί δὲν τὰς ἐκοινοποίει ταῖς πρεσβείαις κατὰ τὴν ῥητὴν ἀξίωσιν τοῦ παρ' αὐτῇ πρέσβεως τοῦ αὐτοκράτορος τῆς Ῥωσσίας εἰς δικαιολογίαν της καὶ ἀποτροπὴν τόσων δεινῶν ἐξ ὧν περιεστοιχίζετο ; Οἱ λόγοι οὗτοι δὲν ἀποδεικνύουν μᾶλλον τὸ μέγα ἀνόμημα τοῦ τιμωρήσαντος ἢ τὸ μέγα ἔγκλημα τοῦ τιμωρηθέντος ; Ὁ πατριάρχης ἐγνώριζεν ἀναμφιβόλως τὰ τῆς Ἑταιρίας, οὐδ' ἦτο δυνατὸν ν' ἀγνοῇ ὁ πνευματικὸς πατὴρ ὅλων τῶν Ἑλλήνων ὅ,τι πλήθη πάσης τάξεως ἐγνώριζαν· ἀλλ' ἑταῖρος, ὅ ἐστι συνωμότης κατὰ τῆς τουρκικῆς ἐξουσίας, δὲν ἦτο· καὶ ὄχι μόνον οὐδόλως ἐθάρρυνε τὴν ἑλληνικὴν ἐθνεγερσίαν, ἀλλὰ καὶ πάντοτε ἀπέτρεπε τοὺς πρὸς οὓς διελέγετο φιλεπαναστάτας, θεωρῶν ἐθνοφθόρον τὸ τοιοῦτον τόλμημα, καὶ τὸν πρὸς ὃν ἔτεινε σκοπὸν ἀνεπίτευκτον. Μάρτυρες τῶν λεγομένων εἶναι οἱ αὐτήκοοι τῶν λόγων τοῦ ἁγίου ἀνδρός, ὧν τὴν ἀξιόπιστον μαρτυρίαν παρελάβαμεν καὶ ἡμεῖς ἐκ τοῦ στόματος αὐτῶν, καὶ παραδίδομεν όπως την παρελάβαμεν εις την ιστορίαν· δεν κατεμήνυσε δε όσα πνευματικώ τω τρόπω εγνώριζε, διότι εθεώρησεν αναμφιβόλως την καταμήνυσιν και αναξίαν του χαρακτήρός του, και εναντίαν του πνευματικού καθήκοντός του, και ικανήν να προκαλέση τον όλεθρον των ομογενών του ενόχων και μή.

Επί ταύταις ταις αιτίαις εξετελέσθη η καταπλήξασα και καταταράξασα τον χριστιανικόν όλον κόσμον μιαιφονία του αρχηγού της Ανατολικής Εκκλησίας το εβδομηκοστόν έτος διανύοντος.

Τούτου δε γενομένου, ανεχώρησαν εκ των πατριαρχείων ο μέγας διερμηνεύς, ο γραμματεύς και οι λοιποί. Το δε δειλινόν της αυτής ημέρας ο Μπεντερλή-'Αλήπασας, ο προ ολίγου διορισθείς αρχιβεζίρης, (ε,) διέβη δια του Φαναρίου μεθ' ενός μόνου υπασπιστού, και εκάθησε πέντ' έξ λεπτά αντικρύ του κρεμαμένου πατριάρχου, θεωρών αυτόν και λαλών προς τον υπασπιστήν του. Διέβη εκείθεν μετά μίαν ώραν παρενδεδυμένος και ο σουλτάνος και έρριψε και αυτός το βλέμμα επί τον πατριάρχην. Τρεις ημέρας έμεινε το λείψανον κρεμάμενον· την δε τετάρτην το καθείλεν ο αγχονιστής επί σκοπώ να το ρίψη εις την θάλασσαν, διότι οι κατά διαταγήν της εξουσίας κρεμάμενοι η αποκεφαλιζόμενοι δεν αξιούνται ταφής. Ηλθαν τότε προς τον αγχονιστήν Εβραίοι και λαβόντες την άδειάν του, κατά τινας δε και φιλοδωρήσαντες αυτόν, έδεσαν τους πόδας του λειψάνου, το έσυραν από των πατριαρχείων μέχρι του αιγιαλού του Φαναρίου χλευάζοντες και βλασφημούντες, και το έρριψαν εις την θάλασσαν εγχειρίσαντες το σχοινίον τω αγχονιστή, αναμένοντι εν πλοιαρίω. Απομακρυνθείς ούτος της ξηράς σύρων και το επί της θαλάσσης λείψανον, και φθάσας εν μέσω του κερατίου κόλπου μεταξύ Φαναρίου και ναυστάθμου απήρτησεν από του λειψάνου πέτραν εις καταποντισμόν του·

ἀλλὰ τὸ λείψανον δὲν συγκατεποντίσθη, διότι δὲν ἦτον ἡ πέτρα ἱκανῶς βαρεῖα. Ἐπέστρεψε τότε ὁ ἀγχονιστὴς εἰς τὴν ξηράν, καὶ λαβὼν ἄλλας δύο πέτρας ἐπανῆλθεν ὅπου ἐκυματίζετο τὸ λείψανον, προσεπισυνέδεσε καὶ αὐτάς, τὸ ἐλόγχευσε δὶς καὶ τρὶς εἰς ἀποῤῥόφησιν νεροῦ, καὶ οὕτω κατεβυθίσθη. Μεθ᾽ ἱκανὰς δὲ ἡμέρας ἀνεφάνη πρὸς τὸν Γαλατᾶν μεταξὺ δύο πλοίων ἐλλιμενιζόντων ἔμπροσθεν τοῦ καρακιοίου, τοῦ μὲν σλαβονικοῦ τοῦ δὲ κεφαλληναίου. Πρῶτος ὁ Σλαβόνος πλοίαρχος εἶδε τὸ λείψανον, καὶ τὸ ἐσκέπασεν ἐπιῤῥίψας ψάθαν, ἐπὶ σκοπῷ, ὅταν νυκτώσῃ, νὰ τὸ ἀνελκύσῃ καὶ τὸ θάψῃ οὗτινος καὶ ἂν ἦτον ὡς φιλόχριστος. Γενομένης δὲ ἑσπέρας, ἐπρόλαβεν ὁ ἄλλος πλοίαρχος, ὁ Κεφαλλήν, Σκλάβος ὀνόματι, καὶ τὸ ἀνείλκυσεν. Ἰδὼν δὲ ἐκ τῆς γενειάδος καὶ τῆς ἀξυρίστου κεφαλῆς, ὅτι ἦτο λείψανον ἱερωμένου, ἔφερε τὴν ἐπαύριον εἰς τὸ πλοῖόν τινας ἔξωθεν κρυφίως, καὶ βεβαιωθεὶς ὅτι ἦτο τὸ τοῦ πατριάρχου, τὸ ἐσαβάνωσε, τὸ μετεκόμισεν εἰς Ὀδησσόν, καὶ τὸ ἀπέθεσεν ἐν τῷ λοιμοκαθαρτηρίῳ. Ἐξετασθὲν δὲ αὐτόθι καὶ ἐκ δευτέρου κατὰ διαταγὴν τοῦ διοικητοῦ ἀπεδείχθη καὶ τότε ὅτι ἦτο τῷ ὄντι τὸ τοῦ πατριάρχου.

Δοθείσης δὲ τῆς εἰδήσεως εἰς Πετρούπολιν, ἐξεδόθη διάταγμα ἵνα ἀποδοθῶσιν εἰς τὸν νεκρὸν δημοσίως ὅλαι αἱ προσήκουσαι τιμαί. Συνέδραμε καὶ ἡ ἱερὰ σύνοδος τῆς Ῥωσσίας εἰς τὴν ἐκκλησιαστικὴν λαμπρότητα τῆς κηδείας, καὶ τὴν 17 ἰουνίου συνήχθησαν εἰς τὸ λοιμοκαθαρτήριον αἱ πολιτικαὶ καὶ στρατιωτικαὶ Ἀρχαὶ τοῦ τόπου, οἱ δύο μητροπολῖται ὁ Σιλιστρίας Κύριλλος καὶ ὁ Ἱεροπόλεως Γρηγόριος, ὁ ἐπίσκοπος Μπεντερίου καὶ Ἀκερμανίου Δημήτριος, ὁ κλῆρος ὅλης τῆς ἐπαρχίας, οἱ δυστυχεῖς πρόσφυγες Ἕλληνες καὶ μέγα πλῆθος λαοῦ, καὶ ὑπὸ τὸν νεκρώσιμον ἦχον τῶν ἐκκλησιαστικῶν κωδώνων, τῶν ψαλμῳδιῶν, τῶν πυροβόλων, τῆς στρατιωτικῆς μουσικῆς, καὶ ὑπὸ τὰς ἀδιαλείπτους εἰς τὸν Ὕψιστον εὐχάς, συνώδευσαν τὸ ἱερὸν λείψανον ἀλώβητον καὶ ἄοδμον εἰς τὴν μητρόπολιν τῆς Ὀδησσοῦ, ὅπου διέμεινε τριήμερον μέχρι τῆς 19, καθ' ἣν, ἀφ' οὗ ἐψάλη πάλιν ἡ νεκρώσιμος ἀκολουθία, καὶ ἐξεφωνήθη παρὰ τοῦ ἱεροκήρυκος τοῦ οἰκουμενικοῦ πατριαρχείου Κωνσταντίνου Οἰκονόμου κατανυκτικὸς λόγος, μετεκομίσθη ἐν μεγάλῃ καὶ αὖθις πομπῇ καὶ παρατάξει εἰς τὴν ἐκκλησίαν τῶν Ἑλλήνων, καὶ ἀπετέθη ἐν μνήματι καινῷ ἐντὸς τοῦ ἁγίου βήματος πρὸς τὴν ἀρκτικὴν πλευρὰν τῆς ἁγίας τραπέζης ὡς λείψανον ἱερομάρτυρος.

"Τοιουτοτρόπως," λέγει ἡ ἡμιεπίσημος ἐφημερὶς τῆς Πετρουπόλεως, " ἀπεδόθησαν, κατ' ἐπιταγὴν τοῦ " εὐλαβεστάτου αὐτοκράτορος πασῶν τῶν Ῥωσσιῶν "'Αλεξάνδρου τοῦ α', αἱ νενομισμέναι τιμαὶ τῆς " πίστεως καὶ τῆς χριστιανικῆς ἀγάπης εἰς τὸν Γρη-" γόριον, τὸν ἅγιον πατριάρχην τῆς ἀνατολικῆς " ὀρθοδόξου ἐκκλησίας τῶν Ἑλλήνων, τὸν ὑπομεί-" ναντα τὸν θάνατον τοῦ μαρτυρίου."

Τὴν αὐτὴν δὲ κυριακὴν τοῦ Πάσχα ἐκρέμασεν ἡ Πύλη καὶ τρεῖς τῶν φυλακισθέντων ἀρχιερέων, τὸν Ἐφέσου, τὸν Ἀγχιάλου καὶ τὸν Νικομηδείας. Ὁ τελευταῖος οὗτος, ὑπέργηρως ὢν, πρὶν φθάσῃ εἰς τὸν τόπον τῆς ποινῆς, πεσὼν κατὰ γῆς ἐξεψύχησεν, ἀλλὰ καὶ νεκρὸς ἐκρεμάσθη· τόσον δὲ ἐλύσσων οἱ Τοῦρκοι κατ' ἐκείνας τὰς ἡμέρας, ὥστε ὄχι μόνον ἐφόνευαν σωρηδὸν αὐθαιρέτως καὶ ἀφόβως ὅσους ἀπήντων Ἕλληνας, ἀλλὰ καί, ὡς ἂν δὲν ἤρκουν εἰς χορτασμὸν τὰ αἵματα τῶν ζώντων, ἐπιστόλιζαν, περιφερόμενοι ἀχαλινώτως, καὶ αὐτοὺς τοὺς κρεμαμένους, καὶ διεμέλιζαν καὶ τοὺς ἐπὶ γῆς νεκρούς. Περιήρχοντο δὲ τὰς ὁδοὺς καί τινες ζητοῦντες ἀντιμισθίαν εἰς ἀπαγωγὴν τῶν ἐν αὐταῖς πτωμάτων. Οὐδαμοῦ δὲ τῆς πόλεως ἐτόλμα Χριστιανὸς νὰ φανῇ, ἢ τῶν παραθύρων

ΚΕΦΑΛΑΙΟΝ ΣΤ.

νὰ προκύψῃ. Ἡ Κωνσταντινούπολις ἐφαίνετο μᾶλλον καταγώγιον λῃστῶν καὶ αἱμοβόρων θηρίων, ἢ καθέδρα βασιλέως καὶ διαμονὴ εὐρωπαίων πρέσβεων. Πολλοὶ τῶν Ἑλλήνων ἐδραπέτευαν καὶ κατέφευγαν ὑπὸ τὴν γενναίαν καὶ φιλόχριστον περίθαλψιν τῆς Ῥωσσίας εἰς ξένην γῆν ἀφανεῖς καὶ γυμνοὶ οἱ πρώην ἐπιφανεῖς καὶ βαθύπλουτοι.

Ὁ μανιώδης ὄχλος τῆς Κωνσταντινουπόλεως ἐξεμάνη καὶ κατ' αὐτῶν τῶν ἱερῶν ναῶν τῶν Χριστιανῶν. Τὴν 22 ἀπριλίου συνήχθησαν πρὸς τὰ χαράγματα νεανίαι Τοῦρκοι κατὰ τὸ Ἐδρηνέκαπη, ἠνώθησαν καί τινες ἡλικιωμένοι, καὶ εἰσῆλθαν ὅλοι εἰς τὴν ἐκεῖ ἐκκλησίαν διὰ τῆς βίας, ἐσύντριψαν τὰ στασίδια καὶ ἥρπασαν τὰ ἀσημικά, τὰ σκεύη της καὶ τὰ ἄμφια τῶν ἐφημερίων της. Παρεκάθητο φυλακὴ καὶ τοὺς εἶδεν, ἀλλ' οὔτε τοὺς ἐπέπληξεν, οὔτε τοὺς ἐμπόδισεν. Θαῤῥυνθέντες οἱ ἄτακτοι, συμπαραλαβόντες καὶ ἄλλους ὁμοίους των, καὶ φέροντες ἐπὶ δοκαρίων ἐν εἴδει σημαιῶν τὰ φελώνια, τὰ ἐπιτραχήλια καὶ ἄλλα ἱερὰ ἄμφια, ἀλαλάζοντες καὶ χλευάζοντες, ὑπῆγαν εἰς τὴν ἐκκλησίαν τοῦ Ἐγρίκαπη, ὅπου ἐσύντριψαν τοὺς πολυελαίους, ἔῤῥιψαν κατὰ γῆς τὰ εἰκονοστάσια, ἔσπασαν τὰς εἰκόνας, ἐποδοπάτησαν τὰ ἱερὰ σκεύη, καὶ ἥρπασαν τὰ ἀσημικά· ἐκεῖθεν μετέβησαν εἰς τὰς ἐκκλησίας τῆς Παναγίας τοῦ Μουχλιοῦ, τῆς Ξυλόπορτας, τοῦ πατριαρχείου τοῦ ἁγίου Τάφου καὶ τοῦ ἁγίου Ἰωάννου τοῦ Μπαλατᾶ ἀθεμιτουργοῦντες· ἐκεῖθεν ἐκίνησαν πρὸς τὴν τοῦ οἰκουμενικοῦ πατριαρχείου, ὅπου φθάσαντες ηὖραν τὰς πύλας κλειστὰς καὶ δὲν ἐδυνήθησαν νὰ τὰς ἀνοίξωσιν οὔσας σιδηρᾶς· δύο δὲ ἐφημερίους, παρευρεθέντας ἐν τῇ αὐλῇ τοῦ πατριαρχείου, οἱ μανιώδεις οὗτοι ἐσκότωσαν. Τὸ συμβὰν τοῦτο ἰδοῦσαι γυναῖκες ἐκ τῶν πέριξ οἰκιῶν ἤρχισαν νὰ ὀλολύζωσιν ὑποθέσασαι, ὅτι ἡ Πύλη ἀπεφάσισε γενικὴν σφαγήν, ὡς ἐψιθυρίζετο· γενικὸς δὲ φόβος κατέλαβεν ὅλην τὴν ἐνορίαν τοῦ πατριαρχείου, ἐντὸς καὶ ἐκτὸς τοῦ Φαναρίου, ὥστε δὲν ἠκούοντο εἰμὴ ὀλολυγμοὶ Χριστιανῶν, καὶ στασιώδεις καὶ φονικαὶ κραυγαὶ ὑπερδιακοσίων Τούρκων. Οἱ Τοῦρκοι, μὴ δυνηθέντες νὰ εἰσέλθωσιν εἰς τὴν ἐκκλησίαν, ὥρμησαν εἰς τὰ πατριαρχεῖα καὶ τὰ ἐγύμνωσαν· οἱ δὲ εὑρεθέντες ἐν αὐτοῖς καλόγηροι διεσκορπίσθησαν, καὶ πολλοὶ ἀνέβησαν ἐπὶ τῆς στέγης καταφεύγοντες εἰς τὰς ὄπισθεν ὀθωμανικὰς οἰκίας. Ὁ δὲ νεοχειροτόνητος πατριάρχης κατέφυγε πρὸς τὸ μέρος τοῦ κοινοῦ τοῦ πατριαρχείου, ὅπου εὑρόντες τὸν οἱ κακοῦργοι, οἱ μὲν τὸν ὕβριζαν καὶ τὸν ἐφοβέριζαν, οἱ δὲ τὸν ἐπροστάτευαν λέγοντες, ὅτι ἦτο πιστός· τὸν συνώδευσαν δὲ καὶ εἰς τὴν ἀστυνομίαν τοῦ Φαναρίου ὅπου ηὗρεν ἐπὶ τέλους ἄσυλον. Αἱ σκηναὶ αὗται ἤρχισαν περὶ τὸν ὄρθρον, καὶ μόλις ἔπαυσαν τὴν δ΄ ὥραν μετὰ μεσημβρίαν διὰ τῆς ἐνόπλου ἐπεμβάσεως τοῦ γενιτσάραγα. Τὴν δὲ ἐπιοῦσαν ἡ ἐξουσία ἔστειλεν εἰς τὸ πατριαρχεῖον ὅσα τῶν διαρπαγέντων ἐδυνήθη νὰ διασώσῃ.

Μαινόμενος ὁ ὄχλος κατηδάφισε καὶ τὴν ἐκκλησίαν τῆς Παναγίας τοῦ Μπαλουκλῆ διαφερόντως τιμωμένην διὰ τὸ ἐν αὐτῇ ἁγίασμα.

Ἡ λύσσα δὲ τῆς ἐξουσίας δὲν ἦτο μετριωτέρα τῆς τοῦ ὄχλου. Ἂν καὶ ἐφάνη ὅτι ἀπεδοκίμαζε τὰς προϊστοριθείσας κατὰ τῶν ἱερῶν ναῶν τοῦ ὄχλου πράξεις, οὔτε τινὰ τῶν ἀτάκτων ἐπαίδευσεν, οὔτε αὐτὴ ἔπαυσε χέουσα, ὡς καὶ πρότερον, τὸ αἷμα τοῦ κλήρου καὶ τῶν κοσμικῶν. Ἐν ᾧ δὲ ἔφριττεν ὅλη ἡ Εὐρώπη δι' ὅσας προανεφέραμεν μιαιφόνους πράξεις τῆς τουρκικῆς ἐξουσίας, ὁ σουλτάνος ἐκάθηρε τὸν ἀρχιβεζίρην Μπεντερλῆ-Ἀλήπασαν διότι, ὡς διελάμβανε τὸ ἔγγραφον τῆς καθαιρέσεως, (στ) ἐφείδετο τοῦ αἵματος τῶν Ἑλλήνων, καὶ ἀντικατέστησε τὸν Σαλήχπασαν. Τὴν τρίτην δὲ τοῦ μαίου, ὅ ἐστι, τὴν ἡμέραν τοῦ διορισμοῦ τοῦ νέου ἀρχιβεζίρη, καὶ τὴν δωδεκάτην ἀφ' ἧς ἐβεβηλώθησαν οἱ ναοὶ καὶ ἐχλευάσθησαν πανδήμως τὰ ἱερά, ἀπεκεφάλισεν ἡ Πύλη τὸν ὑπερεκατονταετῆ ἐπίσκοπον Μυριουπόλεως, καὶ τὸν ἐννεακαιδεκαετῆ υἱὸν τοῦ πρώτου ἄρχοντος τῆς Ῥοδοστοῦ. Τὴν δὲ ἐπαύριον διέταξε νὰ κρεμασθῶσι καὶ οἱ λοιποὶ φυλακισθέντες ἀρχιερεῖς, ὁ Δέρκων, ὁ Ἀδριανουπόλεως, ὁ Τυρνόβου καὶ ὁ Θεσσαλονίκης. Οἱ φιλόχριστοι οὗτοι ἀρχιερεῖς, ἐν ᾧ μετεκομίζοντο εἰς τὸν τόπον τῆς ποινῆς ἐντὸς ἑνὸς καὶ τοῦ αὐτοῦ πλοιαρίου, προητοιμάσθησαν πλήρεις πίστεως καὶ εὐλαβείας εἰς ἀποβίωσιν, ἔψαλαν οἱ ἴδιοι τὴν νεκρώσιμον ἀκολουθίαν, ἱκέτευσαν τὸν Θεὸν τῶν πνευμάτων καὶ πάσης σαρκὸς ὑπὲρ ἀναπαύσεως τῶν ψυχῶν αὐτῶν, καὶ εὐλόγησαν ἀλλήλους εἰπόντες τὸ "Μακαρία ἡ ὁδὸς ᾗ πορεύῃ σήμερον." Ἀφ' οὗ δὲ προσώρμισε τὸ φέρον αὐτοὺς πλοιάριον εἰς τὸ Ἀρναούτκιοι, ὁ ἀγχονιστής, συμπλωτὴρ καὶ αὐτός, διέταξε τὸν Τυρνόβου ν' ἀποβῇ καὶ νὰ τὸν παρακολουθήσῃ. Ὁ Τυρνόβου κλίνας τὴν κεφαλὴν ἀπεχαιρέτησε τοὺς ἐν τῷ πλοιαρίῳ συναδελφοὺς καὶ συλλειτουργούς, τοὺς ἠσπάσθη τὸν τελευταῖον ἀσπασμόν, τοῖς εἶπεν ἐν συντριβῇ καρδίας " καλὴ ἀντάμωσις ἀδελφοὶ εἰς τὴν ἄλλην ζωήν," καὶ παρακολουθήσας τὸν ἀγχονιστὴν ἐκρεμάσθη ἀπὸ τοῦ ἀνωφλίου τῆς οἰκίας παρακειμένου τινὸς κουρείου. Ὁ δὲ μέλας τὴν μορφὴν καθὼς καὶ τὴν καρδίαν ἀγχονιστής, ἐπανελθὼν εἰς τὸ πλοιάριον, μετέφερε τὰ ἐν αὐτῷ ἀπολειφθέντα θύματα εἰς Μέγα-ρεῦμα ὅπου ἐκρέμασε τὸν Ἀδριανουπόλεως· ἐκεῖθεν μετέβη εἰς Νεοχῶρι ὅπου ἐκρέμασε τὸν Θεσσαλονίκης, κἀκεῖθεν εἰς Θεραπεῖα πρὸς ποινὴν τοῦ Δέρκων. Ὁ ὑπεργήρως οὗτος ἀρχιερεύς, ὁ ὑπὲρ πάντα ἄλλον τιμώμενος διὰ τὴν ἐμβρίθειαν, τὴν πολλὴν ἐλευθεροστομίαν καὶ τὴν γενναιοκαρδίαν του, φθάσας εἰς τὸν πυλῶνα τῆς μητροπόλεώς του όπου έμελλε νά κρεμασθή, εζήτησεν άδειαν νά προσευχηθή, προσευχήθη, παρεκάλεσε τον άγχονιστήν νά μή του δέσρ τάς χείρας, και λαβών ην εκράτει εκείνος θηλειάν, την ευλόγησε τρις σταυροειδώς εκφωνήσας το " εις το όνομα του Πατρός και του Υιού και "του αγίου Πνεύματος," και στραφείς προς τον άγχονιστήν, είπε βαρεία τη φωνή, " εκτέλεσε τι ν "έντολήν του ασεβούς κυρίου σου." Είπε, καί ή εντολή του ασεβούς έξετελέσθη.

Την αυτήν ήμέραν εκρέμασεν ή Πύλη και τον πιστόν αρχιδιάκονον του πατριάρχου Γρηγορίου, Νικηφόρον, καί τινας κοσμικούς· μαθούσα δέ, ότι και οι εν τω στόλω υπηρετούντες Υδραίοι εβουλεύοντο τον εμπρησμόν του, τον μεν αρχηγόν αυτών Κωνσταντίνον Γκιούστον και τους συν αύτω αδελφούς και συγγενείς του άπεκεφάλισεν επί της δεξαμενής του ναυστάθμου, τους δε λοιπούς τους μεν εκρέμασε, τους δε έπνιξε. Μεληδόν κατέκοψεν επί της ακτής του ναυστάθμου μετά τινας ήμέρας και τον διερμηνέα του στόλου, Νικόλαον Μουρούζην, νεώτερον άδελφόν του προαποκεφαλισθέντος μεγάλου διερμηνέως. Εν μέσω δε των μεγίστων τούτων κακών, πολλοί έξωρίζοντο, αλλά και εν τη εξορία κατέστρεψεν ή Πύλη τινάς των επισημοτέρων εν οις και τον προ ολίγου αυθέντην της Βλαχίας αναδειχθέντα Σκαρλάτον Καλλιμάχην. Εγένοντο δε και φόνοι, άλλοι άντ' άλλων, παρά την διαταγήν και εις εμπαιγμόν αυτής της Πύλης.

Εκ των εξορισθέντων ήσαν και ο πρώην μέγας διερμηνεύς Γιάγκος Καλλιμάχης, ο Ευστάθιος Άγας και ο Γεώργιος Βογορίδης. Η Πύλη διέταξε ν' αποκεφαλισθώσιν οι τρεις ούτοι. Φθάσας ο δήμιος εις Καισάρειαν, άπεκεφάλισε τον Γιάγκον Καλλιμάχην· αλλά μη ευρών τους δύο άλλους, και οφείλων νά φέρη τρεις κεφαλάς εις Κωνσταντινούπολιν, συν-

ΚΕΦΑΛΑΙΟΝ ΣΤ.

ἀπεκεφάλισε τοὺς δύο ὑπηρέτας τοῦ Γιάγκου Καλλιμάχη, καὶ ἔφερεν εἰς Κωνσταντινούπολιν τὰς κεφαλὰς αὐτῶν, ὡς κεφαλὰς τοῦ Ἄγα καὶ τοῦ Βογορίδου. Καὶ ὁ μὲν Βογορίδης ἀπέθανεν ἐν τῇ ἐξορίᾳ μετὰ ταῦτα· ὁ δὲ Ἄγας, ὁ λογιζόμενος μεταξὺ τῶν νεκρῶν, ἐξεφανερώθη μετὰ τὴν κάθοδον τῶν ἐξορίστων ἐν μέσῳ τῶν ζώντων, καὶ ἐξετάσεως γενομένης, ἀνεκαλύφθη καὶ ἀπεδείχθη τὸ ἀνοσιούργημα τοῦ δημίου.

Ἐν ᾧ δὲ οἱ φόνοι ἦσαν ἀδιάλειπτοι ἐντὸς τῆς βασιλευούσης, οὐδένα Ἕλληνα ἄφινεν ἡ ἐξουσία νὰ φύγῃ ἐκεῖθεν. Ἐπ᾽ αὐτῷ τούτῳ τὴν 8 μαΐου ἀνεγνώσθη φιρμάνι ἐν τῷ πατριαρχείῳ διατάττον τὸν πατριάρχην νὰ προσκαλέσῃ ὅλους τοὺς ὁμοπίστους του ῥαγιάδας, καὶ νὰ λάβῃ ἐγγύησιν τῆς μὴ φυγῆς των ἐκ Κωνσταντινουπόλεως· νὰ τοὺς ὑποχρεώσῃ δὲ καὶ νὰ ἀλληλεγγυῶνται πέντε συνάμα, ὥστε, ἂν εἷς ἐκ τῶν πέντε ἔφευγεν, οἱ λοιποὶ τέσσαρες νὰ ἦναι ἔνοχοι θανάτου. Τοιουτοτρόπως οἱ ἐν τῇ βασιλευούσῃ δυστυχεῖς Ἕλληνες ἐκινδύνευαν πάντοτε· διότι ἢ ἐφονεύοντο ἂν δὲν ἔφευγαν, ἢ ἂν ἔφευγεν εἷς, ἐκινδύνευαν νὰ φονευθῶσι τέσσαρες ἀντ᾽ αὐτοῦ.

Παύοντες τὴν αἱμοσταγῆ διήγησιν τῶν τραγικῶν συμβάντων ἐν Κωνσταντινουπόλει, ἐν ᾗ καὶ μόνῃ δεκακισχίλιοι Χριστιανοὶ ἐθυσιάσθησαν, δὲν δυνάμεθα νὰ μὴ θαυμάσωμεν τὸν μέγαν χαρακτῆρα, ὃν ὁ κλῆρος, ὁ θεῖος τῷ ὄντι κλῆρος, καὶ οἱ ἄρχοντες ἐπὶ τῆς καταδιώξεώς των ἔδειξαν. Ἐν μέσῳ τῶν δεσμῶν καὶ τῶν βασάνων, κατέμπροσθεν τῆς ἐπονειδίστου ἀγχόνης καὶ ὑπὸ τὴν ἀνθρωποκτόνον ἀξίνην, πολλοὶ ἐξ αὐτῶν παρωρμῶντο ν᾽ ἀρνηθῶσι τὸν Χριστὸν πρὸς διαφύλαξιν τῆς ζωῆς καὶ ἀπόλαυσιν πολλῶν ἄλλων ἐπιγείων ἀγαθῶν, ἀλλ᾽ ὅλοι μέχρις ἑνὸς ἐπροτίμησαν τὰς βασάνους καὶ τὸν θάνατον.

Ὅτε ἐν τῇ βασιλικῇ καθέδρᾳ ἐχέετο ποταμηδὸν

καὶ ἀνηλεῶς τὸ αἷμα τοῦ ἱεροῦ κλήρου, τῶν ἀρχόντων, τῶν ἐμπόρων, τῶν τεχνιτῶν καὶ αὐτοῦ τοῦ ὄχλου· ὅτε διὰ μόνης τῆς φυγῆς, καὶ αὐτῆς ἐπὶ θανατικῇ ποινῇ ἀπηγορευμένης, οἱ μὲν ἄνδρες ἤλπιζαν ν᾽ ἀποφύγωσι τὰς βασάνους καὶ τὸν θάνατον, αἱ δὲ γυναῖκες τὴν ἀτιμίαν· ὅτε τὰ ἅγια τῶν ἁγίων ἐμιαίνοντο, καὶ ὅ,τι ἐσέβετο καὶ ἐπροσκύνει ὁ Χριστιανὸς ἐσυντρίβετο, ἐποδοπατεῖτο ἢ ἐχλευάζετο· ὅτε αἱ οἰκίαι ἐπατοῦντο καὶ αἱ ἰδιοκτησίαι ἡρπάζοντο· ὅτε ὅλα ταῦτα ἐπράττοντο ὑπὸ τὰς ὄψεις τῶν ἀντιπροσώπων τῶν εὐρωπαϊκῶν αὐλῶν καὶ τὰ πλεῖστα διὰ τῶν διαταγῶν αὐτοῦ τοῦ σουλτάνου, εὔκολον εἶναι νὰ συμπεράνῃ τις τὰς αἱματοχυσίας καὶ τὰ παντὸς εἴδους παθήματα τῶν δυστυχῶν Ἑλλήνων κατὰ τὰ ἄλλα μέρη τῆς τουρκικῆς αὐτοκρατορίας. Ὅπου Τοῦρκοι καὶ Ἕλληνες, ἐκεῖ καὶ σφαγαὶ καὶ ἁρπαγαὶ καὶ ἀτιμίαι· ἐκορυφοῦντο δὲ τὰ κακὰ ταῦτα ὅπου τυχὸν συνηθροίζοντο καὶ στρατεύματα.

Ἡ Σμύρνη, ἡ δευτερεύουσα πόλις τοῦ κράτους, ἐκινδύνευσε νὰ χαθῇ ὅλη τὸν καιρὸν ἐκεῖνον. Οἱ κάτοικοι τῆς πόλεως Τοῦρκοι, οἱ διὰ τὴν ἡσυχίαν καὶ ἀσφάλειάν της ἀφοπλισθέντες πρὸ πολλοῦ, ἐξωπλίσθησαν ὅλοι, ἕτοιμοι ἀφορμῆς δοθείσης νὰ καταστρέψωσι τοὺς Χριστιανούς. Ὅ,τι δὲ ἐρριψοκινδύνευσεν ἔτι μᾶλλον τὴν πόλιν ἦτον ἡ συρροὴ πλήθους ἐνόπλων Τούρκων εἰς τὰ πέριξ, ἐπὶ σκοπῷ νὰ πέσωσιν ἐκεῖθεν ὅπου ἐξερράγη ἡ ἐπανάστασις. Ὁ ἔνοπλος οὗτος ὄχλος, αἶσχος πάσης κυβερνήσεως καὶ θανάσιμος πληγὴ πάσης κοινωνίας, ἐζήτει ἀναφανδὸν τὴν γενικὴν σφαγὴν τῶν ἐν Σμύρνῃ Χριστιανῶν· ἀλλ᾽ οἱ ἐντόπιοι Τοῦρκοι, ἔχοντες ἐν τῇ πόλει τὰς οἰκογενείας των καὶ μὴ φοβούμενοι τοὺς Χριστιανούς, ἀόπλους ὄντας, δὲν ἐπέτρεψαν τὴν εἴσοδον αὐτοῦ εἰς τὴν εἰρηνικὴν πόλιν. Ἀλλ᾽ ἐπὶ τῇ ἀπαγορεύσει ταύτῃ ἐξηγριώθη καὶ ἔπεσεν εἰς τὰ πέριξ τῆς πόλεως χωρία, ὅπου, μηδενὸς ἐναντιουμένου, ἐσφάζοντο οἱ ἀπροστάτευτοι χωρικοὶ ὡς πρόβατα, ἠτιμάζοντο αἱ γυναῖκες καὶ ἡρπάζετο ἡ περιουσία. Ἐντὸς δὲ τῆς πόλεως, ἂν καὶ ἦτον ἱκανὴ ἐκτελεστικὴ δύναμις ὀθωμανική, φόνοι σποράδην καὶ ἀταξίαι συνέβαιναν καθ' ἡμέραν, καὶ καθ' ἡμέραν φόβος ἦτο γενικῆς σφαγῆς. Οὐδεὶς Χριστιανὸς ἐτόλμα ν' ἀντείπῃ πρὸς Τοῦρκον ὅ,τι καὶ ἂν ἤκουεν, οὔτε νὰ ἐξέλθῃ τὴν νύκτα τῆς οἰκίας ὅ,τι καὶ ἂν ἐχρειάζετο. Οἱ Τοῦρκοι θεωροῦντες ἑαυτοὺς ἐμπολέμους (σεφερλίδας) ἐνόμιζαν ὅτι ὅλα ἦσαν συγχωρητά. Τόσον δὲ ἐθρασύνθησαν, ὥστε δὲν ἐσυστάλησαν νὰ ἐξυβρίσωσι καὶ κρατήσωσιν ὑπὸ φύλαξιν ὁλονυκτίως καὶ αὐτὸν τὸν ἀρχηγὸν τῆς γαλλικῆς μοίρας καὶ δύο ἀξιωματικοὺς συναπαντηθέντας καθ' ὁδὸν ὑπὸ τῆς ἐκτελεστικῆς δυνάμεως τὴν νύκτα παρὰ τὴν διαταγήν, ἂν καὶ ἐφόρουν τὴν στολήν των· ἀλλ' ἡ θρασύτης αὕτη τοῖς ἀπέβη εἰς κακόν. Τολμηροὶ καὶ ἀλαζόνες ἐνώπιον ἀόπλων, ἐφάνησαν δειλοὶ καὶ οὐτιδανοὶ ἐνώπιον ὀλίγων εὐρωπαίων ἐνόπλων. Ὁ ἀρχηγὸς τῆς γαλλικῆς μοίρας, ἀπαιτῶν τὴν ἐπιοῦσαν ἱκανοποίησιν δι' ὅσα ἔπαθεν, ἔφερε τὸ πλοῖόν του ἀπέναντι τοῦ διοικητηρίου ἕτοιμον εἰς προσβολήν. Ἡ πολεμία αὕτη ἐπίδειξις ἤρκεσε μόνη καὶ τοὺς ἐπ' ἀνδρίᾳ ἐπαιρομένους Τούρκους νὰ βάλῃ ὅλους εἰς φόβον καὶ πολλοὺς εἰς φυγήν, καὶ ἡ ζητηθεῖσα ἱκανοποίησις ἐν τῷ ἅμα νὰ δοθῇ. Ἀλλ' ὁ κίνδυνος τῶν δυστυχῶν Χριστιανῶν ἐφαίνετο καθ' ἡμέραν ἐγγύτερος.

Ὁσάκις τὰ πνεύματα εἶναι ἠρεθισμένα καὶ ἐπιρρεπῆ εἰς φόβον, μικρὰ ἀφορμὴ ἀρκεῖ νὰ φέρῃ τὸ πᾶν ἄνω κάτω.

Τὴν νύκτα τῆς 30 μαρτίου ἔπεσε κατὰ περίστασιν ἐν τῇ πόλει τουφεκία. Φωναὶ ἠκούσθησαν ἐν τῷ ἅμα λέγουσαι "ἔβαλαν σπαθί." Αἱ φωναὶ αὗται ἐπανελήφθησαν, ἐπιστεύθησαν, καὶ ὅλοι οἱ κάτοικοι

Χριστιανοί εχύθησαν εις το παραθαλάσσιον προς διάσωσιν εις τα πλοία· τινές δε εξ αιτίας του κυριεύοντος αυτούς φόβου ερρίφθησαν εις την θάλασσαν και επνίγησαν, ως αν τους κατεδίωκαν τω όντι φονείς· αλλ' η πόλις διεσώθη ως εκ θαύματος κατ' εκείνην την περίστασιν.

Δεινά παθήματα έπαθε και η Αδριανούπολις. Διέτριβεν εν τη πόλει εκείνη ο πρώην οικουμενικός πατριάρχης Κύριλλος, μακράν των πολιτικών θορύβων, φυλάττων τας εντολάς του Θεού και μελετών τας ιεράς γραφάς· η υπόληψις δε, ην απελάμβανε, τον ανέδειξεν, ως είδαμεν, και απόντα άξιον της ομοφώνου εκλογής της εν Κωνσταντινουπόλει εκκλησιαστικής και κοσμικής ομηγύρεως εις την εκ δευτέρου πλήρωσιν του χηρεύσαντος πατριαρχικού θρόνου· αλλ' αυτή η υπόληψις τον ανέδειξεν ενώπιον εξουσίας τιμωρούσης την αρετήν άξιον θανάτου, και αντί να τον αναβιβάση εις τον οικουμενικόν θρόνον κατά την αυθόρμητον θέλησιν όλων, τον ανεβίβασεν εις το πήγμα της αγχόνης κατά την αυθαίρετον προσταγήν της εξουσίας. Εζήτησεν ο ιερός ανήρ ολίγας στιγμάς να προσευχηθή· προσευχήθη μυστικώς, είπε μεγαλοφώνως το "Μνήσθητί μου Κύριε εν τη "βασιλεία σου," και παρέδωκε το πνεύμα εις χείρας του Πλάστου. Συγχρόνως εκρεμάσθησαν και οι προκριτώτεροι Χριστιανοί, και η μεγαλόπολις εκείνη επένθησε πένθος μέγα.

Οι δε κάτοικοι της Αίνου έπαθαν άλλου είδους πάθημα. 800 Τούρκοι οπλοφόροι, σταλέντες εκεί εξ Αδριανουπόλεως, κατέλαβαν εν πρώτοις το φρούριον και έξωσαν τους έως τότε ενοικούντας Χριστιανούς· μετά τούτο αφώπλισαν όλους τους κατοίκους της πόλεως, τους επήραν ό,τι και αν είχαν, και προς εξευτελισμόν διέταξαν τους προϊσταμένους να φορέσωσιν αντί καλπακίου μαύρην προβίαν, και σεγκού-

ΚΕΦΑΛΑΙΟΝ ΣΤ.

νιον αντί του συνήθους επανοφορίου· τοις έλεγαν δέ, ότι τοιούτον ήτο το φόρεμα των πιστών ραγιάδων.

Τοιαύτη ήτον η κατάστασις κατά το μάλλον και ήττον τας ημέρας εκείνας όλων των μερών του οθωμανικού κράτους, όπου συνέζων αι δύο ετερόθρησκοι και ετερογενείς φυλαί. Και ταύτα πάντα έπασχαν οι δυστυχείς Χριστιανοί όχι διότι επεβουλεύθησαν τον σουλτάνον, ή τον παρήκουσαν, ή τον επολέμησαν, αλλά διότι άλλοι, κατοικούντες άλλα μέρη της επικρατείας του, τυχόντες να ήναι ομογενείς των και ομόθρησκοι, εκίνησαν όπλα κατ' αυτού.

Αλλά, καθώς άλλοτε η χύσις του αίματος των μαρτύρων εστερέωσε την καταδιωκομένην του Χριστού εκκλησίαν, ούτω και τα δεινά παθήματα τόσων αθώων ομογενών και ομοπίστων εστερέωσαν και σήμερον την επανάστασιν της Ελλάδος, διότι εξήψαν έτι μάλλον εν ταις καρδίαις των αγωνιζομένων το προς τους τυράννους μίσος, και τοις είπαν, ότι η μάχαιρα ήτον μόνη ελπίς και μόνη καταφυγή· ώστε η Πύλη λυσσώσα και μαινομένη υπεστήριξε τον κλονιζόμενον ελληνικόν αγώνα δι' ων τρόπων επεχείρησε να τον πολεμήση, εκίνησε την συμπάθειαν όλου του χριστιανικού κόσμου υπέρ των καταδιωκομένων, ηνάγκασε και αυτάς τας φιλικάς της Δυνάμεις να ομολογήσωσιν ότι Τούρκοι και Έλληνες δεν ήτο δυνατόν εις το εξής να συζήσωσι, και επιθανολόγησε και τον μεταξύ αυτής και της Ρωσσίας πόλεμον, εφ' ον οι αγωνιζόμενοι Έλληνες εσάλευαν τας ελπίδας των. Τοιουτοτρόπως η Θεία Πρόνοια διά των ανεξερευνήτων βουλών της ρίπτει επί την κεφαλήν των απάνθρωπα πραττόντων τας απανθρωπίας των, και προετοιμάζει ακαταλήπτως πως το ευτυχές μέλλον της αδίκως πασχούσης ανθρωπότητος εν μέσω αυτών των δυστυχημάτων της.

1821.

ΚΕΦΑΛΑΙΟΝ Ζ.

Ἐξωτερικὴ πολιτικὴ πρὸς τὴν Ἑλλάδα καὶ διαγωγὴ τῆς Ῥωσσίας πρὸς τὸν Ὑψηλάντην.

ΣΥΝΕΔΡΙΑΖΕΝ ἡ ἱερὰ συμμαχία ἐν Λαϋβάχῃ, ἔχουσα προσηλωμένην ὅλην τὴν προσοχήν της εἰς τὰ ἐν τῇ μεσημβρινῇ Εὐρώπῃ μεγάλα πολιτικὰ συμβάντα, ὅτε ἐξερράγη ἡ ἐπανάστασις τῆς Ἑλλάδος. Ἡ συμμαχία αὕτη συστηθεῖσα ἐν Παρισίοις τὸ 1815, ἂν καὶ ὅλη πολιτική, εἶχε πρόσχημα θρησκευτικόν. Τὸ δεύτερον ἄρθρον τῆς συνθήκης της ἔλεγεν.

" Οἱ ἄνακτες Αὐστρίας Πρωσσίας καὶ Ῥωσσίας
" ὁμολογοῦν, ὅτι ὁ χριστιανικὸς κόσμος, οὗτινος καὶ
" αὐτοὶ καὶ οἱ λαοί των εἶναι μέλη, δὲν ἔχει κυρίως
" βασιλέα εἰμὴ τὸν Παντοκράτορα, τὸν Υἱὸν καὶ
" Λόγον τοῦ Θεοῦ, τὸν Σωτῆρα ἡμῶν καὶ Θεὸν Ἰησοῦν
" Χριστόν· διότι ἐν αὐτῷ καὶ μόνῳ ἀποταμιεύονται
" ὅλοι οἱ θησαυροὶ τῆς ἀγάπης, τῆς γνώσεως καὶ τῆς
" σοφίας."

Τὸ γράμμα τῆς συνθήκης ἀπέκλειε πασιφανῶς τῆς συμμαχίας τὴν ὀθωμανικὴν Ἀρχὴν ὡς ἀλλόθρησκον καὶ ἀσεβῆ, καὶ ἐθάρρυνε τοὺς ὑπ' αὐτὴν πιστεύοντας εἰς Χριστὸν λαούς· ἀλλ' αἱ πραγματικαὶ ἀρχαί της ἐφάνησαν ἐπὶ τῶν προῤῥηθέντων πολιτικῶν συμβάντων οὖσαι ἡ ἀναλλοίωτος διατήρησις τῶν καθεστώτων παντὸς κράτους ἀνεξαιρέτως ὑπὸ οἱονδήποτε θρησκευτικὸν σύμβολον καὶ ἂν διετέλει, καὶ ἡ ἐν

ΚΕΦΑΛΑΙΟΝ Ζ.

αὐτῷ παραδοχὴ πολιτικῶν μεταβολῶν τότε μόνον, ὅτε αὗται ἐνηργοῦντο διὰ τῆς αὐθορμήτου θελήσεως τοῦ ἄνακτος. Πραγματοποιήσασα ἡ συμμαχία διὰ στρατιωτικῆς ἐπεμβάσεως τὰς ἀρχὰς ταύτας ἐν Ἰταλίᾳ, τὰς ἐκήρυξε καὶ ἐγγράφως εἰς γνῶσιν ὅλου τοῦ κόσμου, καὶ τὰς ἐφήρμοσε καὶ κατ' αὐτοῦ τοῦ ἀγῶνος τῆς Ἑλλάδος. Τοιουτοτρόπως, σεμνολογουμένη "Ἱερά," ὡς δῆθεν ἐνεργοῦσα ὑπὸ τὸ σωτήριον κράτος τῆς ἀδελφικῆς ἐν Χριστῷ ἀγάπης καὶ τῆς εὐαγγελικῆς χάριτος, ἐγκατέλειψε καὶ κατέκρινεν ὁλόκληρον χριστιανικὸν λαόν, ὡς ἐπιχειρήσαντα ν' ἀποτεινάξῃ ἀλλόπιστον καὶ μισόχριστον ζυγὸν ὑφ' ὃν πρὸ αἰώνων ἐστέναζε.

"Χρήσιμοι," ἐκήρυξεν ἡ συμμαχία ἐν Λαϋβάχῃ τὴν 30 ἀπριλίου 1821, "χρήσιμοι ἢ ἀναγκαῖαι
" μεταβολαὶ ἐν τῇ νομοθεσίᾳ ἢ ἐν τῇ διοικήσει τῶν
" ἐπικρατειῶν πρέπον εἶναι νὰ πηγάζωσιν ἐκ τῆς ἐλευ-
" θέρας θελήσεως καὶ τῆς πλήρους πεποιθήσεως τῶν
" θεόθεν τὴν ἐξουσίαν ἐμπεπιστευμένων. Πᾶν ὅ,τι
" παρεκτρέπεται τῆς ἀρχῆς ταύτης φέρει ἐξ ἀνάγκης
" τοὺς λαοὺς εἰς ἀταξίαν, εἰς κλονισμοὺς καὶ εἰς δεινὰ
" βαρύτερα παρ' ὅσα προτίθεται νὰ θεραπεύσῃ. Οἱ
" ἄνακτες, αἰσθανόμενοι βαθέως τὴν ἀναλλοίωτον
" ταύτην ἀλήθειαν, δὲν ἐδίστασαν νὰ κηρύξωσι παρ-
" ρησίᾳ, ὅτι σεβόμενοι τὰ δίκαια καὶ τὴν ἀνεξαρ-
" τησίαν ὅλων τῶν νομίμων ἐξουσιῶν ἐθεώρησαν ὡς
" νομίμως μὴ ὑπάρχουσαν καὶ ὡς μὴ συνᾴδουσαν
" πρὸς τὰς ἀρχὰς τοῦ δημοσίου δικαίου τῆς Εὐρώπης
" πᾶσαν λεγομένην μεταρρύθμισιν ἐνεργουμένην δι'
" ἀποστασίας καὶ δι' ὅπλων. Ὡς τοιαύτης φύσεως
" ἐθεώρησαν ὄχι μόνον ὅσα συνέβησαν ἐν τοῖς βασι-
" λείοις τῆς Νεαπόλεως καὶ τῆς Σαρδηνίας, ἀλλὰ καὶ
" ὅσα (ἤτοι τὰ τῆς Ἑλλάδος) λαβόντα ἀρχὴν
" ἐκ μηχανορραφίας ἐπίσης ἐγκληματικῆς, ἂν
" καὶ ὑπὸ πολλὰ διαφορετικὰς περιστάσεις,

"*κατέστησαν ἐσχάτως τὸ ἀνατολικὸν μέρος
"τῆς Εὐρώπης θέατρον ἀπεράντων κακῶν.*"

Ἂς συμβιβάσῃ ὅστις ἠμπορεῖ τὴν πολιτικὴν ταύτην καὶ τὰς χριστιανικὰς ἀρχάς, ἃς ἡ ἱερὰ συμμαχία ἐκήρυξε παρρησίᾳ ὅτι ἐπρέσβευεν.

Τυφλὴ καὶ ἀξιοκατάκριτος εἶναι ἡ πολιτικὴ ὁσάκις δὲν χειραγωγεῖται ὑπὸ τῆς ἠθικῆς· ἀλλὰ καθίσταται καὶ βδελυρὰ ὁσάκις περιβάλλεται τὴν ἱερὰν θρησκείαν, ὅ ἐστι, τὴν ὑψίστην ἠθικήν, εἰς καταπίεσιν τῆς πασχούσης ἀνθρωπότητος. Ὁμολογήσαντες οἱ τῆς ἱερᾶς συμμαχίας ἐν τῷ ἐπὶ τῆς συστάσεώς της κηρύγματι, ἐν κατανύξει καὶ ταπεινότητι καρδίας, ὡς παμβασιλέα των τὸν Κύριον ἡμῶν Ἰησοῦν Χριστόν, ἐχρεώστουν βεβαίως νὰ ὑποτάσσωνται εἰς τὰς ἐντολὰς τοῦ παμβασιλέως των, καθὼς τοὐλάχιστον ἀπῄτουν νὰ ὑποτάσσωνται εἰς τὰς διαταγὰς αὐτῶν τῶν μὴ παμβασιλέων οἱ λαοί.

Τὸ ἱερὸν εὐαγγέλιον δὲν ἐθεωρήθη ποτὲ σχολεῖον δεσποτισμοῦ καὶ δουλείας, ἀλλὰ μάθημα πραότητος, ἀγάπης καὶ παραμυθίας τῶν πασχόντων, καὶ βιβλίον ἐλευθέρων ἀνδρῶν καὶ ἰσοτίμων. Ἐνήργουν ἄρα οἱ ἄνακτες παρὰ τὸ πνεῦμα καὶ τὸ γράμμα τοῦ ἱεροῦ εὐαγγελίου, κανόνος κατ᾽ αὐτοὺς τῆς πολιτικῆς των, κατακρίνοντες παρρησίᾳ τοὺς πιστεύοντας εἰς Χριστὸν Ἕλληνας ὡς μὴ θέλοντας νὰ διαμένωσι δοῦλοι καὶ ὑπὸ τὴν μάχαιραν μισοχρίστων δεσποτῶν. Πασίγνωστον εἶναι, ὅτι οἱ Τοῦρκοι ἐθεώρουν καὶ μετεχειρίζοντο τοὺς Ἕλληνας ὡς δούλους, ὄχι δι᾽ ἄλλο εἰμὴ διότι ἦσαν Χριστιανοί. Πασίγνωστον ἐπίσης εἶναι, ὅτι ὁιανδήποτε στιγμὴν ἀπεφάσιζαν οἱ Ἕλληνες Χριστιανοὶ νὰ τουρκεύσωσιν, ἐγίνοντο ἐν τῷ ἅμα ἐλεύθεροι καὶ καθ᾽ ὅλα ἰσότιμοι τῶν Τούρκων, καθὼς ἔγειναν ἐλεύθεροι καὶ καθ᾽ ὅλα ἰσότιμοι αὐτῶν οἱ ἄλλοτε Χριστιανοὶ καὶ σήμερον Μωαμεθανοὶ Ἀλβανοί, οἱ τυραννοῦντες ἡμᾶς διαμείναντας Χριστιανούς. Διὰ τριῶν τρόπων ἐδύναντο οἱ Ἕλληνες Χριστιανοὶ ν' ἀπαλλαχθῶσι τῆς δουλείας· ἢ δι' αὐθορμήτου θελήσεως καὶ πλήρους πεποιθήσεως κατὰ τὴν φράσιν τῆς ἱερᾶς συμμαχίας τοῦ σουλτάνου, ἢ δι' ὅπλων, ἢ δι' ἀρνησιθρησκείας· Οὐδεὶς βεβαίως, σώας ἔχων τὰς φρένας, ἤλπιζέ ποτε τὴν ἀπελευθέρωσιν τῶν Ἑλλήνων Χριστιανῶν ἀπὸ αὐθορμήτου θελήσεως καὶ πλήρους πεποιθήσεως σουλτάνου· ἡ χρῆσις ὅπλων κατεκρίνετο καὶ αὕτη καὶ κατετρέχετο ὑπὸ τῆς ἱερᾶς συμμαχίας· δὲν ἔμενεν ἄρα ἄλλος τρόπος ἀπελευθερώσεως παρὰ τὴν ἀρνησιθρησκείαν. Τοιοῦτος ἦτον ὁ πολιτικὸς φανατισμὸς τῆς συμμαχίας· ἤθελε τοὺς ἀθλίους Ἕλληνας ἢ Μαωμεθανοὺς συνδεσπόζοντας, ἢ Χριστιανοὺς δουλεύοντας!

Ἐν ᾧ δὲ οἱ συστηταί της ἐκήρυξαν ταῦτα κατὰ τῶν Ἑλλήνων, διέταξαν καὶ τοὺς ἐν ταῖς ἡγεμονείαις ἑδρεύοντας προξένους των ν' ἀναχωρήσωσιν ἐκ τῶν μεμολυσμένων ἐκείνων τόπων.

Ὁ δὲ αὐτοκράτωρ Ἀλέξανδρος, ὃν πολλὰ δείγματα τοῦ ἑλληνικοῦ ἀγῶνος ἀπεκαθίστων, ἂν καὶ ἀδίκως, ὕποπτον πρὸς τοὺς συμμάχους του, λαβὼν ἀφορμὴν ἐκ τῶν πρὸς αὐτὸν ἀναφορῶν τοῦ Ὑψηλάντου, τοῦ Σούτσου καὶ τῶν Μολδαυῶν, ἐκήρυξεν, ὅτι ἐθεώρει τὸ κίνημα τοῦ Ὑψηλάντου ὡς ἀποτέλεσμα τοῦ διακρίνοντος τὸν καιρὸν ἐκεῖνον φιλοταράχου πνεύματος, καὶ τῆς ἀπειρίας καὶ κουφότητος τῆς νεαζούσης ἡλικίας του· τὸν ἀπέβαλε δὲ καὶ τῆς ὑπηρεσίας του καὶ τὸν εἰδοποίησεν, ὅτι ἀπεδοκίμαζε τὸ ἐπιχείρημά του, ὅτι δὲν ἔπρεπε νὰ προσδοκᾷ παραμικρὰν βοήθειαν παρὰ τῆς Ῥωσσίας, καὶ ὅτι ὤφειλε νὰ ἐγκαταλείψῃ καὶ τὸν ἀγῶνα καὶ τοὺς τόπους ἐκείνους (α)· διέταξε δὲ συγχρόνως τὸν μὲν ἀρχηγὸν τῶν κατὰ τὸν Προῦθον καὶ τὴν Βεσσαραβίαν δυνάμεών του Βιτγενστέην νὰ διατηρῇ αὐστηρὰν οὐδετερότητα καὶ νὰ μὴ βοηθῇ τὸν ἑλληνικὸν ἀγῶνα, τὸν δὲ ἐν Κωνσταντινουπόλει πρέσβυν του νὰ κοινοποιήσῃ ταῦτα πάντα τῷ σουλτάνῳ, καὶ νὰ προσφέρῃ αὐτῷ ὄχι μόνον πᾶσαν ἠθικὴν συνδρομήν, ἀλλὰ καὶ στρατιωτικὴν βοήθειαν προς κατάπαυσιν τῶν ἐν ταῖς δύο ἡγεμονείαις ταραχῶν. Ὅ,τι δὲ πρὸ πάντων παρώργισεν ὑπέρμετρα τὸν Ἀλέξανδρον κατὰ τοῦ Ὑψηλάντου, καὶ δικαίως, καὶ διήγειρε κατ᾽ αὐτοῦ ὑποψίας παρὰ τῇ ἱερᾷ συμμαχίᾳ ἦτον ἡ ἐν τῇ πρὸς τοὺς Ἕλληνας προκηρύξει αὐτοῦ τοῦ Ὑψηλάντου φράσις λέγουσα, "κινηθῆτε, καὶ "θέλετε ἰδεῖ μίαν κραταιὰν Δύναμιν νὰ ὑπερασπισθῇ "τὰ δίκαιά μας." Τοιουτοτρόπως ἐματαιώθησαν ὅλαι αἱ ἐξωτερικαὶ ἐλπίδες τοῦ ἀγῶνος.

1821.

ΚΕΦΑΛΑΙΟΝ Η.

Τὰ κατὰ τὸν Ὑψηλάντην διατρίβοντα ἐν Κολεντίνῃ.—Φυγὴ τοῦ ἡγεμόνος Σούτσου.—Τὰ κατὰ τὸν Πεντεδέκαν.—Μετάβασις Ὑψηλάντου εἰς Τυργόβιστον.—Συμβάντα ἐν Μολδαυΐᾳ.—Μάχη Γαλατσίου.

ΜΟΛΙΣ ἔφθασεν ὁ Ὑψηλάντης εἰς Κολεντίναν περιστοιχιζόμενος ὑπὸ καταχραστῶν, ἀπειθῶν καὶ ἐπιβούλων, καὶ ἔπεσαν ἐπὶ τὴν κεφαλήν του οἱ τρεῖς ἀπροσδόκητοι κεραυνοί· ὁ μὲν πνευματικός, ὅ ἐστιν, αἱ κατάραι καὶ οἱ ἀφορισμοὶ τῆς μεγάλης ἐκκλησίας· οἱ δὲ δύο πολιτικοί, ἤτοι ἡ κατάκρισις τοῦ ἀγῶνος παρ' ὅλης τῆς ἱερᾶς συμμαχίας, καὶ ἡ ἀποκήρυξις καὶ καθαίρεσις αὐτοῦ παρὰ τοῦ αὐτοκράτορος τῆς Ῥωσσίας. Καὶ ἡ μὲν πνευματικὴ πρᾶξις ἀπέσπασε πολλὰς εὐλαβεῖς καρδίας θεωρούσας αὐτὸν εἰς τὸ ἑξῆς ἀφωρισμένον καὶ κατηραμένον· ἡ δὲ πολιτική, ἡ τῆς Ῥωσσίας, ἣν ἐδημοσίευσεν ὁ ἐν Ἰασίῳ γενικὸς αὐτῆς πρόξενος καθ' ἣν ἡμέραν ἐστρατοπέδευσεν ὁ Ὑψηλάντης ἐν Κολεντίνῃ, ἐστηλίτευσεν ἐπισήμως τὸ ψεῦδος, καὶ ἕκαστος ἐφρόντιζεν ἔκτοτε πῶς νὰ σωθῇ. Οἱ ἄρχοντες τῶν δύο ἡγεμονειῶν, οἱ μὲν ἔφευγαν, οἱ δὲ συνενοοῦντο μυστικῶς μετὰ τῶν Τούρκων. Φόβος μέγας ἐπεκράτει παντοῦ, καὶ ἐσωτερικῶς ἐξ αἰτίας τῆς παντελοῦς ἀταξίας καὶ ἀναρχίας, καὶ ἐξωτερικῶς ἐξ αἰτίας ἐπαπειλουμένης εἰσβολῆς ὀθωμανῶν. Ὁ δὲ Μιχαὴλ Σοῦτσος, ἰδὼν ἐξ ὧν ἔλαβεν ἀπαντήσεων εἰς τὰς πρὸς τὸν Ἀλέξανδρον ἀναφοράς του, ὅτι ἡ ἐλπὶς τῆς ῥωσσικῆς συμπράξεως, ἡ μόνη ἀπο-

ΤΟΜ. Α.

μένουσα ἐλπὶς ἐφ' ἧς καὶ αὐτὸς στηριζόμενος ἐγένετο συμμέτοχος τοῦ ἀγῶνος, ἐματαιώθη, ὑποπτεύων καὶ τὰς μυστικὰς σχέσεις τῶν ἐντοπίων πρὸς τοὺς Τούρκους, καὶ βλέπων ὅτι ὁ τόπος ἦτον εἰς τὴν διάκρισιν ἐχθρῶν, προδοτῶν καὶ ἐπιβούλων, καὶ ὅτι οὐδεμίαν εἶχε πλέον ἰσχύν, ἀπεφάσισε, φοβούμενος μὴ κρατηθῇ καὶ παραδοθῇ, νὰ φύγῃ κρυφίως καὶ μεταβῇ εἰς Βεσσαραβίαν, ὅπου, ὡς εἰδοποιήθη, ἐδόθησαν διαταγαὶ εἰς ὑποδοχήν του· ἔφυγε δὲ διὰ νυκτὸς τὴν 30 μαρτίου ἐν ἀγνοίᾳ τῶν ἀρχόντων τοῦ τόπου, προϋπογράψας καὶ σφραγίσας διπλώματα εἰς σύστασιν ἀνθηγεμονίας ἐκ τῶν μελῶν τοῦ ἐντοπίου συμβουλίου, διαρκούσης τῆς προσωρινῆς, ὡς ἔλεγεν, ἀπουσίας του, καὶ εἰς ἀντικατάστασιν ἐν τῇ ὑπηρεσίᾳ αὐτοχθόνων ἀντὶ τῶν Ἑλλήνων αὐλικῶν του παρακολουθησάντων ὅλων· ἔστειλε δὲ τοὺς διορισμούς, ἀφ' οὗ διέβη τὸν Προῦθον, πρὸς τὸν Μητροπολίτην, ὅπως ἐνεργηθῶσιν. Ἐγνώσθη τὴν ἐπαύριον ἡ φυγὴ τοῦ ἡγεμόνος, ἐγνώσθησαν καὶ οἱ διορισμοί, ἀλλ' ἐλογίσθησαν διορισμοὶ ὄχι ἡγεμόνος ἀπόντος, ἀλλ' ἀποστάτου καὶ φυγάδος· διὰ τοῦτο συνελθόντες οἱ ἔχοντες δικαίωμα ψήφου ἐσύστησαν ἀνθηγεμονίαν ὅπως συνειθίζετο ὁσάκις ἐχήρευεν ἡ ἡγεμονεία. Συστηθεῖσα ἡ νέα Ἀρχὴ ἔσπευσε νὰ προσφέρῃ τὴν ὑποταγήν της τῷ σουλτάνῳ, ἀπεφυλάκισε καὶ ὥπλισε ὀλίγους Τούρκους, οὓς ἐκράτει ὑπὸ φύλαξιν ὁ Σούτσος, ἵνα μὴ κακοπάθωσι καὶ οὗτοι ὡς οἱ ἄλλοι (α), καὶ διέταξε νὰ καταδιώκωνται ὡς ἐχθροὶ ὅσοι τῶν περὶ τὸν Ὑψηλάντην διέμεναν ἐντὸς τῆς ἡγεμονείας ἐπέκεινα ῥητῆς προθεσμίας. Ἀλλ' ἂν ἡ ἐντόπιος ἀνθηγεμονία παρέλαβε τὴν ἀρχὴν ἐγκαταλειφθεῖσαν, δὲν ἐφάνη ἀξία καὶ νὰ τὴν φυλάξῃ παραληφθεῖσαν.

Καθ' ἃς ἡμέρας ἐσυστήθη αὕτη, ἔφθασεν εἰς Ἰάσι ὁ Πεντεδέκας σταλεὶς παρὰ τοῦ Ὑψηλάντου, ἀγνοοῦντος εἰσέτι τὴν φυγὴν τοῦ Σούτσου, ἐπὶ χρηματολογίᾳ καὶ ἀποστολῇ εἰς τὸ γενικὸν στρατόπεδον τῶν προσερχομένων καθ' ἡμέραν ἔξωθεν ἐθελοντῶν. Φθάσας ὁ Πεντεδέκας εἰς Ἰάσι, ἀντὶ φιλικῆς ηὗρε παρὰ πᾶσαν προσδοκίαν ἐχθρικὴν κυβέρνησιν· καὶ ἀμέσως συνέλεξεν ὅσους Ἕλληνας καὶ ἄλλους ἐδυνήθη ἐν τῇ πόλει, ὡς 200, καὶ πλήρης τόλμης ἐκυρίευσε διὰ τῆς μικρᾶς ταύτης δυνάμεως μεσοῦντος τοῦ ἀπριλίου τὸ ἀνάκτορον, καὶ ἔλαβε μόνος αὐτὸς ὅλην τὴν πραγματικὴν δύναμιν.

Ὁ δὲ Ὑψηλάντης, φοβούμενος εἰσβολὴν ἐχθρῶν, ἐπειράθη νὰ τὴν ἐμποδίσῃ, καὶ εἰδοποίησε τοὺς ἀνθηγεμόνας τῆς Βλαχίας, ὅτι ἐπληροφόρησε τὸν αὐτοκράτορα τῆς Ῥωσσίας περὶ τῶν κινημάτων του, περὶ τῆς καταστάσεως τῆς Ἑλλάδος, καὶ περὶ τοῦ ἐπαπειλοῦντος τὰς δύο ἡγεμονείας κινδύνου, ἂν ἐγίνοντο κέντρον ἑνώσεως ἐχθρικῶν στρατοπέδων καὶ θέατρον πολέμου· ὅτι ὁ αὐτοκράτωρ πρὸς διατήρησιν τῆς γενικῆς εἰρήνης καὶ τῶν σχέσεών του τῷ παρήγγειλε μὲν διὰ γράμματος τοῦ Καποδιστρίου (β) ὅ,τι ἔκρινεν εὔλογον εἰς παῦσιν τοῦ κινήματος τῶν Ἑλλήνων, ἀλλὰ τῷ ἐγνωστοποίησε συγχρόνως ὅτι εὐηρεστήθη νὰ προτείνῃ τῇ Πύλῃ φιλελληνικὰς προτάσεις· ὅτι ἄνευ τῆς παραδοχῆς τῶν προτάσεων τοῦ αὐτοκράτορος δὲν κατέθετε τὰ ὅπλα· ὅτι σκοπὸν δὲν εἶχε νὰ προσβάλῃ πρῶτος τοὺς Τούρκους, καὶ ὅτι ἐπεθύμει μηδ' αὐτοὶ νὰ προσβάλωσιν, ἵνα μὴ πάθῃ ὁ οὐδέτερος τόπος.

Τοιαῦτα ἔγραψεν ὁ Ὑψηλάντης, ἀλλ' οὐδὲν ὠφελήθη· διαμείνας δὲ ὡς μίαν ἑβδομάδα ἐν Κολεντίνῃ, ἀνεχώρησε πανστρατιᾷ τὴν 4 ἀπριλίου, καὶ τὴν ἐπαύριον ἐστρατοπέδευσεν ἐν Τυργοβίστῳ, ὅπου καὶ ὠχυρώθη· κατέλαβε δὲ διὰ τοῦ ἀδελφοῦ του Νικολάου καὶ τὸ Κιμπουλοῦγγι, τὸ ἐπὶ τῶν Καρπαθίων ὀρέων, ἐτοποθέτησε καὶ τὸν Γεωργάκην κατὰ τὸ Πιτέστι, τὸ ἐπὶ λοφώδους θέσεως μεταξὺ Τυργοβίστου καὶ τοῦ ποταμοῦ Ὄλτου· τὸν δὲ Κωνσταντῖνον Δοῦκαν ἀπέστειλεν εἰς Πλοέστι. Ἀλλ' αἱ τέσσαρες αὗται θέσεις ἦσαν τόσῳ μακρὰν ἡ μία τῆς ἄλλης, ὥστε καὶ δυσκόλως συνεβοηθοῦντο, καὶ εὐκόλως διεκόπτοντο. Ὁ Ὑψηλάντης διατρίβων ἐν Τυργοβίστῳ ηὔξησεν εἰς 450 τὸν ἱερὸν λόχον, ὠργάνισε καὶ μικρὸν πυροβολικόν, καὶ ἱππικὸν ἐκ διακοσίων, καὶ ἔταξε τὴν δύναμιν ταύτην ὑπὸ τὸν Καντακουζηνόν. Ἀλλὰ τὸ στρατόπεδον ἔπασχεν ἔλλειψιν πολεμεφοδίων, πρὶν ἔτι ἀρχίσῃ νὰ πολεμῇ. Ἐξ αἰτίας τῆς αὐστηρᾶς ἀπαγορεύσεως τῆς αὐστριακῆς Ἀρχῆς εἰς μάτην ἐπροσπάθησεν ὁ Ὑψηλάντης νὰ μεταφέρῃ πολεμεφόδια ἐκ Τρανσιλβανίας· εὐτύχησεν ὅμως νὰ συλλάβῃ πυρίτιδα δισχιλίας ὀκάδας στελλομένην ἔξωθεν πρὸς τὸν Βλαδιμιρέσκον κρυφίως παρά τινων φίλων του, ἣν ἐκράτησεν εἰς χρῆσίν του ὀλιγωρήσας τὰ πικρὰ παράπονα τοῦ πρὸς ὃν ἐστέλλετο· μετεποίησε δὲ εἰς βόλια καὶ τὴν μολυβδίνην σκέπην τοῦ ἀρχιεπισκοπικοῦ ναοῦ τῆς πόλεως. Δὲν ἔπασχε δὲ τὸ στρατόπεδόν του ὀλιγωτέραν ἔλλειψιν τροφῶν. Τῷ ὄντι, τόση ἦτον ἡ ἀταξία, ἡ παράλυσις, ὁ σφετερισμὸς καὶ ἡ ἀπρονοησία, ὥστε ἐν μέσῳ τῶν εὐφορωτέρων τόπων τῆς ὀθωμανικῆς αὐτοκρατορίας, ὅθεν ἐτρέφετο κυρίως ἡ Κωνσταντινούπολις, ὁ περὶ τὸν Ὑψηλάντην μικρὸς ἀριθμὸς ἐπείνα. Ἀλλ' ὅ,τι κατετάραττε πρὸ παντὸς ἄλλου τὸν Ὑψηλάντην ἦτον ἡ πρὸς αὐτὸν ἐπίβουλος διάθεσις τοῦ Βλαδιμιρέσκου καὶ τοῦ Σάββα, ἡμέρᾳ τῇ ἡμέρᾳ ἀναπτυσσομένη καὶ λαμβάνουσα ἐπίφοβον χαρακτῆρα. Οὐδένα λόγον ἔχομεν νὰ ὑποπτεύσωμεν τὴν εἰλικρίνειαν τοῦ Βλαδιμιρέσκου κατ' ἀρχὰς τοῦ κινήματός του. Δὲν ἔλαβεν αὐθόρμητος τὰ ὅπλα, ἀλλὰ κατὰ πρότασιν καὶ διὰ συνδρομῆς τοῦ Γεωργάκη, τοῦ πιστοῦ ὀπαδοῦ τῆς Ἑταιρίας καὶ τοῦ Ὑψηλάντου· μετέβαλεν ὅμως σχέδια, ὅτε εἶδεν ὅτι ὁ Ὑψηλάντης εἶχε μᾶλλον νὰ ἐλπίσῃ καὶ νὰ φοβηθῇ παρ' αὐτοῦ, ἢ αὐτὸς παρ' ἐκείνου· Ἔκτοτε κατεγίνετο σπουδαίως νὰ πραγματοποιήσῃ ὅ,τι ὡς πρόσχημα τοῦ ἀληθοῦς σκοποῦ του ἄλλοτε παρεδέχθη, ὅ ἐστι, τὴν αὐτονομίαν τῆς πατρίδος του ὑπ᾽ αὐτόχθονας αὐθέντας. Ἀφ᾽ οὗ δὲ ᾐσθάνθη τὰς δυνάμεις του, καὶ εἶδεν ὁ μικρὸς οὗτος τὴν ὑψηλὴν ἀριστοκρατίαν τῆς πατρίδος του φεύγουσαν ἀπέμπροσθέν του, συνέλαβε τὴν ἰδέαν καὶ νὰ αὐθεντεύσῃ, καὶ ἠγάπα νὰ λέγεται Δομνοθεόδωρος ἐνεργῶν τὰ πάντα ἡγεμονικῶς διὰ τοῦ μητροπολίτου καὶ τῶν ἐναπομεινάντων ἀρχόντων συνεδριαζόντων παρὰ τῷ μητροπολίτῃ, ὃν φοβηθέντα καὶ ἀναχωρήσαντα ἐπανέφερε βίᾳ εἰς τὴν πόλιν. Ἀλλ᾽ ὅ,τι τὸν καταδικάζει εἶναι ἡ ὑπουλότης καὶ ἡ ἀπιστία του. Ὑπεκρίνετο τὸν ὀπαδὸν τοῦ Ὑψηλάντου, καὶ συνενοεῖτο κατ᾽ αὐτοῦ κρυφίως μετὰ τῶν Τούρκων, οἵτινες κολακεύοντες τὴν φιλαυτίαν του τὸν παρέσυραν εἰς τὰ συμφέροντα των καὶ εἰς τὸν ὄλεθρόν του. Οὐδεμία ἔμεινεν ἀμφιβολία περὶ τῆς ἀπιστίας του, ἀφ᾽ οὗ οἱ περὶ τὸν Ὑψηλάντην συνέλαβαν δύο ταχυδρόμους ἐπὶ τῆς ὁδοῦ τῆς μεταξὺ Βουκουρεστίου καὶ Γυργέβου, πόλεως ἐπὶ τὴν ἀριστερὰν ὄχθην τοῦ Δουνάβεως, ἐξ ὧν ὁ μὲν ἐστέλλετο παρὰ τοῦ Βλαδιμιρέσκου πρὸς τὰς τουρκικὰς Ἀρχάς, ὁ δὲ ἤρχετο ἐκεῖθεν πρὸς αὐτόν, φέροντες ἀμφότεροι γράμματα μαρτυροῦντα τὴν πρὸς τὸν Ὑψηλάντην ἀπιστίαν του καὶ τὴν ἐπὶ λόγῳ ἀμοιβῆς ἀπαίτησιν τῆς ἡγεμονίας τῆς πατρίδος του. Συνέλαβαν καὶ τὸν ἰατρὸν Θεοδόσιον ἐπανερχόμενον εἰς Βουκουρέστι ἐκ τῆς ἐν Τρανσιλβανίᾳ Στρεφανουπόλεως, ὅπου ἐστάλη εἰς προτροπὴν τῶν ἐκεῖ καταφυγόντων ἀρχόντων Βλάχων ὅπως γράψωσι τῷ σουλτάνῳ κατὰ τῆς φαναριωτοκρατίας, καὶ ζητήσωσιν αὐθέντην τὸν Βλαδιμιρέσκον.

Ὁ δὲ Σάββας, ἐπίσης καὶ αὐτὸς ἄπιστος πρὸς τὸν Ὑψηλάντην, ἐφάνη ὑπουλότερος τοῦ Θεοδώρου ὡς πνευματωδέστερος καὶ ἐπιτηδειότερος. Ἐν ᾧ ὁ Ὑψηλάντης διέτριβεν εν Βεσσαραβία, ο Σάββας τον εθάρρυνεν, ως είδαμεν, να μεταβή εις τας ηγεμονείας, υποσχόμενος να κινήση εις επανάστασιν δια της επιρροής του και της παρουσίας του την Βουλγαρίαν· δεν είχε δε τότε υπηρεσίαν παρά τω αυθέντη Αλεξάνδρω Σούτσω, και εθήρευε τύχην· αλλ' αποθανόντος τούτου κατέστη αρχηγός της φρουράς του Βουκουρεστίου· είχε δε και παλαιάς σχέσεις προς τον νέον ηγεμόνα Καλλιμάχην και ήλπιζε βεβαίως βελτίωσιν της τύχης του· και ουδεμία αμφιβολία, ότι εντεύθεν επήγασεν η πρώτη μεταβολή του φρονήματός του· αλλ', αφ' ου η αυτοκρατορική αποκήρυξις του Υψηλάντου εστηλίτευσε τας απατηλάς υποσχέσεις της Εταιρίας, εμελέτησε και προδοσίαν επ' ελπίδι να εύρη πλειοτέραν χάριν παρά τη οθωμανική εξουσία.

Τοιούτοι εφάνησαν κατά δυστυχίαν οι δύο εκ των τριών ισχυροτέρων οπλαρχηγών του κατά τας ηγεμονείας αγώνος. Εν ω δε οι δύο ούτοι επεβουλεύοντο τον Υψηλάντην εν αγνοία ο είς του άλλου, επεβουλεύοντο και αλλήλους αντιφερόμενοι θανασίμως δια παλαιά πάθη και ανθυποβλεπόμενοι.

Εν τοσούτω η Πύλη, μαθούσα τα κατά τας ηγεμονείας, ήρχισε να στέλλη ικανάς δυνάμεις προς τα παραδουνάβια φρούρια διαπραγματευομένη εν ταυτώ και παρά τω αυτοκράτορι της Ρωσσίας την μετάβασιν αυτών εις τας ηγεμονείας. Ο αυτοκράτωρ, αγωνιζόμενος παντοιοτρόπως να βεβαιώση την Πύλην και τας ευρωπαϊκάς αυλάς ότι δεν ενείχετο εις τα επαναστατικά κινήματα, συγκατένευσε προθύμως εις την περί της στρατιωτικής εισβολής αίτησιν της Πύλης, και ούτως εκίνησαν τα στρατεύματά της. Και εν πρώτοις, μεσούντος του απριλίου, επέρασαν δισχίλιοι στρατιώται εκ Σιλιστρίας εις Καλαράσι, προς την αντικρύ της Σιλιστρίας όχθην του Δουνάβεως, και δια τον ολίγον αριθμόν των διέμειναν εντός

ΚΕΦΑΛΑΙΟΝ Η.

τοῦ θέματος τῆς Γιαλομνίτας, οὗτινος τὸ Καλαράσι εἶναι ἡ πρωτεύουσα, συνάζοντες τροφὰς ἀλλὰ μηδαμῶς ἐνοχλοῦντες τοὺς κατοίκους· ἄλλο δὲ μικρὸν σῶμα ἐξ 150 εἰσέβαλε μετ' ὀλίγον ἀπὸ τοῦ Ροστσουκίου ἐπὶ λεηλασίᾳ καὶ ἐπροχώρησε καὶ εἰς Ῥουσεδεβέδην ἐπὶ τοῦ ποταμοῦ Βέδη, ὅπου 200 στρατιῶται ἐκ τῶν τοῦ Γεωργάκη ἐπιπεσόντες αἰφνιδίως τὴν 23 ἀπριλίου, τοὺς μὲν ἐφόνευσαν τοὺς δὲ ἠχμαλώτευσαν. Τὴν δὲ 30 ἀπριλίου ὁ φρούραρχος τῆς Βραΐλας, Ἰσούφπασας Περκόφτσαλης, ἐξεστράτευσεν εἰς Γαλάτσι μετὰ 3000 ἱππέων καὶ 1500 πεζῶν.

Ἔμπροσθεν τοῦ Γαλατσίου ἦσαν τρεῖς προμαχῶνες ἐγερθέντες παρὰ τῶν Ῥώσσων ἐπὶ τοῦ τελευταίου πολέμου, ἐξ ὧν ὁ πρὸς τὴν ὁδὸν τῆς Βραΐλας ἦτον ὁ ὀχυρώτερος. Πρὸ ὀλίγου εἶχεν ἀποσταλεῖ ἐκεῖ παρὰ τοῦ Ὑψηλάντου εἰς φρούρησιν τῆς πόλεως ὁ Θανάσης Τουφεκτσῆς Καρπενησιώτης, ἀνὴρ γενναῖος καὶ μέχρι τοῦδε προσοδώνης. Οὗτος, ἀναχωρήσας ἐκ Τυργοβίστου, εἶχε μόνον 60 στρατιώτας· ἀλλὰ φθάσας εἰς Γαλάτσι τοὺς ηὔξησεν εἰς 600, ἐν οἷς καὶ πολλοὶ τῶν πληρωμάτων τῶν ἐν τῷ λιμένι 15 πλοίων, ἅτινα ὑπὸ τουρκικὴν ὄντα σημαίαν καὶ τουρκικῇ ἰδιοκτησίᾳ ἐκράτησεν ὁ Καραβιᾶς ἐπὶ τῆς κυριεύσεως τοῦ Γαλατσίου. Οἱ 600 οὗτοι, ἂν καὶ ὀλίγοι, ἀπεφάσισαν νὰ ἀντιπαραταχθῶσι· καὶ καθ' ἣν ἡμέραν ἐξῆλθαν οἱ ἐχθροὶ τῆς Βραΐλας, ὁ Θανάσης καὶ ὁ Γεώργης Παπᾶς ὑποπλαρχηγός του, ὀλίγους ἔχοντες ἱππεῖς, ὑπῆγαν μέχρι τῶν πλησίον τοῦ Γαλατσίου εἰς τὸν Δούναβιν ἐκβολῶν τοῦ ποταμοῦ Σερέτη πρὸς σκόπευσιν τοῦ προσερχομένου ἐχθρικοῦ στρατεύματος, καὶ ἀκροβολισθέντες ἐπανῆλθαν αὐθημερὸν εἰς τοὺς προμαχῶνας. Τὴν δὲ ἐπιοῦσαν (1 μαΐου) ἐπῆλθαν οἱ ἐχθροί. Τούτους ἰδόντες μόνον ἐπερχομένους οἱ κατέχοντες τοὺς δύο ἀνωχύρους προμαχῶνας ἐλειποτάκτησαν ἐν τῷ ἅμα καὶ συνελειποτάκτησαν και οι πλείστοι των εν τω οχυρω· εναπέμειναν δε ο Θανάσης, ο Παπάς και 43 στρατιώται, και επολέμησαν γενναίως όλην την ημέραν απωθούντες ευτυχώς τους πολλάκις εφορμώντας ιππείς. Επελθούσης δε της νυκτός, έπαυσεν η μάχη· και επειδή οι έγκλειστοι δεν έβλεπαν άλλον τρόπον σωτηρίας παρά την φυγήν, δύο ώρας πριν φέξη έρριψαν εν πρώτοις έξω του προμαχώνος τους επενδύτας των, ους οι Τούρκοι εκλαβόντες υπό το σκότος της νυκτός ως αυτούς τούτους, ετουφέκισαν· πριν δε προφθάσωσι και γεμίσωσιν εκ δευτέρου τα τουφέκια, εξεπήδησαν οι έγκλειστοι αφ' ου εγέμισαν τα εντός δύο εύχρηστα κανόνια και έθεσαν επί της οπής αυτών μακρά φυτίλια, ώστε ν' ανάψη το εν κατόπιν του άλλου μετά την φυγήν των, και ούτω να υπολάβωσιν οι εχθροί ότι απέμειναν και άλλοι εν τω προμαχώνι και να μη επιπέσωσιν όλοι επ' αυτούς φεύγοντας. Το στρατήγημα επέτυχεν, οι Τούρκοι δεν κατεδίωξαν τους φεύγοντας, και ούτω διεσώθησαν όλοι παρά τρεις επί μικράς Χερσονήσου προς την συμβολήν του Προύθου και του Δουνάβεως. Την δε επαύριον οι Τούρκοι εκυρίευσαν την πόλιν, την ελεηλάτησαν, την έκαυσαν, εξακοσίους εν αυτή Μολδαυούς εφόνευσαν, και τα εν τω λιμένι πλοία κατέστρεψαν. Ενδιατρίψαντες δε τρεις ημέρας επανήλθαν εις Βραίλαν φέροντες τα λάφυρα. Ολίγοι ιππείς και πεζοί εξεκόπησαν καθ' οδόν και επροχώρησαν εις τα ενδότερα της Βλαχίας επί λεηλασία, εξ ων τινες πεζοί αφίχθησαν εις Ρύμνικον το μεταξύ Φοξάνης και Βουζέου, και ιδόντες Έλληνας εφίππους επερχομένους, εκλείσθησαν χάριν ασφαλείας έν τινι οικία, έφυγαν μετά δίωρον μάχην, και κατέφυγαν εις τινα μύλον έξω της κωμοπόλεως· αλλ' οι καταδιώκοντες αυτούς ιππείς και τον μύλον έκαυσαν, και τους πλείστους των εν αυτώ εθανάτωσαν.

Μετά δε την φυγήν του Σούτσου και τα μεταξύ

της ανθηγεμονίας και του Πεντεδέκα εν Ιασίω παρεμπεσόντα, και πριν έτι γνωσθώσι εν Τυργοβίστω τα παθήματα των εν Γαλατσίω, ο Υψηλάντης διέταξε τον Καντακουζηνον να μεταβή εις Μολδαυίαν ως γενικός αντιπρόσωπός του, να στείλη εκείθεν εις το γενικόν στρατόπεδον στρατιώτας, πολεμεφόδια, χρήματα και τα εν Γαλατσίω κανόνια, και να επανέλθη μετά ταύτα και αυτός· εν απουσία δε αυτού κατέστησεν αρχηγόν του ιερού λόχου τον Καραβιάν.

Την 9 μαΐου ανεχώρησεν εκ Τυργοβίστου ο Καντακουζηνός, έχων 350 συμμίκτους οπλοφόρους. Πλησιάσας εις Φωξάνην και ειδοποιηθείς ότι ενδιέτριβαν 200 Τούρκοι εκ των επί λεηλασία εισβαλόντων, διέταξε τους πλείστους των περί αυτόν να πέσωσι την νύκτα επ' αυτούς κοιμωμένους. Οι διαταχθέντες εισήλθαν την νύκτα της 14 μαΐου εις την πόλιν, και επροχώρησαν ησύχως μέχρι του μοναστηρίου του αγίου Ιωάννου όπου οι εχθροί διενυκτέρευαν ανύποπτοι· αλλ' εν ω η επιτυχία ήτο σχεδόν βεβαία, έπεσαν εις λυγοτριβάς, διηρέθησαν, και ανεχώρησαν άπρακτοι. Την δε υστεραίαν εστράτευσε μετά των λοιπών και ο Καντακουζηνός εις Φωξάνην ενωθείς μετά των άλλων καθ' οδόν, και την αυτήν ημέραν εξήλθαν του μοναστηρίου 100 ιππείς Τούρκοι εις προσβολήν αυτού, αλλ' εβιάσθησαν μετ' ολίγον, αποκρουσθέντες, να επανακάμψωσι. Κατόπιν αυτών εισήλθαν εις την πόλιν και οι περί τον Καντακουζηνόν και κατέσχαν μέρος αυτής. Οι δε εχθροί φοβηθέντες μη προβώσι και πλησιέστερον, έκαυσαν τας πέριξ των εισελθόντων οικίας, τους απεδίωξαν διά του πυρός της πόλεως, και φεύγοντας τους εκυνήγησαν· εφόνευσαν δε και επλήγωσαν καί τινας βοηθηθέντες και παρ' άλλων ιππέων ευρεθέντων έξω και συνοδευόντων τροφάς και αποσκευάς.

Φυγόντες δ' εκείθεν οι περί τον Καντακουζηνόν

έφθασαν αύθεσπερί εις Μύρα, μοναστήριον επί οχυράς θέσεως, και ενδιενυκτέρευσαν. Την δε επιούσαν πορευόμενοι διά των βουνών έμαθαν ότι 80 Τούρκοι ευρίσκοντο εν άλλω τινί μοναστηρίω ολίγας ώρας απέχοντι, και επεστράτευσαν. Αλλ' οι Τούρκοι προειδοποιηθέντες υπό κατασκόπων έφυγαν αφήσαντες τας αποσκευάς και τα ζώα των. Την δε 22 μαΐου έφθασεν ο Καντακουζηνός μετά των συν αυτώ εις Ιάσι όπου τον υπεδέχθησαν όλοι εντίμως, και τον έφεραν κατ' ευθείαν εις την εκκλησίαν εν ή εψάλη ευχαριστήριος δοξολογία, ως αν ήρχετο νικητής, εν ώ έφυγεν απέμπροσθεν των εχθρών. Αφ' ου δε εδημοσίευσε την δοθείσαν αυτώ παρά του Υψηλάντου πληρεξουσιότητα, εξέδωκε διαταγάς περί ευταξίας του τόπου και επανόδου των φυγόντων εις τας εστίας των, περί στρατολογίας και εκστρατείας, περί προμηθείας τροφών και χρηματολογίας, και περί κατοχής θέσεών τινων εις προφύλαξιν της πρωτευούσης· αλλ' ουδείς ήκουε τας διαταγάς του. Όλοι οι οπλοφορούντες εδόθησαν εις αρπαγήν, εις κραιπάλην, και εις αταξίαν. Όσα ζώα ή προϊόντα εσυνάζοντο εν ονόματι της κυβερνήσεως, όλα επωλούντο προς ιδιαιτέραν ωφέλειαν· πενταπλάσια στρατιωτικά σιτηρέσια εδίδοντο παρ' όσα πραγματικώς εχρειάζοντο· τα στενά και οι δρόμοι ήσαν αφύλακτοι· και άν τις εξεστράτευεν, επανήρχετο μετ' ολίγον εις Ιάσι αφ' ου εγύμνονε τους δυστυχείς και απροστατεύτους χωρικούς· ουδείς δε εγνώριζεν άλλον ανώτερόν του· ιδού πως υπεγράφετο οπλαρχηγός τις μόνον 12 στρατιώτας έχων υπό την οδηγίαν του.

"Γιαννάκης Μπουκουβάλας αρχιστράτηγος του
"εν Χαρλοβία ελληνικού στρατοπέδου, και ναζίρης
"των πέντε καδηλικίων διά την ευταξίαν και καλήν
"αποκατάστασιν του τόπου."

Βλέπων δε ο Καντακουζηνός ότι ούτε τον ήκουέ

τις, οὔτε τὸν ἐφοβεῖτο, οὔτε τὸν ἐσέβετο, καὶ μαθὼν ὅτι καὶ αὐτὸς ὁ Πεντεδέκας ἤρχισε νὰ τὸν ἀντιπολιτεύεται κρυφίως ζητήσαντα λόγον τῶν πράξεών του, φοβηθεὶς δὲ καὶ ἐπιβουλὰς κατὰ τῆς ζωῆς του ἐντὸς τῆς πόλεως, μετέβη μετὰ μίαν ἑβδομάδα εἰς τὸ ἐπὶ τοῦ Προύθου χωρίον Στίγκαν, δύο ὥρας μακρὰν τῆς πόλεως, ὅπου καὶ ἐστάθμευσεν· 60 δὲ μόνον στρατιῶται τὸν ἠκολούθησαν. Παρηκολούθησαν καὶ 400 πεζοὶ καὶ 50 ἱππεῖς ἐκ τῶν ἐν Γαλατσίῳ πολεμησάντων. Οἱ δὲ λοιποὶ ἔμειναν ὅλοι ἐν Ἰασίῳ ἐν οἷς καὶ ὁ Πεντεδέκας ἐντρυφῶντες. Δὲν ἔπαυε δὲ ὁ Καντακουζηνὸς παρακινῶν τοὺς ἐν τῇ πρωτευούσῃ στρατιώτας καὶ αὐτὸν τὸν Πεντεδέκαν νὰ συνέλθωσιν ὅπου καὶ αὐτός· ἀλλὰ μὴ κερδήσας ἐξ ἀρχῆς τὸ σέβας τῶν στρατιωτῶν, κατεφρονήθη ὁλοτελῶς ἀφ' οὗ ἀνεχώρησεν ἐξ Ἰασίου, διότι οἱ ἐκεῖ ἐπίστευαν καὶ ἔλεγαν, ὅτι προητοιμάζετο νὰ φύγῃ, καὶ ὅτι διὰ τὸν σκοπὸν τοῦτον ἐπλησίαζε ταῖς ὄχθαις τοῦ ποταμοῦ· ἀλλ' ὁ Πεντεδέκας, μὴ θέλων νὰ ῥίψῃ τὸ προσωπεῖον, ἦλθε μετ' ὀλίγον παρ' αὐτῷ καὶ διετάχθη νὰ παραλάβῃ τὸν παρευρισκόμενον στρατηγὸν Σέρβον Μλάδην καὶ τοὺς περὶ αὐτὸν καὶ νὰ τοποθετηθῇ κατὰ τὸ Ῥώμανον, πόλιν ἐπὶ τῆς συμβολῆς τῶν ποταμῶν Μολδάβας καὶ Σερέτη· ἀλλ' ἀπεποιήθη ἐπὶ λόγῳ, ὅτι οἱ στρατιῶταί του δὲν τὸν ἠκολούθουν, καὶ ἀνεχώρησε μετὰ τῶν ὑπ' αὐτὸν ὀλίγων κατὰ προτροπὴν καὶ αὐτοῦ τοῦ Καντακουζηνοῦ, ὅστις ἐφοβήθη ἀκούσας αὐτοὺς λέγοντας κατὰ πρόσωπόν του, ὅτι δὲν τὸν ἐγνώριζαν ἀρχηγόν, καὶ ὅτι τὸν ἐθεώρουν προδότην. Συνέβη δὲ καὶ ἄλλο τι εἰς ἐπαύξησιν τῆς ἐπικρατούσης ἀπειθείας καὶ ἀταξίας. Ἔτυχε νὰ εὑρεθῇ ἐν Ἰασίῳ ἑπταννήσιός τις· οὗτος μετονυμασθεὶς κόμης Καποδίστριας ἐκήρυττεν ὅτι ἐστέλλετο παρὰ τῶν συμμάχων Δυνάμεων ἵνα ὀργανίσῃ πολιτικῶς τὴν Μολδαυΐαν, καὶ ὅτι ἐνέκρινε νὰ μὴ μετατοπήσῃ ὁ ἐν τῇ πρωτευούσῃ ελληνικός στρατός· ύβριζε δε αναφανδόν τον Καντακουζηνόν ως Μολδαυόν και ως προδότην των ελληνικών συμφερόντων· τόσω δε ίσχυσαν οι λόγοι του επιτηδείου τούτου αγύρτου μέχρι τινός, ώστε όλον το στρατιωτικον τον ήθελεν αρχηγόν. Τοιαύτη ήτον η κατάστασις της Μολδαυίας καθ' ην ώραν επέκειτο εισβολή εχθρών και εις αυτήν την πρωτεύουσαν.

1821.

ΚΕΦΑΛΑΙΟΝ Θ.

Εἴσοδος Τουρκικῶν δυνάμεων εἰς Βουκουρέστι.—Ἐπιβουλὴ Σάββα.—Φόνος Βλαδιμιρέσκου ὡς προδότου.—Μάχαι Νουτσέτου καὶ Δραγασανίου.—Ἀπέλευσις Ὑψηλάντου.—Οἱ ἐναπομείναντες ὁπλαρχηγοί.—Τὰ κατὰ τὴν Μολδαυΐαν.—Θάνατος Γεωργάκη Ὀλυμπίου.—Ἐπιθεώρησις τῆς διαγωγῆς τοῦ Ὑψηλάντου.

Η ΕΠΙΒΟΥΛΟΣ διάθεσις τοῦ Σάββα καὶ τοῦ Βλαδιμιρέσκου ἐθάρρυνε τοὺς Τούρκους νὰ ὁδεύσωσιν ἀφόβως πρὸς τὸ Βουκουρέστι, ὅπου καὶ οἱ δύο διέτριβαν ἔχοντες μυστικὰς σχέσεις πρὸς αὐτούς, ἀλλ᾽ ὑποβλέποντες ἀλλήλους. Ὁ πασᾶς τῆς Σιλιστρίας Σελὴμ-Μεχμέτης, ἑτοιμάσας διὰ τῆς συνδρομῆς τοῦ πασᾶ τοῦ Γυργέβου ὀκτακισχιλίους ὁπλοφόρους, ἐξαπέστειλεν εἰς Βουκουρέστι, τοὺς μὲν τετρακισχιλίους ὑπὸ τὸν κεχαγιᾶν του Χατσῆ-καρὰ-Ἀχμὲτ-ἐφέντην τὸν καὶ ἀρχηγὸν ὅλου τοῦ στρατοῦ, τοὺς δὲ λοιποὺς ὑπὸ τὸν κεχαγιᾶν τοῦ πασᾶ τοῦ Γυργέβου· οὔτε δὲ ὁ εἷς οὔτε ὁ ἄλλος ἀπήντησαν καθ᾽ ὁδὸν ἐχθρόν, καὶ εἰσῆλθαν εἰς τὴν πόλιν, ὁ μὲν ἀρχηγὸς τὴν 15 ὁ δὲ ὑπαρχηγὸς τὴν 17 μαΐου. Ὀλίγας δὲ ὥρας πρὶν εἰσέλθῃ ὁ ἀρχηγός, ἐξῆλθεν ἡσύχως ὁ ἐν τῇ πόλει ἐστρατοπεδευμένος φρούραρχος Σάββας λέγων, ὅτι δὲν εἶχεν ἀποχρῶσαν δύναμιν ν᾽ ἀντισταθῇ, καὶ ὅτι ὁ Βλαδιμιρέσκος ἀπεποιήθη τὴν σύμπραξίν του· ὑποκρινόμενος δὲ πάντοτε τὸν ὀπαδὸν τοῦ Ὑψηλάντου ἐτοποθετήθη ἐν τῷ μοναστηρίῳ τοῦ Βακαρεστίου δύο ὥρας μακρὰν τοῦ Τυργοβίστου, ὅπου σκεπτόμενος πῶς νὰ εὕρῃ χάριν ἐνώπιον τῶν μυστικῶν φίλων του ἐμεθοδεύθη νὰ παγιδεύσῃ τὸν Ὑψηλάντην διὰ τοῦ ἀκολούθου τεχνάσματος.

Ὁ Ὑψηλάντης, ἀφ' ὅτου ἔφθασεν εἰς Κολεντίναν, δὲν ἔπαυσε προτρέπων τὸν Σάββαν νὰ κηρύξῃ ἐγγράφως, ὅτι ἔλαβε τὰ ὅπλα ὑπὲρ τοῦ ἑλληνικοῦ ἀγῶνος κατὰ τῆς τουρκοκρατίας. Μὴ θέλων δὲ νὰ δείξῃ ὅτι ὑποπτεύων αὐτὸν ἐζήτει ἔγγραφον τὴν πολιτικήν του ταύτην ὁμολογίαν, τῷ ἔλεγεν ὅτι πολλάκις ἐζήτησε παρόμοιον ὁμολογίαν παρὰ τοῦ Βλαδιμιρέσκου, ὃν ὁ Σάββας ἔλεγε πάντοτε ἐπίβουλον, καὶ πάντοτε ἀπέτυχε, διότι ὁ Βλαδιμιρέσκος ἀπεκρίνετο ὅτι, ἐν ὅσῳ ἐσιώπα ὁ ἐχθρός του Σάββας, ἠναγκάζετο καὶ αὐτὸς νὰ σιωπᾷ. Ὁ πονηρὸς Σάββας ἔβλεπεν, ὅτι τοιαύτη πρᾶξις ἀνέτρεπε τὰς ἀρτιγενεῖς μυστικάς του σχέσεις πρὸς τοὺς Τούρκους, καὶ τὴν ἀπεποιεῖτο ὑπὸ διαφόρους προφάσεις· ἀλλ' ἀφ' οὗ οἱ Τοῦρκοι εἰσῆλθαν εἰς Βουκουρέστι, αὐτὸς δὲ ἐτοποθετήθη ἐν τῷ μοναστηρίῳ τοῦ Βακαρεστίου, καὶ ἐσχετίσθη πρὸς τοὺς Τούρκους στενότερον, καὶ συνενοήθη ἀναμφιβόλως καὶ περὶ οὗ ἐμελέτα νὰ πράξῃ, ἐπαναληφθείσης τῆς προτάσεως, ὑπέγραψε καὶ ἐξέδωκε τὴν πρᾶξιν εἰς χαρὰν καὶ ἐμψύχωσιν τοῦ Ὑψηλάντου. τὴν δὲ ἐπαύριον ὑπῆγε πρὸς αὐτὸν αὐτεπάγγελτος, συνέφαγε, καὶ τὸν ἐκάλεσε καὶ αὐτὸς εἰς γεῦμα τὴν ἀκόλουθον ἡμέραν καὶ εἰς ἐπιθεώρησιν τοῦ ἱππικοῦ του τῷ ὄντι λαμπροῦ. Τόσον δὲ θάρρος ἐνέπνευσε δι' ὧν εἶπε καὶ ἔπραξεν, ὥστε ὁ Ὑψηλάντης ὑπεσχέθη νὰ μεταβῇ εἰς τὸ μοναστήριον κατὰ τὴν πρόσκλησίν του· ἀλλὰ λαβὼν μετὰ ταῦτα αἰτίαν νὰ ὑποπτεύσῃ δολιότητα, ὑπεκρίθη τὸν ἀσθενῆ καὶ ἔστειλε μόνον τινὰς τῶν ἐπιτελῶν του.

Ὁ δὲ παρὰ τὸ Βουκουρέστι ἐστρατοπεδευμένος Βλαδιμιρέσκος διέμεινεν ἐν τῷ στρατοπέδῳ του ὅλην την ημέραν καθ' ην οι Τούρκοι εισήλθαν εις την πόλιν, μήτε φανεράν συγκοινωνίαν λαβών, μήτε κηρυχθείς υπέρ αυτών, τρέφων όμως επιβούλους σκοπούς κατά του Υψηλάντου και προσπαθών να τους πραγματοποιήση επιτηδείως εις παντελή όλεθρόν του· την δε επιούσαν εξεστράτευσεν εις την μικράν Βλαχίαν μη προειδοποιήσας τον Υψηλάντην.

Μεταξύ των οπλαρχηγών του Βλαδιμιρέσκου ήσάν τινες και την επίβουλον διαγωγήν του αρχηγού των κατακρίνοντες, και άλλην οδόν παρά την του Γεωργάκη να βαδίσωσι μη θέλοντες. Διά τον διττόν τούτον λόγον ήσαν ύποπτοι παρά τω Βλαδιμιρέσκω, όστις, σκληρός και αιμοβόρος και εξ ανατροφής και εκ προαιρέσεως, επεχείρησε ν' απαλλαχθή των οπλαρχηγών του όσους υπώπτευε, και ήρχισε καθ' οδόν να τους φονεύη αδίκως και ανεξετάστως. Αι φονικαί αύται πράξεις δυσηρέστησαν και εφόβησαν εις άκρον τους επιζώντας κινδυνεύοντας να πάθωσι τα αυτά εξ αιτίας των υποψιών ας εδύνατο να συλλάβη και κατ' αυτών· διά τούτο αποφασίσαντες να πράξωσι πριν πάθωσιν, εξεμυστηρεύθησαν τω Γεωργάκη τους φόβους των και επεκαλέσθησαν την σύμπραξίν του εις ασφάλειάν των χρείας τυχούσης.

Εν τούτοις ο πανούργος Σάββας, ειδώς εξ ων είχε μυστικών σχέσεων προς τους Τούρκους τα σχέδια του Βλαδιμιρέσκου, τα ανεκάλυψε τω Υψηλάντη, ίνα μη χαρή ο εχθρός του τας πρώτας τιμάς της προδοσίας, ας αυτός επεθύμει. Τα ανακαλυφθέντα δε σχέδια ήσαν, ότι ο Βλαδιμιρέσκος ώδευε προς την μικράν Βλαχίαν εις προκατάληψιν των έμπροσθεν και εμπόδιον της εκείθεν του Όλτου διαβάσεως του ελληνικού στρατοπέδου, και ότι οι Τούρκοι εμελέτων, αφ' ου ο Βλαδιμιρέσκος ετοποθετείτο όπου έπρεπε, να κινήσωσι και αυτοί προς το Τυργόβιστον και να πέσωσιν επί τους περί τον Υψηλάντην όπισθεν, ώστε αυτόν μεν να φονεύσωσιν η να συλλάβωσι, το δε στρατόπεδον να αφανίσωσιν. Ο Υψηλάντης εκοινοποίησε τω Γεωργάκη διαμένοντι εν Πιτεστίω τους λόγους του Σάββα, και τω παρήγγειλε να ματαιώση τα ολέθρια σχέδια του Βλαδιμιρέσκου καθ' οίουσδήποτε ενόμιζε καταλληλοτέρους τρόπους· διέταξε δε και τον εν Κυμπουλουγγίω αδελφόν του, εξ αιτίας του παρακολουθούντος τον Βλαδιμιρέσκον πλήθους, να καταβή και αυτός μετά των περί αυτόν εις το στρατόπεδον του Γεωργάκη προς ενδυνάμωσίν του. Ο δε Σάββας έδραξε την αρμοδίαν ταύτην ευκαιρίαν ίνα και τον Υψηλάντην αποκοιμήση, και τον εχθρόν του Βλαδιμιρέσκον βλάψη, και έστειλε 400 ιππείς υπό τας διαταγάς του Γεωργάκη. Την 18 μαΐου ο Βλαδιμιρέσκος έφθασε πανστρατιά εις Γολέστι. Παρά το Πιτέστι και απέναντι του Γολεστίου ρέει ο Άρζησος· τας όχθας του ποταμού τούτου ζευγνύει γέφυρα, ην προκατέλαβεν ο Γεωργάκης. Ειδοποιηθείς ο Βλαδιμιρέσκος, παρεκάλεσε τον Γεωργάκην ν' αφήση το πέραμα ελεύθερον. Ο Γεωργάκης ανέβαλε την απάντησιν εις την επαύριον, καθ' ην συνοδευόμενος υπό 400 εκλεκτών ιππέων και πεζών υπήγεν εις Γολέστι. Ο Βλαδιμιρέσκος τον υπεδέχθη ενώπιον των οπλαρχηγών του. Ο Γεωργάκης ήρχισε να τον επιπλήττη ως μη αντισταθέντα εν ω εισήρχοντο οι Τούρκοι εις Βουκουρέστι, ως αθετήσαντα τας υποσχέσεις του και ως παραβάντα τους όρκους του. Ο Βλαδιμιρέσκος ηθέλησε να ενοχοποιήση περί της μη αντιστάσεώς του τον Σάββαν μη θελήσαντα να συμπολεμήση· αλλ' ο Γεωργάκης επανέλαβεν, ότι ο Πρίγκηψ (Υψηλάντης) είχεν εγγράφους αποδείξεις των μυστικών σχέσεων αυτού προς τους εχθρούς της πίστεως, και ήξευρεν ότι αυτός τους εθάρρυνε να πατήσωσιν ένοπλοι την ηγεμονείαν, ότι διά της πράξεώς του ταύτης ηφάνισε τον τόπον, καὶ ὅτι εἶχε νὰ δώσῃ λόγον ἐνώπιον Θεοῦ καὶ ἀνθρώπων· ἐστηλίτευσεν ἔπειτα τὴν πρὸς τοὺς ὁπλαρχηγοὺς ἐπίβουλον διαγωγήν του διὰ τοῦ ἀδίκου θανάτου τινῶν ἐξ αὐτῶν, καὶ παρήνειρεν, ὅτι πᾶσα ἀσφάλεια διὰ τοὺς παρεστῶτας ἐξέλειψεν. Ἀνεγνώσθη δὲ εἰς ἐπήκοον πάντων καὶ μυστικὴ σύμβασις αὐτοῦ καὶ τοῦ Βλαδιμιρέσκου, γραφεῖσα πρὸ τῆς ἐνάρξεως τοῦ ἐπαναστατικοῦ κινήματος, καὶ ἀποδεικνύουσα ὅτι ὁ Βλαδιμιρέσκος ἔπραξε παρὰ τὰ συνομολογηθέντα. Ὁ Βλαδιμιρέσκος, ὁ ἔχων τὴν διάθεσιν ἀλλ' ὄχι καὶ τὴν ἐπιτηδειότητα τοῦ ἐπιβούλου, ἐσκοτίσθη ἐπιπληχθείς. Ὁ δὲ Γεωργάκης βλέπων τοῦτο, καὶ ὅτι πολλοὶ τῶν παρεστώτων ἐνέκριναν ὅσα αὐτὸς ἔλεγεν, ἐξεκρέμασε τὴν ἐπάνωθεν τοῦ Βλαδιμιρέσκου τοιχοκρεμῆ σπάθην εἰπών, ὅτι δὲν ἦτον ἄξιος νὰ τὴν φορῇ, καὶ ὅτι ἤθελε νὰ τὴν στείλῃ πρὸς τὸν ἀρχιστράτηγον. Ἡ τόλμη τοῦ Γεωργάκη καὶ τὸν Βλαδιμιρέσκον κατεπτόησε, καὶ οὐδένα τῶν παρεστώτων παρώργισε. Ὁ Γεωργάκης ἐτόλμησεν ἔτι μᾶλλον· ἥρπασεν ἀπὸ τῆς ζώνης τοῦ Βλαδιμιρέσκου τὰς πιστόλας του, καὶ διέταξε νὰ τὸν μεταφέρωσιν εἰς Τυργόβιστον ἵνα ἀπολογηθῇ ἐνώπιον τοῦ πρίγκηπος. Τότε τὸν συνέλαβάν τινες τῶν παρόντων ὁπαδῶν τοῦ Γεωργάκη παρὰ πάντων ἐγκαταλειφθέντα, τὸν ὠπισθαγκώνισαν, καὶ τὸν ἀπήγαγαν ὑπὸ φύλαξιν εἰς Πιτέστι· ἐκεῖ τὸν παρέλαβεν ὁ Νικόλαος Ὑψηλάντης καὶ τὸν ἔφερεν ὑπὸ ἱκανὴν φύλαξιν εἰς Τυργόβιστον, ὅπου ἐπιπληχθεὶς πάλιν πικρῶς παρὰ τοῦ Ὑψηλάντου, ἀπήχθη ἔξω τῆς πόλεως καὶ κατεκόπη μεληδὸν ὑπὸ τῶν στρατιωτῶν ὡς προδότης καὶ ἐπίορκος τὴν 23 μαΐου, μήτε δικασθεὶς κατὰ τοὺς στρατιωτικοὺς νόμους μήτε καταδικασθεὶς ἐν τάξει, ἀλλὰ δυνάμει τῶν ἀνὰ χεῖρας τοῦ Ὑψηλάντου ἐγγράφων, ἐξ ὧν ἐφαίνετο τῷ ὄντι ἡ προδοσία καὶ ἡ ἐπιορκία του.

Τοιούτος εφάνη και τοιούτον έλαβε τέλος ο Θεόδωρος Βλαδιμιρέσκος, άνθρωπος όστις επεθύμει μεν το καλόν της πατρίδος του, αλλ' εξ αιτίας της άκρας απαιδευσίας του, της βαρβάρου ανατροφής του και των κακών του έξεων εθεώρει θεμιτήν την χρήσιν της επιβουλής, της προδοσίας, των αδίκων φόνων και της επιορκίας, δι' ων διεκρίθη η τελευταία διαγωγή του.

Μετά δε τον φόνον τούτου ο Υψηλάντης διώρισεν αρχηγούς του στρατεύματος του τους δύο σημαντικωτέρους οπλαρχηγούς αυτού, τον Χατσή-Πρόδαν, Σέρβον, και τον Μακεδόνσκην, Βλάχον, φέροντα το όνομα της μακεδονικής καταγωγής του. Συνίστατο δε τότε η δύναμις αύτη εκ 250 ιππέων, Σέρβων και Βουλγάρων, 4000 Πανδούρων, και εκ 4 κανονίων. Τους διέταξε δε να μεταβώσιν εις την μικράν Βλαχίαν, να στρατολογήσωσι και να καταλάβωσί τινας θέσεις και την κώμην του Δραγασανίου, διότι ηκούσθη ότι δισχίλιοι εχθροί εξήλθαν του Βιδινίου και διεσπάρησαν εις την μικράν Βλαχίαν. Ο δε Υψηλάντης φοβούμενος ότι οι εν Βουκουρεστίω Τούρκοι εμελέτων, ως προειδοποιήθη, να τον κτυπήσωσιν εν Τυργοβίστω, απαλλαχθείς και του κρυφίου εχθρού του Βλαδιμιρέσκου, και βλέπων πανταχόθεν τας μεν δυνάμεις του εχθρού εις κίνησιν, τας δε υπ' αυτόν εις τελείαν απραξίαν, απεφάσισεν επί συμβουλίου την 27 μαΐου να κινηθή και αυτός αυθημερόν· και επειδή οι εξελθόντες του Βιδινίου ήσαν οι ολιγαριθμότεροι, ηθέλησε να επιπέση πορευόμενος διά του επί της οδού προς την μικράν Βλαχίαν Πιτεστίου, όπου τον ανέμενεν ο Γεωργάκης· διέταξε δε να συγκεντρωθώσιν εκεί διάφορα σώματα και εκάλεσε και τον Σάββαν, μη ρίψαντα εισέτι το προσωπείον, να συνακολουθήση· αλλ' ούτος, υποπτεύων μη πάθη ό,τι έπαθεν ο συνεπίβουλός του Βλαδιμιρέσκος, απεποιήθη ευσχήμως την πρόσκλη-

ΚΕΦΑΛΑΙΟΝ Θ.

σιν, καὶ ἐτοποθετήθη ἐν τῷ ὀχυρῷ μοναστηρίῳ τοῦ Μαρτσενίου. Οἱ δὲ Τοῦρκοι, ὡς 5000, ἐξεστράτευσαν, καθὼς προεσχεδιάσθη, πρὸς τὸ Τυργόβιστον τὴν 25, καὶ τὸ ἑσπέρας τῆς 26 ἔφθασαν πλησίον αὐτοῦ καὶ διενυκτέρευσαν ἐντὸς τοῦ παρακειμένου δάσους, ἀγνοούντων τῶν εἰσέτι ἐν Τυργοβίστῳ Ἑλλήνων, ὅτι οἱ ἐχθροί των ἦσαν τόσῳ πλησίον. Τὸ πρωὶ δὲ τῆς 27, ὃ ἐστι καθ' ἣν ὥραν ἤρχισαν οἱ περὶ τὸν Ὑψηλάντην τὴν πρὸς τὸ Πιτέστι πορείαν, 500 ἱππεῖς ἀποσπασθέντες τοῦ κατόπιν αὐτῶν ὁδεύοντος τουρκικοῦ στρατεύματος ἐφάνησαν πορευόμενοι εἰς Νοτσέτον κατεχόμενον ὑπὸ τῶν περὶ τὸν Γιαννάκην Κολοκοτρώνην, ἐξάδελφον τοῦ Θεοδώρου Κολοκοτρώνη. Φθάσαντες δὲ εἰς τὴν παρακειμένην μονὴν τοῦ ἁγίου Γεωργίου καὶ εὑρόντες ἑλληνικὴν φρουρὰν ὑπὸ τὸν Σαχίνην καὶ τὸν Σφίκαν, ἐφώρμησαν, ἀλλ' ὠπισθοδρόμησαν ἄπρακτοι, δεινῆς γενομένης ἀντιστάσεως. Περὶ δὲ τὸ δειλινὸν συμπληρωθέντες οἱ ἐχθροὶ εἰς 1500 ἱππεῖς, ἦλθαν εἰς Νοτσέτον, ὅπου εἶχαν ἔλθει πρὸ ὀλίγου εἰς βοήθειαν τῶν ἐκεῖ ὁ Κωνσταντῖνος Δούκας καὶ ὁ Γεράσιμος Ὀρφανός, σταλέντες παρὰ τοῦ Ὑψηλάντου μαθόντος τὰ πρὸς τὸ μέρος ἐκεῖνο κινήματα τῶν ἐχθρῶν. Καὶ οἱ μὲν περὶ τὸν Ὀρφανὸν ἐτοποθετήθησαν παρὰ τὴν μονήν, οἱ δὲ περὶ τὸν Δοῦκαν ἀπώτερον ἐπί τινος λόφου πρὸς τὰ ἀριστερά. Οἱ ἐν Νοτσέτῳ, βοηθούμενοι ὑπὸ τῶν περὶ τὸν Ὀρφανόν, ἐμάχοντο γενναίως προϊούσης καὶ τῆς νυκτός. Σφοδρῶς ἀντέστη καὶ ἄλλο σῶμα ἑλληνικὸν ὑπὸ τὸν Ἀναστάσην Ἀργυροκαστρίτην, κατέχον λοφίσκον προφυλαττόμενον ἔμπροσθεν μὲν ὑπό τινος ἐκ τοῦ προχείρου ὑψωθείσης λιθιᾶς, ὄπισθεν δὲ καὶ ἐκ τῶν πλαγίων ὑπὸ τοῦ δάσους. Ἀλλ' ὁ Δοῦκας, ἰδὼν ἀπόσπασμα ἐχθρῶν ἐπερχόμενον, ἐγκατέλειψε τὴν θέσιν του, καὶ διὰ τῆς φυγομαχίας του ἐφόβισε καὶ ἠνάγκασε τοὺς ἄλλους, τοὺς ευτυχώς έως τότε πολεμήσαντας, να τραπώσιν εις φυγήν περί το μεσονύκτιον ως νενικημένοι.

Αν και η πραγματική βλάβη των Ελλήνων ήτο μικρά, η ηθική απέβη μεγίστη· διότι έφερεν εις μεγάλην αταξίαν το παραπορευόμενον υπό τον Υψηλάντην στράτευμα μαθόν το συμβάν, και εξ αιτίας τούτου αποσπάσματά τινα αυτού διεσκορπίσθησαν και επλανήθησαν εν μέσω του νυκτικού σκότους και του διαχυθέντος φόβου· εχάθησαν δε καί τινες αποσκευαί και ικαναί τροφαί επί της διαβάσεως του ποταμού Διμποβίτσας. Ο δε Δούκας, επανελθών εις το στρατόπεδον και επιπληχθείς αυστηρώς διά την λειποταξίαν του, εγκατέλειψε τας ηγεμονείας.

Πριν δε διαβώσι τον Όλτον οι περί τον Μακεδόνσκην και Χατσή-Πρόδαν ως διετάχθησαν, οι εν τη μικρά Βλαχία εχθροί εκυρίευσαν την Κραϊόβαν. Τινές δε αυτών απήντησαν εκτός της κώμης του Σαβιδινίου δύο σώματα, το μεν υπό τον Σολωμόν, το δε υπό τον Αναστάσην Μανάκην τον και Μιχάλογλουν, στρατεύοντα προς τον Υψηλάντην, τα εκτύπησαν και τα διεσκόρπισαν. 800 δε άλλοι Τούρκοι υπό τον υιόν του επ' ανδρία γνωστού Καραφεϊζή ετοποθετήθησαν εν Δραγασανίω. Οι δε περί τον Μακεδόνσκην και Χατσή-Πρόδαν ήλθαν και αυτοί πλησίον του χωρίου τούτου την νύκτα της 29 μαΐου, και επέπεσαν αίφνης όπου οι Τούρκοι έβοσκαν τα ζώα των, εξ ων συνέλαβαν 70· εσκότωσαν δε και 5 Τούρκους και εζώγρησαν 2· ηκροβολίσθησαν και τας δύο ακολούθους ημέρας μετά των εν Δραγασανίω Τούρκων εξελθόντων εις καταδίωξίν των, και μετά ταύτα απεμακρύνθησαν.

Φθάσας δε ο Υψηλάντης εις Πιτέστι έμαθεν, ότι οι επερχόμενοι Τούρκοι εκ Βουκουρεστίου είχαν φανερόν συναγωνιστήν τον Σάββαν, και απέστειλεν

ΚΕΦΑΛΑΙΟΝ Θ.

ευθύς τον Φαρμάκην μετά 300 εις Άρζησίαν (κόρτε δε Άρζέσι) επί του ομωνύμου ποταμού εντός υψηλών ορέων, προς εξασφάλισιν της θέσεως εκείνης· αυτός δ' έφθασε την 1 ιουνίου εις Ρύμνικον, πόλιν επί της δεξιάς όχθης του Όλτου, όπου ήλθαν και οι υπό τους οπλαρχηγούς Μακεδόνσκην, Χατσή-Πρόδαν, Διαμαντήν Σερδάρην, Σολωμόν και Μανάκην· ώστε αι υπό τας διαταγάς του Υψηλάντου δυνάμεις την ώραν εκείνην ήσαν 2500 ιππείς και 4500 πεζοί συμπεριλαμβανομένου και του ιερού λόχου, και 4 κανόνια. Ο Υψηλάντης διέταξε τα πλείστα των σωμάτων να προχωρήσωσι προς το Δραγασάνι και καταλάβωσι θέσεις τινάς έως ού φθάσει και αυτός. Την 3 ιουνίου εκίνησαν τα σώματα όπως διετάχθησαν· την δε 5 παρηκολούθησε και ο Υψηλάντης μετά της οπισθοφυλακής. Οκτώ ώρας απέχει το Δραγασάνι του Ρυμνίκου· αλλά τα σώματα ταύτα υπέρ το σύνηθες ηργοπόρησαν, ουδ' ομού όλα έφθασαν, πεσούσης καθ' οδόν ραγδαίας και διαρκούς βροχής· μόλις δε συνήλθαν εις τον προς ον όρυν αλληλοδιαδόχως μέχρι της αυγής της 7. Ο συστρατεύων Γεωργάκης εσκόπευεν, εξ αιτίας της υπεροχής του αριθμού των υπό την ελληνικήν σημαίαν, ν' αποκλείση τους ολίγους εχθρούς πανταχόθεν, και έστειλε διάφορα σώματα και κατέλαβαν τας περί το χωρίον επιτηδείας εις τον σκοπόν τούτον θέσεις. Ο δε Καραβιάς μετά των περί αυτόν ιππέων και ο Νικόλαος Υψηλάντης, ο επί του ιερού λόχου και του πυροβολικού ταχθείς εσχάτως, ετοποθετήθησαν εντεύθεν χαράδρας αντικρύ του Δραγασανίου, ης τα δύο χείλη συζευγνύει γέφυρα· ειδοποιήθησαν δε όλοι να ετοιμασθώσιν εις μάχην την επαύριον, καθ' ην εσκόπευε να παρευρεθή και ο αρχιστράτηγος μετά της οπισθοφυλακής εκ δισχιλίων. Ο δε Γεωργάκης, όστις διέθεσε τα πάντα, ετοποθετήθη απώτερον επί της οδού του Ρυμνίκου, όπως διαλεχθή προ των άλλων μετά του αυθημερόν αναμενομένου αρχιστρατήγου. Οι εν Δραγασανίω Τούρκοι, κατέχοντες και την παρακειμένην μονήν, ησθάνθησαν πόσον δεινή ήτον η θέσις των και επεχείρησαν, αλλ' εις μάτην, να διώξωσι τους περί τον Αργυροκαστρίτην, μεταβάντας εκεί μετά τα εν τω Νοτσέτω συμβάντα και καταλαβόντας γήλοφον πλησίον του χωρίου εν μέσω ελώδους θέσεως· προβλέποντες δέ, ότι η μάχη ήτον άφευκτος και εγγύς, ήρχισαν να καίωσι τας ευτελείς του χωρίου οικίας ως περιττάς ή επιζημίους. Αλλ' ο θερμουργός Καραβιάς εθεώρησε τον εμπρησμόν πρόδρομον φυγής, και φοβούμενος μήπως του φύγη η βεβαία, ως εφαντάζετο, νίκη εξ αιτίας της απραξίας του, διέβη μετά μεσημβρίαν συν τοις περί αυτόν πέραν της χαράδρας προς το χωρίον, μη προειδοποιήσας τους άλλους οπλαρχηγούς, ως θέλων να σφετερισθή όλην την δόξαν μόνος αυτός· παρηκολούθησαν δε επί τη προτροπή αυτού ο ιερός λόχος και το πυροβολικόν. Οι Τούρκοι εδειλίασαν υπολαβόντες, ότι θα εφώρμων οι Έλληνες εκ συνθήματος πανταχόθεν· διά τούτο, εν ω ήρχισε το πυροβολικόν να τους κτυπά, δεν εξήλθαν και εσκέπτοντο διά ποίας οδού να φύγωσιν· αλλά βλέποντες, ότι άλλοι δεν εκινήθησαν, και ότι τα κανόνια δεν τους έβλαπταν διά την απειρίαν των κανονοβολιστών, εξήλθαν έφιπποι και έπεσαν ξιφήρεις επί τους εχθρούς· και οι μεν περί τον Καραβιάν ελειποτάκτησαν, οι δε ιερολοχίται έδειξαν ότι φλόγες πατριωτισμού έκαιαν την καρδίαν των και επέμεναν μαχόμενοι· αλλ' ήσαν απειροπόλεμοι, και το ιππικόν του εχθρού επιπεσόν πανορμεί διέρρηξε τας τάξεις, εκυρίευσε τα κανόνια, και τους κατέκοψεν. Ακουσθείσης της βοής του πολέμου, έτρεξαν εις το πεδίον της μάχης ο Γεωργάκης και τινες άλλοι οπλαρχηγοί μεθ' όσων εδυνήθησαν εκ του προχείρου, ετουφέκισαν τους Τούρκους καταδιώκοντας και κατακόπτοντας ανηλεώς τους ιερολοχίτας τραπέντας επί τέλους εις φυγήν, και τοιουτοτρόπως ελύτρωσαν της σφαγής και της αιχμαλωσίας πολλούς, εν οις και τους αδελφούς του αρχιστρατήγου κινδυνεύοντας να συλληφθώσιν. Όλοι δε οι ιερολοχίται θα ηφανίζοντο, αν δεν επρόφθαναν οι επιβοηθοί ούτοι, εν οις διέπρεψεν ο Βλάχος οπλαρχηγός Ιωαννίτσας Χόρκας. Οι Τούρκοι, καταδιώξαντες τους ηττηθέντας μέχρι της χαράδρας, επανήλθαν εις το χωρίον νικηταί, απορούντες και αυτοί δι' όσα παρά πάσαν ελπίδα κατώρθωσαν. Υπερδιακόσιοι Έλληνες εφονεύθησαν, όλοι σχεδόν ιερολοχίται, πεσόντες ως ευθαλείς κλάδοι υπό την κοπτεράν αξίνην στιβαρού ξυλοκόπου· εφονεύθησαν και οι επ' ανδρία μεταξύ των ανδρείων τούτων διακριθέντες εκατόνταρχοι, Δημήτριος Σούτσος, και Σπυρίδων Δρακούλης, 40 δε ηχμαλωτίσθησαν. Πανικός φόβος κατέλαβε τότε όλα τα σώματα, και τα πλείστα εν τω άμα διελύθησαν και κακήν κακώς διεσκορπίσθησαν. Ο δε Υψηλάντης, έμαθε το γεγονός καθ' οδόν τρεις ώρας μακράν της θλιβεράς σκηνής, και ιδών τον διασκορπισμόν των στρατιωτών επανερχομένων εις Ρύμνικον ωπισθοδρόμησε, και διέμεινεν εκεί την νύκτα και την ακόλουθον ημέραν· την δε 9 μετέβη εις Κόζιαν, μοναστήριον επί των Καρπαθίων ορέων δύο ώρας απέχον του Ρυμνίκου.

Εξ ότου ο Υψηλάντης έλαβε τας απαντήσεις της αυλής της Ρωσσίας εις τας αναφοράς του, έχασε πάσαν ελπίδα εξωτερικής προς αυτόν βοηθείας ή εξωτερικών προσκομμάτων εις τα κατ' αυτού στρατιωτικά κινήματα της Πύλης· η δε εσχάτως συμβάσα εν Δραγασανίω καταστροφή κατέστρεψε πάσαν προσδοκίαν εσωτερικής ευτυχούς αντιστάσεως· και το χείριστον, ὅτι μετὰ τὴν καταστροφὴν ταύτην ἐφοβεῖτο ὄχι μόνον τοὺς Τούρκους ἀλλὰ καὶ αὐτοὺς τοὺς στρατιώτας του, καὶ οὔτε νὰ μείνῃ ἐδύνατο, διότι ἐκινδύνευε νὰ συλληφθῇ ὑπὸ τῶν ἐχθρῶν, οὔτε νὰ φύγῃ ἐτόλμα, διότι οἱ ὑπ᾽ αὐτὸν στρατιῶται ἀντέτειναν· τινὲς δὲ αὐτῶν, μαθόντες ὅτι ὁ κεχαγιάμπεης ἐξέδωκε κήρυγμα, δι᾽ οὗ ὑπέσχετο ἀντιμισθίαν πρὸς ὅποιον ἔφερε τὴν κεφαλήν του, ἐμελέτησαν καὶ ἐπιβουλήν. Ἕνεκα τούτου συνέλαβεν ὁ Ὑψηλάντης δεινὰς ὑποψίας· ὥστε, τριημερεύσας ἐν τῷ μοναστηρίῳ, ὀλίγους ἐδέχετο ἐντὸς τῆς αὐλῆς, καὶ τὴν νύκτα διέμενεν αὐτὸς καὶ οἱ περὶ αὐτὸν προσεκτικοὶ καὶ ἄγρυπνοι, ὡς ἂν ἐφοβοῦντο ἔφοδον ἐχθρῶν. Τῷ ὄντι τὴν δευτέραν νύκτα τῆς ἐκεῖ ἀφίξεως των ἀνεφάνη πυρκαϊὰ ἐν τῷ προαυλίῳ τοῦ μοναστηρίου ὅπου διενυκτέρευαν στρατιῶται, οἵτινες, ὑποκριθέντες ὅτι ἐφοβοῦντο μὴ καῶσιν, ἀνέβησαν πολλαχόθεν τὰ τείχη εἰς ἀποφυγὴν δῆθεν τοῦ κινδύνου. Ἀλλ᾽ οἱ περὶ τὸν Ὑψηλάντην, εἰδότες προηγουμένως ὅτι οἱ ἐπιβουλεύοντες τὴν ζωήν του ἐσχεδίασαν τὸ τέχνασμα τοῦτο, τοῖς ἀπηγόρευσαν τὴν εἴσοδον ἐπὶ ποινῇ θανάτου. Ἐν μέσῳ τοιούτων ὑποψιῶν καὶ ἐπιβουλῶν ὁ Ὑψηλάντης ἀπεφάσισε νὰ ἐγκαταλείψῃ τὰς ἡγεμονείας. Ἡ γνῶσις, ἣν εἶχε τοῦ χαρακτῆρος καὶ τῆς ἀξίας τοῦ Γεωργάκη, τὸν ἐθάρρυνε νὰ τῷ ἀνακαλύψῃ τὸν σκοπόν του καὶ ζητήσῃ τὴν εἰλικρινῆ συνδρομήν του. Ὁ Γεωργάκης οὔτε τῆς ἐμπιστοσύνης τοῦ Ὑψηλάντου ἀνάξιος ἐφάνη, οὔτε κωφὸς εἰς τὴν αἴτησίν του, ἂν καὶ τὴν ἐθεώρησε λίαν ἐπιβλαβῆ, καὶ πρὸς τὸν κοινὸν ἀγῶνα καὶ πρὸς ἑαυτόν· ἀπέπεμψε δέ τινας τῶν ἐκεῖ ὑπόπτων ὁπλαρχηγῶν εἰς κατάληψιν δῆθεν θέσεών τινων πολεμικῶν, κυρίως δὲ ἵνα μὴ ἐνοχλήσωσι τὸν Ὑψηλάντην ἐπὶ τῆς ἀπελεύσεώς του. Ἀλλ᾽ ὅ,τι ὁ Ὑψηλάντης ἐμελέτα νὰ πράξῃ ὑποκεκρυμμένως, πάμπολλοι τῶν ὑπ᾽ αὐτὸν ἔπρατταν παρρησία τρέχοντες μετὰ τὴν ἐν Δραγασανίῳ τροπὴν πρὸς τὰ ὅρια, ὅπως διασωθῶσιν εἰς τὴν Τρανσιλβανίαν. Ἐπειδὴ δὲ πᾶσα αἰδὼς καὶ πᾶς φόβος ἐξέλειψαν, ὁ δυνατὸς κατέθλιβε τὸν ἀδύνατον, μήτε ὡς συναγωνιστῇ συμπαθῶν μήτε ὡς ὁμοιοπαθεῖ· τινὲς δὲ τόσον ἐφάνησαν ἀσυνείδητοι καὶ ἀπάνθρωποι, ὥστε, καταλαβόντες τὰ ἐπὶ τῆς πρὸς τὴν Τρανσιλβανίαν πορείας στενά, συνελάμβαναν, ὡς ἄλλοι Περιφῆται καὶ Κερκύωνες, τοὺς διαβαίνοντας καὶ κυρίως τοὺς ἀξίους πάσης ἀγάπης καὶ περιθάλψεως ἱερολοχίτας, καὶ ἂν δὲν τοὺς ἐφόνευαν ὡς οἱ παλαιοὶ συντεχνῖται των, τοὺς ἐγύμνοναν. Ἐν τοσούτῳ ὁ Ὑψηλάντης, προδιαθέτων τὰ εἰς ἀπέλευσίν του, πρῶτον μὲν διέδωκεν, ὅτι ἡ Αὐστρία ἐκήρυξε πόλεμον κατὰ τῆς Τουρκίας, ἔπειτα δὲ ὑπεκρίθη, ὅτι ἔλαβε γράμματα δηλωτικὰ τῆς ἀφίξεως ἐπὶ τῶν ὁρίων καὶ τῆς εἰς Βλαχίαν ἀνυπερθέτου μεταβάσεως αὐστριακῶν τινων ταγμάτων· πρὸς πίστωσιν δὲ τῶν λεγομένων ἔδωκε πάνδημα δείγματα χαρᾶς διατάξας νὰ τουφεκίσωσι, νὰ φωτίσωσι τὸ μοναστήριον καὶ νὰ εὐθυμήσωσι πίνοντες εἰς ὑγείαν τοῦ αὐτοκράτορος τῆς Αὐστρίας. Ταῦτα ἔπραξε τὴν ἑσπέραν· τὴν δὲ ἐπαύριον ἐξεστράτευσε πρὸς τὰ ὅρια εἰπών, ὅτι ἔλαβε πρόσκλησιν νὰ μεταβῇ ἐκεῖ εἰς ἔντευξιν ἀξιωματικοῦ σταλέντος παρὰ τοῦ αὐτοκράτορος Φραγκίσκου πρὸς διευθέτησιν τῶν ἀφορώντων τὴν εἴσοδον τῶν αὐστριακῶν στρατευμάτων. Ἐγγὺς δὲ γενόμενος τῶν ὁρίων ἠναγκάσθη, ἀπειλούμενος, νὰ δώσῃ ἐκ τοῦ ὑστερήματος τῷ Ἀργυροκαστρίτῃ χρήματα ἐπὶ λόγῳ καθυστερούντων μισθῶν τῶν ὀπαδῶν του, καὶ οὕτω ν᾽ ἀπαλλαχθῇ τῶν χειρῶν αὐτοῦ· ἡμιώριον δὲ πρὶν φθάσῃ εἰς Ροτερτούρμην, ὅπου ἐστάθμευεν ἡ ἐπὶ τῶν ὁρίων αὐστριακὴ Ἀρχή, ἐστάθη, καὶ ἀπέστειλε τὸν Λασσάνην, ἵνα μάθῃ ἂν ἦτο δεκτὸς ἐπὶ τῆς αὐστριακῆς γῆς· μαθὼν δὲ ὅτι ἦτο δεκτὸς ἀλλ᾽

ὑπ' ἄλλῳ ὀνόματι, μετωνομάσθη Ἀλέξανδρος Κομνηνός, καὶ τὴν 14 παρεδόθη εἰς τὰς αὐστριακὰς Ἀρχάς, καὶ παρεδόθησαν καὶ οἱ περὶ αὐτόν, ἤγουν οἱ δύο ἀδελφοί του, ὁ Ὀρφανός, ὁ Λασσάνης, ὁ Γορνόφσκης καὶ ὁ Κωνσταντῖνος Καβελλαρόπουλος, μετονομασθέντες καὶ οὗτοι, καὶ ἐκεῖθεν μετεκομίσθησαν ὅλοι εἰς Ἀράδην, πόλιν τῆς Οὑγγρίας ἐπὶ τοῦ ποταμοῦ Μαρόσχου, ὅπου διέμειναν ὀκτὼ ἡμέρας προσμένοντες τὰς διαταγὰς τῆς αὐστριακῆς αὐλῆς, καὶ μηδόλως ὑποπτεύοντες ὅσα τοῖς ἔμελλαν, ἀλλ' ἐξ ἐναντίας ἐλπίζοντες ἐν πλήρει πεποιθήσει τὴν ἐκ τῆς αὐστριακῆς εἰς ἄλλην ἐλευθέραν γῆν μετάβασίν των, καὶ τὴν εἰς Ἑλλάδα ταχεῖαν κάθοδόν των. Ἐν Ἀράδῃ διατρίβων ὁ Ὑψηλάντης ἐξέδωκε τὴν ἀκόλουθον ἡμερησίαν διαταγὴν γραφεῖσαν ἐν Ῥυμνίκῳ τὴν 8 ἰουνίου.

"Στρατιῶται! Ὄχι! δὲν μολύνω πλέον τὸ ἱερόν,
"τὸ τίμιον τοῦτο ὄνομα εἰς τὰ ὑποκείμενά σας.
"Ἄνανδροι ἀγέλαι λαῶν. Αἱ προδοσίαι σας, αἱ ἐπι-
"βουλαί σας μὲ βιάζουσι νὰ σᾶς ἀποχωρισθῶ. Εἰς
"τὸ ἑξῆς κάθε δεσμὸς μεταξὺ ὑμῶν καὶ ἐμοῦ κόπτε-
"ται· βαθεῖαν μόνον εἰς τὴν ψυχήν μου θὰ φέρω
"τὴν ἐντροπὴν ὅτι σᾶς ἐδιοικοῦσα. Ἐπατήσατε
"τοὺς ὅρκους σας, ἐπροδόσατε Θεὸν καὶ πατρίδα,
"ἐπροδόσατε καὶ ἐμὲ τὴν στιγμὴν καθ' ἣν ἤλπιζα ἢ
"νὰ νικήσω ἢ νὰ συναποθάνω μαζή σας ἐνδόξως.
"Σᾶς ἀποχωρίζομαι λοιπόν· τρέξατε εἰς τοὺς Τούρ-
"κους τοὺς μόνους ἀξίους τῶν φρονημάτων σας,
"ἐξέλθετε ἀπὸ τὰ δάση, καταβῆτε ἀπὸ τὰ βουνὰ τὰ
"ἄσυλα τῆς ἀνανδρίας σας, καὶ τρέξατε εἰς τοὺς
"Τούρκους, καταφιλήσατε τὰς χεῖράς των, ἀπὸ τὰς
"ὁποίας στάζει ἀκόμη τὸ ἱερὸν αἷμα των κατασφα-
"γέντων ἀπανθρώπως, τῶν κορυφαίων ὑπουργῶν
"τῆς θρησκείας, πατριαρχῶν, ἀρχιερέων, καὶ μυ-
"ρίων ἄλλων ἀθώων ἀδελφῶν σας. Ναί! τρέξατε,

ΚΕΦΑΛΑΙΟΝ Θ.

" ἀγοράσατε τὴν σκλαβίαν σας μὲ τὴν ζωήν σας,
" μὲ τὴν τιμὴν τῶν γυναικῶν καὶ παιδίων σας.

" Σεῖς δὲ σκιαὶ τῶν γνησίων Ἑλλήνων ἐκ τοῦ
" ἱεροῦ λόχου, ὅσοι προδοθέντες ἐπέσατε θύματα
" διὰ τὴν εὐδαιμονίαν τῆς πατρίδος, δεχθῆτε δι' ἐμοῦ
" τὰς εὐχαριστίας τῶν ὁμογενῶν σας. Ὀλίγος και-
" ρός, καὶ στήλη θ' ἀνεγερθῇ νὰ διαιωνίσῃ τὰ ὀνό-
" ματά σας.

" Μὲ χαρακτῆρας φλογερούς εἶναι ἐγχαραγμένα
" εἰς τὰ φίλτρα τῆς καρδίας μου τὰ ὀνόματα τῶν
" φίλων ὅσοι μέχρι τέλους μ' ἔδειξαν πίστιν καὶ
" εἰλικρίνειαν. Ἡ ἐνθύμησίς των θὰ εἶναι πάντοτε
" τὸ μόνον δροσιστικὸν ποτὸν τῆς ψυχῆς μου.

" Παραδίδω δὲ εἰς τὴν ἀπέχθειαν τῆς ἀνθρωπό-
" τητος, εἰς τὴν δίκην τῶν νόμων, καὶ εἰς τὴν κατά-
" ραν τῶν ὁμογενῶν τὸν ἐπίορκον καὶ προδότην
" καμινάρην Σάββαν, τοὺς λειποτάκτας καὶ πρωται-
" τίους τῆς κοινῆς λειποταξίας καὶ φυγῆς Κωνσταν-
" τῖνον Δούκαν, Βασίλειον Μπαρλᾶν, Γεώργιον Μά-
" νον Φαναριώτην, Γρηγόριον Σοῦτσον Φαναριώτην
" καὶ τὸν φαυλόβιον Νικόλαον Σκοῦφον.

" Καθαιρῶ καὶ τὸν Βασίλειον Καραβιᾶν ἀπὸ τὴν
" τάξιν τῶν συστρατιωτῶν μου διὰ τὴν ἀπείθειάν
" του καὶ διὰ τὸ ἀπρεπὲς πολίτευμά του."

Ἀφ' οὗ δὲ ἦλθαν αἱ διαταγαὶ τῆς αὐστριακῆς αὐλῆς, ἤλλαξαν ὄνομα οἱ περὶ τὸν Ὑψηλάντην καὶ ἐκ δευτέρου· ἀπαιτεῖται δὲ ἡ μετονομασία τῶν ἐπὶ πολιτικαῖς αἰτίαις φυλακιζομένων ἐν Αὐστρίᾳ, ἵνα μηδ' αὐτοὶ οἱ φυλάττοντες γνωρίζωσιν ποῖοι οἱ φυλασσόμενοι· καὶ ὁ μὲν Ὑψηλάντης μετωνομάσθη Βαρόνυς Σχονβάρδος, οἱ δὲ ἄλλοι ἄλλως, καὶ ἀπεκομίσθησαν νυχθαμαξοποροῦντες εἰς Μουνκάτσην, πόλιν τῆς Οὑγγρίας, ὅπου ἐφυλακίσθησαν καὶ ἔπαθαν ὅσα δεινὸν καὶ λέγειν. Ἐν ἔτει δὲ 1823 μετεκομίσθησαν ἐκεῖθεν διὰ τὸ νοσῶδες τοῦ τόπου εἰς

Θερεσιενστάδην, πόλιν της Βοεμίας, όπου, εκτός του Καβελλαροπούλου και του Γορνόφσκη ελευθερωθέντων το 1826, του μεν πρώτου ως Ιονίου, του δε δευτέρου ως Πολωνού, διέμειναν εν φυλακή μέχρι τέλους του 1827, και ηλευθερώθησαν όλοι δια της μεσιτείας του αυτοκράτορος Νικολάου επί λόγω τιμής του να διαμείνωσιν, έως ου απεπερατούντο τα της Ελλάδος, εν οποία των τριών πόλεων, της Βιέννης, της Βενετίας, ή της Βερώνης, ευηρεστούντο· διέμειναν δε εν Βιέννη, όπου ο Υψηλάντης, πάσχων εξ όσων υπέστη εν τη δεινή του φυλακίσει, απέθανε την 20 ιουλίου του 1828 περί το τριακοστόν όγδοον έτος της ηλικίας του.

Η δε απέλευσις του Υψηλάντου εκ της Βλαχίας διέλυσε τον προς ένα και τον αυτόν σκοπόν των οπλαρχηγών αγώνα, και έκτοτε έκαστος ήγετο και εφέρετο υπό της φυσικής ροπής του και των συμφερόντων του· και οι μεν έφευγαν πέραν των ορίων, οι δε εκλείοντο εντός οχυρών θέσεων, και άλλοι περιήρχοντο εις ορεινά μέρη αποφεύγοντες την συνάντησιν των δυνατών και ευτυχών εχθρών, οίτινες διασπαρέντες κατεδίωκαν τους εναπολειφθέντας.

Ο δε Γεωργάκης, αφ' ου απεχαιρέτησε τον Υψηλάντην, μετέβη εις Αρζησίαν όπου ηνώθη μετά του κατέχοντος την θέσιν εκείνην Φαρμάκη. Μαθόντες δε οι δύο ούτοι αρχηγοί, ότι και οι Τούρκοι και οι περί τον Σάββαν επήρχοντο, ανεχώρησαν έχοντες 800 επιλέκτους ιππείς, και διαβάντες τα μεθόρια έπεσαν εις Τρανσιλβανίαν, και έφθασαν εις το μολδαυϊκόν όρος, Βρεάτσαν, όπου κείνται δύσβατά τινα χωρία, και εστρατοπέδευσαν. Ο δε Γεωργάκης, αρρωστήσας καθ' οδόν, συνώδευε το στράτευμα βασταζόμενος εν φορείω πολλάς ημέρας.

Οι δε Τούρκοι και οι περί τον Σάββαν, αποδιώξαντες πέραν των ορίων τον δεινότερον τούτον εχθρόν, ἐκίνησαν κατὰ τοῦ ἐν τῇ μονῇ τῆς Βιστρίτσης, ἢ κατ' ἄλλους τῆς Κόζιας, ὀχυρωθέντος Διαμαντῆ Σερδάρη. Οὗτος ἀντέστη γενναίως δύο ἡμέρας· τὴν δὲ τρίτην πιστεύσας τοὺς λόγους τοῦ Σάββα παρεδόθη ἐπ' ἀσφαλείᾳ ζωῆς καὶ διατηρήσει τοῦ βαθμοῦ του· ἀλλ' οἱ Τοῦρκοι, παρασπονδήσαντες, αὐτὸν μὲν ἀπέστειλαν εἰς Κωνσταντινούπολιν, ὅπου ἀπεκεφαλίσθη, πολλοὺς δὲ τῶν σὺν αὐτῷ ἐθανάτωσαν ἐν τῇ μονῇ. Ὁ Σάββας ἐταράχθη ἐπὶ τῇ ἀπιστίᾳ τῶν Τούρκων, καὶ παρεπονέθη ὑποπτεύων μὴ πάθῃ καὶ αὐτὸς τὰ αὐτά· ἀλλ' ὁ κεχαγιάμπεης τὸν καθησύχασε λέγων, ὅτι ὁ Διαμαντῆς καὶ οἱ σὺν αὐτῷ ἔπαθαν ὡς πολεμήσαντες τοὺς Τούρκους, ἐν ᾧ αὐτὸς ἐφάνη πιστὸς καὶ συνεργὸς αὐτῶν θερμότατος.

Οἱ Τοῦρκοι ἐξήλασαν πανταχόθεν τῆς Βλαχίας τοὺς ἐναντίους εὐκόλως, ἀλλ' ηὗραν καί που ἀντίστασιν· 400 ἀπέκλεισαν 70 ἐν τῇ κατὰ τὴν Σλάτιναν μονῇ, τοὺς ἐπολέμησαν τρία ἡμερονύκτια, καὶ ἀφ' οὗ πολλοὶ ἐν οἷς καὶ ὁ ἀρχηγὸς ἐφονεύθησαν, ἔβαλαν πῦρ εἰς τὴν μονὴν καὶ ἔφυγαν, καὶ οὕτως ἐλυτρώθησαν οἱ ἔγκλειστοι. Τρεῖς ἡμέρας ἀπέκρουσαν εὐτυχῶς καὶ οἱ περὶ τὸν Μανάκην τοὺς Τούρκους ἐκ τῆς μονῆς τῶν πεντεκαδιλικίων, καὶ τὴν τετάρτην ἐξῆλθαν διὰ νυκτὸς καὶ διεσώθησαν εἰς τὴν Τρανσιλβανίαν.

Ἱερεὺς δέ τις, κοινῶς καλούμενος Παπᾶ-Σέρβος, γνωστὸς διὰ τὴν ἀνδρίαν του, αὐθόρμητος ἐλθὼν ἐκ Σερβίας ἵνα ἀγωνισθῇ μετὰ τοῦ Ὑψηλάντου διατρίβοντος εἰσέτι ἐν Τυργοβίστῳ, συνέλεξεν ἱκανοὺς στρατιώτας, ἐτοποθετήθη ἐπὶ τῶν Καρπαθίων ἄνωθεν τοῦ Κυμπουλουγγίου, ἀπέκρουσε τοὺς ἐπελθόντας, κατέκοψε τὸ ἱππικόν των διὰ τὸ δύσιππον τοῦ τόπου, καὶ ἔφυγεν ἀβλαβής (α). Οἱ δὲ ὁπλαρχηγοὶ Μακεδόνσκης, Χατσῆ-Πρόδας, Σολωμός, Καραβιᾶς καὶ ἄλλοι διεσώθησαν φεύγοντες εἰς Τρανσιλβανίαν.

Ὁ δὲ κεχαγιάμπεης, ἀφ' οὗ εἶδεν ὅλην τὴν Βλαχίαν απηλλαγμένην των εχθρών του, εκάλεσεν εις Βουκουρέστι τον Σάββαν επί λόγω να τον ανταμείψη δια την προς τον Σουλτάνον πιστήν και πολυωφελή υπηρεσίαν του. Ό Σάββας αφίχθη όπου εκλήθη εν πολλή δυνάμει, και παραλαβών εκλεκτούς τινας στρατιώτας και τους δύο του υποπλαρχηγούς, Μιχάλην και Γέντσην, υπήγε την 7 αυγούστου εις την κατοικίαν τοῦ κεχαγιάμπεη, και τους μεν στρατιώτας αφήκεν εν τω προαυλίω, αυτός δε και οι δύο υποπλαρχηγοί, προχωρήσαντες ενδότερον, εδολοφονήθησαν πριν φθάσωσιν ενώπιον του κεχαγιάμπεη. Τοιαύτην αμοιβήν έλαβεν ο Σάββας δια την επιορκίαν του προς την Εταιρίαν και δια την επίβουλον διαγωγήν του προς τον Υψηλάντην. Η δολοφονία αυτή έδωκεν αφορμήν εις αλληλομαχίαν των εν τω προαυλίω στρατιωτών του Σάββα και των Τούρκων, και εις χύσιν πολλού αίματος. Εν ω δε ηθεμιτουργούντο ταύτα, απειράριθμοι Τούρκοι, οι μεν έφιπποι οι δε πεζοί, διαχυθέντες αδεία της εξουσίας εις όλην την πόλιν και πατήσαντες πολλάς οικίας έπεσαν ξιφήρεις επί τους προστυχόντας Αρβανίτας, απροφυλάκτους δια το απροσδόκητον, και κόπτοντες τας κεφαλάς των, καθώς και παμπόλλων αθλίων Χριστιανών μη ανηκόντων εις την τάξιν ταύτην, τας επεσώρευαν εν τη αυλή του κεχαγιάμπεη χάριν της παρά τοις Τούρκοις συνήθους τρισβαρβάρου και βδελυράς αντιμισθίας. Τόσαι δε κεφαλαί επεσωρεύθησαν, ώστε ο κεχαγιάμπεης φειδωλευόμενος απεποιήθη την αντιμισθίαν, και ούτως έπαυσεν η ανηλεής εκείνη αιματοχυσία διαρκέσασα τρεις σχεδόν ώρας. Τόση δε κατάχρησις έγεινε της φονικής ταύτης αδείας, ώστε ο αριθμός των αποκοπεισών κεφαλών υπερέβαινε τον γνωστόν αριθμόν όλων των εν Βουκουρεστίω Αρβανιτών. Επηνέθη ο κεχαγιάμπεης παρά της Πύλης ως απαλλάξας τον τόπον των ολετήρων, και επροβιβάσθη εις βαθμόν πασά. Διαρκούσης δε της μιαιφονίας ταύτης, Θανάσης τις Χειμαριώτης, εις και αυτός των περί τον Σάββαν, και 26 στρατιώται κατέφυγαν εις την εν τη πόλει εκκλησίαν του Ολτενίου· εκεί απεκλείσθησαν πολεμούντες και πολεμούμενοι τρία ημερονύκτια, έως ου, φθείραντες τα πολεμεφόδια, ήνοιξαν την θύραν και εξώρμησαν ξιφήρεις εν μέσω των εχθρών φονεύοντες και φονευόμενοι· τρεις δε μόνον διεσώθησαν φεύγοντες. Και ταύτα μεν τα εν Βλαχία.

Ο δε εν Μολδαυία Καντακουζηνός, συγκαλέσας αρχομένου του ιουνίου εν τω χωρίω Στίγκα τους οπλαρχηγούς και υποπλαρχηγούς, και είτε αγανακτών δι' όσα κατ' αυτού ελέγοντο, είτε και απόφασιν έχων έκτοτε να φύγη, τοις επρόβαλε να εκλέξωσιν άλλον αρχηγόν· αλλ' εκείνοι απεκρίθησαν ομοφώνως ότι αυτόν ήθελαν. Τοις εκοινοποίησεν εν εκτάσει τότε ο Καντακουζηνός τον σκοπόν της αποστολής του, τοις είπεν όσα τον εμπόδισαν να τον πραγματοποιήση, και επρόσθεσεν ότι κατά τας παρούσας περιστάσεις ελπίς δεν ήτο να ενωθώσι πλέον μετά του Υψηλάντου δια της συνήθους οδού ως προεσχεδιάσθη, και ότι έκρινεν εύλογον να μεταβώσιν εις Βεσσαραβίαν, να παραλάβωσι τους εκεί ετοίμους εις συνεκστρατείαν, και εμβάντες όλοι εις τα εν Ισμαϊλίω πλοία να πλεύσωσιν εις την μαύρην θάλασσαν, ν' αποβιβασθώσιν όπου θα τους ωδήγει η περίστασις εις έντευξιν αυτού, και ούτω να συστηθή δια της ενώσεως όλων στρατόπεδον αξιόμαχον· έλεγε δε ότι έκρινεν αναγκαίον να μη περάσωσιν ευθύς τον Προύθον εις εκτέλεσιν του σχεδίου τούτου ως φυγόμαχοι, αλλά να οχυρωθώσι παρά το Σκουλένι το επί της δεξιάς όχθης του ποταμού απέναντι του ρωσσικού λοιμοκαθαρτηρίου, όπου εύκολον ήτο να λαμβάνωσι τα αναγκαία εκ της αντικρύ ρωσσικής γης· ούτω δε ωχυρωμένοι, να στέλλωσι μικρά σώματα εις κατασκοπήν του εχθρού, και εάν επήρχετο δύναμις ανάλογος της δυνάμεως των, να την πολεμήσωσιν, ει δε και επήρχετο μεγάλη, ως εφημίζετο, να μείνωσιν 100 πολεμισταί εν τω οχυρώματι και να μη αφήσωσι τον εχθρόν να πλησιάση έως ου λάβωσι καιρόν οι πολλοί να περάσωσιν εις την άντικρυς όχθην μεταφέροντες όλας τας πολεμικάς αποσκευάς ακινδύνως· μετ' αυτούς δε να διασωθώσιν εκεί και οι λοιποί 100, και ούτω να ενεργηθή το περί ου ο λόγος σχέδιον. Η γνώμη αύτη, σαθρά και κούφη, ως στηριζομένη επί αλλοκότου σχεδίου, και υποθέτουσα την ρωσσικήν γην σύμμαχον των υπό τον Υψηλάντην παρά τας γνωστάς και ρητάς διαταγάς του αυτοκράτορος, ενεκρίθη παρ' όλων των παρευρεθέντων, πιστευόντων όσα ήκουαν ως ευκατόρθωτα. εστάλησαν δε και οι υπό τον Μλάδην και Βασίλην Θεοδώρου, προσελθόντα μετά τινων και αυτόν, εις κατασκοπήν του εχθρού και ήρχισαν πολλοί να εργάζωνται εις οχύρωσίν των εν Σκουλενίω· αλλά μόλις ήρχισαν, και έμαθαν την εις Ίάσι κατά την 13 ιουνίου περί την μεσημβρίαν είσοδον των εχθρών μηδενός εναντιωθέντος. Επί τη ειδήσει ταύτη ο Καντακουζηνός διέταξε τους επί κατασκοπή προαποσταλέντας να επανέλθωσιν εις Σκουλένι, όπου μετέβη και αυτός την αυτήν νύκτα· την δε ακόλουθον ημέραν επέρασε τον Προύθον επί λόγω να ίδη την εκεί διατρίβουσαν μητέρα του, να την ασπασθή τον τελευταίον ασπασμόν και να επανέλθη εις τον τόπον της τιμής και του κινδύνου· αλλά καθ' ην ημέραν επέρασεν εις το ρωσσικόν λοιμοκαθαρτήριον, προσκαλέσας τους εν τω Σκουλενίω αρχηγούς, τον Θανάσην, τον Κοντογόνην, τον Σοφιανόν και τον Σφαέλλον, τοις είπεν ότι δεν έκρινεν εύλογον ν' αντισταθώσι τόσον ολίγοι και ανέτοιμοι εντός του αδυνάτου οχυρώματος του Σκουλενίου, αλλά να περάσωσιν όλοι εις Βεσσαραβίαν· αυτά ταύτα τοις παρήγγειλαν και πολλοί άλλοι ομογενείς βλέποντες τον επικείμενον κίνδυνον. Αλλ' οι οπλαρχηγοί απέρριψαν ομογνωμόνως τας τοιαύτας προτάσεις, ως αναξίας ανδρών φιλελευθέρων και φιλοτίμων, επανήλθαν εις το οχύρωμα υβρίζοντες τον Καντακουζηνόν ως δειλόν, λειποτάκτην και προδότην, ωρκίσθησαν ν' αποθάνωσι πολεμούντες, και πλήρεις πατριωτισμού και χριστιανικής ευλαβείας έφαγαν άγιον άρτον, ως προετοιμασίαν εις θάνατον, ειπόντες, "αύτη είναι η υστερινή τροφή "μας." (β)

Σπανίως το παράδειγμα των αρχηγών δεν ευρίσκει μιμητάς μεταξύ των οπαδών των· 400 απεφάσισαν να συναποθάνωσιν, αφ' ου οι αρχηγοί ανήγγειλαν την απόφασίν των. Το οχύρωμα ήτον ασθενέστατον· μόλις αι δύο πλευραί του ήσαν οπωσούν ευυπεράσπιστοι, την δε τρίτην έσπευσαν να φράξωσιν επισωρεύοντες ξύλα· επέθεσαν δε και οκτώ κανόνια ουδ' αυτά λίαν εύχρηστα.

Γνωστής δε γενομένης της φιλομάχου αποφάσεως, συνέρρευσαν πλήθη θεατών εις την αντικρυνήν όχθην του Προύθου, εν οις και αυτός ο διοικητής της Βεσσαραβίας, παρετάχθησαν και στρατεύματα ρωσσικά επί της αυτής γραμμής προς διατήρησιν της ουδετερότητος, όλοι αισθανόμενοι και δεικνύοντες συμπάθειαν υπέρ των ολίγων αντιπαραταττομένων προς πολλούς, υπέρ των χάριν πίστεως, πατρίδος και εξευγενισμού μαχομένων προς μισοχρίστους, αλλοφύλους, βαρβάρους και τυράννους. Η απόφασις των εν Σκουλενίω ολίγων Ελλήνων εφάνη εξ αυτών των πραγμάτων σταθερά, και η πολεμική των ζέσις μεγάλη· αλλά γενικόν αρχηγόν δεν είχαν· έκαστος εκινείτο όπως ήθελε, και τούτο τους έβλαψε θανάσιμα.

Τῷ ὄντι, τὴν 15 ἐκίνησάν τινες ἐκ Σκουλενίου πρὸς τὸ Ἰάσι μὴ ζητήσαντες τὴν γνώμην τῶν ἄλλων, ἀλλ' ἐπανῆλθαν ἄπρακτοι μετ' ὀλίγον· ἐκίνησαν καὶ ἄλλοι ἐπίσης τὴν ἀκόλουθον ἡμέραν, καὶ ἐν ᾧ ἐπέστρεφαν καὶ αὐτοὶ ἄπρακτοι, ἀπήντησαν ἐχθροὺς παρὰ τὸν ποταμὸν Ζίζαν πρὸς τὸ ἑσπέρας, συνεκρούσθησαν, ἐχύθη αἷμα ἑκατέρωθεν, καὶ νυκτὸς γενομένης ἐπανῆλθαν εἰς τὸ ὀχύρωμα. Τὴν δὲ 17 περὶ τὴν α΄ ὥραν ἐφάνη ἔξωθεν αὐτοῦ μικρά τις ἐχθρικὴ δύναμις, καὶ ἐπεξῆλθάν τινες τῶν Ἑλλήνων· ἀλλ' ἰδόντες, ὅτι ἦτον ἡ προφυλακὴ τοῦ τουρκικοῦ στρατοπέδου κινηθέντος ὅλου ἐπὶ τοὺς ἐν Σκουλενίῳ, ἐπανῆλθαν τουφεκιζόμενοι, καὶ ἡτοιμάσθησαν ὅλοι εἰς μάχην θαρρύνοντες ἀλλήλους· ἔκαυσαν δὲ καὶ παροικοδομήματά τινα, ἵνα μὴ τὰ κυριεύσωσιν οἱ ἐχθροὶ καὶ τοὺς πολεμῶσιν ἐκεῖθεν. Οἱ Τοῦρκοι ἦσαν ὡς τετρακισχίλιοι ἱππεῖς καὶ δισχίλιοι πεζοί· ἔσυραν δὲ καὶ ἐξ κανόνια. Πασίγνωστον πόσον εἶναι σφοδρὰ ἡ πρώτη ὁρμὴ τοῦ τουρκικοῦ ἱππικοῦ. Οἱ Ἕλληνες ἐδειλίασαν· ἀλλ' ἀναθαρρήσαντες κατὰ τὸ παράδειγμα τῶν ἀρχηγῶν των ἀντέστησαν γενναίως καὶ ἀπέκρουσαν τὴν πρώτην ἔφοδον. Οἱ Τοῦρκοι ἐπεχείρησαν δευτέραν, τρίτην καὶ τετάρτην ἔφοδον, ἀλλ' ἀπεκρούσθησαν καθ' ὅλας, ὑπέφεραν πολλὴν φθοράν, καὶ ἀπεσύρθησαν μακρὰν τοῦ ὀχυρώματος ἐξ αἰτίας τοῦ συχνοῦ καὶ εὐτυχοῦς κανονοβολισμοῦ τῶν ἐγκλείστων, οἵτινες, βλέποντες τοὺς ἐχθροὺς ἀποσυρομένους, ἐξῆλθαν εἰς καταδίωξίν των ἀλαλάζοντες καὶ φωνάζοντες, ἐτσάκισαν τὰ βρωμόσκυλα ἐτσάκισαν· πάρτε τους, παιδιά, πάρτε τους. Ἀλλὰ μετ' ὀλίγον ἐχθρικὸν σῶμα 500 ἱππέων καὶ πεζῶν ἐφορμῆσαν, κατέλαβε θέσιν τινὰ πλησίον τοῦ ὀχυρώματος, ἐπέθηκεν ἓξ κανόνια καὶ ἤρχισε νὰ κανονοβολῇ εὐτυχῶς, καὶ νὰ κατεδαφίζῃ τὸ ὀχύρωμα. Τοῦτο ἰδόντες οἱ ἀποσυρθέντες ἐχθροὶ ἐπα-

ΚΕΦΑΛΑΙΟΝ Θ.

νῆλθαν ὅλοι, ἀπώθησαν εἰς τὸ ὀχύρωμα τοὺς ἐξελθόντας, ἐφώρμησαν πανταχόθεν, καὶ τὸ ἐκυρίευσαν τὴν ἡ ὥραν ἀφ' οὗ ἤρχισεν ἡ μάχη. Οἱ ἀρχηγοὶ τῶν Ἑλλήνων καὶ πολλοὶ τῶν ἀξιωματικῶν, πιστοὶ εἰς τοὺς ὅρκους των, ἐνεκαρτέρησαν ὅλοι, ὑπερασπίζοντες τὴν θέσιν των καὶ ἀπέθαναν κινοῦντες εἰς ἔκπληξιν καὶ αὐτοὺς τοὺς ἐχθροὺς διὰ τῶν ἀνδραγαθιῶν των. (γ) Συναπέθαναν ἐνδόξως καί τινες τῶν στρατιωτῶν· οἱ δὲ πλεῖστοι αὐτῶν ἐρρίφθησαν εἰς τὸν ποταμόν, καὶ ἄλλοι μὲν ἐπνίγησαν, ἄλλοι δὲ ἐν οἷς καὶ οἱ ὑποπλαρχηγοὶ Γεώργης Παπᾶς καὶ Δαλόστρος καταπληγωμένοι, διεσώθησαν εἰς τὴν ἀντίπεραν ὄχθην, ὅπου αἱ ρωσσικαὶ Ἀρχαὶ τοὺς ὑπεδέχθησαν φιλανθρώπως. Χίλιοι Τοῦρκοι ἔπεσαν, καὶ τριακόσιοι Ἕλληνες ἐφονεύθησαν καὶ ἐπνίγησαν· οὐδεὶς δὲ αὐτῶν ἠχμαλωτίσθη.

Μετὰ ἡμιώριον ἔφθασαν παρὰ τὸ πεδίον τῆς μάχης οἱ ἐπὶ κατασκοπῇ προαποσταλέντες ὑπὸ τὸν Μλάδην καὶ τὸν Β. Θεοδώρου 450 ἱππεῖς, καὶ ἄλλοι τόσοι ὑπὸ τὸν Ἠπειρώτην Γκίκαν καὶ τὸν Σέρβον Σφάτκον συνενωθέντες καθ' ὁδόν· ἀγνοοῦντες δὲ τὸ γεγονὸς ἔπεσαν ἐν μέσῳ τῶν ἐχθρῶν, ἐπτοήθησαν, καὶ οἱ μὲν ἐτράπησαν, οἱ δὲ ἐπνίγησαν, τινὲς δὲ ἐτοποθετήθησαν ἐπί τινα γλῶσσαν προέχουσαν εἰς τὸν ποταμόν, καὶ πολεμήσαντες μέχρι τῆς β' ὥρας τῆς νυκτὸς ἀνδρικώτατα, διεσώθησαν εἰς τὴν ρωσσικὴν γῆν ἐπί τινων πλοιαρίων σταλέντων ἐκεῖθεν. Ἐχάθησαν καὶ κατὰ τὴν μάχην ταύτην 90 Χριστιανοί, καὶ ἄλλοι τόσοι Τοῦρκοι. Μόνος τῶν ἀρχηγῶν ὁ Μλάδης διῆλθε μετ' ὀλίγων ἱππέων διὰ μέσου τῶν νικητῶν ἀβλαβής· περιπλανηθεὶς δὲ ἡμέρας τινὰς εἰς συνάντησιν τοῦ Γεωργάκη καὶ ἀποτυχών, ἀπῆλθεν εἰς τὴν Σερβίαν.

Μετὰ δὲ τὰ συμβάντα ταῦτα ἡ Τουρκικὴ ἐξουσία δὲν εἶχεν ἐντὸς τῶν δύο Ἡγεμονειῶν ἄλλον ἀντίπαλον ειμή τον Γεωργάκην, όστις διέμεινε μετά του αχωρίστου φίλου του Φαρμάκη επί του όρους Βρεάτσας μέχρι τέλους αυγούστου εις ανάρρωσιν, διότι η θέσις ήτον οχυρά. Δεν έμεινεν όμως άεργος εν τω μεταξύ τούτω ως προς τα του πολέμου, διότι έστελλεν αποσπάσματα κατά των εχθρών οσάκις τους ήκουε περιφερομένους πλησίον του, και τοιουτοτρόπως και το πυρ του πολέμου διετήρει, και τους Τούρκους ανησύχαζε. Τάς αρχάς δε του σεπτεμβρίου αναλαβών την υγείαν του εξεστράτευσε μετά του Φαρμάκη επί σκοπώ να πλησιάση προς την Βεσσαραβίαν, όθεν ήλπιζε να προμηθεύεται ευκολώτερον τα εις διατήρησιν του πολέμου· αλλά πολλοί των υπ' αυτόν θεωρούντες ην προέθετο πορείαν μακράν και κινδυνώδη ελειποτάκτησαν καθ' οδόν, ώστε έμειναν παρ' αυτώ 350 οπλοφόροι καθ' ην ημέραν έφθασεν εις Σέκον, μοναστήριον εν τω τμήματι του Νιάμτσου, εντός στενής κοιλάδος εστεφανωμένης υπό συνδένδρων ορέων και εισιτόν διά μιας και μόνης τρίβου, ην ο Γεωργάκης, προθέμενος να διαμείνη εν τω μοναστηρίω τινάς ημέρας, απέκλεισε ταφρεύσας και ανεγείρας τους συνήθεις προμαχώνας εν οις έταξε τους πλείστους των στρατιωτών του· αυτός δε και οι λοιποί ετοποθετήθησαν εν τω μοναστηρίω. Την 5 επήλθαν 1500 Τούρκοι, και ευρόντες ισχυράν αντίστασιν επί της τάφρου ωπισθοδρόμησαν. Αιχμαλωτισθέντος δέ τινος εχθρού, έμαθαν οι Έλληνες ότι πολυάριθμοι Τούρκοι επήρχοντο. Ο Γεωργάκης εταλαντεύετο αν έπρεπε ν' αναμείνη τον εχθρόν εν η κατείχε θέσει, ή ν' αναβή διά το ασφαλέστερον πάλιν εις Βρεάτσαν· αλλά μη πιστεύων τους λόγους του αιχμαλώτου, και λαβών την επιούσαν γράμμα του επισκόπου Ρωμάνου προτρέποντος αυτόν, μετά τας συνήθεις ευχάς και ευλογίας, επί δολίω, ως λέγεται, σκοπώ να μη αφήση το μοναστήριον έχον

ΚΕΦΑΛΑΙΟΝ Θ.

πάμπολλα κοσμικά και ιερά κεμήλια και άγια λείψανα να λεηλατηθή και βεβηλωθή, απεφάσισε να μη μετατοπίση. Την δε 8 συνεσωρεύθησαν πάμπολλοι εχθροί επί των άνωθεν της κοιλάδος ορέων, και αφήσαντες την κοινήν τρίβον, κατέβησαν διά δυσβάτων μονοπατίων εις την κοιλάδα υπό την οδηγίαν εντοπίων φραστήρων. Τούτο ιδόντες οι εντός των προμαχώνων τους εγκατέλειψαν, και οι μεν έγειναν άφαντοι, οι δε ήλθαν εντός του μοναστηρίου, εν οις και ο Φαρμάκης, και κατέλαβαν διαφόρους θέσεις. Ο δε Γεωργάκης μετά ένδεκα πιστών οπαδών του εκλείσθη εν τω κωδωνοστασίω. Επήλθαν οι Τούρκοι και ήρχισαν να μάχωνται και να καίωσι τα ξύλινα παροικοδομήματα. Ο δε Γεωργάκης, ιδών την απηλπισμένην θέσιν του, και φοβηθείς μη πέση ζών εις χείρας των εχθρών, Εγώ θα καώ, είπεν εις επήκοον των συμπολεμιστών του, σείς δέ, αν θέλετε, φύγετε· ιδού, σας ανοίγω εγώ την θύραν. Οι Τούρκοι, ιδόντες ότι ήνοιξεν η θύρα, και αγνοούντες την αληθή αιτίαν, διεχύθησαν εις το κωδωνοστάσιον, και αίφνης καπνοί και φλόγες ανεφάνησαν ένδοθεν, το κωδωνοστάσιον ως ξύλινον έγεινεν όλον διά μιας σωρός, και οι εν αυτώ, εν οις και ο Γεωργάκης, κατεστράφησαν εν μέσω των φλογών εκτός ενός μαρτυρούντος τα γεγονότα· συγκατεστράφησαν δε και εχθροί όχι ολίγοι.

Μετά το συμβάν τούτο έσπευσαν οι Τούρκοι να προβάλωσι τοις περί τον Φαρμάκην να προσκυνήσωσιν εντός τριημέρου ανακωχής υποσχόμενοι ασφάλειαν· εγένετο δεκτή η ανακωχή· αλλά, παρελθουσών των τριών ημερών, ήρχισεν εκ νέου ο πόλεμος, και παύων εκ διαλειμμάτων επανελαμβάνετο εν διαστήματι εννέα ημερών· έγεινε και πάλιν μονοήμερος ανακωχή· αλλά και μετ' αυτήν εξήφθη μάχη φονικωτέρα. Την δε 22 ήλθε τσαούσμπασης προτείνων όρους συνθήκης ευπροσδεκτοτέρους· συνώδευε δε αυτόν εν στολή και ο γραμματεύς του αυστριακού προξενείου Ουδρίσκης, εχθρός άσπονδος του ελληνικού αγώνος, και εγγυήθη την διατήρησιν των όρων εξ ονόματος της αυλής του. Υπό ταύτην την απάτην εδέχθησαν οι έγκλειστοι την συνθήκην και υπεσχέθησαν να παραδοθώσι την επαύριον· ήσαν δε τότε έως 200, εξ ων 33 μη θελήσαντες να δώσωσι πίστιν έφυγαν ξιφήρεις την αυτήν νύκτα και διεσώθησαν επί της αυστριακής γης όλοι αβλαβείς παρά ένα πληγωθέντα· οι δε εναπομείναντες παρεδόθησαν την επαύριον, και όλοι παρά την συνθήκην εσφάγησαν εν τω μοναστηρίω εκτός των υποπλαρχηγών σταλέντων εις Σιλιστρίαν, όπου εθανατώθησαν, και του οπλαρχηγού Φαρμάκη, όστις σταλείς εις Κωνσταντινούπολιν σιδηροδέσμιος απεκεφαλίσθη αφ' ου σκληρώς εβασανίσθη.

Η μάχη του Σέκου είναι η τελευταία σκηνή του κατά τας Δακικάς ηγεμονείας πολεμικού δράματος αρξαμένου την 22 φεβρουαρίου και τελευτήσαντος την 22 σεπτεμβρίου, ό εστι, διαρκέσαντος όλους μήνας επτά· επεσφραγίσθη δε διά του θανάτου του Γεωργάκη, του ενδοξοτέρου πολεμάρχου, του τιμιωτέρου ανδρός, και του δικαιεστέρου και πιστοτέρου φίλου του επταμηνιαίου αγώνος. Αξιοσημείωτος είναι η μέχρι θανάτου πάλη του ανδρός τούτου· εδύνατο να καταφύγη εις ξένην γην και να σωθή, ως και οι λοιποί συναγωνισταί του, χωρίς να λογισθή φυγόμαχος· αλλ' έμεινεν αυτοπροαιρέτως, αν και τετρυχωμένος υπό βαρείας και μακράς ασθενείας, επί της εγκαταλειφθείσης παρ' όλων των άλλων και παρ' αυτού του αρχηγού γης· δεν έμεινε δε ουδ' επολέμησεν ουδ' απέθανεν επ' ελπίδι νίκης, διότι ελπίς νίκης δεν υπήρχε πλέον, ουδ' ηγωνίσθη τον αγώνα του θανάτου εις υποστήριξιν του υπέρ ελευθερίας ἀγῶνος, διότι ὁ ἀγὼν κατεστράφη· ἀλλ᾽ ἔμεινεν, ἐπολέμησε καὶ ἀπέθανε διὰ τὴν στρατιωτικὴν τιμήν του, διὰ τὸν ὅρκον του, καὶ διὰ τὸν πατριωτισμόν του. Ὑπὸ τοιαύτας περιστάσεις ἡ ἀνθρωπότης ὑπερβαίνει τὴν ἀσθενῆ φύσιν της.

Ἀφ᾽ οὗ ἐξεθέσαμεν ὅσα συνέβησαν λόγου ἄξια ἐν ταῖς δύο ἡγεμονείαις καθ᾽ ὅλην τὴν διάρκειαν τῆς ἐκστρατείας τοῦ Ὑψηλάντου, ἐρχόμεθα ἤδη ν᾽ ἀνακεφαλαιώσωμεν ἐν συντόμῳ τὰ τῆς διαγωγῆς αὐτοῦ θεωρουμένου ὡς ἀρχηγοῦ τῆς ἐπαναστάσεως, καὶ νὰ δείξωμεν τὰ κύρια αἴτια τῆς ἀποτυχίας του.

Ὅσον ἀσήμαντος ἦτον ἡ μυστηριώδης Ἀρχὴ τῆς Ἑταιρίας τῶν Φιλικῶν, τόσῳ πλειότερος μισθὸς ὀφείλεται τῷ Ἀλεξάνδρῳ Ὑψηλάντῃ προθυμηθέντι νὰ περικαλύψῃ τὰ ταπεινὰ σπάργανά της ὑπὸ τὴν ἐπισημότητα τοῦ γένους του καὶ τὴν λαμπρότητα τῆς θέσεώς του· θερμὸς πατριωτισμὸς ἀναμφιβόλως καὶ ὑψηλὴ φιλοδοξία τὸν ἔπεισαν ν᾽ ἀναδεχθῇ τὸν κινδυνωδέστατον ἀγῶνα, ὑπὲρ οὗ καὶ λαμπρὰν θέσιν παρὰ τῷ αὐτοκράτορι πρόθυμος ἐθυσίασε, καὶ τὰ ἐν τῇ Τουρκίᾳ ὑπὸ ῥωσσικὴν προστασίαν συμφέροντά του ὠλιγώρησε, καὶ μέγα μέρος τῆς πατρικῆς περιουσίας γενναίως ἐδαπάνησεν. Ἀλλ᾽ ἥττων ἐδείχθη τοῦ δυσχεροῦς ἔργου του· εὐαπάτητος καὶ πρόθυμος νὰ πιστεύῃ ὅ,τι ἐπεθύμει, ἔγεινε παίγνιον ἐξ αὐτῆς τῆς ἀρχῆς ἰδιοτελῶν, ῥᾳδιούργων, κακοβούλων καὶ προδοτῶν, καὶ ἠναγκάσθη μετ᾽ ὀλίγον νὰ φροντίζῃ καὶ ὑπὲρ αὐτῆς τῆς σωτηρίας του (δ)· ἀναποφάσιστος καὶ ἀνεπίμονος ἐδείχθη καθ᾽ ὅλα τὰ κινήματά του· ἔξωθεν μᾶλλον ἢ ἔσωθεν ἤλπιζε· παρεγνώρισε δὲ καὶ τὴν φύσιν τῶν ἐπαναστάσεων συντηρουμένων ἐκ προοιμίων καὶ κρατυνομένων δι᾽ ἐπιθέσεως, ἀναστελλομένων δὲ καὶ φθειρομένων δι᾽ ἀμύνης. Αἰσιώτερα ηὗρε τὰ πράγματα ἐν ταῖς ἡγεμονείαις παρ᾽ ὅ,τι ἐδύνατο εὐλόγως νὰ ἐλπίσῃ, διότι καὶ ἡ Μολδαυΐα καὶ ἡ Βλαχία προθύμως τὸν ἐδέχθησαν, καὶ ὑπὲρ διμηνίαν οὐδαμοῦ Τοῦρκοι ἐφάνησαν. Ἀλλὰ καὶ αἱ τόσον αἴσιαι περιστάσεις, καὶ ὁ τόσῳ πολύτιμος τῆς ἀνέσεως καιρὸς δὲν τὸν ὠφέλησαν. Ὅλη ἡ δύναμίς του ἦτον ἡ ἐπικρατοῦσα ἰδέα ὅτι, ἀναδεχθεὶς παρρησίᾳ τὸν ἀγῶνα, ἀντεπροσώπευε μυστικῶς τὴν Ῥωσσίαν· καὶ ὅμως ἐματαίωσεν αὐτὸς τὴν σωτήριον ταύτην πλάνην, κηρύξας ὅτι μεγάλη τις Δύναμις ἐπροστάτευε τὸν ἀγῶνα, καὶ ἀναγκάσας τὴν Ῥωσσίαν καὶ τὸ κίνημά του πανδήμως νὰ κατακρίνῃ, καὶ τὴν συναίνεσίν της πρὸς ἀποστολὴν ὀθωμανικῶν δυνάμεων εἰς τὰς ἡγεμονείας προθύμως νὰ δώσῃ. Αἱ μάχαι τοῦ Δραγασανίου, τοῦ Σκουλενίου καὶ τοῦ Σέκου, καὶ ἡ γενναία ἀντίστασις τόσων ἄλλων πολεμιστῶν μετὰ τὴν ἀπέλευσίν του ἀπέδειξαν, ὅτι εἶχεν ὑπὸ τὴν ὁδηγίαν του ἄνδρας ἑτοίμους καὶ νὰ τὸν δοξάσωσι, καὶ ν᾽ ἀποθάνωσι χάριν τοῦ ἀγῶνος· ἀλλ᾽ εἰς οὐδὲν ὠφελήθη. Ἀφ᾽ οὗ δὲ κατέστη ἡ θέσις του τόσῳ δεινή, παρεδόθη ἐπὶ ματαίᾳ ἐλπίδι εἰς ξένην καὶ δυσμενῆ ἐξουσίαν ὑφ᾽ ἣν καὶ ἐτελείωσε πικρῶς τὰς ἡμέρας του. Τὸ κατὰ τὰς ἡγεμονείας ὅμως ἀτυχὲς κίνημά του ὠφέλησε τὰ μέγιστα τὴν κινηθεῖσαν Ἑλλάδα, διότι ἔφερε μέγαν στρατιωτικὸν ἀντιπερισπασμὸν καὶ βαρείας πολιτικὰς συγκρούσεις Ῥωσσίας καὶ Τουρκίας, παρ᾽ ὀλίγον δὲ καὶ ἐχθροπραξίας. Ἡ δὲ μνήμη τοῦ Ὑψηλάντου, ὅπως καὶ ἂν τὸν θεωρήσῃ τις, θὰ διαμένει παρ᾽ ἡμῖν ἀγήρατος καὶ πολυύμνητος δι᾽ ὅσα μεγαλοφρόνως καὶ φιλοκινδύνως ἐπεχείρησε, δι᾽ ὅσα χάριν τῆς πατρίδος ἔπαθε, καὶ διὰ τὴν ἐπὶ τέλους εὐτυχῆ ἔκβασιν τοῦ ἀγῶνος, ὃν πρῶτος ἐκίνησεν. Ἀναπληροῖ δὲ ὁ διακαὴς καὶ εἰλικρινὴς αὐτοῦ ζῆλος ὅλας τὰς πολιτικὰς καὶ πολεμικὰς ἐλλείψεις του.

1821.

ΚΕΦΑΛΑΙΟΝ Ι.

Κατάστασις τῶν νήσων, Ὕδρας, Σπετσῶν καὶ Ψαρῶν.—Αἴτια τῆς εὐτυχίας των.—Ἀποστασία αὐτῶν καὶ τῶν νήσων τοῦ Αἰγαίου πελάγους.—Ἔκπλους τοῦ ἑλληνικοῦ στόλου.

ΤΡΙΑ ἀσήμαντα νησίδια ἀντιπαρετάχθησαν εὐτυχῶς ὑπὲρ τῆς ἐλευθερίας ὅλης τῆς Ἑλλάδος πρὸς μεγάλην καὶ παλαιὰν αὐτοκρατορίαν, καὶ κατῄσχυναν στόλους χιλιάκις καὶ μυριάκις ἀνωτέρας δυνάμεως διὰ μόνων ἐμπορικῶν πλοίων, καὶ διὰ μόνων τῶν χρημάτων τινῶν τῶν κατοίκων. Πῶς ἔφθασαν τὰ νησίδια ταῦτα εἰς τόσην ἰσχὺν καὶ εὐπορίαν;

Οὔτε Τούρκους κατοίκους εἶχαν, οὔτε Τούρκους διοικητάς· ἀλλ᾽ ἔζων αὐτόνομα καὶ αὐτοδιοίκητα ὑπὸ τὴν ἀνωτάτην δικαιοδοσίαν τοῦ κατὰ καιρὸν καπητάμπασα ἐπί τινι κατ᾽ ἔτος φόρῳ καὶ ἐπὶ ἀποστολῇ ἀριθμοῦ τινος ναυτῶν εἰς ὑπηρεσίαν τοῦ βασιλικοῦ στόλου. Τοιουτοτρόπως διοικούμενοι οἱ κάτοικοι συμφέρον δὲν εἶχαν νὰ σπουδαρχῶσι, καὶ μακρὰν ἔζων τῆς κακοηθείας καὶ τῆς διαφθορᾶς τῶν κρατούντων. Οὔτε γεωργοὶ ἦσαν οὔτε τεχνῖται, ἀλλ᾽ ὅλοι ναῦται καὶ ἔμποροι. Ὀλιγώτατα γράμματα ἤξευραν καὶ αὐτοὶ οἱ πρόκριτοι. Τὰ ἤθη των ἦσαν ἁπλᾶ καὶ σεμνά, καὶ ἡ πρὸς τὰ θρησκευτικὰ εὐλάβειά των θερμοτάτη. Λιτώτατοι ἦσαν περὶ τὴν δίαιταν καὶ τιμιώτατοι περὶ τὰς συναλλαγάς. Εἶχε σπαρτιατικόν τι ὁ χαρακτὴρ τῶν προκρίτων τῆς Ὕδρας· ἦτον ἀγέρωχος καὶ ἐμβριθής. Ἡ νῆσός των ἦτον ἡ σημαντικωτέρα τῶν τριῶν· ἡ διοίκησίς της ἦτο παλαιόθεν ἀριστοκρατική, καὶ οἱ ἀριστοκράται της ἐγνωρίζοντο ὑπὸ τὸ ὄνομα νοικοκυραῖοι· ἀνῆκαν δὲ εἰς τὴν τάξιν ταύτην ὅσοι ἦσαν εὔποροι καὶ δὲν ἐθαλασσοπόρουν. Ἀόριστος ἦτον ὁ ἀριθμὸς αὐτῶν, καὶ συχνάκις πλοίαρχοι εἴτε διὰ γηρατεία, εἴτε δι' ἀσθένειαν, ἢ καὶ διότι εὐτύχησαν, παύοντες τοῦ νὰ ταξειδεύωσι, συγκατετάττοντο. Ἡ τάξις αὕτη συνίστα τὸ ἀνώτατον συμβούλιον, ὅπου πᾶσα ὑπόθεσις κοινὴ ἀνεφέρετο καὶ ἀπεφασίζετο ἄνευ συμπράξεως τοῦ λαοῦ· καθίστα δὲ καὶ τοὺς δημογέροντας τοῦ τόπου ἐκ τῶν μελῶν της, οὓς ἔπαυεν ὁσάκις ἤθελεν. Οἱ πόροι τοῦ κοινοῦ ἦσαν οἱ τοῦ τελωνίου $2\frac{1}{2}$ τοῖς $\frac{0}{0}$, καὶ τρία γρόσια κατ' οἰκογένειαν ἐτησίως· τὰ δὲ ἐλλείποντα εἰς συμπλήρωσιν τῆς δημοσίας δαπάνης κατέθεταν μόνοι οἱ νοικοκυραῖοι ἀναλόγως. Ἀρχομένου δὲ τοῦ 1803 κατέστησεν ὁ καπηταμπασας διοικητὴν τοῦ τόπου κατ' αἴτησιν τῶν νοικοκυραίων ἐπιθυμούντων διοίκησιν ἰσχυροτέραν εἰς διατήρησιν τῆς κοινῆς ἡσυχίας ταραττομένης τότε ὑπεράλλοτε τὸν συντοπίτην των Γεώργην Βούλγαρην, ὅστις διὰ τῆς ἱκανότητος καὶ δραστηριότητός του ἐπανήγαγε τὴν ἡσυχίαν εἰς τὴν πατρίδα του καὶ τὴν διετήρησε· συναινέσει δὲ καὶ συμπράξει τῶν νοικοκυραίων, ὧν παρὰ γνώμην οὐδὲν ἔπραττεν, μετερρύθμισε τὰ τοῦ τελωνίου, ἔπαυσε τὰς συνεισφορὰς προκαλούσας συχνὰς καὶ βαρείας διενέξεις, καὶ εἰς θεραπείαν τῶν ἀναγκῶν τῆς πατρίδος ἔθεσε φόρον 5 τοῖς $\frac{0}{0}$ ἐφ' ὅλον τοῦ κέρδους παντὸς πλοίου, ἐμπεριεχομένων καὶ αὐτῶν τῶν μεριδίων τῶν ναυτῶν· ἐκανόνισε καὶ τὸν τόκον τῶν κεφαλαίων κατὰ τὰς ἀποστάσεις τῶν τόπων μεθ' ὧν ἐμπορεύοντο, καὶ ὥρισε τὸν ἀριθμὸν τῶν νοικοκυραίων εἰς εἴκοσι τέσσαρας, ἐξ ὧν δώδεκα ἐνήργουν κατ' ἔτος. Ἐπειδὴ δὲ ἐκρίθη καὶ περιττὸν καὶ ἐπιζήμιον ὡς πρὸς τὰς ἰδιαιτέρας ὑποθέσεις των νὰ συνέρχωνται καθ' ἡμέραν καὶ οἱ

ΚΕΦΑΛΑΙΟΝ Ι.

δώδεκα, ὑποδιηροῦντο εἰς τρία, ὥστε τέσσαρες μόνον εἰργάζοντο μετὰ τοῦ διοικητοῦ ὡς δημογέροντες κατὰ τετραμηνίαν διὰ τὰς συνήθεις ὑποθέσεις· ὁσάκις δὲ συνέπιπταν σπουδαιότεραι, ἐκαλοῦντο καὶ οἱ δώδεκα, πολλάκις καὶ οἱ εἴκοσι τέσσαρες, ἐν περιπτώσει δὲ δεινῆς τινος περιστάσεως, καὶ οἱ πλοίαρχοι, οὓς συνερχομένους κατ' ἰδίαν εἰδοποίουν οἱ νοικοκυραῖοι περὶ ὧν ἐβουλεύοντο καὶ ἐζήτουν τὴν γνώμην των. Τὰ πλοῖα τὰ ὑπὸ τῶν συγκαλουμένων πλοιάρχων κυβερνώμενα ἦσαν κτήματα τῶν νοικοκυραίων, ἑπομένως καὶ ἡ ψῆφος αὐτῶν ψῆφος ἐκείνων. Νόμους εἶχε τὸ κοινὸν τὰ ἔθιμα, τὸν ὀρθὸν λόγον, καὶ τὴν γνώμην τῶν νοικοκυραίων· εἶχε καὶ σφραγῖδα τετραμερῆ, ἧς τὸ τεταρτημόριον ἐκράτει ἕκαστος τῶν ἐν ἐνεργείᾳ νοικοκυραίων, οἵτινες συνερχόμενοι ἐσφράγιζαν τὰ βουλεύματά των ἐπισφραγιζόμενα καὶ ὑπὸ τοῦ διοικητοῦ.

Τὰς αὐτὰς ἀριστοκρατικὰς βάσεις καὶ τοὺς αὐτοὺς σχεδὸν κανονισμοὺς εἶχε καὶ τὸ διοικητικὸν σύστημα τῶν Σπετσῶν.

Τὸ δὲ τῶν Ψαρῶν ἦτο δημοκρατικόν. Συνήρχετο ὁ λαὸς κατ' ἔτος ὅλος καὶ ἐξέλεγε πανδημεὶ 40 ἐκλέκτορας ἐκ τῶν διαφόρων τάξεων τῶν πολιτῶν· οὗτοι δὲ ἐξέλεγαν τρεῖς δημογέροντας, καὶ ἢ ὅλοι ὁμοῦ, ἢ τινὲς αὐτῶν, ἐνίοτε δὲ καὶ μόνοι οἱ δημογέροντες, κατ' ἐντολὴν τῶν ἐκλεξάντων αὐτοὺς, ἐθεώρουν τὴν ληψοδοσίαν τῶν παυόντων δημογερόντων. Ἡ σφραγὶς τοῦ κοινοῦ ἦτο τριμερής· ἕκαστος τῶν δημογερόντων ἐκράτει τὸ τριτημόριον, καὶ συνερχόμενοι καὶ οἱ τρεῖς ἐσφράγιζαν· ἐπί τινων δὲ περιστάσεων ἐκάλουν καὶ τοὺς προκρίτους εἰς σύσκεψιν. Εἰσοδήματα τοῦ κοινοῦ ἦσαν τὰ τοῦ τελωνίου, 50 γρόσια κατ' οἰκογένειαν ἐτησίως, καὶ 2 παράδες τὸ κοιλὸν ἐπὶ τῷ ἀνάπλῳ καὶ ἐπὶ τῷ καταπλῷ ἑκάστου πλοίου.

Τοιοῦτον ἦτον τὸ διοικητικὸν σύστημα τῶν νήσων·

μετήρχοντο δὲ τὴν ναυτίλιαν καὶ τὸ ἐμπόριον ὡς ἑξῆς.

Οὔτε ναύτας ἐμίσθοναν, οὔτε τὰ πλοῖά των συνήθως ἐναύλοναν (α), ἀλλ' ἐναυτίλλοντο καὶ δι' ἰδίων χρημάτων ἐμπορεύοντο ἐπ' ὠφελείᾳ ἢ ζημίᾳ κοινῇ τῶν κυρίων τῶν πλοίων, τῶν κεφαλαιούχων καὶ τοῦ πληρώματος ὅλου· ἐμοίραζαν δὲ τὰ κέρδη των κατὰ τὸν ἑξῆς τρόπον. Ἀφῄρουν ἐν πρώτοις τὰ κεφάλαια, τὸν κανονισμένον τόκον, τὰ τῆς τροφῆς καὶ ὅ,τι ἄλλο ἐδαπάνουν· ἀφῄρουν ἔπειτα τὸν δημοτικὸν φόρον· ἀφῄρουν καὶ 1 τοῖς $\frac{0}{0}$ εἰς χρῆσιν τοῦ μοναστηρίου των· μετὰ ταῦτα ὅσοι ἦσαν οἱ ναῦται ἄνευ διακρίσεως ἡλικίας, βαθμοῦ, ἢ ἱκανότητος, τόσα ἐλογίζοντο καὶ τὰ μερίδια, ὅλα ἴσα· ἄλλα τόσα μερίδια ἐλογίζοντο καὶ τὰ τοῦ πλοίου, εἰς ἃ ἐπροστίθεντο δέκα, ἅτινα ἐδίδοντο τῷ πλοιάρχῳ πρὸς ἀντιμισθίαν τῶν ἀνωτέρων καὶ ἱκανωτέρων τοῦ πληρώματος κατὰ τὴν κρίσιν αὐτοῦ. Οὔτε τὰ ἐν τῷ πλοίῳ κεφάλαια ἐνείχοντο εἰς τὰς ζημίας τοῦ πλοίου, οὔτε τὸ πλοῖον εἰς τὰς τῶν κεφαλαίων. Ἡ διανομὴ δὲ ἐγίνετο καθ' ὃν εἴπαμεν τρόπον ὁσάκις τὸ μερίδιον τοῦ ναύτου ἔπιπτε τοὐλάχιστον εἴκοσι δίστηλα· ἀλλ', ἂν ὀλιγώτερον, ἐμετριάζετο ὁ κανονικὸς ἐπὶ τῶν κεφαλαίων τόκος. Τόσον δὲ εὐθεῖς καὶ ἄμεμπτοι ἦσαν εἰς τὰς συναλλάς των, ὥστε ἀμέτρητα ἐπὶ τῆς ἀναγωγῆς τῶν πλοίων παρέδιδαν οἱ κεφαλαιοῦχοι τὰ εἰς κίνησιν αὐτῶν χρήματα, καὶ ἀμέτρητα τὰ παρελάμβαναν ἐπὶ τῆς καταγωγῆς των· ἀποδεικτικὰ δὲ παραλαβῆς, ἢ ἐξοφλητικὰ ἀποδόσεως δὲν ἔδιδαν, θεωροῦντες τοιαῦτα τὸν ἁπλοῦν λόγον, καὶ ἀσφάλειαν τῶν δανειστῶν τὴν τιμὴν τῶν δανειζομένων.

Κατὰ τὸ σύστημα δὲ τοῦτο τῆς κινήσεως τῶν πλοίων, ὁ ἁπλοῦς ναύτης, ἔχων ἀναλόγως τὸ αὐτὸ συμφέρον τοῦ πλοιάρχου καὶ τοῦ κεφαλαιούχου ὡς πρὸς τὴν εὐτυχῆ ἔκβασιν τοῦ ταξειδίου του, ὡς συμμέτοχος καὶ αὐτὸς τοῦ κέρδους, ἐκοπίαζε προθύμως, ἐρριψοκινδύνευεν αὐτοπροαιρέτως, καὶ ἐθαλασσομάχει πλήρης ἐλπίδων· διὰ τοῦτο καὶ τὰ ταξείδιά των ἦσαν καὶ συντομώτερα καὶ οἰκονομικώτερα καὶ συχνότερα τῶν ἄλλων, καὶ τὰ πλοῖά των εἰσέπλεαν εὐτυχῶς τοὺς ἀπηγορευμένους ἐν πολέμῳ λιμένας φέροντα τροφὰς ἐπὶ ὑπερόγκῳ τιμῇ, καὶ λαμβάνοντα ἐκεῖθεν ἐπὶ μετρίᾳ τὰ δυσκόλως ἐξαγόμενα ἐντόπια προϊόντα. Ἂν καὶ ναυπηγοὶ καὶ πλοίαρχοι καὶ ναύκληροι ἦσαν ὅλοι ἀνεπιστήμονες καὶ ὅλοι σχεδὸν ἀναλφάβητοι, ἡ μακρὰ ὅμως πεῖρα, ἡ καθημερινὴ ἕξις καὶ ἡ ἀδιάλειπτος προσοχὴ ἀνεπλήρουν ἐπιτυχῶς πᾶσαν ἔλλειψιν ἐπιστήμης καὶ τὴν ἀγραμματίαν.

Ἡ ἐπανάστασις τῆς Γαλλίας καὶ οἱ μετὰ ταῦτα εὐρωπαϊκοὶ πόλεμοι ἐξῆψαν τὴν φιλοκέρδειαν τῶν νησιωτῶν καὶ τοῖς ἔδωκαν ἀφορμὴν καὶ τὸν ἀριθμὸν τῶν πλοίων ν' αὐξήσωσι, καὶ τὴν κατασκευὴν ἐπὶ τὸ ταχυπλοώτερον νὰ καλητερεύσωσι, καὶ διὰ πολυαριθμοτέρων παρὰ τὸ σύνηθες πληρωμάτων νὰ ταξειδεύωσιν· ἐνοχλούμενοι δὲ ὑπὸ τῶν κατ' ἐκείνους τοὺς χρόνους μολυνόντων τὴν μεσόγειον Ἀλγερίνων, Τουνεζίνων καὶ Τριπολίνων, ἠναγκάζοντο νὰ ὁπλίζωσι τὰ πλοῖα πρὸς ἰδίαν ὑπεράσπισιν, ὥστε μετερχόμενοι τὸ ἐμπόριον ἐν λιτότητι, προθυμίᾳ καὶ τόλμῃ, καὶ πλοῦτον πολὺν ἔφεραν εἰς τὴν πατρίδα, καὶ εἰς τὰ τοῦ πολέμου ἐγυμνάζοντο, καὶ πλήρεις θάρρους καὶ αὐτομαθεῖς πολεμικοὶ εὑρέθησαν ἐπὶ τῆς ἐπαναστάσεως ἀπέναντι ἀγυμνάστου καὶ ἀπειροπολέμου ναυτικοῦ.

Καθ' ὃν δὲ καιρὸν ἐξερράγη ἡ ἐπανάστασις, αἱ τρεῖς νῆσοι εἶχαν 176 πλοῖα (καράβια) φορταγωγά, ἅτινα μετεχειρίσθησαν ὡς πολεμικὰ ἐπ' ἀγαθῷ τῆς κοινῆς πατρίδος. Τὰ πλεῖστα δὲ καὶ μεγαλήτερα ἦσαν τὰ τῆς Ὕδρας, 92 τὸν ἀριθμόν· 44 ἦσαν τὰ τῶν Σπετσῶν, καὶ 40 τὰ τῶν Ψαρῶν. Τὰ μεγαλήτερα δὲ τῶν πλοίων τῆς Ὕδρας ἦσαν τρία, τὸ τρικάταρτον τοῦ

Τομπάζη 20 κανονίων τῶν 12 λιτρῶν, τὸ τρικάταρτον τοῦ Λελεχοῦ 18 κανονίων τῶν μὲν τῶν 18 τῶν δὲ τῶν 15 λιτρῶν, καὶ τὸ δικάταρτον τοῦ Μιαούλη 18 κανονίων τῶν 12 λιτρῶν· τὰ δὲ ἄλλα πλοῖα εἶχαν ἀνὰ 10 ἕως 14 κανόνια συνήθως τῶν 9 λιτρῶν. Ἐκτὸς τῶν ἀνωτέρω τριῶν ναυτικῶν νήσων εἶχαν καὶ ἄλλαι συναποστατήσασαι ὀλίγα πλοῖα, ὡς ἡ Κάσσος καὶ ἡ Μύκωνος, χρησιμεύσαντα καὶ αὐτὰ εἰς τὸν ἀγῶνα. Πλειότερα εἶχε τὸ ἐν τῷ Κορινθιακῷ κόλπῳ Γαλαξεῖδι. Ὁ δὲ ἀριθμὸς τῶν Ἑλλήνων ναυτῶν ἦτο πολλὰ ἀνώτερος παρ᾽ ὅσον ἐχρειάζετο ἡ κίνησις τῶν πλοίων τούτων, διότι ὅλαι αἱ νῆσοι καὶ ὅλα τὰ παράλια τῆς Ἑλλάδος ἐδημιούργουν διὰ τῆς ἀκτοπλοΐας ἀκαταπαύστως ναύτας. Ἀρκεῖ δὲ νὰ ῥίψῃ τις τὸ βλέμμα ἐπὶ τὸν γεωγραφικὸν χάρτην τῆς Ἑλλάδος ἵνα πεισθῇ, ὅτι οἱ ἐπὶ τῆς ξηρᾶς ἀγῶνες τῶν Ἑλλήνων, ὅσον λαμπροὶ καὶ ἂν ἦσαν, ἀδύνατον ἦτο νὰ εὐδοκιμήσωσιν ἄνευ τῆς εὐτυχοῦς συμπράξεως τοῦ γενναίου τούτου ναυτικοῦ. Ἀλλ᾽ ἡ ὑπηρεσία τῶν ναυτικῶν τούτων νήσων τιμᾷ αὐτὰς διαφερόντως, διότι ἦσαν σχεδὸν αὐτόνομοι καὶ αὐτοδιοίκητοι πρὸ τῆς ἐπαναστάσεως, καὶ οὔτε ᾐσθάνοντο τὰ κακὰ τῆς τυραννίας ὡς τὰ ἄλλα μέρη τῆς Ἑλλάδος, οὔτε, εὐδοκιμοῦντος τοῦ ἀγῶνος, ἐπροσδόκουν τὴν ἀπόλαυσιν ὧν θ᾽ ἀπελάμβαναν καλῶν ἐκεῖνα· ἐβάστασαν δὲ καὶ ὅλον τὸν ναυτικὸν ἀγῶνα διὰ τῶν ἰδιοκτήτων πλοίων, καὶ κατὰ τὰ πρῶτα ἔτη διὰ τοῦ ἰδίου πλούτου. Τινὲς τῶν πλουσίων κατοίκων αὐτῶν ἐξ αἰτίας τῶν ὑπὲρ πατρίδος χρηματικῶν θυσιῶν ἐπτώχευσαν, καὶ ὅλοι ἀνεξαιρέτως ἐμίκρυναν τὰς οὐσίας των. Αἱ τρεῖς ναυτικαὶ νῆσοι ἀπέκτησαν δικαίῳ τῷ λόγῳ μεγίστην ἐπιρροὴν εἰς τὰ πολιτικὰ συμβούλια τῆς Ἑλλάδος, καὶ τὴν μετεχειρίσθησαν εἰς ὠφέλειαν τῆς κοινῆς πατρίδος.

Πρώτη τῶν νήσων ἀπεστάτησεν ἡ τῶν Σπετσῶν·

καὶ μηδόλως ἀναμείνασα τὴν ἀπόφασιν τῆς γείτονος καὶ συναδέλφου τῆς Ὕδρας, ἐστόλισε τὴν 26 μαρτίου κοινῇ γνώμῃ τῶν ἐντοπίων ὅλων τὰ πλοῖά της διὰ τῆς νέας σημαίας. Ἦτο δὲ αὕτη κυανόχρους καὶ ὁ γῦρος αὐτῆς ἐρυθρός· ἐν μέσῳ εἶχεν ἡμισέληνον πρὸς τὰ κάτω βλέπουσαν καὶ ἄνωθεν αὐτῆς σταυρόν· δεξιόθεν τοῦ σταυροῦ λόγχην, ἀριστερόθεν ἄγκυραν φέρουσαν ὄφιν περιτετειλιγμένον, καὶ γύπα μεταξὺ τοῦ σταυροῦ καὶ τῆς ἀγκύρας τρώγοντα τὴν γλῶσσαν τοῦ ὄφεως· δεξιόθεν δὲ καὶ ἀριστερόθεν τῆς ἡμισελήνου ἦσαν ἐγκεχαραγμέναι αἱ λέξεις " Ἐλευθερία " ἢ θάνατος." Ἦσαν δὲ ὅλα τὰ σύμβολα καὶ τὰ γράμματα ἐρυθρόχροα. Ὑπὸ τοιαύτην σημαίαν ἔπλευσαν τῶν Σπετσῶν τὰ πλοῖα τὰ μὲν εἰς πολιορκίαν τῆς Μονεμβασίας πολιορκουμένης ἤδη διὰ ξηρᾶς, τὰ δὲ εἰς τὸν ἀργολικὸν κόλπον, καὶ ἄλλα πρὸς καταδίωξιν ἢ σύλληψιν τῶν χάριν ἐμπορίου περιφερομένων ἐχθρικῶν πλοίων. Τὰ πλεῖστα δὲ τῶν εἰς Μονεμβασίαν καταπλευσάντων μετέπλευσαν εἰς Μῆλου ὅπου ἔκειντο δύο τουρκικὰ, μία κορβέτα καὶ ἓν βρίκι, ἅτινα συνέλαβαν αἴφνης αὔτανδρα, καὶ μετέφεραν εἰς τὴν πατρίδα των.

Κατόπιν τῶν Σπετσῶν ὕψωσαν τὴν ἐπαναστατικὴν σημαίαν τὰ Ψαρὰ κοινῇ γνώμῃ καὶ αὐτὰ τῶν κατοίκων, καὶ ἐπροοιμίασαν εὐτυχῶς εἰς ὠφέλειαν τῆς κοινῆς πατρίδος κατὰ τὸν ἀκόλουθον τρόπον.

Ἅμα γνωστῆς γενομένης τῆς ἀποστασίας τῆς Πελοποννήσου, ἐξέδωκεν ἡ Πύλη προσταγὰς νὰ συναχθῶσιν ὅσον τάχιον στρατεύματα εἰς τὰ παράλια τῆς Ἀσίας ἐκ τῶν ἐνδοτέρων, καὶ διαβιβασθῶσιν εἰς Πελοπόννησον. Συνήχθησαν τρισχίλιοι εἰς τὰ παράλια τῆς Σμύρνης, καὶ ἡτοιμάζοντο νὰ ἐκπλεύσωσιν ὑπὸ τὴν προστασίαν τοῦ ἀναμενομένου ὀθωμανικοῦ στόλου· ἀλλ' οἱ Ψαριανοὶ, μαθόντες τοῦτο, ἔστειλαν 7 πλοῖα εἰς τὰ παράλια ἐκεῖνα ὑπὸ τὸν Νικολῆν

Ἀποστόλη, ἄτινα αἰφνιδίως ἐπιπεσόντα ἐβύθισαν ἐν τουρκικὸν καὶ συνέλαβαν 4 φέροντα πολεμικὰς ἀποσκευὰς καὶ 450 στρατιώτας· μετέφεραν δὲ καὶ τὰ πλοῖα καὶ τοὺς στρατιώτας ἀβλαβεῖς εἰς τὴν νῆσόν των, καὶ ἐκεῖθεν διεσκόρπισάν τινας αὐτῶν εἰς ἄλλας νήσους. Οἱ δὲ ἐπὶ τῆς ξηρᾶς, μαθόντες τὰ παθήματα τῶν συναδέλφων των, διεσκορπίσθησαν, καὶ τοιουτοτρόπως ἐματαιώθη ἡ κατὰ τῆς Πελοποννήσου πρώτη ἐκστρατεία.

Ἐντὸς τοῦ κόλπου τῆς Αἴνου ἐπὶ νησιδίου ὄχι μακρὰν τοῦ μυχοῦ τοῦ κόλπου, καθὼς καὶ ἐπὶ τῆς ἀντικρὺ ξηρᾶς, ἐσώζοντο κανονοστάσια ἀνεγερθέντα ἄλλοτε καὶ ὁπλισθέντα εἰς προφύλαξιν τῶν φρουρίων τοῦ Ἑλλησπόντου ἀπὸ ἐνδεχομένου ἐχθρικοῦ κινήματος. Οἱ Ψαριανοὶ, πλήρεις τόλμης καὶ ἐνθουσιασμοῦ, καὶ θέλοντες νὰ ὀχυρώσωσι τὴν πατρίδα των, ἔστειλαν 4 πλοῖα ὑπὸ τὸν Ἀνδρέαν Γιαννίτσην, ἐξ ὧν ἀπεβιβάσθησαν τὴν 2 μαΐου ἐπὶ τῆς ξηρᾶς καὶ ἐπὶ τοῦ νησιδίου τινὲς ὁπλοφόροι· οἱ δὲ φυλάττοντες τὰ κανονοστάσια Τοῦρκοι, ὡς 70, ἔφυγαν μετὰ μικρὰν ἀντίστασιν, καὶ οὕτως οἱ Ψαριανοὶ μετέφεραν εἰς τὴν πατρίδα των 23 κανόνια, τὰ μὲν τῶν 15, τὰ δὲ τῶν 30 λιτρῶν, 2 βομβοβόλους καὶ ἱκανὰ πολεμεφόδια. Κατ' ἐκείνας τὰς ἡμέρας δύο ἄλλα πλοῖά των κατεδίωξαν δύο ἐχθρικὰ κατὰ τὴν Θεσσαλονίκην, ἄτινα ἔρριψαν οἱ ἐμπλέοντας εἰς τὰ παράλια τοῦ ἁγίου Ὄρους καὶ τὰ ἔκαυσαν· αὐτοὶ δὲ διεσώθησαν φεύγοντες. Οἱ Ψαριανοὶ μετέφεραν τὰ κανόνια καὶ τῶν πλοίων τούτων εἰς τὴν νῆσόν των καὶ περιέπλεαν τὰ παράλια τῆς πλησίον Ἀσίας καὶ Εὐρώπης, ὡς ἂν ἦσαν κύριοι τῶν μερῶν ἐκείνων, φοβίζοντες τοὺς κατοίκους των Τούρκους καὶ θαρρύνοντες τοὺς Χριστιανούς.

Ἡ Ὕδρα ὕψωσεν ἡ τελευταία τὴν ἐπαναστατικὴν σημαίαν ὑπὸ περιστάσεις ἀξιοσημειώτους, κινηθέντος τοῦ λαοῦ παρὰ γνώμην τῶν προκρίτων.

ΚΕΦΑΛΑΙΟΝ Ι.

Εἷς τῶν δευτερευόντων τῆς Ὕδρας πλοιάρχων, ὁ Ἀντώνης Οἰκονόμου, ναυαγήσας παρὰ τὰ Γάδειρα, ἐπανῆλθεν εἰς τὴν πατρίδα του, καὶ μὴ δυνάμενος νὰ εὕρῃ χρήματα ἐπὶ κτήσει ἄλλου πλοίου, μετέβη πρὸς εὕρεσιν αὐτῶν εἰς Κωνσταντινούπολιν, ὅπου μυσταγωγηθεὶς τὰ τῆς Ἑταιρίας καὶ σχετισθεὶς πρὸς τοὺς ἐνδιατρίβοντας ἐπιτρόπους αὐτῆς ἐπανέστρεψεν εἰς Ὕδραν ἄπρακτος μὲν ὡς πρὸς τὸν σκοπόν του, ἀλλὰ ὅλος ἐνθουσιῶν ὑπὲρ τῆς μελετωμένης πολιτικῆς μεταβολῆς. Ὀλίγοι ἦσαν οἱ ἐν Ὕδρᾳ φιλικοί, καὶ αὐτοὶ ἐκ τῆς τάξεως τῶν πλοιάρχων· ἦσαν καί τινες νέοι ἐκ τῶν ἀνωτέρων οἰκογενειῶν· ἂν δὲ ἐπεθύμουν καὶ ἐμελέτων τὴν ἀποστασίαν τῆς πατρίδος, ἤθελαν εἰς εὐόδωσιν τοῦ κινδυνώδους τούτου τολμήματος νὰ ἐνεργηθῶσι τὰ δέοντα γνώμῃ καὶ συμπράξει τῶν ἰσχυρῶν προκρίτων τοῦ τόπου· ἀλλ᾿ οὗτοι τόσον ἀπεῖχαν τοῦ σκοποῦ τούτου, ὥστε καὶ μετὰ τὴν ἐπανάστασιν τῆς Πελοποννήσου καὶ τῶν Σπετσῶν ἔστειλαν εἰς Κωνσταντινούπολιν τοὺς ἐπὶ βασιλικῇ ὑπηρεσίᾳ πεμπομένους κατ᾿ ἔτος ναύτας, οὓς προφθάσαντες καλῇ τύχῃ εἰς Μῆλον ἐν καιρῷ ἐμπόδισαν, διότι ἄλλως θὰ ἐγίνοντο ὅλοι θύματα, ὡς ἐγένοντο οἱ ἐν τῇ αὐτῇ ὑπηρεσίᾳ συνάδελφοί των. Ὁ δὲ Οἰκονόμος ὑποστηριζόμενος παρὰ τοῦ Γκίκα, ἐνεργοῦντος ἐν ἀγνοίᾳ τοῦ πατρός του, Θεοδώρου Γκίκα, ἑνὸς τῶν προκρίτων, καὶ ἔχων θερμοὺς συνεργοὺς τὸν συμπολίτην του Πέτρον Μαρκέζην καὶ τὸν Γεώργην Ἀναλλόπουλον Πελοποννήσιον κατοικοῦντα ἐν Ὕδρᾳ, ἐπροσπάθει νὰ διαταράξῃ τὸν τόπον καὶ παρὰ θέλησιν τῶν προκρίτων. Νεκρὸν ἦτο τὸν καιρὸν ἐκεῖνον τὸ ἐμπόριον τῆς Ὕδρας καθὼς καὶ τὸ τῶν ἄλλων ναυτικῶν νήσων, καὶ τὰ πλοῖά των διέμεναν ἐν τῷ λιμένι ἀργά· ὅθεν καὶ πλοίαρχοι καὶ ναῦται συνεσωρεύθησαν εἰς τὰς νήσους των καταστενοχωρούμενοι. Ἡ περίστασις αὕτη συνέτρεξε μεγάλως εἰς τὸ νὰ ἀκούσωσιν οἱ πλοίαρχοι και άλλοι κατώτεροι ευμενώς τους λόγους του Οικονόμου, δελεαζόμενοι εν μέσω της δυστυχίας υπό χρηστών ελπίδων. Τα πνεύματα ήσαν τοιουτοτρόπως προητοιμασμένα ότε το δειλινόν της 27 μαρτίου έφθασεν εις Ύδραν πλοιάριον αναγγέλλον, ότι οι Κορίνθιοι και οι Μεγαρείς απέκλεισαν τους Τούρκους εν τη Ακροκορίνθω. Ο Οικονόμος εστρατολόγει πρό τινων ημερών εν Ύδρα επί σκοπώ να εκστρατεύση εις Πελοπόννησον, ης τα κινήματα ήσαν ήδη γνωστά· αλλ' η περί ης ο λόγος αγγελία εμεγάλυνε ταύτα, ενθουσίασε τον λαόν και τον κατέστησεν ακράτητον. Ο Οικονόμος, όστις εκαιροφυλάκτει, ιδών την διάθεσιν του λαού παρήτησε το σχέδιον της εκστρατείας του, και απεφάσισε να διεγείρη αυθημερόν τους συμπολίτας του εις επανάστασιν· και άμα ενύκτωσεν, ήχησεν ο κώδων της πόλεως κατά διαταγήν αυτού, και κήρυκες περιέτρεχαν τας οδούς φωνάζοντες " στ' άρματα όλοι, στ' άρματα·" και οι μεν πρόκριτοι εφοβήθησαν επί τω ήχω του κώδωνος και επί τη κραυγή των κηρύκων και δεν εξήλθαν των οικιών δι' όλης της νυκτός· ο δε λαός συνήχθη όπου εκλήθη, και ακούσας εις τί η κλήσις, ώρμησεν επί τη προτάσει του Οικονόμου και επάτησε τα εν τω λιμένι πλοία, έδραξε τα εν αυτοίς όπλα, και ο επιχειρηματίας και μεγαλότολμος Οικονόμος, ευρεθείς την επαύριον αρχηγός παμπόλλων οπλοφόρων, κατέβη εις το διοικητήριον και εξεθρόνισε τον Νικολόν Κοκοβίλαν διοικητήν του τόπου, αλαλάζοντος του λαού. Οι δε πρόκριτοι της νήσου, Λάζαρος Κουντουριώτης, Δημήτρης Τσαμαδός, Βασίλης Μπουντούρης και Γκίκας Γκιώνης, οίτινες συνήλθαν ως δημογέροντες της περιόδου εκείνης ημέρας γενομένης εις το μοναστήριον, όπως συσκεφθώσι περί των πραγμάτων, ακούσαντες έξωθεν πολλήν οχλοβοήν, και μαθόντες και τον εκθρονισμόν του διοικητού, ερρίφθησαν έξω του μοναστηρίου διὰ τῶν θυρίδων ἔντρομοι καὶ διεσκορπίσθησαν· ὥστε πᾶσα ἐξουσία πολιτικὴ στρατιωτικὴ καὶ ναυτικὴ ἀφέθη εἰς τὸν Οἰκονόμον. Οὗτος ὑπώπτευσεν ἐξ ὅσων εἶδε, μήπως οἱ πρόκριτοι, ὧν ἐν ἀγνοίᾳ καὶ ἀκουσίᾳ ἐκινήθη ἡ ἐπανάστασις, φύγωσι καὶ στερήσωσι τὸν τόπον τῆς χρηματικῆς συνδρομῆς των· διὰ τοῦτο τοὺς παρεφύλαττεν· ἤξευρεν ὅτι οὔτε αὐτὸν ὡς ὅμοιον κατεδέχοντο, οὔτε πρὸς τὸ ἐπαναστατικὸν κίνημα ἦσαν εὐδιάθετοι, καὶ εἰς ἐπιτυχίαν ἀνέθεσε τὰς ἐλπίδας του εἰς τὸν λαόν, ὃν συνήθροισεν ἔνοπλον ἐκ νέου, καὶ μέγα συμφέρον ἔχων νὰ οἰκειοποιηθῇ, ἀπῄτει δι' αὐτοῦ ἀπὸ τῶν προκρίτων ἐν ταῖς οἰκίαις κρυπτομένων χρήματα εἰς διανομὴν ἐντὸς τῆς ἡμέρας. Οἱ πρόκριτοι ἔστειλαν αὐθωρὶ πολλά· "δὲν μᾶς φθάνουν" ἐφώναζαν οἱ ὁπλοφόροι σείοντες τὰς ῥομφαίας, "θέλομεν καὶ ἄλλα·" ἔστειλαν καὶ ἄλλα, καὶ πάλιν ἄλλα, ἕως οὗ συνεπληρώθησαν ἐντὸς τριῶν ἡμερῶν δίστηλα 130 χιλιάδες, καὶ οὕτως ἡσύχασε τὸ πλῆθος εὐφημοῦν τοὺς καλοὺς καὶ γενναίους προκρίτους. Ἐν μέσῳ δὲ τοῦ ἀλαλαγμοῦ καὶ τῆς δημεγερσίας ἐφάνησαν ἔξωθεν τῆς Ὕδρας δύο πλοῖα σπετσιωτικὰ ὑπὸ τὴν ἐπαναστατικὴν σημαίαν, ἐξ ὧν τὸ ἓν ἤρχετο νὰ παραλάβῃ τὸν Γιάννην Μέξην πρόκριτον τῶν Σπετσῶν, εὑρεθέντα τὰς ἡμέρας ἐκείνας ἐν Ὕδρᾳ περὶ τῶν αὐτῶν πραγμάτων. Ὁ κυματισμὸς τῆς νεοφανοῦς σημαίας καθ' ἣν ὥραν τὰ πνεύματα ἦσαν τόσον ἐξημμένα ἐνθουσίασεν ἔτι μᾶλλον τὸν ἀτρόμητον τοῦτον λαόν, ὅστις ἀπῄτει νὰ ὁπλισθῶσι καὶ τὰ πλοῖα τῆς πατρίδος του καὶ ἐκπλεύσωσιν ὑπὸ τὴν σημαίαν τῆς ἐλευθερίας. Τὴν 31 μαρτίου ἐνομιμοποιήθη δι' ἐπισήμου πράξεως ἡ πληρεξουσιότης, ἣν ἥρπασε ὁ Οἰκονόμος διὰ τῆς μαχαίρας του (β)· ἀλλ' ἡ εἰλικρινὴς σύμπραξις τῶν προκρίτων ἦτο πάντοτε ἀναγκαία, καὶ ὁ Οἰκονόμος τὴν ἀπῄτει ἐπιμόνως· οἱ δὲ πρόκριτοι απεκρίνοντο, ότι έτοιμοι ήσαν και να συμπράξωσι και να συγκινδυνεύσωσι και να θυσιάσωσι τας καταστάσεις των δια την ελευθερίαν του έθνους, αν ήθελεν ο επαναστάτης να βαδίση τακτικώτερον και συστηματικώτερον. Ο Οικονόμος, όστις έβλεπεν ότι οί πρόκριτοι δεν ήσαν οι φυσικοί σύμμαχοί του, έβλεπεν επίσης, ότι δεν εδύνατο να τους παραγκωνίση, διότι υπεστηρίζοντο παρά των εις αυτούς αφοσιωμένων κυβερνητών των πλοίων των, ανδρείων ως αυτόν, επιρροήν μεγάλην εχόντων επί των ναυτών, και ετοίμων να πράξωσιν υπέρ των προκρίτων ό,τι δια το αιφνίδιον δεν έπραξαν τας πρώτας ημέρας. Δια τα αίτια ταύτα εδέχθη τους λόγους των προκρίτων, συνηνώθη διατηρών πάντοτε την υπεροχήν του, και την παρασκευήν της διακαινησίμου, ό εστι την 15 απριλίου, συνήχθησαν οι πρόκριτοι και ο λαός εις την εκκλησίαν, εψάλη παράκλησις και δοξολογία υπέρ του αρξαμένου εθνικού αγώνος, και υψώθη κατά πρώτην φοράν η σημαία της ελευθερίας εν μεγάλη πομπή υπό τον κανονοβολισμόν των εν τω λιμένι πλοίων.

Συνενωθείσαι αι τρεις θαλασσοκράτορες νήσοι υπό την αυτήν σημαίαν, απεφάσισαν να κινήσωσιν εκ συμφώνου τας δυνάμεις των εις διάδοσιν του αγώνος, και οργανίσωσι και το ναυτικόν πρεπόντως· και ως προς τον τελευταίον τούτον σκοπόν εφωδίασαν τα πλοία δια διπλωμάτων υπογεγραμμένων παρά των τοπικών Αρχών (γ), εν οίς εξέθεταν τα αίτια και τον σκοπόν του κινήματος, αιτούμενοι και την συνδρομήν των ουδετέρων Δυνάμεων· υπέγραψαν εν ταυτώ και διάταξιν περί διανομής των λειών επ' ωφελεία των πλοίων, των ναυτών και του κοινού (δ), και εξέδωκαν και εγκυκλίους οδηγίας παραγγέλλοντες τοις πλοιάρχοις να προστατεύωσι παντού τους Έλληνας και να σέβωνται την ουδετέραν σημαίαν

ΚΕΦΑΛΑΙΟΝ Ι.

ώς σκεπάζουσαν και αυτάς τάς εχθρικάς πραγματείας, νά εμποδίζωσι δε τά υπό τοιαύτην σημαίαν πλοία μόνον όταν μεταφέρωσι στρατεύματα ή πολεμικάς αποσκευάς, αλλά και τότε νά λαμβάνωσι μεν τάς πολεμικάς αποσκευάς αποδίδοντες τον ναύλον, ν' αποπέμπωσι δε τά εχθρικά στρατεύματα ανενόχλητα επί τών αυτών ουδετέρων πλοίων εις τους λιμένας όπου επεβιβάσθησαν (ε).

Ώς προς την διάδοσιν δε τού αγώνος εξέδωκαν επαναστατικάς προκηρύξεις προς όλους τους κατοίκους τού Αιγαίου και τών παραλίων, προς τον κλήρον και προς όλον το έθνος (στ), λέγοντες ό,τι επίστευαν και αυτοί, δηλαδή, ότι ο πόλεμος ωργανίσθη υπό επισήμων ανδρών, ότι δεν ήτο ληστρικός, αλλ' εθνικός και θρησκευτικός κατά τυράννων και ασεβών, και ότι χιλιάδες και μυριάδες κατέβαιναν εκ Δουνάβεως εις Κωνσταντινούπολιν υπό τον αρχιστράτηγον πρίγκηπα Υψηλάντην προς καταστροφήν τού θρόνου τού σουλτάνου· εκάλουν δε όλους εις τά όπλα ενθυμίζοντές τους όσα υπέφεραν υπό τον αλλοεθνή και αλλόπιστον ζυγόν, και τά προς την πατρίδα και την πίστιν ιερά καθήκοντα, και στιγματίζοντες τον προς τον κοινόν τούτον πόλεμον αδιάφορον ως εθνοκατάρατον και ως βδέλυγμα ανθρώπων και εξουθένημα λαού. " Ενδύσασθε," έλεγαν τοις κληρικοίς, " εν-
" δύσασθε την πανοπλίαν τού ουρανίου βασιλέως,
" ευλογείτε, ενθαρρύνετε τον λαόν, μάχεσθε οι ίδιοι
" κατά τών βλασφημούντων το όνομα τού Υψίστου,
" κατά τών βεβηλούντων τους θείους ναούς του, κατά
" τών αρπαξάντων τον θρόνον, τον οποίον έστησεν
" ο μέγας και ευσεβέστατος αυτοκράτωρ τών Χρι-
" στιανών Κωνσταντίνος, μιμήθητε τον Μωϋσήν
" τον καταβαλόντα τον Αιγύπτιον, τον Ιησούν του
" Ναυή τον καταπολεμήσαντα τους Αμαλικήτας,
" τον Θεσβίτην Ηλίαν τον εν στόματι μαχαίρας

" ἐξαφανίσαντα τοὺς ἱερεῖς τῆς Αἰσχύνης·" δὲν ἔπαυαν δὲ συμβουλεύοντες καὶ τοὺς κοσμικοὺς νὰ ἑνώσωσιν ἀνδρίαν καὶ τιμήν, δι' ὧν διακρίνονται οἱ ἀληθεῖς φίλοι τῆς ἐλευθερίας, νὰ μὴ ἐνοχλῶσι τοὺς ὁμοπίστους καὶ ὁμογενεῖς καὶ νὰ σέβωνται τῶν ξένων Δυνάμεων τὰς σημαίας καὶ τοὺς ὑπηκόους ἐπὶ ποινῇ τοῦ νὰ λογίζεται ἐχθρὸς τοῦ ἔθνους καὶ τιμωρῆται ὅστις τολμήσῃ νὰ καταδιώξῃ ἀδίκως καὶ λῃστρικῶς πλοῖον ἑλληνικὸν ἢ ὑπ' οὐδετέραν σημαίαν, ἢ νὰ πειράξῃ χριστιανόν. Ταῦτα ἔλεγαν καὶ ταῦτα ἐφρόνουν αἱ Ἀρχαὶ τῶν ναυτικῶν νήσων ἀρξαμένου τοῦ ἀγῶνος.

Ἡ δὲ ὑπὲρ τῆς ἐλευθερίας φωνή των ἀντήχησε καθ' ὅλας τὰς Κυκλάδας καὶ πολλὰς τῶν Σποράδων. Μόναι αἱ καρδίαι τῶν τοῦ δυτικοῦ δόγματος Ἑλλήνων ἐκώφευσαν. Ἐφάνη κατὰ τὴν περίπτωσιν ταύτην ὑπὸ τὴν μορφὴν τοῦ δόγματος τούτου ὅλη ἡ ἀσχημοσύνη τοῦ φανατισμοῦ προτιμήσαντος τὴν ἡμισέληνον τοῦ σταυροῦ καὶ τὴν δουλείαν τῆς ἐλευθερίας.

Οὐδεὶς τῶν ἐν Πελοποννήσῳ καὶ τῇ στερεᾷ Ἑλλάδι Ἑλλήνων πρεσβεύει τὸ δυτικὸν δόγμα. Ἑνδεκακισχιλίους τοῦ δόγματος τούτου περιεῖχαν αἱ τέσσαρες νῆσοι τοῦ Αἰγαίου, Σύρα, Τῆνος, Νάξος καὶ Σαντορήνη. Ἐξαιρουμένων δὲ πολλὰ ὀλίγων φανέντων ἀληθῶν Ἑλλήνων ἐπὶ τοῦ ἀγῶνος, οἱ λοιποὶ καὶ ἀντεῖπαν καὶ ἀντέπραξαν φανερᾷ καὶ κρυφίως, καὶ σχέσεις ἔλαβαν μυστικὰς πρὸς τοὺς ἐχθροὺς τοῦ ἔθνους, καὶ χαρὰν μεγάλην ἀσυστόλως ἔδειξαν ἐπὶ ταῖς ἀποτυχίαις τῶν ὁμογενῶν. Ἀλλ' ὁποία καὶ ἂν ἦτον ἡ διάθεσις καὶ τυφλότης των πρὸς τὴν ἐθνικὴν τιμὴν καὶ τὰ κοινωνικὰ αὐτῶν συμφέροντα, ἔκλιναν καὶ οὗτοι τὸν αὐχένα ὑπὸ τὴν γενικὴν θέλησιν ὅλων τῶν ὁμογενῶν, τῶν μέχρι θανάτου ἀγωνιζομένων πρὸς ἀπόλαυσιν τῆς ἐθνικῆς ἰσονομίας καὶ ἰσοτιμίας

ΚΕΦΑΛΑΙΟΝ Ι.

ἄνευ διακρίσεως δόγματος καὶ μακρὰν πάσης καταθλίψεως συνειδότος. Τόσην δὲ κλίσιν ἔδειξαν πρὸς τοὺς Τούρκους οἱ δυτικόφρονες ἐν γένει καὶ κατ' ἐξοχὴν οἱ τῆς Σύρας, οὓς εὐτύχησεν ἡ ἐπανάστασις, καὶ τόσον ὀλίγην πεποίθησιν εἶχαν ἐπὶ τῇ εὐοδώσει τοῦ ἐθνικοῦ ἀγῶνος, ὥστε συνεισέφεραν διπλοῦς φόρους, τοὺς μὲν ἐξ ἀνάγκης χάριν τῶν Ἑλλήνων, τοὺς δὲ ἐκ προαιρέσεως χάριν τῶν Τούρκων. Τόσον τὸ μῖσος τῶν αἱρέσεων, σφοδρότερον πολλάκις τοῦ μίσους τῆς ἑτεροθρησκείας (ζ), σκοτίζει τὸν νοῦν καὶ πνίγει πᾶν αἴσθημα εὐγενές! Μακάριον τὸ ἔθνος τὸ πρεσβεῦον ὅλον ἓν καὶ τὸ αὐτὸ δόγμα. Κάτοχοι, χάρις τῷ Θεῷ, εἴμεθα τοιούτου εὐτυχήματος, καὶ ἐθνοκατάρατος ἔστω ὅστις δι' οἱανδήποτε αἰτίαν θελήσει δι' ἑτεροδιδασκαλίας ἢ δι' ἄλλου τρόπου νὰ ἐπιβουλευθῇ τὴν ἑνότητα τῆς πίστεως τῶν Ἑλλήνων.

Ἐν ᾧ δὲ ἀκόμη ἀντεφέροντο οἱ πρόκριτοι τῆς Ὕδρας πρὸς τὸν Οἰκονόμον, οἱ στολίσκοι τῶν Σπετσῶν καὶ τῶν Ψαρῶν, ἑτοιμασθέντες μετὰ πολλῆς σπουδῆς, ἠγκυροβόλησαν ἀντικρὺ τῆς Ὕδρας ἀναμένοντες καὶ τὸν ὑδραϊκόν, ὅστις συνηνώθη ἀφ' οὗ ἑωρτάσθη ἡ σύμπνοια τῶν προκρίτων καὶ τοῦ Οἰκονόμου. Ἡ κοινότης τῆς Ὕδρας δὲν διώρισεν ἀρχηγὸν τοῦ στολίσκου της, ἀλλ' ἀφῆκε τὴν ἐκλογὴν τοῖς πλοιάρχοις του. Ἐξ αὐτῶν ἦτο καὶ ὁ Γιακουμάκης Τομπάζης, εἷς τῶν προκρίτων. Τοῦτον αὐθόρμητοι οἱ πλοίαρχοι τοῦ στολίσκου ἀνέδειξαν ἀρχηγόν. Εἶχε δὲ καὶ ἕκαστος τῶν δύο ἄλλων στολίσκων ἀρχηγόν· ἀλλ' ἐπειδὴ ἡ Ὕδρα εἶχεν ἀδιαφιλονείκητα τὰ πρωτεῖα, ὁ δὲ Τομπάζης ἐτιμᾶτο παρὰ πάντων καὶ δικαίως, ἐδόθη αὐτῷ ἡ γενικὴ ἀρχηγία τῆς ναυτικῆς ταύτης δυνάμεως καὶ παρὰ τῶν ἀρχηγῶν τῶν δύο ἄλλων στολίσκων.

Ἐλλιμένιζεν ἐκείναις ταῖς ἡμέραις ἔμπροσθεν τοῦ

Μούρτου αντικρύ της νήσου των Κορυφών ναυτική τις μοίρα σταλείσα προς εκείνα τα μέρη παρά της Πύλης επί της αποστασίας του Άλη. Η μοίρα αύτη, εξ ης είχεν αποσπασθή το πρό τινων ημερών καταπλεύσαν εις Πάτρας πλοίον, εφαίνετο ευπρόσβλητος, και η συνενωθείσα ελληνική δύναμις εσκόπευε να την προσβάλη. Αλλ' εν ω εσχεδιάζετο ο επίπλους, ήλθεν εις Ύδραν ο διδάσκαλος Νεόφυτος Βάμβας προβάλλων ν' αναβληθή επί του παρόντος η εκτέλεσις του σχεδίου, και να πλεύση η ναυτική εκείνη δύναμις εις ελευθέρωσιν της Χίου, επί λόγω, ότι αν αι τρεις πλησιόχωροι και σημαντικαί νήσοι, Ψαρά, Σάμος και Χίος, ετάττοντο υπό την ελληνικήν σημαίαν, θα εχρησίμευαν διά την θέσιν, τας δυνάμεις και τους πόρους των ως ισχυρά θαλάσσιος προφυλακή όλης της Ελλάδος. Η γνώμη του Βάμβα ενεκρίθη και διά τους λόγους τούτους, και διότι οι πρόκριτοι και οι κύριοι των πλοίων της Ύδρας, διατηρούντες εξ ιδίων τον στόλον υπέρ του κοινού αγώνος, επεθύμουν να συμπαραλάβωσι και την πλουσίαν Χίον προς ανακούφισιν. Απέπλευσε δε η περί ης ο λόγος ναυτική δύναμις προς την νήσον εκείνην την 22 απριλίου, και αυθεσπερί ηγκυροβόλησεν έμπροσθεν της Τήνου, όπου, δοθείσης αφορμής, επραγματοποίησε διά της ακολούθου διαγωγής της όσα υπέρ της ουδετέρας σημαίας είπαν αι νήσοι δι' ης ανεφέραμεν προκηρύξεως.

Εν των περιπλεόντων πλοίων των Σπετσών ευρεθέν εν Τήνω επάτησεν αυστριακήν γολέτταν φέρουσαν επιβάτας Τούρκους, ων και η ζωή εκινδύνευε και πολλά πράγματα ηρπάγησαν· αλλά κατ' έντονον διαταγήν του στόλου και οι κινδυνεύοντες επιβάται επροστατεύθησαν και απεπέμφθησαν σώοι όλοι και αβλαβείς επί της αυτής αυστριακής γολέττας, και τα αρπαγέντα πράγματα απεδόθησαν, και ο παραβάς

ΚΕΦΑΛΑΙΟΝ Ι.

τὰς ἐντολάς του πλοίαρχος ἐστάλη εἰς τὴν πατρίδα του ὡς ἀξιόποινος. Ἡ πρᾶξις αὕτη τοῦ στόλου δεικνύει τὴν διάθεσιν τῶν προκρίτων τῶν ναυτικῶν νήσων καὶ ὡς πρὸς τὴν θαλάσσιον τάξιν καὶ ὡς πρὸς τὸ εἰς τὰς οὐδετέρας σημαίας σέβας. "Βάσιμος σκοπός μας εἶναι," ἔγραφαν οἱ Σπετσιῶται ἐν τῇ περιπτώσει ταύτῃ, "νὰ διαφυλάξωμεν τὰ δίκαια τῶν ἐθνῶν" (η). Ἡ διάθεσις αὕτη διέμενε καὶ μετὰ ταῦτα ἡ αὐτή, ἀλλ' ὄχι καὶ ἐπίσης εὐτυχὴς ἐξ αἰτίας τῶν δεινῶν περιστάσεων, αἵτινες καὶ τὴν ἀταξίαν παρὰ τὴν θέλησιν τῶν προκρίτων ἐνεθάρρυναν, καὶ τὴν ἀτιμωρησίαν τῶν ἀτάκτων ἐπέφεραν.

Διορθώσας ὁ στόλος τὸ ἀτόπημα τοῦτο, ἀνήχθη τὴν 23. Κατὰ δὲ τὴν ἀναγωγὴν ἔμαθε τὰ ἐν Κωνσταντινουπόλει τραγικὰ συμβάντα καὶ τὴν ἀγχόνην τοῦ πατριάρχου καὶ ἐξηγριώθη. Τὴν αὐτὴν ἡμέραν ἀπήντησε μεταξὺ Τήνου καὶ Μυκώνου τρία ἑλληνικὰ πλοῖα συλλαβόντα ἓν κρητικὸν ὑπὸ σημαίαν τουρκικὴν καταβαῖνον ἐκ Κωνσταντινουπόλεως, μεταφέρον ξυλείαν, καὶ ἔχον 13 ναύτας, ἐξ ὧν 7 Χριστιανοὺς καὶ 6 Τούρκους· καὶ οἱ μὲν Χριστιανοὶ συμπαρελήφθησαν εἰς τὰ πληρώματα τῶν ἑλληνικῶν πλοίων, οἱ δὲ δυστυχεῖς Τοῦρκοι ἐφονεύθησαν. Τὴν ἀκόλουθον ἡμέραν ἔφθασεν ὁ στόλος εἰς Ψαρά, ὅπου διέτριψε μέχρι τῆς 26. Ταῖς δύο δὲ ταύταις ἡμέραις οἱ μὲν ἀρχηγοὶ τοῦ στόλου καὶ οἱ πρόκριτοι τῶν Ψαρῶν συνεσκέπτοντο περὶ τοῦ πρακτέου· πολλὰ δὲ πλοῖα περιέπλεαν εἰς καταδίωξιν τῶν ὑπὸ ἐχθρικὴν σημαίαν· καὶ τὰ μὲν ὑδραϊκὰ ἐβύθισαν ἓν ἔμπροσθεν τοῦ φρουρίου τῆς Χίου, ὅπου εἶχε καταφύγει φέρον πολεμεφόδια, τὰ δὲ ψαριανὰ συνέλαβαν ἄλλο φέρον 250 ἐπιβάτας Τούρκους ἄνδρας καὶ γυναῖκας, ἐν οἷς καὶ 140 προσκυνητάς· καὶ τὸ μὲν πλοῖον ἐκράτησαν, τοὺς δὲ ἐπιβάτας ἀπεβίβασαν ὅλους σχεδὸν ἀβλαβεῖς εις τα παράλια της Ασίας. Την 27 ο στόλος κατέπλευσεν εις του Πασά την βρύσιν προς το βόρειον μέρος της Χίου, και την επιούσαν ο ναύαρχος Τομπάζης ωρκίσθη ενώπιον των πλοιάρχων της πατρίδος του τον ακόλουθον όρκον.

" Ορκίζομαι εις τον αληθινον Θεόν, τον υπερα-
" σπιζόμενον τον δίκαιον, τον εκδικούμενον τον κα-
" κον και παραβάτην των ηθικών του Ευαγγελίου
" αρετών· ορκίζομαι εις το θείον και ιερόν Ευαγγέ-
" λιον· ορκίζομαι εις την ελευθερίαν και εις την
" μέλλουσαν του έθνους ανέγερσιν, παρόντων των
" αξιοτίμων καπηταναίων της πατρίδος μου Ύδρας,
" να φυλάξω όσα ακολουθούν.

" α^{ον}. Να αναδεχθώ την προσωρινήν αξίαν του
" ναυάρχου του ναυτικού Ύδρας έως ου να τελειώση
" η εκστρατεία μας εις την οποίαν η πατρις μας
" έστειλε, κατά την κοινήν ψήφον των συμπατριω-
" των μου καπηταναίων, την οποίαν αναδέχομαι
" προθύμως και με την αναγκαίαν φιλογένειαν.

" β^{ον}. Να ακούω τας διαταγάς της Βουλής της
" Ύδρας όπου ήθελε τύχει να μας πέμψη.

" γ^{ον}. Να κινήσω το ναυτικόν της Ύδρας κατά
" του βαρβάρου τυράννου της πατρίδος και των
" οπαδών του χωρίς να βλάψω άλλον όπου κριθή
" εύλογον από το κοινόν συμβούλιον.

" δ^{ον}. Εις αναποκτήτους τόπους η εις εχθρικόν
" πλοίον να σέβωμαι την ιδιοκτησίαν των αθώων
" ομογενών μας, των ευρωπαϊκών υπηκόων και αυ-
" των των Τούρκων, όταν παραδίδωσι τα όπλα
" χωρίς πόλεμον.

" ε^{ον}. Επειδή το ναυτικόν μας είναι ενωμένον με
" τα πλοία των άλλων δύο νησίων, να συνεργώ
" μετ' αυτών εις τον κοινόν σκοπόν κατά την από-
" φασιν, ήτις θέλει γίνεται εις τα πολεμικά μας συμ-
" βούλια κατά καιρούς.

" στον. Νὰ φέρω ἢ νὰ στείλω εἰς Ὕδραν τὸ
" μέρος τῶν λαφύρων ὁποῦ ὁ παρὼν στόλος ἤθελε
" κάμει διὰ νὰ τὸ μοιράσῃ ἡ πατρὶς κατὰ τοὺς διο-
" ρισθέντας νόμους.

" ζον. Ἂν δὲ παραβῶ τὸν ἄνω ἐκτεθέντα ὅρκον
" μου, κηρύττομαι ἀνάξιος τοῦ ἐμπιστευθέντος μοι
" ὑπουργήματος καὶ ὑπόχρεως νὰ δώσω λόγον εἰς
" τὸν Θεόν, εἰς τὴν πατρίδα μου καὶ εἰς ὅλους τοὺς
" ἀρχηγοὺς τοῦ γένους."

Ἀντεγράψαμεν ὁλόκληρον τὸν ὅρκον ὡς δεικνύοντα πόθεν καὶ ὑπὸ ποίους ὅρους ἔλαβεν ὁ ναύαρχος τὴν Ἀρχήν, ποῖα τὰ καθήκοντά του, ποία ἡ ἐξουσία του καὶ ποία ἡ διάθεσίς του ὄχι μόνον πρὸς τοὺς οὐδετέρους, ἀλλὰ καὶ πρὸς αὐτοὺς τοὺς παραδίδοντας τὰ ὅπλα ἐχθρούς· ἀλλά, ἂν ἡ διάθεσις ἦτο πρόθυμος εἰς συστολὴν τῶν καταχρήσεων, ἡ χεὶρ ἦτον ἀσθενής.

Τὸ σκοπούμενον δὲ σχέδιον μετὰ τὴν ἄφιξιν τῆς ναυτικῆς δυνάμεως εἰς Χίον ἦτο νὰ ἐπαναστατήσωσι τὰ χωρία, καὶ νὰ κινήσωσιν οἱ χωρικοὶ διὰ ξηρᾶς πρὸς τὴν πόλιν, συγχρόνως δὲ νὰ προσβάλῃ αὐτὴν καὶ ὁ στόλος. Ἐπὶ τῷ σκοπῷ τούτῳ ἔστειλεν ὁ ναύαρχος ἄνθρωπον εἰς τὰ χωρία φέροντα καὶ προκήρυξιν τῆς Ὕδρας λέγουσαν, ὅτι ὅλον τὸ ἔθνος ἦτον εἰς τὰ ὅπλα ὑπὲρ τῆς ἐλευθερίας του· ὅτι οἱ Πελοποννήσιοι ἀπέκλεισαν ἐν τοῖς φρουρίοις ὅλους τοὺς Τούρκους, ἀδυνάτους ἀνετοίμους καὶ περιφόβους· ὅτι πολλὰ τουρκικὰ φρούρια ἦσαν ἐγγὺς νὰ παραδοθῶσιν· ὅτι ὁ ἑλληνικὸς στόλος διεσπάρη εἰς πολλὰ μέρη καὶ ἐμελέτα νὰ κλείσῃ τὰ Δαρδανέλια, ὥστε νὰ μὴ δυνηθῇ νὰ ἐξέλθῃ ἐχθρικὴ δύναμις· ὅτι αἱ τρεῖς ναυτικαὶ νῆσοι δὲν ἐδύναντο νὰ βαστάζωσι μόναι ὅλον τὸ βάρος τοῦ στόλου, καὶ ἀνάγκη νὰ συντρέξῃ ὁ εἷς τὸν ἄλλον κατὰ τὸν ἱερὸν τοῦτον ἀγῶνα, καὶ ὅτι ἡ Χίος, ὡς ἡ πλουσιωτέρα τῶν ἄλλων *νήσων*, έχρεώστει να δείξη τόσην προθυμίαν υπέρ της ελευθερίας του έθνους, όσην έδειξε φιλογένειαν υπέρ του φωτισμού του. Ταύτα έγραφαν οι Υδραίοι προς τους Χίους συγκερνώντες μετά τών προτροπών απειλάς. Άλλ' έν ω ό στόλος ανέμενε το αποτέλεσμα της προκηρύξεως, ήλθεν είδησις, ότι οι Τούρκοι, ιδόντες ερχόμενα τα πλοία, κατεταράχθησαν και έφεραν ενώπιον των τους δημογέροντας· ότι οι δημογέροντες απεκρίθησαν ερωτηθέντες, ότι ουδεμίαν είδησιν περί του ερχομού τών πλοίων είχαν, ούτε ενοχήν ουδεμίαν υπώπτευαν τών εντοπίων Χριστιανών· ότι ο μουτεσελίμης τοις παρέστησεν ως αναγκαίον να προσκληθώσι και άλλοι πρόκριτοι εις σύσκεψιν περί της ασφαλείας του τόπου· ότι ανύποπτοι ούτοι περί ων έμελετα ο μουτεσελίμης και πρόθυμοι να εξαλείψωσι πάσαν υποψίαν εκάλεσαν όσους και οποίους υπέδειξεν ο μουτεσελίμης επί τη προτάσει τών εντοπίων Τούρκων· ότι αφ' ου όλοι οι κλητοί, εν οίς και ό αρχιερεύς Πλάτων, συνήλθαν ανυπόπτως, αντί να συσκεφθώσι περί ων εκλήθησαν, μετεκομίσθησαν εις το φρούριον υπό φύλαξιν ως όμηροι κατά την επί τών τοιούτων περιστάσεων τουρκικήν συνήθειαν, και ότι άλλοι μέν τών Τούρκων ηγρύπνουν νύκτα και ημέραν εις φύλαξιν του φρουρίου, άλλοι δέ διεσπάρησαν εις τα χωρία προς αφοπλισμόν τών κατοίκων. Τήν δέ 29 επανήλθεν εις τον στόλον ο αποσταλείς εις τα χωρία και ανέφερε και αυτός ότι μεταξύ τών χωρικών ολίγην προθυμίαν ηύρε προς όσα εμελετώντο. Διά τάς αιτίας ταύτας ο στόλος, ενδιατρίψας ένδεκα ημέρας και φοβηθείς μή διακινδυνεύση την ζωήν τών ομηρευόντων δημογερόντων, προκρίτων και του αρχιερέως, απέπλευσεν άπρακτος την 7 μαίου. Τοιουτοτρόπως ή πρώτη ναυτική εκστρατεία απέβη ανωφελής, παρεκτραπείσα του αρχικού σκοπού κατά του έν Μούρτω εχθρικού στολίσκου, όστις ανέτοιμος και άφροντις δυσκόλως θα διέφευγε την άλωσιν η τον εμπρησμόν.

Εν ω δε το πλείστον του στόλου ελλιμένιζεν έμπροσθεν της Χίου, διάφορα πλοία του περιέπλεαν εις βλάβην των θαλασσοπορούντων εχθρών. Την 28 απριλίου οι υπό τους πλοιάρχους Λάζαρον Πινότσην και Σαχτούρην πρόπλοι συνέλαβαν εχθρικόν πλοίον φέρον πολύτιμα δώρα του σουλτάνου προς τον Μεχμέτ-'Αλήν, και μεταβιβάζον εις Αίγυπτον πανέστιον τον προ ολίγου έκπτωτον γενόμενον και αποπεμπόμενον σεχουλισλάμην, ως αποποιηθέντα, κατά τα λεγόμενα, την έκδοσιν φετφά εις γενικήν σφαγήν των Ελλήνων· και τα μεν εν τω πλοίω πλούτη, εν οις και τα του σεχουλισλάμη, διήρπασαν οι συλλαβόντες το πλοίον και τα εμοιράσθησαν μη παραλαβόντες συμμετόχους τους απόντας κατά την σύλληψιν αυτού άλλους συναγωνιστάς των, μηδέ χωρίσαντες το κανονικόν μερίδιον εις χρήσιν του κοινού· τους δε επιβάτας Τούρκους, εν οις και τον άξιον ευγνωμοσύνης σεχουλισλάμην, όλους ανηλεώς κατέσφαξαν δικαιολογούμενοι εφ' όσων έπαθαν οι αθώοι ομογενείς των και ο πατριάρχης εν Κωνσταντινουπόλει, ως αν δικαιολογή απάνθρωπος πράξις κατά μη πταίσαντος άλλην απάνθρωπον πράξιν κατ' άλλου επίσης μη πταίσαντος· σημειωτέον όμως, ότι προ της αγχόνης του πατριάρχου οι Έλληνες και επί της ξηράς και επί της θαλάσσης εφέροντο φιλανθρωπότερον προς όλους τους συλλαμβανομένους Τούρκους. Η δε άνω ρηθείσα πλουσία λεία σφετερισθείσα τοιουτοτρόπως εκίνησε δίκαια παράπονα και διετάραξε τα πληρώματα των άλλων πλοίων. Οι Έλληνες προσέβαλαν την 1 μαΐου εχθρικήν τινα γολέτταν εν τω πορθμώ της Χίου πλέουσαν εκ Σμύρνης εις Κρήτην· οι δε εν αυτή Τούρκοι έχοντες υπ' όψιν όσα θα επάθαιναν παραδιδόμενοι, έπολέμησαν γενναίως και βυθισθέντος του πλοίου έπνίγησαν. Την δε 4 κατεδίωξαν οι Έλληνες άλλο μικρόν πλοίον, οι δ' εν αυτώ Τούρκοι το έρριψαν εις την ξηράν και απέφυγαν διά της εις τα όρη φυγής τας φονικάς των καταδιωκόντων χείρας. Την ακόλουθον ημέραν συνέλαβαν δύο άλλα πλοία, το μεν φέρον πίσσαν, το δε επιβάτας, ους εθανάτωσαν εις εξιλέωσιν, ως έλεγαν, του πατριάρχου. Αναχωρήσαντος δε του στόλου εκ Χίου, επανέπλευσεν εκάστη·μοίρα εις τον λιμένα της.

Η *νήσος* η μετά τας τρεις ναυτικάς κατά τον υπέρ ελευθερίας αγώνα διαπρέψασα, και υπέρ πάσαν άλλην διά την προ των πυλών της μικράς Ασίας θέσιν ως προφυλακή όλης της αποστατησάσης Ελλάδος ριψοκινδυνεύσασα είναι η Σάμος.

Η *νήσος* αύτη χωρίζεται από της Ασίας διά πορθμού ενός μιλίου ως έγγιστα το πλάτος· είχεν 25 χωρία μικρά μεγάλα και εξακισχιλίας χριστιανικάς οικογενείας· διετέλει υπό τον σεχουλισλάμην και απελάμβανεν άλλοτε πολλά προνόμια διοικουμένη αυτονόμως παρά των αυτοχθόνων επί μικροίς φόροις. Από τινος δε καιρού εστέλλετο αγάς και καδής και ηυξήθησαν και οι φόροι του χαρατσίου, του οίνου και του τελωνίου. Επεκράτουν δε εν τη νήσω δύο φατρίαι υπό το όνομα η μεν των *καλικαντσάρων* η των ολιγαρχικών, η δε των *καρμανιόλων* η των δημοτικών· η επικρατεστέρα δε φατρία αρχομένης της επαναστάσεως ήτον η των καλικαντσάρων.

Την 17 απριλίου έρριψαν άγκυραν εις το στενόν της Μυκάλης δύο σπετσιωτικά πλοία. Η εμφάνισις αυτών υπό την νεοφανή σημαίαν της ελευθερίας έβαλεν άνω κάτω την Σάμον όλην, και έγεινεν αφορμή ν' αποστατήση την αυτήν ημέραν το Βαθύ. Την δε επελθούσαν νύκτα ώρμησάν τινες των κατοίκων της

ΚΕΦΑΛΑΙΟΝ I.

κωμοπόλεως εκείνης και έσφαξαν τους ενδιατρίβοντας χάριν εμπορίου φιλησύχους Τούρκους αντί να τους αποβιβάσωσιν αβλαβείς εις την αντικρύ ξηράν, ως μήτε αντιτείναντας μήτε επιφόβους όντας. Μετά δε την σκληράν ταύτην και αδικαιολόγητον πράξιν ητοιμάσθησαν να μεταβώσιν εις την Χώραν, πρωτεύουσαν της Σάμου, κατοικουμένην υπό 1500 ψυχών επί σκοπώ να φονεύσωσι τους ενδιατρίβοντας Τούρκους και τον αγάν και τον καδήν. Αλλ' οι προεστώτες της Χώρας, μη θέλοντες την επανάστασιν, και συστήσαντες φρουράν εξ 100 οπλοφόρων, εματαίωσαν την επαπειλουμένην εισβολήν και την μελετωμένην φθοράν των Τούρκων· παρεκάλεσαν δε και τον εν Κουσαντασίω Ελέζογλουν και τον μπέην της Ρόδου να στείλωσιν, ο μεν πρώτος χιλίους στρατιώτας, ο δε δεύτερος πλοίον εις παύσιν των εν τη νήσω αναφυεισών ταραχών και εις σύλληψιν των αποστατών· ιδόντες όμως μετ' ολίγον, ότι το επαναστατικόν πνεύμα διεχέετο καθ' όλην την νήσον, δεν ανέμειναν την ζητηθείσαν δύναμιν, αλλ' απέπεμψαν τους παρ' αυτοίς Τούρκους κρυφίως επί την αντικρυς Ασίαν εις λύτρωσιν από αφεύκτου και αδίκου θανάτου. Τούτου γενομένου, όλη η νήσος, και αυτή η Χώρα, ήσαν εντός ολίγων ημερών εις πλήρη επανάστασιν παρά γνώμην των προεστώτων.

1821.

ΚΕΦΑΛΑΙΟΝ ΙΑ.

Κατάστασις τῆς στερεᾶς Ἑλλάδος.

Η ΣΤΕΡΕΑ Ἑλλὰς κατεπιέζετο καὶ ἐξηντλεῖτο πολλὰ ἔτη ὑπὸ τὸν Ἀλῆν. Ὑπὸ διαφόρους προφάσεις ὁ πλούσιος, εἴτε Τοῦρκος εἴτε Χριστιανός, ἐγυμνοῦτο, καὶ ὁ δυνατὸς πάντοτε ἐμηδενίζετο, συχνάκις δὲ καὶ ἐφονεύετο. Ὁ ἀσυνείδητος οὗτος σατράπης ἐκίνει τοὺς Τούρκους κατὰ τῶν Χριστιανῶν, τοὺς Χριστιανοὺς κατὰ τῶν Τούρκων καὶ τοὺς οἰκείους κατὰ τῶν οἰκείων· ἐβράβευε τὴν κακίαν, ἐπαίδευε τὴν ἀρετήν, διέφθειρε τὸν λαὸν ὅλον, καὶ ἐθεώρει καὶ αὐτὴν τὴν οἰκειακὴν τιμὴν τῶν ἀθλίων ῥαγιάδων καθημερινὸν παίγνιον τῶν αἰσχρῶν καὶ ἀπλήστων ἐπιθυμιῶν του· ἐν ἑνὶ λόγῳ οὐδὲν ὅσιον ἐσέβετο, καὶ οὐδὲν ἀνόσιον ἀπεστρέφετο· ἀγωνιζόμενος δὲ πάντοτε νὰ ἐκτείνῃ τὰ ὅρια καὶ τῆς αὐθαιρέτου ἐξουσίας του καὶ τῆς τοπαρχίας του, καὶ νὰ βάλλῃ ὑπὸ τὰς θελήσεις του τοὺς ἀπειθεῖς ἢ ἀντιπάλους του, εἶχε πάντοτε περὶ ἑαυτὸν μεγάλας δυνάμεις ὡς ὄργανα τῶν φιλάρχων καὶ πλεονεκτικῶν σκοπῶν του. Ἐπειδὴ ἐξ αἰτίας τῆς τυραννίας ἐπλεόναζεν ἡ λῃστεία, ὁ Ἀλῆς εἰς ἐξόντωσιν αὐτῆς εἶχε χρείαν μεταβατικῶν ὁπλοφόρων· καὶ ἡ χρεία αὕτη διετήρει τὰ πολυθρύλλητα καπητανάτα τῶν μερῶν ἐκείνων. Οἱ κάτοικοι, καταπιεζόμενοι ἐν ταῖς εἰρηνικαῖς τῶν ἐργασίαις, ἠσπάζοντο τὸν στρατιωτικὴν βίον, εὑρίσκοντες ἐν αὐτῷ ἀσφάλειαν, ἄνεσιν, τιμὴν καὶ κέρδος· ὥστε

ΚΕΦΑΛΑΙΟΝ ΙΑ.

αυτός ο δεσποτισμός και αυτή η τυραννία του Αλή εγύμναζαν πολύ μέρος των κατοίκων εις την χρήσιν των όπλων, και προητοίμαζαν αγνώστως την ευτυχή ανέγερσιν της Ελλάδος. Η καταδρομή του συνετέλεσε τα μέγιστα εις γενικήν εφόπλισιν των βουλομένων και δυναμένων Ελλήνων να φέρωσιν όπλα, των μεν υπέρ αυτού, των δε κατ' αυτού· ώστε η στερεά Ελλάς εφαίνετο κατ' εκείνας τας ημέρας όλη στρατόπεδον. Οι δε Εταίροι, δράξαντες επιδεξίως την ευκαιρίαν της καταδρομής του, και θεωρούντες τους σκοπούς των συμβιβαζομένους προς τους σκοπούς αυτού, τω ανεκάλυψαν το μυστήριον της Εταιρίας, και τον εθάρρυναν λέγοντές τω, ότι δάκτυλος ρωσσικός υπεκίνει τα πάντα. Ο πανούργος σατράπης υπεκρίθη προθυμίαν και ειλικρίνειαν εξ αιτίας της δεινής θέσεώς του· αλλ' επιθυμών παντοίοις τρόποις να εξιλεώση τον κυριάρχην του, προς ον και άλλοτε είχεν ανακοινώσει όσα έμαθε περί της Εταιρίας, τω εγνωστοποίησε τα πάντα, υποσχόμενος, αν αμνηστεύετο, να σβέση εντός ολίγων ημερών την ανάψασαν εν Πελοποννήσω φλόγα της επαναστάσεως. Αλλ' η Πύλη απέρριψε τας προτάσεις του αλαζονευομένη επί τη υπεροχή της και απιστούσα εις τον ψευδή χαρακτήρά του. Αν κατεδέχετο η Πύλη να πολιτευθή τον Αλήν, η ελληνική επανάστασις θα επνίγετο εν τοις σπαργάνοις της, διότι είχεν ο ανήρ ούτος τόσην φήμην, τόσην ερίρροήν, τόσην πραγματικήν ισχύν, τόσην προσωπικήν γνώσιν και των ανθρώπων και των τόπων, το όνομά του διέσπειρε τόσον τρόμον καθ' όλην την Ελλάδα, ώστε το παν θα υπέκυπτεν, αν εκινείτο. Η κατ' ευτυχίαν απόρριψις της προτάσεώς του έφερε το εναντίον αποτέλεσμα· αντί πολεμίου τον ανέδειξε σύμμαχον της Ελλάδος· και η εξ ανάγκης ανταρσία του την ωφέλησε τα μέγιστα, διότι κατ' αυτήν την έκρηξιν της επαναστάσεως εν Πελοποννήσω, καθ' ην ο Πελοποννήσιος Έλλην ήτον εισέτι και άτολμος και απειροπόλεμος και ανεφοδίαστος και αβέβαιος, η αντίστασίς του ανεχαίτισε πολλάς των εν τη στερεά Ελλάδι σουλτανικών δυνάμεων ετοίμους να πέσωσιν εις Πελοπόννησον και ικανάς να την υποτάξωσιν.

Η Εταιρία, ως είπαμεν, είχεν ολίγους οπαδούς κατά την στερεάν Ελλάδα διά τον φόβον του Αλή· αλλά τα υπ' όψιν των στερεοελλαδιτών μεγάλα κατά την Πελοπόννησον, την γείτονά των, συμβάντα εφείλκυαν όλην την προσοχήν των, και τους ερέθιζαν έτι μάλλον αι ακατάπαυστοι των Πελοποννησίων προτροπαί εις συμμέθεξιν του υπέρ πατρίδος αγώνος. Η θέσις της στερεάς Ελλάδος δεν ήτον οποία η της Πελοποννήσου. Αν και εις ένοπλον κίνησιν εξ αιτίας της αλληλομαχίας του σουλτάνου και του Αλή, η αβεβαιότης της εκβάσεως του εμφυλίου τούτου πολέμου, ο εύλογος φόβος και η επικρατούσα υποψία συμβιβασμού των αλληλομαχούντων, ικανού να επιφέρη αφεύκτως την αποτυχίαν παντός επαναστατικού κινήματος, έτι δε και η εν αυτή παρουσία τόσων στρατευμάτων ήσαν ισχυρά αίτια ν' αναστείλωσι την εις την επανάστασιν ροπήν της.

Ο Αλής εκυρίευσεν επί των λαμπρών ημερών του το Σούλι, και ηνάγκασε τους Σουλιώτας να καταφύγωσιν εις ξένην γην και να ψωμοζητώσιν. Υποχείριόν του ήτο καθ' ον καιρόν απεκηρύχθη· μεγάλως δε θα εχρησίμευε τη Πύλη η σύμπραξις του τολμηρού και εμπειροπολέμου τούτου λαού, διψώντος την ανάκτησιν της γης του, και πνέοντος εκδίκησιν κατά του θανασίμου εχθρού του Αλή. Αλλ' ο αρχιστράτηγος αυτής Ισμαήλπασας ο άλλοτε Ισμαήλμπεης, ο και Πασόμπεης, κάκιστα επολιτεύθη τους νέους τούτους φίλους της· εφωράθη δε και επιβουλευσμενος αυτούς, είτε διότι οι αντίζηλοί των Αλβανοί ερραδιούργησαν, ώστε να δυσπιστή προς αυτούς, είτε διότι έκρινε την κατά τας παρούσας περιστάσεις ωφέλειαν της υπηρεσίας των πολύ κατωτέραν της προς τα τουρκικά συμφέροντα μετά ταύτα βλάβης, εκ της επανόδου χριστιανικού και ανδρείου λαού εις τόπον τόσον οχυρόν. Ο άοκνος και προσεκτικός Αλής ωφεληθείς εκ της προς τους Σουλιώτας κακής διαθέσεως του αντιπάλου του, και εγκολπωθείς αυτούς, τοις απέδωκε την πατρίδα των, τους εμίσθωσεν ως συναγωνιστάς του και αντήλλαξεν εις αμοιβαίαν ασφάλειαν και ομήρους. Εν ω δε ταύτα ενηργούντο, ούτε η ελληνική επανάστασις είχεν εκραγή, ούτε οι Σουλιώται εγνώριζαν τα της Εταιρίας· διά τούτο ανεδέχθησαν απλώς και ειλικρινώς επί λόγω τοπικών και ιδιαιτέρων συμφερόντων τον υπέρ του Αλή αγώνα· και αφ' ου εξερράγη η επανάστασις, και εμυήθησαν τα της Εταιρίας, ουδέ και τότε εφάνησαν εξ αιτίας των περιστάσεων αλλάξαντες σκοπόν, ουδέ σημαίαν εθνικήν ύψωσαν, αν και εσωτερικώς εφρόνουν όσα και οι λοιποί Έλληνες υπέρ της γενικής ελευθερίας του έθνους. Ο υπό τοιαύτην όμως μορφήν ενεργούμενος πόλεμος υπέφαινε τον αληθινόν του χαρακτήρα προς τους άλλους Έλληνας, οίτινες ατενίζοντες μακρόθεν εις την ακρότομον Κιάφαν πολεμούσαν και πολεμουμένην, την έβλεπαν διά του λογισμού των ως λαμπάδα καιομένην εφ' υψηλής περιωπής εις φωτισμόν των εν τω σκότει της δουλείας καθημένων και εις χειραγωγίαν των.

1821.

ΚΕΦΑΛΑΙΟΝ ΙΒ.

Ἀποστασία Φωκίδος καὶ Βοιωτίας.—Ἐκστρατεία εἰς Πατρατσίκι.—Ἀποστασία Ἀττικῆς.—Περιγραφὴ καὶ ἀποστασία Θετταλομαγνησίας καὶ Εὐβοίας.—Ἀποστασία Μακεδονίας καὶ Κρήτης.

ΑΝ καὶ ἀπέναντι τῶν ἐν Πελοποννήσῳ μεγάλων συμβάντων διεγειρόντων ἐν ταῖς καρδίαις τῶν στερεοελλαδιτῶν ἐνθουσιασμόν, ἅμιλλαν καὶ φιλοτιμίαν, ἡ Αἰτωλοακαρνανία δὲν ἠσπάσθη διὰ μιᾶς τὸν ἐθνικὸν ἀγῶνα, ἐξ αἰτίας τῆς ἐπὶ τῶν πυλῶν τῆς Ἠπείρου ὅπου ἦσαν τὰ μεγάλα ἐχθρικὰ στρατόπεδα θέσεώς της, ἄλλα ὅμως τῆς στερεᾶς Ἑλλάδος μέρη, ἀπώτερον κείμενα, τὸν ἠσπάσθησαν θαρραλέως· ἀλλ' οὐδ' αὐτὰ ἐκ κοινοῦ συνθήματος ἢ ἐκ κοινῆς προμελέτης, ὡς προεῤῥέθη, ἂν καὶ λόγος ἐγίνετο πολὺς περὶ τούτου μυστικῶς παρὰ τοῖς ὁπλαρχηγοῖς καὶ τοῖς προκρίτοις.

Ὁπλαρχηγὸς τῆς ἐπαρχίας Σαλώνων ἦτον ὁ Πανουργιᾶς, ὅστις, ἅμα ἐπολιορκήθη ὑπὸ τῶν βασιλικῶν ὁ Ἀλῆς, ἔφυγεν ἐξ Ἰωαννίνων καὶ ἦλθεν εἰς Σάλωνα. Τὴν 24 μαρτίου, ὅ ἐστιν ἀφ' οὗ ἔμαθεν ὅτι ἐκινήθη ἡ Ἀχαΐα, διέτριβε μετὰ τῶν ὑπὸ τὴν ὁδηγίαν του 60 ἁρματωλῶν ἐν τῇ μονῇ τοῦ προφήτου Ἠλίου μίαν ἥμισυ ὥραν μακρὰν τῶν Σαλώνων, ὅπου ἐκάλεσε τοὺς προεστῶτας τῆς πόλεως καὶ τῶν χωρίων εἰς γενικὴν συνέλευσιν, καθ' ἣν ἀπεφασίσθη ὁμοφώνως νὰ προσβάλωσι τοὺς ἐν τῇ ἐπαρχίᾳ Τούρκους. Διέταξε δὲ συγχρόνως τὸν μὲν γαμβρόν του καὶ ὑπο-

ΚΕΦΑΛΑΙΟΝ ΙΒ.

πλαρχηγόν του Θανάσην Μανίκαν νὰ στρατολογήσῃ κατὰ τὸ τμῆμα τῶν Βλαχοχωρίων τοὺς ἱκανοὺς νὰ φέρωσιν ὅπλα, τὸν δὲ ἐξάδελφόν του Γιάννην Γκούραν, ὅστις ἀφανὴς τότε διέπρεψε μετὰ ταῦτα, ν' ἀπελθῃ εἰς τὸν ἅγιον Γεώργιον ἐπὶ στρατολογίᾳ, καὶ νὰ συννοηθῇ μετὰ τῶν κατοίκων τοῦ Γαλαξειδίου, οἵτινες μηδένα ἔχοντες συγκάτοικον Τοῦρκον καὶ ἐρεθιζόμενοι καθ' ἑκάστην ὑπὸ τῶν Πατρέων, πολλὴν ἐπιῤῥοὴν παρ' αὐτοῖς ἐχόντων διὰ τὰς πολλὰς ἐμπορικὰς σχέσεις, ἀνυπόμονοι ἦσαν ν' ἀποτινάξωσι τὸν ζυγόν. Ἀφ' οὗ δὲ συνενοήθησαν, ἐκίνησαν τὴν νύκτα τῆς 26, οἱ μὲν ἐξ ἑνὸς οἱ δὲ ἐξ ἄλλου μέρους, ἐξημερώθησαν εἰς Σάλωνα καὶ ἐπολιόρκησαν ὑπὸ τὴν ἀρχηγίαν τοῦ Πανουργιᾶ τὸ φρούριον, ὅπου ὑποπτεύοντες οἱ Τοῦρκοι ἐπρόλαβαν καὶ ἐκλείσθησαν ὅλοι σὺν γυναιξὶ καὶ τέκνοις, καὶ συνεκλείσθησαν καὶ ὅλαι αἱ ἐκεῖ μετὰ τὴν ἀνέγερσιν τῆς Ἀχαΐας μεταβᾶσαι τουρκικαὶ οἰκογένειαι τῆς Βοστίτσης· ἦσαν δὲ μεταξὺ ὅλων αὐτῶν 600 ἔνοπλοι. Ὁ ἐνθουσιασμὸς τῶν κατ' ἐκεῖνα τὰ μέρη Ἑλλήνων ἦτο μέγας, κυρίως δὲ ὁ τῶν Γαλαξειδιωτῶν, μεταφερόντων εἰς εὐόδωσιν τοῦ κοινοῦ ἀγῶνος ψιλὰ ὅπλα, πολεμεφόδια καὶ κανόνια ἐκ τῶν πλοίων. Ἂν καὶ οἱ Τοῦρκοι ἦσαν δυνατοί, οἱ Ἕλληνες ἐπέπεσαν τόσον ὁρμητικῶς, ὥστε ἐκυρίευσαν τὴν πρώτην ἡμέραν τὸ πρὸς τὴν ῥίζαν τοῦ φρουρίου νερόν. Οἱ δὲ ἔμφρουροι, ἀπρομήθευτοι τῶν ἀναγκαίων καὶ διψῶντες, ἐξώρμησαν τὴν 8 ἀπριλίου ἐπ' ἐλπίδι νὰ κυριεύσωσι κἂν τὴν παραῤῥέουσαν πηγήν, ἀλλ' ἀπέτυχαν καὶ ἐφονεύθησαν 13, ἐν οἷς καὶ ὁ ἐπ' ἀνδρίᾳ γνωστὸς Χάϊδας. Πεινῶντες οἱ δυστυχεῖς καὶ διψῶντες παρεδόθησαν ἐνήμερα τοῦ Πάσχα (10 ἀπριλίου), ἐπ' ἀσφαλείᾳ ζωῆς καὶ τιμῆς, καὶ παρέδωκαν καὶ τὰ ὅπλα τῷ Πανουργιᾷ, ἔμπροσθεν τῆς πύλης καθημένῳ, καὶ παραλαμβάνοντι αὐτά· καὶ οἱ μὲν ἔμειναν ἐν ταῖς οἰκίαις των ανεπηρέαστοι, οι δε εις πλειοτέραν ασφάλειαν ηθέλησαν να κατοικήσωσι μεθ' ων είχαν σχέσεις Χριστιανών. Το φρούριον δε των Σαλώνων ήτο το πρώτον των κυριευθέντων υπό των Ελλήνων.

Γνωσθείσης της πολιορκίας των Σαλώνων, ό Δήμος Καλτσάς, όπλαρχηγός Λιδωρικίου και Μαλανδρίνου, συννοηθείς μετά του Αναγνώστη Λιδωρίκη, του Παπά Γεωργίου Πολίτη, και λοιπών προεστώτων των δύο επαρχιών, έχων και αυτός 60 αρματωλούς και συμπαραλαβών τους δυναμένους να φέρωσιν όπλα χωρικούς, ύψωσε την σημαίαν της ελευθερίας την 28 μαρτίου· και αυτός μεν εισήλθε την αυτήν ημέραν υπό τον ήχον των τυμπάνων εις Λιδωρίκι, απέστειλε δε τον υποπλαρχηγόν του Θεοδωρήν Χαλβαντσήν εις Μαλανδρίνον. Οι Τούρκοι και οι εν Λιδωρικίω και οι εν Μαλανδρίνω εκλείσθησαν εντός τινων οικιών, και αντέστησαν· αλλά μετά δύο ημέρας, αφ' ου εφονεύθησάν τινες αυτών, κατέθεσαν τα όπλα και παρεδόθησαν ως και οι εν Σαλώνοις.

Κατόπιν των επαρχιών τούτων ύψωσε την ελληνικήν σημαίαν η της Λεβαδείας υπό την επίρροήν του οπλαρχηγού της Θανάση Διάκου, σκοπεύοντος να την υψώση προ των άλλων συναδέλφων του, αλλ' εμποδισθέντος δια τας των προκρίτων της πρωτευούσης της επαρχίας εκείνης διχονοίας. Ούτος, έχων 100 συντρόφους και στρατολογήσας και πολλούς Αραχωβίτας και άλλους εξ άλλων χωρίων της επαρχίας, κατέλαβε δια νυκτός τας θέσεις του Ζαγαρά και του προφήτου Ηλίου άνωθεν της πόλεως Λεβαδείας, και εκείθεν έστειλε πρώτον και απέκλεισε διόδους τινάς εις διακοπήν πάσης κοινωνίας των εντεύθεν και εκείθεν Τούρκων· έπειτα φιλιώσας τους διαφωνούντας προεστώτας της Λεβαδείας εισήλθεν εις την πόλιν υπό τας σημαίας της ελευθερίας την 30 μαρτίου. Ιδόντες δε την ένοπλον εισβολήν ταύτην οι εν τῇ πόλει Τοῦρκοι, οἱ μὲν ἀνέβησαν σὺν γυναιξὶ καὶ τέκνοις εἰς τὸ φρούριον, οἱ δὲ ἐκλείσθησαν ἐν ταῖς δυνατωτέραις οἰκίαις τῆς πόλεως· συνεκλείσθησαν δὲ καὶ οἱ ἐκεῖ εὑρεθέντες πολλοὶ Ἀλβανοί· ὁ ἀριθμὸς δὲ τῶν δυναμένων νὰ φέρωσιν ὅπλα ἐγκατοίκων Τούρκων καὶ τῶν Ἀλβανῶν ἀνέβαινεν εἰς 800. Τὴν 31 συνήφθη μάχη καὶ διήρκεσε πέντε ἡμέρας. Ὁ Ροὺκης καί τινες ἄλλοι ἀνέβησαν διὰ νυκτὸς εἰς τὸ φρούριον, ἐλπίζοντες νὰ τὸ κυριεύσωσιν· οἱ Τοῦρκοι τοὺς ἐνόησαν, τοὺς ἀντέκρουσαν, ἐπλήγωσάν τινας καὶ τοὺς ἀπεδίωξαν· ἀλλ' ἡ ἔλλειψις τῆς τροφῆς καὶ τοῦ νεροῦ τοὺς ἠνάγκασε μετ' ὀλίγον ν' ἁπλώσωσι λευκὴν σημαίαν, νὰ καταθέσωσι τὰ ὅπλα καὶ νὰ παραδοθῶσιν ὡς καὶ οἱ ἐν Σαλώνοις. Ὁ δὲ Διάκος ἐφάνη ἐξ αὐτῆς τῆς ἀρχῆς πνέων θερμὸν πατριωτισμόν, καὶ ἀνώτερος παντὸς ὑλικοῦ συμφέροντος· συνάξας τὰ παραδοθέντα ὅπλα καὶ λάφυρα τὰ παρέδωκεν ὅλα εἰς χεῖρας τῶν προκρίτων πρὸς ἀγορὰν τροφῶν καὶ πολεμεφοδίων τοῦ στρατοῦ, αὐτὸς δὲ ἐξεστράτευσε μετὰ 600 κατὰ τὴν Βοδωνίτσαν καὶ Θερμοπύλας, διότι ἐψιθυρίζετο, ὅτι στρατεύματα ἐχθρικὰ συνηθροίζοντο ἐν Ζητουνίῳ.

Καθ' ἣν δὲ ἡμέραν ἤνοιξε τὸν πόλεμον ἐν Λεβαδείᾳ, διέταξεν ὁ Διάκος καὶ τὸν ἐν τῇ ὑπὸ τὴν ὁπλαρχηγίαν του ἐπαρχίᾳ τοῦ Ταλαντίου Ἀντώνην Κοντουσόπουλον, ἐξάδελφόν του, νὰ πράξῃ καὶ αὐτὸς ἐκεῖ τὰ αὐτὰ συννοηθεὶς μετὰ τῶν προκρίτων τοῦ τόπου. Τὴν 31 μαρτίου ὑψώθη καὶ ἐκεῖ ἡ σημαία τῆς ἐλευθερίας.

Τὴν δὲ 1 ἀπριλίου ὁ ὁπλαρχηγὸς Μποῦσγος μετέβη κατὰ διαταγὴν τοῦ Διάκου εἰς Θήβας, καὶ ἔστησε καὶ αὐτὸς ἐκεῖ τὴν ἑλληνικὴν σημαίαν ἀμαχητί, διότι οἱ Θηβαῖοι Τοῦρκοι προβλέποντες ὅ,τι συνέβη, παρέλαβαν πρὸ τοῦ ἐρχομοῦ του τὰς γυναίκας, τα τέκνα και τα πράγματα των και μετέβησαν ησύχως εις Εύβοιαν.

Μαθών και ο οπλαρχηγος των επαρχιών Ζητουνίου, Βοδωνίτσης και Τουρκοχωρίου, Γιάννης Δυοβινιώτης, όσα επράχθησαν κατα τας άλλας επαρχίας και έχων 80 συντρόφους εστρατολόγησεν άλλους 500 εκ των κατοίκων των υπο τα όπλα του επαρχιών, ύψωσε της επαναστάσεως την σημαίαν, αν και ο υιός του ήτον υποχείριος του Αλη, και την 8 απριλίου επολιόρκησε το φρούριον της Βοδωνίτσης, όπου εκλείσθησαν αι εν αυτή 70 τουρκικαι οικογένειαι. Την αυτην ημέραν ήλθεν εις επικουρίαν και ο Κομνάς Τράκας, σταλεις παρα του Πανουργιά μετα 200, και ο Διάκος μετα των περι αυτόν, και ώρμησαν όλοι επι το φρούριον, όπερ, αν και μικρόν, δεν ήτον αλώσιμον ειμη δια της πείνας η της δίψας ως κείμενον επι δυνατής θέσεως· δια τούτο οι ρηθέντες οπλαρχηγοί, αφήσαντες δύναμίν τινα εις διατήρησιν της πολιορκίας, ανεχώρησαν εις Ζητούνι, και την 10 απριλίου έφθασαν εις την επι του Σπερχιού γέφυραν, όπου, δευτέρας σκέψεως γενομένης, απεφάσισαν να μη προχωρήσωσι προς το Ζητούνι, πριν συννοηθώσι και μετα του οπλαρχηγού της επαρχίας του Πατρατσικίου Μίτσου Κοντογιάννη, έχοντος και δύναμιν ικανην και επιρροήν· μετέβησαν δε εκείθεν εις Κομποτάδας πλησίον του Πατρατσικίου, όπου και εστρατοπέδευσαν. Ήλθεν εκεί και ο Πανουργιάς μετα 500, ώστε, συρρευσάντων και άλλων, όλος ο στρατος συνηριθμείτο εις 2000. Οι οπλαρχηγοι εκάλεσαν τότε τον Κοντογιάννην εις συνεκστρατείαν· δεν τους ήκουσε· τον εκάλεσαν και εκ δευτέρου· ουδε και τότε τους ήκουσεν. Η παρακοή του, αφορμην έχουσα το κινδυνώδες του επιχειρήματος, δεν ήτον άλογος, αλλ' ήτο παράκαιρος και βλαπτικη προς τους αποστατήσαντας λαους και προς τους συναδέλφους του οπλαρχηγούς· τον εκάλεσαν και εκ τρίτου, έστειλαν και παραινέτας τον Γεώργην Δεσποτόπουλον και τους αξιωματικούς του Διάκου, Καλύβαν και Μπακογιάννην, οίτινες τον απήντησαν κατά τον Κούκον εξ ώρας μακράν του ελληνικού στρατοπέδου· αλλ' ούτε αυτοί τον έπεισαν· ώστε το ελληνικόν στρατόπεδον εκάθητο αργόν οκτώ ημέρας. Αλλ' ό,τι δεν κατώρθωσαν αι προσκλήσεις και παραινέσεις, κατώρθωσαν ο ζήλος και ο ενθουσιασμός των ανεψιών του και υποπλαρχηγών του, και η γνωσθείσα απόφασις των λοιπών οπλαρχηγών να προσβάλωσι το Πατρατσίκι και παρά γνώμην αυτού. Αφ' ου δε ηνώθη και ο Κοντογιάννης, ουδείς οπλαρχηγός της ανατολικής Ελλάδος (α) έμενε εκτός του αγώνος, και εκ συμφώνου απεφασίσθη να κινηθώσιν εις άλωσιν του Πατρατσικίου· και ο μεν Κοντογιάννης να προσβάλη διά του δυτικού μέρους, οι δε λοιποί διά του ανατολικού. Εν τούτοις παρεδόθη το φρούριον της Βοδωνίτσης.

Αφ' ης ημέρας οι εν Πατρατσικίω Τούρκοι, εν οις ήσαν 800 οπλοφόροι, εντόπιοι, Αλβανοί και άλλων επαρχιών, έμαθαν τα εν Σαλώνοις, ητοιμάσθησαν εις μάχην, ωχύρωσαν τας δυνατωτέρας οικίας, το ωρολογιοστάσιον, το ζαμίον, την εκκλησίαν, τους πύργους και άλλα μέρη, έφραξαν τας οδούς και τας στενωπούς, και εξήλθαν οι πλείστοι προς τον ρύακα του προαστείου των Μπογομύλων προσμένοντες τους εχθρούς εντός των εκεί οχυρωμάτων. Οι δε κατά τους Κομποτάδας Έλληνες επέπεσαν την 18 απριλίου τόσον ορμητικοί, ώστε διά του πρώτου τουφεκισμού τους ηνάγκασαν ν' αφήσωσι τους Μπογομύλους, και να περιορισθώσιν, εν τη πόλει· έκαυσαν δε και τας οικίας των Μπογομύλων και εισήλθαν εις την πόλιν πολεμούντες και καίοντες. Καθ' ον δε καιρόν εκινήθησαν οι ανωτέρω εκ του ανατολικού μέρους, εκινήθησαν και οι εν τω μοναστηρίω της Άγάθωνας υπο τον Κοντογιάννην, και διαβάντες τον Ξηριάν έπεσαν εις Μισαλάν, απεδίωξαν τους εκεί οχυρωθέντας Τούρκους και εισήλθαν και ούτοι εις την πόλιν πολεμούντες και καίοντες· αλλ' οι κλεισθέντες εν τοις οχυροίς κτιρίοις Τούρκοι αντείχαν γενναίως. Περί δε το μεσονύκτιον, καθ' ην ώραν εξησθένησεν ό πόλεμος, είδαν οι Έλληνες επί της πεδιάδος κατά το Λιανοκλάδι παμπληθή πυρά των εχθρών ελθόντων εκεί διά νυκτός, και φοβηθέντες μη αποκλεισθώσιν υπό του συνακολουθούντος ιππικού ανεχώρησαν την επαύριον, ο μεν Κοντογιάννης εις τα ίδια, οι δε λοιποί οπλαρχηγοί εις Κομποτάδας, αφήσαντες την πόλιν ημίκαυστον. Επί της επιδρομής δε ταύτης εσκοτώθησαν 6 Έλληνες και επληγώθησαν 5 εν οις και ο Ρούκης. Εσκοτώθησαν και 10 Τούρκοι και επληγώθησαν άλλοι τόσοι.

Ούτε η αποτυχία της εκστρατείας ταύτης, ούτε η εμφάνισις των εχθρών κατά το Λιανοκλάδι έστησαν την πρόοδον της επαναστάσεως κατά την ανατολικήν Ελλάδα.

Η Αττική ήτον η μόνη επαρχία εκείνου του μέρους, η έως τότε μη αποστατήσασα. Είδαμεν ότι αι επαρχίαι της ανατολικής Ελλάδος ανηγέρθησαν διά της ενεργείας των οπλαρχηγών των· αλλ' η Αττική ήτον η μόνη των επαρχιών της στερεάς Ελλάδος η μη έχουσα έκπαλαι οπλαρχηγόν, διότι ούτε η θέσις της ούτε τα βουνά της εθεωρούντο κατάλληλος φωλεά κλεπτών καθ' ων εσυστήθησαν τα αρματωλίκια· διά τούτο αι Αθήναι, εν ω απεστάτησαν τα γειτωνικά μέρη, διέμειναν μέχρι τινός υπό την πλήρη κυριότητα των Τούρκων κυμαινόμεναι μεταξύ επιθυμιών και φόβων.

Ο Μελέτης Βασιλείου, κάτοικος των Χασιών, χωρίου της Αττικής κειμένου, κατά την ονομασίαν του, εντός

ΚΕΦΑΛΑΙΟΝ ΙΒ.

τῆς περιοχῆς τοῦ παλαιοῦ δήμου τῶν Χαστιέων καὶ πλησίον τῆς Φυλῆς, ἣν ἄλλοτε κατέλαβαν οἱ καταλύσαντες τὴν τυραννίαν τῶν Τριάκοντα, ἄνθρωπος φιλόπατρις, γενναῖος καὶ πολλὴν ἔχων ἐκεῖ ἐπιρροήν, θέλων ν' ἀπαλλάξῃ τὸ χωρίον του τῶν κακῶν ὅσα ὑπέφερεν ὅλη ἡ Ἀττικὴ καὶ παρὰ τοῦ διοικητοῦ της καὶ παρὰ τοῦ ἡγεμόνος τῆς Εὐβοίας, οὕτινος ἡ δικαιοδοσία ἐξετείνετο καὶ εἰς αὐτήν, κατώρθωσεν ἄλλοτε καὶ ἀπέκοψεν αὐτὸ τῆς λοιπῆς ἐπαρχίας ἐπὶ λόγῳ ὅτι ἦτο δερβένι ἐξ αἰτίας τῆς ἐπὶ τῆς ἀνόδου τοῦ Πάρνηθος θέσεώς του, καὶ τὸ ἐπροίκησε δι' ὧν προνομίων ἐπροικίζοντο τὰ τῶν τοιούτων θέσεων χωρία, ὧν τὴν φύλαξιν ἦσαν ἐμπεπιστευμένοι ἐντόπιοι, ἔχοντες τὴν ἄδειαν τοῦ ὁπλοφορεῖν. Ἡ περίστασις αὕτη ὑπέκρυψεν εὐσχήμως, ὅτε ἦλθεν ἡ ὥρα τῆς γενικῆς ἐπαναστάσεως, τοὺς ἀληθεῖς σκοποὺς τοῦ Μελέτη, ὅστις, μέλος τῆς Φιλικῆς Ἑταιρίας, ἀφ' οὗ εἶδεν ὅσα συνέβησαν ἐν ταῖς πλησιοχώροις ἐπαρχίαις, ὥπλισε τὴν 1 ἀπριλίου τοὺς χωρικούς του ἐπὶ λόγῳ, ὅτι θὰ ὑπερασπίζε τὸν τόπον του ἀπὸ πάσης ἐνδεχομένης ἐπιδρομῆς κλεπτῶν, ἔστησε τὸ μικρόν του στρατόπεδον ἐν Μενιδίῳ, συμπαρέλαβε συναγωνιστάς του τοὺς Μενιδιώτας ὑπὸ τὸν χατσῆ-Ἀναγνώστην Τσουρκατιώτην, καί τινας Σαλαμινίους ἐλθόντας πρὸς αὐτὸν αὐθορμήτως, καὶ τὴν 18 ἀπριλίου ἐκτύπησεν ἐν τῷ ἀντικρὺ τῆς Εὐβοίας χωρίῳ τῆς Ἀττικῆς, Καλάμῳ, τοὺς περὶ τὸν Καρύστιον Ὁμέρμπεην μεταβάντας ἐκεῖ ἐξ Εὐβοίας εἰς παρατήρησιν τῶν κατ' ἐκεῖνα τὰ μέρη νεωστὶ συμβάντων. Θέλοντες δὲ ὁ Μελέτης καὶ οἱ λοιποὶ νὰ ἑνωθῶσιν ὑπὸ ἕνα καὶ τὸν αὐτὸν ἀρχηγόν, ἀντιπροσωπεύοντα τὴν Ἑταιρίαν, παρεκάλεσαν τοὺς ἄρχοντας τῆς Λεβαδείας νὰ τοῖς στείλωσι τοιοῦτον. Οἱ ἄρχοντες εὑρόντες κατάλληλον τὸν Δῆμον Ἀντωνίου, κατηχητὴν πρὸ ὀλίγου τῆς Ἑταιρίας, εὐρωπαϊκὰ ἐνδεδυμένον, τῷ ἔβαλαν ἐπωμίδας και περικεφαλαίαν και τον έστειλαν εις Μενίδι, όπου τον υπεδέχθησαν οι Αττικοί ως άνδρα υπερέχοντα εξ αιτίας της ασυνήθους στολής του, και ετέθησαν υπ' αυτόν μεθ' όσης άλλοτε αφοσιώσεως ετέθησαν οι Σπαρτιάται υπό τον χωλόν συμπατριώτην του Μελέτη Τυρταίον.

Οι κάτοικοι Τούρκοι των Αθηνών ήσαν 400 οικογένειαι· παρευρίσκοντο και 60 Αλβανοί ως αστυνομική δύναμις. Ανησύχαζαν δε δικαίω τω λόγω βλέποντες τα κινήματα των πλησιοχώρων επαρχιών· αλλ' ιδόντες και τα χωρία αυτής της επαρχίας των εις ένοπλον κίνησιν, και τους χωρικούς αρπάζοντας ποίμνια υπό τα τείχη της πόλεως, κατεταράχθησαν και ωργίσθησαν· και κατ' αρχάς μεν συνέλαβαν την κοινήν ιδέαν να σφάξωσιν όλους τους εν Αθήναις δυναμένους να οπλοφορώσι Χριστιανούς· αλλά βλέποντες, ότι τούτο ούτε πολιτικόν ήτον, ούτε ευκατόρθωτον, και ότι εδύνατο να επιφέρη ό,τι ήθελαν ν' αποφύγωσι, παρητήθησαν· ήρχισαν όμως να προετοιμάζωνται ανακομίζοντες τροφάς και τα πράγματά των εις την ακρόπολιν, καθαρίζοντες μίαν των δύο ευχρήστων αλλά προ καιρού μη εν χρήσει δεξαμενών και μετακομίζοντες εκ της πόλεως νερόν. Πεισθέντες δε εξ όσων ήκουαν και έβλεπαν, ότι οι έξωθεν κλέπται θα εφώρμων, συνέλαβαν αίφνης την 11 απριλίου τους τρεις προεστώτας και 10 άλλους περιφερομένους εις τας οδούς της πόλεως, τους ανεβίβασαν εις την ακρόπολιν και τους εφυλάκισαν. Η σύλληψις αύτη εφόβισε τους άλλους προύχοντας και τους ηνάγκασε να κρυβώσιν· αλλά τους ηνάγκασεν εν ταυτώ και να συννοηθώσι κρυφίως μετά των έξω και τους προτρέψωσι να έμβωσιν ένοπλοι εις την πόλιν· ώστε ό,τι έπραξαν οι Τούρκοι εις προφύλαξίν των απέβη εις βλάβην των.

Απρονόητοι δε και ασυνεπείς, φυλακίσαντες εν

τῇ ἀκροπόλει τοὺς προεστῶτας καὶ λοιπούς, δὲν ἐφρόντισαν νὰ ἔχωσιν ἱκανοὺς φύλακας ἐν τῇ πόλει, ἐν ᾧ ἔβλεπαν τόσους ὁπλοφόρους Χριστιανοὺς ἐκτὸς αὐτῆς· ἀλλ' ὅ,τι διακρίνει ὑπὲρ πᾶν ἄλλο τὴν μωρίαν των εἶναι, ὅτι, ἐξαιρουμένων τῶν πυλῶν τοῦ τείχους φυλαττομένων ὑπὸ Τούρκων, ἐφρούρουν τὰ λοιπὰ μέρη αὐτοῦ κατὰ διαταγὴν αὐτῶν Χριστιανοί.

Τὴν νύκτα τῆς 25 ἀπριλίου συσσωματωθέντες οἱ ἔξωθεν Χριστιανοὶ ἐν Μενιδίῳ, ὡς 600, ἄλλοι φέροντες ὅπλα, ἄλλοι λόγχας, καὶ ἄλλοι ῥόπαλα, ἐστράτευσαν πρὸς τὴν πόλιν δύο ὥρας πρὶν ἐξημερώσῃ, ἀνέβησαν ἡσύχως τὸ μεταξὺ τῶν πυλῶν τῶν ἁγίων Ἀποστόλων καὶ τῆς Μπουμπουνίστρας τεῖχος, εἰσεπήδησαν ἀνεμποδίστως, ἐφόνευσαν τοὺς ἐπὶ τῶν δύο πυλῶν ὀλίγους Τούρκους, καὶ διεσπάρησαν εἰς τὴν πόλιν τουφεκίζοντες καὶ ἀλαλάζοντες. Ἐπειδὴ δὲ οἱ Τοῦρκοι ἀνέβαιναν πᾶσαν ἑσπέραν εἰς τὴν ἀκρόπολιν, ὀλίγοι εὑρέθησαν ἐν τῇ πόλει, δι' ὃ καὶ ὀλίγοι ἐχάθησαν. 36 δὲ, ἄνδρες, γυναῖκες, παιδία, ἐκ τῶν ἐνευρεθέντων κατέφυγαν εἰς τὰ προξενεῖα καὶ διεσώθησαν. Οἱ Ἀττικοί, κυριεύσαντες τὴν πόλιν, ἔστησαν τὴν 28 τὴν σημαίαν τῆς ἐλευθερίας ἐπὶ τοῦ διοικητηρίου, ὅπου ἐκάθησαν καὶ οἱ ὁπλαρχηγοί, ἐν οἷς καὶ ὁ πρωταθλητὴς τῆς Ἀττικῆς Μελέτης.

Μόλις διεδόθη εἰς τὰ πέριξ ἡ εἴδησις τῶν συμβάντων τούτων, καὶ συνέρρευσεν εἰς Ἀθήνας ἱκανὸς ἀριθμὸς Αἰγινητῶν, Κείων, Θερμιωτῶν καὶ Ὑδραίων ὁπλοφόρων. Κατόπιν αὐτῶν ἦλθαν καί τινες Κεφαλλῆνες (5 μαΐου) φέροντες καὶ κανόνια· ὥστε ἐντὸς δέκα ἡμερῶν ὁ ἀριθμὸς τῶν ἐν Ἀθήναις ὁπλοφόρων συνηριθμεῖτο εἰς τρισχιλίους.

Οἱ ἔγκλειστοι Τοῦρκοι, βλέποντες μεταξὺ τῶν πολιορκητῶν πολλοὺς φραγκοενδεδυμένους, τινὰς δὲ φοροῦντας καὶ στολάς, ἠπόρησαν καὶ ἠρώτησαν διὰ γράμματος τους προξένους, αν οι Φράγκοι βασιλείς εκήρυξαν πόλεμον κατά του σουλτάνου. Οι πρόξενοι τοις έγραψαν την αλήθειαν· αλλ' οι Έλληνες, μαθόντες τας υποψίας και τους φόβους των, συνέλεξαν όσους ίππους, όνους και ημιόνους ηύραν, και άλλοι καθήσαντες επ' αυτών, των μεν εχόντων των δε μη εχόντων εφίππια, άλλοι δε πεζοί, και οι πλείστοι φραγκοφορούντες και σκιαδοφορούντες, περιήλθαν μια των ημερών την ακρόπολιν υπό τον κρότον ευρωπαϊκών τυμπάνων και σαλπίγγων επιδεικνύμενοι δήθεν τον ευρωπαϊσμόν των· αλλά κανονία, πεσούσα εκ της ακροπόλεως εν μέσω αυτών και φονεύσασα ένα, διέλυσεν εν τω άμα την γελοίαν ταύτην σκηνήν.

Δράξαντες οι Αθηναίοι τα όπλα επεμελήθησαν να τακτοποιηθώσι πολιτικώς και στρατιωτικώς όσον επέτρεπεν η περίστασις· και επειδή εστερούντο πολεμικής ύλης, απέσπασαν τον επί των θόλων των εν τη πόλει ζαμίων μόλυβδον, έχυσαν βόλια, και έβαλαν εις κίνησιν και τους σωζομένους πυριτομύλους· έστησαν δε κατά των εν τη ακροπόλει δια της θερμής συνδρομής και των άλλοθεν ελθόντων Ελλήνων επτά κανόνια επί διαφόρων θέσεων, της Πνυκός, του Μουσείου όπου το μνημείον του Φιλοπάππου, πλησίον των θεάτρων του Βάκχου και του Ηρώδου, και προς τον ναόν του Ολυμπίου Διός. Κατ' αίτησιν δε των Αθηναίων ήλθε τας πρώτας ημέρας της ενοπλίσεώς των εις τον Πειραιά και υδραϊκόν πλοίον 11 κανονίων, σταλέν παρά των αδελφών Κουντουριωτών υπό τον Γεώργην Νέγκαν.

Εκτός δε του κάτωθεν εις μίαν των δεξαμενών μετακομισθέντος νερού, είχαν εις χρήσιν οι Τούρκοι και το μόλις πόσιμον ενός των τριών πηγαδίων των εν τω παρατειχίσματι (σερπεντσέ)· και επειδή το της δεξαμενής θα κατηναλίσκετο εντός ολίγου, οι πολι-

ΚΕΦΑΛΑΙΟΝ ΙΒ.

ορκηταὶ ἐπροσπάθουν κατ' ἀρχὰς νὰ σπάσωσι διὰ κανονιῶν τὸ παρατείχισμα ἐπ' ἐλπίδι νὰ τὸ κυριεύσωσι καὶ στερήσωσι τοὺς ἐχθροὺς τῶν τοῦ ἐν αὐτῷ νεροῦ, διότι διὰ μόνης τῆς δίψας ἢ τῆς πείνας ἠλπίζετο ἡ κυρίευσις τῆς ἀκροπόλεως. Ἐν τοσούτῳ πολιορκηταὶ καὶ πολιορκούμενοι ἐκανονοβόλουν καὶ ἐκανονοβολοῦντο, μήτε βλάπτοντες μήτε βλαπτόμενοι. Ἔρριπταν δ' ἐνίοτε οἱ ἐν τῇ ἀκροπόλει καὶ βόμβας εἰς τὴν πόλιν, ἀλλὰ πάντοτε ἀβλαβεῖς διὰ τὴν ἀνεπιτηδειότητα τῶν ῥιπτόντων.

Ἐν τοσούτῳ ἡ ἐπανάστασις ἔβοσκε κατὰ τὴν ἀνατολικὴν Ἑλλάδα ὡς πυρκαϊὰ καὶ διεχύθη καὶ εἰς Μαγνησίαν.

Ἡ νῦν Μαγνησία, ἡ τὸ πάλαι μέχρι τῶν ἐκβολῶν τοῦ Πηνειοῦ κοινῶς Σαλαμπριᾶς ἐκτεινομένη καὶ περιλαμβάνουσα τὴν Ὄσσαν ἤτοι τὸν Κίσσαβον, περιλαμβάνει μόνον τὸ Πήλιον ὄρος, ἤτοι τὸ βουνὸν τῆς Ζαγορᾶς, καὶ σχηματίζει γλῶσσαν προέχουσαν εἰς τὴν θάλασσαν μεταξὺ τοῦ Θερμαϊκοῦ, ἤτοι τοῦ Θεσσαλονικοῦ κόλπου, καὶ τοῦ Παγασητικοῦ, ἤτοι τοῦ κόλπου τοῦ Βώλου· ἔχει δὲ πρὸς μὲν ἄρκτον ἐπὶ τῆς ξηρᾶς ὅρια τὴν μεταξὺ τοῦ Πηλίου καὶ τῆς Ὄσσης κοιλάδα, ἤτοι τὸν κάμπον τῆς Ἀγυιᾶς, πρὸς δὲ δύσιν τὴν Βοιβηΐδα λίμνην, τὴν κοινῶς Κάρλαν, καὶ μικρά τινα ῥιζοβούνια τοῦ Πηλίου, δι' ὧν χωρίζεται ἀπὸ τῆς περιοχῆς τοῦ Βελεστίνου καὶ τοῦ Ἁρμυροῦ· διαιρεῖται δὲ ἐκ φύσεως εἰς ἀνατολικοβόρειον καὶ δυτικονότειον· καὶ ἐκείνη μὲν εἶναι ὀρεινοτέρα, κρημνωδεστέρα, κατάφυτος καστανηῶν καὶ ὀλίγον καρποφόρος· αὕτη δὲ ὁμαλωτέρα καὶ εὐφορωτέρα. Ἔχει δὲ ὅλη ἡ Μαγνησία 47 χωρία περιέχοντα κατοίκους 50 χιλιάδας, ἐξ ὧν 1750 Τοῦρκοι· ὅλα δὲ τὰ χωρία εἶναι χριστιανικὰ πλὴν τοῦ Βώλου καὶ τῶν Λεχωνιῶν κατοικουμένων τοῦ μὲν ὑπὸ μόνων Τούρκων, τῶν δὲ ὑπὸ Τούρκων καὶ Χριστιανῶν. Τὸ πλῆθος δὲ τῶν κατοίκων δεικνύει πόσον πολυάνθρωπα ήσαν πολλά των χωρίων· το πολυανθρωπότερον δε ήτον η Μακρυνίτσα. Παρά την εϊσοδον δε του κόλπου του Βώλου και επι της παραλίας μικράς χερσονήσου, συνδεομένης εν σχήματι αγκώνος μετά της νοτειοδυτικής άκρας της λοιπής Μαγνησίας διά πετρώδους και δυσπροσίτου ισθμού μιας ώρας σχεδόν μήκος έχοντος, κείνται τα Τρίκερα ή Τρίκερη.

Την 5 μαίου εφάνησαν προς τα παράλια των Τρικέρων και του Αρμυρού πλοία Ύδρας και Σπετσών.

Προ τινων ετών διέτριβεν εν Μαγνησία, σχολαρχών εν Μηλιαίς, ο Άνθιμος Γαζής, μέλος της Αρχής των Φιλικών, και προετοιμαστής κατ' εκείνα τα μέρη της επαναστάσεως. Ούτος καιροφυλακτών εκίνησεν εις επανάστασιν επί τω εμφανισμώ των ρηθέντων πλοίων, ήτοι την 7 μαίου, τους κατοικούντας την Μαγνησίαν Χριστιανούς, εξ ων οι μεν επροοιμίασαν σκοτώσαντες τον διοικητήν τινων χωρίων επανερχόμενον εκ τινος επί συλλήψει υπόπτων προεστώτων περιοδίας, οι δε εκινήθησαν υπό τον Κυριακόν Μπαστέκην κατά των κατοικούντων τα Λεχώνια Τούρκων, και όλους σχεδόν, ως 600, εξωλόθρευσαν. Πληγωθέντος δε του Μπαστέκη, ανεδείχθη διάδοχος το πρωτοπαλλήκαρόν του ο Κοντονίκος. Εκείθεν εστράτευσαν οι Έλληνες εις πολιορκίαν του Βώλου, βοηθούμενοι υπό των ρηθέντων πλοίων και τινων τρικεριωτικών· και οι μεν εστρατοπέδευσαν παρά το φρούριον, οι δε επί τινος λόφου πυραμοειδούς, κοινώς καλουμένου εξ αιτίας του σχήματός του "Πι-" λάφ-Τεπέ," σκοπεύοντες να κόψωσι διά της κατοχής εκείνης της θέσεως πάσαν συγκοινωνίαν του πολιορκουμένου Βώλου και του Βελεστίνου και Αρμυρού. Εσύστησαν δε συγχρόνως και τοπικήν διοίκησιν, Βουλήν Θετταλομαγνησίας, εδρεύουσαν όπου το δεύτερον στρατόπεδον· μετ' ολίγον δε έστησαν και

1821. ΚΕΦΑΛΑΙΟΝ ΙΒ.

τρίτον πλησιέστερον τοῦ Βελεστίνου, ἐν τῷ ἁγίῳ Γεωργίῳ, καὶ πλήρεις θάρρους καὶ ἐλπίδων ὥρμησαν ἄλλοι διὰ τῆς πεδιάδος καὶ ἄλλοι διὰ τῶν βουνῶν εἰς Βελεστῖνον, τὸν ἐπάτησαν, τὸν ἔκαυσαν, ἠνάγκασαν τοὺς ἐν αὐτῷ Τούρκους νὰ κλεισθῶσιν ἐντὸς τεσσάρων πύργων, κειμένων ἐν μέσῳ εὐρυχώρων αὐλογύρων, καὶ μηδενὸς ἐναντιουμένου ἐδόθησαν ὅλοι εἰς ἁρπαγὴν καὶ εἰς κραιπάλην. Κατὰ τὴν ἔφοδον δὲ ταύτην ἐπληγώθη ὁ Κοντονῖκος, ὃν διεδέχθη ὁ Παναγιώτης Μπαστέκης. Ἀλλ' οἱ ἔγκλειστοι, βλέποντες τὴν παράλυσιν τῶν Ἑλλήνων, ἐθαρρύνθησαν τόσον, ὥστε 60 μόνον ἔφιπποι ἐξῆλθαν, καὶ διαβάντες διὰ μέσου τῶν Ἑλλήνων χιλίων ὄντων ὅλοι ἀβλαβεῖς ἔγειναν ἄφαντοι· μετὰ δέ τινας ὥρας ἡ καθημένη ἐπί τινος ὑψώματος ἑλληνικὴ σκοπιὰ ἀνήγγειλεν, ὅτι στράτευμα πολὺ ἐφαίνετο ἐπὶ τῆς ὁδοῦ τῆς Λαρίσσης ἐρχόμενον πρὸς τὸν Βελεστῖνον. Πανικὸς τότε φόβος κατέλαβε τοὺς Ἕλληνας· ὅλοι ἐγκατέλειψαν τὴν κωμόπολιν καὶ ἔτρεχαν πρὸς τὸ ἐν τῷ ἁγίῳ Γεωργίῳ στρατόπεδον· βλέποντες δὲ καὶ οἱ ἐν τοῖς πύργοις Τοῦρκοι τοὺς ἐχθρούς των φεύγοντας ἐπέπεσαν, τοὺς κατεδίωξαν μέχρι τοῦ στρατοπέδου καὶ ἐσκότωσαν 60· οἱ δὲ λοιποί, ὑποπτεύοντες ὅτι καὶ ἐν τῷ στρατοπέδῳ δὲν ἦσαν ἀσφαλεῖς, διεσκορπίσθησαν κακὴν κακῶς. Μετὰ τέσσαρας δὲ ἢ πέντε ἡμέρας ἐχύθησαν ἐντὸς τῆς Χερσονήσου πολυάριθμα τουρκικὰ στρατεύματα ὑπὸ τὸν Μαχμούτπασαν Δράμαλην, διέλυσαν τὴν πολιορκίαν τοῦ Βώλου, κατέστρεψαν τὰ χωρία Κανάλια καὶ Κύπουρνα, ἔπεσαν εἰς Μακρυνίτσαν, ἐκυρίευσαν τὸ ἐπάνω μέρος αὐτῆς φυγόντων τῶν κατοίκων, ἐκυρίευσαν μετὰ ταῦτα καὶ τὸ κάτω, ἐπάτησαν καὶ ἄλλα χωρία, ἔκαυσαν, ἥρπασαν, ἐφόνευσαν, ᾐχμαλώτευσαν, καὶ οἱ δυστυχεῖς Χριστιανοὶ κατέφευγαν πανταχόθεν πρὸς τὰ Τρίκερη. Ὁ δὲ Δράμαλης, ἀφήσας στράτευμα εἰς φύλαξιν τοῦ Βώλου, επανήλθεν εις Λάρισσαν· αλλά, μαθών ότι εσυστήθη εκ νέου ελληνικόν στρατόπεδον κατά το Μαλάχι πλησίον των Λεχωνίων, ωπισθοδρόμησε, συνήψε μάχην, ενίκησε και κατεδίωξε τους εχθρούς του μέχρι του ισθμού των Τρικέρων, όπου ευρών αντίστασιν επανήλθεν εις Λάρισσαν. Μόλις δε απηλλάχθησαν οι Έλληνες του δεινού τούτου εχθρού, και εσύστησαν πάλιν άλλο στρατόπεδον εν Λιθοκάστρῳ, πλησίον του μεγάλου χωρίου της Αργαλεστής, και έμειναν έκτοτε ανεπηρέαστοι, διότι ο Δράμαλης εθεώρει το μεν νεοσύστατον στρατόπεδον μικρού λόγου άξιον, την δε Μαγνησίαν υπεξούσιον· και τῷ όντι·τέσσαρα μόνον χωρία, ο Λαύκος, το Προμίρι, η Αργαλεστή και τα Τρίκερη δεν είχαν προσκυνήσει· περιείχαν δε ψυχάς οκτακισχιλίας.

Από του πορθμού των Τρικέρων και του στομίου του μαλιακού κόλπου, αντικρύ της Λοκρίδος, της Βοιωτίας και της Αττικής μέχρι των Πρασιών (πόρτο Ράφτη) παρατείνεται νοτειοανατολικώς η μακρά και στενή νήσος Εύβοια, κοινότερον Εύριπος, μήκος έχουσα 160 μιλίων από του ακρωτηρίου Κηναίου (Λιθάδας) μέχρι Γεραιστού, μέγιστον δε πλάτος 40 από Χαλκίδος μέχρι Κούμης. Η νήσος αύτη χωρίζεται της ξηράς διά πορθμού, πλάτος έχοντος επί μεν του προς τον Γεραιστόν στόματος 34 μιλίων, επί δε του προς το Κήναιον τριών. Ο τερπνότατος ούτος και μακρύς πορθμός, που μεν πλατύς, που δε στενός, κάπου δε φαινόμενος κλειστός και σχηματίζων λίμνην, καθίσταται στενότατος προς την Χαλκίδα. Εν μέσῳ δε του στενοτάτου τούτου μέρους του πορθμού αναδύει βράχος διχοτομούν τον πορθμόν, εφ' ου εκτίσθη πυργοειδές οχύρωμα· και το μεν προς την Βοιωτίαν είναι πλατύτερον και ρηχότερον, το δε προς την Χαλκίδα στενότερον και βαθύτερον, δι' ὃ και ευπλευστότερον· ζευγνύεται δε ο βράχος

ΚΕΦΑΛΑΙΟΝ ΙΒ.

μετ' εκείνης μεν διά λιθίνης γέφυρας, ως 70 ποδών το μήκος, μετά ταύτης δε διά ξυλίνης και κινητής κατά το ήμισυ μόνον μακράς· η υποκάτωθεν δε ρύμη της περιφήμου παλιρροίας κατατέρπει την όρασιν και την ακοήν. Κείται δε η πόλις αύτη, η θεωρουμένη παρά τοις αρχαίοις και παρ' ημίν ούσα μητρόπολις της νήσου, επί της άκρας πλατείας γλώσσης, όλη περιτετειχισμένη, και φέρουσα εισέτι τα σύμβολα του αγίου Μάρκου επί του τείχους· και η μεν ανατολική πλευρά της χωρίζεται της ξηράς διά τινος χαρακώματος, αι δε τρεις άλλαι είναι θαλασσόβρεκτοι· εκείθεν δε του προαστείου υπό Χριστιανών κατοικουμένου περιεχαράκωσαν οι Τούρκοι επί της επαναστάσεως ικανήν γην χρήσιμον εις βοσκήν. Τόσῳ δε σημαντική εθεωρείτο πάντοτε η περί ης ο λόγος πόλις διά την θέσιν της, ώστε πέδας της Ελλάδος εκάλει ταύτην και την Κόρινθον Φίλιππος ο Μακεδών, επιδέσμους δε συμπεριλαμβανομένης και της Δημητριάδος, ως κυρίας των προς τα Τέμπη παρόδων, οι μεταγενέστεροι του Φιλίππου. Αντικρύ δε της Χαλκίδος επί της Βοιωτικής ξηράς και επί λόφου 130 ποδών ύψος έχοντος κείται το φρούριον του Καραμπαμπά, επέχον τόπον ακροπόλεως ως υπερκείμενον της Χαλκίδος· Τῷ όντι ο κύριος αυτού είναι και κύριος αυτής. Θαυμάσιος είναι ο έμπροσθεν της Χαλκίδος κυκλοειδής και όλος φαινόμενος ανείσοδος λιμήν. Δύο φρούρια είχε προ της επαναστάσεως η νήσος, το της Χαλκίδος, και το της Καρύστου το προς τον Γεραιστόν, υπό το όρος της Όχης, το κοινώς άγιον Ηλίαν, διά την επί της κορυφής του εκκλησίαν του προφήτου· εν ουδετέρῳ δε των φρουρίων επετρέπετο επί τουρκοκρατίας διαμονή Χριστιανών.

Έν των σημαντικωτέρων χωρίων της Ευβοίας είναι η Λίμνη, αντικρύ του οπουντίου κόλπου, ήτοι του κόλπου του Ταλαντίου. Οι πρόκριτοι του χωρίου τούτου έχοντος καί τινα πλοία, και άλλων τινών χωρίων, μαθόντες τα κατά την άνατολικήν Ελλάδα, απεφάσισαν να υψώσωσι την έπαναστατικήν σημαίαν, και συνενοήθησαν μετά των Τρικεριωτών. Τας αρχάς δε του μαΐου οι καλοί ούτοι γείτονες ήλθαν εις βοήθειαν των, φέροντες τέσσαρα πλοία, πολεμεφόδια καί τινας στρατιώτας υπό τον Βερούσην Ανδρίτσου. Βλέποντες οι εν Ευβοία Τούρκοι όσα συνέβησαν πλησίον αυτών, υπώπτευαν μεν απόβασιν εις την νήσον των, αλλά τόσον δεν υπώπτευαν τους εντοπίους Χριστιανούς, ώστε θέλοντες να φυλάξωσι παραλίους τινάς θέσεις, ως τα Κανάτια και τον άγιον Νικόλαον, παρέλαβαν συναγωνιστάς πολλούς Χριστιανούς. Ιδόντες δε ερχόμενα τα τρικεριωτικά πλοία προς εκείνα τα παράλια ήρχισαν να τα τουφεκίζωσιν· αντετουφέκισαν τότε και οι καιροφυλακτούντες Λίμνιοι και οι των γειτωνικών χωρίων, και ούτως ήρχισε και εκεί ο αγών. Οι Έλληνες υπερίσχυσαν κατά την πρώτην ταύτην σύγκρουσιν, απέβησαν και οι επί των πλοίων, συγκατεδίωξαν τους εχθρούς, εφόνευσαν ολίγους, και ηνάγκασαν τους λοιπούς να φύγωσιν. Μετά δε την φυγήν των συνήλθαν οι πρόκριτοι πολλών χωρίων εις Ξεροχώρι, διώρισαν τρείς οπλαρχηγούς, τον Βερούσην, τον Νικολόν Ζαγωριανόν και τον Γιαννιόν Χαλκιάν, συνέλεξαν 2000 εντοπίους ενόπλους, και τους απέστειλαν τους μεν διά ξηράς τους δε διά θαλάσσης εις αποκλεισμόν της Χαλκίδος διά της συμπράξεως και των πλοίων των Τρικέρων και της Λίμνης· αλλ' οι εν τω φρουρίω τούτω Τούρκοι εξήλθαν και συνήψαν μάχην κατά τον Τροχόν διαρκέσασαν πανήμερον. Οι Έλληνες ετράπησαν· και πρώτον μεν κατέλαβαν το Δερβένι, εκείθεν δε μετέβησαν εις την παραθαλάσσιον θέσιν Βρυσάκια, όπου και ωχυρώθησαν· έμειναν δε εις

ΚΕΦΑΛΑΙΟΝ ΙΒ.

αποκλεισμὸν τὰ ἐντόπια πλοῖα τῆς Λίμνης· ἀλλ᾽ ἐπειδὴ ἦσαν μικρὰ καὶ ἀδύνατα, ἐπεκράτει δὲ ἐν τῷ στρατοπέδῳ δυσαρέσκεια κατὰ τοῦ Βερούση, τοῦτον μὲν ἀπέβαλαν καὶ τὸν ἀντικατέστησαν προσωρινῶς ὑπὸ τοῦ Σταύρου Βασιλείου Τομαρᾶ, μετὰ ταῦτα δὲ ὑπὸ τοῦ συμπολίτου των Ἀγγελῆ Νικολάου, ἀνδρὸς γενναίου, ἐμπειροπολέμου καὶ φιλοπάτριδος· ἐμίσθωσαν δὲ καὶ μετέφεραν ἐκ τοῦ λιμένος τῆς ἁγίας Μαρίνας ὡς δυνατώτερον καὶ καταλληλότερον διὰ τὸν ἀποκλεισμὸν τῆς Χαλκίδος, τὸ πλοῖον τοῦ Ἀλεξανδρῆ Κριεζῆ ὑδραίου. Κατ᾽ ἐκείνας τὰς ἡμέρας, ὅ ἐστι τὸν μάϊον, ἦλθεν εἰς Εὔβοιαν καὶ ἐτέθη ὑπὸ τὰς διαταγὰς τοῦ Ἀγγελῆ καὶ ὁ Νικόλαος Κριεζώτης Εὐβοεύς, μετερχόμενος ἐν Ἀσίᾳ τὸ ποιμενικὸν ἔργον.

Ἂν καὶ τὸ κατὰ τῆς Χαλκίδος σχέδιον δὲν εὐδοκίμησεν, ἡ πρὸ μικροῦ ὅμως ἀναφθεῖσα λαμπὰς τῆς ἐπαναστάσεως ἐν Εὐβοίᾳ δὲν ἐσβέσθη διὰ τὴν ἀποτυχίαν ταύτην ἢ τὴν δύναμιν τοῦ ἐχθροῦ· ὀλίγον ὅμως ἔλειψε νὰ σβεσθῇ διὰ τὴν διχόνοιαν τῶν Ἑλλήνων, ἐλθόντων κατ᾽ αὐτὰς τὰς πρώτας ἡμέρας εἰς ἀλληλομαχίαν, διότι ὁ πρὸ ὀλίγου ἀποβληθεὶς τῆς ἀρχηγίας Βερούσης, ξενολογήσας τετρακοσίους, ἦλθεν εἰς Λίμνην ἐπὶ σκοπῷ νὰ τὴν καύσῃ πρὸς ἐκδίκησιν· ἀλλ᾽ ἀπέτυχε καὶ ἔφυγε χάρις εἰς τὸν ἀρχηγὸν Ἀγγελῆν καὶ εἰς τὸν συναγωνιστήν του Κριεζώτην. Μετὰ τὰ συμβάντα ταῦτα, ὅ ἐστι κατὰ τὸν ἰούνιον, οἱ ἐν Χαλκίδι Τοῦρκοι ἐστράτευσαν πάλιν κατὰ τῶν ἐν Βρυσακίοις Ἑλλήνων, σύροντες κανόνια, τοὺς συνήντησαν εἰς Μάνικα, παράλιον θέσιν μίαν ὥραν μακρὰν τοῦ φρουρίου, καὶ ἐπολέμησαν ὅλην τὴν ἡμέραν. Οἱ Ἕλληνες, βοηθούμενοι ὑπὸ τῶν πλοίων, ἔθραυσαν τοὺς ἐχθροὺς φονεύσαντες καὶ πληγώσαντες σχεδὸν 100· ἐξ αὐτῶν δὲ ἐφονεύθησαν 11 καὶ ἐπληγώθησαν 15. Μετὰ δὲ τὴν μάχην ταύτην οι μεν Τούρκοι επανήλθαν εις Χαλκίδα, οι δε Έλληνες εις το στρατόπεδον.

Μετά την επανάστασιν της Ευβοίας όλη η ανατολική Ελλάς ήτον εις πλήρη επανάστασιν και εις την κατοχήν των Ελλήνων εκτός τινων εν αυτή φρουρίων και των πόλεων Πατρατσικίου και Ζητουνίου.

Τα σπέρματα της Φιλικής Εταιρίας, πεσόντα εν καιρώ εις την γην της Μακεδονίας, εκαρποφόρησαν. Καθ' ον χρόνον εξερράγη η ελληνική επανάστασις η Θεσσαλονίκη ετέλει εν ελλείψει πασά υπό μουτεσελήμην, τον Ισούφμπεην, άνθρωπον κακεντρεχή και αιμοβόρον. Ούτος λαβών αφορμήν να υποπτεύση, ότι ήσαν συνωμόται και εντός και εκτός της Θεσσαλονίκης, και εν αυτώ τω αγίω Όρει, εκάλεσε τους προεστώτας των υπό την δικαιοδοσίαν του επαρχιών, σκοπεύων να ζητήση κατά την τουρκικήν συνήθειαν ομήρους εις ασφάλειαν, ίσως δε και να κρατήση αυτούς· αλλ' οι προεστώτες, εν γνώσει όσων εμελετώντο, δεν υπήγαν· απέστειλαν δε δευτερεύοντάς τινας, και εκ της τάξεως αυτών εδόθησαν οι ζητηθέντες όμηροι. Τούτο επηύξησε τας υποψίας της τουρκικής Αρχής. Το μέρος δε το υπέρ παν άλλο ανησυχάζον τον Ισούφμπεην ήτο το άγιον Όρος, όπου ο Εμμανουήλ Παπάς, προεστώς των Σερρών και θερμός οπαδός της Φιλικής Εταιρίας, είχε πολλούς και ισχυρούς προσηλύτους· αλλ' επειδή δυνάμει αρχαίων προνομίων απηγορεύετο η είσοδος οθωμανικών στρατευμάτων, ο Ισούφμπεης έστειλε κατ' αρχάς στρατεύματα μόνον προς τον ισθμόν του αγίου Όρους, μεγάλως ενοχλούντα τους κατοίκους των μερών εκείνων· ηθέλησε μετά ταύτα να πιάση και τους προεστώτας του Πολυγύρου, πρωτευούσης των Χασίκων χωρίων, ως υποκινούντας ταραχάς, και διέταξε να στρατεύσωσι προς την ρηθείσαν κωμόπολιν ο μεν αρχηγός της πολιτοφυλακής της Παζαρούδας, Τσιρίμπασης, μετά 500 διά τῶν ὀρέων, ὁ δὲ ταμίας τοῦ Ἰσούφπασᾶ τῶν Σερρῶν Χασάναγας, ὁ διοικῶν τὰ Χάσικα χωρία, μετ' ἄλλων 500 διὰ τῆς πεδιάδος, καὶ εἰσελθόντες τὴν 17 μαΐου νὰ συλλάβωσι τοὺς προεστῶτας, ν' ἀφοπλίσωσι τοὺς κατοίκους, καὶ νὰ ἐνδιαμείνωσιν· ἀλλ' οἱ προεστῶτες, μαθόντες ὅσα ἐτεκταίνοντο, ἐξῆλθαν τὴν 16 ἀναθέσαντες εἰς ἄλλους τὴν προμήθειαν τῶν ἀναγκαίων τροφῶν καὶ καταλυμάτων τοῦ ἐρχομένου στρατοῦ. Τὴν ἑσπέραν δὲ τῆς αὐτῆς ἡμέρας στρατιῶται τοῦ διοικητοῦ τῆς κωμοπόλεως περιφερόμενοι ὕβριζαν τοὺς προστυχόντας, καὶ ἐτουφέκισαν καί τινας νέους. Τὸ περιστατικὸν τοῦτο καὶ οἱ ἀπειλητικοὶ τῶν Τούρκων λόγοι, ἔτι δὲ καὶ φόνοι συμβάντες σποράδην ἐντὸς τοῦ πασαληκίου, ἔδωκαν ἀφορμὴν νὰ πιστεύσωσιν οἱ κάτοικοι, ὅτι ὅλοι θ' ἀπέθνησκαν ἐν στόματι μαχαίρας ἐπὶ τῆς εἰσόδου τῶν στρατευμάτων. Εἰς πρόληψιν δὲ τοῦ κακοῦ ἔδραξαν τὰ ὅπλα, ἐπάτησαν τὸ διοικητήριον τὴν ἐπαύριον, ἐφόνευσαν τὸν διοικητὴν καὶ τοὺς περὶ αὐτὸν 18 στρατιώτας καὶ ἐστράτευσαν αὐθημερὸν εἰς προφύλαξιν τῆς κωμοπόλεως, οἱ μὲν κατὰ τοῦ Τσιρίμπαση, οἱ δὲ κατὰ τοῦ Χασάναγα, καὶ οὕτως ἠνάγκασαν ἀμφοτέρους νὰ ὀπισθοδρομήσωσι. Ταῦτα μαθὼν ὁ μουτεσελίμης τῆς Θεσσαλονίκης ἔγεινε θηρίον· ἐσούβλισε τοὺς δυστυχεῖς ὁμήρους τῶν ἐπαρχιῶν, καὶ ἀπεκεφάλισε τὸν ἐπίσκοπον Κυτρῶν, τὸν Χριστόδουλον Μπαλάνον, τὸν Χρῆστον Μενεξὲν καὶ τὸν Κυδωνιάτην· δισχιλίους δὲ ἄλλους Χριστιανοὺς ἐφυλάκισεν ἐν τῷ ναῷ καὶ τῇ αὐλῇ τῆς μητροπόλεως καὶ ἐγύμνωσε πολλὰς οἰκίας. Εἶχαν δὲ οἱ Τοῦρκοι συμπράκτορας θερμοὺς ἐν ταῖς ἀθεμιτουργίαις τοὺς κατοικοῦντας τὴν πόλιν πολυαρίθμους Ἑβραίους ὁπλοφορήσαντας καὶ αὐτοὺς κατὰ τῶν Χριστιανῶν. Ἀλλὰ τὰ κακὰ ταῦτα ἐξῆψαν ἀντὶ νὰ σβέσωσι τὴν ἀποστασίαν· διότι κατὰ τὸ παράδειγμα τοῦ Πολυγύρου ὅλα τὰ χωρία τῆς ἐπαρχίας και άλλα κατόπιν αυτών έδραξαν τα όπλα, και πανταχόθεν συνέρρευσαν στρατεύματα, εξ ων εσυστήθησαν δύο στρατόπεδα, το μεν εκ Μαδεμοχωριτών και Μοναχών εξελθόντων του αγίου Όρους υπό τας διαταγας του Παπα, όστις ανηγορεύθη αρχηγος και προστάτης της Μακεδονίας, το δε εκ Χασικοχωριτών και Κασσανδρέων υπο τον οπλαρχηγον Χάψαν Κασσανδρέα. Τα δύο δε ταύτα στρατόπεδα πολλάκις αψιμαχήσαντα προς τους εχθρους υπερίσχυσαν· το υπο τον Χάψαν μάλιστα επροχώρησε μέχρι της Καλαμαρίας και κατεδίωξε τους Τούρκους δύο ώρας μακραν της Θεσσαλονίκης. Μεσούντος δε του ιουνίου ο Μπαηράμπασας, ετοιμαζόμενος να στρατεύση εις ανατολικην Ελλάδα και Πελοπόννησον, έπεσεν εν πρώτοις πανστρατια επι τον Παπαν, εστρατοπεδευμένον προς το βάθος του Στρυμονικού κόλπου (της Κοντέσσας), και τον εβίασε να υποχωρήση προς τα όρη· στραφεις δε μετα ταυτα και κατα του άλλου στρατοπέδου, ηνάγκασε και αυτο να υποχωρήση προς τα όρη. Εντευθεν εμψυχωθέντες οι εν Θεσσαλονίκη Τούρκοι, παραλαβόντες και τους Εβραίους, επροχώρησαν μέχρι των Βασιλικών, 4 ώρας μακραν της Θεσσαλονίκης, όπου ηύραν 200 Έλληνας οπλοφόρους υπο τον Χάψαν. Γενναίως επολέμησαν κατ' αρχας οι ολίγοι ούτοι, αλλ' ενικήθησαν δια τον μικρον αριθμόν των, και επι τέλους ετράπησαν· εφονεύθησαν δε 60 εν οις και ο πολλού επαίνου άξιος αρχηγός· οι δε Τούρκοι και οι Εβραίοι, εμβάντες εις την κώμην, την έκαυσαν φονεύσαντες και ανδραποδίσαντες τους κατοίκους. Άλλη μάχη, επίσης δυστυχής, συνέβη μετά τινας ημέρας κατα την Γαλάτισταν, 2 ώρας απέχουσαν των Βασιλικών ανατολικώς. Οι Τούρκοι έκαυσαν και την κώμην εκείνην, τους δε εν αυτη Χριστιανούς, τους μεν εφόνευσαν, τους δε ηνδραπό-

ΚΕΦΑΛΑΙΟΝ ΙΒ.

δισαν. Οἱ Ἕλληνες μετὰ τὰ δυστυχήματα ταῦτα ἀπεσύρθησαν, οἱ μὲν εἰς Κασσάνδραν, οἱ δὲ εἰς ἅγιον Ὄρος, καί τινες εἰς τὰ ἐπὶ τῆς Σιδωνίας χωρία, Παρθενῶνα καὶ Συκιάν.

Ἡ Χερσόνησος Κασσάνδρα ἢ ἑλληνικώτερον Κασσάνδρεια, εἶναι ἡ τὸ πάλαι γνωστὴ Πελλήνη καὶ παλαιότερον Φλέγρα· προέχει εἰς τὴν θάλασσαν μεταξὺ τοῦ θερμαϊκοῦ καὶ τορωναίου κόλπου ὡς 40 μίλια μέχρι τοῦ ἀκρωτηρίου Κανάστρου, κοινῶς λεγομένου Παλιούρι. Ἐπὶ τοῦ ἰσθμοῦ δὲ τῆς Χερσονήσου ταύτης κεῖται τὸ χωρίον Πινάκα, ὅπου ἔκειτο ἄλλοτε ἡ Ποτίδαια, ἡ τόσων λογομαχιῶν καὶ κακῶν πρόξενος μεταξὺ Ἀθηναίων καὶ Μακεδόνων· τὸ δὲ πλάτος τοῦ ἰσθμοῦ εἶναι περίπου 450 ὀργυιῶν. Οἱ Ἕλληνες, ἀφ' οὗ συνηθροίσθησαν ἐντὸς τῆς Χερσονήσου, ἔκοψαν τὸν ἰσθμὸν τοῦτον· ἐντεῦθεν δὲ τῆς τομῆς ὠχυρώθησαν κατ' ἀρχὰς 2700 ὁπλοφόροι ἐντόπιοι στήσαντες καὶ κανόνια ἐκ Ψαρῶν μετακομισθέντα· ἐβοηθοῦντο δὲ καὶ ὑπὸ δύο Λιμνίων πλοίων· εἰσῆλθαν μετὰ ταῦτα εἰς τὴν Χερσόνησον καὶ 400 Ὀλύμπιοι ὑπὸ τοὺς ὁπλαρχηγοὺς Λιακόπουλον καὶ Μπίνον. Ἐπὶ δὲ τοῦ ἁγίου Μάμαντος ἀντεστρατοπέδευσαν καὶ ὠχυρώθησαν τριπλάσιοι Τοῦρκοι, οἵτινες ἀφ' οὗ ἅπαξ ἐπὶ ἀποπείρᾳ ἐφόδου ἐπλησίασαν μέχρι τῆς τομῆς καὶ ἀπεκρούσθησαν, περιωρίσθησαν εἰς ἀκροβολισμοὺς ἀποβαίνοντας συνήθως πρὸς βλάβην των. Οἱ δὲ ἐντὸς τῆς Χερσονήσου Ἕλληνες, ἔχοντες τὰ ἀνωτέρω πλοῖα καὶ ἱκανὰ πλοιάρια, ἀπέβαιναν συχνάκις εἰς διάφορα μέρη διὰ νυκτὸς καὶ ἠνόχλουν τοὺς ἐχθρούς.

Καὶ ταῦτα μὲν τὰ κατὰ τὴν Μακεδονίαν τῷ καιρῷ ἐκείνῳ.

Μεταβαίνοντες δὲ ἤδη εἰς τὰ τῆς Κρήτης, κρίνομεν ἀναγκαῖον νὰ θεωρήσωμεν πρῶτον τὴν ἐσωτερικὴν κατάστασιν αὐτῆς.

Οὐδαμοῦ τῆς ἀποστατησάσης Ἑλλάδος ὁ ἀριθμὸς τῶν Τούρκων ὡς πρὸς τὸν τῶν Χριστιανῶν ἦτο τόσον πολύς, ἢ ὁ χαρακτὴρ αὐτῶν τόσον κακοποιός, ἢ τὸ σύστημά των τόσον ὀλέθριον, ὅσον ἐν Κρήτῃ· 290 χιλιάδες ἐλογίζοντο ὅλοι οἱ κάτοικοι τῆς νήσου, ἐξ ὧν αἱ μὲν 160 ἦσαν Χριστιανοί, αἱ δὲ 130 Τοῦρκοι (β). Ἀλλ' οἱ Χριστιανοὶ οὐδεμίαν εἶχαν τῶν δημοτικῶν ἐλευθεριῶν, ὧν ἀπελάμβαναν οἱ τῶν ἄλλων μερῶν τῆς Ἑλλάδος ὁμόπιστοί των· ὡς εἴλωτες ἐθεωροῦντο, καὶ εἴλωτες ἦσαν· τὰ τέκνα των ἡρπάζοντο καθ' ἡμέραν ἢ εἰς ὑπηρεσίαν τῶν Τούρκων ἢ εἰς θεραπείαν τῶν αἰσχρῶν ὀρέξεών των, καὶ οἱ ἱδρῶτές των ἐχρησίμευαν εἰς τροφὴν καὶ ἡδυπάθειάν των. Ὑπὸ τρεῖς πασάδας ἐτέλει ἡ νῆσος. Τὸ μεγάλον Κάστρον (Ἡράκλειον), ἡ Ῥεθύμνη, καὶ τὰ Χανιὰ (Κυδωνία) ἦσαν αἱ πόλεις ὅπου ἕδρευαν· ἀλλ' οὐδεὶς τῶν τριῶν, ἐξ ὧν ὁ τοῦ μεγάλου Κάστρου ἔφερε τίτλον βεζίρη, ἐξουσίαζε τὴν Κρήτην· τὴν ἐξουσίαζεν ἡ μάχαιρα τῶν ἐντοπίων Τούρκων φοβίζουσα πολλάκις καὶ αὐτοὺς τοὺς πασάδας· ὁ τυχὼν Τοῦρκος, διότι ἦτο Τοῦρκος, ὕβριζεν, ἐξύλιζεν, ἐπιστόλιζεν, ἐγύμνονε τὸν τυχόντα Χριστιανόν, διότι ἦτο Χριστιανός, καὶ ποτὲ δὲν ἐπαιδεύετο ὅσον ἀξιόποινος καὶ ἂν ἦτον ἡ διαγωγή του· οἱ ἀγάδες ἠγόραζαν διὰ βίου τὰς προσόδους τῶν χωρίων, καὶ τοιουτοτρόπως μετήρχοντο, μηδενὸς ἐναντιουμένου, πᾶσαν ἐξουσίαν ἐπὶ τῶν Χριστιανῶν, ὡς αὐθένται ἐπὶ δούλων (γ)· ἐπὶ τῷ θανάτῳ δὲ τῶν πατέρων διεδέχοντο συνήθως τὴν ἐξουσίαν οἱ υἱοί, ὥστε ἡ δουλεία ἀπέβαινε κληρονομική. Ἐντεῦθεν εὐκόλως δύναταί τις νὰ συμπεράνῃ πόσον ἔπασχεν ὁ χριστιανικὸς λαός. Μόνοι οἱ ὀρεσίτροφοι ἀπέφευγαν τὰ κακὰ ταῦτα· μεταξὺ δὲ τούτων διέπρεπαν οἱ Σφακιανοὶ κατοικοῦντες τραχεῖαν καὶ βουνώδη γῆν ὑπὸ τὰς κορυφὰς τῶν Λευκῶν ὀρέων. Ὁ ὀλίγος οὗτος λαὸς εἶναι ἀνδρεῖος καὶ ἐμπειροπόλεμος, ἀλλ'

ΚΕΦΑΛΑΙΟΝ ΙΒ.

άτακτος και φιλάρπαξ, καθώς όλοι οι μη ζώντες υπό νόμον, και μάλλον αδιοίκητος ή αυτοδιοίκητος.

Η Κρήτη έπαθε θρησκευτικώς ό,τι δεν έπαθεν άλλο μέρος της αποστατησάσης Ελλάδος, διότι ουδέν άλλο υπέστη όσα πολιτικά κακά υπέστη η νήσος εκείνη.

Πολλούς αιώνας προ της πτώσεως της λοιπής Ελλάδος υπό τον οθωμανικόν ζυγόν, εν έτει 653 μετά Χριστόν, επατήθη η Κρήτη υπό των περί τον Μοάβιον στρατηγόν του Οσμάν-καλίφη Αράβων· κατεξουσιάσθη δε υπό των εξ Ισπανίας καταδιωχθέντων και κατασταθέντων μέχρι τινός εν Αλεξανδρεία ομοφύλων αυτών μεσούντος του ι' αιώνος, και διέμεινεν υπεξούσιος έως ου τους εξήλασε Νικηφόρος ο Φωκάς επί του αυτοκράτορος Ρωμανού, εγγόνου Βασιλείου του Μακεδόνος. Υπό την μακράν δε ταύτην αραβικήν ή σαρακινήν εξουσίαν πάμπολλοι των εγκατοίκων ηλλαξοπίστησαν, αλλ' επανήλθαν εις την θρησκείαν των πατέρων των επανελθούσης της πατρίδος των υπό την βυζαντινήν αυτοκρατορίαν· ηλλαξοπίστησαν δε πάλιν πεσούσης της πατρίδος των υπό τον οθωμανικόν ζυγόν.

Σκληροί και αιμοβόροι πάντοτε οι Κρήτες Τούρκοι, καθώς τους παρεστήσαμεν, εύκολον είναι να συμπεράνη τις πόσον εξεμάνησαν κατά των Χριστιανών, μαθόντες τας εν Πελοποννήσω ταραχάς. Υποπτεύοντες όμως ότι δάκτυλος ρωσσικός τας υπεκίνει, δεν εκακοποίησαν τους Χριστιανούς κατ' αρχάς ειμή σποράδην, και έβαλαν κατά νουν να προφυλαχθώσι μάλλον ή να βλάψωσι· διά τούτο αφώπλισαν τους κατά τας πόλεις και τα πέριξ χωρία, τους κατεδίκασαν να εργάζωνται καθ' ημέραν υπό εργοδιώκτας εις επισκευήν και εφοδιασμόν των φρουρίων, και μετεκάλεσαν εις το μεγάλον Κάστρον τους αρχιερείς των ανατολικών επαρχιών.

ΚΕΦΑΛΑΙΟΝ ΙΒ.

Άν και η επανάστασις εξηπλώθη καθ' όλην την Πελοπόννησον και διεδόθη και εις το Αιγαίον, αν και πλοία υπό σημαίαν ελληνικήν εφαίνοντο κατά τα παράλια της Κρήτης, οι κάτοικοι αυτής Χριστιανοί και οι επί των πεδινών και οι επί των ορεινών τόπων δεν εσείσθησαν παντάπασιν· οι δε αρχιερείς κατέβαλαν πάσαν φροντίδα εις διατήρησιν της ησυχίας καθ' όλην την νήσον εκδώσαντες εγκυκλίους προς τους υπό την ποιμαντορίαν των, δι' ων εξύμνουν τας απείρους προς αυτούς αγαθοεργίας της υψηλής Πύλης, και τους εσυμβούλευαν να προσέχωσιν αυστηρώς μη τύχη και δια κακοβούλων και απατηλών εισηγήσεων αποπλανηθώσιν, ως οι αχάριστοι Πελοποννήσιοι, από της σωτηρίου οδού της προς την Πύλην υποταγής των· ενήργουν δε εν ειλικρινεία, διότι έβλεπαν παν κίνημα επαναστατικόν τείνον εις εξολόθρευσιν των Χριστιανών, και έσπευδαν να μαλάξωσι την σκληράν και αιμοχαρή καρδίαν των εντοπίων Τούρκων δια πλουσίων δωρεών· αλλά τα θηρία δεν ανθρωπίζονται.

Πρό τινος καιρού είχαν συστηθή εν ταις πρωτευούσαις των Χανιών και της Ρεθύμνης δύο αλληλοδιδακτικά σχολεία. Άν και η περί της συστάσεως αυτών άδεια ηγοράσθη δι' αδράς δαπάνης, και η διδασκαλία ήτον η συνήθης, τα σχολεία ταύτα εθεωρήθησαν σχολεία αποστασίας και πολέμου, εκλείσθησαν μεσούντος του μαρτίου, και οι διδάσκαλοι εφυλακίσθησαν. Κατ' αίτησιν δε του όχλου εφυλάκισεν ο πασάς των Χανιών, Λατίφης, αρχομένου του μαΐου, και τον επίσκοπον Κισάμου, ως δήθεν υποκινούντα εις επανάστασιν τους Χριστιανούς· μετά δέ τινας ημέρας, οχλαγωγίας δευτέρας γενομένης, φοβηθείς παρέδωκε τον δυστυχή επίσκοπον εις τον όχλον επ' ελπίδι να τον καθησυχάση μη αναλογισθείς ότι ο ενδίδων εις παράφορον και μανιώδη όχλον τὸν θρασύνει καὶ τὸν φέρει εἰς δεινότερα. Παραλαβὼν ὁ ὄχλος τὸν ἐπίσκοπον, τὸν ἐβασάνισε, τὸν ἐπόμπευσεν ἡμίγυμνον διὰ τῶν ὁδῶν καὶ τὴν 19 τὸν ἐκρέμασεν ἔξω τῆς πόλεως· ἐκρέμασε συγχρόνως καὶ τὸν διδάσκαλον τοῦ ἀλληλοδιδακτικοῦ. Τούτου δὲ γενομένου ἐζήτει ὁ θηριώδης ὄχλος τὴν ἄδειαν νὰ σφάξῃ καὶ ὅλους τοὺς ἐν τῇ πόλει Χριστιανούς· ἐπελθόντος ὅμως τοῦ ραμαζανίου, ἀνεβλήθη ἡ γενικὴ σφαγή. Ἀλλὰ τὴν 17 ἰουνίου ἠνοίχθησαν αἱ ὁπλοθῆκαι εἰς ἐφοπλισμὸν τῶν Τούρκων, ὑψώθησαν καὶ περιεφέροντο εἰς ὅλην τὴν πόλιν σημαῖαι πολέμου, καὶ ἐπροοιμίασε τὴν μέλλουσαν καταστροφὴν ὁ φόνος δυστυχοῦς τινος σιδηρουργοῦ ἐν ᾧ εἰργάζετο. Τὴν δὲ ἀκόλουθον ἡμέραν, ὅ ἐστι τὴν τελευταίαν τοῦ ραμαζανίου, ἐξεδόθη ὁ πρὸ πολλοῦ ζητούμενος ὁρισμὸς τοῦ πασᾶ καὶ ἀνεγνώσθη καὶ φετφᾶς εἰς ἐξολόθρευσιν τῶν Χριστιανῶν. 30 ἐξ αὐτῶν (διότι οἱ ἄλλοι ἐπρόλαβαν καὶ ἔφυγαν) εἶχαν ἀπομείνει ἐν τῇ πόλει ὑπὸ τὴν προστασίαν ἀγάδων τινῶν, καὶ τοὺς 30 ὁ ὄχλος ἐθανάτωσεν αὐθημερόν, ἐν οἷς καὶ τὸν διερμηνέα τοῦ πασᾶ, ἐγύμνωσε δὲ καὶ τὴν μητρόπολιν ἁρπάσας τὰ ἱερὰ σκεύη καὶ τὰ ἄμφια. Τὴν δὲ ἐπιοῦσαν νύκτα ἐξῆλθε τῆς πόλεως, 20 χωρία καὶ πολλὰ μοναστήρια ἔκαυσε, ὅσους Χριστιανοὺς ηὗρεν ὅλους ἐξωλόθρευσε πνίξας σφάξας καύσας καὶ κρεμάσας, καὶ δι' ὅλης δεκαπενθημερίας ἐπώλει ἐν τῇ ἀγορᾷ τῶν Χανίων γυναῖκας· ἐν ἑνὶ λόγῳ πᾶσα ἡμέρα ὁλοκλήρου μηνὸς ἦτον ἡμέρα φρίκης, καὶ ἡ ἐξοχὴ τῶν Χανίων θέατρον καταστροφῆς καὶ ἐρημώσεως (δ).

Ἡ δεινὴ αὕτη θέσις τῶν τρισαθλίων Χριστιανῶν ἠνάγκασε πολλοὺς κατοικοῦντας τὰ πεδινὰ ν' ἀναβῶσι χάριν ἀσφαλείας εἰς τὰ ὄρη, καὶ νὰ καταφύγωσι κυρίως εἰς Σφακιά. Ἐφάνη δὲ κατ' ἐκείνας τὰς ἡμέρας ἐν τῇ νήσῳ τῆς Κρήτης ὅ,τι οὐδαμοῦ ἐφάνη τῆς Ἑλλάδος. Καθ' ὃν καιρὸν οἱ εἰδωλολάτραι αὐτοκράτορες κατεδίωκαν τους χριστιανούς, πολλοί εις άπο= φυγήν βασάνων ελάτρευαν παρρησία τα είδωλα, αλλ' εν κρύπτω τον Χριστόν· τοιούτον τι συνέβη εν τη Κρήτη επί της τελευταίας υποδουλώσεώς της. Τινές των πλουσιωτέρων οικογενειών του μεγάλου Κάστρου και των γειτωνικών αυτού μερών εδέχθησαν μεν αναφανδόν τον ισλαμισμόν εις ασφάλειαν ζωής, τιμής και περιουσίας, επρέσβευαν όμως μυστικώς τα του ευαγγελίου, και ανέτρεφαν κατά τον αυτόν τρόπον τα τέκνα των. Τοιούτοι ανεφάνησαν, αρχομένης της επαναστάσεως, εις έκστασιν Τούρκων και Χριστιανών, μεταξύ άλλων και οι ισχύοντες Κουρμούλαι, οίτινες ομολογήσαντες παρρησία την εν κρυπτώ χριστιανικήν θρησκείαν των, και δράξαντες τα όπλα, μετέβησαν από του επί της ευκάρπου πεδιάδος της Μεσαράς χωρίου των Κουσέ εις Σφακιά, εγκαταλείψαντες όλην την πλουσίαν περιουσίαν των, και έτοιμοι να χύσωσι το αίμα των υπό την σημαίαν του σταυρού· μετέφεραν δε εις Σφακιά και όλους τους χωρικούς των Χριστιανούς. Ήσαν δε οι μεταναστάντες ψυχαί 1200.

Μόλις τον τελευταίον μάρτιον έλαβαν οι Σφακιανοί αμυδράν τινα ιδέαν της Εταιρίας, ελθόντος προς αυτούς Νικολάου τινός Βαρελζόγλου ή κατ' άλλους Καρατσά, αποστόλου της Εταιρίας. Τοις είπεν ο απόστολος ό,τι έλεγαν οι λοιποί, δηλαδή ότι όλα τα βοηθήματα θα ήρχοντο εντός ολίγου εκ της Ρωσσίας· διά τούτο ουδεμία ετοιμασία προϋπήρχεν. Είχε καταπλεύσει εις Λούρον, λιμένα των Σφακιών, μεσούντος του απριλίου, πλοίον φέρον προς αυτούς δωρεάν, αλλ' επί πλαστή πωλήσει διά το ανύποπτον, ικανήν ποσότητα πυρίτιδος και μολύβδου· αλλά το πλείστον μέρος της πολεμικής ταύτης ύλης διεσκόρπισαν οι Σφακιανοί, πιστεύοντες όσα τοις έλεγεν ο απόστολος. Εν τοσούτω είτε έτοιμοι είτε ανέτοιμοι δεν ημπόρουν

ΚΕΦΑΛΑΙΟΝ ΙΒ.

νὰ μείνωσι ἀκίνητοι. Τὰ παθήματα τῶν λοιπῶν Χριστιανῶν τῆς Κρήτης τοῖς ἔλεγαν καθαρᾷ τί θὰ ἐπάθαιναν καὶ αὐτοί· ἤξευραν ὅτι οἱ Τοῦρκοι ἐμελέτων νὰ πατήσωσιν ἐπὶ τοῦ μπαϊραμίου τὰ βουνά των, ἂν δὲν παρέδιδαν ὡς οἱ ἄλλοι τὰ ὅπλα· ηὗραν δὲ προθύμους συναγωνιστὰς καὶ τοὺς Ῥιζίτας, ὅ ἐστι τοὺς ἐπὶ τῆς ἀρκτικῆς ὑπωρείας τῶν αὐτῶν βουνῶν Χριστιανούς, ἐν οἷς διέπρεπαν οἱ κατοικοῦντες τὰ σημαντικώτερα δύο χωρία, Λάκκους καὶ Θέρισον· συνηνώθησαν καὶ οἱ Μεσαρῖται, Ἀποκορωνῖται, Ἁγιοβασιλῖται καὶ ἄλλοι, διηρέθησαν εἰς διάφορα σώματα καὶ πρῶτοι οἱ περὶ τὸν Γιάννην Χάλην, τὸν Παπαδανδρέαν καὶ τὸν Μουστογιάννην προσέβαλαν τὴν 14 ἰουνίου ἐχθροὺς ἐξελθόντας ἐπὶ λεηλασίᾳ κατὰ τὸ ἐν τῇ ἐπαρχίᾳ τῶν Χανιῶν Λοῦλον, τοὺς ἔβλαψαν καὶ τοὺς ἔτρεψαν. Τούτου γενομένου ὁ μὲν Γεώργης Δασκαλάκης ὁ καὶ Τσελεπῆς, ὁ Σήφακας Κωνσταντουδάκης, ὁ Ἀνδρέας Φασούλης, οἱ κατὰ τὸ Λοῦλον ἀριστεύσαντες καὶ ἄλλοι ἐστράτευσαν εἰς Κεραμεῖα, ἐν τῇ ἐπαρχίᾳ καὶ αὐτὰ τῶν Χανιῶν, ἐκτύπησαν τοὺς ἐκεῖ ἐχθροὺς καὶ τοὺς διεσκόρπισαν· κατέλαβαν δὲ καὶ διαφόρους πλησιοχώρους θέσεις ἐν αἷς καὶ τὸ ὀρεινὸν χωρίον Μαλάξαν, ὅπου πολλάκις ἐφορμήσαντας τοὺς ἐχθροὺς ἀπέκρουσαν συνεργείᾳ καὶ τοῦ παρασκηνοῦντος Ἀναγνώστη Παναγιώτου. Οἱ δὲ ὑπὸ τὸν Ῥοῦσον Μπουρδουμπᾶν, τὸν Ἀναγνώστην Παπαδάκην, τὸν Ἀντώνην Μελιδώνην, τοὺς Δεληγιαννάκας, τοὺς Σουδεροὺς καὶ ἄλλους, ἐν οἷς καὶ ὁ εἷς τῶν δύο ἀδελφῶν Κουρμούλων, ὁ ἄλλοτε Χουσεΐναγας, καὶ νῦν Μιχάλης καὶ οἱ δύο του υἱοί, ἐπάτησαν τὰς ἐπαρχίας Ἀποκορώνου, Ῥεθύμνης καὶ ἁγίου Βασιλείου, ἔπεσαν ἐπὶ τὸ ὀχύρωμα τοῦ Ἀρμυροῦ καὶ τὸ ἐκυρίευσαν, ἀπέκλεισαν ἐντὸς δυνατοῦ πύργου κειμένου ἐν τῷ

Προσνέρω εκατόν Τούρκους υπό τον Αληδάκην μετακομίσαντες εκ του Αρμυρού και κανόνια, συνήψαν δεινήν μάχην παρά τας Καλύβας, όπου εστάθμευαν εχθροί εξελθόντες των Χανιών, έπαθαν και εκινδύνευσαν κατ' αρχάς, αλλ', επιτεθέντων όπισθεν των περί τον Δασκαλάκην και Σήφακαν, εκραταιώθησαν και υπερίσχυσαν. Οι αυτοί απήντησαν μετ' ολίγον διακοσίους εχθρούς υπό τους επί κακουργία γνωστούς Ισμαήλ Κουντούρην και Γλυμίδην κατά τον Αϊγιάννην (Καϋμένον), τους περιεκύκλωσαν, επήραν δύο σημαίας και εσκότωσαν αμφοτέρους τους αρχηγούς ανδρείως μαχομένους. Και άλλαι άλλων Τούρκων και Χριστιανών συγκρούσεις πολλαχού κατά τους αυτούς καιρούς συνέβησαν, εν αις οι Χριστιανοί ως επί το πλείστον υπερίσχυσαν. Μετά δε την κατά τον Αϊγιάννην μάχην εκπροχώρησαν οι νικηταί εις Αμπαδιάν εν τη επαρχία Αμαρίου, έτρεψαν τους αγρίους κατοίκους των χωρίων αυτής, συνέλαβαν ζώντα τον επ' ανδρία ονομαστόν Ντελή-Μουσταφάν, τον εφόνευσαν μη θελήσαντα να βαπτισθή και έκαυσάν τινα των χωρίων. Εκείθεν έπεσαν εις την Επισκοπήν εκ τριακοσίων σχεδόν οικιών συγκειμένην, των πλείστων τουρκικών, έκαυσαν πολλάς αυτών, έκαυσαν το εν αυτή ζαμίον και την πλουσίαν τουρκικήν βιβλιοθήκην και εφόνευσαν καί τινας· φθάσαντες δε εις Ατσιπόπουλον εκυκλώθησαν αίφνης υπό δισχιλίων Τούρκων εφορμησάντων εκείθεν, επολεμήθησαν και ηναγκάσθησαν να εξέλθωσι του χωρίου, αλλ' ούτε απεμακρύνθησαν, ούτε έπαυσαν ενοχλούντες τους πλησίον εχθρούς. Παρέπλεαν δε καί τινα Κάσσια πλοία υπό τον Θεοδωρήν Κανταρτσήν εις ενίσχυσιν του αγώνος.

Ανίκανοι δε οι Χανιώται και οι Ρεθύμνιοι Τούρκοι

1821. ΚΕΦΑΛΑΙΟΝ ΙΒ. 199

νὰ βλάψωσιν αὐτοὶ μόνοι τοὺς ἐχθρούς των, οὒς ἐφρύατταν βλέποντες ἔξωθεν σχεδὸν τῶν πυλῶν τῶν φρουρίων, ἐπεκαλέσθησαν τὴν σύμπραξιν τῶν Καστρινῶν καὶ ἄλλων εἰς καταδίωξίν των.

Ἔμελλεν ἐν τούτοις, ἀφ᾽ οὗ τόσον ἀθῶον χριστιανικὸν αἷμα ἐχύθη τῇδε κἀκεῖσε ἐντὸς τῆς Κρήτης, νὰ χυθῇ καὶ τὸ ἱερώτερον καὶ πολυτιμότερον ἐπ᾽ αὐτοῦ τοῦ ἁγίου θυσιαστηρίου, καθ᾽ ἣν ὥραν ἐδοξολογεῖτο ὁ Ὕψιστος.

Ἕδρευαν ἐν τῷ μεγάλῳ Κάστρῳ ὁ ἀρχιεπίσκοπος τῆς νήσου Γεράσιμος καὶ ὁ ἐπὶ ψιλῷ ὀνόματι ἐπίσκοπος Διουπόλεως· εἶχαν προσέλθει ἐπὶ τῇ προσκλήσει τῆς τουρκικῆς Ἀρχῆς καὶ οἱ ἐπίσκοποι τῶν ἀνατολικῶν ἐπαρχιῶν, ὁ Κνωσσοῦ, ὁ Χερονήσου, ὁ Λάμπης καὶ ὁ Σιτείας. Ὅλοι δὲ οἱ ἐν τῷ φρουρίῳ Χριστιανοί, κληρικοὶ καὶ λαϊκοί, μηδ᾽ αὐτῶν τῶν ἀρχιερέων ἐξαιρουμένων, εἰργάζοντο εἰς τὰ τοῦ φρουρίου ὄχι μόνον τὰς καθημερινάς, ἀλλὰ καὶ τὰς ἑορτὰς μετὰ τὴν ἀπόλυσιν τῆς ἐκκλησίας. Τὴν 23 Ἰουνίου πρὸ τῆς ἀνατολῆς τοῦ ἡλίου ἐκλείσθησαν αἴφνης αἱ πύλαι, ὥρμησε πλῆθος αἱμοχαρῶν Τούρκων φρυαττόντων καὶ ξιφηφορούντων εἰς τὴν μητρόπολιν, καὶ ἀπαντήσαντες καθ᾽ ὁδὸν δύο Χριστιανούς, Χαλκωματάδας ἐπονομαζομένους, πορευομένους καὶ αὐτοὺς εἰς τὸ αὐτὸ μέρος, τοὺς ἐφόνευσαν. Ἐντεῦθεν προοιμιάσαντες ἐχύθησαν ἐντὸς τῆς μητροπόλεως· καὶ κλείσαντες τὸν πυλῶνα ἔπεσαν κατὰ τῶν ἐν αὐτῇ Χριστιανῶν ὡς λέοντες ὀρνόμενοι· καὶ πρῶτον μὲν ἐφόνευσαν 75 κοσμικούς, προσμένοντας ἐν τῇ αὐλῇ τοὺς ἀρχιερεῖς, ἵνα συναπέλθωσιν εἰς τὰς συνήθεις ἐργασίας των· μετὰ ταῦτα δὲ ἀνέβησαν ἄλλοι μὲν εἰς τὸ ἐπάνω, ἄλλοι δὲ εἰς τὸ κάτω συνοδικόν, καὶ ἐφόνευσαν τὸν ἀρχιεπίσκοπον καὶ τοὺς πέντε ἐπισκόπους. Μεθύσαντες ἀπὸ τοῦ αἵματος αὐτῶν, ἐπάτησαν καὶ αὐτὴν τὴν ἐκκλησίαν, ἐν ᾧ

ΤΟΜ. Α. Ρ

εψάλλετο ή ακολουθία, και ο τόπος των θείων δοξολογιών, των οικτιρμών και της αγιότητος έγεινε τόπος βλασφημιών, αιμάτων και πάσης βδελυρίας· εισήλθαν μετά ταύτα εις τα άγια των αγίων και αιματόβαψαν το αναίμακτον θυσιαστήριον, μαχαιροκόψαντες τον ιερουργούντα· και τα μεν σώματα των αρχιερέων και λοιπών κληρικών εισέτι σπαράττοντα έρριψαν εις τας οδούς, έκοψαν δε την γηραιάν κεφαλήν του αρχιεπισκόπου, και άλλοι μεν εμπήξαντες αυτήν επί ξύλου την επόμπευσαν διά της πόλεως και την έφεραν ενώπιον του βεζίρη Σερήφπασα, άλλοι δε εχύθησαν εις τας οδούς της πόλεως σπώντες τας θύρας των χριστιανικών οικιών και των εργαστηρίων, και τους μεν άνδρας φονεύοντες, εν οίς και τους δύο αδελφούς του αρχιεπισκόπου, τας δε νέας γυναίκας καταισχύνοντες, πολλά δε παιδία περιτέμνοντες. Η πόλις εν ενί λόγη ωμοίαζε τρεις ώρας πόλιν δορνάλωτον. Μετά ταύτα ηνοίχθησαν αι πύλαι και διεσπάρησαν οι ανθρωποκτόνοι εις τα χωρία, φονεύοντες όλους τους άνδρας όσοι δεν επρόφθασαν ν' αναβώσιν εις τα όρη. Σκοπός δε αυτών ήτον ουδ' ένα άνδρα Χριστιανόν ζώντα ν' αφήσωσι· διά τούτο καταφθάσαντες 27 εν τω χωρίω Βενεράτω, και τους 27 εθανάτωσαν. Μόλις το δειλινόν εξέδωκεν ο βεζίρης ορισμόν να παύση η ανθρωποκτονία, και να φυλακισθώσιν οι εναπομείναντες Χριστιανοί, ως αναγκαίοι να εργάζωνται· έκτοτε έπαυσαν οι εν τη πόλει φόνοι· αλλ' η διαρπαγή των οικιών και των εργαστηρίων διήρκησεν όλην την νύκτα και όλην την επιούσαν ημέραν. 730 ελογίσθησαν οι εν τω μεγάλω Κάστρω θανατωθέντες κατ' εκείνην την ημέραν. Παυσάσης δε της σφαγής, ήρχισεν η φυλάκισις· οι κρυπτόμενοι Χριστιανοί ανευρισκόμενοι εσύροντο εις τας φυλακάς, και τόσον απανθρώπως ερραβδίζοντο, ώστε τινές απέθαναν πριν φυλακισσθώσι· πολλοὶ δὲ τῶν φυλακισθέντων ἐξεψύχησαν βασανιζόμενοι.

Τὰ συμβάντα ταῦτα μαθὼν ἀγᾶς τις, ἔχων ὑπὸ τὴν ἐξουσίαν του χωρία τινὰ ἐν τῇ ἀνατολικῇ ἐπαρχίᾳ τῆς Κρήτης, Σιτείᾳ, ὁ Χατσῆ-ἀφεντάκης, ἐμάνδρευσεν ἐντὸς τῆς αὐλῆς του τοὺς χωρικούς του Χριστιανοὺς ὡς διακοσίους, ἐπὶ λόγῳ ὅτι ἤθελε νὰ τοῖς λαλήσῃ, καὶ κλείσας τὴν αὐλόθυραν τοὺς ἐφόνευσεν, ἔχων συνεργοὺς τοὺς συγγενεῖς του, τοὺς ἐπιστάτας τῶν χωρίων του καὶ ἄλλους Τούρκους· ὁ δὲ πασᾶς, μαθὼν τὸ γεγονός, ὑπερεπήνεσε τὸν πολὺν ζῆλον καὶ τὴν ἀφιλοκέρδειαν τοῦ χριστιανοβόρου ἀγᾶ. Μετά τινας δὲ ἡμέρας ὁ ἐν Ῥεθύμνῃ Ὀσμάμπασας ἐκάλεσε καὶ αὐτὸς τοὺς ἡγουμένους διαφόρων μοναστηρίων καὶ διαφόρους ἱερεῖς τῶν ἐν τοῖς χωρίοις τῶν ἐπαρχιῶν Μυλοποτάμου καὶ Ἀμάρι, ἐπὶ λόγῳ νὰ διανείμῃ δι' αὐτῶν τοῖς ὁμοπίστοις των ἔγγραφά του εἰς ἀσφάλειάν των· συνελθόντας δὲ τοὺς ἐθανάτωσεν ὅλους· ἐν ἑνὶ λόγῳ, ἐκτὸς τῶν ἄλλων μεγάλων συμφορῶν τῶν ἐν Κρήτῃ Χριστιανῶν, χίλιοι τοὐλάχιστον ἀθῶοι, ἐν οἷς καὶ ἑπτὰ ἀρχιερεῖς, ἐθανατώθησαν ταῖς θλιβεραῖς ἐκείναις ἡμέραις.

Οἱ δὲ Ῥεθύμνιοι καὶ Χανιῶται Τοῦρκοι, πάσχοντες διὰ ξηρᾶς, οὐδὲ τὴν διὰ θαλάσσης συγκοινωνίαν εἶχαν ἐλευθέραν, διότι τὴν διέκοπταν παραπλέοντα μεταξὺ τῶν δύο φρουρίων τὰ πλοῖα τῆς Κάσσου. Ἀλλ' εὑρόντες προθύμους ἀντιλήπτορας τοὺς Καστρινούς, τοὺς Κισαμίους καὶ τοὺς Σελινιώτας, ὧν τὴν σύμπραξιν ἐπεκαλέσθησαν, ἀπεφάσισαν νὰ πατήσωσι τὰ Σφακιὰ οἱ μὲν ἐντεῦθεν οἱ δὲ ἐκεῖθεν. Ὀλίγοι ἦσαν οἱ ἐνδιαμένοντες ὁπλοφόροι Χριστιανοί, διότι οἱ πολλοὶ ἦσαν ἤδη διεσπαρμένοι εἰς ἄλλας θέσεις· διέμεναν δὲ οἱ πλεῖστοι ἐν τῷ χωρίῳ Ἀσκύφῳ, τινὲς κατεῖχαν δὲ καὶ τὸν Καλλικράτην. Ἀρχομένου τοῦ ἰουλίου ἐξεστράτευσαν πρῶτοι οἱ Καστρινοὶ καὶ οἱ Ῥεθύμνιοι, συνηνωμένοι, οὓς ἰδόντες ἐφορμῶντας οἱ κατέχοντες τὸν Καλλικράτην, τὸν ἐγκατέλειψαν, οἱ δὲ Τοῦρκοι τὸν ἔκαυσαν, καὶ καταλαβόντες τὴν ἐπαύριον τὸν Ἀσκύφον κατέστρεφαν τὰ πέριξ. Ἀλλ' οἱ καταλιπόντες τὰ δύο χωρία ὁπλοφόροι Χριστιανοί, ἐνισχυθέντες μετ' ὀλίγον ὑπό τινων ἄλλων πολλαχόθεν προσελθόντων, τοὺς προσέβαλαν αἴφνης ἐν ἀφοβίᾳ διάγοντας καὶ ἀμεριμνίᾳ, καὶ τοὺς ἀπεδίωξαν. Ἐπῆλθαν ἄλλοθεν καὶ οἱ Κισάμιοι καὶ οἱ Σελινιῶται, ἀλλ' εὑρόντες ἀντιπάλους κατὰ τὰ Ποροσάλια ἐτράπησαν καὶ αὐτοί. Τὴν δὲ 4 ἐξεστράτευσαν οἱ Χανιῶται ὑπὸ τὸν Ὀσμάμπασαν φέροντες καὶ 4 κανόνια· πορευόμενοι δὲ εἰς Λάκκους καὶ Θέρισον ἀπήντησαν τὴν ἐπαύριον λίαν πρωὶ κατὰ τὸ χωρίον, Φουρνές, τοὺς περὶ τὸν Δασκαλάκην, τὸν Βασίλην Χάλην καὶ τὸν Φασούλην, καὶ προχωροῦντες εἰς τὸ δάσος πρὸς τὸ χωρίον Μεσκλά, ἐπολέμουν ἀμφιρρεπῆ καὶ δεινὸν πόλεμον μέχρι τοῦ δειλινοῦ· ἀλλ' ἐπελθόντων ἄλλοθεν κατ' ἐκείνην τὴν ὥραν τῶν περὶ τὸν Ἀναγνώστην Παναγιώτου, τὸν Ἀνδρέαν Παπαπωλάκην καὶ τὸν Σταμάτην Ἀνωγειανὸν, ἠναγκάσθησαν νὰ τραπῶσιν, ἐγκαταλείψαντες ζῶα, πολεμεφόδια, σημαίας καὶ τὰ 4 κανόνια. Ὑπερτριακόσιοι ἐξ αὐτῶν ἐφονεύθησαν καὶ 40 ἠχμαλωτίσθησαν· ὅλοι δὲ οἱ αἰχμαλωτισθέντες ἀπέθαναν ἐν στόματι μαχαίρας· ἐφονεύθησαν καὶ ἐκ τῶν Ἑλλήνων 20, καὶ ἐπληγώθησαν 40· διεκρίθησαν δὲ ἐπ' ἀνδρίᾳ οἱ Λακκιῶται, καὶ ἐξόχως ὁ Σαρηδαντώνης καὶ ὁ Νικολουδάκης· ἦσαν δὲ ὅλοι οἱ συγκρουσθέντες, Χριστιανοὶ μὲν ἐννεακόσιοι, Μωαμεθανοὶ δὲ ὑπερδισχίλιοι. Καὶ οὗτοι μὲν ἐπανῆλθαν πανταχόθεν κατῃσχυμένοι εἰς τὰ ἴδια, οἱ δὲ Χριστιανοὶ κατέλαβαν καὶ αὖθις τὰς προτέρας θέσεις ἀγαλλώμενοι. Ἐπεχείρησαν πολλοὶ Καστρινοὶ καὶ τινες Ῥεθύμνιοι νέαν ἐκστρατείαν μεσοῦντος τοῦ αὐτοῦ μηνὸς εἰς Σφακιὰ ὑπὸ τὸν ἐπ' ἀνδρίᾳ τιμώμενον Καούσην· και κατ' αρχάς μεν ευδοκίμησαν και κατέλαβαν την 16 και τον Ασκύφον· αλλά δεινώς προσβληθέντες υπό του Πρωτοπαπαδάκη, του Ρούσου, του Πωλογιωργάκη, του Παπαδάκη και του Δασκαλάκη, ηναγκάσθησαν να στρέψωσι τα νώτα, και διερχόμενοι το στενόν του Κατρέως πολλά έπαθαν· παραλαβόντες δε τους εν τω πύργω του Αληδάκη, ον οι Έλληνες μετά ταύτα ανέτρεψαν, επανήλθαν εις τα ίδια. Παρηκολούθησαν τούτους, αγνοούντες την τροπήν των, άλλοι άλλοθεν Καστρινοί υπό τον Γερλή-κεχαγιάν, αλλά και αυτοί ηττηθέντες κατά την Άμπελον, και αιχμαλωτισθέντος και φονευθέντος του αρχηγού, επαλινδρόμησαν εις τα φρούρια. Εξώρμησαν την 25 τινές των εν τω φρουρίω των Χανιών επί τους παρασκηνούντας Έλληνας, αλλ' ουδέν ουδ' αυτοί κατώρθωσαν.

Τοιαύτη ήτον η πολεμική θέσις των Κρητών λήγοντος του ιουλίου.

1821.

ΚΕΦΑΛΑΙΟΝ ΙΓ'.

Διασκορπισμός των περί την Καρύταιναν Ελλήνων.—Συγκρούσεις Τούρκων και Ελλήνων περί την Τριπολιτσάν.— Απόβασις του κεχαγιά του ηγεμόνος της Πελοποννήσου εις Πάτρας και ευτυχής αυτού άνοδος εις Τριπολιτσάν.— Μάχαι Βαλτετσίου και Δολιανών.

ΕΝ ᾧ οἱ Έλληνες ἀνέμεναν, ὡς εἴπαμεν, ὥρᾳ τῇ ὥρᾳ τὴν πτῶσιν τοῦ παλαιοφρουρίου τῆς Καρυταίνης καὶ διεπραγματεύοντο περὶ τούτου, ἔμαθαν οἱ ἐν Τριπολιτσᾷ Τοῦρκοι τὴν δεινὴν θέσιν τῶν ἐν αὐτῷ παρὰ δύο χωρικὰ ἐνδυθέντων καὶ διὰ νυκτὸς ἐξελθόντων ἐκεῖθεν, ἐξεστράτευσαν 700 ἱππεῖς καὶ 2000 πεζοὶ τὸ πρωῒ τῆς 30 μαρτίου, καὶ προχωροῦντες ἔκαυσαν τὸ ἐπὶ τῆς ὁδοῦ χωρίον Σάλεσι, δύο ὥρας μακρὰν τῆς Καρυταίνης. Ὁ Κολοκοτρώνης, ἰδὼν τοὺς καπνοὺς τοῦ καιομένου χωρίου, ἀνέβη εἰς Φλωριόν, καὶ παρατηρήσας διὰ τοῦ τηλεσκοπίου, ὅτι ἤρχοντο ἐχθροί, τὸ ἐγνωστοποίησε διὰ συνθήματος, καὶ ἐν τῷ ἅμα οἱ περὶ τὴν Καρύταιναν Έλληνες, ἂν καὶ ἑξακισχίλιοι, ὅλοι σχεδὸν διεσκορπίσθησαν τρέχοντες εἰς τὰ βουνὰ καὶ εἰς τὰ σπήλαια· ὥστε ὁ Κολοκοτρώνης καταβὰς ἀπὸ τοῦ Φλωριοῦ ηὗρε μόνους ἐγκαρτεροῦντας καὶ πολεμοῦντας ἐντεῦθεν μὲν τοῦ φρουρίου τοὺς περὶ τὸν Ἠλίαν Μαυρομιχάλην, ἐκεῖθεν δὲ τοὺς ἀδελφοὺς Πλαπούτας, ἀλλὰ καὶ οὗτοι μετ' ὀλίγον ἀνεχώρησαν. Ἀνεχώρησαν τελευταῖοι καὶ οἱ περὶ τὸν Κολοκοτρώνην, οἵτινες καὶ συνεπληρώθησαν καθ' ὁδὸν εἰς διακοσίους· ἀπέφυγαν δὲ τὸν κίνδυνον κρυπτόμενοι καὶ νυκτοπορούντες διά τινων αποκρήμνων και αγνώστων μονοπατίων, ανευρισκομένων παρά του Κολοκοτρώνη υπό το σκότος της νυκτός εις έκστασιν των συνοδοιπόρων του, αν και δεκαεπτά παρήλθαν έτη αφ' ότου είχε διαβή εκείθεν, ό εστιν αφ' ότου έπαυσε να περιφέρεται εις Πελοπόννησον ως κλέπτης. Οι δε Τούρκοι, φθάσαντες εις Καρύταιναν, παρέλαβαν εν ησυχία όλους τους εγκλείστους και τους συνώδευσαν εις Τριπολιτσάν· επανερχόμενοι δε απήντησαν προς το Καλογεροβούνι τους υπό τον Κυριακούλην Μαυρομιχάλην, τον αδελφόν του Κωνσταντίνον και τον Νικήταν Σταματελόπουλον, και έτρεψαν και αυτούς φονεύσαντες και τον γυναικάδελφον του Γιατράκου. Τόσον δε παράλογος τρόμος κατέλαβε τους Έλληνας εξ αιτίας της εξόδου ταύτης των εχθρών, ώστε 17 μόνοι ένοπλοι Τούρκοι συνώδευσαν κατ' εκείνας τας ημέρας εις Τριπολιτσάν 200 τροφοφόρα ζώα διά δυσβάτων και επιφόβων οδών από τόπου απέχοντος εξ ώρας μηδένα ένοπλον απαντήσαντες Έλληνα.

Αφ' ου δε η τόση πληθύς των περί την Καρύταιναν διεσκορπίσθη τόσον αισχρώς, οι οπλαρχηγοί απομείναντες σχεδόν όλοι άνευ οπαδών συνήλθαν οι πλείστοι διά διαφόρων οδών εις Στεμνίτσαν, όπου συνήχθησαν ένθεν κακείθεν καί τινες των οπαδών των, και ώδευσαν εις Χρυσοβίτσι όλοι τριακόσιοι, επ' ελπίδι να καταλάβωσι την θέσιν Λαγκάδαν και κτυπήσωσι Τούρκους τινάς επανερχομένους διά του μέρους εκείνου εις Τριπολιτσάν· αλλ' οι εκατόν ελειποτάκτησαν καθ' οδόν. Φθάσαντες δε οι λοιποί εις Χρυσοβίτσι έμαθαν, ότι οι Τούρκοι είχαν ήδη διαβή. Τότε πολλοί των οπλαρχηγών απεφάσισαν να μεταβώσιν εις Λεοντάρι, και εκείθεν να καταβώσιν εις Μεσσηνίαν επί στρατολογία· παρεκίνουν δε και τον Κολοκοτρώνην να συνακολουθήση. "Δεν έρχο-
"μαι," τοις είπεν ούτος όλος περίλυπος, "θέλω

"*νὰ μὲ φάγουν τὰ πουλιὰ ποῦ μὲ γνω-*
"*ρίζουν.*" Ἐν τοσούτῳ οὔτε ἄνθρωπον εἶχε παρ᾽ αὐτῷ οὔτε κἂν τὸ τουφέκι του, διότι ἔχασε καὶ αὐτὸ ἐπὶ τῆς φυγῆς. Εἶπε τότε ὁ Δικαῖος πρός τινα τῶν Μανιατῶν· "*Μεῖνε μαζῆ του μὴ τὸν φάγῃ ὁ*
"*λύκος.*"

Ἀφ᾽ οὗ δὲ ἀνεχώρησαν οἱ ὁπλαρχηγοί, ὁ Κολοκοτρώνης ἐμβῆκεν εἰς τὴν ἐκκλησίαν, ἔκαμε τὸν σταυρόν του καὶ ἔμεινε πολλὴν ὥραν σύννους· Ἔπειτα ἀσπασθεὶς τὴν εἰκόνα τῆς Θεοτόκου, "*Παν-*
"*αγία μου*," εἶπε, "*βοήθησε τοὺς Χριστια-*
"*νούς· τοὺς ἐπῆραμε ᾽στὸ λαιμό μας·*" καὶ ταῦτα εἰπὼν ἐκίνησε πρὸς τὴν Πιάναν ὅλος ἀπηλπισμένος συνοδίτην ἔχων μόνον τὸν Μανιάτην του.

Ὁ δὲ Κανέλλος Δηληγιάννης, φεύγων καὶ αὐτὸς ἐκ Καρυταίνης ὡς καὶ οἱ λοιποί, μετέβη εἰς τὴν πατρίδα του, τὰ Λαγκάδια, καὶ ηὗρεν ὅλον τὸ χωρίον ἔρημον, καὶ αὐτήν του τὴν οἰκογένειαν φυγοῦσαν κατὰ τὴν ἐπαρχίαν τῶν Καλαβρύτων· ἔδραμε δὲ κατόπιν αὐτῆς πεζὸς καὶ ἀνυπόδητος, τὴν ἐπρόφθασεν εἰς τὸ Σωποτόν, καὶ τὴν συνώδευσεν εἰς μέγα-Σπήλαιον. Ἐκεῖ μαθών, ὅτι οἱ ἐπαρχιῶταί του ἀπελπισθέντες ἀπεφάσισαν νὰ προσκυνήσωσιν, ἀπέστειλεν εἰς πρόληψιν τοῦ κακοῦ τὸν ἀδελφόν του Δημητράκην εἰς Λαγκάδια μεθ᾽ ὅσων ἐδυνήθη νὰ συλλέξῃ στρατιωτῶν. Φθάσας ἐκεῖ οὗτος ηὗρε τοὺς ἐντοπίους Τούρκους συνηθροισμένους ὅλους ἀόπλους ἐν τῇ ἀγορᾷ, διότι τὴν ἡμέραν τῆς ἐπαναστάσεως τοῖς ἀφῄρεσαν τὰ ὅπλα οἱ περὶ τὸν Κανέλλον, καὶ τοὺς ἐπεδίκλωσαν, ἀλλὰ δὲν τοὺς ἐφυλάκισαν· ηὗρε δὲ σὺν αὐτοῖς καὶ πολλοὺς χωρικοὺς Χριστιανοὺς ἑτοίμους, ἐπὶ τῇ προτροπῇ τῶν Τούρκων, νὰ προσφέρωσι, διὰ πρεσβείας πρὸς τοὺς ἐν Τριπολιτσᾷ, τὴν ὑποταγὴν τοῦ λαοῦ. Ὁ Δημητράκης καὶ οἱ σὺν αὐτῷ, διότι πολλοὶ τῶν διεσκορπισμένων συνεπαρχιωτών του τον ηκολούθησαν καθ' οδόν, περιεκύκλωσαν τους εν τη αγορά Τούρκους, τους ετουφέκισαν και τους εφόνευσαν όλους, αναγκάσαντες τους συνεπαρχιώτας των να γένωσι και αυτοί συμμέτοχοι του φόνου, ώστε να μη τολμήσωσι πλέον και προσκυνήσωσι φοβούμενοι την αγανάκτησιν και εκδίκησιν των τουρκικών Αρχών. Τοιαύτα ήσαν τα αποτελέσματα του διασκορπισμού των περί Καρύταιναν και ως προς το στρατιωτικόν και ως προς τον λαόν.

Εν τοσούτω, όσον η θέσις των Ελλήνων ήτο δεινή, τόσω προθυμότερον ηγωνίζοντο οι αρχηγοί να την καλητερεύσωσι στρατολογούντες ακαμάτως, φαινόμενοι γενναίοι εν μέσω του πανικού φόβου και προκινδυνεύοντες· Τω όντι διά των αξιεπαίνων προσπαθειών και υπό την οδηγίαν του επισκόπου Βρεσθένης Θεοδωρήτου, του Σαριγιάννη, του Παναγιώτη Ζαφειροπούλου, του Κωνσταντίνου Μαυρομιχάλη, του Κοντάκη και άλλων, συνήχθησαν κατ' εκείνας τας ημέρας έως 1500 ένοπλοι, Μιστριώται, Αγιοπετρίται, Τριπολιτσιώται και Μανιάται εις Βέρβενα, θέσιν βουνώδη και δυνατήν εν τη επαρχία του αγίου Πέτρου, όπου και ωχυρώθησαν, κτίσαντες τέσσαρας πύργους· συνήχθησαν και υπό τον Κολοκοτρώνην ικανοί εις Πιάναν, 3 ώρας απέχουσαν της Τριπολιτσάς· αλλά θάρρος δεν ελάμβαναν οι συναζόμενοι· Τούρκους ήκουαν και πάραυτα έφευγαν. Την 5 απριλίου οι Τριπολιτσιώται Τούρκοι εξεστράτευσαν κατά των εν Πιάνα, τους διεσκόρπισαν μόλις φανέντες, και έκαυσαν το χωρίον· ο δε Κολοκοτρώνης, απολειφθείς μόνος, μετέβη εις το μεταξύ Αλωνίσταινας και Βυτίνας διάσελον· αλλ' οι εχθροί υπήγαν και εκεί, εσκόρπισαν τους συνελθόντας, έτρεψαν και αύθις τον Κολοκοτρώνην, έκαυσαν το χωρίον και μετέφεραν τας εκεί αποτεταμιευμένας των Ελλήνων τροφὰς εἰς Τριπολιτσάν. Ἐνήμερα δὲ τοῦ Πάσχα ἐστράτευσαν εἰς Βλαχοκερασιάν, χωρίον 4 ὥρας μακρὰν τῆς Τριπολιτσᾶς, ὅπερ κατεῖχαν ὁ Κυριακούλης Μαυρομιχάλης, καὶ ὁ Ἀντώνης Νικολόπουλος Λακεδαιμόνιος μετὰ 800 συντρόφων· ἀλλὰ μόλις ἐπλησίασαν, ἐλειποτάκτησαν ὅλοι οἱ ὑπὸ τὸν Κυριακούλην· οἱ δὲ ὑπὸ τὸν Νικολόπουλον ἀντέστησαν κατ' ἀρχάς, ἀλλὰ φονευθέντος αὐτοῦ ἐτράπησαν καὶ οὗτοι καὶ ἀνέβησαν τὰ ὄρη· ἐφονεύθησαν δὲ διαρκούσης τῆς μάχης καὶ ὁ Παναγῆς Βενετσιάνος, καὶ ἄλλοι. Οἱ δὲ Τοῦρκοι καύσαντες τὸ χωρίον, ἐπανῆλθαν εἰς Τριπολιτσάν.

Ἐξ αἰτίας δὲ τῶν δεινῶν τούτων περιστάσεων συνῆλθαν κατὰ πρόσκλησιν τοῦ Κολοκοτρώνη καὶ τοῦ Κανέλλου Δηληγιάννη, εὑρισκομένων τότε ἐν Μαρμαριᾷ, διάφοροι ὁπλαρχηγοὶ εἰς Πάπαρι, 4 ὥρας ἀπέχον τῆς Τριπολιτσᾶς, καὶ κοινῆς σκέψεως γενομένης, συνωμολόγησαν, ὅτι δύσκολος ἦτον ἡ στρατολογία, καὶ ἔτι δυσκολωτέρα ἡ μὴ λειποταξία τῶν στρατολογουμένων. Εἰς διόρθωσιν δὲ τοῦ κακοῦ ἀνηγόρευσαν ὅλοι ὁμογνωμόνως τὸν ἐν Καλαμάτᾳ διατρίβοντα Πετρόμπεην ἀρχιστράτηγον τῆς Πελοποννήσου, καὶ τὸν παρεκάλεσαν νὰ συνάξῃ ὅσους ἐδύνατο Μανιάτας, ὑποσχόμενοι αὐτοῖς τροφὰς καὶ μισθούς, καὶ νὰ συναναβῇ καὶ αὐτὸς κατ' ἐκεῖνα τὰ μέρη, ὥστε νὰ βιάσωσι τοὺς χωρικοὺς διὰ τῶν Μανιατῶν νὰ ὁπλοφορήσωσι, νὰ ἐκστρατεύσωσι, καὶ νὰ διατηρήσωσι τὰς θέσεις των. Τούτου γενομένου διελύθη ἡ συνέλευσις· καὶ ὁ μὲν Δηληγιάννης, καὶ ὁ Τσαλαφατῖνος ἐτοποθετήθησαν κατὰ τὸ διάσελον τῆς Ἀλωνίσταινας, ὅπου ὑπῆγε μετ' ὀλίγον καὶ ὁ Πλαποῦτας ἐπ' ἐλπίδι νὰ ἐμποδίσωσι τὸν ἐχθρόν, ἂν ἐδοκίμαζε νὰ πέσῃ ἐκεῖθεν εἰς ἄλλας ἐπαρχίας, οἱ δὲ λοιποὶ μετέβησαν εἰς Βαλτέτσι, χωρίον ὀρεινόν, 2 ὥρας ἀπέχον τῆς Τριπολιτσᾶς.

Κατ' εκείνας τας ημέρας 800 Καλαβρυτινοί υπό τον Χαραλάμπην, καί τινες Τριπολιτσιώται υπό τον Αρβάλην, μαθόντες τα εν Καρυταίνη δυστυχήματα, εστρατοπέδευσαν εν Λεβιδίω, 5 ώρας μακράν της Τριπολιτσάς, εις εγκαρδίωσιν των ολιγοψυχησάντων συναδέλφων, και εις εμπόδιον του εχθρού, αν επεχείρει να διαβή εκείθεν προς τα Καλάβρυτα· αλλ' οι Τριπολιτσιώται Τούρκοι, μαθόντες τον ερχομόν αυτών, εξεστράτευσαν δια νυκτός και τοις επλησίασαν ανατείλαντος του ηλίου. Επτοήθησαν οι Έλληνες πριν φθάσωσιν οι εχθροί, και ανέβησαν εις τας πλησίον ορεινάς θέσεις· μόνοι δε 60 υπό τους υπλαρχηγούς Νικολόν Σολιώτην, Αναγνώστην Στριφτόμπολαν, Γεώργην Κουλοχέρην και Γιαννάκην Πετμεζάν, εκλείσθησαν εντός τινων οικιών του χωρίου και επολέμησαν αντέχοντες γενναίως εις τας αλλεπαλλήλους προσβολάς των πολλών εχθρών 7 ώρας. Εν ώ δε εκινδύνευαν, ήλθαν εξωθεν εις βοήθειάν των ο Πλαπούτας, ο Τσαλαφατίνος, ο Νικολός Πετμεζάς και άλλοι, κατέβησαν και ολίγοι εκ των καταφυγόντων εις τα όρη, και ούτως ελυτρώθησαν οι έγκλειστοι προσβληθέντων όπισθεν των εχθρών και αναγκασθέντων να φύγωσιν. Εφονεύθησαν εν τη μάχη ταύτη ο Στριφτόμπολας, ο υποπλαρχηγός Σωτήρης Σολμενίκος και τρεις στρατιώται. Η αντίστασις των ολίγων τούτων και η γενναιότης των έξωθεν επιβοηθησάντων καθ' ον καιρόν η δειλία κατέλαβε τας ψυχάς όλων είναι αξία παντός επαίνου.

Μετά δε την μάχην του Λεβιδίου ο Πλαπούτας και ο Τσαλαφατίνος συνενωθέντος και του Δηληγιάννη μετέβησαν εις το διάσελον της Αλωνίσταινας και εκείθεν εις Πιάναν, όπου ηύραν εστρατοπεδευμένον τον Αντώνην Κολοκοτρώνην. Οι δε λοιποί διέμεναν εν Βαλτετσίω.

Οι Τριπολιτσιώται Τούρκοι υπήγαιναν συνήθως

εἰς τοὺς μύλους τῆς Δαβιᾶς καὶ ἄλεθαν. Τοῦτο παρατηρήσαντες οἱ ἐν Πιάνᾳ καὶ Βαλτετσίῳ Ἕλληνες ἔστειλαν τὸν Ἀντώνην Κολοκοτρώνην μετὰ 80 εἰς ἔνεδραν· ὁ Ἀντώνης ἐνήργησε ὅσα διετάχθη, καὶ τὴν 18 ἀπριλίου ἐκτύπησε τοὺς Τούρκους ἐρχομένους πρὸς τοὺς μύλους, ἐφόνευσε 10 καὶ συνέλαβεν ὀλίγα ζῶα. Ἐξῆλθαν οἱ ἐν Τριπολιτσᾷ εἰς τιμωρίαν τῶν ὀλίγων ἐκείνων Ἑλλήνων. Βλέποντες αὐτοὺς ἐξερχομένους ἐξῆλθαν καὶ οἱ ἐν Πιάνᾳ καὶ Βαλτετσίῳ Ἕλληνες εἰς ὑπεράσπισιν τῶν περὶ τὸν Ἀντώνην καὶ οὕτως συνεκρούσθησαν Ἕλληνες καὶ Τοῦρκοι πρὸς τὴν Σιλίμναν. Οἱ Ἕλληνες ὑπερίσχυσαν καὶ ἐσκότωσαν 20 Τούρκους, ἐν οἷς καὶ τὸν ἐπ᾽ ἀνδρίᾳ φημιζόμενον Ὁμέραγαν Τριπολιτσιώτην· δύο δὲ Ἕλληνες ἐσκοτώθησαν καὶ δύο ἐπληγώθησαν. Μετὰ τὴν σύγκρουσιν ταύτην οἱ μὲν Τοῦρκοι ἐπανῆλθαν εἰς Τριπολιτσάν, οἱ δὲ Ἕλληνες εἰς Πιάναν καὶ Βαλτέτσι ὁπωσοῦν θαρραλεώτεροι. Ἐθαρρύνθησαν ἔτι μᾶλλον μετ᾽ ὀλίγον καὶ διὰ τοῦ ἑξῆς ἀριστεύματος. Ὁ Νικήτας καί τινες τῶν ὀπαδῶν του εἶδαν ἐπὶ τῆς πεδιάδος μίαν ὥραν καὶ τέταρτον μακρὰν τῆς Τριπολιτσᾶς 20 Τούρκους, καὶ καταβάντες τοὺς ἐκτύπησαν καὶ ἐφόνευσαν ἕξ, τοὺς δὲ λοιποὺς ἀπώθησαν εἰς τὴν πόλιν φωνάζοντας ὅτι πρὸ τῶν πυλῶν τῆς ἐφονεύοντο Τοῦρκοι. Ἐξῆλθαν ἱππεῖς πρὸς καταδίωξιν τῶν περὶ τὸν Νικήταν, ἀλλ᾽ οὗτοι σκυλεύσαντες τοὺς φονευθέντας ἀνέβησαν ἀβλαβεῖς εἰς Βέρβενα, ὅπου τοὺς ἐφήμισε τὸ στρατόπεδον, ὡς τολμήσαντας νὰ φανῶσι κατὰ τὸν δεινὸν ἐκεῖνον καιρὸν τόσον πλησίον τῆς Τριπολιτσᾶς.

Τὴν δὲ 24 ἐξεστράτευσαν οἱ Τοῦρκοι κατὰ τῶν ἐν Βαλτετσίῳ, τοὺς διεσκόρπισαν καὶ διεσπάρησαν συνάζοντες ζῶα· ἀλλ᾽ ὠπισθοδρόμησαν μετ᾽ ὀλίγον ἀφήσαντες καθ᾽ ὁδὸν τὰ ζῶα, διότι ἐπῆλθαν οἱ ἐν Βερβένοις καὶ Πιάνᾳ. Ἐπανελθόντων δὲ τῶν Τούρκων εις Τριπολιτσάν, ο μεν Κολοκοτρώνης εσύστησεν άλλο στρατόπεδον εις Χρυσοβίτσι, ο δε Γιατράκος, οπλαρχηγός της επαρχίας του Μιστρά, εις Βέρβενα, όπου εψηφίσθη ομογνωμόνως την 5 μαΐου αρχηγός του στρατοπέδου εκείνου επί τη προτάσει του επισκόπου Βρεσθένης· άλλοι δε εκ των οπλαρχηγών μετέβησαν εις Λεοντάρι και έστειλαν τινας εις τας επαρχίας, όπου έκαστος είχεν επιρροήν, επί στρατολογία. Οι δε Τούρκοι, διασκορπίσαντες το στρατόπεδον του Βαλτετσίου, περιήρχοντο ανύποπτοι και ανενόχλητοι πέριξ της Τριπολιτσάς συνάζοντες ζώα, και εμπαίζοντες μακρόθεν τους φυγομάχους Έλληνας.

Τοιαύτη ήτον η κατάστασις των περί την Τριπολιτσάν Ελλήνων, ότε τοις ήλθεν είδησις, ότι ο Μουσταφάμπεης, κεχαγιάς του ηγεμόνος της Πελοποννήσου, μετά 3500 εκλεκτών στρατιωτών, όλων σχεδόν Αλβανών, απέβη εις Πάτρας.

Ο Χουρσήδης, ως προείπαμεν, κατεγίνετο εις τον κατά του Αλή πόλεμον καθ' ον καιρόν εξερράγη εν Πελοποννήσω η επανάστασις. Εκτός του προς τον σουλτάνον χρέους του αναγκάζοντος αυτόν να κινήση δυνάμεις κατά των επαναστατών, είχε και ιδιαίτερον αίτιον· αφήκεν εν Τριπολιτσά αναχωρών τας γυναίκας του και τους θησαυρούς του. Ο αγέρωχος χαρακτήρ του, ον εξιστορήσαμεν, αρκεί να δείξη την αγανάκτησιν της ψυχής του μαθόντος, ότι και αι γυναίκες και οι θησαυροί του εκινδύνευαν να πέσωσιν εις την διάκρισιν των απίστων· μόλις δε έμαθε τα συμβάντα ταύτα, και έστειλεν αμέσως τας ανωτέρω δυνάμεις υπό τον κεχαγιάν του ηγεμόνος της Πελοποννήσου, πολλής ικανότητος άνδρα και εμπειροπόλεμον, όστις απέβη εις Πάτρας μεσούντος του απριλίου, εθάρρυνε τους εκεί ομοπίστους του ειπών, ότι παρηκολούθουν και άλλαι δυνάμεις, και μετέβη εις Βοστίτσαν, όπου ούτε στρατιώτας ηύρεν, ούτε κατοίκους, αλλά πολλάς τροφάς έτοιμασθείσας προ της αποστασίας, επί σκοπώ να σταλώσιν εις το εν Ιωαννίνοις υπό τον Χουρσήδην στρατόπεδον. Διέμεινε δε εκεί μίαν εβδομάδα εκδίδων αμνηστήρια (συγχωροχάρτια) προς τους Καλαβρυτινούς και Βοστιτσάνους, αλλά μη εισακουόμενος· μαθών δε ότι σώμα Καλαβρυτινών υπό τον Ζαήμην εστάθμευε παρά την μονήν των Ταξιαρχών, έστειλε 500, το διεσκόρπισε, και παρά μικρόν ηχμαλώτισε και τον Ζαήμην εναπομείναντα μετ' ολίγων, διότι οι πολλοί ελειποτάκτησαν· έκαυσεν έπειτα την Βοστίτσαν μη ελθόντων των κατοίκων της εις προσκύνησίν του, ελεηλάτησε τα πέριξ, ήρπασε πολλά ζώα και ώδευσε προς την Κόρινθον. Εκεί είχε μεταβή προ τινων ημερών ο Δικαίος, ίνα συμπράξη εις την πτώσιν της ακροκορίνθου· επί δε τω ερχομώ του καχαγιά επροσπάθησε να εμψυχώση τους στρατιώτας εις αντίστασιν, αλλ' ουδέν κατώρθωσεν· όλοι αφήκαν και την πολιορκίαν και την πόλιν και ανεχώρησαν αισχρώς. Τότε ο Δικαίος απελπισθείς έκαυσε την μεγαλοπρεπή οικίαν του Κιαμήλμπεη, και ανεχώρησεν εις Σωφικόν. Η δε εντός της ακροκορίνθου μήτηρ του Κιαμήλμπεη, ιδούσα τον εμπρησμόν της οικίας, εφρύαξε, και διέταξε ν' αποκεφαλίσωσι τον διόλου μη πταίσαντα Ανδρίκον Νοταράν, ον είχε συμπαραλάβει εν τη ακροπόλει καθ' ον καιρόν εκλείσθη εν αυτή. Τόσον δ' αιφνιδίως εισέβαλεν εις Κόρινθον ο κεχαγιάς, ώστε ο εν αυτή ευρεθείς επίσκοπος Δαμαλών, Ιωνάς, εκινδύνευσε φεύγων να πιασθή, αποτινάξαντος αυτόν του ζώου εφ' ου εκάθητο. Συνελήφθησαν δ' έξω της πόλεως και εφονεύθησαν ο διάκονός του και τις ηγούμενος. Διατρίψας δε ο κεχαγιάς εν Κορίνθω μίαν ημέραν, αφήκεν εις ενδυνάμωσιν της ακροπόλεως τινάς των συνακολουθούντων αυτόν Αλβανών, και

1821.   ΚΕΦΑΛΑΙΟΝ ΙΓ.   218

ἐστράτευσε πρὸς τὸ Ἄργος τὴν 24 ἀπριλίου, προπορευομένων τῶν πρὸς τοὺς προεστῶτας καὶ κατοίκους τῆς πόλεως ἐκείνης ἀμνηστηρίων.

Ἀφ᾽ οὗ οἱ Ἀργεῖοι Τοῦρκοι περιωρίσθησαν ἐν Ναυπλίῳ, ἦλθαν ἱκανοὶ Κρανιδιῶται καὶ Καστριῶται καὶ τὸ ἐπολιόρκησαν μετὰ τῶν ἐν Ἀργολίδι χριστιανῶν. Οἱ Τοῦρκοι, ἐμποδιζόμενοι νὰ ἐξέλθωσιν εἰς τὴν ξηράν, ἐπεχείρησαν ἐνήμερα τοῦ Πάσχα ἀπόβασιν εἰς τοὺς ἀντικρὺ τοῦ Ναυπλίου μύλους ἐπὶ συλλογῇ τροφίμων· ἀλλ᾽ εὑρόντες τὴν θέσιν ἐκείνην κατεχομένην ἐπέστρεψαν εἰς Ναύπλιον ἄπρακτοι. Ἐξ αἰτίας δὲ τῶν ἡμερῶν τοῦ Πάσχα οἱ διὰ ξηρᾶς πολιορκοῦντες ἐδόθησαν εἰς τὴν κραιπάλην. Τοῦτο παρατηρήσαντες οἱ Τοῦρκοι ἐπέπεσαν αἴφνης, ἐσκότωσάν τινας, διεσκόρπισαν τοὺς ἄλλους, καὶ συλλαβόντες τὸν Κρανιδιώτην Γεώργην Λεμπέσην, τὸν ἐσούβλισαν.

Ἓν τῶν ἐπὶ πολιορκίᾳ τοῦ Ναυπλίου καταπλευσάντων πλοίων ἦτο καὶ τὸ τῆς χήρας Μπουμπουλίνας, ἐφ᾽ οὗ ἐπέβη καὶ ἡ ἀνδρόφρων αὕτη καὶ ἀρειμάνιος γυνὴ ὁπλοφοροῦσα καὶ ἐνθουσιῶσα ὑπὲρ τοῦ ἀγῶνος· συνοδευομένη δὲ ὑπὸ τοῦ ἀξίου τοιαύτης μητρὸς υἱοῦ της καὶ ἄλλων συμπολιτῶν της ἀνέβη τὴν τετράδην τῆς διακαινησίμου εἰς Ἄργος, ὅπου ὑπεδέχθη ὡς βασίλισσα· ἀνέβη κατόπιν εἰς τὴν αὐτὴν πόλιν εὐφημοῦντος τοῦ λαοῦ καὶ ὁ πρόκριτος τῶν Σπετσῶν, Γκίκας Μπότασης, συμπολιορκητὴς καὶ αὐτὸς τοῦ Ναυπλίου. Ἡ ἀνάβασις αὐτοῦ καὶ ἔτι μᾶλλον ἡ πρωτοφανὴς παρουσία γυναικὸς ἐν τῷ σταδίῳ τοῦ πολέμου, καθ᾽ ὃν καιρὸν οἱ ἄνδρες ἔφευγαν ἀπέμπροσθεν τῶν ἐχθρῶν, ἀνεθάρρυναν τοὺς Ἀργείους πρὸς ἐπανάληψιν τῆς λυθείσης πολιορκίας τοῦ Ναυπλίου· τὴν δὲ 23 ἀπριλίου μαθόντες τὴν θριαμβευτικὴν εἴσοδον τοῦ κεχαγιᾶ εἰς Κόρινθον ἡτοιμάσθησαν νὰ τὸν ἀντικρούσωσιν ἀναβαίνοντα εἰς Ἄργος (α).

Ὀλίγα βήματα ἔξωθεν τῆς πόλεως πρὸς τὴν ὁδὸν τῆς Κορίνθου σώζεται τεῖχος ἐπὶ τῆς κοίτης τοῦ χειμαρρώδους Χαράδρου, τοῦ κοινῶς Ξηριᾶ, εἰς προφύλαξιν τῆς πόλεως ἀπὸ τῆς ἐν καιρῷ χειμῶνος καταφορᾶς τῶν ρευμάτων. Οἱ Ἕλληνες, ἄπειροι εἰσέτι, ἐτοποθετήθησαν ὄπισθεν τοῦ τείχους ἀφήσαντες ἀνοικτὰ τὰ πλάγια· τόσῳ δὲ ἦσαν βέβαιοι, ὅτι θὰ ἐνίκων, ὥστε ὅλοι οἱ ἐν τῇ πόλει ἄνδρες καὶ γυναῖκες ἐχύθησαν εἰς τὰ πλησίον ὑψώματα θεωροὶ τῆς νίκης. Οἱ Τοῦρκοι, ἰδόντες μακρόθεν τόσον λαὸν ἐπὶ τῶν ὑψωμάτων, ὑπέθεσαν, ὅτι ἦσαν τόσοι ὁπλοφόροι καὶ ἐφοβήθησαν. Φθάσαντες δὲ μετὰ πάσης προφυλάξεως εἰς τὴν παρὰ τὸ τεῖχος ἐκκλησίαν τοῦ ἁγίου Νικολάου, ἐγνώρισαν τὴν ἀλήθειαν, καὶ ἠπόρησαν ἰδόντες τὸ θάρρος τῶν ἐναντίων· διῃρέθησαν τότε εἰς τρία· καὶ οἱ μὲν πεζοὶ ἐτάχθησαν ἐν τῷ κέντρῳ, οἱ δὲ ἱππεῖς ἄλλοι δεξιόθεν καὶ ἄλλοι ἀριστερόθεν, καὶ οὕτως ἐκίνησαν ἐπὶ τοὺς κατέχοντας τὸ τεῖχος ὅλοι ταυτοχρόνως. Οἱ Ἕλληνες, ἀνυπόμονοι νὰ πολεμήσωσι, τοὺς ἐτουφέκισαν πρὶν ἔλθωσιν ἐντὸς βολῆς. Τότε οἱ ἱππεῖς τῆς δεξιᾶς καὶ τῆς ἀριστερᾶς πτέρυγος, κεντίσαντες τοὺς ἵππους καὶ εὑρόντες τὰ πλάγια ἀφύλακτα, ἐκύκλωσαν τοὺς πρωτοπείρους Ἕλληνας καὶ τοὺς διεσκόρπισαν φονεύσαντες πολλούς, ἐν οἷς καὶ τὸν υἱὸν τῆς Μπουμπουλίνας. Ὁ νέος οὗτος ἔρριψε κατὰ γῆς ἔφιππον Ἀλβανόν, τὸν Βελήμπεην· ἀλλὰ καθ᾿ ἣν στιγμὴν ἐξέτεινε τὴν δεξιὰν εἰς σφαγήν του, ἔπεσε νεκρὸς ἐπ᾿ αὐτοῦ φονευθεὶς παρ᾿ ἄλλου. Ἡ ἧττα αὕτη ἐπέφερε τὸν διασκορπισμὸν τῶν ἐπαναλαβόντων τὴν πολιορκίαν τοῦ Ναυπλίου, καὶ τὴν τροπὴν τῶν ἐπὶ τῶν ὑψωμάτων θεατῶν, ἐξ ὧν ἄλλοι ᾐχμαλωτίσθησαν, ἄλλοι εἰς τοὺς μύλους διεσώθησαν, πολλαὶ δὲ οἰκογένειαι καί τινες ὁπλοφόροι ἐκλείσθησαν ἐν τῇ ὑπὸ τὴν ἀκρόπολιν μονῇ τῆς Κεκρυμμένης. Οἱ δὲ Τοῦρκοι, εἰσελθόντες εἰς τὴν πόλιν τὴν 25 ἀπριλίου, ἐπολιόρκησαν τοὺς ἐν τῇ μονῇ, προσπαθοῦντες νὰ τοὺς πείσωσι νὰ παραδοθῶσιν ἐπὶ πλήρει καὶ τελείᾳ ἀμνηστείᾳ· ἀλλ' ἐκεῖνοι ἐμψυχούμενοι παρὰ τῶν ἐν αὐτῇ ὀλίγων ὁπλοφόρων ἀπέρριψαν τὰς πρώτας προτάσεις, καὶ ἀντεστάθησαν εὐτυχῶς τρεῖς ἡμέρας· ἡ ἔλλειψις ὅμως τοῦ νεροῦ τοὺς ἠνάγκαζε νὰ προσκυνήσωσιν. Εἷς τῶν ἐγκλείστων ἦτο καὶ ὁ Κρανιδιώτης Παπᾶ-Ἀρσένιος, ἀνὴρ πλήρης ζήλου καὶ τόλμης, ὅστις, παρευρεθεὶς ἐν τῇ προλαβούσῃ μάχῃ κατὰ τὸ τεῖχος, τόσον διέπρεψεν, ὥστε ὁ κεχαγιᾶς ἐπαναλαβὼν τὰς προτάσεις του, ἐπέμενε νὰ ἐξαιρεθῇ μόνος αὐτὸς τῆς γενικῆς ἀμνηστείας. Ὁ Ἀρσένιος, ἰδὼν ὅτι ἐξ αἰτίας τῆς δίψας ἀδύνατον ἦτον οἱ ἔγκλειστοι ν' ἀνθέξωσι, τοῖς εἶπε νὰ δεχθῶσιν αὐτὰς καὶ ἀνοίξωσι τὰς πύλας τὴν ἐπαύριον· αὐτὸς δὲ θὰ ἐφρόντιζε περὶ τῆς ἰδίας ἀσφαλείας του. Τῷ ὄντι τὴν νύκτα ἐξῆλθε τῆς μονῆς ξιφήρης, διέσχισε τοὺς πέριξ ἐχθροὺς καὶ διεσώθη ἀβλαβὴς εἰς τοὺς μύλους. Ὁ δὲ κεχαγιᾶς ἐδέχθη φιλοφρόνως τοὺς προσκυνήσαντας, καὶ ἐξ αὐτῶν, ἀποδιδόντων τὰ αἴτια τῆς ἀποστασίας εἰς τοὺς ἀπόντας προκρίτους, κατέστησε δύο προεστῶτας καὶ τοὺς ἐφόρεσε τὰ συνήθη καββάδια· ἀπηλευθέρωσε δὲ καὶ ὅλους τοὺς κατεχομένους Χριστιανοὺς ἀπὸ τῶν συλλαβόντων αὐτοὺς Τούρκων ἐκτὸς πέντε νεανίδων, διακρινομένων διὰ τὸ κάλλος, μὴ δυνηθεὶς νὰ τὰς ἀποσπάσῃ ἐκ τῶν χειρῶν τῶν κατεχόντων αὐτὰς Ἀλβανῶν.

Ἐν ᾧ δὲ ὁ κεχαγιᾶς κατεγίνετο νὰ εὐτακτήσῃ τὰ τοῦ Ἄργους, οἱ ἐν Λεβιδίῳ τότε σταθμεύοντες ὁπλαρχηγοί, Σκαλτσᾶς, Τσαλαφατῖνος καὶ Μπελίδας, μαθόντες τὴν ἐκ Κορίνθου εἰς Ἄργος ἀνάβασίν του, ἐκίνησαν μετὰ 500, παρέλαβαν καθ' ὁδὸν τὸν Νταγρὲν καὶ ἔφθασαν τὴν 27 ἀπριλίου ἔξω τοῦ Ἄργους ἐν ἀγνοίᾳ τῶν ἐχθρῶν. Ἀφ' οὗ δὲ ἐνύκτωσεν, ἀπεφάσισαν νὰ εἰσέλθωσιν εἰς τὴν παντέρημον ἀκρόπολιν, όπου ούτε τουρκική ούτε ελληνική ήτο φρουρά. Εκ των 500, μόλις 90 επροθυμήθησαν να συνακολουθήσωσιν· αλλ' εμβάντες άνευ αντιστάσεως ή συγκρούσεως εξήλθαν πάλιν ησύχως πριν φέξη, όντες ολίγοι, και ηνώθησαν μετά των έξω απομεινάντων. Την δε ημέραν εκείνην, ό εστι την 28, ήλθεν όπου ήσαν οι προειρημένοι ο Στάϊκος Στάϊκόπουλος, ανεψιός του Κολοκοτρώνη. Γενναίος ο ανήρ ούτος και ενθουσιώδης (β), απέκτησεν, αν και ξένος της επαρχίας του Άργους, τόσην επιρροήν δια μιας, ώστε ετάχθησαν υπό την οδηγίαν του 600 Αργείοι. Η νέα αυτή δύναμις εθάρρυνε τους απροθύμους άλλους στρατιώτας· ώστε, πριν βραδυάση, ανέβησαν όλοι εις την ακρόπολιν τουφεκίζοντες εν ώ εισήρχοντο. Οι εχθροί εφοβήθησαν, και υποπτεύσαντες νυκτικήν έφοδον ωχυρώθησαν εντός των οικιών και έκαυσαν την μητρόπολιν. Την δε 30 ηκούσθη πολύς τουφεκισμός κατά το Κουτσοπόδι· ήσαν δε οι Πετμεζάδες και ο Δικαίος ερχόμενοι κατά των εχθρών και έχοντες 400 οπλοφόρους. Ανυπόμονος ο μεγαλότολμος Δικαίος ν' ανδραγαθήση παρέλαβε 15 στρατιώτας και εκίνησε το καταμεσήμερον προς την ακρόπολιν, όπου ανέβη αβλαβής εν μέσω κινδύνων και τουφεκισμών. Αλλ' η ακρόπολις ήτον απρομήθευτος τροφών· δια τούτο οι εν αυτή, εν οίς και ο Δικαίος, έφυγαν εκείθεν την ακόλουθον νύκτα.

Εν τοσούτω οι εν Τριπολιτσά Τούρκοι, μαθόντες τον ερχομόν του κεχαγιά, έστειλαν 800 ιππείς εις προϋπάντησίν του· έφθασαν δε εις Άργος οι σταλέντες ανενόχλητοι δια του Παρθενίου, και την 1 μαΐου ανέβησαν όλοι ομού εις Τριπολιτσάν δια του Τουρνηκίου επίσης ανενόχλητοι. Τόσος δε φόβος κατέλαβε τους έξωθεν της πόλεως εκείνης εστρατοπεδευμένους, ώστε ουδείς ετόλμησε κάν να φανή επί της αναβάσεως του κεχαγιά κατά το Παρθένι ή το

Τουρνῆκι. Μόνος ὁ Νικήτας, εὑρεθεὶς ἐν Λεονταρίῳ καθ' ἣν ὥραν ἠκούσθη ἡ ὅσον οὔπω ἀνάβασις αὐτοῦ εἰς Τριπολιτσάν, ἐπροθυμήθη αὐθόρμητος νὰ ὑπάγῃ εἰς κατάληψιν τοῦ Παρθενίου· τῷ ἐδόθησαν δὲ ἐκ τῶν στρατοπέδων καὶ 300 βοηθοί, ἀλλὰ μόνον 150 τὸν ἠκολούθησαν, καὶ ἐξ αὐτῶν οἱ 130 καθ' ὁδὸν ἐλειποτάκτησαν. Τοιαύτη ἦτον ἡ πολεμικὴ διάθεσις τῶν Πελοποννησίων τὰς ἡμέρας ἐκείνας.

Τὰ πρῶτα δοκίμια λαῶν ἀπὸ βαρέως καὶ πολυχρονίου ζυγοῦ αὐθορμήτως ἀνεγειρομένων εἶναι ἄξια πολλῆς προσοχῆς· διὰ τοῦτο ἱστορήσαμεν λεπτομερῶς τοὺς περιστοιχίσαντας τὸν ἑλληνικὸν ἀγῶνα ἐπὶ τῆς ἐνάρξεώς του μεγάλους κινδύνους ὡς διδάσκοντας διὰ τῶν πραγμάτων τοὺς ἐπιχειροῦντας τὰ αὐτά, ὅτι δὲν πρέπει μαχόμενοι ὑπὲρ πατρίδος ν' ἀπελπίζωνται ἀποτυγχάνοντες. Ἐνδεκαπλάσιοι τῶν Τούρκων ἦσαν οἱ Χριστιανοὶ (γ) ἐν Πελοποννήσῳ· ἀλλ' οἱ Τοῦρκοι ἐξουσίαζαν ὅλα τὰ φρούρια παρέχοντα καὶ ὅπλα καὶ πολεμεφόδια καὶ ἀσφάλειαν· ἦσαν παιδιόθεν εἰς τὸ ὁπλοφορεῖν συνειθισμένοι· ἐθεώρουν τὸν Ἕλληνα ὡς οὐτιδανὸν ῥαγιᾶν καὶ εἶχαν ἣν δίδει ἡ ἐξουσία ἐπὶ τῶν ἐξουσιαζομένων ὑπεροχήν. Ἐξ ἐναντίας οἱ Ἕλληνες ἦσαν ἐστερημένοι καὶ ὅπλων καὶ πολεμεφοδίων· κατεῖχαν ἀτείχιστα καὶ εὐπρόσβλητα μέρη· ἦσαν ἀσυνήθιστοι εἰς ὁπλοφορίαν· ἱππικὸν δὲν εἶχαν ὡς οἱ ἐναντίοι· ἐθεώρουν τοὺς ἐχθρούς των ὡς ἀνωτέρους των· Τοῦρκον ἤκουαν καὶ ἔτρεμαν· τρανώτατα δὲ μαρτυροῦν τὴν ἀλήθειαν τῶν λεγομένων αἱ δύο ἀδύνατοι εἰσβολαὶ τῶν ἐχθρῶν εἰς τὴν Πελοπόννησον, ἡ μὲν ὑπὸ τὸν Ἰσούφπασαν, ἡ δὲ ὑπὸ τὸν κεχαγιᾶν, καὶ τὰ περὶ τὴν Καρύταιναν συμβάντα. 300 Τοῦρκοι ὑπὸ τὸν Ἰσούφπασαν μετέβησαν, ὡς εἴδαμεν, ἀπὸ Ῥίου εἰς Πάτρας ἀνενόχλητοι ἐν μέσῳ χιλιάδων Ἑλλήνων, καὶ 3500 ὑπὸ τὸν κεχαγιᾶν ἀνέβησαν ἐκ της εσχατιάς της Πελοποννήσου εις τον ομφαλόν της νικηταί και τρισευτυχείς· 6000 δε οπλοφόροι Έλληνες περί την Καρύταιναν, ιδόντες μόνον τον καπνόν μακρόθεν τινών καιομένων καλυβών καί τινας εχθρούς επερχομένους διεσκορπίσθησαν εις τα όρη όλοι, μηδενός καταδιώκοντος αυτούς· και σημειωτέον, ότι οι φυγόντες ήσαν Καρυτινοί, Λεονταρίται, Μανιάται και Κουτσουκμανιώται, ήγουν εκ των ανδρειοτέρων λαών της Πελοποννήσου. Τόσον επτοήθησαν οι Πελοποννήσιοι κατ' αρχάς· αλλά νικώμενοι έμαθαν να νικώσι χάρις εις τους ακαμάτους και καρτερικούς αρχηγούς των.

Οι δε μεταβάντες εις Λεοντάρι και Μεσσηνίαν οπλαρχηγοί, στρατολογήσαντες εν ταις επαρχίαις, όπου έκαστος ίσχυεν, συνενοήθησαν μετά του Κολοκοτρώνη, και εστρατοπέδευσαν εκ νέου υπό την αρχηγίαν του Κυριακούλη Μαυρομιχάλη εν Βαλτετσίω, όπου, φοβούμενοι μη πάθωσιν όσα άλλοτε ωχυρώθησαν εντός τεσσάρων λιθοκτίστων προμαχώνων και επί της εκκλησίας· και εντός μεν του ενός εκλείσθησαν ο αρχηγός Μαυρομιχάλης μετά 120, εντός δε του ετέρου ο ανεψιός του Ηλίας, οι αδελφοί Φλέσαι, ο Σιόρης και ο Ευμορφόπουλος μετά 250, κατέλαβαν δε τους δύο άλλους τον μεν ο Ιωάννης Μαυρομιχάλης, ο Παπατσώνης, ο Παναγιώτης Κεφάλας και ο Μητροπέτροβας μετά 350, τον δε ο Τσαλαφατίνος μετά 80, ωχυρώθη και επί της εκκλησίας ο Κατσανός και οι δύο αδελφοί Μπουραίοι μετά 80· ώστε οι εν Βαλτετσίω ήσαν όλοι 880. Εκτός δε του στρατοπέδου τούτου υπήρχαν, ως είρηται, όχι μακράν της Τριπολιτσάς και τρία άλλα μικρά, το μεν εν Χρυσοβιτσίω υπό τον Ανδρέαν Παπαδιαμαντόπουλον, το δε εν Πιάνα υπό τον Πλαπούταν, και το τρίτον εν Βερβένοις υπό τον Γιατράκον· ήσαν δε και τα τέσσαρα πλησίον τὸ ἓν τοῦ ἄλλου εἰς συμβοήθειαν ἐν καιρῷ ἀνάγκης· εἶχαν δὲ μεταβῆ κατ' ἐκείνας τὰς ἡμέρας καὶ 350 ὑπὸ τὸν Νικήταν, τὸν Γιάννην Κολοκοτρώνην καὶ τὸν Κωνσταντῖνον Μαυρομιχάλην εἰς Ἄργος, ὅπου ἐσώζοντο δύο δημόσια κτίρια μολυβδοσκεπῆ ἐπὶ μεταφορᾷ εἰς τὸ στρατόπεδον τῶν Βερβένων μέρους τῆς πολεμικῆς ἐκείνης ὕλης, ἧς τὸ στρατόπεδον ἔπασχε μεγάλην ἔλλειψιν.

Ὁ δὲ κεχαγιᾶς, φθάσας εἰς Τριπολιτσάν, διέσπειρε διαφόρους ἀποστόλους του Χριστιανοὺς εἰς τὰς ἐπαρχίας τῆς Πελοποννήσου, κηρύττοντας μετάνοιαν καὶ φέροντας ἀμνηστήρια καὶ προτρεπτικὰ εἰς ὑποταγὴν γράμματα τῶν ἐγκλείστων ἀρχιερέων καὶ προεστώτων· παρήγγειλε δὲ καὶ ταῖς τουρκικαῖς Ἀρχαῖς τῆς Πελοποννήσου, ὅπου εἰσηκούοντο αἱ διαταγαί του, ἀνοχὴν καὶ φιλανθρωπίαν πρὸς τὸν ραγιᾶν· ἀλλὰ δὲν ἐκέρδισε διὰ τοῦ τρόπου τούτου εἰμὴ τοὺς κατοίκους τινῶν τῶν πέριξ τῆς Τριπολιτσᾶς χωρίων. Τὴν δὲ 12 μαΐου ἀνήγγειλαν αἱ ἐπὶ τῶν ὑψωμάτων ἑλληνικαὶ σκοπιαὶ διὰ σημείων, ὅτι οἱ ἐχθροὶ ἐκινοῦντο πρὸς τὸ Βαλτέτσι.

Οὔτε τόσον πλῆθος ἐχθρῶν συνεξεστράτευσεν ἐν Πελοποννήσῳ ἐξ ἀρχῆς τοῦ ἀγῶνος μέχρι τοῦδε, οὔτε τοιοῦτον πολεμικὸν σχέδιον ἐσχεδιάσθη. Ὁ κεχαγιᾶς διῄρεσε τὸν στρατόν του εἰς τέσσαρα· χιλίους ἔστειλεν εἰς τὸ Καλογεροβοῦνι, ἵνα ἐμποδίσῃ δι' αὐτῶν τὸ στρατόπεδον τῶν Βερβένων τοῦ νὰ βοηθήσῃ τὸ τοῦ Βαλτετσίου μετὰ τὴν ἔναρξιν τῆς μάχης· ἑξακοσίους ἔστειλεν ὄπισθεν τοῦ Βαλτετσίου εἰς αἰχμαλωσίαν ἢ ὄλεθρον τῶν Ἑλλήνων φευγόντων, βέβαιος ὢν ἐκ τῶν προηγουμένων περὶ τῆς φυγῆς των φανέντος τοῦ ἐχθροῦ· ἔστειλε καὶ τὸν γνωστὸν ἐπ' ἀνδρίᾳ καὶ πολεμικῇ ἐμπειρίᾳ Ῥουμπῆν Μπαρδουνιώτην μετὰ τρισχιλίων πεντακοσίων ἐπὶ τοὺς ἐν Βαλτετσίῳ· αὐτὸς δὲ ἔχων χιλίους πεντακοσίους ιππείς προσεφέδρευεν. Ο Ρουμπής ώρμησεν ως μαινόμενος επί τους Έλληνας την β΄ ώραν μετά την ανατολήν του ηλίου, οι δε σημαιοφόροι εχύθησαν πρώτοι, αλλά 14 έπεσαν διά μιας. Οι Έλληνες παρά την συνήθειάν των και την προσδοκίαν των εχθρών όχι μόνον δεν ελειποτάκτησαν, αλλά και γενναίως αντέστησαν, αποκρούοντες ευτυχώς τας αλλεπαλλήλους εφόδους των εχθρών και συνενισχυόμενοι. Μετά μίαν ήμισυ ώραν έφθασαν επίκουροι ο Κολοκοτρώνης, μετ᾽ ολίγον δε και ο Πλαπούτας, έχοντες αμφότεροι 1200, και ετοποθετήθησαν όπισθεν των εχθρών κόψαντες την συγκοινωνίαν αυτών. Ο κεχαγιάς, βλέπων την απροσδόκητον αντίστασιν των εν Βαλτετσίω και την επελθούσαν επικουρίαν, επλησίασεν όπου η μάχη έλκων δύο κανόνια, και ήρχισε να κανονοβολή· αλλ᾽ ο κανονοβολισμός εξ αιτίας της θέσεως των κανονίων και της απειρίας των κανονοβολούντων δεν έβλαπτε τους Έλληνας. Ήλθε μετά ταύτα εις το πεδίον της μάχης όλον το εις αιχμαλωσίαν ή όλεθρον των Ελλήνων επί της προσδοκουμένης φυγής των σταλέν εχθρικόν σώμα· ήλθε και το σώμα το προκαταλαβόν το Καλογεροβούνι, και ο πόλεμος διήρκει σφοδρός όλην την ημέραν. Επελθούσης δε της νυκτός εισήλθαν εις το χωρίον ο Κολοκοτρώνης και ο Πλαπούτας εις εμψύχωσιν των μαχομένων αλλ᾽ επανήλθαν όπου και πρότερον· και οι μεν Έλληνες ήλπιζαν ότι οι Τούρκοι αποτυχόντες θ᾽ ανεχώρουν, οι δε Τούρκοι ότι οι Έλληνες μη έχοντες άλλον τρόπον σωτηρίας θα έφευγαν· αλλά διετήρησαν αμφότεροι τας θέσεις των πολεμούντες και την νύκτα ως επολέμησαν την ημέραν. Περί δε το μεσονύκτιον επεβοήθησαν τους Έλληνας περίπου εξακόσιοι εκ του στρατοπέδου των Βερβένων υπό τον Αντωνάκην Μαυρομιχάλην, τον Πέτρον Μπαρμπιτσιώτην και τον Σακελλάριον

Καλογωνιώτην, καὶ ἐφόβισαν τοὺς ἐχθροὺς τουφεκίζοντές τους ἀπροσδοκήτως ὄπισθεν· ὁ δὲ Μπαρμπιτσιώτης, ἀναλογιζόμενος ὅτι οἱ ἐν τῷ Βαλτετσίῳ συνάδελφοί του ἦσαν ἀπηυδημένοι πολεμοῦντες ἀκαταπαύστως 16 ὥρας, ηὗρε 17 στρατιώτας ἀνδρείους ὡς αὐτὸν, διέσχισε ξιφήρης τοὺς μεταξὺ σωροὺς τῶν ἐχθρῶν, εἰσῆλθεν ἀβλαβὴς μετὰ τῶν περὶ αὐτὸν εἰς τὸ χωρίον ὑπὸ τὸ σκότος τῆς νυκτὸς καὶ ἐνδιέμεινε μαχόμενος. Περὶ δὲ τὰ χαράγματα ἦλθεν ἄλλη ἐπικουρία ἐκ Βερβένων ὑπὸ τὸν Γιατράκον, καὶ ἡ μάχη ἐξήφθη ἔτι μᾶλλον. Ἀφ' οὗ δὲ ἐξημέρωσεν, ὁ κεχαγιᾶς παρετήρησεν, ὅτι ὁ Ῥουμπῆς ἦτο πανταχόθεν κατεστενοχωρημένος, καὶ ὅτι οὐδεμίαν ἐλπίδα νίκης εἶχε· διὰ τοῦτο ἐσήμανε περὶ τὴν α΄ ὥραν τῆς ἡμέρας τὴν ἀνάκλησιν, καὶ ὁ Ῥουμπῆς καὶ οἱ σὺν αὐτῷ ὥρμησαν νὰ φύγωσι διὰ μέσου τῶν Ἑλλήνων. Τοῦτο βλέποντες οἱ ἔγκλειστοι ἐρρίφθησαν ὅλοι ἔξω τῶν προμαχώνων ἐπὶ τοὺς φεύγοντας κτυποῦντες αὐτοὺς ὄπισθεν, ἐν ᾧ τοὺς ἐκτύπουν οἱ ἄλλοι ἔμπροσθεν. Οἱ ἐχθροὶ ἔπιπταν σωρηδόν· καί, ἐπ' ἐλπίδι νὰ μὴ καταδιώκωνται φεύγοντες, ἔρριπταν ἔμπροσθεν τῶν Ἑλλήνων τὰ χρυσᾶ καὶ ἀργυρᾶ των ὅπλα εἰς ἁρπαγήν. Τὸ τέχνασμα τοῦτο εὐδοκίμησεν ἐν μέρει, καὶ ὡς ἐκ τούτου δὲν ἔπαθαν οἱ φεύγοντες ὅσην φθορὰν ἄλλως θὰ ἐπάθαιναν. Ἀφ' οὗ δὲ οἱ ἐχθροὶ κατέβησαν εἰς τὴν πεδιάδα, ἐφάνησαν ἐρχόμενοι πρὸς τὸ πεδίον τῆς μάχης οἱ ἐπὶ μετακομίσει τοῦ μολύβδου προκαταβάντες εἰς Ἄργος Ἕλληνες, οἵτινες, φθάσαντες τὴν προτεραίαν περὶ τὴν δύσιν τοῦ ἡλίου εἰς Δολιανά, ἔμαθαν καὶ ἤκουσαν τὴν ἐν Βαλτετσίῳ μάχην, καὶ μηδόλως ἀναπαυθέντες ἔτρεξαν ἐκεῖ νυκτοποροῦντες, ἀλλ' ὑστέρησαν. Ἡ μάχη διήρκησεν 23 ὥρας· ἑξακόσιοι ὑπελογίσθησαν οἱ σκοτωθέντες καὶ πληγωθέντες Τοῦρκοι, τέσσαρες δὲ οἱ σκοτωθέντες καὶ δεκαεπτὰ οἱ πληγωθέντες Ἕλληνες· ἔπεσαν εἰς χεῖρας των νικητών και πέντε σημαίαι. Καθ' ην δε ημέραν έφυγαν οι Τούρκοι, έφθασαν εις την Πιάναν ο Ζαήμης, ο Κανακάρης, ο Χαραλάμπης και οι Πετμεζάδες μετά χιλίων εκ Λεβιδίου, όπου εστρατοπέδευαν εις φύλαξιν της θέσεως εκείνης· και αν δεν ανεχώρουν οι εχθροί, ο παντελής αφανισμός των ήτον άφευκτος. Περατωθείσης της μάχης εδημηγόρησεν ο Κολοκοτρώνης και παρήγγειλε να νηστεύσωσιν όλοι την ημέραν εκείνην, Παρασκευήν, δοξολογούντες και ευχαριστούντες τον δοτήρα της νίκης Θεόν.

Είδαμεν τους Έλληνας έως χθες διασκορπιζομένους και φεύγοντας απέμπροσθεν των εχθρών οσάκις και όπου τους συνήντων· επί δε της περί ής ο λόγος μάχης βλέπομεν αυτούς τούτους νικώντας δια της επιμονής των και γενναιότητος· και το παραδοξότερον, τους βλέπομεν νικώντας αφ' ου τρισχίλιοι εκλεκτοί Αλβανοί επεδυνάμωσαν τους εχθρούς, και εν ώ πρώτην φοράν εγένετο πόλεμος υπό την γενικήν οδηγίαν αρχηγού εμπείρου και δυναμένου ως εκ της υψηλής θέσεώς του να βραβεύση τους νικητάς. Η παράδοξος αύτη μεταβολή δεν προήλθεν εξ ελλείψεως των Τούρκων, ων και το πολεμικόν σχέδιον ήτον ορθόν, και η γενναιότης μεγάλη· αλλ' οφείλεται όλη εις την γενναίαν απόφασιν των εν τω χωρίω ολίγων Ελλήνων να νικήσωσιν ή ν' αποθάνωσιν, εις την θερμήν συνδρομήν των έξωθεν επιβοηθησάντων, και εις το εκ της συχνής συναντήσεως των εχθρών γεννώμενον κατ' ολίγον θάρρος. Η νίκη αύτη ενίσχυσε τον κλονιζόμενον αγώνα.

Κατησχυμένος ο κεχαγιάς δι' όσα έπαθεν, έσπευσε να συνάψη νέαν μάχην επ' ελπίδι ν' απονίψη το αίσχός του.

Οκτώ ημέρας μετά τα εν Βαλτετσίω παθήματά του, ό εστι την 23 μαΐου, εξεστράτευσαν τετρακισχίλιοι Τούρκοι επί το εν Βερβένοις στρατόπεδον σύροντες καὶ κανόνια. Τὴν δὲ προτεραίαν ὁ Κολοκοτρώνης, πρὸ ὀλίγου κληθεὶς ὑπὸ τῶν ἐν Ἄργει νὰ στείλῃ στρατιωτικὴν βοήθειαν καὶ ἀρχηγὸν τῆς πολιορκίας τοῦ Ναυπλίου, διώρισεν ὡς τοιοῦτον τὸν Νικήταν, τῷ ἔδωκε 50 στρατιώτας ἐκ τοῦ στρατοπέδου τοῦ Βαλτετσίου, καὶ τὸν διέταξε νὰ παραλάβῃ καὶ ἄλλους τόσους ἐκ τοῦ τῶν Βερβένων καὶ καταβῇ εἰς τὸ Ἄργος. Ὁ Νικήτας συμπληρώσας ἐν Βερβένοις τὴν ἀκολουθίαν του εἰς 120, εὑρέθη ἐκεῖθεν τοῦ χωρίου τῶν Δολιανῶν, μίαν ἥμισυ ὥραν ἀπέχοντος τῶν Βερβένων, ὅτε ἤκουσε, Τοῦρκοι, Τοῦρκοι· ἐπέστρεψε τότε μετὰ τῶν ὀλίγων ὀπαδῶν του εἰς Δολιανά, καὶ ἐκλείσθη ἐντὸς τῶν δυνατωτέρων οἰκιῶν ἕτοιμος εἰς μάχην. Οἱ Τοῦρκοι διαβάντες ἐκεῖθεν, τινὲς μὲν ἐνδιέμειναν καὶ ἐπολέμουν τοὺς ἐγκλείστους, οἱ δὲ πολλοὶ ἐξηκολούθησαν τὴν εἰς Βέρβενα πορείαν των. Τὸ στρατόπεδον τῶν Βερβένων συνίστατο τότε ἐκ δισχιλίων πεντακοσίων· οὗτοι, ἀκούσαντες τὴν ἐν Δολιανοῖς μάχην, ἔτρεξαν σχεδὸν ὅλοι πρὸς ἐκεῖνο τὸ μέρος· ἀλλ' αἴφνης εὑρέθησαν ἐν μέσῳ τῶν ἔμπροσθεν ἐπερχομένων ἐχθρῶν καὶ πολλῶν ἱππέων προκαταλαβόντων ἐν ἀγνοίᾳ αὐτῶν τὰ ὄπισθεν καὶ παρακολουθούντων. Οἱ Ἕλληνες φοβηθέντες ἔσπευσαν νὰ ἐπανέλθωσιν εἰς τὴν θέσιν των, καὶ πολεμοῦντες τοὺς ὄπισθεν ἱππεῖς, μὴ δυναμένους νὰ τοὺς βλάψωσι διὰ τὸ δύσβατον, ἔφθασαν εἰς Βέρβενα ἀβλαβῶς· οἱ δὲ Τοῦρκοι ἐλθόντες κατόπιν τοὺς ἀπέκλεισαν, καὶ ὁ ἀνδρειότερος τῶν σημαιοφόρων ὁρμήσας ἔστησε τὴν σημαίαν του ἐπί τινος τῶν ὀχυρωμάτων τῶν Ἑλλήνων, καὶ τοῖς ἐπροξένησε φόβον μέγαν· ἀλλὰ δύο τολμηροὶ Ἕλληνες ἐξῆλθαν ἕρποντες, ἔρριψαν τὴν σημαίαν, καὶ ἐσκότωσαν τὸν σημαιοφόρον. Ἄλλος σημαιοφόρος ἔστησεν ἄλλην σημαίαν· ἀλλὰ καὶ αὐτὸς καὶ ἡ σημαία του ἔπαθαν τὰ αὐτά. Τότε οἱ δειλιῶντες Ἕλληνες ἔλαβαν θάρρος, καὶ οἱ θαρραλέοι Τούρκοι εδειλίασαν, και εξέλαβαν τα των σημαιών οι μεν ως καλόν οι δε ως κακόν οιωνόν. Οι Τούρκοι δεν ήθελαν να παραταθή η μάχη φοβηθέντες μη δια τυχούσης επιθέσεως άλλων Ελλήνων εκ των πλησίον στρατοπέδων πάθωσιν όσα εν Βαλτετσίω, και ήρχισαν ν' αναχωρώσι. Τότε επέπεσαν οι εν Βερβένοις Έλληνες καταδιώκοντές τους μέχρι των Δολιανών· ηνώθησαν μετά των φευγόντων και οι πολεμούντες τους περί τον Νικήταν εχθροί, έφυγαν όλοι, εγκατέλειψαν τα κανόνια, έχασαν τρεις σημαίας, και τινες φεύγοντες έρριπταν, ως και εν Βαλτετσίω, έμπροσθεν των καταδιωκόντων αυτούς Ελλήνων τα πολύτιμα όπλα των. Εφονεύθησαν δε 70 Τούρκοι, 2 δε μόνον Έλληνες, ο Αναγνώστης Ρόρης Δολιανίτης και ο Γεωργάκης Διγενής Τσάκων, και επληγώθησαν 12· ο δε Νικήτας έδωκε τρανά δείγματα ανδρίας. Τοιουτοτρόπως οι μεν Τούρκοι κατησχυμένοι διεσώθησαν υπό το σκότος της νυκτός εις Τριπολιτσάν, οι δε Έλληνες επανήλθαν εις Βέρβενα ψάλλοντες εκ δευτέρου τα νικητήρια.

1821.

ΚΕΦΑΛΑΙΟΝ ΙΔ.

Μάχαι Θερμοπυλῶν καὶ Γραβιᾶς.

Ὁ ΔΕ ΧΟΥΡΣΗΔΗΣ, μαθὼν τὰ κατὰ τὴν ἀνατολικὴν Ἑλλάδα ἐπαναστατικὰ κινήματα, διέταξε τὸν Ὀμέρπασαν Βρυώνην, ἡγεμόνα τοῦ Μπερατίου, καὶ τὸν Κιοσέ-Μεχμέτπασαν ἡγεμόνα τῆς Πελοποννήσου, νὰ συνάξωσιν ἐν Ζητουνίῳ ὅσον πολυαριθμότερον στράτευμα ἐδύναντο, καὶ νὰ εἰσβάλωσιν εἰς τὴν ἐπαναστατήσασαν Ἑλλάδα· ἡτοιμάσθησαν δὲ μεσοῦντος τοῦ ἀπριλίου ἑπτακισχίλιοι εἰς ἐκστρατείαν. Οἱ ὁπλαρχηγοὶ τῆς ἀνατολικῆς Ἑλλάδος, μαθόντες τὴν μελετωμένην εἰσβολήν, διέταξαν παρὰ τὰς σπονδὰς νὰ φονεύσωσιν ὅλους τοὺς ἐπὶ ἀσφαλείᾳ ζωῆς παραδοθέντας καὶ διασπαρέντας εἰς τὰς ἐπαρχίας Τούρκους, τοὺς δυναμένους νὰ ὁπλοφορῶσι, προφασιζόμενοι, ὡς ἂν ἔλειψάν ποτε προφάσεις ἐν ἁμαρτίαις, ὅτι ἐπιβλαβὲς ἦτο νὰ ἔχωσιν ἐπὶ τῆς εἰσβολῆς τῶν ἔξωθεν ἐχθρῶν καὶ ἄλλους ἐχθροὺς ἐντός. Κατὰ τὴν ἀπάνθρωπον ταύτην διαταγὴν ὀλίγοι τῶν δυστυχῶν ἐκείνων ἀπέφυγαν τὸν θάνατον, εὑρόντες παρὰ τοῖς δυνατοῖς προστάτας. Οἱ δὲ ὁπλαρχηγοί, οἱ μετὰ τὴν κατὰ τὸ Πατρατσίκι ἀποτυχίαν ὑποχωρήσαντες εἰς Κομποτάδας, θέλοντες νὰ μάθωσιν ἀκριβέστερον τὸν ἀριθμὸν τῶν ἑτοίμων νὰ εἰσβάλωσιν ἐχθρῶν, ὑπέπεμψαν τὴν ἑσπέραν τῆς 19, καθ᾽ ἣν ἔφθασαν εἰς τὸ περὶ οὗ ὁ λόγος χωρίον, τινὰς τῶν τολμηροτέρων στρατιωτῶν ἐπὶ κατασκοπῇ, παραγγείλαντές τοις αὐστηρῶς μὴ τύχῃ καὶ παροργίσωσι τους εχθρούς τουφεκίζοντες η άλλως πως ενοχλούντες αυτούς, διότι ήθελαν να λάβωσι καιρόν και τας δυνάμεις των ν' αυξήσωσι, και θέσεις οχυράς να προκαταλάβωσιν. Αλλ' οι σταλέντες, πλησιάσαντες δια νυκτός εις τα άκρα του στρατοπέδου αφανείς, εζώγρησαν 2 εχθρούς και 8 ίππους, και προς τα χαράγματα ετουφέκισαν και επανήλθαν εις το στρατόπεδον καυχώμενοι επί τοις έργοις των. Οι οπλαρχηγοί, λυπηθέντες δια το γεγονός, μετέβησαν εν βία όλοι ομού την 20 εις Χαλκωμάταν, την επί της οδού των Σαλώνων, όπου διηρέθησαν συνυποσχεθέντες να βοηθήσωσιν όποιον και αν προσέβαλεν ο εχθρός· και ο μεν Πανουργιάς έμεινεν εκεί, και κατέσχε και το χωρίον Μουσταφάμπεη μεθ' όλων των υπό την οδηγίαν του Σαλωνιτών, ως 600, έχων συναγωνιστήν και τον αξιοσέβαστον επίσκοπον Σαλώνων Ισαΐαν, όστις πλήρης ζήλου ηκολούθει το στράτευμα ευλογών και θαρρύνων αυτό εις τον προκείμενον αγώνα· ο δε Δυοβουνιώτης μετά 400 κατέλαβε την γέφυραν του Γοργοποτάμου, ο δε Διάκος μετά 500 την του Σπερχειού, το κοινώς γεφύρι της Αλαμάνας, και την άγουσαν εις Θερμοπύλας οδόν απέναντι της γεφύρας ταύτης προς τα Πορία. Προ του δε προφθάσωσι και οχυρωθώσιν ούτοι εκινήθη την 22 το κατά το Λιανοκλάδι στρατόπεδον από πρωΐας, προπορευομένων των πεζών και ακολουθούντων των ιππέων, υπό τας αμέσους διαταγάς του Βρυώνη· εκινήθη και το εν Ζητουνίω κατά την αυτήν τάξιν υπό την άμεσον οδηγίαν του Μεχμέτη. Το σώμα του Δυοβουνιώτη, το προς την γέφυραν του Γοργοποτάμου, ιδόν τους υπό τον Βρυώνην επερχομένους, και ανίκανον ν' αντιπαραταχθή προς τόσον πεζικόν και ιππικόν, υπεχώρησε και κατέλαβε την στενήν θέσιν, Δέμα. Ο Βρυώνης καταδιώξας το σώμα τούτο έως ου δεν εδύνατο να προχωρήση περαιτέρω τὸ ἱππικόν του διὰ τὴν κακοτοπίαν, ὠπισθοδρόμησε· πλησιάσας δὲ εἰς τὸ χωρίον Μουσταφάμπεη τὸ ὑπὸ τοῦ Παπᾶ-'Ανδρέα Κοκοβιστιανοῦ καὶ τοῦ Κομνᾶ Τράκα, ἀξιωματικῶν τοῦ Πανουργιᾶ, κατεχόμενον, καὶ εὑρὼν τοὺς ἐν αὐτῷ καλῶς ὠχυρωμένους ἐντὸς τῶν οἰκιῶν, τῆς ἐκκλησίας, καὶ τοῦ μύλου, καὶ ἀφόβους, δὲν τους ἐκτύπησεν· ἀλλὰ ἔμεινεν ὀλίγον ἐπὶ τῆς πεδιάδος, ὅπου, ἀφ' οὗ συνῆλθεν ὅλον τὸ στράτευμά του, ἀνεγνώσθη ἡ συνήθης προπόλεμος εὐχή, καὶ διῃρέθη τὸ στράτευμα εἰς τρία· καὶ τὸ μὲν ἔπεσεν ἐπὶ τὸ ἐν Χαλκωμάτᾳ σῶμα ὅπου ἦτο καὶ ὁ Πανουργιᾶς, τὸ δὲ ἐπὶ τὸ ὑπὸ τὸν Διάκον· ὥστε δὲν ἐδύνατο νὰ δώσῃ βοήθειαν τὸ ἐν τῷ ἄλλῳ· τὸ δὲ τρίτον ἔτρεξε καὶ κατέλαβε τὰ ὀρεινὰ μέρη. Κατ' αὐτὴν τὴν ὥραν ἔφθασε παρὰ τὸ ξενοδοχεῖον τοῦ Σπερχειοῦ καὶ τὸ ὑπὸ τὸν Μεχμέτην πέραν τοῦ ποταμοῦ ἐχθρικὸν στρατόπεδον, καὶ ἤρχισε νὰ προσβάλῃ καὶ αὐτὸ τοὺς φυλάττοντας τὴν γέφυραν· ὥστε ἔπεσαν οἱ ἐχθροὶ ἀθρόοι ἐπὶ τὰ ἑλληνικὰ ταῦτα σώματα. Κατ' αὐτὴν τὴν πρώτην ἔφοδον οἱ ἐν Χαλκωμάτᾳ ἐτράπησαν καὶ ἐκινδύνευσε καὶ αὐτὸς ὁ Πανουργιᾶς· συνελήφθησαν δὲ καὶ πολλοὶ καὶ ἐσφάγησαν· ἐσφάγησαν συλληφθέντες καὶ ὁ Σαλώνων Ἰσαΐας, ὁ ἀδελφός του καὶ ὁ ἀνεψιός του. Ὁ δὲ Διάκος, ἐν ᾧ ἐπολέμει πρὸς τὰ Πορία, παρετήρει καὶ τὰ ἐπὶ τῆς γεφύρας κινήματα τῶν συντρόφων του· καὶ ἰδὼν ὅτι ἤρχισαν καὶ οὗτοι νὰ φεύγωσι, διέταξε τὸν Καλύβαν καὶ τὸν Μπακογιάννην ν' ἀπέλθωσιν ἐκεῖ πρὸς ἐμψύχωσιν. Ἔτρεξαν ἀτρόμητοι οἱ δύο οὗτοι ἀξιωματικοί, καὶ ηὗραν πολλὰ ὀλίγους εἰσέτι μαχομένους· ἀλλὰ καὶ οἱ ὀλίγοι οὗτοι ἔφυγαν. Τότε ὁ Καλύβας, ὁ Μπακογιάννης καὶ δύο ἁπλοῖ στρατιῶται εἰσεπήδησαν εἰς τὸ ἀντικρὺ τῆς γεφύρας ξενοδοχεῖον, ἔκλεισαν τὴν θύραν καὶ ἐτουφέκιζαν τοὺς ἐχθροὺς ἐπὶ τῇ ματαίᾳ ἐλπίδι νὰ μὴ ἀφήσωσι τόσην δύναμιν νὰ περάσῃ τὴν γέφυραν καὶ πέσῃ καὶ αὕτη ἐπὶ τὸν Διάκον.

Ἐν τοσούτῳ ἀπεδειλίασαν καὶ αὐτοὶ οἱ πολεμοῦντες κατὰ τὰ Ποριά, καὶ ἐζήτησαν ἐν τῇ φυγῇ τὴν σωτηρίαν των. Μόνος ὁ Διάκος καὶ ὀλίγοι τῶν ὁπαδῶν του, μιμούμενοι τὸ παράδειγμά του, ἠσθάνθησαν ὅτι ἐκεῖ ἀπέθανεν ὁ Λεωνίδας. Τῷ ὄντι, ὅτε ὁ ψυχουιός του, βλέπων λειποτακτοῦντας τοὺς ἄλλους, τὸν παρεκίνει ἐγκαταλειπόμενον νὰ φύγῃ καὶ αὐτὸς εἰς ὠφέλειαν ἐν ἄλλῃ περιστάσει τῆς πατρίδος, καὶ τῷ ἔφερε τὸν ἵππον, ἐκεῖνος ἀπεκρίθη, ὁ Διάκος δὲν φεύγει. Ἐν τοσούτῳ ἐπιπίπτουν οἱ ἐχθροὶ, φονεύεται ἔμπροσθέν του ὁ ἀδελφός του, ἐμπλέκεται αὐτὸς ἐν μέσῳ τῶν ἐχθρῶν καὶ μόλις μετὰ 10 στρατιωτῶν μεταβαίνει εἴς τινας τραχείας πέτρας, τὰ Μανδροστάματα τῆς μονῆς τῆς Δαμάστας, ὅπου τοποθετεῖται καὶ μάχεται ὁλόκληρον ὥραν. Φονεύονται οἱ ἀκόλουθοί του ἐκτὸς τοῦ ψυχουιοῦ του, τραυματίζεται καὶ αὐτὸς εἰς τὸν δεξιὸν ὦμον, πίπτει τὸ τουφέκι του, ἀνθίσταται βαστῶν διὰ τῆς ἀριστερᾶς χειρὸς τὴν πιστόλαν, γνωρίζεται, περικυκλοῦται, καὶ συλλαμβάνεται ζῶν καὶ καταιματωμένος.

Οἱ δὲ κλεισθέντες τέσσαρες ἐν τῷ ξενοδοχείῳ καὶ τουφεκίζοντες τοὺς διαβαίνοντας τὴν ἐγκαταλειφθεῖσαν γέφυραν, ἰδόντες μετ' ὀλίγον διὰ τῶν θυρίδων ὅτι οὔτε ὁ Διάκος οὔτε ἄλλος τις ἐφαίνετο, ἤνοιξαν τὴν θύραν καὶ ὥρμησαν ξιφήρεις διὰ μέσου τῶν ἐχθρῶν θαυμαζόντων τὴν ἀνδρίαν των· εὑρέθησαν δὲ τὴν ἀκόλουθον ἡμέραν νεκροὶ πλησίον τῆς θέσεως, ὅπου ἐπιάσθη ὁ Διάκος. Τριακόσιοι Ἕλληνες ἐσκοτώθησαν τὴν ἡμέραν ἐκείνην καὶ πολλοὶ ἄλλοι ἐπληγώθησαν· ὀλιγώτατοι δὲ Τοῦρκοι ἐχάθησαν.

Τελειωθείσης τῆς μάχης, οἱ πασάδες ὥδευσαν πρὸς τὸ Ζητοῦνι, συνεπάγοντες μετὰ τοῦ ψυχουιοῦ καὶ τὸν Διάκον, ὃν διέταξαν νὰ ὁδεύῃ πεζὸς ἔμπροσθέν των χάριν της κενοδοξίας των. Αλλά φοβούμενοι μή κρυβή ή φύγη, τον εκάθισαν μετ' ολίγον εφ' ημιόνου πεδικλωμένον· την δε νύκτα αφ' ου έφθασαν εις Ζητούνι, τον έφεραν έμπροσθέν των, παρόντος και του εντοπίου Χαλήλμπεη, και εζήτουν να μάθωσι τα περί της επαναστάσεως. Ο Διάκος τοις είπεν αφόβως, ότι το έθνος όλον των Ελλήνων απεφάσισε να χαθή ή να ελευθερωθή. Θαυμάσας ο Μεχμέτης του ανδρός την παρρησίαν, τω είπεν, ότι πρόθυμος ήτο να τον ιατρεύση, αν ήθελε πιστώς να τον υπηρετήση. " Δεν σε υπηρετώ," απεκρίθη ο Διάκος. " Αλλά " και αν σε υπηρέτουν, δεν θα σε ωφέλουν." " Θα σε σκοτώσω," επανέλαβεν ο πασάς, " αν " δεν με υπηρετήσης." " Η Ελλάς," απήντησεν εκείνος, " έχει πολλούς Διάκους." Την ακόλουθον δε ημέραν (24 απριλίου) εξεδόθη απόφασις να σουβλισθή (α)· ο δε κοινοποιήσας αυτώ την σκληράν απόφασιν, τω έδωκεν εις χείρας και το άτιμον και οδυνηρόν εργαλείον του θανάτου, και τω είπε να τον ακολουθήση βαστών αυτό. Ο Διάκος το έρριψε κατά γης αγανακτών, και στραφείς προς τους περιεστώτας Αλβανούς, " δεν ευρίσκεταί τις," είπε, " να με σκοτώση; διατί αφίνετε τους " Ανατολίτας να με παιδεύωσιν; εγώ κα- " κούργος δεν είμαι." Ακούσας δε ότι αν ετούρκευεν, εσώζετο, "Χριστιανός," απεκρίθη, " εγεννή- " θηκα, και Χριστιανός θ' αποθάνω." Οδεύων δε εις τον τόπον της ποινής εστάθη, και ρίψας το βλέμμα επί την γελώσαν φύσιν κατά την εαρινήν εκείνην ώραν, είπε το εξής δίστιχον.

"Για ιδέ καιρό που διάλεξεν ο Χάρος να με πάρη,
Τώρα π' ανθίζουν τα κλαδιά και βγαν' η γη χορτάρι."

Ηκολούθησε δε μετά ταύτα την πορείαν του και υπέστη καρτεροψύχως πολυώδυνον θάνατον τρεις ώρας βασανιζόμενος.

Καὶ τὰ μὲν ἐχθρικὰ στρατεύματα, ἀφ' οὗ ἀνεπαύθησαν ὀλίγας ἡμέρας ἐν Ζητουνίῳ, ἐξεστράτευσαν τὴν 7 μαΐου ἐπὶ σκοπῷ νὰ εἰσβάλωσιν εἰς Σάλωνα. Οἱ δὲ ὁπλαρχηγοί, Πανουργιᾶς καὶ Δυοβουνιώτης, ἀφ' οὗ ἔχασαν τὸν συνάδελφον Διάκον, συνῆλθαν μετὰ τῶν στρατευμάτων αὐτῶν εἰς τὸ ξενοδοχεῖον τῆς Γραβιᾶς, τὸ ἐπὶ τῆς πρὸς τὰ Σάλωνα δημοσίας ὁδοῦ, καὶ 4 ὥρας ἐκεῖθεν ἀπέχον, ὅλον πλινθόκτιστον· σκοπὸν δὲ συνελθόντες εἶχαν νὰ σκεφθῶσι πῶς νὰ στήσωσι τὴν ὁρμὴν τοῦ ἐχθροῦ, καὶ ἐμψυχώσωσι τὸ δειλιᾶσαν στρατιωτικόν. Ἐν ᾧ δὲ συνεσκέπτοντο, ἔφθασαν ἀπροσδοκήτως πλήρεις ζήλου ὑπὲρ τοῦ ἀγῶνος ὁ Ὀδυσσεὺς Ἀνδρούτσου καὶ ὁ Χρῆστος Κασμᾶς, ἔχοντες ἀμφότεροι 120. Ὁ Πανουργιᾶς καὶ ὁ Δυοβουνιώτης ἐγνωμοδότησαν τότε, ὁ μὲν Ὀδυσσεὺς νὰ κλεισθῇ ἐν τῷ ξενοδοχείῳ ἅμα φανῇ ὁ ἐχθρός, καὶ νὰ συμπαραλάβῃ καὶ τοὺς ἀξιωτέρους στρατιώτας, αὐτοὶ δὲ μείναντες ἔξω νὰ καταλάβωσιν ἑκατέρωθεν τὰ στενὰ τῆς ὁδοῦ εἰς προφύλαξιν αὐτοῦ. Τὴν δὲ 8 περὶ τὴν δ' ὥραν μετὰ τὴν ἀνατολὴν τοῦ ἡλίου, ἐφάνησαν ὁ Μεχμέτης καὶ ὁ Βρυώνης ὁδεύοντες μετὰ ὀκτακισχιλίων πρὸς τὸ ξενοδοχεῖον· ἐν ᾧ δὲ ἐπλησίαζαν, συνῆλθαν οἱ ὁπλαρχηγοὶ Ἕλληνες ἐκ δευτέρου καὶ ἀπεφάσισαν ὁ μὲν Ὀδυσσεὺς νὰ εἰσέλθῃ εὐθὺς εἰς τὸ ξενοδοχεῖον, ὁ δὲ Πανουργιᾶς καὶ ὁ Δυοβουνιώτης νὰ καταλάβωσι τὰ ἀριστερὰ τῆς ὁδοῦ, ὁ δὲ Κασμᾶς τὰ δεξιά, βοηθοῦντες τοιουτοτρόπως τοὺς ἐγκλείστους. Εἶπε τότε πλήρης τόλμης ὁ Ὀδυσσεύς, "ὅποιος θέλει νὰ μ' ἀκολου-"θήσῃ, ἂς πιασθῇ κατόπιν μου εἰς τὸν χορόν·" καὶ ἤρχισε νὰ πυρριχίζῃ. Ἐπιάσθησαν κατόπιν αὐτοῦ ἑκατόν, ἐν οἷς καὶ ὁ Γκούρας, ὁ Παπᾶ-Ἀνδρέας, ὁ Τράκας, ὁ Ἀναστάσης Μάρος, ὁ Ἀγγελῆς Νικολάου, καὶ ὁ Π. Μπουτούνης, ὅλοι ἀξιωματικοί, οἱ μὲν τοῦ Πανουργιᾶ, οἱ δὲ τοῦ Δυοβουνιώτη· ἐπιάσθησαν καὶ πολλοὶ Γαλαξειδιῶται, καὶ οὕτω χειροκρατούμενοι οἱ ἑκατὸν καὶ συγχορεύοντες εἰσῆλθαν εἰς τὸ ξενοδοχεῖον, προπορευομένου τοῦ Ὀδυσσέως, καὶ ἐν ῥοπῇ ὀφθαλμοῦ ἐπέτρωσαν ἔσωθεν θύρας καὶ θυρίδας, ἤνοιξαν ὁλόγυρα τὰς συνήθεις πολεμίστρας καὶ ἀνέμεναν τὸν ἐχθρὸν ἕτοιμοι εἰς μάχην. Κατέλαβαν δὲ καὶ οἱ ἔξω ὁπλαρχηγοὶ τὰς θέσεις των καὶ ὠχυρώθησαν. Ἐν τούτοις ἐπλησίασαν οἱ ἐχθροὶ ἠναγκασμένοι νὰ διαβῶσι παρὰ τὸ ξενοδοχεῖον ἐπὶ τῆς εἰς Σάλωνα πορείας των. Ἐστάθησαν ἐν πρώτοις ὀλίγον, ἀφ' οὗ δὲ ἀνεγνώσθη ἡ προπόλεμος εὐχή, διῃρέθησαν εἰς τρία, καὶ τὸ μὲν ἐκινήθη πρὸς τὰ ἀριστερὰ τῆς ὁδοῦ ἐπὶ τὸν Πανουργιᾶν καὶ τὸν Δυοβουνιώτην, τὸ δὲ πρὸς τὰ δεξιὰ ἐπὶ τὸν Κασμᾶν, τὸ δὲ τρίτον πρὸς τὸ κέντρον, ὅ ἐστιν ἐπὶ τὸ ξενοδοχεῖον. Μόλις ἤρχισεν ἡ προσβολὴ καὶ διεσκορπίσθησαν οἱ περὶ τὸν Πανουργιᾶν, τὸν Δυοβουνιώτην καὶ τὸν Κασμᾶν· ἀπέμειναν δὲ μόνοι ἐνώπιον ὅλης ταύτης τῆς δυνάμεως οἱ κλεισθέντες ἐν τῷ ξενοδοχείῳ ἑκατόν. Ὁ Ὀδυσσεύς, ὅστις διέταξε νὰ μὴ τουφεκίσῃ τις πρὶν τουφεκίσῃ αὐτός, εἶδε διά τινος ὀπῆς προπορευόμενον τοῦ ἐπερχομένου στρατοῦ γηραιὸν Δερβίσην ἔφιππον. Τὸν ἐχαιρέτησεν ἀλβανιστὶ καὶ ἀντεχαιρετήθη, τὸν ἐχλεύασε καὶ ἀντεχλευάσθη, τὸν ὕβρισε καὶ ἀνθυβρίσθη, τὸν ἐτουφέκισε καὶ τὸν ἐσκότωσεν (β). Οἱ διῃρημένοι Τοῦρκοι συνηνώθησαν τότε καὶ ὥρμησαν πανστρατιᾷ ἐπὶ τὸ ξενοδοχεῖον μαινόμενοι διὰ τὸν φόνον τοῦ ἁγίου ἀνδρός. Ὡς ἂν ἤθελαν δὲ ν' ἀναρπάσωσιν ὅλους τοὺς ἐγκλείστους, ὤθουν τὰ τοιχία διὰ τῶν χειρῶν καὶ τῶν ὤμων καὶ τὰ ἐτρύπων καὶ διὰ τῶν μαχαιρῶν. Ἄφοβοι οἱ ἐντὸς ἐτουφέκιζαν ἀκαταπαύστως πανταχόθεν ἐπὶ τὸν σωρὸν καὶ ἐφόνευαν πολλούς, ὥστε οἱ Τοῦρκοι ἰδόντες τὴν φθοράν των ἀπεσύρθησαν. Ἐφώρμησαν καὶ δευτέραν καὶ τρίτην φοράν· ἡ δὲ τρίτη εφορμή έγεινε τόσον σφοδρά, ώστε κατώρθωσαν να εμπήξωσι σημαίας επί των τοιχίων. Μετά δε την μεσημβρίαν ιδών ο Βρυώνης την τόσην αποτυχίαν, συγκαλέσας τους οπλαρχηγούς του, τους επέπληξε, τους εθάρρυνε και τους εκίνησεν όλους ιππείς και πεζούς εις νέαν έφοδον. Αλλά και κατά ταύτην οι εχθροί κατησχύνθησαν, και τα γύρωθεν του ξενοδοχείου πτώματα συσσωρευόμενα εγίνοντο και αυτά προσκόμματα της ορμής των. Δύσαντος δε του ηλίου διέταξαν οι πασάδες τον αποκλεισμόν του ξενοδοχείου, και έστειλαν καί τινας εις Ζητούνι επί μετακομίσει κανονίων προς κατεδαφισμόν του. Εν τοσούτῳ ησύχασαν και οι εντός και οι εκτός διαρκούσης της νυκτός· όρθρου δε βαθέως, εν ᾧ οι εχθροί απηυδημένοι εκοιμώντο, οι εντός εξεπέτρωσαν ησύχως την κάτω θύραν και διήλθαν αταράχως όλοι αβλαβείς. Δύο μόνον εφονεύθησαν εντός επί των προσβολών, οι αξιωματικοί Θανάσης Καστάνης και Θανάσης Σεφέρης, και δύο επληγώθησαν. Οι εχθροί διέμειναν μετά την μάχην εν τῷ ξενοδοχείῳ 8 ημέρας προς αναψυχήν, θάπτοντες εν ταυτῷ τους νεκρούς και στέλλοντες εις Ζητούνι τους τραυματίας.

Η τόσον ευτυχής αύτη και απροσδόκητος αντίστασις εκατόν φιλοκινδύνων ανδρών προς τόσον ιππικόν και πεζικόν κατ' αυτά τα προοίμια της επαναστάσεως, συνετέλεσε τα μέγιστα εις εμψύχωσιν του αγώνος και εμεγάλυνε δικαίως τον Οδυσσέα.

1821.

ΚΕΦΑΛΑΙΟΝ ΙΕ.

Πτῶσις Ἀντώνη Οἰκονόμου.—Πλοῦς ἑλληνικῆς μοίρας πρὸς τὸν Ἑλλήσποντον, καὶ ἄλλης εἰς τὸν Κορινθιακὸν κόλπον.— Ἐμπρησμὸς τουρκικοῦ δικρότου ἐν Ερισῷ.—Καταστροφὴ Κυδωνιῶν.

Ἡ ΠΡΩΤΗ ναυτικὴ ἐκστρατεία ἀφῆκεν ἐν Ὕδρᾳ τὸν Οἰκονόμον μέγαν καὶ πολύν, ἀλλ᾽ ἐπὶ τῆς ἐπιστροφῆς της δὲν τὸν ηὗρε τοιοῦτον. Εὐδοκιμοῦν δημεγέρται κατὰ τῶν ἰσχυρῶν ἀριστοκρατῶν, ὁσάκις καλοῦν τὸν λαὸν εἰς ἀνάκτησιν τῆς πολιτικῆς του ἰσονομίας, ἣν ἡ ἀριστοκρατία ἀφήρπασεν, ἢ εἰς διανομὴν τῆς κοινῆς γῆς, ἣν ἐσφετερίσθη· ἀλλ᾽ ἡ ἀριστοκρατία τῆς Ὕδρας ἦτον ἀγαθοποιὸς πρὸς τὸν λαόν, διότι ὄχι μόνον οὐδὲν τοῦ ἀφήρπασεν, ὄχι μόνον δὲν ἐτρέφετο παρ᾽ αὐτοῦ, ἀλλὰ διὰ τῆς κινήσεως τῶν ἰδιοκτήτων πλοίων της καὶ διὰ τῆς χρήσεως τῶν διὰ τοῦ ἐμπορίου ἀποκτηθέντων χρημάτων της ἔτρεφεν ὅλον τὸ πλῆθος, πολλοὺς δὲ καὶ εὐτύχει. Ἐπέτυχεν ὁ Οἰκονόμος, διότι τὸ κίνημά του ἦτον ἀπροσδόκητον, καὶ ὁ λαὸς ἤθελε τὴν ἐπανάστασιν, καὶ ἐζήτει νὰ εὕρῃ ἐν καιρῷ ἀργίας πόρον ὑπάρξεως. Ἀλλ᾽ ἀφ᾽ οὗ καὶ ἡ ἐπανάστασις ἐξερράγη, καὶ οἱ πρόκριτοι εἰλικρινῶς τὴν ἠσπάσθησαν, καὶ ὁ πόρος εὑρέθη διὰ τῆς γενναίας αὐτῶν καταβολῆς καὶ διὰ τῆς κινήσεως τῶν πλοίων, ἡ πάλη τοῦ λαοῦ καὶ τῶν ἀριστοκρατῶν ἔπαυσε φυσικῷ τῷ λόγῳ, καὶ ἡ ἐξουσία θὰ ἐπανήρχετο ὅπου καὶ πρῶτον καὶ ὅθεν πρὸς καιρὸν ἀφῃρέθη. Διὰ τὸν λόγον τοῦτον τὴν ὕψωσιν τοῦ Οἰκονόμου παρηκολούθησεν ἡ πτῶσίς του. Τὰ ὄργανα της επιρροής των προκρίτων παρά τω λαώ ήσαν οι πλοίαρχοί των. Ούτοι ήσαν ευπειθείς προς αυτούς και είχαν και πιστούς τινας οπαδούς, ως οι της ξηράς οπλαρχηγοί. Ο Οικονόμος επεχείρησε να βάλη επί των πλοίων φίλους και ομόφρονάς του πλοιάρχους, και δι' αυτών να άγη και να φέρη τους ναύτας. Αλλ' ούτε τα πλοία ήσαν εθνικά, ούτε οι κατά το σχέδιον του Οικονόμου εξωθούμενοι νόμιμοι πλοίαρχοι έστεργαν, διότι έχαναν και τιμήν και επιρροήν και πόρον. Διά τούτο απέτυχεν η αντικατάστασις αύτη, και οι κινούντες εν μέρει τον λαόν πλοίαρχοι, ους εμελέτα ο Οικονόμος να παύση, έγειναν όλοι εχθροί του. Μεμπτός δεν ήτον ο Οικονόμος ως προς τούτο, διότι το απήτει η θέσις του· αλλ' αστόχαστος εδείχθη ως προς το εξής. Διαρκούσης της πρώτης ναυτικής εκστρατείας έφεράν τινες εις Ύδραν λείας, ας ηθέλησαν να οικειοποιηθώσι αθετούντες τον περί της διανομής κανονισμόν. Οι πρόκριτοι παρεκίνησαν τον Οικονόμον, ως εισακούομενον, ν' απαιτήση την εκτέλεσιν του κανονισμού. Την απήτησεν· αλλ' οι ναύται όχι μόνον τον παρήκουσαν, αλλά και τον ύβρισαν και τον ηπείλησαν. Το μόνον υποστήριγμά του ήτον ο λαός. Αναμφιβόλως η απαίτησις της εκτελέσεως του κανονισμού ήτο δικαία και επαινετή· αλλά δεν εσυλλογίσθη ο Οικονόμος ορθώς, απαιτήσας αυτός την εκτέλεσίν του και ψυχράνας τοιουτοτρόπως τον λαόν. Από της ώρας εκείνης έπεσε, διότι έμεινεν άνευ υποστηρίγματος εν μέσω τόσω δυνατών εχθρών.

Ελαττωθείσης της δημοτικότητός του, δυο μεγαλότολμοι πλοίαρχοι Υδραίοι, ο Λάζαρος Παναγιώτας και ο Θεόφιλος Δρένιας, μη ανεχόμενοι να βλέπωσι τους προκρίτους, ους εσέβοντο, περιφρονουμένους, φορολογουμένους και κινδυνεύοντας, ουδέ την πατρίδα των εις χείρας δημεγέρτου, απεφάσισαν να τον σκοτώσωσι, καὶ μηδενὶ ἀνακαλύψαντες τὴν ἀπόφασίν των ἐκίνησαν τὴν 12 μαΐου πρὸς τὸ διοικητήριον ὅπου ἦτον ὁ Οἰκονόμος. Καθ᾽ ὁδὸν ἀπήντησαν τὸν Ἀντώνην Κριεζῆν, καὶ τὸν ἐμυσταγώγησαν. Ὁπλισθεὶς ἐν τῷ ἅμα καὶ αὐτός, καὶ ὁπλίσας καὶ δέκα συγγενεῖς του ἔτρεξε κατόπιν. Ἀναβαίνοντες δὲ οἱ δύο πρῶτοι εἰς τὸ διοικητήριον ἀπήντησαν τὸν Οἰκονόμον ἱστάμενον ἄνωθεν τῆς κλίμακος ἐν μέσῳ δώδεκα ὁπλοφόρων, ἐν οἷς καὶ ὁ υἱός του καὶ ὁ τολμηρὸς Κολοδήμας. Ὁ Οἰκονόμος ἀπείκασεν εἰς τί ὁ ἐρχομός των καὶ ἀμέσως ἐπυροβόλησε τὸν Δρένιαν, ἀλλὰ δὲν τὸν ἐπῆρε. Μετὰ τὸν πυροβολήσαντα πατέρα ἐπυροβόλησε τὸν αὐτὸν καὶ ὁ υἱὸς καὶ τὸν ἔρριψε νεκρόν. Ἐπυροβόλησαν καὶ οἱ ἄλλοι καὶ ἐπλήγωσαν τὸν Παναγιώταν πυροβολήσαντα καὶ αὐτὸν καὶ πληγώσαντα τὸν Κολοδήμαν. Ἔφθασεν ἐν τούτοις καὶ ὁ Κριεζῆς μετὰ τῶν περὶ αὐτὸν καὶ ἔμεινεν ὑπὸ τὸ διοικητήριον πυροβολῶν καὶ πυροβολούμενος, ἀλλὰ μήτε βλάπτων μήτε βλαπτόμενος. Τὸ κατὰ τοῦ Οἰκονόμου κίνημα ἀνδρῶν ἐχόντων ὑπόληψιν ἀπέσπασε πολλοὺς τῶν ὁπαδῶν του. Βλέπων δ᾽ ἐκεῖνος τὴν δεινὴν θέσιν του, ἐφώναξε μεγαλοφώνως ἔσωθεν τοῦ διοικητηρίου, "βοήθεια, παιδιά, βοήθεια." Ἔτρεξάν τινες ἔξωθεν εἰς βοήθειαν, ἀλλ᾽ ἀπεκρούσθησαν ὑπὸ τῶν περὶ τὸν Κριεζῆν· ἔτρεξαν καὶ ἐκ δευτέρου ἀκούσαντες τὴν αὐτὴν φωνήν, ἀλλὰ καὶ ἐκ δευτέρου ἀπεκρούσθησαν. Τότε οἱ περὶ τὸν Κριεζῆν ὑποπτεύσαντες μὴ γίνωσιν οἱ ἔξω ὀλίγοι πολλοὶ καὶ ὁρμήσωσιν ἐπ᾽ αὐτοὺς ὀλίγους ὄντας, ἀνέβησαν εἰς τὴν παρακειμένην οἰκίαν τοῦ Βούλγαρη καὶ ἐκεῖθεν ἐτουφέκιζαν τὸ διοικητήριον. Συγχρόνως τὸ ἐτουφέκιζαν καὶ ὁ Μανώλης Τομπάζης καὶ ὁ Ἀναστάσης Κριεζῆς καὶ ὁ Τερσανᾶς ἐκ τῶν οἰκιῶν αὐτῶν. Ἐμβὰς καὶ ὁ Γεώργης Σαχτούρης εἰς τὸ πλοῖον τοῦ Κριεζῆ, προσωρμισμένον εις επισκευήν, ήρχισε να κανονοβολή και αυτός το διοικητήριον, και συνεκανονοβόλουν και δύο άλλα πλοία. Ο Οικονόμος, δεινώς πολεμούμενος και κινδυνεύων, εξήλθε του διοικητηρίου διά τινος στενωπού· αλλ' οι περί τον Κριεζήν ερρίφθησαν κατόπιν και τον κατέφθασαν υπό την οικίαν του Γεώργη Γκιώνη, όπου εντός δέκα βημάτων τον επιστόλισεν ο Κριεζής συνοδευόμενον υπό πέντε, αλλά δεν τον εκτύπησε. Τούτου γενομένου, διεσκορπίσθησαν οι ακολουθούντες τον Κριεζήν. Ο δε Γκιώνης, ακούσας άνωθεν της οικίας τον πιστολισμόν, και ιδών τον Κριεζήν σχεδόν απομεμονωμένον και κινδυνεύοντα, κατέβη και τον ανέβασεν εις την οικίαν του. Τρέχοντες δε οι περί τον Οικονόμον έμφοβοι, διότι επήρχοντο πολλοί, κατέλαβαν οικίαν τινά επί του άνω μέρους της πόλεως, και ούτως οι μαχόμενοι διεχωρίσθησαν, και ο Κριεζής κατέβη εις την αγοράν, όπου ηύρε 500 ετοίμους να κινηθώσι κατά του Οικονόμου, εν οις και τον Αναστάσην Τσαμαδόν, τον Μανώλην Τομπάζην και τον Γεώργην Σαχτούρην. Ο Οικονόμος μαθών την κατ' αυτού εκστρατείαν και βλέπων ότι δεν είχεν ελπίδα σωτηρίας εντός της νήσου, μετέβη εις το Καμίνι, και εμβάς εις αλιάδα επέβη επί της εκεί ευρεθείσης άνευ ναυτών γολέττας του Τομπάζη και απέπλευσε. Τούτο ιδόντες οι καταδιώκοντες αυτόν έστειλαν εις σύλληψιν της γολέττας πλοίον, εφ' ου επέβη και ο Μανώλης Τομπάζης. Κινδυνεύων τότε ο Οικονόμος επώδισε κατά τον Παλαμιδάν προς το δυτικόν μέρος της νήσου, εγκατέλειψε την γολέτταν πλέουσαν, απέβη εις την ξηράν και ανέβη εις το βουνόν. Αλλά τον εκύκλωσαν εκεί οι αντίπαλοί του και τον προσεκάλεσαν επί ποινή θανάτου να παραδοθή· παρεδόθη, επεβιβάσθη επί τινος των εν τω πορθμώ της Ύδρας πλοίων, και εκείθεν εις λέμβον έχουσαν 10 ναύτας διαταχθέντας νὰ τὸν μεταφέρωσιν εἰς τὴν ἀντίπορθμον τῆς Πελοποννήσου γῆν καὶ νὰ τὸν θανατώσωσιν. Ἀλλὰ μεταξὺ τῶν 10 ναυτῶν ἔτυχαν καὶ συγγενεῖς τοῦ Οἰκονόμου, οἵτινες ὑπερισχύσαντες τὸν ἀπέλυσαν ἐπὶ τῆς πελοποννησιακῆς ξηρᾶς ἀβλαβῆ. Τοιουτοτρόπως σωθεὶς ὁ Οἰκονόμος κατέφυγεν εἰς Κρανίδι, ὅπου ηὗρεν εὐμενῆ ὑποδοχήν· ἐφοβέριζε δὲ νὰ ἐπανέλθῃ εἰς Ὕδραν, καὶ νὰ θύσῃ καὶ ἀπολέσῃ.

Ἔτυχε νὰ φθάσῃ κατ' ἐκείνας τὰς ἡμέρας εἰς Ὕδραν ὁ Σωτήρης Θεοχαρόπουλος, ἐπικαλούμενος ἐξ ὀνόματος τῶν Ἀχαιῶν ἀποστολὴν ναυτικῆς δυνάμεως εἰς τὸν κορινθιακὸν κόλπον. Οἱ πρόκριτοι ἀπεκρίθησαν, ὅτι, ἐν ὅσῳ ὁ Οἰκονόμος διέτριβεν ἀντικρὺ τῆς νήσου των ἐπὶ τῆς Πελοποννήσου, ὀχλαγωγῶν καὶ ἀπειλῶν, δὲν ἐνέκριναν ν' ἀπομακρυνθῶσι τὰ πλοῖά των. Ὁ Θεοχαρόπουλος, ἀνὴρ δραστήριος, λαβὼν γράμματα τῶν ἀρχόντων τῆς Ὕδρας πρὸς τοὺς Κρανιδιώτας ἀποποιουμένους ἕως τότε καὶ νὰ παραδώσωσι τὸν Οἰκονόμον καὶ νὰ τὸν ἀποπέμψωσι, μετέβη εἰς Κρανίδι, τὸν παρέλαβε καὶ τὸν ἐφυλάκισεν ἐν τῷ μοναστηρίῳ τοῦ Φονιᾶ, ὅπου διέμεινε μονάζων ἐν μέσῳ τῶν καλογήρων, καὶ προσποιούμενος μὲν τὸν μετανοοῦντα, παραφυλάττων δὲ τὴν εὐκαιρίαν ν' ἀναφανῇ ἐπὶ τῆς πολιτικῆς σκηνῆς. Τοιουτοτρόπως ἡσύχασεν ἡ Ὕδρα, κινδυνεύσασα νὰ πέσῃ κατ' αὐτὴν τὴν ἀρχὴν τῆς ἐπαναστάσεως εἰς δεινὴν ἀλληλομαχίαν. Ἡ πτῶσις καὶ ἡ ἀπουσία τοῦ Οἰκονόμου ἀπέδωκαν ἐκ νέου ὅλην τὴν ἐξουσίαν εἰς τοὺς συνετοὺς καὶ φιλοπάτριδας προκρίτους τῆς Ὕδρας μετελθόντας αὐτὴν εἰς πρόοδον καὶ εὐόδωσιν τοῦ ἐθνικοῦ ἀγῶνος.

Μεταξὺ μυρίων ἄλλων ὁμοίων περιστάσεων συντείνει καὶ ἡ τοῦ ἐγκαταλειφθέντος Οἰκονόμου ν' ἀποδείξῃ πόσον ἄστατος εἶναι ἡ εὔνοια τοῦ λαοῦ, τὴν μίαν ἡμέραν θυμιάζοντος τὸ εἴδωλόν του, καὶ τὴν ἄλλην καταρρίπτοντος καὶ συντρίβοντος αὐτό.

Ὁ δὲ ἑλληνικὸς στόλος, ἀφ' οὗ ἐπανῆλθεν εἰς τὰ ἴδια μετὰ τὴν πρώτην ἐκστρατείαν, ἡτοιμάσθη μετὰ τῆς αὐτῆς προθυμίας καὶ εἰς δευτέραν, καὶ ἐξέπλευσε τὴν 18 μαΐου, διαιρεθεὶς εἰς δύο μοίρας. Συνίστατο δὲ ἡ μία ἐκ 18 πλοίων ὑδραϊκῶν ὑπὸ τὸν Γιακουμάκην Τομπάζην (α), 7 σπετσιωτικῶν ὑπὸ τὸν Γκίκαν Τσούπην, 27 ψαριανῶν, καί τινων μιστίκων ὑπὸ τὸν Ἀποστόλην, ἑνὸς λιμνίου καὶ ἑνὸς τῆς Αἴνου. Σκοπὸν δὲν εἶχεν ἡ μοῖρα αὕτη νὰ ἐπαναστατήσῃ ὡς ἄλλοτε τόπους, ἀλλὰ νὰ ἐμποδίσῃ τὸν ἔκπλουν ἢ νὰ ματαιώσῃ τὰ σχέδια τοῦ ἐχθρικοῦ στόλου, ὅστις ἑτοιμασθεὶς ἐν Κωνσταντινουπόλει ἐστέλλετο, ἵνα ἐπαναγάγῃ εἰς τὴν ὑποταγὴν τοῦ σουλτάνου τὸ Αἰγαῖον, καὶ προστατεύσῃ τὴν μετάβασιν τουρκικῶν στρατευμάτων ἐξ Ἀσίας εἰς τὰ ἀποστατήσαντα τῆς Ἑλλάδος μέρη. Ὁ τουρκικὸς στόλος, ἄπειρος εἰσέτι τῆς τόλμης τῶν Ἑλλήνων, ἐπερείδετο δικαίως ἐπὶ τῇ ὑλικῇ ὑπεροχῇ του· οἱ δὲ Ἕλληνες, ἂν καὶ εἶχαν τόλμην, ἦσαν ἐν ἄκρᾳ ἀμηχανίᾳ πῶς νὰ τὸν βλάψωσιν.

Τὴν 26 μαΐου ἡ ἑλληνικὴ μοῖρα ἀπήντησεν ἐχθρικὸν δίκροτον, προφυλακίδα τοῦ ὀθωμανικοῦ στόλου πλέοντος πρὸς τὰ παράλια τῆς Ἀσίας. Τινὰ τῶν ἑλληνικῶν πλοίων τὸ ἐπλησίασαν καὶ ἐκανονοβόλησαν, ἀλλ' ἀνίκανα ἦσαν νὰ τὸ βλάψωσι. Τὴν ἑσπέραν τῆς αὐτῆς ἡμέρας τὸ δίκροτον κατέπλευσεν εἰς Ἐρισόν, παρακολουθούμενον ὑπὸ τῶν ἑλληνικῶν πλοίων. Ὁ πλοίαρχος αὐτοῦ, φοβούμενος νυκτερινὴν ἔφοδον, παρέλαβε ἀπὸ τῆς ξηρᾶς ἱκανοὺς Τούρκους εἰς ὑπεράσπισίν του. Οἱ δὲ πλοίαρχοι Ἕλληνες συνῆλθαν ἐπὶ τῆς ναυαρχίδος εἰς συμβούλιον πεπεισμένοι, ὅτι ὄχι μόνον δὲν ἐδύναντο νὰ βλάψωσι τὸν ἐχθρόν, ἀλλ' οὔτε κἂν νὰ τὸν φοβίσωσι διὰ τῶν ἀδυνάτων κανονίων των. Διάφορα τεχνάσματα ὑπεβλήθησαν, ἀλλ' ὅλα ἀπερρίφθησαν, ἢ ὡς ἀνίσχυρα

ΚΕΦΑΛΑΙΟΝ ΙΕ.

ἢ ὡς παράτολμα. Ὁ δὲ ναύαρχος Τομπάζης εἶπε τότε, ὅτι ὁ διοικητὴς πολεμικοῦ ἀγγλικοῦ πλοίου, ὅπερ ἀπήντησεν ἡ ἑλληνικὴ μοῖρα πρὸς τὸν Καφηρέα, τὸν ἠρώτησεν εἰς τί ἡ ναυτικὴ αὕτη ἐκστρατεία· καὶ ἀκούσας ὅτι ἀνέβαινε τὸν Ἑλλήσποντον εἰς ἀντιπαράταξιν πρὸς τὸν τουρκικὸν στόλον, ματαίως, εἶπε, θὰ κοπιάσετε, ἀναμφιβόλως δὲ καὶ θὰ βλαφθῆτε ἐξ αἰτίας τῆς μεγάλης ἀνισότητος τῶν δυνάμεων· ναύτας ἀξίους καὶ τολμηροὺς ἔχετε, μεταχειρίσθητε δι' αὐτῶν κατὰ τῶν ἀναξίων, ἀπειροθαλάσσων καὶ δειλῶν ἐχθρῶν σας τὰ πυρπολικὰ, καὶ βεβαίως θὰ ὑπερισχύσετε. Ταῦτα, εἶπεν ὁ Τομπάζης, ἤκουσα, καὶ ταῦτα λέγω, λυπούμενος, ὅτι δὲν ἠρώτησα τὸν Ἄγγλον πλοίαρχον πῶς παρασκευάζονται τὰ περὶ ὧν ἀνέφερε πυρπολικά. Ἐπὶ τούτοις ὁ Ἀποστόλης εἶπεν, ὅτι καὶ ἐν τῇ νήσῳ τῶν ψαρῶν ἐγίνετο λόγος περὶ πυρπολικῶν, διότι ἔζων διάφοροι ναῦται, παρευρεθέντες καθ' ὃν καιρὸν οἱ Ῥῶσσοι ἔκαυσαν ἐν τῷ λιμένι τοῦ Τσεσμὲ τὸν τουρκικὸν στόλον δι' αὐτῶν· ἀλλ' οὐδεὶς ἤξευρε πῶς παρεσκευάζοντο. Ἐν τούτοις ἡ λέξις Μπουρλότον ἔτρεχεν ἐξ ἑνὸς εἰς ἄλλο στόμα ἐν τῷ συμβουλίῳ μηδενὸς τῶν παρευρισκομένων πλοιάρχων εἰδότος τὰ περὶ παρασκευῆς αὐτοῦ, καὶ ἔφθασε καὶ εἰς τὴν ἀκοὴν τῶν μὴ ἐν τῷ συμβουλίῳ ἀξιωματικῶν. Μεταξὺ τούτων ἦτο καί τις Γιάννης Πάργιος, ἐπονομαζόμενος Πατατοῦκος, κάτοικος Ψαρῶν, ὅπου ἐπηγγέλετο τὸν διδάσκαλον τῆς πρακτικῆς ναυτικῆς. Οὗτος εἶπεν, ὅτι ἤξευρε πῶς παρεσκευάζετο τὸ πυρπολικὸν, καὶ παρεσκεύασεν ἐν τῷ ἅμα ἓν τῶν πλοίων τῆς ἐκστρατείας, ὅπερ ἐρρίφθη ἐπὶ τὸ δίκροτον τὴν νύκτα, ἀλλὰ δὲν ἐκόλλησε καὶ ἐκάη εἰς μάτην. Ὁ Πατατοῦκος παρεσκεύασεν ἄλλο σταλὲν ἐπὶ τοιαύτῃ χρήσει ἐκ Ψαρῶν, μετεποίησε καὶ ὁ Καλαφάτης Ψαριανὸς τὸ πλοῖόν του εἰς πυρπολικόν, καὶ τὴν 27 ἐρρίφθησαν ἀμφότερα ἐπὶ τὸ δίκροτον τρίτην ὥραν πρὸ μεσημβρίας, συνοδευόμενα ὑπὸ τῶν ἑλληνικῆς μοίρας κανονοβολούσης αὐτὸ ἑκατέρωθεν. Καὶ τὸ μὲν τοῦ Καλαφάτη, ἀνεπιτηδείως παρασκευασθέν, ἑκάη ἀνωφελῶς, τὸ δὲ ἄλλο ὑπὸ τὸν Δημήτρην Παπᾶ-Νικολῆ, Ψυριανὸν καὶ αὐτόν, ἔπεσεν ἐπὶ τὴν πρώραν τοῦ δικρότου, ἐκόλλησε καὶ μετέδωκεν ἐν τῷ ἅμα τὰς φλόγας (β). Μετὰ τρία τέταρτα τῆς ὥρας ἐπυρσοκρότησεν ἡ πυριταποθήκη, τὸ δίκροτον διερράγη, καὶ οἱ ἐν αὐτῷ ἐπνίγησαν ἐκτὸς ὀλίγων διακολυμβησάντων, ἢ ἐμβάντων εἰς τὰς λέμβους. Ἦσαν δὲ ἐπὶ τοῦ δικρότου καὶ ναῦται Χριστιανοί, οὓς πεσόντας εἰς τὴν θάλασσαν διέσωσαν αἱ λέμβοι τῶν Ἑλλήνων. Τὸ νεοφανὲς τοῦτο καὶ ὅλως ἀπροσδόκητον κατόρθωμα κατεφόβισε τοὺς Τούρκους, ἐξίππασε καὶ αὐτοὺς τοὺς Ἕλληνας καὶ ἐπλήρωσε χρηστῶν ἐλπίδων τὰς καρδίας των.

Τὴν δὲ ἀκόλουθον ἡμέραν ἐφάνη πρὸς ἐκεῖνο τὸ μέρος ὁ λοιπὸς ἐχθρικὸς στόλος ἐξ ἑνὸς δικρότου, τριῶν φρεγατῶν, μιᾶς κορβέτας καὶ δύο δικατάρτων. Ἐπέπεσεν ἡ ἑλληνικὴ μοῖρα ἐμψυχωθεῖσα ὑπὸ τῆς προσφάτου ἐπιτυχίας· ὁ δὲ στόλος, ἔντρομος δι' ὅσα ἔπαθε τὸ δίκροτον, ἔφυγε πλησίστιος πρὸς τὸν Ἑλλήσποντον καὶ τὴν ἐπαύριον προσωρμίσθη ὑπὸ τὴν προστασίαν τῶν ἐκεῖ φρουρίων. Τὴν αὐτὴν ἡμέραν ἡ ἑλληνικὴ μοῖρα προσωρμίσθη καὶ αὐτὴ ἐν τῷ λιμένι τῆς Ἴμβρου εἰς ὕδρευσιν.

Ἴδιον τῶν ἀδυνάτων, τῶν δειλῶν καὶ τῶν τυραννικῶν κυβερνήσεων εἶναι, ὁσάκις δὲν δύνανται νὰ ἐκδικῶνται τοὺς πταίστας, νὰ παιδεύωσι τοὺς ἀθώους· ὁσάκις ἐνίκων οἱ ἔνοπλοι Ἕλληνες, οἱ ὑπὸ τοὺς Τούρκους ἄοπλοι καὶ ἀβλαβεῖς ὁμογενεῖς των ἔπασχαν. Τὰ αὐτὰ ἀνομήματα, ἀξιοκατάκριτα βεβαίως ὅπως καὶ ἂν θεωρηθῶσιν, ἔπραξαν καὶ οἱ Ἕλληνες· ἀλλ' οὗτοι ἦσαν εἰς πλήρη ἐπανάστασιν καὶ εἰς ἀναρχίαν. Πότε καταδυναστευόμενον έθνος, λαβὸν ὅπλα κατὰ τοῦ καταδυναστεύοντος, δὲν ἠνόμησεν, ἢ δὲν ἔχυσεν αἵματα πταιστῶν καὶ ἀθώων ἀνεξετάστως; Σπανίως κατὰ δυστυχίαν ὑπείκει εἰς τὰ ἐντάλματα τῆς μετριότητος ἡ αἰχμάλωτος τοῦ πάθους τῆς ἐκδικήσεως ἀνθρώπινος ψυχή. Ἀλλ' ὑπὸ τὸ σκῆπτρον τοῦ σουλτάνου, αὐταὶ αἱ Ἀρχαὶ ἦσαν αἱ χεῖρες τῆς ἀνομίας καὶ τῶν αἱμάτων. Οἱ Μιτυληναῖοι Χριστιανοὶ καὶ οἱ κατὰ τὰ πλησιόχωρα παράλια τῆς Ἀσίας ὄχι διότι ἦσαν συμμέτοχοι τοῦ ἐμπρησμοῦ τοῦ δικρότου, ἀλλὰ διότι ἔτυχε νὰ κατοικῶσι γῆν, παρ' ἣν τὸ δίκροτον ἐκάη, ἔγειναν οἱ τρισάθλιοι θύματα τῆς μανίας τῶν τουρκικῶν Ἀρχῶν, σφαζόμενοι ἀνηλεῶς, γυμνούμενοι καὶ πωλούμενοι ὡς ἀνδράποδα. Ἀλλ' ἡ γειτωνία ἐκείνη ἔμελλε νὰ γένῃ συγχρόνως θέατρον ἄλλων δεινοτέρων συμφορῶν. Πόλις, περιέχουσα ψυχὰς 30 χιλιάδας, ἔμελλε ν' ἀφανισθῇ ὅλη, ὄχι διότι ἔλαβεν ὅπλα κατὰ τῆς ὑπόπτου ἐξουσίας, οὔτε διότι ἐφάνη ἄλλως πως ἀξία καταστροφῆς, ἀλλὰ διότι ἦτον ὅλη χριστιανικὴ καὶ ἱκανὴ καὶ τὴν αἱμοχαρῆ δίψαν τῆς ἐξουσίας νὰ σβέσῃ, καὶ τὴν ἐξ ἀδίκων πλουτεῖν ἐπιθυμίαν της νὰ πληρώσῃ. Ἡ πόλις αὕτη εἶναι αἱ Κυδωνιαί, γνωσταὶ διὰ τὴν αὐτονομίαν καὶ εὐνομίαν, διὰ τὰ φιλάνθρωπα καταστήματα, διὰ τὸ φιλοσοφικὸν σχολεῖον καὶ τὴν φιλοκαλίαν καὶ εὐζωΐαν τῶν κατοίκων.

Οἱ Κυδωνιεῖς, ἐξ αἰτίας τῆς ἐπὶ τῆς Ἀσίας θέσεώς των ἐνώπιον τόσων μυριάδων Τούρκων, ὄχι μόνον δὲν ἐπεχείρησαν ν' ἀπελευθερωθῶσιν, ἀλλ' ἐφρόντισαν καὶ νὰ καθησυχάσωσι τὰς ὑποψίας τῶν Τούρκων διὰ τῆς διαγωγῆς των. Ἀφ' ἧς ἡμέρας ἀπεστάτησαν τὰ Ψαρά, ἡ τουρκικὴ Ἀρχὴ τῆς Περγάμου, εἰς ἣν ὑπέκειντο αἱ Κυδωνιαί, ὑποπτεύουσα πόλιν τόσον πολυάνθρωπον, καὶ ὅλην χριστιανικήν, ἔστειλεν εἰς προφύλαξιν τετρακισχιλίους ὁπλοφόρους, σκηνώσαντας κατ' αρχάς εκτός αυτής, αλλά πολλούς μετά ταύτα παρεισελθόντας. Όπου συρροή τουρκικών στρατευμάτων, εκεί και αταξίαι ατιμώρητοι εν καιρώ πολέμου· ηνοχλούντο λοιπόν καθ' ημέραν οι Χριστιανοί, και εκινδύνευαν παρά την θέλησίν των να ταραχθώσιν εξ αιτίας της διαγωγής των εις προφύλαξιν ελθόντων. Ο προεστώς της πόλεως Χατσή-Θανάσης υπήγεν εις Πέργαμον επ' ελπίδι να πείση την Αρχήν εις ανάκλησιν των ατάκτων στρατευμάτων, αλλά δεν εισηκούσθη. Την 2 ιουνίου η ελληνική μοίρα έπλευσεν εις τα έμπροσθεν των Κυδωνιών Μοσχονήσια. Ο λαός του μόνου κατοικουμένου νησιδίου, όλος χριστιανικός, ως και ο των Κυδωνιών, είχεν ένα μόνον Τούρκον, τον αγάν, ον απεδίωξεν επί τη παρουσία των ελληνικών πλοίων, ύψωσε την σημαίαν της ελευθερίας και κατέλαβε το Κλειδί, ό εστι την συζευγνύουσαν το νησίδιον και την ξηράν γέφυραν, εις εμπόδιον εισβολής Τούρκων. Το συμβάν τούτο εξηγρίωσεν έτι μάλλον τα στρατεύματα και έδωκεν αφορμήν εις νέους φόβους και κινδύνους. Οι δε Κυδωνιείς βλέποντες ότι θα επάθαιναν τα πάνδεινα, είτε ησυχάζοντες είτε επαναστατούντες, απεφάσισαν να φύγωσι, και έστειλαν εις τα Μοσχονήσια τον διδάσκαλον Βενιαμίν, παρακαλούντες τον ναύαρχον να φροντίση περί μεταφοράς του κινδυνεύοντος λαού εις Ψαρά· και επειδή πλοία δεν δύνανται να εισπλεύσωσι διότι τα νερά είναι ρηχά παρά το λιμενοστόμιον, εστάλησαν λέμβοι εις το ακροθαλάσσιον την 4 ιουνίου, και οι Κυδωνιείς ήρχισαν να καταβιβάζωσι τας γυναίκας και τα τέκνα των. Ταύτα βλέποντες οι Τούρκοι και εκλαμβάνοντές τα ίσως ως πολεμικάς προετοιμασίας, εμπόδιζαν βιαίως τους φεύγοντας. Οι κάτοικοι ηναγκάσθησαν ν' αποκρούσωσι την βίαν διά της βίας· αι δε λέμβοι, όσαι είχαν κανόνια, τα μετεχειρίσθησαν και αύται κατά των ενοχλούντων τους Χριστιανούς Τούρκων, και ούτως ήρχισαν εντός της πόλεως την 4 ιουνίου σφαγαί, αρπαγαί, αιχμαλωσίαι, και πυρκαϊαί· το παραθαλάσσιον εσκεπάσθη προσφύγων, πολλαί γυναίκες έπιπταν εις την θάλασσαν, ίνα μη πέσωσιν εις χείρας Τούρκων, η πόλις εκαίετο, και όλαι αι λέμβοι και όλα τα μικρά πλοιάρια των Μοσχονησιωτών μετέφεραν αδιακόπως και επεσώρευαν εις τα πλοία τους δυστυχείς Κυδωνιείς, βλέποντας φλεγομένας τας οικίας των και θρηνούντας την μεγάλην συμφοράν των. Τοιουτοτρόπως κατεστράφη η λαμπρά των Κυδωνιών πόλις, και οι κάτοικοί της, όσοι κατέφυγαν εις τα πλοία, μετεκομίσθησαν και διεσπάρησαν εις διαφόρους νήσους, βιούντες βίον αβίωτον. Κυβέρνησις, όχι μόνον μη παρέχουσα αλλά και αφαιρούσα τα εις προφύλαξιν και διάσωσιν κινδυνεύοντος λαού και καταστρέφουσα επί απλαίς υποψίαις αυτόν, είναι αξία της κατάρας και του αναθέματος όλων των εθνών και όλων των αιώνων.

Επί δε τη συμφορά των Κυδωνιών κατεφοβήθησαν όλοι οι κατοικούντες τα ενδότερα της Ασίας Χριστιανοί και κατέβαιναν σωρηδόν εις τα παραθαλάσσια, ίνα διασωθώσι δι' ών εδύναντο τρόπων είς τινας των υπό την ελληνικήν σημαίαν νήσων. Εγκατέλειψαν και οι Μοσχονησιώται την πατρίδα των, και κατέφυγαν και αυτοί όπου ημπόρεσαν· ώστε όλη εκείνη η έως χθές ανθηρά ακτή έγεινε τόπος ερημώσεως. Τοιαύτη είναι η φύσις των δεσποτικών, των τυραννικών και των βαρβάρων κυβερνήσεων.

Τα δ' ελληνικά πλοία, αφ' ού ελύτρωσαν τόσον πλήθος, έπλευσαν προς την Τένεδον την 7 ιουνίου και επανέπλευσαν εκείθεν εις τα ίδια· κατήραν δε την 12 τα υδραϊκά εις τον λιμένα των.

Οι θρασείς ενώπιον των αδυνάτων είναι δειλοί ενώπιον των δυνατών. Εν ώ τόσα κακά υπέφεραν οι άοπλοι Χριστιανοί, αι τουρκικαι Άρχαι της Μιτυλήνης τόσον εφοβήθησαν τους γείτονάς των Ψαριανούς εξ αιτίας του εμπρησμού του δικρότου, ώστε τοις υπεσχέθησαν φόρον, υπό τον όρον να μη ενοχλώσι την Μιτυλήνην και το μικρόν ναυτικόν της.

Τοιαύτη ήτον η κατάστασις των μερών εκείνων μεσούντος του ιουνίου.

Η δε άλλη μοίρα του ελληνικού στόλου συγκειμένη εκ 12 πλοίων, ήτοι 6 υδραϊκών υπό τον Δημήτρην Βώκον Μιαούλην, και 6 σπετσιωτικών υπό τον Νικολόν Μπότασην, έπλευσεν επί τη επιμόνω αιτήσει των Πελοποννησίων κατά τον κορινθιακόν κόλπον προς καταδίωξιν ολίγων τουρκικών πλοίων αποσπασθέντων της εν Μούρτω ναυτικής δυνάμεως και μεταπλευσάντων εις τον λιμένα των Πατρών, και προς άλωσιν της Ναυπάκτου και του Αντιρρίου διά της συμπράξεως και των κατά ξηράν δυνάμεων. Εκ των 12 δε τούτων πλοίων, 2, το του Αναστάση Κολανδρούτσου και το του Αναγνώστη Κουλάτση, έμειναν κατά τον διάπλουν έμπροσθεν του Νεοκάστρου και της Κορώνης προς αποκλεισμόν των φρουρίων εκείνων· τα δε άλλα, προχωρήσαντα κατά τας Πάτρας, είδαν την 20 μαίου πλέοντα έμπροσθεν του ακρωτηρίου του Πάπα εις αποκλεισμόν των Πατρών υπό σημαίαν ελληνικήν 6 δικάταρτα, εξ ων τα 5 γαλαξειδιωτικά και το εν κεφαλληναίον (γ), και 2 κανονοφόρους· είδαν και μίαν κορβέταν τουρκικήν πλέουσαν προς τα έξω και επέπλευσαν· αλλ' αύτη φοβηθείσα εστράφη πλησίστιος προς την Ναύπακτον. Ανήχθησαν εν τω άμα και τα εν τω λιμένι των Πατρών 4 τουρκικά δικάταρτα επί τη διά σημείων προσκλήσει της κορβέτας, και κατέφυγαν και αυτά υπό την Ναύπακτον. Τόσον δε επί τη εμφανίσει της ελληνικής ταύτης μοίρας εφοβήθη ο εν Πάτραις Ισούφης, ώστε ανήγγειλε τοις εισέτι ενδιαμένουσι προξένοις, ότι δεν ηγγυάτο εις το εξής την ασφάλειαν των και επεθύμει ν' αναχωρήσωσιν αυθημερόν, διότι ηναγκάζετο να καύση τας κατοικίας των, μη τας κατάσχωσιν οι εχθροί του. Επί τη προσκλήσει ταύτη και τη απειλή οι πρόξενοι ανεχώρησαν όλοι αυθημερόν εμβάντες εις την εν τω λιμένι γαλλικήν φρεγάταν, Arriège. Τα δε ελληνικά πλοία, α εχαιρέτησαν οι Έλληνες άνωθεν των βουνών ανάψαντες πυρά, διεπέρασαν αβλαβώς το στενόν στόμιον του κόλπου υπό το εχθρικόν πυρ των φρουρίων, τα μεν καθ' ην έφθασαν έμπροσθεν των Πατρών εσπέραν, τα δε την επαύριον· επειράθησαν οι εν αυτοίς να βλάψωσι τα εχθρικά, αλλά δεν εδυνήθησαν εξ αιτίας της υπό το πυρ του φρουρίου της Ναυπάκτου θέσεώς των, και αγκυροβολήσαντες πλησίον έστησαν επί της ξηράς τρία κανόνια, δι' ων εκτύπουν, αν και αβλαβώς, και την Ναύπακτον και τα πλοία.

Είχαν ήδη καταβή προς εκείνα τα παραθαλάσσια ικανά στρατεύματα εις πολιορκίαν της Ναυπάκτου και του Αντιρρίου. Στερούμενα παντός επιτηδείου εις προσβολήν φρουρίων και πρόθυμα να επιχειρήσωσί τι, έδραξαν την ευκαιρίαν της εμφανίσεως των ελληνικών πλοίων, ήλθαν πλησιέστερον της Ναυπάκτου την 24 και την επαύριον ήρχισε σφοδρότατος τουφεκισμός και κανονοβολισμός διά ξηράς και θαλάσσης· τόσον δε εφοβήθησαν οι Τούρκοι, ώστε έβαλαν πυρ εις την πόλιν και ανέβησαν εις την ακρόπολιν. Την δε 26 υπήγαν οι αρχηγοί του ελληνικού στρατοπέδου εις τον στόλον, και, συσκέψεως γενομένης, απεφασίσθη η εξ εφόδου άλωσις του Αντιρρίου. Επί τω σκοπώ τούτω ητοιμάσθησαν επί των πλοίων 10 κλίμακες, 10 πηχών εκάστη, ας παραλαβόντες οι αρχηγοί του στρατοπέδου απέβησαν εις την ξηράν. Δευτέρου δε συμβουλίου γενομένου, ωρίσθη ημέρα εφόδου η 6 ιουνίου. Προτείναντος δε τοῦ Διαμαντῆ Χορμώβα, ἑνὸς τῶν ἀρχηγῶν, ν' ἀναβῇ πρῶτος τὸ τεῖχος, καὶ αἰτήσαντος νὰ τὸν ἀκολουθήσωσιν ὅσοι προηροῦντο, ὑπεσχέθησαν 400 νὰ συγκινδυνεύσωσιν. Ἀλλ' ἀφ' οὗ ἦλθεν ἡ ὥρα τῆς ἐφόδου καὶ τοῦ κινδύνου καὶ ἐπλησίασαν τὸ τεῖχος, ὁ μὲν Διαμαντῆς ἀνέβη καθ' ἃ ἐπρότεινεν, ἀλλ' ὀλιγώτατοι τὸν ἠκολούθησαν, καὶ ἐφονεύθησαν αὐτὸς καί τινες τῶν ὀπαδῶν του. Μετὰ δὲ τὴν ἀποτυχίαν ταύτην οἱ ναῦται, μιμούμενοι τοὺς ἐν τῇ Ἐρισῷ, ἀπέθεσαν ἔν τινι γαλαξειδιωτικῷ πλοίῳ ἀνεπιτηδείως ὕλας καυστικάς, καὶ ἀνάψαντες αὐτὰς τὸ ἔρριψαν τὴν 10 ἰουνίου ἐπὶ τὰ τουρκικὰ ὑπὸ τὴν ὁδηγίαν ἑνὸς καὶ μόνου ἀνδρὸς βαστῶντος τὸ πηδάλιον· ἀλλὰ πρὶν κολλήσῃ τὸ πλοῖον, περιεφλογίσθη ὁ πηδαλιοῦχος καὶ ἔπεσεν εἰς τὴν θάλασσαν, οἱ δὲ ἐχθροί, συλλαβόντες αὐτόν, τὸν ἔψησαν ζῶντα ματαιώσαντες καὶ τὸ ἐπιχείρημά του. Μετὰ πέντε δὲ ἡμέρας ἐξέπλευσεν ἡ ἑλληνικὴ μοῖρα, ἀναπλέουσα εἰς τὰ ἴδια, καὶ ἔμειναν ἐντὸς τοῦ κόλπου τὸ κεφαλληναῖον, τὰ 5 γαλαξειδιωτικά, ἓν σπετσιωτικὸν καὶ αἱ κανονοφόροι· διεπέρων δὲ τὰ πλοῖα ταῦτα συχνῶς καὶ ἀφόβως τὸ στόμιον τοῦ κόλπου ἐνισχύοντα ποτὲ μὲν τὰ ἐντός, ποτὲ δὲ τὰ ἐκτὸς κινήματα τῶν κατὰ ξηρὰν Ἑλλήνων, ἐκπλέοντα μέχρι τοῦ ἀκρωτηρίου τοῦ Πάπα καὶ ἐμποδίζοντα πολλάκις τὰ ἔξωθεν ἐρχόμενα πρὸς τοὺς ἐν Πάτραις Τούρκους βοηθήματα, καὶ τὴν διάβασιν μάλιστα τῶν Τούρκων εἰς τὰς ἰονίους νήσους καὶ εἰς τὴν παραλίαν τῆς Ἠπείρου, ἀλλὰ μηδόλως σεβόμενα τὴν ἰόνιον σημαίαν· ἐφ' ᾧ ὀργισθεῖσα ἡ ἁρμοστεία ἐξαπέστειλε ναυτικὴν δύναμιν, ἥτις εὑροῦσα τὴν νύκτα κατὰ τὴν Γλαρέντσαν μίαν τῶν δύο κανονοφόρων καὶ αἴφνης ἐπιπεσοῦσα ἐφόνευσε δύο ναύτας, συνέλαβε δύο ἄλλους καὶ μετέφερεν εἰς Ζάκυνθον καὶ αὐτοὺς καὶ τὴν κανονοφόρον ἐγκαταληφθεῖσαν ὑπὸ τῶν λοιπῶν ναυτῶν της, εἰς τὴν ξηρὰν διασωθέντων. Μετὰ τρίμηνον δὲ φυλάκισιν ἀπελύθησαν οἱ συλληφθέντες.

Ἂν ἡ εἰς τὸν κορινθιακὸν κόλπον ναυτικὴ ἐκστρατεία δὲν ἔφερε τὸ προσδοκώμενον ἀποτέλεσμα, ἐχρησίμευσεν ὅμως μεγάλως εἰς ἐμψύχωσιν τῶν Ἑλλήνων καὶ τρόμον τῶν Τούρκων ἐκείνου τοῦ μέρους, ἐξ αἰτίας τῆς τολμηρᾶς καὶ εὐτυχοῦς διαπεραιώσεως τῶν πλοίων διὰ πορθμοῦ, ἑνὸς καὶ ἥμισυ μιλίου πλάτος ἔχοντος, καὶ μεταξὺ δύο φρουρίων ἀκαταπαύστως κανονοβολούντων· συνέτρεξε δὲ τὰ μέγιστα καὶ εἰς τὴν ἐπανάστασιν τῆς Αἰτωλοακαρνανίας. Ἐν τούτοις, μαθόντες τὰ τῆς ἐκστρατείας ταύτης οἱ ἐν τῇ κατὰ τὸν Μοῦρτον τουρκικῇ μοίρᾳ, συνέλαβαν αἴφνης τινὰς ἐμπλέοντας Ὑδραίους καὶ τοὺς ἐθανάτωσαν, ἐν οἷς καὶ τὸν Μανώλην Γκιοῦστον, τὸν μόνον ἐπιζῶντα ἀδελφὸν τῶν ἐν τῷ ναυστάθμῳ τῆς Κωνσταντινουπόλεως ἄλλοτε ἀποκεφαλισθέντων.

1821.

ΚΕΦΑΛΑΙΟΝ ΙΣΤ.

Παθήματα των Σμυρναίων, Κυπρίων και Κώων Χριστιανών.

ΚΑΘ' ὃν δὲ καιρὸν αἱ τρισάθλιαι Κυδωνιαὶ ἔγειναν τόπος ἐρημώσεως, δεινὰ δυστυχήματα ἔπαθεν ἡ Σμύρνη. Ἐφάνησαν τὸν μάϊον ἐν ἐκείνῃ τῇ πόλει δύο δερβίσαι, οἵτινες περιφερόμενοι τὰς ὁδοὺς καὶ τὰ καφενεῖα καὶ παριστάμενοι ὡς θεόπνευστοι, ἠρέθιζαν τοὺς Τούρκους εἰς καταστροφὴν τῶν Χριστιανῶν, ὡς ἐχθρῶν τῆς πίστεώς των καὶ τοῦ σκήπτρου των. Καλῇ τύχῃ ὁ μουτεσελήμης τῆς Σμύρνης ἀπεμάκρυνε τοὺς ταραξίας εὐσχήμως. Τὸν αὐτὸν μῆνα συνηθροίσθησαν ἐπὶ τῆς πλησίον τοῦ ἐπιθαλασσίου φρουρίου πεδιάδος πάμπολλοι ἀσιανοὶ Τοῦρκοι, οἱ μὲν ἐπὶ προφυλάξει τοῦ μέρους ἐκείνου ἀπὸ ἐνδεχομένου ἐπαναστατικοῦ κινήματος, οἱ δὲ ἐπὶ μεταβάσει εἰς ἄλλα ἀποστατήσαντα μέρη. Ὁ ἀρχηγὸς τοῦ στρατεύματος τούτου, καθήμενος ἐντὸς τῆς πόλεως, τὸ διέταξε νὰ διαμείνῃ ἐκτός. Ἀλλ' ἐν ᾧ οὗτος ἀπελάμβανε τὰς τρυφὰς τῆς μεγαλοπόλεως ἐκείνης, καὶ εἰς προμήθειαν τροφῶν ἐπέβαλε συχνάκις βαρεῖς φόρους, τὸ στράτευμά του ἐλιμωττε, καὶ ἐκ ταύτης τῆς αἰτίας διεσπάρη εἰς ὅλα τὰ περίχωρα, ἐχύθη καὶ εἰς αὐτὴν τὴν πόλιν τὴν 23 μαΐου παρὰ τὰς διαταγὰς τοῦ ἀνωτέρου του, ἔτρεξεν εἰς τὰς ἀποθήκας τῶν ἀρτοποιῶν καὶ λοιπῶν τροφοπωλῶν, ἔπραξε παντὸς εἴδους ἀταξίας, ἐφόνευσε δύο Χριστιανοὺς καὶ ἠπείλει αὐθημερὸν γενικὴν καταστροφήν. Οἱ Χριστιανοί, έμφοβοι και απροστάτευτοι, αφήκαν όλοι τα έργα των, άλλοι εκλείσθησαν εν ταις οικίαις των, άλλοι έτρεξαν εις το παραθαλάσσιον, και η μεγάλη εκείνη πόλις εφαίνετο μεγάλη ερημία. Την εσπέραν δε της αυτής ημέρας εις των περιφερομένων γενιτσάρων, διψών χριστιανικόν αίμα και μη ευρίσκων Χριστιανόν εν ταις οδοίς, έρριψε πιστολίαν απροσέκτως και ασκόπως και εκτύπησε κατά τύχην διαβαίνοντά τινα μωαμεθανόν Κρήτα. Ο γενίτσαρος, φοβούμενος μη πάθη ως φονεύς, ή προθέμενος ίσως την καταστροφήν της πόλεως, ερωτηθείς περί τού συμβάντος, είπεν, ότι η πιστολία έπεσεν εκ τινός χριστιανικής οικίας. Η ψευδής αυτή μαρτυρία τού ενόχου ήρκεσε να εκθέση εν τω άμα εις τον έσχατον κίνδυνον την εν η εγένετο ο φόνος συνοικίαν, και τόσος ήτον ο επικρατών τρόμος, ώστε οικογένειά τις τού δυτικού δόγματος, ό εστιν, ο ανήρ, η γυνή, ο υιός, τέσσαρες θυγατέρες και βρέφος θηλάζον, φοβούμενοι μη πέσωσιν εις τας χείρας των κακούργων, σπώντων τας θύρας των γειτωνικών οικιών, ανέβησαν επί της οροφής της οικίας των όλοι, και πηδώντες από παρωροφίδος εις παρωροφίδα έφθασαν εις τινα απολήγουσαν εις στενωπόν· συνέδεσε τότε ο δυστυχής πατήρ την παρωροφίδα ταύτην και την απέναντι επιρρίψας σανίδα, και τοιουτοτρόπως τρέμοντες μη πέσωσι κάτω και συντριβώσιν, επέρασαν όλοι πατώντες επί του σειομένου εκείνου συστεγάσματος, και τουφεκιζόμενοι κάτωθεν υπό των Τούρκων ως πτηνά πετώντα, κατήντησαν εις τινα ευρωπαϊκήν οικίαν, όπου διεσώθησαν.

Ο δε διοικητής, αφ' ου είδεν ότι αι προσταγαί και αι απειλαί του δεν ίσχυσαν, εξήλθε μεθ' όλης της φρουράς εις παύσιν των δεινών, και μόλις κατώρθωσε να περιορισθώσιν οι άτακτοι εντός της τουρκικής συνοικίας, αφ' ου τρεις ώρας διήρκεσαν αι αταξίαι, είκοσιν οικίαι επατήθησαν και εγυμνώθησαν και είκοσιν άθλιοι Έλληνες εφονεύθησαν. Μετά τα παθήματα ταύτα πολλοί των Χριστιανών ήρχισαν να επανέρχωνται εις τας οικίας των, θαρρυνθέντες υπό της καλής διαθέσεως της τοπικής Αρχής, αλλ' έπαθαν μετ' ολίγον χειρότερα (α).

Κατ' εκείνας τας ημέρας διεδόθη φήμη, ότι η Ρωσσία εκήρυξε πόλεμον κατά της Τουρκίας. Η ψευδής αύτη φήμη έβαλε πάλιν άνω κάτω την πόλιν· και οι υπό την ρωσσικήν προστασίαν, φοβηθέντες, κατέφυγαν οι μεν εις άλλα προξενεία, οι δε εις πλοία· ουδ' αυτός δε ο πρόξενος της Ρωσσίας ήτον ασφαλής επί της ξηράς. Οι δε δυστυχείς Έλληνες, ους εθεώρουν οι Τούρκοι όλους Ρώσσους, εκρύπτοντο όπου ημπόρουν. Δισχίλιαι ψυχαί κατέφυγαν εις μόνον το υπό τον γενναίον και φιλάνθρωπον Δαυίδ γαλλικόν προξενείον. Μόλις εψεύσθη η περί του πολέμου φήμη, και συνέπεσαν κακή τύχη άλλα περιστατικά, εξαγριώσαντα πάλιν τους διψώντας την καταστροφήν των Χριστιανών.

Προ πολλών ημερών ευρίσκετο εν τω λιμένι της Σμύρνης ρωσσικόν πλοίον εμπορικόν. Την 3 ιουνίου, ό εστι τας ημέρας των ταραχών, το πλοίον ητοιμάσθη εις απόπλουν. Επί τη ειδήσει ταύτη συνήχθησαν οι Τούρκοι εις τον αιγιαλόν, το εμπόδισαν λέγοντες, ότι μετεκόμιζε πολεμεφόδια εις την Ελλάδα, και εζήτησαν την άδειαν να το επισκεφθώσι· το επεσκέφθησαν δις και τρις· και μη ευρόντες ό,τι υπώπτευαν, το απέλυσαν. Αλλά την αυτήν ημέραν εγνώσθη ο εν Ερισώ εμπρησμός του δικρότου. Οι Τούρκοι εξεμάνησαν επί τούτω, εχύθησαν εις διάφορα μέρη της πόλεως και εφόνευαν αδιακρίτως τους προστυχόντας Χριστιανούς, ανυπόπτως εν τη πόλει περιφερομένους. Την νύκτα ήλθεν η είδησις της καταστροφής των Κυδωνιών. Η είδησις αύτη ήλθε παρηλλαγμένη ἢ ἐξ ἀγνοίας ἢ ἐκ κακοβουλίας· ἐλέγετο, ὅτι οἱ Κυδωνιεῖς, βοηθούμενοι ὑπὸ τοῦ ἑλληνικοῦ ναυτικοῦ, ἔδωκαν τὴν πρώτην ἀφορμὴν σφάξαντες τοὺς ἐν τῇ πόλει Τούρκους καὶ προκαλέσαντες τὴν εἰσβολὴν τῶν ἔξω τουρκικῶν στρατευμάτων. Μόλις ἐξημέρωσε, καὶ ἤρχισε νέα σφαγὴ ἐξ αἰτίας τῆς εἰδήσεως ταύτης, καὶ τόσον αἷμα ἀθῶον ἐχύθη, ὥστε οἱ ἐπὶ τῶν ἄλλων ἡμερῶν φόνοι ἐφαίνοντο μικροῦ λόγου. Ἐπειδὴ δὲ δὲν εὕρισκαν πλέον οἱ δήμιοι Χριστιανοὺς ἐν ταῖς ὁδοῖς εἰς σφαγήν, ὑπῆγάν τινες αὐτῶν νὰ πατήσωσι τὸ ῥωσσικὸν προξενεῖον. Οἱ δὲ εἰς φύλαξιν αὐτοῦ γενίτσαροι ἐφοβήθησαν καὶ ἔφυγαν ἀφήσαντες τὸ ἀπροστάτευτον. Καλῇ τύχῃ ἦλθαν λέμβοι ἔνοπλοι διαφόρων εὐρωπαϊκῶν πλοίων εἰς ὑπεράσπισίν του, ἔπεσε καὶ κανονία ἔκ τινος πολεμικοῦ εὐρωπαϊκοῦ πλοίου εἰς ἁπλοῦν φόβον, καὶ τοιουτοτρόπως οἱ μὲν ἀπειλοῦντες τὸ προξενεῖον διεσκορπίσθησαν, ὁ δὲ πρόξενος καὶ οἱ περὶ αὐτὸν διεσώθησαν εἰς τὰ πλοῖα κακῶς ἔχοντες. Οἱ κακοῦργοι ὑπῆγαν μετ' ὀλίγον εἰς τὸ γαλλικὸν προξενεῖον ζητοῦντες νὰ τοῖς παραδοθῶσιν οἱ εἰς αὐτὸ καταφυγόντες δισχίλιοι Χριστιανοί. Ἀντέστη ὁ πρόξενος γενναίως· ἦλθαν καὶ ἔνοπλοι λέμβοι βασιλικοῦ τινος γαλλικοῦ πλοίου εὑρεθέντος ἐν τῷ λιμένι, καὶ οὕτω διεσώθησαν οἱ κινδυνεύοντες. Μὴ εὐχαριστούμενοι δὲ οἱ ἄνθρωποι τῶν αἱμάτων νὰ φονεύωσι σποράδην, συνέλαβαν τὴν τρομερὰν ἰδέαν γενικῆς σφαγῆς· ἀλλ' εἰς πραγματοποίησιν τοιούτου τολμήματος ἔκριναν ἀναγκαῖον νὰ προκαλέσωσι πρᾶξιν νομιμοποιοῦσαν τὸ μελετώμενον καὶ ὑπῆγαν πρὸς τὸν μουλᾶν ζητοῦντες τὸν ἀναγκαῖον φετφᾶν· ἀνετριχίασεν ὁ εὐσυνείδητος μουλᾶς ἀκούσας τοιαύτην αἴτησιν, τὴν ἀπέρριψε, καὶ τοὺς ἐπέπληξεν. Ἐφρύαξαν οἱ ἐπιπληχθέντες διὰ τὴν παρακοὴν τοῦ μουλᾶ· καὶ, ἐν ᾧ αὐτὸς ὁ σουλτάνος σέβεται τὸ τάγμα τῶν ἀνθρώπων τούτων ὡς τάγμα ὑπηρετῶν τοῦ νόμου καὶ τῆς θρησκείας, οὗτοι τὸν ἐσκότωσαν. Μετὰ τὸ μέγα τοῦτο ἀνοσιούργημα ἐσκότωσαν καὶ τὸν ἁγιάνην καὶ ἄλλους Τούρκους κατακρίνοντας τὰς πράξεις των· ἀβλαβεῖς δὲ ἀφῆκαν τὸν μουτεσελήμην καὶ τὸν ἀρχηγόν των· διότι ὁ μὲν πρῶτος, φοβούμενος τὴν ὀργήν των, δὲν ἐφέρετο ὡς πρότερον, ὁ δὲ ἄλλος ἐθεωρεῖτο ὡς ὑποκινητὴς τῶν πραττομένων. Ἐξ ὅσων δὲ συνέβησαν, ἐνόμιζεν ἕκαστος τῶν ἐν Σμύρνῃ, ὅτι ἔφθασεν ἡ τελευταία ὥρα ὅλων τῶν ἐκεῖ Χριστιανῶν· ἀλλὰ ἔπαυσαν παρὰ πᾶσαν προσδοκίαν οἱ φόνοι περὶ τὴν ἑσπέραν, καὶ ἡ πόλις ἀπέφυγε ὡς ἐκ θαύματος τὰ ἐπαπειλούμενα δεινά.

Τὴν δὲ ἐπιοῦσαν ἠθέλησαν οἱ ἀλιτήριοι νὰ ἐπισκεφθῶσι καὶ τετάρτην φορὰν τὸ ὑπὸ ῥωσσικὴν σημαίαν πλοῖον, ἀνακομισθὲν εἰς τὸν λιμένα τὴν παρελθοῦσαν νύκτα· ἀλλ' οὐδὲ τότε ηὗραν πολεμεφόδια· ηὗραν ὅμως κατὰ δυστυχίαν 50 ἐπιβάτας Ἕλληνας, ἐν οἷς καί τινας Ἴονας· καὶ τούτους μὲν παρέδωκαν ἀβλαβεῖς τῷ προξένῳ τῆς Ἀγγλίας, τοὺς δὲ λοιποὺς ἀπεβίβασαν, καὶ τοὺς μὲν ἔσφαξαν, τοὺς δὲ ἐδημοπράτησαν.

Μετ' ὀλίγας δὲ ἡμέρας, ἐπειδὴ ἀπηγορεύετο πᾶς εἴσπλους καὶ ἔκπλους, ἔρριψεν ἄγκυραν ἐκτὸς τοῦ λιμένος πλησίον τοῦ φρουρίου σαρδηνικὸν πλοῖον, καὶ ἤρχισε νὰ ἐπιβιβάζῃ κρυφίως ἐπὶ ἁδρᾷ τιμῇ Ἕλληνας, ἵνα τοὺς μετακομίσῃ εἴς τινας τῶν ἐλευθέρων νήσων πρὸς ἀσφάλειαν. Ἐμπόδισεν ἡ Πύλη πρό τινων ἡμερῶν διὰ φιρμανίου τὴν φυγὴν τῶν Ἑλλήνων, καὶ ἀπηγόρευσε νὰ δέχωνται τοὺς φυγάδας εὐρωπαϊκὰ πλοῖα· διέταξε δὲ καὶ νηοψίαν καὶ ἐπέβαλε ποινὴν τὴν δήμευσιν τῶν δεχομένων τοιούτους ἐπιβάτας· διέταξε δὲ ταῦτα πάντα συναινέσει τῶν ἐν Κωνσταντινουπόλει πρέσβεων, οἵτινες ἀπέστειλαν τοιαύτας ὁδηγίας πρὸς ὅλους τοὺς κατὰ τὴν ὀθωμανικήν επικράτειαν προξένους· μόνος δε ο της ρωσσίας δεν συνήνεσεν. Αι τουρκικαι Αρχαι όλων των μερών της επικρατείας εγίνωσκαν και την διαταγήν της Πύλης και τας περι τούτου δοθείσας τοις προξένοις οδηγίας. Δι' ο μαθούσαι αι της Σμύρνης, ότι το σαρδηνικόν πλοίον μετήρχετο το απηγορευμένον τούτο έργον, έστειλαν δικάταρτον αλγερινόν ευρεθέν εν τω λιμένι εις σύλληψίν του. Το σαρδηνικόν είχεν ανελκύσει την άγκυραν προ μιάς ώρας, αλλά δεν εδυνήθη ν' απομακρυνθή δια την επικρατούσαν νηνεμίαν· βλέπον δε τον επικείμενον κίνδυνον κατέφυγεν υπό την προστασίαν της Γαλλικής φρεγάτας Jeanne d'Arc. Ο Αλγερίνος απήτει το πλοίον· αλλ' ο διοικητής της φρεγάτας ανένευεν· επι τέλους ενεκρίθη ν' αποφασισθή τι μέλλει γενέσθαι παρά του προξένου της Γαλλίας και των επι της ξηράς τουρκικών Αρχών. Εν ω δε ταύτα διεπραγματεύοντο, οι επι του σαρδηνικού πλοίου διακόσιοι επιβάται Έλληνες μετεκομίσθησαν ασφαλείας χάριν εις την φρεγάταν, αλλά μετ' ολίγον εστάλησαν εις το γαλλικόν προξενείον προς αποφυγήν της εις τον πλοίαρχον επικειμένης ευθύνης. Ο δε πρόξενος, μη δυνάμενος ν' αντείπη εις τας οδηγίας του, και πιστεύσας εις τας απατηλας υποσχέσεις των τουρκικών Αρχών περι της ασφαλείας των ανθρώπων, φοβηθείς δε μη πατηθή και το προξενείον και δοθή αφορμή να καή ίσως και η πόλις, καθώς ελέγετο, αν επροστάτευε τους δυστυχείς εκείνους, ενέδωκεν εν άκρα θλίψει, και παρέλαβαν οι Τούρκοι τους επιβάτας και το πλήρωμα του σαρδηνικού πλοίου· και οι μεν επιβάται, άλλοι εφονεύθησαν και άλλοι εξηγοράσθησαν· εκ δε των του πληρώματος, επτά μετά του πλοιάρχου, υπηκόων όλων ξένης Δυνάμεως, τρείς απεκεφαλίσθησαν, δύο κατεσπαράχθησαν, ο δε πλοίαρχος και εις ναύτης εκρεμάσθησαν· εις χλευασμόν δε της

Ευρώπης έβαλαν εν τω στόματι αυτών οι αγχονισταί σιγάρον (β). Τοιούτον έφερεν αποτέλεσμα η αισχρά και αδικαιολόγητος συναίνεσις εις τας ορέξεις της Πύλης των εν Κωνσταντινουπόλει πρέσβεων, καταισχυνάντων τας σημαίας των βασιλέων αυτών επ' ολέθρω της καταδιωκομένης και πασχούσης ανθρωπότητος. Ημάρτησαν οι πρέσβεις φιλανθρώπων και Χριστιανών βασιλέων αμάρτημα μέγα συντρέξαντες χάριν της Πύλης εις τα δεινά των ομοπίστων αυτών δια των προς τους προξένους εις χρήσιν του δικαιώματος της νηοψίας οδηγιών, διότι ήξευραν, εξ ων ήκουαν και έβλεπαν, ότι το δικαίωμα της νηοψίας ήτο παρά τοις Τούρκοις δικαίωμα σφαγής. Χρέος είχαν να προστατεύωσιν αδιακρίτως αθώους και αόπλους είτε Τούρκους είτε Χριστιανούς, μη καταδικαζομένους υπό τινος νόμου, αλλά προστρέχοντας υπό την σκέπην των σημαιών των εις αποφυγήν της φανεράς και αδίκου σφαγής ή του ανδραποδισμού.

Εκ των εν Σμύρνη οδυνηρών συμβάντων μεταφέρομεν τον λόγον εις τα εν Κύπρω και Κω οδυνηρότερα· παρατρέχομεν δε άλλα άλλων μερών εις αποφυγήν επαναλήψεως των αυτών δεινών, και διότι όσα διηγούμεθα είναι ικανά αυτά μόνα να δείξωσιν υπό ποίας τίγρεις ετέλουν οι άθλιοι Χριστιανοί.

Η Κύπρος είχεν επί της επαναστάσεως κατοίκους εκατόν χιλιάδας, εξ ων εικοσακισχίλιοι ήσαν Τούρκοι, οι δε λοιποί, εκτός ολίγων Εβραίων, Χριστιανοί. Δεκακισχιλίους Τούρκους και πεντακισχιλίους Χριστιανούς είχεν η Λευκωσία, η πρωτεύουσα της νήσου· έδρευε δ' εν αυτή ο μουτεσελήμης της νήσου, ο αλαήμπεης, ο γενιτσάραγας, ο μουφτής, οι γενικοί δημογέροντες και ο αρχιεπίσκοπος ο και μακαριώτατος. Η νήσος είχε και άλλους τρεις αρχιερείς, τὸν Πάφου, τὸν Κυττίων καὶ τὸν Κυρηνίας ἑδρεύοντας ἐν ταῖς ἐπαρχίαις των.

Ἡ Πύλη ἐπὶ τῆς ἐκρήξεως τῆς ἐπαναστάσεως διέταξε τὸν πασᾶν τοῦ Ἀκρίου νὰ μεταβιβάσῃ εἰς Κύπρον στρατεύματα καὶ ἔδωκε συγχρόνως πλήρη ἄδειαν τῷ μουτεσελήμῃ νὰ σφάξῃ ὅσους τῶν Χριστιανῶν ἔκρινεν ἀξίους σφαγῆς.

Λαβὼν ὁ τότε μουτεσελήμης Κουτσοὺκ-Μεχμέτης τοιαύτας διαταγάς, τὰς ἐκοινοποίησε τοῖς ἐντοπίοις Τούρκοις ἐπὶ μυστικοῦ συμβουλίου. Πρόθυμοι οὗτοι νὰ θεραπεύσωσι τὴν κατὰ τῶν Χριστιανῶν λύσσαν των καὶ ν' ἀσφαλίσωσιν ἴσως, ὡς ἐνόμιζαν, καὶ τὰ συμφέροντα καὶ τὴν ὕπαρξίν των, ἐπῄνεσαν ὡς σωτήριον τὴν πρόνοιαν τῆς κυβερνήσεως καὶ ἐγνωμοδότησαν νὰ θυσιασθῶσιν εἰς πλήρη διατήρησιν τῆς ἀσφαλείας τῆς νήσου ὄχι μόνον οἱ τέσσαρες ἀρχιερεῖς καὶ ὀλίγοι τινὲς τῶν ἐγκρίτων Χριστιανῶν κατὰ τὴν πρότασιν τοῦ μουτεσελήμη, ἀλλ' ὅλοι ὅσοι, εἴτε διὰ περιουσίαν εἴτε διὰ παιδείαν εἴτε δι' ἄλλην αἰτίαν, εἶχαν ἐπιῤῥοὴν ἐπὶ τῶν ὁμοεθνῶν των καὶ ἐδύναντο νὰ τοὺς ὠθήσωσιν εἰς ἐπανάστασιν. Ἐπὶ τούτοις συνέταξαν μακρὸν κατάλογον προγραφῆς συμπαραλαμβάνοντες ἀναμφιβόλως καὶ ὅσους ἕκαστος ἐμίσει ἢ ὅσων ἐπεθύμει νὰ οἰκοιοποιηθῇ ἐπὶ μικρᾷ τιμῇ τὴν περιουσίαν. Ὁ μουτεσελήμης ηὗρεν ὑπέρμεγαν τὸν ἀριθμὸν τῶν ἐν τῷ καταλόγῳ καὶ ἀνωφελῆ τὴν θυσίαν πολλῶν ἐξ αὐτῶν ὡς ἀσημάντων· ἀλλ' οἱ ἐντόπιοι Τοῦρκοι, ἰδόντες ὅτι ἐδίσταζε, τὸν ἠπείλησαν λέγοντες, ὅτι ἦτον ὑπεύθυνος, ἂν ἕνεκα τῆς τοιαύτης ἐπιεικείας ἀπεστάτει ἡ νῆσος. Διαρκούσης δὲ τῆς λογοτριβῆς περὶ τοῦ ποσοῦ καὶ τοῦ ποιοῦ τῶν θυμάτων, κατήχθη εἰς τὴν νῆσον ὁ ἀρχιμανδρίτης Θεοφύλακτος Θησεὺς Κύπριος, καὶ μείνας ἐπὶ τοῦ πλοίου διέδωκεν ἐπιστολὰς καὶ προκηρύξεις προτρεπτικὰς εἰς ἐπανάστασιν. Αἱ προκηρύξεις ἔπεσαν εἰς χεῖρας τοῦ μουτεσελήμη καὶ συνετέλεσαν εἰς τὸ νὰ τὸν πείσωσι νὰ ἐκτελέσῃ τὰς διαταγὰς τῆς κυβερνήσεώς του καὶ τὰς ἐπιθυμίας τῶν ἐντοπίων ἀγάδων· ἀλλὰ, φοβηθεὶς μήποτε ἡ θυσία τοσούτων καὶ τοιούτων ἐπιφέρῃ ταραχήν, ἀνέβαλε τὴν ἐκτέλεσιν μέχρι τῆς ἀφίξεως τῆς ἀναμενομένης στρατιωτικῆς δυνάμεως.

Τὴν 3 μαΐου ἔφθασαν τετρακισχίλιοι, καὶ μετὰ τὴν ἄφιξιν αὐτῶν ὁ μουτεσελήμης ἐκάλεσεν εἰς Λευκωσίαν τοὺς ἀρχιερεῖς καὶ λοιποὺς προὔχοντας ἐπὶ λόγῳ ὅτι, ἐπαναστατησάντων ἀλλοῦ τῶν ὁμοθρήσκων των, ἐπάναγκες ἦτο πρὸς σωτηρίαν αὐτῶν, πιστῶν ὄντων, νὰ στείλωσι κοινὴν ἀναφορὰν εἰς τὴν Πύλην βεβαιοῦντες τὴν ἀκλόνητον εἰς τὸν θρόνον τοῦ σουλτάνου πίστιν καὶ ἀφοσίωσίν των· ὑπέσχετο δὲ νὰ ἐπικυρώσῃ τὰ γραφόμενα δι' ἰδιαιτέρας του ἀναφορᾶς. Πολλοὶ ἐπίστευσαν τοὺς λόγους του καὶ ὑπῆγαν εἰς Λευκωσίαν· τινὲς δὲ συνετώτεροι ὑπώπτευσαν καὶ κατέφυγαν εἰς Λάρνακα, πόλιν ἔχουσαν ἑξακισχιλίους κατοίκους, τοὺς πλείστους ὁμοθρήσκους, καὶ ἐκρύβησαν ἐν τοῖς ἐκεῖ προξενείοις. Ὅσοι δὲ προὔχοντες τῆς Λάρνακος καὶ τῆς Λεμισοῦ δὲν ἔλαβαν τὴν πρόνοιαν νὰ κρυφθῶσιν, συνελήφθησαν ἐξερχόμενοι τῶν ἐκκλησιῶν καὶ ἐστάλησαν δέσμιοι εἰς Λευκωσίαν. Ὁ δὲ μουτεσελήμης, ἀφ' οὗ συνήθροισεν ἐν τῇ πρωτευούσῃ ὅσους ἠμπόρεσεν, ἔρριψε τὸ προσωπεῖον καὶ ἐφανέρωσε τοὺς φονικοὺς σκοπούς του, ἂν καὶ οἱ δυστυχεῖς Χριστιανοὶ οὐδεμίαν ἔδωκαν αἰτίαν.

Τὴν 9 ἰουλίου ἔφεραν οἱ ὑπηρέται τῆς ἐξουσίας εἰς τὴν ἔμπροσθεν τοῦ διοικητηρίου πλατεῖαν τὸν ἀρχιεπίσκοπον Κυπριανὸν καὶ τοὺς τρεῖς ἄλλους ἀρχιερεῖς· καὶ τὸν μὲν ἐκρέμασαν ἀπό τινος δένδρου

ΚΕΦΑΛΑΙΟΝ ΙΣΤ.

ἀπέναντι τῆς πύλης τοῦ διοικητηρίου, τοὺς δὲ ἀπεκεφάλισαν. Συναπεκεφάλισαν καί τινας τῶν προκρίτων Χριστιανῶν καὶ ἀφῆκαν κατὰ γῆς ἐρριμμένα τὰ πτώματα ὅλων ἡμέρας τινάς· δὲν ἔπαυσαν δ' ἔκτοτε ἐν διαστήματι 30 ἡμερῶν σφάζοντες καὶ πολλοὺς κόπτοντες μεληδὸν ζῶντας. Διακόσιοι προύχοντες πόλεων καὶ χωρίων ἐθυσιάσθησαν, καὶ μόνοι σχεδὸν οἱ φυγόντες διεσώθησαν· τὰ δὲ ὑπάρχοντα ὅλων καὶ θανατωθέντων καὶ φυγόντων ἐδημεύθησαν καὶ ἐπωλήθησαν. Φιλανθρωπότατοι ἐφάνησαν ταῖς θλιβεραῖς ἐκείναις ἡμέραις οἱ πρόξενοι, καὶ κατ' ἐξοχὴν ὁ τῆς Γαλλίας Μεχαίνης, παρέχοντες ἐν πρώτοις τὰ προξενεῖα ἄσυλα τοῖς καταδιωκομένοις, καὶ ἀποπέμποντες αὐτοὺς μετὰ ταῦτα δι' εὐρωπαϊκῶν πλοίων.

Πάνδεινα ἔπαθαν συγχρόνως καὶ οἱ δυστυχεῖς Κῷοι.

Δωδεκακισχίλιοι Τοῦρκοι καὶ ἑξακισχίλιοι Χριστιανοὶ ἦσαν ἐπὶ τῆς ἐπαναστάσεως οἱ κάτοικοι τῆς νήσου ταύτης, διεσπαρμένοι εἰς ἓξ μέρη, τὴν κυρίως λεγομένην Χώραν, καὶ τὰ χωρία Κέφαλον, Ἀντιμάχειαν, Πηλεῖον, Ἀσφενδιὸν καὶ Κερμετήν.

Οἱ ἐντόπιοι Τοῦρκοι, ἂν καὶ ὑπερίσχυαν καὶ κατὰ τὸν ἀριθμὸν καὶ κατ' ἄλλα, μετέφεραν τὸν ἀπρίλιον εἰς τὴν νῆσον ἐκ τῶν τῆς ἀνατολῆς μερῶν κατὰ διαταγὴν τῆς Πύλης διὰ φόβον ἐνδεχομένης ἐξωτερικῆς ἐπιδρομῆς Ἑλλήνων ἑξακοσίους ὁπλοφόρους. Ἀταξίαι, ἁρπαγαὶ καὶ φόνοι σποράδην συνέβαιναν ἔκτοτε καθ' ἡμέραν· ἀλλὰ τὰ κακὰ ἐκορυφώθησαν τὴν 11 ἰουλίου. Ἐκ μόνων τῶν κατοίκων τῆς Χώρας ἐσφάγησαν 98, ὅλαι δὲ αἱ οἰκίαι ἐγυμνώθησαν, οἱ ναοὶ κατεπατήθησαν καὶ ἐβεβηλώθησαν, τὰ ἱερὰ ἐχλευάσθησαν, αἱ νέαι γυναῖκες, ὅσαι δὲν κατέφυγαν εἰς τὰ ὄρη, ἐκρατήθησαν καὶ μετὰ τρεῖς ἡμέρας ἀπελύθησαν· πᾶσα αἰδὼς ἐν ἑνὶ λόγῳ ἐξέλειψε, καὶ πᾶς σπινθὴρ ἐλέους ἐσβέσθη· καὶ ταῦτα πάντα ἐπράχθησαν εἰς βλάβην λαοῦ, ὄχι μόνον ἀθώου καὶ μὴ δώσαντος σημεῖον ἐπαναστατικῆς διαθέσεως, ἀλλὰ μήτε ἀκούσαντος ἂν ὑπῆρχε Φιλικὴ Ἑταιρία, μήτε ἔχοντος κἂν ὅπλα, διότι ἀπηγορεύετο ἀνέκαθεν τοῖς ἐν τῇ νήσῳ ἐκείνῃ Χριστιανοῖς ἡ κτῆσις καὶ χρῆσις αὐτῶν.

1821.

ΚΕΦΑΛΑΙΟΝ ΙΖ.

Ἐπανάστασις τῆς Αἰτωλοακαρνανίας.—Εἰσβολὴ Ἑλλήνων εἰς Βραχῶρι καὶ κυρίευσις αὐτοῦ, τοῦ Τεκέ, τῆς Πλαγιᾶς καὶ τοῦ Ζαπαντίου.—Μάχαι Μακρυνόρους καὶ Πέτα.—Καταστροφὴ Καλαρρύτων καὶ Συράκου.—Τὰ κατὰ τὸ Καρπενῆσι καὶ τὸ Ἀσπροπόταμον.—Ἀποτυχία τῆς πρὸς ἐλευθέρωσιν τῆς Πάργας ἐκστρατείας.

ΕΙΠΑΜΕΝ τὰς αἰτίας δι' ἃς ἐβράδυνε νὰ κινηθῇ ἡ Αἰτωλοακαρνανία, ὡς πλησιεστέρα τῶν μεγάλων ἐχθρικῶν δυνάμεων. Τὸ πρῶτον σύμπτωμα τῶν ταραχῶν ἐκείνου τοῦ μέρους ἐφάνη ἀρχομένου τοῦ μαρτίου. Ἐστέλλετο ἐκ Μεσολογγίου εἰς Ναύπακτον ἐπὶ μετακομίσει εἰς Κωνσταντινούπολιν ὁ συνήθης ἐτήσιος φόρος. Ὁ Μακρῆς, καταλαβὼν τὴν Σκάλαν τοῦ Μαυρομμάτη, στενὴν δίοδον πρὸς τὴν Ναύπακτον, ἐκτύπησε τὴν 5 μαρτίου τοὺς συνοδεύοντας τὰ χρήματα, καὶ αὐτοὺς μὲν ἐφόνευσεν ἐκτὸς ἑνός, ὅστις στραφεὶς εἰς τὸ Μεσολόγγι ἀνήγγειλε τὸ γεγονός, τὰ δὲ χρήματα ἥρπασεν. Ἡ τουρκικὴ Ἀρχὴ τῆς πόλεως ἐθεώρησε τὸ κοινὸν τοῦ Μεσολογγίου ἔνοχον τῆς πράξεως καὶ ὑπεύθυνον τῆς ἁρπαγῆς καὶ ἐλογομάχει μετὰ τῶν προεστώτων ἀρνουμένων πᾶσαν ἐνοχὴν καὶ ἀποποιουμένων πᾶσαν ἀπόδοσιν. Διήρκει ἡ ἀπαίτησις τῆς Ἀρχῆς καὶ ἡ ἀποποίησις τῶν προεστώτων, ὅτε ἦλθεν εἴδησις ὅτι ὑδραιοσπετσιωτικὰ πλοῖα κατέπλεαν ὅσον οὔπω εἰς τὸν κορινθιακὸν κόλπον. Ἡ εἴδησις αὕτη ἠρέθισεν εἰς ἄκρον τὴν φιλοτιμίαν τῶν εἰσέτι ὑπὸ τὸν ζυγὸν Μεσολογγιτῶν καὶ ἔδωκεν ἀφορμὴν νὰ συνέλθωσι μυστικῶς οἱ προεστῶτες καὶ συσκεφθῶσι περὶ τοῦ πρακτέου. Ὁ διοικητὴς ἠθέλησε νὰ συλλάβῃ αὐτοὺς ἐν τῷ διοικητηρίῳ, ὅπου τὸν ἐπεσκέπτοντο συνήθως τὴν πρωΐαν ἑκάστης ἡμέρας· ἀλλ' οὗτοι, ὑποπτεύσαντες, δὲν τὸν ἐπεσκέπτοντο ἔκτοτε ὅλοι ὁμοῦ.

Ἐν τοῖς μεταξὺ Μεσολογγίου καὶ Ναυπάκτου χωρίοις, Γαλατᾷ καὶ Μποχωρίῳ, ἐστάθμευε τουρκικὴ φρουρά. Διεδόθη λόγος ἐκείναις ταῖς ἡμέραις ὅτι ἤρχετο κατ' αὐτῆς ὁ Κώστας Χορμόβας μεθ' ἱκανῶν παλληκαρίων· ἐπὶ δὲ τῷ λόγῳ τούτῳ κατέφυγεν αὕτη εἰς Μεσολόγγι. Τὴν ἐπιοῦσαν διεφημίσθη πάλιν, ὅτι τὰ βουνὰ τοῦ Ζυγοῦ ἐσκεπάσθησαν ὑπὸ κλεπτῶν καταβαινόντων εἰς κυρίευσιν τοῦ Μεσολογγίου. Ὅστις φοβηθῇ, πιστεύει εὐκόλως ὅ,τι ἐπίφοβον ἀκούσῃ· οἱ δὲ ἐν Μεσολογγίῳ ὀλίγοι Τοῦρκοι εὐλόγως ἐφοβοῦντο, διότι εἶχαν ὑπ' ὄψιν τὰ ἐν Πελοποννήσῳ καὶ ἐν τῇ ἀνατολικῇ Ἑλλάδι συμβάντα. Τοιουτοτρόπως προδιατεθειμένοι, ἀκούσαντες καὶ πιστεύσαντες τὰ λεγόμενα, παρέλαβαν ἐν εἰρήνῃ καὶ οἱ ἐντόπιοι καὶ οἱ πάροικοι Τοῦρκοι τὰς γυναῖκας καὶ τὰ τέκνα των, διεβιβάσθησαν διὰ τῆς λίμνης ἀντικρὺ τοῦ Ἀνατολικοῦ καὶ μετέβησαν εἰς Βραχῶρι μήτ' ἐνοχλοῦντες μήτ' ἐνοχλούμενοι (α). Κατόπιν αὐτῶν μετέβησαν εἰς τὸ αὐτὸ μέρος καὶ ὁ διοικητὴς καὶ ἡ φρουρὰ τοῦ Μεσολογγίου ἡσύχως, καὶ τὴν 20 μαΐου, καθ' ἣν ἐφάνησαν εἰσπλέοντα τὸν κόλπον τὰ ἑλληνικὰ πλοῖα, κατέλαβαν οἱ Χριστιανοὶ τὸ ἐγκαταλειφθὲν διοικητήριον, ἀνεστήλωσαν τὴν ἐπαναστατικὴν σημαίαν χαίροντες καὶ ἀλαλάζοντες, ἐκάλεσαν τὸν ἔξω περιφερόμενον Μακρῆν εἰς τὴν πόλιν καὶ ἀνήγγειλαν τοῖς προκρίτοις καὶ ὁπλαρχηγοῖς τῶν ἄλλων μερῶν τῆς δυτικῆς Ἑλλάδος τὰ συμβάντα, προσκαλοῦντες αὐτοὺς νὰ κινηθῶσιν καὶ προκαταλάβωσι τὰ στενὰ τοῦ Μακρυνόρους εἰς ἀντίκρουσιν πάσης δι' ἐκείνου τοῦ μέρους ἐχθρικῆς εἰσβολῆς·

ΚΕΦΑΛΑΙΟΝ ΙΖ'.

Ἡ πρόσκλησις εἰσηκούσθη, καὶ ὁ μὲν Μακρῆς εἰσῆλθεν εἰς τὴν πόλιν τὸ μεσονύκτιον, καὶ τὴν ἐπαύριον μετέβη· εἰς Ἀνατολικόν, ὅπου ἐλθόντες πρὸς αὐτὸν οἱ ἐντόπιοι Τοῦρκοι παρέδωκαν τὰ ὅπλα καὶ ἀνεχώρησαν καὶ αὐτοὶ εἰς Βραχῶρι σὺν γυναιξὶ καὶ τέκνοις ἀνενόχλητοι. Οἱ δὲ ὁπλαρχηγοὶ καὶ προεστῶτες τῶν ἄλλων μερῶν ἡτοιμάσθησαν, οἱ μὲν νὰ καταλάβωσι τὰ στενὰ τοῦ Μακρυνόρους, οἱ δὲ νὰ πέσωσιν ἐπὶ τὴν Βόνιτσαν, καὶ ἄλλοι νὰ ἐκστρατεύσωσιν εἰς Βραχῶρι καὶ Ζαπάντι κατοικούμενα ὑπὸ πολλῶν Τούρκων.

Τὸ Βραχῶρι, Ἑβραιοχῶρι, ἢ Βλωχοχῶρι, κείμενον ἐν τῇ ἐπαρχίᾳ τοῦ Βλωχοῦ ἐν μέσῳ πεδιάδος, ἦτον ἡ πρωτεύουσα τοῦ Καρλελίου, ἤτοι τοῦ πλείστου μέρους τῆς Αἰτωλοακαρνανίας, καὶ κατοικία πλουσίων καὶ ἰσχυρῶν Τούρκων, ὧν αἱ μεγαλοπρεπεῖς οἰκίαι περιείχοντο ὡς ἐπὶ τὸ πλεῖστον ἐντὸς διπλοῦ, ἐνίοτε δὲ καὶ τριπλοῦ, περιφράγματος· κατέφυγαν δ' ἐκεῖ, καθὼς εἴπαμεν, ὡς εἰς ἀσφαλὲς μέρος, οἱ ἐκ Μεσολογγίου καὶ Ἀνατολικοῦ ἀναχωρήσαντες Τοῦρκοι καὶ ἄλλοι ἐξ ἄλλων γειτωνικῶν μερῶν. Εὑρίσκετο κατ' ἐκεῖνον τὸν καιρὸν ἐν τῇ πόλει ταύτῃ, ὡς μουτεσελήμης καὶ δερβέναγας τῶν Ἐπαρχιῶν τοῦ Καρλελίου, ὁ γνωστὸς Ἀλβανὸς Νούρκας Σέρβανης, ἔχων ὑπὸ τὴν ὁδηγίαν του πολλὴν καὶ ἐκλεκτὴν φρουρὰν ἐξ Ἀλβανῶν· κατὰ πρόσκλησιν δὲ αὐτοῦ ἀφίχθη ἐκεῖ καὶ ὁ ὁμογενής του Ταχὴρ-Παπούλιας, δερβέναγας καὶ αὐτὸς τῶν Κραββάρων καὶ τοῦ Ἀποκούρου· ὥστε ἦσαν ἐν τῇ πόλει, ἐντόπιοι καὶ μή, χίλιοι Τοῦρκοι μάχιμοι, προσεκτικοὶ μὲν καὶ περιποιητικοὶ πρὸς τοὺς ἔξω Ἕλληνας, οὓς ἐφοβοῦντο, βαρεῖς δὲ καὶ ἀπειλητικοὶ πρὸς τοὺς ἐντός, οὓς κατεφρόνουν. Ὁπλαρχηγὸς τῆς ἐπαρχίας τοῦ Βλωχοῦ ἦτον ὁ Ἀλεξάκης Βλαχόπουλος, ὅστις δὲν ἔπαυεν, ἐξ ὅτου ἐξερράγη ἡ ἐπανάστασις ἐν Πελοποννήσῳ, ἐρεθίζων μυστικῶς τοὺς ὁπλαρχηγοὺς καὶ προεστῶτας τῶν μερῶν ἐκείνων εἰς τὸ νὰ σχίσωσι τὸ προσωπεῖον. Μετὰ δὲ τὰ ἐν Μεσολογγίῳ συμβάντα·καὶ τὰς ἐκεῖθεν προτροπὰς ἀπεφασίσθη ἡμέρα ἐκστρατείας εἰς Βραχῶρι ἡ 28. Κατὰ τὴν ἀπόφασιν δὲ ταύτην ἐπλησίασαν τὴν 26 καὶ 27 οἱ μέλλοντες νὰ ἐφορμήσωσιν ὁπλαρχηγοὶ καὶ ἐτοποθετήθησαν ὁ μὲν Μακρῆς μετὰ 700 Μεσολογγιτῶν, Ἀνατολικιωτῶν καὶ Ζυγιωτῶν παρὰ τὰ γεφύρια τοῦ Ἀλάημπεη πρὸς τὴν πόλιν· ὁ δὲ Σαδήμας, ὁπλαρχηγὸς τοῦ Ἀποκούρου, μετὰ 500 συνεπαρχιωτῶν του, καὶ ὁ Γρίβας μετὰ 200, κατὰ τὸ Δογρί· ὁ δὲ Βλαχόπουλος ἐν τῷ παλαιοφρουρίῳ ἄνωθεν τῆς πόλεως μετὰ 500 ἐκ τῆς ἐπαρχίας του καί τινων ἄλλων ἐκ τῶν ὑπὸ τὸν Τσόγκαν, ὁπλαρχηγὸν τῆς Βονίτσης. Τὴν δὲ 28, πρὶν φέξῃ, εἰσῆλθαν πρῶτοι οἱ ὑπὸ τὸν Μακρῆν καὶ Βλαχόπουλον ἐκ διαφόρων μερῶν κραυγάζοντες καὶ τουφεκίζοντες· Ἦτο ῥαμαζάνι, καὶ οἱ Τοῦρκοι ἦσαν ὅλοι ἔξυπνοι καὶ ἔτρωγαν· ὥστε, ἀφ᾽ οὗ ἠκούσθησαν αἱ κραυγαὶ καὶ οἱ τουφεκισμοί, οἱ κατοικοῦντες τὰ ἄκρα τῆς πόλεως Τοῦρκοι ἥρπασαν τὰς γυναῖκας καὶ τὰ τέκνα των καὶ ὑπεχώρησαν εἰς τὰ ἐνδότερα ἀφήσαντες ἐστρωμένας καὶ αὐτὰς τὰς τραπέζας· οἱ δὲ Ἕλληνες ηὗραν κενὰς τὰς πρώτας οἰκίας, τὰς ἐλαφυραγώγησαν καὶ τὰς ἔκαυσαν· προχωροῦντες δὲ καὶ πάντοτε καίοντες ἀπήντησαν οἱ ἐντεῦθεν τοὺς ἐκεῖθεν μετ᾽ ὀλίγον εἰσβαλόντας συναδέλφους των· ἀπήντησαν καὶ τοὺς κατοίκους τοῦ Βραχωρίου Χριστιανοὺς ἐνόπλους κατὰ τὸ μέρος ὅπου προεσχεδιάσθη νὰ εὑρεθῶσι, καὶ ὅλοι ὁμοῦ ἔτρεξαν πρὸς τὸ κέντρον ὅπου ἦσαν αἱ δυνατώτεραι οἰκίαι, καὶ ὅπου ὁ Νούρκας, ὁ Ταχὴρ-Παπούλιας καὶ οἱ μπέηδες τοὺς ἀνέμεναν ἔγκλειστοι. Ἐκεῖ ἤρχισε σφοδρὸς καὶ πεισματώδης ἀμοιβαῖος τουφεκισμός· καὶ ἀφ᾽ οὗ ἐξημέρωσεν, εὑρέθησαν τέσσαρες Ἕλληνες νεκροὶ καὶ πολλοὶ τραυματίαι. Οἱ δὲ

Τούρκοι τόσον ήσαν πλήρεις θάρρους, ώστε ητοιμάσθησαν να επεξέλθωσι ερεθιζόμενοι δι' αμοιβαίων ύβρεων. "Καρτερείτέ μας παληοραγιάδες," έλεγαν οι Τούρκοι. "Ελάτε βρωμόσκυλα, αν ήσθε πολληκάρια," τοις απεκρίνοντο οι Έλληνες.

Εν ώ δε ελογομάχουν ομηρικώς προκαλούντες και προκαλούμενοι, ηκούσθησαν μακρόθεν πολλοί τουφεκισμοί περί την α' ώραν μετά την ανατολήν του ηλίου. Ήσαν δε οι περί τον Σαδήμαν και τον Γρίβαν φθάσαντες την ώραν εκείνην και τουφεκίζοντες επί της εισελεύσεώς των. Οι Τούρκοι εδειλίασαν, και απορούντες ηρώτων τους Έλληνας πόθεν τοις ήλθε τόση νέα δύναμις· "άλλη τόση θα μας έλθει "αύριον," απεκρίθησαν οι Έλληνες· "και αν "δεν προσκυνήσετε σήμερον, όλους θα σας "κόψωμεν αύριον." Οι Τούρκοι εζήτησαν περί την μεσημβρίαν να έλθωσιν εις λόγους μετά των Ελλήνων, και εισακουσθέντες έστειλαν αξιωματικόν, ον οι Έλληνες εδέχθησαν φιλοφρόνως, και ακούσαντες αυτόν λέγοντα εξ ονόματος των δερβεναγάδων και των μπέηδων ν' απομακρυνθώσι και ησυχάσωσιν, "ειπέ," απεκρίθησαν, "τώ δερβέναγα ότι ημείς ήλ-"θαμεν ν' αποδιώξωμεν τους Τούρκους, και επειδή "έχομεν παλαιάς σχέσεις προς αυτόν, είμεθα πρόθυ-"μοι να τω δώσωμεν συνοδίαν έως εις το Μακρυνό-"ρος εις ασφάλειάν του, αν θέλη φιλικώς να φύγη." Αποτυχούσης της επικηρυκείας, η μάχη εξήφθη σφοδροτέρα. Ο δε Νούρκας και οι εν τω διοικητηρίω εγκριτώτεροι μπέηδες τόσον εφοβήθησαν επί τη εφορμήσει, ώστε έφυγαν όλοι διά του όπισθεν μέρους και εκλείσθησαν εντός τινων γειτωνικών οικιών· το δε εγκαταλειφθέν διοικητήριον εκυριεύθη υπό των Ελλήνων, ελαφυραγωγήθη και επυρπολήθη. Εγκατελείφθη μετ' ολίγον και όλη η πόλις, και οι Τούρκοι περιωρίσθησαν εις πέντε ή εξ οικίας αφήσαντες και αυτάς τας τροφαποθήκας των. Εν τοσούτω συνέρρεαν καθημερινώς εις πολιορκίαν του Βραχωρίου Βαλτινοί και Ξηρομερίται. Την 30 μαίου ήλθεν ο Γιώτης αδελφός του οπλαρχηγού του Ξηρομέρου Γεωργάκη Βαρνακιώτου, του σημαντικωτέρου των οπλαρχηγών όλης της δυτικής Ελλάδος· μετά τρεις ημέρας ήλθε και αυτός ο Βαρνακιώτης· ώστε την 3 ιουνίου συνηριθμούντο 4000 οι αυτόθι οπλοφόροι Έλληνες· αλλ' έπασχαν έλλειψιν πολεμεφοδίων· εστενοχωρούντο δε και οι Τούρκοι έτι μάλλον καθ' ημέραν, πάσχοντες και ούτοι έλλειψιν τροφών.

Έπλεε κατ' εκείνας τας ημέρας προς τον λιμένα των Πατρών αγγλικόν πλοίον εμπορικόν, φέρον υπό την ασφαλή σκέπην της ουδετέρας του σημαίας πολεμεφόδια εις πώλησιν. Κατά τύχην έμαθεν ο πλοίαρχος έξω του λιμένος του Μεσολογγίου τα του Βραχωρίου, και ην έπασχαν οι Έλληνες έλλειψιν πολεμεφοδίων, έρριψεν άγκυραν, απεβίβασε τα πολεμεφόδιά του και εν ελαφρόν κανόνι, και τα συνώδευσεν εις Βραχώρι όπου τα επώλησεν. Εφοδιασθέντες τοιουτοτρόπως οι Έλληνες εμάχοντο σφοδρότερον. Οι δε Τούρκοι, μη προσδοκώντες ταχείαν έξωθεν βοήθειαν εις λύσιν της πολιορκίας, διότι ήκουσαν ότι οι Έλληνες κατέλαβαν τα στενά του Μακρυνόρους, καταναλώσαντες και όλας σχεδόν τας τροφάς απεφάσισαν να συμβιβασθώσι και εζήτησαν δευτέραν συνέντευξιν. Ο Νούρκας, ως άνθρωπος γνωστός, τινών δε των οπλαρχηγών και φίλος, υπήγε προς αυτούς και εσυμβιβάσθη, αυτός μεν και οι συν αυτώ Αλβανοί να εξέλθωσι την επαύριον αβλαβείς και ένοπλοι υπό την συνοδίαν και εγγύησιν των Ελλήνων φέροντες και τα πράγματά των, οι δε λοιποί Τούρκοι να συνθηκολογήσωσιν ιδίως μετά των Ελλήνων, αν ήθελαν· τοις παρέδωκε δε ως όμηρον και τον υιόν του. Τοιουτοτρόπως ὁ αἰσχρὸς ἀντιπρόσωπος τοῦ σουλτάνου, παραβὰς τὸ πρὸς αὐτὸν χρέος του καὶ καταπατήσας τὴν τιμήν του, ἐγκατέλειψε τοὺς συμπάσχοντας ὁμοπίστους του ἐπ' ἀσφαλείᾳ καὶ ὠφελείᾳ μόνον ἑαυτοῦ καὶ τῶν οἰκείων του. Ἀναιδὴς εἰς τοὺς λόγους του καὶ ἄτιμος εἰς τὰς πράξεις του, εἰδοποίησε τοὺς μπέηδας, ἐπιστρέψας, ὅτι αὐτὸς καὶ οἱ Ἀλβανοί του θ' ἀνεχώρουν τὴν ἐπαύριον ἐπὶ συνθήκῃ. "Ἀμ' ἡμᾶς ποῦ μᾶς ἀφίνεις;" τὸν ἠρώτησαν οἱ μπέηδες· "Κάμετε," τοῖς ἀπεκρίθη ψυχρά, "ὅ,τι σᾶς φωτίσῃ ὁ Θεός," καὶ διέταξεν αὐτοὺς καὶ τοὺς πλουσίους Ἑβραίους νὰ τῷ φέρωσι τὰ πολύτιμά των πράγματα καὶ τὰ χρήματα, εἰπὼν ὅτι ἀρεστότερον τοῖς ἦτο νὰ τὰ ἐπάρῃ αὐτὸς ὁ φίλος των σήμερον, ἢ νὰ τὰ ἐπάρωσιν οἱ ἐχθροί των αὔριον. Οἱ μπέηδες καὶ οἱ Ἑβραῖοι, ἀκούσαντες τοὺς λόγους τούτους, ἀπηλπίσθησαν, διότι ἔβλεπαν ὅτι ἐπρόκειτο νὰ γυμνωθῶσι σήμερον ὑπὸ τῶν φίλων των, καὶ νὰ πέσωσιν αὔριον γυμνοὶ εἰς χεῖρας τῶν ἐχθρῶν των· ὑπείκοντες δὲ εἰς τὴν ἀνάγκην ἔδωκαν μὲν πολλὰ τῶν πολυτίμων πραγμάτων τῷ Νούρκᾳ, ἀλλ' εἰδοποίησαν κρυφίως τοὺς γνωρίμους των ὁπλαρχηγοὺς Ἕλληνας διά τινος Ἑβραίου, ὅτι ὁ Νούρκας τοὺς ἐπῆρεν ὅσα σκοπὸν εἶχαν νὰ τοῖς δώσωσιν εἰς λύτρωσίν των. Οἱ ὁπλαρχηγοὶ εἰδοποίησαν τὸν Νούρκαν, ὅτι ἔμαθαν τὰς πράξεις του, καὶ διελάλησαν ἐν τῇ πόλει, ὅτι ὅστις Ἀλβανός, μικρὸς ἢ μεγάλος, ἐφωρᾶτο ἐπὶ τῆς ἐξόδου ἀπάγων ὁποιουδήποτε εἴδους πράγματα τῶν ἐντοπίων Τούρκων ἢ Ἑβραίων θὰ ἐφονεύετο ὡς παραβάτης τοῦ συμβιβασμοῦ. Ὁ Νούρκας ἀπεκρίθη, ὅτι ἕτοιμος ἦτο ν' ἀποδώσῃ αὐτὸς πρῶτος ὅσα ἐπῆρε, καὶ νὰ ὑποβληθῇ καὶ ὑποβάλῃ καὶ ὅλους τοὺς συντρόφους του τὴν ἐπαύριον ἐπὶ τῆς ἐξόδου εἰς ψηλάφησιν· περὶ δὲ τὸ μεσονύκτιον ἐδραπέτευσε μεθ' ὅλης τῆς συνοδίας του ἀπάγων ὅσα ἥρπασεν. Οι μπέηδες εγνωστοποίησαν αμέσως την δραπέτευσίν του, και οι Έλληνες έστειλαν εις καταδίωξιν τον Κώσταν Βλαχόπουλον κατά το Μακρυνόρος. Ο Νούρκας ανέβη δρομαίως την επαρχίαν του Καρπενησίου, προθέμενος να μεταβή εις Πατρατσίκι· αλλ' έπεσε και αυτός, έπεσαν και όσα ήρπασεν εις χείρας των αδελφών Γιολδασαίων, οπλαρχηγών του Καρπενησίου, ειδοποιηθέντων εν καιρώ περί της δραπετεύσεώς του και προκαταλαβόντων τας διόδους. Ούτως η θεία δίκη επαίδευσε τον παραβάτην των καθηκόντων του και τον προδότην των ομοθρήσκων του. Οι δε εν Βραχωρίω Τούρκοι και Εβραίοι παρεδόθησαν την 9 επί ασφαλεία ζωής και τιμής· και οι μεν μπέηδες δεν εκακόπαθαν, ως υπό την προστασίαν των δυνατών οπλαρχηγών, και ουδείς των άλλων Τούρκων εφονεύθη· οι δε Εβραίοι υπέφεραν τα πάνδεινα, και οι πλείστοι εφονεύθησαν ανηλεώς επί προφάσει, ότι οι ομόπιστοί των έσυραν εις τας οδούς της Κωνσταντινουπόλεως το σώμα του Πατριάρχου, και κατεμήνυαν τους κρυπτομένους Χριστιανούς. Τοιουτοτρόπως Χριστιανοί και Τούρκοι εφάνησαν επί της επαναστάσεως πολλάκις μαθηταί ενός και του αυτού σχολείου, αλλά σχολείου τουρκικού διδάσκοντος να παιδεύωνται διά πταίσματα άλλων οι μη πταίσαντες.

Καθ' ην δε ημέραν επάτησαν οι Έλληνες το Βραχώρι, έπεσε και ο Τσόγκας αίφνης επί τους ολίγους Τούρκους τους κατέχοντας τα επί της δυτικής εσχατιάς της Ακαρνανίας αντικρύ της αγίας Μαύρας τειχίδια του Τεκέ και της Πλαγιάς, και ταύτα μεν εκυρίευσε, τους δε εν αυτοίς άλλους εσκότωσε, και άλλους απέστειλεν εις Άρταν επί ανταλλαγή· προσέβαλε μετά ταύτα και την πόλιν της Βονίτσης και την επάτησεν έρημον μείνασαν, διότι οι μεν κάτοικοι αυτής Χριστιανοί έφυγαν προ της εισβολής·

του, οι δε Τούρκοι εκλείσθησαν εν τω φρουρίω της. Μη δυνηθείς δε να την διατηρήση, ως πολεμούμενος άνωθεν, την εγκατέλειψεν.

Οι Έλληνες αφ' ου εκυρίευσαν το Βραχώρι, εγκατέστησαν προσωρινήν Αρχήν και εστράτευσαν προς το Ζαπάντι, μικράν κωμόπολιν, όλην υπό Τούρκων κατοικουμένην και τρία τέταρτα της ώρας απέχουσαν του Βραχωρίου. Βλέποντες οι εν αυτή Τούρκοι τα κατά το Βραχώρι προείδαν τί τοις έμελλεν· αλλά προσδοκώντες πάντοτε βοήθειαν παρά του εν Άρτη οθωμανικού στρατού περιετειχίσθησαν εκ του προχείρου και ητοιμάσθησαν εις αντίστασιν· ωχύρωσαν και δύο ζαμία και τέσσαρας δυνατούς πύργους και τους περιετάφρευσαν. Τριακόσιοι ήσαν οι πολεμισταί, εν οις και τινες Αλβανοί, και δις απέρριψαν τας περί παραδόσεως προτάσεις των Ελλήνων. Την δε 16 εφορμήσαντες οι Έλληνες απεκρούσθησαν και μεγάλως εβλάφθησαν· μετέφεραν τότε δύο κανόνια εκ Μεσολογγίου, αλλ' ουδ' εξ αυτών ωφελήθησαν δια την απειρίαν των κανονοβολιστών και την έλλειψιν καταλλήλων σφαιρών· μετά ταύτα κατεσκεύασαν πύργον υψηλόν και εκείθεν εκτύπουν τους εχθρούς· αλλά και ούτως ούτε τους έβλαπταν ούτε τους εφόβιζαν· ήνοιξαν υπόνομον, την άναψαν την 18, κατηδάφισαν μέρος του περιτειχίσματος και εφώρμησαν συγχρόνως πολλαχόθεν, αλλ' αντεκρούσθησαν και τότε υπό των ολίγων αντιπάλων, φανέντων τόσον ανδρείων, ώστε μετά την έφοδον και την αποτυχίαν των Ελλήνων εξήλθαν πολλαχόθεν ξιφήρεις και έτρεψαν οι ολίγοι τους πολλούς εις φυγήν. Κατά δε την έξοδον ο Βλαχόπουλος, απομείνας μετά τινων εν τη θέσει του, είχεν έμπροσθέν του εν μικρόν κανόνι, και οι Τούρκοι ώρμησαν υπό τον αρχηγόν των Ισούφην Σουλευκάραγαν να το αρπάσωσιν· ήλθαν δε τόσον πλησίον, ώστε εφόνευσαν ένα εκ των φυλασσόντων αυτό· αλλ', εν ω κατεγίνοντο να σκυλεύσωσι τον φονευθέντα, ο Βλαχόπουλος ετουφέκισεν ένδοθεν του προμαχώνός του ευστόχως και έρριψε νεκρόν τον Σουλευκάραγαν, διακρινόμενον δια της χρυσής ενδυμασίας του. Τότε οι προς εκείνο το μέρος Τούρκοι εκύκλωσαν τον νεκρόν, αγωνιζόμενοι να τον σηκώσωσιν υπό το πυρ των εχθρών, αλλά δεν το κατώρθωσαν, διότι μετά το συμβάν τούτο επανήλθάν τινες των φυγόντων Ελλήνων εις ην κατείχαν οι περί τον Βλαχόπουλον θέσιν και σφοδρώς κτυπούντες τους εφορμώντας Τούρκους και φονεύοντες τους ηνάγκασαν να επανέλθωσιν εντός του περιτειχίσματός των άπρακτοι· υπεχώρησαν δε συγχρόνως εντός αυτού και οι λοιποί εκ των άλλων μερών εξ αιτίας του συμβάντος τούτου. Πέντε Έλληνες εφονεύθησαν την ημέραν εκείνην, και δεκατρείς επληγώθησαν· εφονεύθησαν και δεκαοκτώ Τούρκοι. Οι Έλληνες κατά τα διδάγματα των αυθεντών και διδασκάλων των έκοψαν τας κεφαλάς των φονευθέντων και τας εκρέμασαν έξωθεν του πύργου των κατέναντι των πολιορκουμένων δυστυχών συγγενών των. Οι δε Τούρκοι, στερηθέντες του αρχηγού και μηδεμίαν βλέποντες έξωθεν βοήθειαν, έχασαν και τας ελπίδας και το θάρρος και παρεδόθησαν την επαύριον επί ασφαλεία τιμής και ζωής, παρέδωκαν και τα όπλα και δεν εκακόπαθαν· και οι μεν εντόπιοι διεσπάρησαν όπου ηθέλησαν, οι δε Αλβανοί εστάλησαν δια του Μακρυνόρους εις Άρταν ασφαλείς, αλλ' άοπλοι.

Ο δε Χουρσήδης, λαβών γνώσιν των εν Μεσολογγίω κατά την 20 μαΐου συμβάντων, διέταξε τον Ισμαήλπασαν Πλιάσαν να εισβάλη μετά 1800 εις την δυτικήν Ελλάδα δια του Μακρυνόρους προς αντίληψιν των πασχόντων ομοπίστων του. Πύλη της δυτικής Ελλάδος προς την Ήπειρον είναι το Μακρυνόρος· έχει δε δύο διόδους, την μεν δια της

Παληοκούλιας, την δε δια της Λαγκάδας, διαχωριζομένας προς τους πρόποδας παρά τινα ρύακα δια της μεταξύ του όρους και του Κομποτίου κοιλάδος ρέοντα· κείνται δε ή μεν Παληοκούλια πλησιέστερον της θαλάσσης, ή δε Λαγκάδα απώτερον.

Μαθών ο Ανδρέας Ίσκος, οπλαρχηγός του Βάλτου, την μελετωμένην εισβολήν και ανέτοιμος εισέτι, έτρεξε μετά μόνων 43 προς το Μακρυνόρος επ' ελπίδι, ότι θα παρηκολούθουν ο Βαρνακιώτης και άλλοι οπλαρχηγοί. Την 27 μαΐου ή προφυλακή του Ισμαήλη εκ 200 ανέβη τα στενά του Μακρυνόρους. Ο Ίσκος, προκαταλαβών την επί της οδού της Λαγκάδας δυνατήν θέσιν, Γυφτοπήδημα, αντέστη και απέκρουσεν ευτυχώς την προφυλακήν· μετά ταύτα μετέβη εις Παληοκούλιαν, αντέστη και εκεί και εμπόδισε την αυτήν προφυλακήν δοκιμάσασαν να διαβή εκείθεν μετά την αποτυχίαν της.

Τούρκοι και Έλληνες συνείθιζαν, εν ω εμάχοντο, να συνομιλώσι. " Πού πας πασά ;" εφώναξεν ο Ίσκος εκ της θέσεώς του μετά την ανωτέρω αντίστασιν, " θα χαθής· όλον το Κάρλελι έπιασε 't' άρματα." "Αλήθεια, καπητάν Ανδρέα;" τον ηρώτησεν ο πασάς, " αλήθεια πασά," απεκρίθη ο Ίσκος, " εις την πίστιν σου ;" " εις την πίστιν μου." Ο Ισμαήλης, πιστεύσας τους αληθείς λόγους του Ίσκου, δεν έκρινε πρέπον να ριψοκινδυνεύση εισβάλλων εις τα ενδότερα, και αν διέβαινε και τα στενά του Μακρυνόρους, δια τούτο ωπισθοδρόμησε πανστρατιά αυθημερόν και εστρατοπέδευσεν εν Κομποτίω σκοπεύων να εισβάλη μετά ταύτα εν πολλή δυνάμει.

Αφ' ου δε ανεχώρησαν οι Τούρκοι, μετέβη και ο Ίσκος εις Λαγκάδαν, όπου ήλθαν μετ' ολίγον ο Καραϊσκάκης και ο Γώγος Μπακώλας. Συνήλθαν εκεί και άλλοι άλλοθεν.

Η φήμη, η πολλάκις μεγαλύνουσα τα συμβάντα, διέδωκεν, ότι οι Έλληνες, αφ' ου απώθησαν τους Τούρκους, εχύθησαν κατόπιν αυτών και κατέλαβαν το Κομπότι. Επί τη αγγελία ταύτη Έλληνές τινες και ο Αλβανός Σουλεϊμάνης Μέτος, εχθρός της Πύλης ως Αληπασίζων, ήρχοντο προς το Κομπότι ανύποπτοι, ίνα ενωθώσι μετά των εκεί Ελλήνων. Οι εν Λαγκάδα τους είδαν μακρόθεν ερχομένους, υπέθεσαν ότι ελανθάσθησαν, και προϊδόντες τον απροσδόκητον κίνδυνόν των έδραμαν εις βοήθειάν των· επέδραμαν και οι εν Κομποτίω Τούρκοι, και ούτω συνεκρούσθησαν Έλληνες και Τούρκοι κατά τον Άνινον. Εσκοτώθησάν τινες αμφοτέρωθεν κατά την σύγκρουσιν, επληγώθη και ο Καραϊσκάκης και μετέβη εις Λουτράκι προς ίασιν.

Την τρίτην δε ημέραν αφ' ης οι Έλληνες εκτύπησαν τους εν Βραχωρίω Τούρκους, οι Γιολδασαίοι και ο οπλαρχηγός του Σοβολάκου Γιάννης Μπράσκας εστράτευσαν επί τους εν Καρπενησίω Τούρκους. Ούτοι, ως 70 οικογένειαι, εκλείσθησαν εντός των δυνατωτέρων οικιών της κωμοπόλεως και ανθίσταντο γενναίως, ειδοποιήσαντες κρυφίως το εν Ιωαννίνοις στρατόπεδον περί της καταστάσεώς των. Οι δε πολιορκούντες Έλληνες τόσον ήσαν απλοί και ανείδεοι, ώστε μετεχειρίσθησαν τα εξής πολεμιστήρια· έσχισαν το στέλεχος αγριαπηδιάς και το έσκαψαν πλην του κάτω μέρους· συνήνωσαν έπειτα τας δύο σχίζας και τας εσιδηρόδεσαν εν είδει κανονίου εις εκπόρθησιν των οικιών· βλέποντες δε ότι το πυροβόλον τούτο εκαίετο μάλλον ή έκαιε, κατεσκεύασαν σιδηράς διχάλας, ας εφαρμόζοντες πεπυρωμένας εις το στόμα των τουφεκίων έρριπταν επί τας εχθρικάς οικίας, αλλ' οι Τούρκοι έσβεαν τα φλογερά ταύτα βέλη, προσάπτοντες όπου εκόλλων βρεκτά ξυλοσπόγγια (β).

ΚΕΦΑΛΑΙΟΝ ΙΖ.

Την δε 19 ιουνίου μαθόντες οι πολιορκηταί, ότι ήρχοντο στρατεύματα υπό τον Βελήμπεην Πρεμετινον εις βοήθειαν των πολιορκουμένων διηρέθησαν· και οι μεν έμειναν όπου ήσαν, οι δε κατέλαβαν τα Καγγέλια, βουνά δύο ώρας μακράν της κωμοπόλεως, αλλ' επελθόντες οι Τούρκοι τους έτρεψαν φονεύσαντες και τον Κατσικογιάννην· επορεύθησαν και εις την κωμόπολιν και την έκαυσαν εν μέρει· οι δε εν αυτή Έλληνες έφυγαν δια νυκτός και συνήλθαν εις το χωρίον, άγιον Ανδρέαν, τρεις ώρας μακράν του Καρπενησίου, δημοπρατούντες όσα ήρπασαν του Νούρκα, ως αν ήσαν εν πλήρει ειρήνη· αλλά μαθόντες ότι παρηκολούθουν οι Τούρκοι, κατέλαβαν το επί της οδού του Καρπενησίου χωρίον Μπιάραν, όπου προσβαλόντες αυτούς γενναίως τους διεσκόρπισαν· διεσκόρπισαν μετ' ολίγον και τους κατασχόντας τα Καγγέλια. Εν ω δε επολέμουν, οι πολιορκούμενοι μη θεωρούντες εαυτούς του λοιπού ασφαλείς, έφυγαν την νύκτα δια δυσβάτων οδών εις Ήπειρον.

Συγχρόνως σχεδόν απεδίωξαν και οι Αγραφιώται τους εν τη επαρχία αυτών ολίγους Τούρκους αβλαβείς, και συσσωματωθέντες υπό την οδηγίαν του οπλαρχηγού των Σταμούλη Γάτσου έπεσαν εις Θεσσαλίαν και έκαυσαν τα επί των μεθορίων δύο κονιαροχώρια, Φράγκον και Λοξάδαν. Εν ω δε ητοιμάζοντο να προχωρήσωσι και εις τα ενδότερα, επήλθαν οι εν Λαρίσση Τούρκοι και τους ηνάγκασαν να οπισθοδρομήσωσι και αναβώσιν εις τα χωρία Μπλάζον και Κανάλια· αλλά και εκεί τους προσέβαλαν και τους ενίκησαν· τους κατεδίωξαν και εις τα χωρία Κερασιάν και Στούγκον όπου απεσύρθησαν, τους επολέμησαν και εκεί, τους απώθησαν εις τα ορεινότερα μέρη και κατέλαβαν την Ρεντίναν. Μετά τινας δε ημέρας κατέβησαν οι Έλληνες από των ορέων, επολιόρκησαν υπό την οδηγίαν του λογοθέτου Ζώτου τους καταλαβόντας την Ρεντίναν Τούρκους, και έκαυσαν μέρος αυτής· αλλ' οι Τούρκοι υπερίσχυσαν επί τέλους, διεσκόρπισαν και αύθις τους εχθρούς των, ηχμαλώτευσαν μεταξύ άλλων και τον Κώσταν Βελήν, ον απέστειλαν εις Κωνσταντινούπολιν, όπου εθανατώθη, και διέμειναν έκτοτε εν Ρεντίνη ανενόχλητοι.

Ο δε κατ' εκείνας τας ημέρας στρατοπεδεύων εν Κομποτίω τουρκικός στρατός, συμπληρωθείς εις τετρακισχιλίους υπό τον Ισμαήλπασαν Πλιάσαν, τον Αχμέτπασαν Βρυώνην, τον Χασάμπεην, τον Μπεκήραγαν Τσογαδόρον και τον αρχιταμίαν του Χουρσήδη, εστράτευσε την 17 ιουνίου προς τα στενά του Μακρυνόρους.

Οι Έλληνες, εγκαρδιωθέντες εκ των προτέρων κατορθωμάτων, λαβόντες και ικανά πολεμεφόδια σταλέντα προς αυτούς εκ Μεσολογγίου διά του Γεωγάκη Βαλτινού, ητοιμάσθησαν εις αντίστασιν. Δύο ήσαν τότε οι αρχηγοί των Ελλήνων κατά το Μακρυνόρος, ο Γώγος και ο Ίσκος. Ούτοι δεν ήξευραν κατ' αρχάς αν οι Τούρκοι εσκόπευαν να εισβάλωσι διά της Παληοκούλιας ή διά της Λαγκάδας· αλλ' ιδόντες αυτούς οδεύοντας προς την Παληοκούλιαν, ετοποθέτησαν τους πλείστους των στρατιωτών εκεί, τους δε λοιπούς κατά την Λαγκάδαν. Οι Τούρκοι, προχωρήσαντες προς την Παληοκούλιαν, εστράφησαν αίφνης εις το άλλο στενόν, και έπεσεν η προφυλακή επί τους Έλληνας όχι πλειοτέρους των εκατόν υπό τον Γώγον κατά την αγίαν Παρασκευήν. Η θέσις αύτη είναι πολλά στενή, και δεν ήτο δυνατόν πολλοί Τούρκοι να πολεμήσωσι διά μιας. Ο Γώγος, αρξαμένης της μάχης, εφάνη άξιος της πολεμικής του φήμης δι' ο ενέπνευσε τοις οπαδοίς του θάρρος ως πρόμαχος. Εν ω διήρκει η μάχη και οι προχωρούντες αλληλοδιαδόχως Τούρκοι έπιπταν υπό το πυρ των Ελλήνων, έπεσε θανασίμως πληγωθείς και ο αρχηγός της τουρκικής προφυλακής. Οι Τούρκοι, ιδόντες αυτόν πεσόντα και ψυχομαχούντα, έτρεξαν να τον σηκώσωσι, και πολλοί αυτών εθανατώθησαν. Κατ' εκείνην την ώραν ηκούσθησαν τουφεκισμοί μακρόθεν. Οι δε τουφεκίζοντες ήσαν οι κατέχοντες τας άλλας θέσεις Έλληνες, οίτινες βλέποντες, ότι όλοι οι Τούρκοι έπεσαν προς εκείνο το μέρος, έτρεξαν και αυτοί εκεί. Οι Τούρκοι, αψυχήσαντες δι' ην έπαθαν φθοράν και υποθέσαντες εκ του πολλού τουφεκισμού, ότι επήρχετο πολλή δύναμις, εγκατέλειψαν τον ψυχομαχούντα αρχηγόν και τα δύο κανόνια και ωπισθοδρόμησαν τόσοι πολλοί απέμπροσθεν τόσων ολίγων. Οι Έλληνες εσκύλευσαν τους φονευθέντας και επήραν πάμπολλα φορτηγά ζώα φέροντα τροφάς εις χρήσιν του εχθρού. Οι δε τραπέντες εις φυγήν Τούρκοι τόσον φόβον, επανελθόντες εις τα ίδια, διέσπειραν ως προς την δίοδον του Μακρυνόρους, ώστε καθ' όλον το διάστημα των δεκαπέντε ακολούθων μηνών Τούρκος μηδέ καν να φανή ετόλμησε προς το όρος εκείνο.

Είπαμεν, ότι οι Έλληνες προ της επαναστάσεως, θέλοντες να αποκοιμίζωσι τους Τούρκους περί ων εμελέτων επαναστατικών κινημάτων, διέδιδαν επιτηδείως, ότι ο αποστάτης Αλής υπεκίνει τας ταραχάς διά τα συμφέροντά του. Ο λόγος ούτος, αν και ψευδής, επιστεύετο εν γένει και κυρίως υπό των πολεμούντων κατά την Ήπειρον υπέρ του Αλή Αλβανών, και μάλιστα αφ' ου οι Σουλιώται επολέμουν αναφανδόν υπέρ αυτού· τόσον δε επιστεύετο, ώστε άμα έμαθαν οι προύχοντες τα ανδραγαθήματα των Αιτωλών και Ακαρνάνων, εσυγχάρησαν τους Σουλιώτας. Μόνος ο Αλής, εν γνώσει των της Εταιρίας, εγίνωσκε τον αληθή χαρακτήρα των ελληνικών κινημάτων· αλλά δεν έκρινε πρέπον να τον ανακαλύψη· ώστε οι Αληπασίζοντες Αλβανοί έμεναν υπό την άπάτην, θεωρούντες ως συμμάχους των τους υπέρ της ελευθερίας της ιδίας πατρίδος πολεμούντας Έλληνας.

Μετά δε την λαμπράν μάχην του Μακρυνόρους 200 Έλληνες υπό τον Φλώρον Γρίβαν και τον Τραγουδάραν κατέλαβαν το χωρίον του Πέτα· αλλ' επιστρατευσάντων των εν Άρτη Τούρκων, δεν εδυνήθησαν να διατηρήσωσι την θέσιν των, ην μήτε καν να οχυρώσωσιν εφρόντισαν, και κατέφυγαν κακώς έχοντες εις Μακρυνόρος. Εφονεύθησαν δε καί τινες αυτών, εν οις και ο Τραγουδάρας γενναίως μαχόμενος.

Μετ' ολίγας δε ημέρας ο Γώγος ετοποθετήθη μετά 250 εν τω αυτώ χωριω του Πέτα. Την δε 15 ιουλίου επεστράτευσαν πάμπολλοι εχθροί εξ Άρτης και επεχείρησαν επανειλημμένας κατ' αυτού εφόδους, κατέχοντος υψηλήν θέσιν κατέμπροσθεν του χωρίου, αλλά καθ' όλας απέτυχαν. Η τόλμη του οπλαρχηγού τούτου την ημέραν εκείνην έφερεν εις θάμβος και αυτούς τους εχθρούς του, ους, επταπλασίους όντας, έτρεψεν εις φυγήν προπορευόμενος ξιφήρης. Εξ αιτίας δε των τόσω λαμπρών ανδραγαθημάτων του έλεγαν έκτοτε και φίλοι και εχθροί, ότι όπου ο Γώγος, εκεί και η νίκη.

Εν τοσούτω η επανάστασις διεδόθη και περαιτέρω. Προς διατήρησιν της ελευθέρας κοινωνίας των εν Ιωαννίνοις και Θεσσαλία στρατοπέδων είχαν σταλή παρά του Χουρσήδη 750 Τούρκοι υπό τον Ιβραήμ Πρεμέτην εις τας επί του Πίνδου δύο μεγάλας Βλαχοκωμοπόλεις, την των Καλαρρύτων και την του Συράκου, τρία μίλια απ' αλλήλων απεχούσας, ων η μεν πρώτη περιείχε 680, η δε δευτέρα 750 οικογενείας, όλας χριστιανικάς. Οι κάτοικοι αυτών, καταθλιβόμενοι, φορολογούμενοι και υβριζόμενοι παρά των Τούρκων, υποκινούμενοι δε και υπό των θελόντων τὴν διάχυσιν τῆς ἐπαναστάσεως προκρίτων, Κωνσταντίνου Τουρτούρη, Πρωτοπαπᾶ Σγούρου, Ἰωάννου Κωλέττη καὶ Νικολάου Γιαννίκου, βουλὴν ἔβαλαν ν' ἀποστατήσωσι καὶ προσκαλέσαντες κρυφίως εἰς βοήθειάν των τὸν ὁπλαρχηγὸν Γιαννάκην Ῥάγκον ἀπέκλεισαν δύο περίπου ἑβδομάδας πρὸ τῆς μάχης τοῦ Πέτα τοὺς ὑπὸ τὸν Πρεμέτην ἐντός τινων οἰκιῶν καὶ τοὺς ἠνάγκασαν μετὰ δέκα ἡμέρας ν' ἀναχωρήσωσιν ἀβλαβεῖς ὑπὸ συνθήκας (γ). Ἀλλ' οὗτοι ἀπερχόμενοι ἀπήντησαν καθ' ὁδὸν στρατεύματα ἐρχόμενα εἰς τὰς δύο κωμοπόλεις ἐπὶ τῇ διαταγῇ τοῦ Χουρσήδη, μαθόντος τὰ συμβάντα, καὶ ἐστράφησαν εἰς τὰ ὀπίσω. Οἱ Συρακιῶται ἐφύλατταν τὴν πρὸς τὰ Ἰωάννινα ὁδὸν εἰς ἀπώθησιν τῶν ἐπερχομένων· ἀλλ' οὗτοι εὑρόντες προθύμους ὁδηγοὺς τοὺς κατοικοῦντας τὸ χωρίον Γότισταν, 4 ὥρας ἀπέχον τοῦ Συράκου, καὶ νυκτοπορήσαντες διά τινος στενοῦ καὶ ἀνυπόπτου μέρους ἐβάρεσαν αἴφνης ὄπισθεν τοὺς φυλάττοντας τὴν ὁδὸν Συρακιώτας καὶ τοὺς ἔτρεψαν· ἐν τῷ μεταξὺ δὲ τούτῳ οἱ λοιποὶ κάτοικοι τῶν δύο κωμοπόλεων ἔσπευσαν νὰ μεταφέρωσιν εἰς ἀσφαλὲς μέρος τὰ πολυάριθμα ποίμνιά των καὶ ἔφυγαν καὶ αὐτοὶ ὡς καὶ ὁ ὁπλαρχηγὸς Ῥαγκος, καταφοβηθέντες, ἀπελπισθέντες καὶ κακῶς ἔχοντες· μόνος ὁ ὁπλαρχηγὸς Γερομπαλωμένος, Συντεκνιώτης, ἐπέμενε πολεμῶν γενναίως ἱκανὴν ὥραν, ἔχων μόνον 8 παλληκάρια. Τοιουτοτρόπως οἱ ἐχθροὶ ἐκυρίευσαν τὰς δύο κωμοπόλεις ἀναιμωτί, τὰς ἔκαυσαν καὶ ἥρπασαν τὰ ἐναπομείναντα πράγματα τῶν φευγόντων, ἐξ ὧν συνέλαβαν μόνον δέκα.

Τὸν αὐτὸν καιρὸν ἔδραξε τὰ ὅπλα καὶ τὸ Ἀσπροπόταμον. Ἡ ἐπαρχία αὕτη ἔχει 67 χωρία μικρὰ μεγάλα, ὅλα χριστιανικά. Γενικὸς ἀρχηγὸς τῶν ὅπλων τῆς ἐπαρχίας ἦτον ὁ Νικολὸς Στουρνάρης καὶ εἶχεν ὑπὸ τὴν ὁδηγίαν του τοὺς ὁπλαρχηγοὺς τῶν χωρίων, Χριστόδουλον Χατσή Πέτρου, Νάσον Μάνταλον, τους αδελφούς αυτού, Στέριον, Γεώργον, Κώσταν και Μήτρον, και τον γαμβρόν του Γρηγώρην Λιακατάν, οπλαρχηγον του Κλενοβού. Άπαντες δε ούτοι εστράτευσαν αρχομένου του ιουλίου μετά τρισχιλίων επί τους εν τη επαρχία βασιλικούς στρατιώτας όχι φανερά υπό το σύμβολον του ελληνικού αγώνος, αλλ' επί λόγω αληπασισμού. Και πρώτον μεν εφόνευσαν αναιτίως 66 Τούρκους διεσπαρμένους εις τα χωρία, έπειτα δε ητοιμάσθησαν να πέσωσι πολλαχόθεν εις τα Τρίκκαλα και εζήτησαν ως προς την μελετωμένην εκστρατείαν και την σύμπραξιν του Σταμούλη Γάτσου· αλλ' εκείνος, απαρνηθείς τον εθνικόν αγώνα μετά τα κατά τα Άγραφα συμβάντα, αντέπραξε παρρησία και έφερε Τούρκους εις προσβολήν των Ασπροποταμιτών. Διά τον λόγον τούτον το σχέδιον εματαιώθη, και οι οπλαρχηγοί του Ασπροποτάμου κατέλαβαν επί των ορίων της επαρχίας διαφόρους θέσεις προς ασφάλειαν. Αλλ' οι εν Τρικκάλοις Τούρκοι, μαθόντες τα γενόμενα, εκινήθησαν οι μεν κατά του Λιακατά, φυλάττοντος τα επί του Κλενοβού στενά, οι δε κατά του Χατσή-Πέτρου, κατέχοντος τον Πρόδρομον, και άλλοι κατ' αυτού του Στουρνάρη, στρατοπεδεύοντος εν τω χωρίω Πόρτα· αλλά καθ' όλας τας προσβολάς των αποκρουσθέντες εστράφησαν κακώς έχοντες.

Εν τοσούτω οι εξ Ιωαννίνων στρατεύσαντες, αφ' ου κατέστρεψαν τας κωμοπόλεις Καλαρρύτων και Συράκου, επορεύθησαν προς το Ασπροπόταμον και έφθασαν επί των ορίων την 29 ιουλίου. Την δε υστεραίαν εξημερώθησαν αίφνης κατά την Πόρταν άλλοι 2000 Τούρκοι εκ Τρικκάλων ιππείς και πεζοί έλκοντες και δύο κανόνια, επολέμησαν το εκεί ελληνικόν στρατόπεδον δι' όλης της ημέρας και το έβλαψαν· την δε νύκτα πάμπολλοι Έλληνες ελειποτάκτησαν.

Τοῦτο ἰδὼν ὁ Στουρνάρης ὠπισθοδρόμησε πρὸς τὰ ἐνδότερα τοῦ Ἀσπροποτάμου, καὶ κατέλαβε τὰς δυνατὰς θέσεις τῆς Μαύρης Πούλιας καὶ τοῦ Κόρμπου, 8 ὥρας μακρὰν τῆς Πόρτας. Ἀλλ' οἱ Τοῦρκοι, πλήρεις θάρρους διὰ τὴν λειποταξίαν καὶ ὀπισθοδρόμησιν τῶν Ἑλλήνων, ἔδραμαν κατόπιν, καὶ καύσαντες τὰ μεταξὺ χωρία ἔφθασαν εἰς Κόρμπον, ὅπου τοὺς ἐκτύπησαν πάλιν· νυκτὸς δὲ γενομένης ἀνεχώρησαν ἐκεῖθεν κατὰ τὴν Πόρταν, φοβούμενοι νὰ ἐνδιανυκτερεύσωσιν ἐξ αἰτίας τῶν στενοτοπιῶν.

Ἐν τοσούτῳ, ἀφ' οὗ κατεστράφησαν αἱ κωμοπόλεις Καλαρρύτων καὶ Συράκου, ἀφ' οὗ ὑπερίσχυσαν οἱ ἐχθροὶ κατὰ τὰ Ἄγραφα, καὶ ἀφ' οὗ τὸ Ἀσπροπόταμον εὑρέθη ἐν μέσῳ δύο ἐχθρικῶν στρατοπέδων, καὶ ἐξ αἰτίας τοῦ διαχυθέντος φόβου ἐπὶ τῇ καταστροφῇ τῶν δύο κωμοπόλεων δὲν εἶχε δύναμιν ἀξιόμαχον ν' ἀντιτάξῃ, οἱ Ἀσπροποταμῖται, ἐξαγοραζόμενοι τὸν καιρὸν, ἐσυμβιβάσθησαν μετὰ τῶν Τούρκων, αὐτοὶ μὲν νὰ ἡσυχάσωσι καὶ νὰ στέλλωσι τοὺς συνήθεις φόρους, Τοῦρκος δὲ νὰ μὴ πατήσῃ τὰ χώματά των.

Καθ' ὃν δὲ καιρὸν ἀπετύγχαναν τὰ ἐπὶ τοῦ Πίνδου κινήματα τῶν Ἑλλήνων, ἡτοιμάζετο ἐκστρατεία εἰς ἀνάκτησιν τῆς Πάργας, ἧς τοὺς δυστυχεῖς κατοίκους εἶχε πρὸ ὀλίγου ἀποδιώξει πανεστίους ἡ ὑπερισχύσασα πολιτικὴ τοῦ Ἀλῆ.

Ἐφρούρουν τὴν πόλιν ταύτην ταῖς ἡμέραις ἐκείναις 100 Ἀλβανοὶ ὑπὸ τὸν Χουσεήμπεην Δελβινιώτην, υἱὸν τοῦ Μουσταφάπασα· 170 δὲ Πάργιοι, ἐξ ὧν οἱ πλεῖστοι ἔφυγαν κρυφίως ἐκ Κορυφῶν, καὶ 50 Σουλιῶται ὑπὸ τὸν φρούραρχον τῆς Ῥενιάσης Περραιβὸν μετεβιβάσθησαν ὅλοι τὴν νύκτα τῆς 24 ἰουλίου εἰς Παγιωνιάν, λιμένα πλησίον τῆς Πάργας, καὶ ἀνέβησαν εἰς τὸ ἓν τέταρτον τῆς ὥρας ἀπέχον τῆς Πάργας ὄρος, ἁγίαν Ἑλένην, ὅπου ἐκάθησαν ἀφανεῖς ὅλην·

την ημέραν. Αφ' ου δε ενύκτωσεν, εισήλθαν ησύχως εις το προάστειον και, ευρεθέντων των Τούρκων όλων εν τη πόλει ως μηδέν υποπτευόντων, το εκυρίευσαν αναιμωτί και ενδιέμειναν πολεμούντες και πολεμούμενοι. Την δε 27 εφάνησαν έξωθεν της Πάργας εχθρικά πλοία εκ της κατά τον Μούρτον μοίρας και συνέλαβαν 4 μικρά ελληνικά εκ των μεταβιβασάντων εις την Παγωνιάν τους προθεμένους την ελευθέρωσιν της Πάργας· συνέλαβαν δε εν αυτοίς καί τινας Παργίους. Την εσπέραν δε της αυτής ημέρας απέβησαν εις τον άγιον Ιωάννην 500 Αλβανοί εκ Πρεβέζης, και μετέβησαν εις Μαργαρίτι, όπου προσήλθαν αυθημερόν και χίλιοι Τσάμιδες· όλοι δε ούτοι εστράτευσαν την υστεραίαν προς την Πάργαν. Οι δε Έλληνες, μη δυνάμενοι να διατηρηθώσιν εν τω προαστείω και προσδοκώντες πάντοτε νέαν βοήθειαν εκ Σουλίου, μετέβησαν εις ορεινάς θέσεις. Αλλ' οι εχθροί επιπεσόντες τους έβαλαν εις μέγαν κίνδυνον ολίγους όντας και μήτε ν' ανθέξωσιν ευτυχώς μήτε να φύγωσιν ευκόλως δυναμένους. Καλή τύχη έφθασαν διαρκούσης της μάχης όπισθεν των εχθρών διακόσιοι Σουλιώται υπό τον Γιώτην Δαγκλήν, τον Διαμαντήν Ζέρβαν και τον Νάσον Φωτομάραν και τους ελύτρωσαν. Τοιουτοτρόπως το σχέδιον της εκστρατείας απέτυχε παντάπασιν. Οι δε εκστρατεύσαντες Πάργιοι επανελθόντες εις Κορυφούς, όπου ήσαν αι γυναίκες και τα τέκνα των, απεπέμφθησαν κατά διαταγήν του μεγάλου αρμοστού εκδοθείσαν την 27 σεπτεμβρίου και λέγουσαν·

"Οι Πάργιοι, οι παραβάντες τους καθ' όλας τας
"ευνομουμένας επικρατείας εν χρήσει νόμους και
"παρακούσαντες την κυβέρνησιν υφ' ην έζων, απο-
"βάλλονται της Επταννήσου· αφ' ης δε ημέρας
"εκδοθή η παρούσα, τοις δίδεται δεκαήμερος προ-
"θεσμία όπως συμπαραλάβωσι τα πράγματά των

"καὶ τὰς οἰκογενείας των, ἂν αὐταὶ θέλωσι νὰ
" συνακολουθήσωσιν· ἂν δέ τις ἐξ αὐτῶν τολμήσῃ
" νὰ ἐπανέλθῃ εἰς τὰς νήσους ταύτας, ὑπόκειται εἰς
" ἃς ὁρίζει ὁ νόμος ποινάς." Τοιουτοτρόπως οἱ περὶ ὧν ὁ λόγος ἀτυχεῖς Πάργιοι οὔτε τὴν πατρίδα των ἀνέκτησαν, καὶ τοῦ τόπου τῆς καταφυγῆς των ἐστερήθησαν.

1821.

ΚΕΦΑΛΑΙΟΝ ΙΗ.

Οἱ Λαλιῶται.—Ἀπόβασις Ἑπταννησίων εἰς Γαστούνην.— Μάχαι.—Μετάβασις Λαλιωτῶν εἰς Πάτρας.—Πολιτικὴ τῆς ἀγγλοϊονικῆς κυβερνήσεως πρὸς τὴν Ἑλλάδα.

ΔΙΗΓΗΘΗΜΕΝ ἤδη, ὅτι μεταξὺ ὅλων τῶν κατὰ τὴν Πελοπόννησον Τούρκων τῶν μὴ κατοικούντων φρούρια μόνοι οἱ Λαλιῶται διέμειναν ἐν τῇ κωμοπόλει των βλάπτοντες τοὺς περιοικοῦντας Ἕλληνας, καὶ ὅτι, ἂν διὰ τὴν ἐνδεχομένην ἔλλειψιν τῶν ἀναγκαίων δὲν ἐδέχθησαν παρ᾽ αὑτοῖς τοὺς Γαστουναίους Τούρκους, ἔτρεξαν ὅμως εἰς βοήθειάν των, τοὺς ἐλύτρωσαν πολιορκουμένους ἐν Χλουμουτσίῳ καὶ τοῖς ἤνοιξαν τὴν εἰς Πάτρας ὁδόν· ἐπειδὴ δὲ διεκρίθησαν τῶν λοιπῶν ἐν Πελοποννήσῳ Τούρκων, κρίνομεν δίκαιον νὰ εἴπωμέν τινα περὶ τῆς καταγωγῆς καὶ τῆς καταστάσεως αὐτῶν, ἀρχομένης τῆς ἐπαναστάσεως.

Ἐπὶ τερπνῆς καὶ ὑψηλῆς θέσεως τοῦ ἐν τῇ ἐπαρχίᾳ τῆς Γαστούνης ὄρους τῆς Φολόης κεῖται ἡ κωμόπολις τοῦ Λάλα, κατοικηθεῖσα ὑπὸ Ἀλβανῶν ἀπὸ τῶν Βυζαντινῶν χρόνων καθὼς καὶ τὰ Μπαρδουνοχώρια καὶ ἄλλα μέρη τῆς Πελοποννήσου. Ὀλίγοι ἦσαν οἱ πρῶτοι κάτοικοι· ἀλλ᾽ ἐπὶ τοῦ ἐν ἔτει 1769 Τουρκορρωσσικοῦ πολέμου, καθ᾽ ὃν ἐχύθησαν εἰς τὴν Πελοπόννησον πλήθη Ἀλβανῶν, καὶ κυρίως ἐπὶ τῆς μετὰ τὸ τέλος τοῦ πολέμου τούτου καταστροφῆς των, ὁ ἀριθμὸς τῶν κατοίκων τοῦ Λάλα ἐπερίσσευσε, διότι κατέφυγαν ἐκεῖ ἱκανοὶ τῶν κατατρεχθέντων.

ΚΕΦΑΛΑΙΟΝ ΙΗ.

Άφ' ότου ή Πελοπόννησος εκυριεύθη υπό των Τούρκων, ή επαρχία της Γαστούνης εκληρουχήθη εις τους εκ της σουλτανικής γενεάς Οθωμανίδας. Οι δε ενοικούντες ανδρείοι και εμπειροπόλεμοι Λαλιώται έζων κατ' αρχάς ή ως λησταί ή ως υπομίσθιοι αυτών. Αλλ' ο ισχυρός υπομίσθιος δεν αργεί να γένη πρώτον εύνους, μετ' ολίγον φίλος, έπειτα ισότιμος, και τελευταίον, ανώτερος του ανισχύρου μισθοδότου. Τοιουτοτρόπως οι ανέστιοι ούτοι άνδρες, ων η τύχη ημέρα τη ημέρα εβελτιούτο εξ αιτίας της ανδρίας και φιλοπονίας αυτών, και της ηδυπαθείας και ακηδίας των Οθωμανιδών, κατήντησαν και να συγγενεύσωσι και να τους αντικαταστήσωσι μεταπεσούσης και της επί τας επαρχίας Γαστούνης και Πύργου εξουσίας, μετά την εξάλειψιν των αρρένων της σουλτανικής γενεάς, εις τους διαπρέψαντας αδελφούς Μουσταφάγαν και Σεήδαγαν και τον περίφημον συγγενή των Αλή-Φαρμάκην, ως κληρονόμους εξ αιτίας των εκ του γένους εκείνου γυναικών των και ως δυνατούς· ανηγέρθησαν δ' έκτοτε λαμπραί και δυναταί οικοδομαί εν τη κωμοπόλει εν μέσω ευρυχώρων περιοχών· ώστε αι 800 οικίαι του Λάλα περιείχαν πολλήν γην, και την γην ταύτην εσκέπαζαν καρποφόρα δένδρα. Ευκραέστατος είναι ο αήρ του τόπου τούτου, υγιέστατα τα νερά, και εύρωστοι και μακρόβιοι οι κάτοικοι. Ολίγος καιρός ήτον αφ' ου εδόθησαν εις τας τρυφάς και εις τας αναπαύσεις εξ αιτίας του επιρρεύσαντος πλούτου· διά τούτο εφύλατταν εισέτι επί της επαναστάσεως διά της αδιακόπου χρήσεως των όπλων τον πρώτον πολεμικόν χαρακτήρα και εφάνησαν άξιοι της ανδρικής καταγωγής των.

Η ευτυχής εκστρατεία αυτών εις λύσιν της πολιορκίας του Χλουμουτσίου τους εθάρρυνε να επιχειρήσωσι και άλλας πλείονος λόγου αξίας· και επειδή ήσαν δυνατοί, έπλάκωσαν όλα τα πέριξ του Λάλα χριστιανικά χωρία, παρέλαβαν βία 200 εκ των εγκατοίκων ως συναγωνιστάς, και συσσωματωθέντες, όλοι υπερχίλιοι, εστράτευσαν εις Πύργον την 2 απριλίου.

Εντός του Πύργου ήσαν 550 Έλληνες υπό διαφόρους αρχηγούς, εν οις διέπρεπαν ο Χαραλάμπης Βιλαέτης εντόπιος, και ο Αλέξης Μοσχούλας εξ Αγουλινίτσης· παρευρίσκοντο δε και οι Ζακύνθιοι Καμπασαίοι, και οι δύο υιοί του Κολοκοτρώνη Πάνος και Γιάννης, διαβιβασθέντες εκ Ζακύνθου εις το Πυργί την 25 μαρτίου και απερχόμενοι προς τον πατέρα των· ήσαν δε και χίλιαι αδύνατοι ψυχαί.

Οι Έλληνες απεφάσισαν να δείξωσι στήθος προς τους επερχομένους και ηθέλησαν ν' αντισταθώσιν εκτός της πόλεως· και οι μεν Λαλιώται ετοποθετήθησαν, καθ' ην ημέραν εξεστράτευσαν, μίαν ώραν μακράν αυτής και εκάλεσαν δια γράμματος τους Πυργίους να προσκυνήσωσιν· οι δε Πύργιοι απεκρίθησαν, ότι ήλθεν ο καιρός να προσκυνήση ο Τούρκος τον Χριστιανόν. Δια της αλληλογραφίας ταύτης διήλθεν η ημέρα. Την δε επαύριον διηρέθησαν οι Λαλιώται εις τρία σώματα, έπεσαν επί τα έξω οχυρώματα, και μετά μικράν αντίστασιν, 300 Έλληνες και διάφοροι αρχηγοί των εδραπέτευσαν και κατέφυγαν εις Σκαφιδιάν και εις άλλους πλησίον λιμένας κακώς έχοντες, οι δε λοιποί 250 υπό τον Βιλαέτην, τον Μοσχούλαν, τους υιούς του Κολοκοτρώνη και τους Καμπασαίους απεσύρθησαν εις την πόλιν και εκλείσθησαν εντός διαφόρων δυνατών οικιών, όπου τους παρηκολούθησαν οι Λαλιώται και έβαλαν πυρ εις διάφορα μέρη φονεύοντες και αιχμαλωτίζοντες· αλλ' οι ολίγοι Έλληνες διετήρησαν μέχρι τέλους την θέσιν των γενναίως εν μέσω της πυρκαϊάς. Επτά ώρας διήρκεσεν η μάχη· και οι μεν Λαλιώται, μικράν παθόντες και πολλὴν προξενήσαντες ζημίαν, ἐπανῆλθαν εἰς τὰ ἴδια δουλαγωγοῦντες ὑπὲρ τοὺς 100 καὶ ἀπελαύνοντες ζῶα· οἱ δὲ Πύργιοι ἔμειναν ἐν μέσῳ τῶν ἐρειπίων των.

Τὰ εὐτυχῆ κινήματα τῶν Λαλιωτῶν ἀπέδειξαν ὀφθαλμοφανῶς πόσον ἔσφαλαν οἱ ἐν Πελοποννήσῳ λοιποὶ Τοῦρκοι, καὶ μάλιστα οἱ Μπαρδουνοχωρῖται, ἀφήσαντας δι' ἁπλοῦν φόβον τοὺς τόπους των, ὅθεν ἐδύναντο νὰ βλάπτωσι καιρίως τοὺς ἐχθρούς των. Κλεισθέντες ἐν τοῖς φρουρίοις ὄχι μόνον δὲν ἐβελτίωσαν τὴν πολεμικὴν κατάστασιν αὐτῶν, ἀλλ' ἐπετάχυναν καὶ τὴν πτῶσίν των διὰ τῆς ταχείας καταναλώσεως τῶν ἐν αὐτοῖς τροφῶν.

Ὀλίγαις δὲ ἡμέραις μετὰ τὴν μάχην ταύτην ἐγνώσθη, ὅτι τὰ μεσημβρινὰ φρούρια Μοθώνης καὶ Νεοκάστρου, στενὰ πολιορκούμενα ὑπὸ τῶν Ἑλλήνων, ἐκινδύνευαν νὰ πέσωσιν. Οἱ Λαλιῶται, ἐπηρμένοι ἐπὶ τῇ ἀνδρίᾳ καὶ ταῖς ἐπιτυχίαις των, καὶ ὡς ἂν ἦσαν οἱ γενικοὶ ἀντιλήπτορες τῶν πασχόντων ὁμοθρήσκων των, ἀπεφάσισαν νὰ ἐκστρατεύσωσιν εἰς λύσιν τῶν πολιορκιῶν ἐκείνων, καὶ διαβάντες τὸν Ἀλφειὸν μεσοῦντος τοῦ ἀπριλίου ἐκινήθησαν πρὸς τὴν ἐπὶ τῆς ἀριστερᾶς ὄχθης τοῦ ποταμοῦ Ἀγουλινίτσαν. Ἔμαθαν οἱ ἐκεῖ Ἕλληνες ἐν καιρῷ τὸ σχέδιον, καὶ ὠχυρώθησαν ὑπὸ τὸν Μοσχούλαν, ἦλθαν καὶ ὀλίγοι Ἀρκάδιοι ὑπὸ τὸν πρωτοσύγγελον Ἀμβρόσιον Φραντσῆν καὶ κατέλαβαν τὴν δυσδιάβατον θέσιν τοῦ Κλειδίου, δι' ἧς θὰ ἐπέρων οἱ ἐχθροὶ ἀπερχόμενοι πρὸς τὰ φρούρια. Οἱ Λαλιῶται ἐκτύπηυαν τοὺς ἐν τῇ Ἀγουλινίτσῃ, ἀλλ' ηὗραν πολλὴν ἀντίστασιν, καὶ ἀπολέσαντες 9, ἐπέστρεψαν αὐθημερὸν εἰς τὰ ἴδια, διαδοθέντος ψευδοῦς λόγου, ὅτι ἐπήρχετο πλῆθος Ἀρκαδίων.

Ὁ Πύργος εἶχεν, ὡς εἴδαμεν, ἕνα γενναῖον ἄνδρα, τὸν Χαραλάμπην Βιλαέτην, στρατεύσαντα ἄλλοτε υπό τους εν τη επταννήσω Γάλλους και Άγγλους. Φραγμον επεθύμει ούτος να στήση εις την κατά της Γαστούνης και του Πύργου ορμήν των Λαλιωτών· αλλ' επειδή δεν τον εβοήθει η μεταξύ τοποθεσία, ούσα όλη επίπεδος, εστρατοπέδευσε μετά 500 κατά το επί ακρολοφίας κείμενον και 4 ώρας απέχον του Λάλα Στρέφι, και κατέσχεν ως προφυλακήν και το πλησιέστερον του Λάλα Λαντσοϊ εγκατατάξας άλλους 100. Πεδινον είναι το χωρίον τούτο· πεδινή και η διαχωρίζουσα αυτό και το Στρέφι γη· παρά δε το Λαντσόϊ προς μεσημβρίαν ρέει εντός χάσματος χείμαρρος· μετ' αυτόν είναι άμπελοι και προς το ανατολικόν μέρος σειρά συνδένδρων λόφων· ο διαιρών δε την σειράν ταύτην και το Στρέφι τόπος, δύο μίλια πλατύς, είναι και αυτός ομαλός. Τοιαύτη ήτον η τοποθεσία του μικρού στρατοπέδου του Βιλαέτη.

Χίλιοι Λαλιώται εξεστράτευσαν την 2 μαΐου εις Λαντσόϊ, όπου φθάσαντες λίαν πρωί και καταλαβόντες οικίας τινάς επολέμουν τους άλλας οικίας του αυτού χωρίου κατέχοντας Έλληνας καίοντες και τας μεταξύ. Ακουσθέντος του τουφεκισμού, είπεν ο Βιλαέτης τοις περί αυτόν, " όποιος είναι Χριστιανός " και παλληκάρι ας μ' ακολουθήση," και έδραμε διά της πεδιάδος εις βοήθειαν των πολεμουμένων προς το μέρος των λόφων, όπου ήτο μύλος δέκα λεπτά του Λαντσοΐου απέχων. Οι Τούρκοι ιδόντες αυτόν ερχόμενον εξέδραμεν και αυτοί προς εκείνο το μέρος και τον συνήντησαν προς τον μύλον. Εκατόν μόνον ακολούθους είχεν ο Βιλαέτης και γενναίως αντέστη προς υπερπεντακοσίους ους και απέκρουσεν, αλλ' επληγώθη ο σημαιοφόρος του και εφονεύθη και ο Σπύρος Σαρενίτης, εις των οπλαρχηγών των συμπολεμούντων Αρκαδίων· αυτός δε προχωρών και καταδιώκων έφθασε παρά τον χείμαρρον, αλλά μετ' ολίγων οπλοφόρων, αποκόψαντος του εχθρικού ιππικού τους πλείστους, αναγκασθέντας εκ ταύτης της αιτίας ν' αναβώσιν εις τινας λόφους εκείθεν του χάσματος· ιδών δε ότι οι περί αυτόν ήσαν ολίγοι, ήλλαξε σχέδιον και έτρεξε να καταλάβη άμπελόν τινα έχουσαν προς το δυτικόν μέρος το χάσμα· αλλ' επειδή το μεταξύ ήτο πεδινόν και ως εκ τούτου πολλά επικίνδυνον, μόνον 26 τον ηκολούθησαν, οι δε λοιποί ελειποτάκτησαν, και άλλοι μεν αυτών διεσώθησαν, άλλοι δε εφονεύθησαν. Ο δε Βιλαέτης και οι 26 κατέλαβαν μεν την άμπελον αλλά διά την ολιγότητά των αφήκαν τα νώτα αφύλακτα ελπίζοντες ίσως καταβώσιν οι επί των λόφων Έλληνες εις φύλαξιν. Αλλ' επρόλαβαν οι Τούρκοι, τα κατέλαβαν και επολέμουν τους ολίγους Έλληνας έμπροσθεν και όπισθεν. Ο Βιλαέτης επληγώθη κατ' αρχάς εις την κεφαλήν, αλλά και πληγωθείς εμάχετο θαρρύνων τους ολίγους συμμαχητάς του έως ου εφονεύθησαν αυτός και οι συν αυτώ όλοι εκτός ενός τρωθέντος εις τον πόδα και κρυβέντος εντός κουφώματος δένδρου. Οι Τούρκοι έκοψαν κατά την συνήθειαν τας κεφαλάς των φονευθέντων, και στήσαντες επί ξύλου την του Βιλαέτου ανεχώρησαν μη επιμείναντες εις τον αποκλεισμόν των εν τω χωρίω και χαίροντες, διότι ελυτρώθησαν εχθρού, γνωστού διά την εν πολέμω αφοβίαν και εμπειρίαν.

Αφ' ου δ' έλειψεν ο εχθρός ούτος, οι Λαλιώται έγειναν τολμηρότεροι, κατέτρεχαν όλα τα πέριξ του Λάλα, τα ελεηλάτουν, και έκαιαν τα χωρία της επαρχίας. Τόσον δε ήσαν άφοβοι, ώστε επροχώρουν θύοντες και απολύοντες και εις αυτά τα όρια της επαρχίας των Πατρών, όπου ήσαν διάφορα σώματα Ελλήνων. Μεταξύ των αρχηγών τούτων ήτο και ο Γεώργης Γιαννόπουλος Προστοβιτσιώτης, διακρινόμενος διά την τόλμην του. Ούτος, συμπλακείς έν τινι επιδρομή των Λαλιωτών προς την Κατσαρούν, εφονεύθη, και συνεφονεύθησαν και 8 σύντροφοί του.

ΚΕΦΑΛΑΙΟΝ ΙΗ.

Ή Επτάννησος (α), αν και πολιτικώς αποχωρισμένη της αδελφής της Ελλάδος, επροθυμήθη να βοηθήση την εκραγείσαν επανάστασιν και δια των γενναίων συνεισφορών της και δια των ανδρείων βραχιόνων της. Ή κυβέρνησίς της, ή μετ' ολίγον εξαγριωθείσα, εξεθαμβήθη μόνον κατ' αρχάς, και δεν έδειξε προς τον αγώνα κακήν διάθεσιν. Αυθόρμητοι οι Ζακύνθιοι και οι Κεφαλλήνες αντιλήπτορες των αραμένων όπλα ομογενών και ομοπίστων, παρωρμήθησαν έτι μάλλον και δι' ών επιστολών επεκαλούντο οι Πελοποννήσιοι την φιλογενή αντίληψίν των. Οι Ζακύνθιοι έτρεξαν πρώτοι των Επταννησίων εις την φωνήν της πίστεως και της πατρίδος, και οι μεν απέβησαν εις την Μεσσηνίαν υπό τον Μερκάτην, οι δε εις τα αντικρύ της τερπνής και χαριτωμένης πατρίδος των παράλια. Εξ αυτών έως 150, υπό τον Δημήτρην Πεθαμένον, και τον Παύλον Αντσετίρην Κεφαληνόν, μετέβησαν εις το στρατόπεδον των Πατρών, άλλοι δε 100 υπό τον Γεώργην Σολωμόν, Διονύσιον Σεμπρικόν, Αναστάσην Γιαννικέσην και Παναγιώτην Στούρτσαν, απέμειναν εν τη επαρχία της Γαστούνης. Περί δε τα τέλη του απριλίου απέβη πρώτος εκ Κεφαλληνίας εις Γλαρέντσαν ο Ευαγγέλης Πανάς μετά 100 οπλοφόρων, και την 9 μαΐου έφθασαν εκείθεν εις τον αυτόν λιμένα ο Ανδρέας Μεταξάς, ο Κωνσταντίνος Μεταξάς, και ο Γεράσιμος Βίκτωρος Φωκάς επί του εντοπίου των ενόπλου πλοίου του Αναστάση Φωκά υπό τουρκικήν σημαίαν, φέροντος ικανά πολεμεφόδια και 350 οπλοφόρους. Αφ' ου δε ελλιμένισε το πλοίον, κατέβασαν οι εν αυτώ την τουρκικήν σημαίαν, ύψωσαν την επαναστατικήν, εκανονοβόλησαν, παρετάχθησαν οι οπλοφόροι επί του καταστρώματος, εψάλη επί του πλοίου δοξολογία υπό δύο ιερέων ακολουθούντων το στράτευμα, και απέβησαν οι ρηθέντες επί της ξηράς υποδεχθέντες ὑπὸ τῶν ἐντοπίων φιλοφρονέστατα. Τὴν δὲ ἐπιοῦσαν διατάξαντες τὸ πλοῖον νὰ παραπλέῃ τὰς ἀκτὰς τῶν Πατρῶν, καὶ ἀφήσαντες ἐν αὐτῷ 70 ὁπλοφόρους διὰ πᾶν ἐνδεχόμενον, ἀνεχώρησαν μετὰ τῶν λοιπῶν 280, καὶ ἔφθασαν τὸ ἑσπέρας εἰς Μανολάδαν, ὅπου ηὗραν τὸν Σισίνην καὶ τὸν Εὐαγγέλην Πανᾶν. Ἡ ὑπεραυξήσασα δὲ τὸν ἀριθμὸν αὐτῶν φήμη διέδωκεν, ὅτι ἦλθαν οἱ ἐπισημότεροι ἄνδρες τῆς Κεφαλληνίας φέροντες πολλὰ βοηθήματα χρηματικὰ καὶ πολεμικά, καὶ ἔβαλεν εἰς νέαν κίνησιν τοὺς κατοίκους τῶν πέριξ ἐπαρχιῶν, οὓς κατεφόβισαν αἱ ἕως τότε ἀλλεπάλληλοι εὐτυχεῖς ἐπιδρομαὶ τῶν Λαλιωτῶν. Ὑπεστήριξε τὴν φήμην ταύτην καί τις πομπώδης προκήρυξις, ἣν ὑπέγραψαν οἱ προϊστάμενοι ἐπονομαζόμενοι ἀρχηγοὶ καὶ στρατηγοὶ τῶν ἡνωμένων δυνάμεων τῆς Ἑπταννήσου. Διεκρίνετο δὲ τὸ σῶμα τοῦτο τῶν ἄλλων δι᾽ ἣν ἐτήρει ἐν ταῖς στρατοπεδείαις του τάξιν, ἥτις, καθ᾽ οὓς καιροὺς μία ἐπωμίς, ἢ μία περικεφαλαία ἐκίνει θαυμασμόν, δὲν ἦτον ματαία ἐπίδειξις. Ἰδοὺ δὲ ἡ τάξις. Τὴν γ΄ ὥραν μετὰ τὴν δύσιν τοῦ ἡλίου ἐψάλλετο ἡ παράκλησις, ἐκρούοντο τὰ τύμπανα, ἐτάττοντο φυλακαὶ κράζουσαι ἐκ διαλειμμάτων, "γρηγορεῖτε," ἔπιπτε μία κανονιά, καὶ οἱ στρατιῶται ἀπεχώρουν εἰς τὰς θέσεις των· τὸ πρωῒ ἐψάλλετο πάλιν ἡ παράκλησις, ἐκρούοντο τὰ τύμπανα, ἤχουν αἱ σάλπιγγες καὶ ἔπιπτεν ἄλλη κανονιά.

Μεταβαῖνον δὲ τὸ σῶμα τοῦτο ἀπὸ χωρίου εἰς χωρίον, ἔφθασε τὴν 26 μαΐου εἰς Στρέφι καὶ Κούκουρα καὶ διέτριψεν ἐκεῖ μέχρι τῆς 30 ἑτοιμαζόμενον, ὡς πλησίον τοῦ ἐχθροῦ. Ἐκεῖ ηὔξησεν ὁ ἀριθμὸς αὐτοῦ, ἑνωθέντων καὶ τῶν Ζακυνθίων καὶ πολλῶν ἐντοπίων. Τὴν δὲ 31 ὥδευσαν ὅλοι πρὸς τὴν Κάπελην καὶ ἔφθασαν τὸ ἑσπέρας εἰς Γούμερον· ἐπειδὴ δὲ ἐσκόπευαν νὰ πατήσωσι τὴν ἐπιοῦσαν τὴν μεγάλην πεδιάδα, έστειλαν αυτονυκτί εις διαφόρους θέσεις σκοπιάς, και πρωίας γενομένης εξεστράτευσαν έχοντες εν τω κέντρω 4 κανόνια, τα πολεμεφόδια και τας αποσκευάς των.

Προς την θέσιν, Μποδίνι, κείται λόφος. Εν ω έφθασαν εις αυτόν ανύποπτοι, ως πεποιθότες επί τας σκοπιάς των, ηκούσθησαν αίφνης πολλαί τουφεκίαι και κραυγαί λέγουσαι, Λαλιώται, Λαλιώται· επί μόνη τη κραυγή ταύτη χωρικοί τινες εκ των συνακολουθούντων Γαστουναίων ετράπησαν εις φυγήν, οι δε λοιποί και οι Επταννήσιοι έτρεξαν εις την κορυφήν του λόφου, και ιδόντες τους Λαλιώτας ελθόντας εις τους πρόποδας, τους εκανονοβόλουν προξενούντες φόβον μάλλον ή βλάβην. Ήρχισε δε μετ' ολίγον και ο τουφεκισμός, και οι μεν Επταννήσιοι και οι εντόπιοι, τουφεκίζοντες τους Λαλιώτας άνωθεν, τους έβλαπταν· ούτοι δε αντείχαν γενναίως, αν και η θέσις των ήτο κακίστη, έως ου είδαν τους εχθρούς των κινουμένους προς τα κάτω, και τότε επέστρεψαν διά του Πυρναρίου εις Λάλα φεύγοντες, οι δε Επταννήσιοι τους επεδίωξαν, έπεσαν και εις την πεδιάδα έως ου εφάνη πλήθος οπλοφόρων τουφεκιζόντων μακρόθεν, και τότε υποπτεύσαντες, ότι ήσαν ενεδρεύοντες εχθροί, εστάθησαν και κατέλαβαν τα πλησίον δένδρα προς συνασπισμόν· αλλ' οι τουφεκίζοντες οπλοφόροι προχωρούντες εγνώσθησαν, ότι ήσαν Καλαβρυτινοί ερχόμενοι κατά του κοινού εχθρού· ήσαν δε ως χίλιοι υπό τον Ασημάκην Φωτίλαν, προεστώτα των Καλαβρύτων, τον Λεχουρίτην, και άλλους. Το ευτυχές συμβάν κατά την ημέραν εκείνην εγέμισε χαράς τας καρδίας των Ελλήνων και ετίμησε δικαίως τους Επταννησίους, διότι ήτον η πρώτη φορά καθ' ην εξ αιτίας αυτών κατησχύνθησαν οι φόβον και τρόμον παντού και πάντοτε ενσπείροντες Λαλιώται.

ΚΕΦΑΛΑΙΟΝ ΙΗ.

Άφ' ότου ήρχισεν ή επανάστασις της Πελοποννήσου πολλοί Καρυτινοί είχαν καταλάβει τα χωρία, Μπέτσι καί 'Ρένεσι, υπό τους εμπειροπολέμους αδελφούς Πλαπούτας. Σκοπός της κατοχής ήτον ή προφύλαξις της επαρχίας των από ενδεχομένων επιδρομών των γειτόνων Λαλιωτών· αλλ' άφ' ου διεσκορπίσθησαν οι πολιορκηταί του φρουρίου της Καρυταίνης, διεσκορπίσθησαν και οι κατέχοντες τα δύο ταύτα χωρία. Περί την 20 όμως απριλίου διωργάνισεν ο Γεώργης Πλαπούτας πάλιν στρατόπεδον κατά την Συκιάν, δύο ώρας μακράν του Λάλα, εκ Καρυτινών, Φαναριτών και Αρκαδίων υπό την αρχηγίαν του Δημητράκη Δηληγιάννη· λήγοντος δε του μαΐου μετεστρατοπέδευσεν εκείθεν εις Πούσι, ημιώριον μακράν του Λάλα, όπου αφίχθησαν, κατά πρόσκλησιν αυτού, την νύκτα της 1 ιουνίου οι Επταννήσιοι, οι Καλαβρυτινοί και οι Γαστουναίοι. Συστρατοπεδεύσαντες δε όλοι ούτοι ήρχισαν την επαύριον να οχυρόνωσι τας θέσεις των, και έστησαν εκ του προχείρου τόσας καλύβας, ώστε το εσπέρας ή ράχις εκείνη εφαίνετο κώμη. Οι Λαλιώται ωχυρώθησαν και αυτοί εκτός αλλά πολλά πλησίον του Λάλα. Την δε επιούσαν οι Έλληνες πλήρεις θάρρους κατέβησαν εις την πεδιάδα εις χορτολογίαν και σκόπευσιν. Οι Λαλιώται δεν εκινήθησαν την ημέραν εκείνην· τινές μόνον ιπποκόμοι και ποιμένες εφάνησαν προς το πέραν μέρος του Λάλα βόσκοντες θρέμματα.

Οι Έλληνες, ασυνήθιστοι έως τότε να νικώσιν, εξετίμησαν την ανδραγαθίαν των υπέρ την αξίαν της, και επίστευσαν τω όντι, ότι κατεπόνεσαν τα θηρία του Λάλα· επί δε τη πίστει ταύτη συνέλαβαν ελπίδα, ότι οι Λαλιώται θα επροσκύνουν, και απέστειλαν την 4 ιουνίου προς αυτούς τον Παναγιώτην Μεσσάρην Κεφαλλήνα. Οι Λαλιώται βλέποντες τον αποσταλέντα ερχόμενον υπό λευκήν ση-

μαίαν τον υπεδέχθησαν καὶ τον ήρώτησαν εἰς τί ὁ ερχομός του. Ὁ Μεσσάρης τοῖς ἐνεχείρισε γράμμα τῶν ἀρχηγῶν τῶν Κεφαλλήνων καὶ τῶν Ζακυνθίων λέγον αὐτολεξὶ τὰ ἑξῆς. " Διατεταγμένοι ἀπὸ τὸ
" ἑλληνικὸν ἔθνος καὶ ἀπὸ τὸν γενικὸν ἐπίτροπον,
" πρίγκηπα Ἀλέξανδρον Ὑψηλάντην, ἤλθαμεν ἐν-
" ταῦθα να σᾶς πολεμήσωμεν ὡς ἐχθροὺς τῆς πί-
" στεως καὶ τῆς πατρίδος· ἀλλ' ὡς ἀνέκαθεν καλοὶ
" φίλοι σας καὶ γείτονες, σᾶς προβάλλομεν, ὅτι, ἂν
" θελήσετε να παραδοθῆτε χωρὶς πόλεμον εἰς ήμᾶς,
" σᾶς ὑποσχόμεθα ἀσφάλειαν ζωῆς, τιμῆς καὶ ἰδιο-
" κτησίας· ἄλλως, ἀφ' οὗ ἐκάμαμεν τὸ χρέος μας,
" τὸ κρίμα ἂς ἦναι εἰς τὸν λαιμόν σας."

Περιποιηθέντες οἱ Λαλιῶται τὸν γραμματοφόρον, τὸν ἐξεπροβόδησαν δώσαντές τῳ τὴν ἀκόλουθον ἀπάντησιν.

" Πρὸς σᾶς κῦρ Μεταξᾶ καὶ λοιποὶ φίλοι μας
" καπεταναῖοι Κεφαλονῆτες καὶ Ζακυνθιοί. Ἐλάβα-
" μεν τὸ γράμμα σας καὶ εἴδαμεν ὅσα μᾶς γράφετε·
" ἀλλ' ἐπειδὴ καὶ οἱ μπέηδες καὶ οἱ ἀγάδες εἶναι
" τριγύρω στοῦ Λάλα μὲ τὰ ἀσκέρια, δὲν ἠμποροῦ-
" μεν να σᾶς ἀποκριθοῦμεν σήμερον μὲ τὸν ἐδικόν
" σας κῦρ Παναγιώτην, ἀλλ' αὔριον μὲ ἐδικόν μᾶς
" ξεμοτόχου ἐλτσῆν. Λάβετε ὡς τόσον ὀλίγα κε-
" ράσια τοῦ Λάλα καὶ δύω ῥεβανιὰ διὰ ἀγάπην, καὶ
" μένομεν."

Τὸ γράμμα τοῦτο εἶχε τὰ σφραγίσματα ὑποκάτω πρὸς τιμὴν τῶν πρὸς οὓς ἐστέλλετο.

Τὴν δὲ ἐπαύριον ἐφάνη ἱππεὺς ἐρχόμενος ἀπὸ τοῦ Λάλα πρὸς τὸ ἑλληνικὸν στρατόπεδον, βαστῶν πρασίνην σημαίαν, καὶ ὡδηγήθη ὅπου ἦσαν οἱ Ἑπταννήσιοι ἀρχηγοί, πρὸς οὓς ἐπέδωκε τὴν ἀκόλουθον ἐπιστολήν.

" Πρὸς τοὺς φίλους μας καπεταναίους Κεφαλο-
" νίτας καὶ Ζακυνθίους. Καθὼς χθὲς σᾶς ἐγράψα-

"μεν μὲ τὸν ἐδικόν σας Παναγιώτην, ἰδοὺ ἐξαποστέλλομεν τὸν ἐδικόν μας Μπέικον Κεχαγιᾶν, ἄνθρωπον ὅστις χαίρει ὅλην τὴν ἐμπιστοσύνην μας διὰ νὰ σᾶς ὁμιλήσῃ καὶ στοματικῶς ὅσα δὲν ἔχομεν τὸν καιρὸν νὰ γράψωμεν πλατύτερα. Εἶναι ἀλήθεια, καθὼς λέγετε, ὅτι ἐσταθήκαμεν φίλοι καὶ καλοὶ γείτονες, ἀλλ᾽ ἴσια ἴσια διὰ τοῦτο δὲν ἐλπίζαμέν ποτε, ὅτι πιστεύοντες τὰ ψεύματα τῶν Μωραϊτῶν καὶ ξεχωριστὰ αὐτοῦ τοῦ ψευτο- Γεώργη (ἐνόουν τὸν Γεώργην Σισίνην) νὰ ἔλθετε νὰ μᾶς φορτωθῆτε μέσα εἰς τὰ σπῆτιά μας. Ὅ,τι ἔγεινεν, ἔγεινεν· ὅσα μᾶς λέγετε εἶναι χάλτια, τὰ ὁποῖα δὲν στοχαζόμεθα πῶς καὶ ἐσεῖς πιστεύετε· διὰ τοῦτο λοιπὸν σᾶς λέγομεν νὰ ἔλθετε εἰς τοῦ Λάλα, ὅπου θέλει σᾶς δεχθοῦμεν ὡς καλοὺς φίλους, καὶ θέλει σᾶς συνοδεύσομεν ἕως τὸ Κατάκωλον ἢ τὴν Γλαρέντσαν διὰ νὰ πᾶτε στὰ σπήτιά σας καὶ νὰ μένωμεν πάντα φίλοι· ἀλλέως καὶ δὲν ἀκούσετε αὐταῖς ταῖς φιλικαῖς συμβουλαῖς μας, τὸ κρίμα ἂς ἦναι στὸν λαιμόν σας.

"Λάλα, 5 ἰουνίου, 1821."

Ἡ ἐπιστολὴ αὕτη, ἡ μὴ ὁμοιάζουσα τὴν προσταλεῖσαν κατὰ τὸ ὕφος, δὲν τὴν ὠμοίαζεν οὔτε καὶ κατὰ τὴν θέσιν τῶν σφραγισμάτων ὡς φέρουσα αὐτὰ ἐπὶ κεφαλῆς εἰς ἔνδειξιν, ὅτι ἐγράφετο παρ᾽ ἀνωτέρων πρὸς κατωτέρους. Ἀφ᾽ οὗ δὲ ἀνεγνώσθη, ἔλαβε τὸν λόγον ὁ ἀπεσταλμένος καὶ ἐπανέλαβε τὰ αὐτὰ ἐντόνως, προσθέσας ὅτι, ἂν οἱ Ἑπταννήσιοι ὑπήγαιναν εἰς τοῦ Λάλα, οἱ μπέηδες· καὶ ἀγάδες ἦσαν πρόθυμοι νὰ τοὺς δεχθῶσι καὶ νὰ τοὺς φιλοδωρήσωσιν· εἰδὲ καὶ εἶχαν ἀπόφασιν νὰ μείνωσι καὶ νὰ πολεμήσωσιν, ἔπρεπε νὰ φέρωσι 40,000 καπέλλα εἰς εὐόδωσιν τοῦ σκοποῦ των. Ταῦτα ἀκούσαντες οἱ Ἑπταννήσιοι ἀπεκρίθησαν διὰ στόματος τοῦ Ἀνδρέου Μεταξᾶ τὰ ἑξῆς· "Ὡς φίλοι ἐστοχάσθημεν

" νὰ σᾶς προβάλλωμεν νὰ παραδοθῆτε χωρὶς πόλε-
" μον, διὰ νὰ ἠμπορέσωμεν νὰ σᾶς προφυλάξωμεν
" ἀπὸ τὴν δικαίαν ὀργὴν καὶ ἀγανάκτησιν τοῦ ἑλλη-
" νικοῦ λαοῦ. Ἐπειδὴ ὅμως οἱ μπέηδες καὶ οἱ ἀγάδες
" μᾶς ἐστοχάσθησαν ποταποὺς καὶ ἀνοήτους, τὸ
" κρίμα ἂς ἦναι εἰς τὸν λαιμόν των. Αὐτὴ εἶναι ἡ
" ἀπάντησίς μας καὶ αὔριον ἔχομεν πόλεμον."

Μετὰ τοὺς λόγους τούτους ἀπέπεμψαν οἱ Ἑπταννήσιοι τὸν κήρυκα, δώσαντές τῳ εἰς ἀμοιβὴν τῶν προσταλέντων αὐτοῖς φαγωσίμων γλυκίσματά τινα καὶ ποτὰ τῆς πατρίδος των.

Ἀποτυχούσης τῆς διακηρυκείας, οἱ ἀρχηγοὶ τῶν διαφόρων ἑλληνικῶν σωμάτων, ἰδόντες ὅτι συνηθροίσθησαν ἐκ διαφόρων ἐπαρχιῶν πεντακισχίλιοι σχεδὸν ὁπλοφόροι πέριξ τοῦ Λάλα, ἀπεφάσισαν νὰ προκαλέσωσι τὸν ἐχθρὸν εἰς μάχην, καὶ τὴν 6 ἰουνίου κατέβησαν εἰς τὴν πεδιάδα ἐκ διαφόρων μερῶν ἕως 300, ἠκροβολίσθησαν μετ᾽ ὀλίγων ἱππέων καὶ πεζῶν ἐπελθόντων, καὶ τὴν ἑσπέραν ἐπανῆλθαν εἰς τὸ στρατόπεδον. Οἱ Ἕλληνες ἔδωκαν δευτέραν ἀφορμὴν τὴν ἐπιοῦσαν, ἀλλ᾽ εἰς μάτην. Θαῤῥυνθέντες δὲ ἐκ τῆς ἀπραξίας τῶν ἐχθρῶν ἀπεφάσισαν νὰ προσβάλωσιν αὐτὴν τὴν κωμόπολιν τοῦ Λάλα· καὶ ὁ μὲν Γεώργης Πλαπούτας μετὰ τῶν Καρυτινῶν καὶ Φαναριτῶν νὰ πέσῃ ἀπὸ τοῦ μέρους τοῦ Μπασταρᾶ, οἱ δὲ Καλαβρυτινοὶ καί τινες Γαστουναῖοι καὶ οἱ Ἀρκάδιοι νὰ προχωρήσωσι πρὸς τὸ μικρὸν χωρίον Δούκα, οἱ δὲ Ἑπταννήσιοι μετὰ τῶν Πυργίων καὶ λοιπῶν Γαστουναίων νὰ ὁρμήσωσι πρὸς τὸ κέντρον. Ταῦτα ἀποφασίσαντες ἐκίνησαν τὴν 9 ἰουνίου ὑπὸ τὸν ἦχον τῶν τυμπάνων καὶ σαλπίγγων ἐπὶ τοὺς ἔξω τῆς κωμοπόλεως προμαχῶνας τοῦ ἐχθροῦ· ὁ ἐχθρὸς ἀπεσύρθη εἰς τὴν κωμόπολιν, καὶ ἡ ὀπισθοδρόμησις αὕτη, ἂν καὶ στρατηγηματική, ὑπελήφθη ἀποτέλεσμα δειλίας, καὶ ἐθάῤῥυνε τοὺς Ἕλληνας νὰ προχωρήσωσιν. Άλλ' άφ' ού έπλησίασαν, ώρμησαν 200 ιππείς έπι τους Καρυτινούς και Φαναρίτας, και παρά πάσαν προσδοκίαν τους έτρεψαν όλους εις φυγήν. Ή τροπή αύτη εματαίωσε το σχέδιον της εφόδου, έβαλεν εις σύγχυσιν όλα τα σώματα και ηνάγκασε τους Έπταννησίους να σημάνωσι την υποχώρησιν του κέντρου και της προς το χωρίον Δούκα πτέρυγος, και ούτως απεμακρύνθησαν όλοι οι Έλληνες αβλαβείς, άλλ' άπρακτοι και κατησχυμένοι. Ο δε φιλότιμος Πλαπούτας, απομείνας τελευταίος και κινδυνεύων να πέση εις χείρας των εχθρών, τόσον έτρεξε και τόσον ελυπήθη δια την απροσδόκητον ταύτην τροπήν, ώστε έφθασεν ημιθανής εις το στρατόπεδον και μετ' ολίγον εξεψύχησεν.

Ο θάνατος αρχηγού ατάκτων γίνεται συνήθως πρόξενος τροπής όλου του σώματος αυτών. Έν τη περιστάσει δε ταύτη συνέβη συγχρόνως και η αποτυχία του κινήματος, αν και εξ ουδεμιάς ευλογοφανούς αιτίας· δια τούτο την ακόλουθον νύκτα τα δύο τρίτα του στρατοπέδου ελειποτάκτησαν.

Τον άξιον αρχηγόν Γεώργην Πλαπούταν διεδέχθη ο αξιώτερός του αδελφός Δημήτρης φθάσας εις το στρατόπεδον την 12 ιουνίου· αλλ' ούτε η παρουσία του γενναίου τούτου ανδρός εθάρρυνε τους δειλιάσαντας, τρέμοντας και εντός των οχυρωμάτων· εκουράσθησαν και οι Λαλιώται πολεμούντες και νικώντες, δια τούτο ησύχαζαν· βεβαιωθέντες δε ότι όχι μόνον όλη η Πελοπόννησος, αλλά και η στερεά Ελλάς και αι ναυτικαί νήσοι και άλλα μέρη εκινήθησαν, και πληροφορηθέντες ότι ελληνικός στόλος εφάνη έμπροσθεν των Πατρών και διέπλευσεν αβλαβής τον δυσείσβολον κορινθιακόν κόλπον, απεφάσισαν να μη κινδυνεύωσιν ανωφελώς αυτοί μόνοι, εν ω όλοι οι συνάδελφοί των εκλείσθησαν εξ αυτής της αρχής του αγώνος εν τοις φρουρίοις· δια τούτο ανεχώρησε την 12 ὁ Κουτσοραΐπαγας ἀπὸ τοῦ Λάλα μετὰ 4 μόνον ἱππέων, καὶ φθάσας εἰς Πάτρας ἀνεπηρέαστος καθ' ὅλην τὴν μακρὰν πορείαν του, ἀνεκοίνωσε τῷ Ἰσούφῃ τὴν βουλὴν τῶν ἀποστειλάντων αὐτὸν τοῦ νὰ μεταβῶσιν ἐκεῖ καὶ ἐζήτησε βοήθειαν διὰ τὴν ἀσφαλῆ μετακόμισιν τῶν οἰκογενειῶν καὶ τῆς περιουσίας των. Ὁ πασᾶς διέταξεν ἀμέσως νὰ συσκευασθῶσι 700 ἱππεῖς εἰς συνοδίαν τῶν Λαλιωτῶν. Ἡ εἴδησις αὕτη διεδόθη εἰς τοὺς περὶ τὰς Πάτρας Ἕλληνας· ἀλλ' οὗτοι, ἀντὶ νὰ ἑτοιμασθῶσιν εἰς ἀντίστασιν, ἀπεσύρθησαν, καὶ ἀναγγείλαντες τοῖς ἔξω τοῦ Λάλα συναγωνισταῖς των ὅσα ἔμαθαν τοῖς παρήγγειλαν νὰ καταλάβωσιν ἐπὶ τῆς ὁδοῦ ὀχυρὰς θέσεις καὶ κτυπήσωσι τὸν ἐχθρὸν ἔμπροσθεν, ὑποσχόμενοι νὰ τὸν κτυπήσωσι καὶ αὐτοὶ ὄπισθεν.

Ἐν τοσούτῳ ὁ Ἰσούφης ἐξεστράτευσε μετὰ τῶν 700 ἱππέων τὴν 20 ἰουνίου καὶ εἰσέβη εἰς τοῦ Λάλα δύοντος τοῦ ἡλίου, μηδενὸς Ἕλληνος καθ' ὁδὸν μήτ' ἔμπροσθεν μήτ' ὄπισθεν φανέντος. Προεῖδαν οἱ Ἕλληνες, ὅτι οἱ Λαλιῶται ἐνισχυθέντες διὰ τῆς νέας βοηθείας θὰ τοὺς ἐκτύπουν, καὶ ἀπέστειλαν διὰ νυκτὸς τὸν Κωνσταντῖνον Μεταξᾶν καὶ τὸν Γεώργην Σολομὸν εἰς Τριπολιτσὰν αἰτούμενοι ἐπικουρίαν.

Τὴν δὲ 24 ἰουνίου τὸ πρωῒ ἤρχισαν νὰ ἐξέρχωνται ἀπὸ τοῦ Λάλα ἱππεῖς καὶ πεζοί. Οἱ Ἕλληνες ὑπέθεσαν, ὅτι οἱ ἐξελθόντες ἤρχοντο κατεπάνω των, καὶ ἡτοιμάσθησαν εἰς μάχην· ἀλλ' εἶδαν μετ' ὀλίγον, ὅτι, ἀντὶ νὰ ἔλθωσι πρὸς τὸ Πούσι, ὑπήγαιναν πρὸς τὴν Κάπελην διὰ τῶν ἀπέναντι λόφων, καὶ ὡς ἐκ τούτου ὑπέλαβαν, ὅτι ὥδευαν πρὸς τὰς Πάτρας σὺν γυναιξὶ καὶ τέκνοις φέροντες καὶ τὰ ψιλὰ πράγματά των. Ἐπὶ τῇ ὑποθέσει ταύτῃ ὁ Ἀνδρέας Μεταξᾶς καὶ ὁ Γεράσιμος Φωκᾶς, παραλαβόντες ἕως 100 ἐπιλέκτους Ἑπταννησίους καὶ ἱκανοὺς Πελοποννησίους, ἔδραμαν εἰς τὴν κορυφήν τινος τῶν πλησίον

ΚΕΦΑΛΑΙΟΝ ΙΗ.

τοῦ ἑλληνικοῦ στρατοπέδου λόφων πρὸς παρατήρησιν τῶν κινημάτων τῶν ἐχθρῶν· καὶ ἰδόντες ἐστημένην ὄχι μακρὰν μεγάλην σημαίαν καὶ ὀλίγους Τούρκους πέριξ ἐπλησίασαν καὶ ἤρχισαν νὰ τουφεκίζωσιν. Οἱ ἐχθροὶ δὲν ἀντετουφέκισαν κατ' ἀρχάς, ἀλλὰ μετ' ὀλίγον ἠκούσθη πολὺς ἀλαλαγμός, ἐκινήθη ἡ μεγάλη σημαία, καὶ ἀνεφάνη πλῆθος ἱππέων καὶ πεζῶν ὁρμώντων ἐπὶ τοὺς τουφεκίζοντας. Οἱ Ἕλληνες ἐτράπησαν εἰς φυγήν, καὶ ἄλλοι μέν, ἐν οἷς καὶ ὁ Μεταξᾶς καὶ ὁ Φωκᾶς, ἔδραμαν εἰς τὸ ὀχύρωμά των, ἄλλοι δὲ διεσκορπίσθησαν τῇδε κἀκεῖσε εἰς τὴν πεδιάδα, ἔνθα τινὲς αὐτῶν ἔμειναν δύο ἡμέρας ἄσιτοι. Οἱ Τοῦρκοι ἐπεδίωξαν τοὺς φεύγοντας μέχρι τοῦ στρατοπέδου των ἀνεμπόδιστοι, καὶ ἐκεῖ συνεκροτήθη γενικὴ μάχη, ἐλθόντων καὶ τῶν λοιπῶν Τούρκων διὰ τῆς πεδιάδος τοῦ Λάλα, καὶ ἐντεῦθεν ἐφάνη, ὅτι οἱ πρὸς τὴν Κάπελην ὁδεύοντες Τοῦρκοι ἐμελέτων νὰ ἐπιπέσωσι δι' ἐκείνου τοῦ μέρους, ἐν ᾧ οἱ ἄλλοι ἤρχοντο διὰ τοῦ ἐμπροσθινοῦ. Ἀρξαμένης δὲ τῆς μάχης ἐξώρμησε τοῦ ὀχυρώματος του ὁ Λεχουρίτης, ἀλλ' ἀπεκρούσθη, καὶ μὴ δυνηθεὶς νὰ ἐπανέλθῃ εἰσῆλθεν εἰς τὸ τοῦ Πλαπούτα· ἐγκατέλειψαν ἅμα προσβληθέντες τὸ ὀχύρωμά των καὶ οἱ Φαναρῖται· ἐν ᾧ δὲ ἔφευγαν διά τινος κοιλάδος πρὸς τὴν Κάπελην, 40 ἐξ αὐτῶν συνελήφθησαν παρὰ τῶν ἐχθρῶν καὶ ἐσφάγησαν ὅλοι ἐν τῷ ἅμα. Κυριεύσαντες οἱ ἐχθροὶ τὰ δύο ὀχυρώματα, ὥρμησαν πολλάκις ὑπὸ τὴν ὁδηγίαν αὐτοῦ τοῦ Ἰσούφη εἰς κυρίευσιν καὶ τῶν ὑπὸ τὸν Πλαπούταν καὶ τοὺς Ἑπταννησίους, ἀλλὰ κατῃσχυμένοι ὠπισθοδρόμησαν· ἐπειδὴ δὲ ἔκλινεν ἡ ἡμέρα, ἀφῆκαν ἐν τῷ πεδίῳ τῆς μάχης ἀκροβολιστάς τινας, τὸ δὲ πλῆθος κατέβη κατ' ὀλίγον εἰς τὴν πεδιάδα, καὶ περὶ τὴν 5 ὥραν μετὰ μεσημβρίαν ἐδόθη τὸ σημεῖον τῆς ὑποχωρήσεως, καὶ εἰσῆλθαν ὅλοι εἰς τὴν κωμόπολιν. 70 Ἕλληνες εφονεύθησαν και επληγώθησαν, και πενταπλάσιοι εχθροί, ως ορμώντες ανώχυροι επί ωχυρωμένους. Εφονεύθη προς τοις άλλοις και ο Σιλιχτάρης του Ισούφη. Μεταξύ δε των πληγωθέντων Ελλήνων ήσαν διάφοροι αξιωματικοί, εν οις και ο Ανδρέας Μεταξάς πληγωθείς εις την χείρα, και ο Διονύσιος Σεμπρικός. Οι Τούρκοι ήσαν τόσον βέβαιοι ότι θα ενίκων, ώστε έφεραν και σχοινία εις δέσμευσιν των αιχμαλώτων.

Τελειωθήσης της μάχης, οι Έλληνες είδαν, ότι δεν εδύναντο πλέον να διατηρήσωσι την θέσιν των· είχαν δε ανάγκην και ιατρικής επισκέψεως οι τραυματίαι· όθεν, θάψαντες την νύκτα τους νεκρούς, ανεχώρησαν την α΄ ώραν μετά το μεσονύκτιον εγκαταλείψαντες και τα κανόνια· και οι μεν περί τον Πλαπούταν υπήγαν εις Μπέτσι, οι δε λοιποί εις την μεγάλην Δίβρην, όπου έμειναν μέχρι της 27, και εκείθεν διεχωρίσθησαν. Την αυτήν δε νύκτα, καθ' ην έφυγαν οι Έλληνες, έκαυσαν και οι Λαλιώται τα δυσκόμιστα πράγματά των, και τα εξημερώματα σουβλίσαντες αιχμαλώτους τινάς ανεχώρησαν όλοι συν γυναιξί και τέκνοις εις Πάτρας υπό τον Ισούφην κατά το σχέδιόν των, καίοντες τα καθ' οδόν χωρία· γνωσθείσης δε της φυγής των, εισήλθαν οι πέριξ Έλληνες εις την κωμόπολιν, την ελεηλάτησαν και την έκαυσαν.

Ανεκτική εφάνη η αγγλοϊονική πολιτική, ως προείπαμεν, αρξαμένου του αγώνος, αλλά δυσμενής μετ' ολίγον. Εκτός της γενικής τω καιρώ εκείνω αποστροφής όλων των αυλών προς παν επαναστατικόν κίνημα, επερρέασαν ιδίως την αγγλοϊονικήν πολιτικήν κατά του ελληνικού αγώνος όχι μόνον η παντοτεινή επιθυμία της Αγγλίας να διατηρηθή η ακεραιότης της οθωμανικής αυτοκρατορίας, αλλά και η θερμή συμπάθεια και ο μέγας ενθουσιασμός των

ΚΕΦΑΛΑΙΟΝ ΙΗ.

Ἰόνων πρὸς τοὺς ἀποστατήσαντας, καὶ ἡ ἐπικρατοῦσα σφοδρὰ ὑποψία ὅτι δάκτυλος ῥωσσικὸς ὑπεκίνησε τὴν Ἑλλάδα, καὶ ἐπὶ τέλους τὸ ἄσπονδον μῖσος τοῦ μεγάλου ἁρμοστοῦ πρὸς τὸν Καποδίστριαν, ὃν ὑποθέτων κρύφιον ἀρχηγὸν τῆς ἐπαναστάσεως ἤθελε διὰ τῆς ἀποτυχίας αὐτῆς νὰ καταισχύνῃ. Ὁμοία ἡ ἀγγλοϊονικὴ πολιτικὴ πάσης ἄλλης, κρυπτούσης τοὺς ἀληθεῖς σκοπούς της ὑπὸ ἓν ἢ ἄλλο εὔσχημον κάλυμμα, ἐκηρύχθη οὐδετέρα πρὸς τοὺς ἀλληλομαχοῦντας Ἕλληνας καὶ Τούρκους, ἐκραγείσης τῆς ἐπαναστάσεως· καὶ ἡ πρώτη περὶ οὐδετερότητος πρᾶξίς της ἐξεδόθη τὴν 9 ἀπριλίου. Ἡ πρᾶξις αὕτη, ἀποτεινομένη πρὸς τοὺς διατρίβοντας ὅπου ἐξερράγη ἡ ἐπανάστασις Ἴονας, ἔλεγεν, ὅτι ὅστις ἐξ αὐτῶν συνηγωνίζετο, ἐστερεῖτο τῆς ἀγγλοϊονικῆς προστασίας καὶ πάσης ὑπὲρ αὐτοῦ μεσολαβήσεως τῆς κυβερνήσεώς του πρὸς τὰς τουρκικὰς Ἀρχάς, ἂν ᾐχμαλωτίζετο. Τὴν δὲ 18 ἰουλίου, ἐξ αἰτίας τῆς μεταβάσεως εἰς Πελοπόννησον τῶν Ζακυνθίων καὶ τῶν Κεφαλλήνων, ἐξεδόθη ἄλλη πρᾶξις λέγουσα, ὅτι πολλοὶ Ἴονες ἐξέδωκαν προκήρυξιν τὴν 1 ἰουνίου δι' ἧς αὐτωνομάζοντο ὁδηγοὶ τῶν Κεφαλλήνων καὶ τῶν Ζακυνθίων καὶ ἐκτελεσταὶ διαταγῶν τινος ξένου· ὅτι ὑπὸ τὸν ψευδῆ τοῦτον καὶ ἐγκληματικὸν χαρακτῆρα ἐτόλμησαν μετὰ πολλῶν ἐνόπλων Ἰόνων νὰ συμμεθέξωσι τοῦ πολέμου τῆς Πελοποννήσου, ἐνεργοῦντες τοιουτοτρόπως παρὰ τὸ κοινὸν δίκαιον τῶν ἐθνῶν, καὶ παραβαίνοντες τὴν ἀρχὴν τῆς οὐδετερότητος τῆς ἰονίου κυβερνήσεως· ὅτι, ἂν οἱ ὁδηγοὶ οὗτοι δὲν ἐπανήρχοντο εἰς τὰ ἴδια ἐντὸς 51 ἡμερῶν ἵνα δικασθῶσι, θὰ κατεδικάζοντο εἰς ἀειφυγίαν, καὶ τὰ κτήματά των θὰ ἐδημεύοντο· ἂν δέ ποτε ἔπιπταν εἰς χεῖρας τῆς κυβερνήσεως, θὰ ἐτιμωροῦντο ὅπως ὥρισαν οἱ νόμοι· ὅσοι δὲ ἠκολούθησαν τοὺς ὁδηγοὺς τούτους, καὶ ὅσοι γενικῶς ἔγειναν συμμέτοχοι τοῦ

ΚΕΦΑΛΑΙΟΝ ΙΗ.

ελληνικού αγώνος, παρηγγέλλοντο να επιστρέψωσιν εις τα ίδια, διότι άλλως θα επαιδεύοντο μετά ταύτα ως παραβάται της ουδετερότητος.

Η πρώτη των ανωτέρω δύο πράξεων είναι πράξις εντός των όρων της ουδετερότητος. Σημειωτέον, ότι η αγγλοϊονική κυβέρνησις δεν διέταττε δι' αυτής τους Ίονας να μη μεθέξωσι του ελληνικού αγώνος, αλλά τους προειδοποίει, ότι δια τοιαύτης διαγωγής εστερούντο της προστασίας της, ώστε τους εθεώρει ελευθέρους να πολιτευθώσιν όπως ήθελαν επί του προκειμένου αγώνος επί τη ιδία αυτών ευθύνη· έθετε δε τας αυτάς υγιείς βάσεις, άς επί της τελευταίας αποστασίας του Καναδά κατά της αγγλικής κυριαρχίας ετήρησαν απαραλλάκτως και αι ομόσπονδοι επαρχίαι της αρκτώας Αμερικής. Κατά την αποστασίαν ταύτην μέγας αριθμός πολιτών των πλησίον του Καναδά αμερικανικών επαρχιών έτρεχαν και ηγωνίζοντο μετά των λαβόντων κατά της αγγλικής κυριαρχίας τα όπλα, εν ω η κυβέρνησίς των εκηρύχθη ουδετέρα. Παρεπονέθη η Αγγλία· αλλ' ούτε αυτή απήτησεν, ούτε η ουδετέρα κυβέρνησις της Αμερικής έπραξεν άλλο, ειμή να κηρύξη, ότι όστις των πολιτών της ηγωνίζετο υπέρ του Καναδά εστερείτο της προστασίας της, αν έπιπτεν εις χείρας των Άγγλων. Η δε δευτέρα πράξις υπερέβαινε τους όρους της ουδετερότητος και εδείκνυε φανεράν μεροληψίαν υπέρ των Τούρκων, διότι κατεδίωκε και ετιμώρει βαρέως τους αγωνιζομένους μετά των Ελλήνων Ίονας. Αναμφιβόλως τα καθήκοντα της ουδετερότητος αναγκάζουν την κυβέρνησιν ή να μη δίδη παντάπασιν, ή να δίδη τα αυτά βοηθήματα προς τους αλληλομαχούντας. Αλλ' ο υπήκοος της ουδετέρας δυνάμεως δεν κείται υπό τον αυτόν κανονισμόν, και δύναται να βοηθήση επί τη ιδία αυτού ευθύνη και δια ξίφους και δια παντός άλλου τρόπου τον αγώνα τοῦ ἑνὸς ἢ τοῦ ἄλλου τῶν διαμαχομένων· ἀλλά, καθὼς οὗτος δὲν ἔχει δίκαιον ν' ἀπαιτήσῃ τὴν προστασίαν τῆς κυβερνήσεώς του ἐν τοιαύτῃ περιστάσει, διότι πολιτεύεται παρὰ τὴν πολιτικὴν αὐτῆς, οὕτω καὶ ἡ κυβέρνησίς του δὲν ἔχει ἄλλο τι κατ' αὐτοῦ νὰ πράξῃ εἰμὴ νὰ τὸν ἐγκαταλείψῃ, ἢ καὶ νὰ τὸν παύσῃ τῆς ὑπηρεσίας της, ἂν τύχῃ ὑπάλληλός της. Διὰ τὸν λόγον τοῦτον εἴδαμεν ἐπὶ τοῦ ἑλληνικοῦ ἀγῶνος συστηθείσας ἀναφανδὸν ἐν πολλαῖς ἐπικρατείαις ἑταιρίας ἐξ ἰδιωτῶν εἰς ὑποστήριξιν τοῦ ἀγῶνος δι' ἀποστολῆς εἰς Ἑλλάδα τροφῶν, χρημάτων, ὅπλων, πολεμεφοδίων καὶ πολεμιστῶν, ἐν ᾧ αἱ ἐπικράτειαι ἐκεῖναι ἐπρέσβευαν καὶ ἐτήρουν μεταξὺ Τουρκίας καὶ Ἑλλάδος οὐδετερότητα· εἴδαμεν καὶ πολλοὺς εὐρωπαίους ὑπὸ τὸ ὄνομα Φιλελλήνων ἐλθόντας εἰς Ἑλλάδα καὶ πολεμήσαντας, ἀλλὰ μηδαμῶς κατατρεχθέντας παρὰ τῶν οὐδετέρων κυβερνήσεών των. Ἡ παραβαίνουσα δὲ τὰς ἀρχὰς καὶ τοὺς ὅρους τῆς οὐδετερότητος δευτέρα αὕτη πρᾶξις ἦτον καὶ ὑπὲρ τὸ δέον σκληρὰ καὶ ἀσύνετος, διότι μὴ ἀμνηστεύουσα τοὺς ἐνόχους μήτε καὶ ἂν μετανοοῦντες ἐπανήρχοντο εἰς τὰ ἴδια, ἀλλὰ βάλλουσα καὶ τότε αὐτοὺς ὑπὸ δίκην δὲν ἐθάρρυνε τὴν ἐπάνοδόν των, ἥτις ἦτον ὁ κύριος σκοπός της. Ὁ λόρδος Βύρων καὶ τόσοι ἄλλοι Ἄγγλοι ἠσπάσθησαν τὸν ἑλληνικὸν ἀγῶνα παρὰ τὴν οὐδετερότητα τῆς κυβερνήσεώς των· ἀλλ' οὔτε εἰς ἀειφυγίαν κατεδικάσθησαν, οὔτε εἰς δίκην εἰσήχθησαν, οὔτε τῶν κτημάτων ἐστερήθησαν. Ἡ οὐδετέρα αὐλὴ τῆς Ῥωσσίας ἐκάθηρε τὸν Ὑψηλάντην ὡς ὑπάλληλόν της καὶ τὸν ἐγκατέλειψεν ὡς ὑπήκοόν της, ἀλλ' οὐδὲν ἄλλο κατ' αὐτοῦ, ἂν καὶ ἀρχιαποστάτου, ἔπραξεν. Ἔπταισαν ἀναμφιβόλως οἱ ὑπογράψαντες τὴν προκήρυξιν Ἴονες ἐπονομασθέντες "ἀρχηγοὶ καὶ στρατηγοὶ τῶν ἡνωμένων δυνάμεων "τῆς Ἑπταννήσου," καὶ εἰς φανέρωσιν τῆς ἀληθείας καὶ ἱκανοποίησιν τῆς Πύλης, καθῆκον οὐδετέρας Δυνάμεως ἔπραξεν ἡ κυβέρνησίς των στηλιτεύσασα τὸν ψευδῆ τοῦτον τίτλον· ἀλλ' ὁ μέγας ἁρμοστὴς ἠκολούθησεν ἐν ταύτῃ τῇ περιπτώσει τὰς ἀρχὰς τῆς ὀργῆς του, καὶ ἐφήρμωσε τὸν κώδηκα τῶν παθῶν του· καὶ ὅμως οὐδ' αὕτη ἡ πρᾶξις, οὐδ' ἄλλαι μεταγενέστεραι τῆς αὐτῆς ἐννοίας ἴσχυσαν νὰ μεταβάλωσι τὸ ὑπὲρ τῶν Ἑλλήνων φρόνημα καὶ πολίτευμα τῶν Ἰόνων, ὧν ὁ φιλογενὴς ζῆλος ἔμεινε διακαὴς μέχρι τέλους τοῦ ἀγῶνος ἐν μέσῳ ἀπειλῶν, δημεύσεων, καταδιώξεων καὶ τιμωριῶν.

1821.

ΚΕΦΑΛΑΙΟΝ ΙΘ

Συνέλευσις εν Καλτετσιαίς και σύστασις πελοποννησιακής γερουσίας.—Έλευσις τοῦ Δημητρίου Υψηλάντου εἰς Ἑλλάδα καὶ διενέξεις αὐτοῦ καὶ τῆς γερουσίας.

ΚΟΙΝΗ ἐπιθυμία συστάσεως γενικῆς Ἀρχῆς εἰς τακτοποίησιν τῶν κατεπειγουσῶν ὑποθέσεων ἐπεκράτει ἐξ ἀρχῆς τοῦ ἀγῶνος· ἀλλ' οὔτε δυνατὴ οὔτε ὠφέλιμος ἦτο καθ' ἣν ὥραν ἔλαβαν οἱ Ἕλληνες τὰ ὅπλα τοιαύτη τακτοποίησις, ὡς τείνουσα εἰς τὸ νὰ ἑλκύσῃ πρὸς τὰ πολιτικὰ τὴν προσοχὴν τῶν δυνατῶν τῆς Ἑλλάδος, ἣν ἀπῄτει ὅλην ὁ πόλεμος. Συνήθως ἐπὶ τῶν ἐπαναστάσεων ἀνατρέπονται τὰ ἐνυπάρχοντα πολιτικὰ συστήματα, ἀλλὰ διατηροῦνται τὰ τῆς δημοσίας ὑπηρεσίας, τὰ συντηροῦντα τὴν κοινωνίαν. Ἀλλ' ἐν τῇ Ἑλλάδι, καθ' ἣν ὥραν κατεστράφη ἡ ἐξουσία τοῦ σουλτάνου, συγκατεστράφη καὶ ὅλη ἡ δημοσία ὑπηρεσία· ὥστε διὰ μόνης τῆς ἐπιρροῆς τῶν προκρίτων τῶν ἐπαρχιῶν ἀνεπληροῦντο τὰ ἐλλείποντα. Εἶναι δὲ παρατηρήσεως ἄξιον, ὅτι ἡ εὐταξία διετηρεῖτο ἐν ταῖς ἐπαρχίαις, τὰ συμφέροντα τῶν πολιτῶν δὲν ἔπασχαν καὶ ἡ ὑπηρεσία ἐνηργεῖτο. Ἐπειδὴ δὲ εἰς σύστασιν τῆς περὶ ἧς ὁ λόγος Ἀρχῆς οὔτε ἐθνικὴν συνέλευσιν οὔτε τακτικὴν ἐκλογὴν πληρεξουσίων ἐπέτρεπεν ἡ κατάστασις τῶν πραγμάτων, ἀπεφάσισαν οἱ προκριτότεροι τῆς Πελοποννήσου, ἐκκλησιαστικοί, πολιτικοὶ καὶ πολεμικοί, νὰ συστήσωσιν προσωρινῶς πελοποννησιακὴν μόνον Ἀρχήν, ἀλλὰ καὶ ταύτην ὄχι διὰ συνδρομῆς τοῦ λαοῦ, ἀλλ' ἐν τῇ ἰδίᾳ ἐξουσίᾳ. Εἶχε συστηθῆ ἐν Καλαμάτᾳ τὴν 25 μαρτίου "μεσσηνιακὴ γερουσία·" ἀλλ' ἦτο μόνον τοπικὴ τοῦ μέρους ἐκείνου Ἀρχή, καὶ ἐσυστήθη καὶ αὕτη διὰ τοῦ προϊσταμένου τῆς Μάνης. Εἰς εὐόδωσιν δὲ τοῦ προκειμένου ἤδη σκοποῦ συνῆλθαν διάφοροι πρόκριτοι τῶν πλείστων τῆς Πελοποννήσου ἐπαρχιῶν εἰς τὴν ἐπὶ τῶν ὁρίων τῆς Λακεδαίμονος μονὴν τῶν Καλτετσιῶν, ὡς πλησίον τῶν περὶ τὴν Τριπολιτσὰν στρατοπέδων, καὶ ἔχοντες τὴν γνώμην καὶ τῶν ἐξ αἰτίας τοῦ πολέμου ἀπόντων προκρίτων ὑπέγραψαν τὴν 26 μαΐου πρᾶξιν, ἣν ἐκδίδομεν ὁλόκληρον, διότι ὅλα τὰ πρακτικὰ τῆς συνελεύσεως εἶναι αὕτη καὶ μόνη, δεικνύουσα πρὸς τίνα σκοπὸν συνῆλθαν οἱ συγκροτήσαντες αὐτήν, ἐκ τίνων ἐσύστησαν τὴν Ἀρχήν, ἣν ἐκάλεσαν πελοποννησιακὴν γερουσίαν, ποίαν ἐξουσίαν τῇ ἔδωκαν καὶ ποίαν διάρκειαν αὐτῆς ὥρισαν.

" Πατρίς·

" Ἡ γενικὴ εὐταξία τῶν ὑποθέσεων τῆς πατρίδος
" μας Πελοποννήσου, καὶ ἡ αἰσία ἔκβασις τοῦ προ-
" κειμένου ἱεροῦ ἀγῶνος περὶ τῆς σεβαστῆς ἐλευ-
" θερίας τοῦ γένους μας, ἐπειδὴ καὶ ἀναγκαίως ἀπῄ-
" τουν τὴν γενικὴν συνέλευσιν καὶ σκέψιν, συνα-
" θροίσθημεν ἐπὶ τούτου οἱ ὑπογεγραμμένοι ἀπὸ
" μέρος τῶν ἐπαρχιῶν μας, ἔχοντες καὶ τὴν γνώ-
" μην καὶ ὅλων τῶν λοιπῶν ἀπόντων μελῶν κατὰ
" τὴν σεβαστὴν μονὴν τῶν Καλτεζιῶν, κατ' εὔ-
" λογον κοινὴν ἡμῶν γνώμην καὶ ἀπόφασιν καὶ
" ὅλων τῶν ἀπόντων, ἐκλέξαντες τοὺς φιλογενε-
" στάτους κυρίους τόν τε ἅγιον Βρεσθένης Θεοδώ-
" ρητον, Σωτήριον Χαραλάμπην, Ἀθανάσιον Κανα-
" κάρην, Ἀναγνώστην Παπαγιαννόπουλον, Θεοχα-
" ράκην Ῥέντην καὶ Νικόλαον Πονηρόπουλον (α),
" καθ' ὑπακοὴν καὶ συγκατένευσιν καὶ αὐτῶν εἰς
" τὴν κοινὴν ἡμῶν ταύτην πρότασιν, τοὺς διορίζο-
" μεν διὰ νὰ παρευρίσκωνται μετὰ τοῦ ἐνδοξοτάτου

" κοινού αρχιστρατήγου μας Πετρόμπεη Μαυρομι-
" χάλη, και πάντες οι άνωθεν επέχοντες την γερου-
" σίαν όλου του δήμου των επαρχιών της Πελοπον-
" νήσου, προηγουμένου της ενδοξότητός του, να
" συσκέπτωνται, προβλέπωσι και διοικώσι και κατά
" το μερικόν και κατά το γενικόν απάσας τας υπο-
" θέσεις, διαφοράς, και παν ό,τι συντείνει εις την
" κοινήν ευταξίαν, αρμονίαν, εξοικονομίαν τε και
" ευκολίαν του ιερού αγώνός μας καθ' όποιον τρόπον
" η Θεία πρόνοια τους φωτίσει και γνωρίσωσιν
" ωφέλιμον, έχοντες κατά τούτο κάθε πληρεξου-
" σιότητα, χωρίς να ειμπορή τινας να αντιτείνη ή
" να παρακούση εις τα νεύματα και διαταγάς των.
" Και τούτο το υπούργημά των και η ημετέρα
" εκλογή θέλει διατρέξει και θέλει έχει το κύρος
" μέχρι της αλώσεως της Τριπολιτσάς και δευτέρας
" κοινής σκέψεως. Και περί μεν της από το μέρος
" των ειλικρινούς, απαθούς και μετά της δυνατής
" επιμελείας και σκέψεως εις το άνωθεν υπούργη-
" μά των εξακολουθίας, καθώς και της από το μέρος
" ημών τε και όλων των απόντων υπακοής και άνευ
" τινός ανθιστάσεως, προφασιολογίας και αναβολής
" της εξακολουθίας και ενεργείας των νευμάτων και
" διαταγών των, ελάβομεν αμφότερα τα μέρη τον
" πρέποντα όρκον ενώπιον του υψίστου Θεού εν
" βάρει συνειδότος και της τιμής μας, και ούτως
" επεδόθη αυτοίς το παρόν ενυπόγραφον αποδεικτι-
" κόν και κυρωτικόν γράμμα μας."

Πλατυτάτη και πάντη ανεύθυνος ήτον η δοθείσα τη πελοποννησιακή γερουσία παρά της αρχαιρεσιαζούσης συνελεύσεως εξουσία, διότι ούτε υπό περιορισμόν τινα εδόθη, ούτε υπ' ευθύνην περί της χρήσεως αυτής ετέθησαν οι ταύτην εμπιστευθέντες.

" Διοικήσατε," τοις είπαν οι εντολείς των, " καθ'
" όποιον τρόπον η Θεία πρόνοια σας φωτίσει

" καὶ γνωρίσετε ὠφέλιμον·" ἐγγύησιν δὲ οὔτε ἐζήτησαν οὔτε ἔλαβαν ἄλλην παρὰ τὸν εἰς Θεὸν ἐν βάρει συνειδήσεως καὶ τιμῆς ὅρκον· καὶ τὸ περιεργότερον, ὠρκίσθησαν ταὐτοχρόνως καὶ οἱ λαβόντες καὶ οἱ δώσαντες τὴν ἐξουσίαν, ἐκεῖνοι μὲν ἵνα ὑπηρετῶσιν εἰλικρινῶς, ἀπαθῶς καὶ ἐπιμελῶς, οὗτοι δὲ ἵνα ἐκτελῶσιν ἀνεξετάστως τὰς διαταγάς των καὶ ὑπακούωσιν εἰς τὰ νεύματά των. Ἡ πρὸς ἀλλήλους αὕτη ὁρκοδοσία χαρακτηρίζει τοὺς καιρούς, καὶ δεικνύει τὴν τότε πρὸς ἀλλήλους πίστιν, Ἀλλ' ὅσον πλατεῖα καὶ ἀνεύθυνος ἦτον ἡ δοθεῖσα ἐξουσία, τόσον περιωρισμένη καὶ συνετὴ ἐγένετο αὐτῆς χρῆσις, λαβόντων κυρίως ὑπ' ὄψιν τῶν ἀναδεχθέντων ταύτην ὅσα συνέτειναν εἰς ὑποστήριξιν τοῦ ἀγῶνος.

Ἀφ' οὗ δὲ ὑπεγράφη ἡ ἀνωτέρω συστατικὴ τῆς πελοποννησιακῆς γερουσίας πρᾶξις, ἐψάλη πάνδημος δοξολογία ἐπ' ἐκκλησίας· καί, ἀπολύσεως γενομένης, ὁ ἐνάρετος, ὁ ταπεινόφρων, ὁ φιλόπατρις ἐπίσκοπος Ἕλους, Ἄνθιμος, ἐπῆρεν ἐκ τῆς ζώνης τοῦ Χαραλάμπη τὰς δύο πιστόλας του, ἔκαμε δι' αὐτῶν τὸ σημεῖον τοῦ σταυροῦ ἐπὶ τῆς εἰκόνος τοῦ Χριστοῦ, καὶ προτείνας αὐτὰς πρὸς τοὺς παρεστῶτας εἶπεν ἔνθους καὶ μεγαλοφώνως· "Ἕλληνες, ὁ Κύριος εὐλό-" γησε καὶ ἁγίασε τὰ ὅπλα σας." Οἱ φιλοπόλεμοι λόγοι τοῦ ἁγίου ἀνδρὸς ἠλέκτρισαν ὅλον τὸ ἀκροατήριον. Μετὰ ταῦτα ἡ συνέλευσις διελύθη, ἡ δὲ γερουσία μετετόπισεν εἰς Στεμνίτσαν, ὅπου συνεδρίασε καὶ ἐξέδωκε τὴν 30 εἰς ὅλας τὰς ἐπαρχίας τῆς Πελοποννήσου ἐγκύκλιον, δι' ἧς διέτατε τὴν σύστασιν γενικῶν ἐφοριῶν ἐν τῇ πρωτευούσῃ πάσης ἐπαρχίας καὶ ὑπεφοριῶν ἐν τοῖς χωρίοις, προσδιώριζε τὰ διοικητικὰ καθήκοντα τῶν δημοτικῶν τούτων Ἀρχῶν, καὶ εἷλκυε κυρίως τὴν προσοχήν των εἰς τὴν προμήθειαν τῶν ἀναγκαίων τοῦ στρατεύματος ἑκάστης ἐπαρχίας. Ἡ τουρκικὴ Ἀρχὴ πρὸ τῆς

ΚΕΦΑΛΑΙΟΝ ΙΘ.

ἐπαναστάσεως ἀπεδεκάτονεν ὅλα τὰ προϊόντα τῆς γῆς· οἱ δὲ Τοῦρκοι, οἱ μισθοῦντες τὰ κτήματά των ἀπελάμβαναν τὸ πέμπτον τῶν προϊόντων. Τὰ κανονικὰ δὲ ταῦτα δέκατα καὶ γαιόμορα καὶ τὰ παντὸς εἴδους ζῶα τῶν Τούρκων διέταξεν ἡ γερουσία νὰ λαμβάνωνται εἰς χρῆσιν τοῦ κοινοῦ καθὼς καὶ οἱ καρποὶ ὅλων τῶν τουρκικῶν χωραφίων τῶν εἴτε ὡς παρασπορίων, εἴτε παρ' αὐτῶν τῶν Τούρκων ἐσπαρμένων, ἀφ' οὗ ἐξεπίπτοντο τὰ ἔξοδα τῆς συγκομιδῆς. Ὅλα δὲ τὰ τρόφιμα ταῦτα ἐχρησίμευαν πρὸς διατήρησιν τοῦ στρατεύματος τῆς ἐπαρχίας, διότι πᾶσα ἐπαρχία ἔτρεφε ἐκ τῶν ἰδίων προσόδων τὸ στράτευμά της, ἀλλὰ δὲν τὸ ἐμισθοδότει. Μόνοι οἱ Μανιᾶται ἐτρέφοντο ὑπὸ τῶν ἄλλων ἐπαρχιῶν καὶ ἐμισθοφόρουν. Ἡ γερουσία ἀπηγόρευσε καὶ τὴν ἐξαγωγὴν ὅλων τῶν τροφίμων καὶ λοιπῶν προϊόντων τῆς Ἑλλάδος, καὶ διέταξε νὰ τρέφωνται παρὰ τοῦ κοινοῦ αἱ γυναῖκες καὶ τὰ τέκνα τῶν ἀποθνησκόντων ἐν πολέμῳ, καὶ νὰ καταγράφωνται τὰ ὀνόματα αὐτῶν ἐν τῷ κώδηκι τῆς ἐπαρχίας· παρήγγειλε καὶ ἐπαγρύπνησιν ἀστυνομικήν, καὶ τὴν μὴ ἐπέμβασιν τῆς Ἀρχῆς μιᾶς ἐπαρχίας εἰς τὰ τῆς ἄλλης, καὶ ἔδωκεν ἐξουσίαν ταῖς ἐφορίαις νὰ τιμωρῶσι τοὺς πταίστας κατὰ τὰ πταίσματά των, ἀπαγορεύσασα μόνον τὸν φόνον καὶ τὴν δήμευσιν.

Εἴτε διὰ τὸ κατεπεῖγον τῶν περιστάσεων, εἴτε διὰ τὴν κατ' ἐκείνην τὴν ὥραν εὐτυχῆ ἄγνοιαν πολιτικῶν θεωριῶν, τὰ μέλη τῆς ἐν Καλτετσιαῖς συνελεύσεως καὶ τῆς γερουσίας περιωρίσθησαν, δι' ὧν ἔπραξαν εἰς ὅσα ἀπῄτει τὸ ἀληθὲς συμφέρον τῆς πατρίδος, ἤγουν εἰς τὴν πρόοδον τοῦ πολέμου, καὶ τὰ πάντα ἐφαίνοντο ἥσυχα· ἀλλ' ἡ κατάστασις αὕτη διήρκεσε μόνον δύο ἑβδομάδας.

Τὴν 7 ἰουνίου ὁ Δημήτριος Ὑψηλάντης πληρεξούσιος τοῦ αὐταδέλφου του Ἀλεξάνδρου, ἔφθασεν εἰς Ὕδραν ἐκ Τεργέστης. Χαρᾶς καὶ ἐλπίδων ἐπλήρωσε τὰς καρδίας ὅλων τῶν Ἑλλήνων τὸ ἄκουσμα προσδοκώντων καὶ τὰ τῆς ἀγνώστου Ἀρχῆς παρ' αὐτοῦ νὰ μάθωσι, καὶ τὰ περὶ συμπράξεως τῆς Ῥωσσίας νὰ βεβαιωθῶσι, καὶ βοηθήματα νὰ λάβωσιν. Ἐπειδὴ δὲ διαβὰς διὰ Σπετσῶν θ' ἀπεβιβάζετο εἰς Ἄστρος, κατέβησαν ἐκεῖ ὅλοι οἱ γερουσιασταὶ καὶ οἱ περὶ τὴν Τριπολιτσὰν εὑρεθέντες σημαντικώτεροι, ἐκκλησιαστικοί, πολιτικοὶ καὶ πολεμικοί, τὸν ὑπεδέχθησαν ὡς ἄλλον Μεσσίαν τὴν 9, τὸν ἀνεβίβασαν εἰς τὸν ἅγιον Ἰωάννην, τὸν συνώδευσαν εἰς τὸ ἐν Βερβένοις στρατόπεδον τὴν 10, καὶ τῷ ἔδωκαν τὴν ἐπαύριον ἐπὶ τῇ αἰτήσει του 200 φρουρούς· τὴν δὲ 12 συνῆλθαν ὅλοι εἰς τὰ ἁλώνια τῶν Βερβένων, ὅπου ἐδοξολόγησαν τὸν Θεόν, ὡς ἀποστείλαντα τὸν λυτρωτήν των. Μετὰ δὲ τὴν δοξολογίαν ἀνεγνώσθησαν εἰς ἐπήκοον ὅλων γράμματα, τὰ μὲν τοῦ Ἀλεξάνδρου Ὑψηλάντου, τὰ δὲ ὡς στελλόμενα παρὰ τῆς ὑπερτάτης Ἀρχῆς, δι' ὧν ἐδίδετο τῷ Δημητρίῳ Ὑψηλάντῃ πᾶσα ἐξουσία. Ἐν μέσῳ δὲ τῶν εἰς τιμὴν τοῦ πυροβολισμῶν καὶ τῶν ὑπὲρ πατρίδος καὶ ἐλευθερίας ζητωκραυγῶν ἠκούσθησαν καὶ φωναὶ λέγουσαι " νὰ μᾶς ζήσῃ ὁ ἀφέντης τοῦ τόπου." Ἀλλ' εὐθὺς ἤρχισαν αἱ λογοτριβαὶ καὶ αἱ διαιρέσεις.

Ὁ Ὑψηλάντης ἤξευρεν ὅ,τι ἕως τότε ἠγνόουν οἱ Πελοποννήσιοι, δηλαδή, ὅτι ἡ πολυθρύλλητος Ἀρχὴ ἦτον ἀπάτη· καὶ ὅμως ἐν ὀνόματι τῆς ἀπάτης ἀπῄτησεν εὐθὺς τὴν κατάργησιν τῆς γερουσίας καὶ τὴν εἰς χεῖράς του συγκέντρωσιν ὅλης τῆς πολιτικῆς καὶ στρατιωτικῆς ἐξουσίας. Οὐδεμία ἀμφιβολία, ὅτι ὅσον ὠφέλιμος καὶ ἂν ἦτο κατ' ἐκείνας τὰς περιστάσεις ἡ γερουσία, ἡ συγκέντρωσις ὅλης τῆς ἐξουσίας εἰς χεῖρας ἑνὸς καὶ μόνου ἦτον ὠφελιμωτέρα, διότι ὅπου ἀπαιτεῖται δραστηριότης, ἡ πολυαρχία εἶναι πρόσκομμα. Ἀλλ' οἱ ἄρχοντες τῆς Πελοποννήσου απέκρουσαν την απαίτησιν ταύτην ως υποδουλούσαν και εξευτελίζουσαν αυτούς. επροθυμήθησαν όμως και συμπράκτορά των εν τη γερουσία να τον παραλάβωσι, και πρόεδρον αυτής να τον αναγορεύσωσι, και μηδέν έργον να τη επιτρέψωσι άνευ της γνώμης αυτού· και αυτός ο Μαυρομιχάλης, όστις επρώτευεν, έσπευσε να τον τιμήση ως ανώτερόν του· αλλ' ουδεμία τοιούτου είδους παραχώρησις ευχαρίστει τον Υψηλάντην· ήθελε να ήναι μόνος αυτός η υπερτάτη εξουσία, και όλοι οι άλλοι υπό τας διαταγάς του· ήθελε να ήναι εν τη Ελλάδι ό,τι ήτον ο αδελφός του εν Βλαχομολδαυία· αφ' ου δε είδεν ότι ο σκοπός ούτος δεν ευωδούτο, και ότι οι γερουσιασταί ελογομάχουν μετ' αυτού πικρώς, τόσον ηπόρησε και δυσηρεστήθη, ώστε ανεχώρησεν εις Καλαμάταν.

Μεγάλη ήτον η προδιάθεσις του κοινού υπέρ της Αρχής της φιλικής Εταιρίας, και μεγάλαι αι εκείθεν προσδοκίαι. Το κοινόν εθεώρησε τον Υψηλάντην ελθόντα ως πλήρωμα των προσδοκιών του, οι δε στρατιώται ως δοτήρα μισθών, τιμών και βαθμών· δια τούτο η αναχώρησίς του εξηγρίωσε το εν Βερβένοις στρατόπεδον, και τόσω μάλλον καθ' όσον διεδόθη λόγος, ότι δια την δυστροπίαν των προκρίτων της Πελοποννήσου διενοείτο να εγκαταλείψη ολοτελώς την Ελλάδα. Ηρέθιζαν το στρατιωτικόν έτι μάλλον καί τινες των περί τον Υψηλάντην· ώστε καθ' ην ώραν ήσαν οι πλείστοι των γερουσιαστών και άλλοι πρόκριτοι συνηγμένοι παρά τω Μαυρομιχάλη, και εσκέπτοντο περί της ρήξεως, και κατεγίνοντο να ειδοποιήσωσι περί τούτου τους γείτονάς των προκρίτους Ύδρας και Σπετσών, ήλθαν έξωθεν πάμπολλοι στρατιώται βοώντες τα μύρια κατά των προκρίτων, και απειλούντες να τους σφάξωσιν ως αποδιώξαντας τον σωτήρα της Ελλάδος. Ευρέθησαν καλή τύχη έξω της οικίας διάφοροι Μανιάται και άλλοι στρατιώται ακόλουθοι των προκρίτων και εμπόδισαν την πρώτην ορμήν των φιλοταράχων. Εξήλθε μετά ταύτα και ο παρευρεθείς Κολοκοτρώνης, τους καθησύχασε, και τους απέστειλεν εις τα ίδια, υποσχόμενος την ταχείαν επιστροφήν του Υψηλάντου εις το στρατόπεδον. Τω όντι εστάλησαν προς αυτόν ανυπερθέτως οι οπαδοί του, Αναγνωσταράς και Δικαίος, οι και υποκινήσαντες την στρατιωτικήν ταραχήν, τον επρόφθασαν εις Λεοντάρι, τον μετέπεισαν και τον συνώδευσαν εις το στρατόπεδον των Τρικόρφων.

Αν ο Υψηλάντης είχε τόσην πολιτικήν τόλμην όσην έδειξε πάντοτε ανδρίαν εν πολέμω, η περίστασις εκείνη ήτον αρμοδιωτάτη να τον περιβάλη ην επεθύμει εξουσίαν· τον ετίμων και τον υπήκουαν αι ναυτικαί νήσοι και όλη η στερεά Ελλάς· τα εν Τρικόρφοις και εν Βερβένοις στρατόπεδα τον εχαιρέτησαν επανελθόντα αγαλλόμενα και ήσαν υπό τα νεύματά του· ο λαός της Πελοποννήσου τον ηγάπα, και αυτοί οι πρόκριτοι ήθελαν μόνον να περιστείλωσι την απόλυτον εξουσίαν του, αλλ' όχι και να την καταργήσωσι, διότι εφοβούντο την Αρχήν της Εταιρίας αγνοούντες ότι ήτο μύθος· εν συντόμω πολιτικοί και πολεμικοί, οι της θαλάσσης και οι της ξηράς, μικροί και μεγάλοι, όλοι εις τον Υψηλάντην ήλπιζαν· αλλ' όλα ταύτα δεν τον ωφέλησαν. Εκάθητο επί των Τρικόρφων και ανταπεκρίνετο μετά των αντιπάλων του συνηγμένων εις Ζαράκωβαν. Σχέδια οργανισμού συχνάκις αντεπεστέλλοντο, και ουδέν απεφασίζετο· εν ενί λόγω ό,τι έπρεπεν ως επαναστάτης και εδύνατο εν μέσω τόσων ευτυχών περιστάσεων ως τολμηρός να κατορθώση εν μιά στιγμή, σείων μόνον την σπάθην του και μηδέ ρανίδα χύνων αίματος, ως μηδενός τολμώντος ν' αντισταθή ενόπλως, το διεπραγματεύετο ως αδύνατος συμβιβαστής δι' ειρηνικών πρεσβειών και δι' ανωφελών συζητήσεων. Μη δυνηθείς δε να δράξη

ΚΕΦΑΛΑΙΟΝ ΙΘ.

τὴν ἐξουσίαν κατ' αὐτὴν τὴν ἀρχὴν τοῦ σταδίου του, μηδὲ εἰς τὸ ἑξῆς τὸ κατώρθωσε καθ' ὅλον τὸν ἐθνικὸν ἀγῶνα, πάντοτε ἀντιπολιτευόμενος τὰς κυβερνήσεις, ᾶς ἐθεώρει σφετεριστὰς τῆς ἀνηκούσης αὐτῷ ἐξουσίας, καὶ πάντοτε σχετιζόμενος πρὸς τοὺς στρατιωτικοὺς κατὰ τῶν ἀντιζήλων του πολιτικῶν· ἀλλὰ καὶ πάντοτε τρέχων αὐθόρμητος εἰς τοὺς κινδύνους, καὶ διαπρέπων ἐν πολέμῳ, καὶ μηδαμῶς φειδόμενος τῆς ζωῆς του διὰ τὴν σωτηρίαν καὶ τὴν ἐλευθερίαν τῆς πατρίδος του. Κατ' ἐκείνας τὰς περιστάσεις ὑπώπτευσαν πολλοὶ τὸν Ὑψηλάντην ὡς ὑπενεργοῦντα τὸν φόνον τῶν ἀντιπάλων του, διότι ἐφωράθησαν τῷ ὄντι τινὲς τῶν περὶ αὐτὸν ὑποκινοῦντες χεῖρας μιαιφόνους κατ' ἐκείνων. Ἀλλ' ὁ Ὑψηλάντης ἀμέτοχος ἦτο καὶ ἀμέτοχος παντὸς ἐγκλήματος διέμεινε μέχρι τέλους τῆς ζωῆς του καὶ ἐν ἔργῳ καὶ ἐν λόγῳ.

Ἀφ' οὗ δὲ καὶ αὐτὸς καὶ οἱ προεστῶτες τῆς Πελοποννήσου ἐκουράσθησαν, ἀνωφελῶς διαπραγματευόμενοι, ἀνέβαλαν τὰς περὶ Ἀρχῆς λογοτριβὰς καὶ γραφομαχίας εἰς τὴν πτῶσιν τῆς Τριπολιτσᾶς, καθ' ἣν ἔπαυε καὶ ἡ δύναμις τῆς γερουσίας κατὰ τὴν ἀπόφασιν αὐτῆς τῆς ἐν Καλτετσιαῖς συνελεύσεως. Ἐν τοσούτῳ ὁ Ὑψηλάντης ἔπηξε τὴν καλύβην του ἐπὶ τῶν Τρικόρφων καὶ ἔστησεν ἐκεῖ καὶ τὴν ἀρχιγραμματίαν του ὑπὸ τὸν διδάσκαλον Βάμβαν, ἐνεργῶν μὲν ἀδιαφιλονεικήτως καθ' ὅλην τὴν ἐκτὸς τοῦ ἰσθμοῦ Ἑλλάδα ὡς πληρεξούσιος τοῦ γενικοῦ ἐπιτρόπου τῆς Ἀρχῆς τῆς φιλικῆς Ἑταιρίας, ἀντιφερόμενος δὲ πάντοτε ἐντὸς τοῦ ἰσθμοῦ πρὸς τὴν γερουσίαν καὶ ἀντικρουόμενος ἐν τῇ χρήσει τῆς ἐξουσίας του.

Τοιουτοτρόπως παρίστατο ἐν Πελοποννήσῳ τὸ φαινόμενον δύο ἐνόπλων καὶ ἀντικαταδιωκομένων, ἀλλὰ καὶ μὴ ἐνόπλως συγκρουομένων κυβερνήσεων, τῆς μὲν μονοκρατορικῆς, τῆς δὲ ὀλιγαρχικῆς, ἀλλ' οὐδεμιᾶς αὐτῶν δημογενοῦς.

ΣΗΜΕΙΩΣΕΙΣ.

ΠΡΟΟΙΜΙΟΝ.

(α.)

Ὁ πόλεμος τῆς Ἑλλάδος εἶχε καὶ τὰ χαρακτηριστικὰ ἐπαναστάσεως ὡς ἀνατρέψας τὰ καθεστῶτα, καὶ τὰ χαρακτηριστικὰ ἀποστασίας ὡς ἀποστήσας τὴν Ἑλλάδα τῆς ὀθωμανικῆς αὐτοκρατορίας, εἰς ἣν ὑπέκειτο· διὰ τοῦτο μεταχειρίζομαι ἀδιαφόρως τὰς δύο ταύτας λέξεις, συγχεομένας παρ' ἡμῖν, ἂν καὶ διεκρίνοντο παρὰ τοῖς ἀρχαίοις. ("Ορα Θουκυδίδην, βιβλίον γ΄, παράγραφον λθ΄.)

(β.)

Ἄξια προσοχῆς καὶ ἐφαρμοζόμενα εἰς τὰς περὶ ὧν ὁ λόγος περιστάσεις τῶν σημερινῶν Ἑλλήνων εἶναι ὅσα ἀναφέρει ὁ Θουκυδίδης ἐν τῷ ἀκολούθῳ παραγράφῳ περὶ τῆς κατὰ γῆν καὶ θάλασσαν λῃστείας ἐπὶ τῶν ἀρχαίων χρόνων τῆς Ἑλλάδος.

"Οἱ γὰρ Ἕλληνες τὸ πάλαι καὶ τῶν βαρβάρων οἵ τε ἐν τῇ
" ἠπείρῳ παραθαλάσσιοι καὶ ὅσοι νήσους εἶχον, ἐπειδὴ ἤρ-
" ξαντο μᾶλλον περαιοῦσθαι ναυσὶν ἐπ' ἀλλήλους, ἐτράποντο
" πρὸς λῃστείαν, ἡγουμένων ἀνδρῶν οὐ τῶν ἀδυνατωτάτων
" κέρδους τοῦ σφετέρου αὐτῶν ἕνεκα καὶ τοῖς ἀσθενέσι τροφῆς,
" καὶ προσπίπτοντες πόλεσιν ἀτειχίστοις καὶ κατὰ κώμας
" οἰκουμέναις ἥρπαζον καὶ τὸν πλεῖστον τοῦ βίου ἐντεῦθεν ἐποι-
" οῦντο, οὐκ ἔχοντός πω αἰσχύνην τούτου τοῦ ἔργου, φέροντος
" δέ τι καὶ δόξης μᾶλλον· δηλοῦσι δὲ τῶν τε ἠπειρωτῶν τινες
" ἔτι καὶ νῦν, οἷς κόσμος καλῶς τοῦτο δρᾷν, καὶ οἱ παλαιοὶ τῶν
" ποιητῶν, τὰς πύστεις τῶν καταπλεόντων πανταχοῦ ὁμοίως
" ἐρωτῶντες εἰ λῃσταί εἰσιν, ὡς οὔτε ὧν πυνθάνονται ἀπαξι-
" ούντων τὸ ἔργον, οἷς τ' ἐπιμελὲς εἴη εἰδέναι οὐκ ὀνειδιζόντων.

TOM. Α. Υ

"Ἑληΐζοντο δὲ καὶ κατ' ἤπειρον ἀλλήλους· καὶ μέχρι τοῦδε
" πολλὰ τῆς Ἑλλάδος τῷ παλαιῷ τρόπῳ νέμεται περί τε Λο-
" κροὺς τοὺς Ὀζόλας καὶ Αἰτωλοὺς καὶ Ἀκαρνᾶνας καὶ τὴν
" ταύτῃ ἤπειρον. Τό τε σιδηροφορεῖσθαι τούτοις τοῖς ἠπει-
" ρώταις ἀπὸ τῆς παλαιᾶς λῃστείας ἐμμεμένηκεν."

(γ.)

Εἰς πλήρη γνῶσιν τοῦ δημογεροντικοῦ τούτου συστήματος παραπέμπω τὸν ἀναγνώστην εἰς τὸ ΚΕ Κεφάλαιον τῆς ἱστορίας ταύτης.

(δ.)

Ἠρώτησάν τινες, διατί δὲν συμπαρέλαβα ἐν τῇ ἀνὰ χεῖρας ἱστορίᾳ καὶ τὰ κατὰ τὸν Ῥήγαν. Ἰδοὺ ἡ ἀπάντησίς μου.

Συγγράφων τὰ τῆς ἑλληνικῆς ἐπαναστάσεως, ὤφειλα νὰ ἐξετάσω κατὰ πρῶτον τίς ὁ ὀργανίσας καὶ τίς ὁ κινήσας αὐτήν. Τούτου χάριν, ἐνδιέτριψα εἰς τὰ τῆς φιλικῆς Ἑταιρίας, ἥτις τὴν ὠργάνισε καὶ τὴν ἐκίνησεν· οὐδεὶς δὲ σύνδεσμος ὑπάρχει αὐτῆς καὶ τῶν κατὰ τὸν Ῥήγαν, οὐδὲ λόγος περὶ τούτων γίνεται ἐν τοῖς ὀργανισμοῖς ἢ ἐν τοῖς ὅρκοις ἐκείνης· μαρτυρεῖ δὲ τὰ λεγόμενα καὶ ὁ συνεταῖρος τοῦ Ῥήγα καὶ ἀπόστολος τῆς Ἑταιρίας Περραιβὸς ἐν τοῖς Ἀπομνημονεύμασί του. Σχέσιν τινὰ εἶχεν ἡ φιλικὴ Ἑταιρία μόνον πρὸς τὴν ἐν ἔτει 1813 συστηθεῖσαν ἐν Ἀθήναις φιλόμουσον Ἑταιρίαν, καὶ τὴν σχέσιν ταύτην δὲν ἀπεσιώπησα. Οὐδεὶς ἀμφισβητεῖ, ὅτι τὰ σημερινὰ συμβάντα εἶναι γεννήματα τῶν χθεσινῶν, καὶ ὅτι εἰς ἀκριβῆ γνῶσιν ἐκείνων ἀναγκαία ἡ διήγησις τούτων· ἀλλά, ἂν ἕνεκα τούτου χρέος εἶχα νὰ συμπαραλάβω τὰ κατὰ τὸν Ῥήγαν, χρέος διὰ τὸν αὐτὸν λόγον θὰ εἶχα νὰ συμπαραλάβω καὶ τὰ κατὰ τὸν Παπαθύμιον, τοὺς πολέμους Σουλίου καὶ Ἀλήπασα, τὰ ἐπὶ τῆς ἡγεμονίας τούτου, τὰ κατὰ τὸν Λάμπρον Κατσώνην καὶ τὰ ἐπὶ τῆς Αἰκατερίνης, νὰ ῥίψω τὸ βλέμμα εἰς τὰ διάφορα πολιτεύματα τῆς Ἑπταννήσου, νὰ ἐπεξέλθω τοὺς πολέμους Ἐνετῶν καὶ Τούρκων, νὰ διατρέξω τὰ κατὰ τὸν Σκενδέρμπεην, καὶ ἄλλους τοπάρχας, ν' ἀναβῶ εἰς αὐτοὺς τοὺς καιροὺς τῆς ἁλώσεως τῆς Κωνσταντινουπόλεως, ἂν ὄχι ἀπώτερον καὶ νὰ ἐξετάσω ὁποία ἡ ἐν τῷ μεταξὺ τούτῳ κατάστασις τοῦ ἑλληνικοῦ ἔθνους, ὁποία ἡ τοῦ ὀθωμανικοῦ κράτους καὶ πόθεν ἡ πρόοδος ἐκείνου καὶ ἡ παρακμὴ τούτου. Τοιαύτη δὲν ἦτον

ΣΗΜΕΙΩΣΕΙΣ. 313

ἡ πρόθεσίς μου· ὑπαινίττομαι ὅμως ἐν προοιμίῳ τὰ σκοπιμώτερα. Τόσον ἀπῄτει ἡ οἰκονομία τοῦ συγγράμματος νὰ εἴπω καθ' οὓς ἔθεσα ὅρους, καὶ τόσον εἶπα.

(ε.)

Ἡγεμονείαν γράφω τὸν ὑπὸ τὸν ἡγεμόνα τόπον, ἡγεμονίαν δὲ τὸ ἀξίωμα τοῦ ἡγεμόνος πρὸς διάκρισιν.

ΚΕΦΑΛΑΙΟΝ Α.

(α.)

Ὁ ἀριθμὸς τῶν μελῶν τῆς Ἀρχῆς δὲν ὡρίσθη, ὡς κοινῶς ἐπιστεύετο, εἰς δεκαέξ. Ἡ ἰδέα αὕτη ἐπεκράτησε, διότι τὸ ἐφοδιαστικὸν τῶν ἱερέων εἶχε 16 στήλας καὶ τὸν δεκαὲξ ἀριθμὸν δεξιόθεν καὶ ἀριστερόθεν τοῦ ἐν αὐτῷ σημείου τοῦ σταυροῦ, καὶ διότι ἐρωτώμενος ὁ συστημένος ἢ ὁ ἱερεὺς ὑπό τινος τῶν συναδέλφων, "ποσ' ἔχει·" ἀπεκρίνετο, "δεκαέξ," ἐξ αἰτίας τῶν 16 στηλῶν τοῦ ἐφοδιαστικοῦ τῶν ἱερέων. Ἕκαστον δὲ μέλος τῆς Ἀρχῆς ἐλάμβανεν ὡς γνώρισμά του τὸ στοιχεῖον Α καὶ ἓν ἄλλο τῶν στοιχείων τοῦ ἀλφαβήτου, τὸ πρῶτον τῶν μὴ εἰσέτι παραληφθέντων. Ὁ Ἀλέξανδρος Ὑψηλάντης, ἓν τῶν τελευταίων, ἴσως καὶ τὸ τελευταῖον μέλος τῆς Ἀρχῆς, ἐγνωρίζετο διὰ τοῦ στοιχείου τοῦ ἀλφαβήτου Ρ, καὶ ἐντεῦθεν συνάγεται πόσος ἦτον ὁ ἀριθμὸς τῶν μελῶν τῆς ἀγνώστου Ἀρχῆς, ὃ ἐστιν ὅσων ᾔξευραν, ὅτι ἡ ὑποτιθεμένη Ἀρχὴ ἦτον ἀπάτη.

(β.)

Κατ' ἄλλους μόνον ἕξ, μὴ συμπαραλαμβανομένου τοῦ τῶν ἀρχιποιμένων. Ἐγὼ ἐδέχθην τὴν βαθμολογίαν ταύτην ὡς τὴν κανονικήν· ἀλλὰ ἠξεύρω ὅτι τὸ δίπλωμα τοῦ Γρηγορίου Δικαίου ἔφερε σφράγισμα λέγον ἐπὶ τῆς περιφερείας του "ἀρχιερεὺς δικαιοσύνης." Τοῦτο ἀποδεικνύει, ὅτι δὲν ἐφυλάττετο ἀκριβῶς ἡ ῥηθεῖσα βαθμολογία, ἢ τοὐλάχιστον ἡ ῥηθεῖσα ὀνοματοθεσία.

ΣΗΜΕΙΩΣΕΙΣ.

ΚΕΦΑΛΑΙΟΝ Β.

(α.)

Ἰδοὺ τὸ ἔγγραφον.

" Ἀγαθῇ τύχῃ.

" Οἱ ὑπογράφοντες, κινοῦντες ὅλην τὴν μηχανὴν τῆς φιλικῆς
" Ἑταιρίας, καὶ μέλλοντες νὰ χωρισθῶσι, καθὼς συμφώνως
" τοὺς ἐφάνη εὔλογον, λαμβάνων καθεὶς ἑτέραν διεύθυνσιν διὰ
" τὰς ὑποθέσεις τῆς ἰδίας, κρίνουσι καὶ ἀποφασίζουσι τὰ ἀκό-
" λουθα, τὰ ὁποῖα θέλει τοὺς χρησιμεύσουσι κανόνες τῶν ἰδίων
" των πράξεων καὶ τῶν σχέσεών των μὲ τοὺς ἄλλους.

" α^{ον}. Οὐδεὶς ἀπὸ τοὺς κινοῦντας εἰς τὸ ἑξῆς δὲν θέλει
" ἐνεργεῖ ἢ πράττει πρὸς ἰδιαίτερον τέλος· ἀλλ' ὅλαι αἱ πράξεις
" του θέλουν εἶναι ὅλως διόλου διὰ τὴν Ἑταιρίαν. Εἰς αὐτὴν
" τὴν ὑποχρέωσιν ὑπόκεινται καὶ οἱ ἀπόντες γνωρίζοντες καὶ
" λαμβάνοντες μέρος ὁπωσοῦν εἰς τὴν κίνησιν κατὰ τὸ παρόν.
" Πλὴν πρὸς τελείωσιν καὶ παῦσιν τῶν μερικῶν ὑποθέσεών
" των δίδεται διορία τῶν μὲν Ἀντωνίου Κομιζόπουλου καὶ
" Ἀθανασίου Σέκερη μῆνας ἕξ, τοῦ δὲ Ἀνθίμου Γαζῆ μῆνας
" τρεῖς ἀπὸ τὴν σήμερον, οἱ ὁποῖοι ἀνίσως δὲν κάμωσι κατὰ
" ταύτην τὴν ἀπόφασιν θέλει θεωροῦνται εἰς τὸ ἑξῆς ὡς ἁπλᾶ
" μόνα μέλη· μόνον τοῦ Παναγιώτη Σέκερη, ἐπειδὴ καὶ ἡ παρ-
" ουσία του εἶναι καλὴ εἰς Κωνσταντινούπολιν, συγχωρεῖται
" νὰ ἐξακολουθῇ τὸ ἐμπόριόν του ὅπως ὁ ἴδιος τὸ κρίνει
" εὔλογον.

" β^{ον}. Ὑποχρεοῦνται οἱ κινοῦντες νὰ εἰδοποιῶνται ἀνα-
" μεταξύ των διὰ τὰς πράξεις των, διαθέτοντες ἐκ συμφώνου
" διὰ τὰ χρήματα τῆς Ἑταιρίας πρὸς ὠφέλειαν αὐτῆς, καθὼς
" καὶ διὰ τὰ γράμματα χωρὶς νὰ ἔχῃ οὐδεὶς τὸ δικαίωμα νὰ
" τὰ κατακρατῇ ἢ νὰ τὰ μεταχειρίζεται κατ' ἀρέσκειάν του.

" γ^{ον}. Οὐδεὶς δὲν θέλει φανερώσει τὴν κινητικὴν Ἀρχὴν
" μήτε κανόνα ἀπὸ τοὺς κινοῦντας, μήτε τὸν ἑαυτόν του ὡς
" κινοῦντα, μήτε ὅτι ἠξεύρει τι περὶ τῆς Ἀρχῆς· δὲν θέλει
" δεχθῇ ἢ κάμει συνθήκην μὲ ἀλλοεθνεῖς· δὲν θέλει ἐπιχει-
" ρισθῇ τι σχετικὸν ἀποστασίας γενικῆς ἢ μερικῆς χωρὶς τὴν
" συναίνεσιν καὶ τῶν ἄλλων κινούντων ἀδελφῶν· εἰς περίστα-
" σιν διαφωνίας αἱ περισσότεραι γνῶμαι ὑπερισχύουσιν.

" Γίνεται ἐξαίρεσις ὡς πρὸς τὴν φανέρωσιν μόνον τῆς κινητῆς
" Ἀρχῆς τοῦ Ἐμμανουὴλ Ξάνθου, ὑπάγοντος εἰς ἀντάμωσιν

ΣΗΜΕΙΩΣΕΙΣ. 315

" τοῦ κόμητος Ἰωάννη, ἔχων τὴν ἄδειαν νὰ φανερώσῃ τὴν
" Ἀρχὴν εἰς αὐτὸν μόνον, ὅστις ἐμβαίνων εἰς τὸν ἀριθμὸν
" τῶν κινούντων θέλει ὑπογράψει τοῦτο τὸ ὑποχρεωτικόν,
" ὑποχρεούμενος ὅμως ὁ Ξάνθος νὰ δώσῃ εὐθὺς εἴδησιν εἰς
" τὰ πλεῖστα μέλη τῶν κινούντων ὅλων τῶν σχέσεών του καὶ
" ἀναφορῶν του μὲ τὸν Κόμητα.
" Ἐν Κωνσταντινουπόλει τῇ 22 Σβρίου 1818.
" Ἄνθιμος Γαζῆς.
" Ἐμμανουὴλ Ξάνθος.
" Ἀθανάσιος Ν. Τζακάλωφ.
" Παναγιώτης Α. Ἀναγνωστόπουλος.
" Παναγιώτης Σέκερης.
" Νικόλαος Μ. Πατζιμάδης.
" Γεώργιος Λεβέντης.
" Ἀντώνιος Κομιζόπουλος."

Τὸ ἔγγραφον τοῦτο, ἐν ᾧ φαίνονται ὀκτὼ οἱ προϊστάμενοι τῆς Ἑταιρίας, ἀναφέρει τινὰς τῶν ὑπογεγραμμένων ὡς ἀπόντας. Τῷ ὄντι, καθ᾽ ὃν καιρὸν συνετάχθη ἐν Κωνσταντινουπόλει, ὁ Γαζῆς, ὁ Πατζιμάδης, ὁ Λεβέντης καὶ ὁ Κομιζόπουλος δὲν παρῆσαν ἐν τῇ πόλει ἐκείνῃ, καὶ τὸ ὑπέγραψαν ὅπου τότε ἕκαστος διέτριβε.

(β.)

Πολλοὶ ἠπόρησαν πῶς ἄνθρωποι νουνεχεῖς καὶ ὑψηλῆς θέσεως ἐν Ἑλλάδι, ὁποῖοι ὁ Π. Πατρῶν, ὁ Ἀνδρέας Ζαήμης, ὁ Πανοῦτσος Νοταρᾶς, ὁ Ἀνδρέας Λόντος καὶ ἄλλοι τοιοῦτοι παρεδέχθησαν τὴν Ἑταιρίαν ἀνεξετάστως. Ἰδοὺ τί ἤκουσα. Ὁ Ἀντώνης Πελοπίδας Καρυτινὸς ἐστάλη τὸ 1818 παρὰ τῶν ἐν Κωνσταντινουπόλει Ἑταίρων εἰς Πελοπόννησον ὡς κατηχητής. Ἐπειδή τινες αὐτῶν ἐγνώριζαν τὸν Π. Πατρῶν καὶ τὸν Ἀνδρέαν Καλαμογδάρτην, πρόκριτον τῆς πόλεως ἐκείνης, ἐσύστησαν αὐτοῖς τὸν κατηχητήν. Ὁ Πελοπίδας ὑπέδειξε πρῶτον τὸν σκοπὸν τῆς ἀποστολῆς του τῷ Καλαμογδάρτῃ, ἀλλὰ μὴ εὑρὼν αὐτὸν εὐδιάθετον ἐδοκίμασε τὴν διάθεσιν τοῦ Π. Πατρῶν, ὅστις, ἂν καὶ νουνεχὴς καὶ πολυπράγμων, ἐδέχθη προθύμως τὴν πρότασιν διὰ τὴν ἐξῆς αἰτίαν.

Πρό τινων ἡμερῶν εἶχε λάβει γράμμα τοῦ ἐν Πίσῃ τῆς Τοσκάνης Ἀλεξάνδρου Μαυροκορδάτου πολλὰ περιποιητικόν. Διὰ τοῦ γράμματος τούτου ὁ Μαυροκορδᾶτος τῷ ἔλεγεν, ὅτι ἤλπιζε μίαν ἡμέραν νὰ ἀξιωθῇ νὰ ἀσπασθῇ τὴν ἱερὰν δεξιάν του ἐπ' ἀγαθῷ τῆς Ἑλλάδος. Ὁ Μαυροκορδάτος συνώδευσε τὸν αὐθέντην Καρατσᾶν φυγόντα ἐκ Βλαχίας· ὁ δὲ Π. Πατρῶν οὔτε προσωπικήν, οὔτε ἐξ ἀλληλογραφίας εἶχε πρὸς αὐτὸν σχέσιν· διὰ τοῦτο τὸ περὶ οὗ ὁ λόγος ἀπροσδόκητον καὶ αἰνιγματῶδες γράμμα τὸν ἔφερεν εἰς πολλοὺς διαλογισμοὺς ἀποροῦντα πῶς ὁ Μαυροκορδάτος, φυγάς, ἤλπιζε ν' ἀσπασθῇ τὴν δεξιάν του, ἐν ᾧ ἦτον ἐπίσης πάντη ἀπίθανος ἡ μετάβασις τοῦ Π. Πατρῶν, ὡς ἀρχιερέως, εἰς τὴν Ἰταλίαν ἐπὶ τῆς τουρκοκρατίας· ἡ δὲ φράσις " ἐπ' ἀγαθῷ τῆς Ἑλλάδος" τῷ ἐφαίνετο ἔτι μᾶλλον μυστηριώδης. Διὰ τοῦτο μόλις ἤκουσε τὴν πρότασιν τοῦ Πελοπίδα, ἐνόμισεν, ὅτι ηὗρε τὴν λύσιν τοῦ αἰνιγματώδους τούτου γράμματος. Ὑποθέσας δ' ἐντεῦθεν ὅτι οἱ σημαντικώτεροι καὶ οἱ συνετώτεροι τοῦ ἔθνους ἦσαν μέλη τῆς Ἑταιρίας, ἐδέχθη προθύμως τὴν ἀνακάλυψιν τοῦ μυστηρίου καὶ κατετάχθη ὡς ἱερεὺς ἐν τῷ χορῷ τῶν Φιλικῶν· διέταξε δὲ καὶ τὸν Πελοπίδαν νὰ μὴ κατηχήσῃ ἄλλον ἐν Πάτραις σκοπῶν αὐτὸς νὰ κατηχήσῃ τοὺς ἀξίους· ἀλλὰ νὰ μεταβῇ εἰς Βοστίτσαν καὶ νὰ κατηχήσῃ τὸν ἐκεῖ προεστῶτα Ἀνδρέαν Λόντον. Οὕτως ἔγεινεν. Ὁ Λόντος κατηχήθη ἐπὶ τῇ συστάσει τοῦ Π. Πατρῶν, καὶ ἐπὶ τῇ συστάσει ἀμφοτέρων κατηχήθησαν οἱ Νοταράδες, οἱ Ζαῆμαι καὶ ἄλλοι.

ΚΕΦΑΛΑΙΟΝ Γ.

(α.)

Οἱ λεγόμενοι Πανδοῦροι εἶναι χωρικοὶ τῆς μικρᾶς Βλαχίας, ὁπλοφόροι παιδιόθεν, φιλόθηροι μᾶλλον καὶ ὀκνηροί, ἢ φιλόπονοι καὶ γεωργοί· στρατολογοῦνται δὲ ἐπὶ μισθῷ εἰς ὑπηρεσίαν καὶ εὐταξίαν τοῦ τόπου· εἶναι ἐν ἑνὶ λόγῳ τὰ παλληκάρια τῆς Βλαχίας.

(β.)

Κατ' ἄλλους ἐξέδωκεν ὁ Βλαδιμιρέσκος τὴν περὶ ἧς ὁ λόγος προκήρυξιν διατρίβων εἰσέτι ἐν μικρᾷ Βλαχίᾳ· ἐπὶ δὲ τῆς ἐν Κουτροτσανίῳ διαμονῆς του ὕψωσε κατὰ πρώτην φορὰν σημαίαν φέρουσαν ἐπὶ κυανοῦ μεταξωτοῦ ὑφάσματος τὰ ὁμοιώ-

ΣΗΜΕΙΩΣΕΙΣ. 317

ματα τῆς ἁγίας Τριάδος καὶ τῶν μεγαλομαρτύρων Γεωργίου καὶ Δημητρίου, καὶ τὸ " Ζήτω ἡ Ἐλευθερία" χρυσοῖς γράμμασιν.

(γ.)

Κατ' ἄλλους ὁ Γεώργιος Καντακουζηνὸς ἦλθεν εἰς τὸ Ἰάσι τὴν ἀκόλουθον ἡμέραν τοῦ ἐρχομοῦ τοῦ Ὑψηλάντου.

(ε.)

Ὁ νέος στρατηγὸς ηὗρεν ἐν Φωξάνῃ τρεῖς δυστυχεῖς μεταπράτας Τούρκους· " ἢ βαπτίζεσθε," τοῖς εἶπεν, " ἢ σᾶς σκοτόνω·" οἱ δύο ἐβαπτίσθησαν, ὁ δὲ τρίτος ἐσκοτώθη.

ΚΕΦΑΛΑΙΟΝ Δ.

(α.)

Πολλοὶ πολλάκις εἶπαν, ὅτι ὁ Πετρόμπεης ἔλαβε σημαντικὰς ποσότητας χρημάτων εἰς προετοιμασίαν τοῦ ἀγῶνος. Ἐρωτήσας αὐτὸν περὶ τούτου ἤκουσα, ὅτι ἑκατὸν μαχμουδιέδας ἔλαβεν ἅπαξ διὰ χειρὸς τοῦ Περραιβοῦ καὶ πλέον οὐδέν.

(β.)

Εἰς γνῶσιν τοῦ χαρακτῆρος τοῦ Χουρσήδπασα σημειοῦμεν τὰ ἀκόλουθα ἀνέκδοτα.

Διορισθεὶς ἡγεμὼν τῆς Πελοποννήσου ἦλθε διὰ θαλάσσης εἰς Ναύπλιον· ἐπειδὴ δὲ ἔφερε καὶ ἁμάξας, ἔγεινε φροντὶς νὰ ἐξομαλυνθῇ ἡ ἄγουσα εἰς Τριπολιτσὰν ὁδός. Ἀλλὰ τὴν νύκτα πρὸ τῆς ἡμέρας καθ' ἣν ἀνέβαινεν, ἔπεσε τόσον ῥαγδαία βροχή, ὥστε μία τῶν ἁμαξῶν του ἐκόλλησε καὶ ἐμπόδισε τὴν πρόοδον ὅλης τῆς συνοδίας. Ὁ Χουρσήδης ὑπολαβὼν ἔνοχον τὸν ἡνίοχον τὸν ἐπιστόλισεν αὐτοχειρὶ ἀνεξετάστως· διανυκτερεύσας δὲ κατὰ τὸν Ἀχλαδόκαμπον ἔμαθε τὴν ἐπαύριον, ὅτι ἐξ αἰτίας πεσούσης καὶ αὖθις τὴν νύκτα ῥαγδαίας βροχῆς καὶ τοῦ νυκτερινοῦ ψύχους τινὲς ἀγωγιᾶται ἔφυγαν κρυφίως ἐγκαταλείψαντες τὰ ζῶα τῆς ἐπαρχίας των, καὶ μεταπεμψάμενος αὐθωρεὶ τὸν ἐν Τριπολιτσᾷ ὑνθηγεμόνα Μουσταφάμπεην τὸν διέταξε ν' ἀποκεφαλίσῃ εὐθὺς τὸν προεστῶτα τοῦ ἁγίου Πέτρου,

Γιαννούλην Καραμάνον, διὰ τὴν φυγὴν τῶν ἀγωγιατῶν τῆς ἐπαρχίας του. Ἀλλ' ὁ ἀγαθὸς Μουσταφάμπεης ἀνέβαλεν ἐπιτηδείως τὴν ἐκτέλεσιν τῆς διαταγῆς, ἕως οὗ οἱ προεστῶτες τῆς Πελοποννήσου, λαβόντες καιρόν, ἐξιλέωσαν τὸν ἄγριον πασᾶν δι' ἀδρᾶς δωροδοκίας. Καθ' ἣν δὲ ἡμέραν εἰσήρχετο εἰς Τριπολιτσὰν ἐφέρετο ἐπὶ λαμπρᾶς ἁμάξης ἑλκομένης ὑπὸ ἓξ λευκῶν ἵππων. Τρία σχεδὸν τέταρτα τῆς ὥρας μακρὰν τῆς πόλεως ἓν τῶν ζώων τούτων ἀπεζεύχθη, ἀπέπτυσε τοὺς χαλινοὺς καὶ ἔφυγεν. Ὁ Χουρσήδης, ἐκλαβὼν τὸ συμβὰν τοῦτο ὡς κακὸν οἰωνόν, ἔσπασε θυμοῦ πλήρης τὴν ὑαλίνην θυρίδα τῆς ἁμάξης καὶ διέταξε τὴν συνοδίαν νὰ στραφῇ. "Ἀτυχής," ἐφώναξεν, "εἶναι ἡ ἡγεμονία μου· δὲν θέλω νὰ εἰσέλθω εἰς τὴν πρωτεύουσάν μου." Ἀλλ' ὁ Σεχνετσίπης, ὁ τιμώμενος διὰ τὴν ἁγιότητά του, γονατήσας ἐνώπιόν του τὸν ἔπεισε νὰ παραβλέψῃ τὸν κακὸν οἰωνόν. Εἰσελθὼν δὲ ὁ Χουρσήδης εἰς τὸ παλάτιόν του ἠθέλησε νὰ ἐπισκεφθῇ τοὺς εἰς χρῆσιν τῶν αὐλικῶν του θαλάμους· μὴ παρευρεθέντος δὲ κατὰ τύχην τοῦ κλειδούχου καὶ μετ' ὀλίγον ἐλθόντος διέταξε νὰ τοῦ σπάσωσι τοὺς ἐμπροσθινοὺς ὀδόντας. Παρατάξεως δὲ μεγαλοπρεποῦς γενομένης τὴν ἐπαύριον, ἀφ' οὗ ἀνεγνώσθησαν τὰ ἔγγραφα τοῦ διορισμοῦ του εἰς ἐπήκοον τῶν ἀγάδων καὶ τῶν προεστώτων, ἐγερθεὶς τοῦ θρονίου του ἔρριψε κύκλῳ βλοσυρὸν βλέμμα καὶ διέλυσε τὴν συνέλευσιν εἰπὼν βαρείᾳ τῇ φωνῇ, "ὁ Θεὸς νὰ λυτρώσῃ τὸν δίκαιον ἐκ τῆς σπάθης μου!" Τοιαῦτα θηρία ἐστέλλοντο νὰ διοικήσωσι τοὺς ἀθλίους Ἕλληνας!

(γ.)

Ἐπέστρεψεν οὗτος μετ' ὀλίγον εἰς Μάνην ἀδείᾳ τῆς ἐξουσίας εἰς ἐξόπλισιν δῆθεν τῶν Μανιατῶν κατὰ τῶν κακὰ βουλευομένων.

(δ.)

Ψευδὴς εἶναι ἡ ἐν Ἑλλάδι ἐπικρατοῦσα ἰδέα, ὅτι ἐν τῇ μονῇ τῆς ἁγίας Λαύρας ἀνυψώθη κατὰ πρῶτον ἡ σημαία τῆς ἑλληνικῆς ἐπαναστάσεως. Τὴν ἰδέαν ταύτην ἐξέφρασα καὶ ἐγὼ ἐν τῷ ἐπικηδείῳ μου λόγῳ εἰς Ἀνδρέαν Ζαΐμην πρὶν ἐξακριβώσω τὴν ἀλήθειαν.

ΣΗΜΕΙΩΣΕΙΣ. 319

ΚΕΦΑΛΑΙΟΝ Ε.

(α.)

Δὲν ἐγνώρισα ἄνθρωπον τόσον ὀλιγόλογον ὡς τὸν Ἀσημάκην Ζαήμην· τὸν εἶδα πολλάκις ἐν συναναστροφῇ πολλῶν καπνίζοντα καὶ σιωπῶντα σιωπὴν βαθεῖαν καθ' ὅλην τὴν ὁμιλίαν.

(β.)

Ὁ διερμηνεὺς τοῦ Ἀγγλικοῦ προξενείου, Βαρθόλδης Σταυροδρομίτης, κατηγορήθη ὡς προδόσας τὴν ὑπόνομον. Τὸν δὲ ἐν τῇ πόλει τῶν Πατρῶν πρόξενον τῆς Ἀγγλίας οἱ πολιορκοῦντες καὶ πολεμοῦντες τοὺς ἐκεῖ Τούρκους Ἕλληνες ἐθεώρησαν πάντοτε ὡς ἐχθρὸν τοῦ ἑλληνικοῦ ἀγῶνος καὶ ὡς βοηθοῦντα ὑπὸ τὸ πρόσχημα τῆς οὐδετερότητος τοὺς Τούρκους δι' ὅσων ἐδύνατο τρόπων· διεμαρτυρήθησαν δὲ καὶ κατὰ τῆς διαγωγῆς του. Ἀλλ' ὁ πρόξενος ἀπηρνήθη πᾶσαν ἐνοχήν. Ὅρα Green's Sketches on the War in Greece.

(γ.)

Πλησίον τοῦ χωρίου τῆς Μανολάδας κατέφθασαν οἱ ἐχθροὶ τὸν δυστυχῆ Ἀναστάσην Χαμαμτσόπουλον φεύγοντα, τὸν ἔφεραν εἰς τὴν ἀκρόπολιν καὶ τὸν ἐλιάνισαν.

(δ.) Προκήρυξις.

" Πρὸς τὰς εὐρωπαϊκὰς αὐλὰς ἐκ μέρους τοῦ φιλογενοῦς
" ἀρχιστρατήγου τῶν σπαρτιατικῶν στρατευμάτων Πέτρου
" Μαυρομιχάλη, καὶ τῆς μεσσηνιακῆς γερουσίας τῆς ἐν Κα-
" λαμάτῃ.

" Ὁ ἀνυπόφορος ζυγὸς τῆς ὀθωμανικῆς τυραννίας εἰς τὸ διά-
" στημα ἑνὸς καὶ ἐπέκεινα αἰῶνος κατήντησεν εἰς μίαν ἀκμήν,
" ὥστε νὰ μὴ μείνῃ ἄλλο εἰς τοὺς δυστυχεῖς Πελοποννησίους
" Ἕλληνας εἰμὴ μόνον πνοή, καὶ αὐτὴ διὰ νὰ ὠθῇ κυρίως τοὺς
" ἐγκαρδίους ἀναστεναγμούς των. Εἰς τοιαύτην ὄντες ἀθλίαν
" κατάστασιν, στερημένοι ἀπὸ ὅλα τὰ δίκαιά μας, μὲ μίαν
" γνώμην ὁμοφώνως ἀπεφασίσαμεν νὰ λάβωμεν τὰ ἄρματα
" καὶ νὰ ὁρμήσωμεν κατὰ τῶν τυράννων. Πᾶσα πρὸς ἀλλήλους

" φατρία και διχόνοια, καρποί της τυραννίας, απερρίφθησαν
" εις τον βυθόν της λήθης, και άπαντες πνέομεν πνοήν ελευ-
" θερίας. Αι χείρες μας, όπου ήσαν δεδεμέναι μέχρι του νυν
" από τας σιδηράς αλύσους της βαρβαρικής τυραννίας, ελύθη-
" σαν και έλαβον τα όπλα κατά των τυράννων. Οι πόδες μας,
" οι περιπατούντες εν νυκτί και ημέρα εις τας αγκαρεύσεις της
" ασπλαγχνίας, τρέχουν εις απόκτησιν των δικαιωμάτων μας.
" Η κεφαλή μας, η κλίνουσα τον αυχένα υπό τον ζυγόν, τον
" απετείναξε και άλλο δεν φρονεί ειμή την ελευθερίαν. Η
" γλώσσά μας, η αδυνατούσα εις το να προφέρη λόγον, εκτός
" των ανωφελών παρακλήσεων προς εξιλέωσιν των τυράννων,
" τώρα μεγαλοφώνως φωνάζει και κάμνει να αντηχή το γλυκύ-
" τατον όνομα της ελευθερίας. Εν ενί λόγω απεφασίσαμεν,
" ή να ελευθερωθώμεν, ή να αποθάνωμεν. Διό και παρακα-
" λούμεν την συνδρομήν όλων των εξευγενισμένων ευρωπαϊκών
" εθνών, ώστε να δυνηθώμεν να φθάσωμεν εις τον ιερόν και
" δίκαιον σκοπόν μας και να λάβωμεν τα δίκαιά μας και να
" αναστήσωμεν το τεταλαιπωρημένον ελληνικόν γένος μας.
" Δικαίω τω λόγω η μήτηρ μας Ελλάς, εκ της οποίας και
" σεις εφωτίσθητε, απαιτεί όσον τάχιστα την φιλάνθρωπον
" συνδρομήν σας, διά την οποίαν και ημείς θέλομεν δείξει εν
" καιρώ πραγματικώς την ευγνωμοσύνην μας.
" Εν τω σπαρτιατικώ στρατοπέδω της Καλαμάτας τη 25
" μαρτίου, 1821.
" Πέτρος Μουρομιχάλης, ηγεμών και αρχιστράτηγος, και η
" μεσσηνιακή Γερουσία η εν Καλαμάτη."

(ε.)

Οι κάτοικοι της παλαιάς Αρκαδίας ελέγοντο Άρκαδες·
αλλά η καθ' ημάς Αρκαδία δεν είναι η παλαιά, και Αρκάδιοι
ή Αρκαδινοί λέγονται οι κάτοικοι αυτής· διά τούτο επροτιμήθη
της παλαιάς η νέα ονομασία· "Αρκάδιοι."

(στ.)

Αι νύκτες μηνολογούνται εν τω συγγράμματι τούτω όπως αι
προηγούμεναι αυτών ημέραι κατά την παρ' ημίν συνήθειαν·
φέρ' ειπείν, νύκτα της 25 μαρτίου λογίζομαι την νύκτα την μετά
την ημέραν της 25.

ΣΗΜΕΙΩΣΕΙΣ.

ΚΕΦΑΛΑΙΟΝ ΣΤ.

(a.)

Έπονται τὰ ἔγγραφα.

" Γρηγόριος ἐλέῳ Θεοῦ ἀρχιεπίσκοπος Κωνσταντινουπό-
" λεως, νέας 'Ρώμης, καὶ οἰκουμενικὸς πατριάρχης.

" Οἱ τῷ καθ' ἡμᾶς ἁγιωτάτῳ, πατριαρχικῷ, ἀποστολικῷ καὶ
" οἰκουμενικῷ θρόνῳ ὑποκείμενοι ἱερώτατοι μητροπολῖται καὶ
" ὑπέρτιμοι καὶ θεοφιλέστατοι ἀρχιεπίσκοποί τε καὶ ἐπίσκο-
" ποι, ἐν ἁγίῳ Πνεύματι ἀγαπητοὶ ἀδελφοὶ καὶ συλλειτουργοὶ,
" καὶ ἐντιμότατοι κληρικοὶ τῆς καθ' ἡμᾶς τοῦ Χριστοῦ μεγάλης
" ἐκκλησίας καὶ ἑκάστης ἐπαρχίας· εὐλαβέστατοι ἱερεῖς καὶ
" ὁσιώτατοι ἱερομόναχοι, οἱ ψάλλοντες ἐν ταῖς ἐκκλησίαις τῆς
" Πόλεως, τοῦ Γαλατᾶ καὶ ὅλου τοῦ Καταστένου καὶ ἁπαντα-
" χοῦ, καὶ λοιποὶ ἁπαξάπαντες εὐλογημένοι Χριστιανοὶ, τέκνα
" ἐν Κυρίῳ ἡμῶν ἀγαπητὰ, χάρις εἴη ὑμῖν καὶ εἰρήνη παρὰ
" Θεοῦ, παρ' ἡμῶν δὲ εὐχὴ, εὐλογία καὶ συγχώρησις! Ἡ
" πρώτη βάσις τῆς ἠθικῆς, ὅτι εἶναι ἡ πρὸς τοὺς εὐεργετοῦντας
" εὐγνωμοσύνη εἶναι ἡλίου λαμπρότερον· καὶ ὅστις εὐεργετού-
" μενος ἀχαριστεῖ εἶναι ὁ κάκιστος τῶν ἀνθρώπων. Αὐτὴν
" τὴν κακίαν βλέπομεν πολλαχοῦ στηλιτευομένην καὶ παρὰ
" τῶν ἱερῶν γραφῶν καὶ παρ' αὐτοῦ τοῦ Κυρίου ἡμῶν Ἰησοῦ
" Χριστοῦ ἀσυγχώρητον, καθὼς ἔχομεν τὸ παράδειγμα τοῦ
" Ἰούδα. Ὅταν δὲ ἡ ἀχαριστία ἦναι συνωδευμένη καὶ μὲ
" πνεῦμα κακοποιὸν καὶ ἀποστατικὸν ἐναντίον τῆς κοινῆς ἡμῶν
" εὐεργέτιδος καὶ τροφοῦ, κραταιᾶς καὶ ἀηττήτου βασιλείας,
" τότε ἐμφαίνει καὶ τρόπον ἀντίθεον, ἐπειδὴ οὐκ ἔστι, φησί,
" βασιλεία καὶ ἐξουσία εἰμὴ ὑπὸ ' Θεοῦ τεταγμένη '· ὅθεν καὶ
" πᾶς ὁ ἀντιταττόμενος αὐτῇ τῇ θεόθεν ἐφ' ἡμᾶς τεταγμένῃ
" κραταιᾷ βασιλείᾳ, τῇ τοῦ Θεοῦ διαταγῇ ἀνθέστηκε. Καὶ τὰ
" δύο ταῦτα οὐσιώδη καὶ βάσιμα ἠθικὰ καὶ θρησκευτικὰ χρέη
" κατεπάτησαν μὲ ἀπαραδειγμάτιστον θρασύτητα καὶ ἀλαζο-
" νείαν ὅ, τε προδιορισθεὶς τῆς Μολδαυΐας ἡγεμὼν, ὡς μὴ
" ὤφειλε, Μιχαὴλ, καὶ ὁ τοῦ γνωστοῦ ἀγνώμονος καὶ φυγάδος
" Ὑψηλάντου ἀγνώμων υἱὸς Ἀλέξανδρος Ὑψηλάντης. Εἰς
" ὅλους τοὺς ὁμογενεῖς μας εἶναι γνωστὰ τὰ ἄπειρα ἐλέη, ὅσα
" ἡ ἀένναος τῆς ἐφ' ἡμᾶς τεταγμένης κραταιᾶς βασιλείας πηγὴ

ΤΟΜ. Α.   Z

" ἐξέχεεν εἰς τὸν κακόβουλον αὐτὸν Μιχαὴλ· ἀπὸ μικροῦ καὶ
" εὐτελοῦς τὸν ἀνύψωσεν εἰς βαθμοὺς καὶ μεγαλεῖα· ἀπὸ
" ἀδόξου καὶ ἀσήμου τὸν προήγαγεν εἰς δόξας καὶ τιμάς· τὸν
" ἐπλούτισε, τὸν περιέθαλψε, τέλος πάντων τὸν ἐτίμησε καὶ
" μὲ τὸν λαμπρότατον τῆς ἡγεμονίας αὐτῆς θρόνον καὶ τὸν
" κατέστησεν ἄρχοντα λαῶν. Αὐτὸς ὅμως, φύσει κακόβουλος
" ὤν, ἐφάνη τέρας ἔμψυχον ἀχαριστίας καὶ συνεφώνησε μετὰ
" τοῦ Ἀλεξάνδρου Ὑψηλάντου, υἱοῦ τοῦ δραπέτου καὶ φυγάδος
" ἐκείνου Ὑψηλάντου, ὅστις παραλαβὼν μερικοὺς ὁμοίους του
" βοηθοὺς ἐτόλμησε νὰ ἔλθῃ αἴφνης εἰς τὴν Μολδαυΐαν, καὶ
" ἀμφότεροι ἀπονενοημένοι ἐπίσης, ἀλαζόνες καὶ δοξομανεῖς, ἢ
" μᾶλλον εἰπεῖν, ματαιόφρονες, ἐκήρυξαν τοῦ γένους ἐλευθερίαν
" καὶ μὲ τὴν φωνὴν αὐτὴν ἐφείλκυσαν πολλοὺς τῶν ἐκεῖ κακοή-
" θεις καὶ ἀνοήτους, διασπείραντες καὶ ἀποστόλους εἰς διάφορα
" μέρη διὰ νὰ ἐξαπατήσωσι καὶ νὰ ἐφελκύσωσιν εἰς τὸν ἴδιον
" τῆς ἀπωλείας κρημνὸν καὶ ἄλλους πολλοὺς τῶν ὁμογενῶν
" μας. Διὰ νὰ δυνηθῶσι δὲ τρόπον τινὰ νὰ ἐνθαρρύνωσι τοὺς
" ἀκούοντας μετεχειρίσθησαν καὶ τὸ ὄνομα τῆς ῥωσσικῆς Δυνά-
" μεως, προβαλλόμενοι, ὅτι καὶ αὐτὴ εἶναι σύμφωνος μὲ τοὺς
" στοχασμοὺς καὶ τὰ κινήματά των· πρόβλημα διόλου ψευδὲς
" καὶ ἀνύπαρκτον, καὶ μόνον τῆς ἰδικῆς των κακοβουλίας καὶ
" ματαιοφροσύνης γέννημά τε καὶ ἀποκύημα· ἐπειδή, ἐν ᾧ τὸ
" τοιοῦτον εἶναι ἀδύνατον ἠθικῶς καὶ πολλῆς πρόξενον μομφῆς
" εἰς τὴν ῥωσσικὴν αὐτοκρατορίαν, καὶ ὁ ἴδιος ἐνταῦθα ἐξοχώ-
" τατος πρέσβυς αὐτῆς ἔδωκεν ἔγγραφον πληροφορίαν, ὅτι
" οὐδεμίαν ἢ εἴδησιν ἢ μετοχὴν ἔχει τὸ ῥωσσικὸν κράτος εἰς
" αὐτὴν τὴν ὑπόθεσιν, καταμεμφόμενον μάλιστα καὶ ἀποτρο-
" πιαζόμενον τοῦ πράγματος τὴν βδελυρίαν· καὶ προσεπιπλέον
" ἡ αὐτοῦ ἐξοχότης εἰδοποίησεν ἐξ ἐπαγγέλματος τὰ διατρέ-
" χοντα, ὑπομνήσας τὸ βασίλειον κράτος, ὅτι ἀνάγκη πᾶσα νὰ
" φροντίσῃ εὐθὺς ἐξ ἀρχῆς τὸν ἀποσκορακισμὸν καὶ τὴν διά-
" λυσιν τῶν τοιούτων κακῶν· καὶ τόσον ἐκ τῆς εἰδοποιήσεως
" ταύτης, ὅσον καὶ ἀπὸ τὰ ἔγγραφα, τὰ ὁποῖα ἐπιάσθησαν
" ἀπὸ μέρους τῶν μουχαφίσιδων τῶν βασιλικῶν σερχατίων,
" καὶ ἀπὸ ἄλλους πιστοὺς ὁμογενεῖς ἐπαρρησιάσθησαν, ἔγεινε
" γνωστὴ εἰς τὸ πολυχρόνιον κράτος ἡ ῥίζα καὶ ἡ βάσις ὅλου
" αὐτοῦ τοῦ κακοήθους σχεδίου. Μὲ τοιαύτας ῥᾳδιουργίας
" ἐσχημάτισαν τὴν ὀλεθρίαν σκηνὴν οἱ δύο οὗτοι καὶ οἱ τούτων

ΣΗΜΕΙΩΣΕΙΣ.

" συμπράκτορες φιλελεύθεροι, μᾶλλον δὲ μισελεύθεροι, καὶ
" ἐπεχείρησαν εἰς ἔργον μιαρὸν, θεοστυγὲς καὶ ἀσύνετον, θέ-
" λοντες νὰ διαταράξωσι τὴν ἄνεσιν καὶ ἡσυχίαν τῶν ὁμογενῶν
" μας πιστῶν ῥαγιάδων τῆς κραταιᾶς βασιλείας, τὴν ὁποίαν
" ἀπολαμβάνουσιν ὑπὸ τὴν ἀμφιλαφῆ αὐτῆς σκιὰν μὲ τόσα
" ἐλευθερίας προνόμια, ὅσα δὲν ἀπολαμβάνει ἄλλο ἔθνος ὑπο-
" τελὲς καὶ ὑποκείμενον, ζῶντες ἀνενόχλητοι μὲ τὰς γυναῖκας
" καὶ τὰ τέκνα των, μὲ τὰς περιουσίας καὶ καταστάσεις, καὶ
" μὲ τὴν ὕπαρξιν τῆς τιμῆς των, καὶ κατ' ἐξοχὴν μὲ τὰ προ-
" νόμια τῆς θρησκείας, ἥτις διεφυλάχθη καὶ διατηρεῖται ἀσκαν-
" δάλιστος μέχρι τῆς σήμερον ἐπὶ ψυχικῇ ἡμῶν σωτηρίᾳ.
" Ἀντὶ λοιπὸν φιλελευθέρων ἐφάνησαν μισελεύθεροι, καὶ ἀντὶ
" φιλογενῶν καὶ φιλοθρήσκων ἐφάνησαν μισογενεῖς, μισό-
" θρησκοι καὶ ἀντίθεοι, διοργανίζοντες, φεῦ, οἱ ἀσυνείδητοι μὲ
" τὰ ἀπονενοημένα κινήματά των τὴν ἀγανάκτησιν τῆς εὐμενοῦς
" κραταιᾶς βασιλείας ἐναντίον τῶν ὁμογενῶν μας ὑπηκόων της,
" καὶ σπεύδοντες νὰ ἐπιφέρωσι κοινὸν καὶ γενικὸν τὸν ὄλεθρον
" ἐναντίον παντὸς τοῦ γένους. Καὶ ἀγκαλὰ εἶναι γνωστὸν,
" ὅτι, ὅσοι εἶναι κατηρτισμένοι τῷ ὄντι εἰς τὴν εὐσέβειαν, ὅσοι
" νουνεχεῖς καὶ τίμιοι καὶ τῶν ἱερῶν κανόνων καὶ θείων νόμων
" ἀκριβεῖς φύλακες δὲν θέλουν δώσει εὐηκοΐαν εἰς τὰς ψευδο-
" λογίας τῶν ἀχρείων ἐκείνων καὶ κακοβούλων· ἐπειδὴ ὅμως
" εἶν' ἐνδεχόμενον νὰ συνηρπάσθησάν τινες καὶ παρασυρθῶσι
" καὶ ἄλλοι, διὰ τοῦτο προκαταλαμβάνοντες ἐκ προνοίας ἐκ-
" κλησιαστικῆς ὑπαγορεύομεν πᾶσιν ὑμῖν τὰ σωτήρια, καὶ
" γράφοντες μετὰ τῶν περὶ ἡμᾶς ἱερωτάτων συναδελφῶν, τοῦ
" μακαριωτάτου πατριάρχου τῶν Ἱεροσολύμων, τῶν ἐκλαμ-
" προτάτων καὶ περιφανεστάτων προὐχόντων τοῦ γένους, τῶν
" τιμιωτάτων πραγματευτῶν, τῶν ἀφ' ἑκάστου ῥουφετίου προ-
" κριτωτέρων καὶ ὅλων τῶν ἐν τῇ βασιλευούσῃ ὀρθοδόξων
" μελῶν ἑκάστης τάξεως καὶ ἑκάστου βαθμοῦ, συμβουλεύομεν
" καὶ παραινοῦμεν καὶ ἐντελλόμεθα καὶ παραγγέλλομεν πᾶσιν
" ὑμῖν τοῖς κατὰ τόπον ἀρχιερεῦσι, τοῖς ἡγουμένοις τῶν ἱερῶν
" μοναστηρίων, τοῖς ἱερεῦσι τῶν ἐκκλησιῶν, τοῖς πνευματικοῖς
" πατράσι τῶν ἐνοριῶν, τοῖς προεστῶσι καὶ εὐκαταστάτοις
" τῶν κωμοπόλεων καὶ χωρίων, καὶ πᾶσιν ἁπλῶς τοῖς κατὰ
" τόπον προκρίτοις νὰ διακηρύξετε τὴν ἀπάτην τῶν εἰρημένων
" κακοποιῶν καὶ κακοβούλων ἀνθρώπων, καὶ νὰ τοὺς ἀποδεί-

324   ΣΗΜΕΙΩΣΕΙΣ.

" ξετε καὶ νὰ τοὺς στηλιτεύσετε πανταχοῦ ὡς κοινοὺς λυμεῶ-
" νας καὶ ματαιόφρονας, καὶ νὰ προσέχετε ὅσον τὸ δυνατὸν εἰς
" τὰς ἀπάτας αὐτῶν καὶ ῥᾳδιουργίας, γινώσκοντες, ὅτι ἡ μόνη
" ἀπόδειξις τῆς ἀθωότητός των εἶναι νὰ ἐμφανίσωσιν ὅσα
" γράμματα λάβωσι τυχὸν εἰς χεῖρας περὶ τῆς αὐτῆς ὑποθέ-
" σεως, ἢ εἰδήσεις μάθωσι, καὶ νὰ παρρησιάσωσιν οἱ μὲν ἐν-
" ταῦθα ἐν βασιλευούσῃ πρὸς ἡμᾶς, οἱ δ' ἐν τοῖς ἔξω μέρεσιν
" εἰς τοὺς κατὰ τόπον ἀρχιερεῖς καὶ τοὺς διοριζομένους παρ'
" ἡμῶν ἐκκλησιαστικοὺς ἐξάρχους καὶ τοὺς βασιλικοὺς ἐξου-
" σιαστὰς καὶ διοικητάς, δηλοποιοῦντες καὶ παραδίδοντες καὶ
" ἐκείνους τοὺς ἁπλουστέρους, ὅσοι ἤθελον φωραθῇ ὅτι ἐνερ-
" γοῦν ἀνοίκεια τοῦ ῥεαγιαδιακοῦ χαρακτῆρος· καθότι οἱ τοιοῦ-
" τοι διαταράττουσι τὴν γενικὴν ἡσυχίαν, καὶ κατακρημνίζουσι
" τοὺς ἀδυνάτους καὶ ἀθώους ὁμογενεῖς μας εἰς τῆς ἀπωλείας
" τὸ βάραθρον. Καὶ τόσον ὑμεῖς οἱ ἀρχιερεῖς, οἱ μοναστηρια-
" κοὶ, οἱ ἱερωμένοι, καὶ οἱ προεστῶτες καὶ εὐκατάστατοι καὶ
" πρόκριτοι ἑκάστου τόπου μὲ τὴν ἄγρυπνον προσοχήν σας,
" ὅσον καὶ οἱ λοιποὶ ἑκάστης τάξεως καὶ βαθμοῦ ἄνθρωποι μὲ
" τὰς ἐκ μέρους σας ἀδιαλείπτους συμβουλὰς καὶ νουθεσίας,
" καὶ κατὰ τὰς πατρικὰς καὶ προνοητικὰς ἐκκλησιαστικὰς
" ἡμῶν ὁδηγίας καὶ παραινέσεις νὰ γενῆτε ἑδραῖοι καὶ ἀμετα-
" κίνητοι ἐπὶ τοῦ κέντρου τοῦ ῥεαγιαλικίου, καὶ ἐξ ὅλης ψυχῆς
" καὶ καρδίας σας νὰ διαφυλάττετε τὴν πίστιν καὶ κάθε ὑπο-
" ταγὴν καὶ εὐπείθειαν εἰς αὐτὴν τὴν θεόθεν ἐφ' ἡμᾶς τεταγ-
" μένην κραταιὰν καὶ ἀήττητον βασιλείαν, καὶ νὰ ἀποδεικνύετε
" ἐντελῶς μὲ ὅλα τὰ πραγματικὰ τῆς εἰλικρινείας σημεῖα·
" καθότι ἡ μετ' εὐχαριστίας καὶ εἰλικρινείας ὑποταγὴ χαρα-
" κτηρίζει καὶ τὴν πρὸς Θεὸν ἀγάπην καὶ πίστιν, καὶ τὴν πρὸς
" τὰς θείας αὐτοῦ ἐντολὰς καὶ τὰς ὑπαγορεύσεις τῶν θείων
" νόμων καὶ ἱερῶν κανόνων ὑπακοήν, καὶ τὴν εὐγνωμοσύνην τῆς
" καρδίας ἡμῶν διά τ' ἄπειρα ἐλέη, ὁποῦ ἀπολαμβάνομεν παρὰ
" τῆς βασιλικῆς φιλανθρωπίας. Ἐπειδὴ δὲ πρὸς τοῖς ἄλλοις
" ἐγένετο γνωστόν, ὅτι οἱ τὸ σατανικὸν τῆς δημεγερσίας φρό-
" νημα ἐπινοήσαντες, καὶ ἑταιρίαν τοιαύτην συστησάμενοι πρὸς
" ἀλλήλους, συνεδέθησαν καὶ μὲ τὸν δεσμὸν τοῦ ὅρκου, γινω-
" σκέτωσαν, ὅτι ὁ ὅρκος αὐτὸς εἶναι ὅρκος ἀπάτης, εἶναι ἀδιά-
" κριτος, καὶ ὅμοιος μὲ τὸν ὅρκον τοῦ Ἡρώδου, ὅστις, διὰ νὰ
" μὴ φανῇ παραβάτης τοῦ ὅρκου του, ἀπεκεφάλισεν Ἰωάννην

ΣΗΜΕΙΩΣΕΙΣ. 325

" τὸν βαπτιστήν. Ἂν ἤθελεν ἀθετήσει τὸν παράλογον ὅρκον
" του, τὸν ὁποῖον ἐπενόησεν ἡ ἄλογος ἐπιθυμία του, ἔζη βέβαια
" τότε ὁ θεῖος πρόδρομος· ὥστε ἑνὸς ἁπλοῦ ὅρκου ἐπιμονὴ
" ἔφερε τὸν θάνατον τοῦ προδρόμου. Ἡ ἐπιμονὴ ἄρα τοῦ
" ὅρκου εἰς διατήρησιν τῶν ὑποσχεθέντων παρὰ τῆς φατρίας
" αὐτῆς, πραγματευομένης οὐσιωδῶς τὴν ἀπώλειαν ἑνὸς ὁλο-
" κλήρου γένους, πόσον εἶναι ὀλεθρία καὶ θεομίσητος εἶναι
" φανερόν· ἐξ ἐναντίας, ἡ ἀθέτησις τοῦ ὅρκου αὐτοῦ, ἀπαλ-
" λάττουσα τὸ γένος ἐκ τῶν ἐπερχομένων ἀπαραμυθήτων
" δεινῶν, εἶναι θεοφιλὴς καὶ σωτηριώδης. Διὰ τοῦτο τῇ
" χάριτι τοῦ παναγίου Πνεύματος ἔχει ἡ ἐκκλησία αὐτὸν δια-
" λελυμένον, καὶ ἀποδέχεται καὶ συγχωρεῖ ἐκ καρδίας τοὺς
" μετανοοῦντας καὶ ἐπιστρέφοντας, καὶ τὴν προτέραν ἀπάτην
" ὁμολογοῦντας, καὶ τὸ πιστὸν ρεαγιαλίκι αὐτῶν ἐναγκαλιζο-
" μένους εἰλικρινῶς. Ταῦτα ἀμέσως νὰ κοινολογήσετε εἰς
" ὅλους τοὺς γνωστούς σας, καὶ νὰ κατασταθῆτε ὅλοι προσ-
" εκτικώτεροι, ἀνατρέποντες καὶ διαλύοντες ὡς ἀραχνιώδη ὑφ-
" άσματα, ὅσα ἡ ἀπάτη καὶ ἡ κακοβουλία τῶν πρωταιτίων
" ἐκείνων καθ᾽ οἱονδήτινα τρόπον συνέπλεξε. Ἐπειδὴ, ἐὰν, ὃ
" μὴ γένοιτο, δὲν ἤθελε καθαρισθῆ ἡ θανατηφόρος αὕτη λύμη,
" καὶ φωραθῶσί τινες τολμῶντες εἰς ἐπιχειρήματα ἐναντία τῶν
" καθηκόντων τοῦ ρεαγιαλικίου, κοντὰ ὁποῦ οἱ τοιοῦτοι ἔχουσι
" νὰ παιδευθῶσι χωρὶς ἐλέους καὶ οἰκτιρμῶν, (μὴ γένοιτο,
" Χριστὲ βασιλεῦ!) ἀμέσως θέλει ἐξαφθῆ ἡ δικαία ὀργὴ τοῦ
" κράτους του καθ᾽ ἡμῶν, καὶ ὁ θυμὸς τῆς ἐκδικήσεως γενικὸς
" τῶν ἐχλιῖσλάμιδων, καὶ θέλουν ἐκχυθῆ τόσων ἀθώων αἵματα
" ἀδίκως καὶ παραλόγως, καθὼς ἀποκριματίστως ταῦτα πάντα
" διεσάλπισεν ἡ κραταιὰ καὶ ἀήττητος βασιλεία διὰ τοῦ ἐκδο-
" θέντος καὶ ἐπ᾽ ἀκροάσει κοινῇ ἡμῶν ἀναγνωσθέντος ὑψηλοῦ
" βασιλικοῦ προσκυνητοῦ ὁρισμοῦ. Ἐκείνους δὲ τοὺς ἀσεβεῖς
" πρωταιτίους καὶ ἀπονενοημένους φυγάδας καὶ ἀποστάτας
" ὀλεθρίους νὰ τοὺς μισῆτε καὶ νὰ τοὺς ἀποστρέφεσθε καὶ
" διανοίᾳ καὶ λόγῳ, καθότι καὶ ἡ ἐκκλησία καὶ τὸ γένος τοὺς
" ἔχει μεμισημένους, καὶ ἐπισωρεύει κατ᾽ αὐτῶν τὰς παλαμναι-
" οτάτας καὶ φρικωδεστάτας ἀράς· ὡς μέλη σεσηπότα, τοὺς
" ἔχει ἀποκεκομμένους τῆς καθαρᾶς καὶ ὑγιαινούσης χριστι-
" ανικῆς ὁλομελείας· ὡς παραβάται δὲ τῶν θείων νόμων καὶ
" κανονικῶν διατάξεων, ὡς καταφρονηταὶ τοῦ ἱεροῦ χρήματος

" της προς τους ευεργέτας ευγνωμοσύνης και ευχαριστίας, ως
" εναντίοι ηθικών και πολιτικών όρων, ως την απώλειαν των
" αθώων και ανευθύνων ομογενών μας ασυνειδήτως τεκταινό-
" μενοι, αφωρισμένοι υπάρχειεν και κατηραμένοι και ασυγχώ-
" ρητοι, και μετά θάνατον άλυτοι, και τω αιωνίω υπόδικοι
" αναθέματι, και αυτοί, και όσοι τοις ίχνεσιν αυτών κατηκο-
" λούθησαν ή κατακολουθήσωσι του λοιπού, αν μη θελήσωσιν
" εννοήσαι την αρπαγήν και απάτην, και επιστραφήναί τε και
" βαδίσαι την ευθείαν της σωτηρίας οδόν, αν δεν αναλάβωσιν,
" ό εστι, τον εντελή χαρακτήρα του ρεαγιαδικού αυτών επαγ-
"γέλματος. Τα αυτά δε και κατά της αρχιερωσύνης σας και
" ιερωσύνης σας επανατείνομεν, εάν μη βαδίσετε, εις όσα εν
" Πνεύματι αγίω αποφαινόμεθα δια του παρόντος εκκλησια-
" στικώς, εάν δεν δείξετε εν έργω την επιμέλειάν σας και προ-
" θυμίαν εις την διάλυσιν των σκευωριών, εις την αναστολήν
" των καταχρήσεων και αταξιών, εις την επιστροφήν των πλα-
" νηθέντων, εις την άμεσον και έμμεσον καταδρομήν και εκδί-
" κησιν των επιμενόντων εις τα αποστατικά φρονήματα, εάν
" δεν συμφωνήσετε τη εκκλησία του Θεού, και, εν ενί λόγω,
" εάν καθ' οιονδήτινα τρόπον δολιευθήτε και κατενεχθήτε κατά
" της κοινής ημών ευεργέτιδος κραταιάς βασιλείας, έχομεν
" υμάς αργούς πάσης ιεροπραξίας, και τη δυνάμει του πανα-
" γίου Πνεύματος εκπτώτους του βαθμού της αρχιερωσύνης
" και ιερωσύνης και τω πυρί της γεέννης ενόχους, ως την κοι-
" νήν του γένους απώλειαν προτιμήσαντας. Ούτω τοίνυν
" γινώσκοντες, ανανήψατε προς Θεού και ποιήσατε καθώς
" γράφομεν εκκλησιαστικώς και γενικώς παρακελευόμεθα, και
" μη άλλως εξ αποφάσεως, ότι περιμένομεν κατά τάχος την
" αισίαν των γραφομένων αποπεράτωσιν, ίνα και η του Θεού
" χάρις και το άπειρον έλεος είη μετά πάντων ημών.

" αωκά εν μηνί μαρτίω.

" Υπεγράφη συνοδικώς επάνωθεν του ιερού θυσιαστηρίου
" παρά της ημών μετριότητος και της μακαριότητός του και
" πάντων των συναδέλφων αγίων αρχιερέων.

" Ο πατριάρχης Κωνσταντινουπόλεως αποφαίνεται.
" Ο Ιεροσολύμων Πολύκαρπος συναποφαίνεται.
" Ο Καισαρίας Ιωαννίκιος.

ΣΗΜΕΙΩΣΕΙΣ. 327

" Ὁ Νικομηδείας Ἀθανάσιος.
" Ὁ Δέρκων Γρηγόριος.
" Ὁ Ἀδριανουπόλεως Δωρόθεος.
" Ὁ Βιζύης Ἱερεμίας.
" Ὁ Σίφνου Καλλίνικος.
" Ὁ Ἡρακλείας Μελέτιος.
" Ὁ Νικαίας Μακάριος.
" Ὁ Θεσσαλονίκης Ἰωσήφ.
" Ὁ Βερροίας Ζαχαρίας.
" Ὁ Δυδιμοτοίχου Καλλίνικος.
" Ὁ Βάρνης Φιλόθεος.
" Ὁ Ῥέοντος Διονύσιος.
" Ὁ Κυζίκου Κωνστάντιος.
" Ὁ Χαλκηδόνος Γρηγόριος.
" Ὁ Τουρνόβου Ἰωαννίκιος.
" Ὁ Πισειδίας Ἀθανάσιος.
" Ὁ Δρύστας Ἄνθιμος.
" Ὁ Σωζοπόλεως Παΐσιος.
" Ὁ Φαναρίου καὶ Φερσάλων Δαμασκηνός.
" Ὁ Ναυπάκτου καὶ Ἄρτης Ἄνθιμος."

" Γρηγόριος ἐλέῳ Θεοῦ ἀρχιεπίσκοπος Κωνσταντινουπόλεως, νέας Ῥώμης, καὶ οἰκουμενικὸς πατριάρχης.

" Ἱερώτατε μητροπολῖτα........ ὑπέρτιμε καὶ ἔξαρχε
" πλαγηνῶν, ἐν ἁγίῳ Πνεύματι ἀγαπητὲ ἀδελφὲ, καὶ συλλει-
" τουργὲ τῆς ἡμῶν μετριότητος, Κύριε (ὁδεῖνα) χάρις εἴη σου τῇ
" ἱερότητι καὶ εἰρήνη παρὰ Θεοῦ.

" Πόσον διετάραξε τὰς καρδίας οὐ μόνον τῶν ἐκκλησιαστι-
" κῶν, ἀλλὰ καὶ πάντων τῶν ἐν τῇ βασιλευούσῃ κατοίκων ὁμο-
" γενῶν ἀπὸ μικροῦ ἕως μεγάλου τὸ ἀπροσδόκητον ἀποστα-
" τικὸν αὐτόθι κίνημα, ἀδυνατοῦμεν γραφῇ παραδοῦναι· ὅλοι
" πενθοῦντες καὶ σκυθρωπάζοντες μένομεν ἐκστατηκότες, ὅτι καὶ
" τῆς ἐκκλησίας καὶ τῆς θεόθεν ἐφ᾽ ἡμᾶς τεταγμένης κραταιᾶς
" καὶ ἀηττήτου βασιλείας ἔφθασεν ἐπὶ τοσοῦτον ἀγνώμων καὶ
" ἀχάριστος νὰ φανῇ ὁ ἐπὶ τὴν ἡγεμονείαν αὐτήν, ὡς μὴ
" ὤφειλε, προαχθεὶς Μιχαὴλ, καὶ μὲ τὸ πρόσχημα τῆς ἐλευ-
" θερίας νὰ κηρυχθῇ τῷ πράγματι καὶ τῇ ἀληθείᾳ ἐχθρὸς τοῦ
" γένους ἐπίσημος, συμφωνήσας τῷ φυγάδι ἐκείνῳ, καὶ ἐπίσης

" ἀγνώμονι Ἀλεξάνδρῳ τῷ Ὑψηλάντῃ. Αὐτοὶ μήτε τὰ πρὸς
" Θεὸν ὅσια, μήτε τὰ πρὸς ἀνθρώπους δίκαια διατηρήσαντες,
" καταπατήσαντες καὶ θρησκευτικὰ καὶ ἠθικά, οὐ μόνον ἐξη-
" πάτησαν τοὺς αὐτόθι οὐτιδανοὺς καὶ ἀφελεστέρους, ἀλλὰ καὶ
" τὸ γένος ὅλον ἀσυνειδότως ἐσυκοφάντησαν, προβαλλόμενοι
" τὸ κακοηθέστατον σχέδιον αὐτὸ ὡς ἐθνικόν. Ἀλλ' ἡ θεία
" πρόνοια καὶ ἡ ἐπαγρύπνησις τῆς κραταιᾶς καὶ ἀηττήτου
" βασιλείας, διὰ τῶν κατὰ τόπους φωραθέντων γραμμάτων,
" καὶ ἐξ αὐτῆς τῆς ἐπαγγελματικῶς δοθείσης εἰδοποιήσεως
" τοῦ ἐξοχωτάτου πρέσβεως τῆς Ῥωσσίας, ἀνεκάλυψε τὴν
" σκηνὴν, καὶ ἐγνώσθη ἡ βάσις καὶ ἡ ἀρχὴ πόθεν, καὶ ἐφωράθη
" τὸ ψεῦδος τοῦ προβλήματος καὶ ἡ ἀπάτη, τὴν ὁποίαν ἀναι-
" σχύντως μεταχειρίζονται, ὡς ἔχοντες δῆθεν συνεργὸν εἰς
" τοιούτους σκοποὺς ὀλεθρίους τὴν ῥωσσικὴν Δύναμιν, καθὼς
" ταῦτα πάντα διεκηρύχθησαν καὶ διὰ τοῦ ἐπίτηδες ἐπ' αὐτῇ
" τῇ ὑποθέσει ἐκδοθέντος, καὶ σήμερον ἐπ' ἀκροάσει κοινῇ
" πάντων ἡμῶν ἀναγνωσθέντος, ὑψηλοῦ βασιλικοῦ προσκυνη-
" τοῦ ὁρισμοῦ.

" Τὸ βασιλικὸν κράτος ἐπεχείρησεν εὐτάκτως τὴν ἀνατρο-
" πὴν τοῦ κακοήθους σχεδίου, καὶ ἡ ἁγία τοῦ Χριστοῦ ἐκκλη-
" σία κατὰ χρέος ἀπαραίτητον ἐπαγρυπνοῦσα ὑπὲρ τῶν ἁπαν-
" ταχοῦ ὁμογενῶν, ἐξέδωκε γράμματα καὶ διένειμε δι' ἐξάρχων,
" ὑπαγορεύουσα τοῖς ὁμογενέσι κοινῶς τε καὶ κατὰ μέρος τὰ
" σωτήρια καὶ στηρίζουσα πάντας εἰς τὸ πιστὸν τοῦ ῥαγιαλι-
" κίου καὶ τὰ χρέη τῆς εἰλικρινοῦς εὐπειθείας καὶ ὑποταγῆς·
" ἐκείνους δὲ τοὺς πρωτουργοὺς καὶ τοὺς ἀμεταμελήτως αὐτοῖς
" κατακολουθοῦντας καὶ συμφωνοῦντας ἀραῖς ἀλύτοις καθυ-
" ποβάλλει καὶ ἀναθέμασιν, ὡς προφανῶς ὀλετῆρας καὶ τὴν
" ἔκχυσιν τόσων καὶ τόσων ἀθώων αἱμάτων ὁμογενῶν ἀσπλάγ-
" χνως καὶ ἀπανθρώπως ἐπιθυμήσαντας. Τοιαῦτα γράμματα
" στέλλονται προσφόρως καὶ εἰς τὴν ἐπαρχίαν τῆς ἱερότητός
" σου, καὶ τῶν θεοφιλεστάτων ἐπισκόπων σου, ἐκ τῶν ὁποίων
" γραμμάτων καὶ ἀκριβέστερον πληροφορεῖσαι· ἰδίως δὲ γρά-
" φοντες καὶ διὰ τῆς παρούσης ἐντελλόμεθά σοι ἐκκλησιαστι-
" κῶς νὰ διασαλπίσῃς εἰς ὅλους τοὺς ὑπὸ τὴν πνευματικήν
" σου προστασίαν Χριστιανοὺς τὰς ἐννοίας τῶν ἐκκλησιαστι-
" κῶν μας γραμμάτων, νὰ ἀγωνισθῇς ἐκ παντὸς τρόπου εἰς τὸ
" ν' ἀποδείξῃς τὴν πλάνην, εἰς τὴν ὁποίαν εὑρίσκονται, νὰ

ΣΗΜΕΙΩΣΕΙΣ. 329

" διαλύσῃς τοὺς ματαίους στοχασμούς των, καὶ τέλος πάντων
" ν' ἀποδείξῃς, ὅτι μὲ τὴν ἐπιμονὴν αὐτῶν εἰς τὸ ἀπονενοημένον
" τοῦτο κίνημα διοργανίζουσι τὸν ὄλεθρον ὅλου τοῦ γένους, να
" πληροφορήσῃς αὐτοὺς, ὅτι, ἂν δὲν διορθώσωσι τὸ σφάλμα
" μὲ μίαν τελείαν καὶ εἰλικρινῆ μεταμέλειαν, ἡ ἐκκλησία τοὺς
" ἔχει ἀποκεκομμένους τῆς τῶν πιστῶν ὁλομελείας καὶ ἀπο-
" βλήτους καὶ ἐνόχους τῷ αἰωνίῳ ἀναθέματι.

" Πρὸ πάντων δὲ προσεκτικώτατος ἔσο ἡ ἱερότης σου, ἀγα-
" πητὲ ἀδελφέ! ἐννόησον ὅτι ἔχεις νὰ δῷς ἀπολογίαν ἐπὶ τοῦ
" ἀδεκάστου βήματος τοῦ Κυρίου ἡμῶν ἐν τῇ φοβερᾷ ἐκείνῃ
" ἡμέρᾳ τῆς ἐτάσεως περὶ ὅλων τῶν αὐτόθι ὁμογενῶν καὶ τῶν
" ἀλλαχοῦ εὑρισκομένων καὶ ἐξ αἰτίας αὐτῶν κακόν τι ὑπο-
" στησομένων. Ἐκ τῆς χειρός σου ἐκζητηθήσεται τὸ αἷμα
" αὐτῶν, ἂν μὴ καὶ λόγῳ καὶ ἔργῳ δὲν προφθάσῃς τὴν ἀναγ-
" καίαν θεραπείαν καὶ διόρθωσιν, ἂν δὲν ἐκτελέσῃς τὰ ἀρχιε-
" ρατικὰ χρέη σου, μεταπείθων τοὺς ἐξαπατηθέντας, ἀποδεχό-
" μενος καὶ συγχωρῶν τοὺς μετανοοῦντας, καὶ τῶν ὅρκων ἐκεί-
" νων τῶν σατανικῶν ἀπαλλάττων, μισῶν, ἀποστρεφόμενος,
" καταδιώκων καὶ κατατρέχων τοὺς λειποτακτήσαντας, καὶ
" κατὰ πάντα συμφρονῶν τῇ τοῦ Θεοῦ ἐκκλησίᾳ, καὶ τῇ ἐφ'
" ἡμᾶς θεοδότῳ κραταιᾷ βασιλείᾳ· καθότι, ἐάν, ὃ μὴ γένοιτο,
" ἀντιδιατεθεὶς καὶ ἄλλα παρὰ τὰ ἐκκλησιαστικῶς γραφόμενα
" ἐπιχειρήσῃς, ἢ λόγῳ, ἢ ἔργῳ ἢ διανοίᾳ, σὲ ἔχομεν ἐξ ἐκείνης
" τῆς ὥρας ἔκπτωτον τοῦ ἀρχιερατικοῦ βαθμοῦ, αὐτοκατάκρι-
" τον, καὶ μέλος ἀλλότριον καὶ ξένον τῆς ἐκκλησίας τοῦ Θεοῦ,
" καὶ καθαιρέσει ἀμετακλήτῳ ἔνοχον. Διὸ, περιπόθητε ἀδελφέ!
" ἀγωνίσθητι ὅσον τὸ δυνατόν, διὰ ν' ἀποφύγῃς τὸν ψυχικὸν
" κίνδυνον, ὅτι ἐν ὀχετοῖς δακρύων καὶ τὸ στελλόμενόν σοι
" συνοδικὸν γράμμα ἐπὶ τοῦ θείου ὑπεγράφη θυσιαστηρίου·
" οὕτως ἐξεκαύθη ἡ δικαία τῆς ἐκκλησίας ἀγανάκτησις κατὰ
" τῶν κοινῶν φθορέων καὶ λυμεώνων. Περιμένομεν νὰ χαρο-
" ποιηθῶμεν μὲ τὰς ταχείας ἀποκρίσεις σου, δηλωτικὰς τῆς
" αἰσίας τῶν γραφομένων ἀποπερατώσεως διὰ νὰ σὲ καταστέ-
" ψωμεν καὶ μὲ τὰς κοινὰς ἡμῶν εὐχὰς καὶ εὐφημίας· ἡ δὲ τοῦ
" Θεοῦ χάρις εἴη μετὰ τῆς ἀρχιερωσύνης σου.

" Ὁ Κωνσταντινουπόλεως ἐν Χριστῷ Ἀδελφός.

" ͵αωκά μαρτίου ιά."

"Γρηγόριος ελέω Θεού, αρχιεπίσκοπος Κωνσταντινουπό-
"λεως, νέας Ρώμης και οικουμενικός πατριάρχης.

" Ίερώτατε μητροπολίτα .... υπέρτιμε και έξαρχε πλαγη-
"νών, εν αγίω Πνεύματι αγαπητέ αδελφέ και συλλειτουργέ,
"και ευγενέστατοι άρχοντες οι εν τη επαρχία ταύτη, αυτό-
"χθονές τε και ημεδαποί, τιμιώτατοι πραγματευταί, χρησιμώ-
"τατοι πρόκριτοι των αυτόθι ευλογημένων ρουφετίων (συντεχ-
"νιών), και λοιποί απαξάπαντες ευλογημένοι Χριστιανοί εκά-
"στης τάξεως και βαθμού, τέκνα εν Κυρίω ημών αγαπητά,
" χάρις είη υμίν και ειρήνη παρά Θεού.

" Ή πρώτη βάσις της ηθικής ότι είναι η προς τους ευεργε-
"τούντας ευγνωμοσύνη, είναι ηλίου λαμπρότερον, και, όστις
"ευεργετούμενος αχαριστεί, είναι ο κάκιστος πάντων ανθρώ-
"πων. Αυτήν την κακίαν βλέπομεν πολλαχού στηλιτευομέ-
"νην παρά των ιερών γραφών και παρ' αυτού του κυρίου ημών
"Ιησού Χριστού ασυγχώρητον, καθώς έχομεν το παράδειγμα
" του Ιούδα. Όταν η αχαριστία ήναι συνωδευμένη και με
" πνεύμα κακοποιόν και αποστατικόν εναντίον της κοινής ημών
" ευεργέτιδος και τροφού κραταιάς και αηττήτου βασιλείας,
" τότε εμφαίνει και τρόπον αντίθεον, επειδή ουκ έστι, φησί,
" βασιλεία και εξουσία ει μη υπό Θεού τεταγμένη, και πάς ο
" αντιτασσόμενος αυτή, τη θεόθεν εφ' ημάς τεταγμένη κραταιά
" βασιλεία, τη του Θεού διαταγή ανθέστηκε. Αυτά τα δύο
" ουσιώδη και βάσιμα ηθικά και θρησκευτικά χρέη κατεπάτη-
" σαν με απαραδειγμάτιστον θρασύτητα και αλαζονείαν ό,τε
" προδιορισθείς της Μολδαυίας ηγεμών, ως μη ώφειλε, Μι-
" χαήλ και ο Αλέξανδρος Υψηλάντης. Εις όλους τους ομο-
" γενείς μας είναι γνωστά τα άπειρα ελέη, όσα η αέννας της
" εφ' ημάς τεταγμένης κραταιάς βασιλείας πηγή εξέχεεν εις
" τον κακόβουλον Μιχαήλ. Από μικρού και ευτελούς τον
" ανύψωσεν εις βαθμούς και μεγαλεία· από αδόξου και ασή-
" μου τον προήγαγεν εις δόξας και τιμάς· τον επλούτισε· τον
" περιέθαλψε· τέλος πάντων τον ετίμησε και με τον λαμπρό-
" τατον της ηγεμονείας αυτής θρόνον και τον κατέστησεν άρ-
" χοντα λαών. Αυτός όμως, φύσει κακόβουλος ων, εφάνη τέρας
" έμψυχον αχαριστίας, και συμφωνήσας μετά του δραπέτου
" και φυγάδος Αλεξάνδρου Υψηλάντου, αμφότεροι απονενοη-
" μένοι, επίσης αλαζόνες, δοξομανείς, ή μάλλον ειπείν ματαιό-

ΣΗΜΕΙΩΣΕΙΣ. 331

" φρονες, ἐκήρυξαν ἐλευθερίαν τοῦ γένους, καὶ μὲ τὴν φωνὴν
" αὐτὴν ὑφείλκυσαν καὶ πολλοὺς τῶν αὐτόθι, διασπείραντες καὶ
" ἀποστόλους εἰς διάφορα μέρη διὰ νὰ ἐξαπατήσωσι καὶ νὰ
" ἐφελκύσωσιν εἰς τὸν ἴδιον τῆς ἀπωλείας κρημνὸν καὶ ἄλλους
" πολλοὺς τῶν ὁμογενῶν μας. Διὰ νὰ δυνηθῶσι δὲ τρόπον
" τινὰ νὰ ἐνθαρρύνωσι τοὺς ἀκούοντας, μετεχειρίσθησαν καὶ
" τὸ ὄνομα τῆς ῥωσσικῆς Δυνάμεως, προβαλλόμενοι, ὅτι καὶ
" αὐτὴ εἶναι σύμφωνος μὲ τοὺς στοχασμοὺς καὶ τὰ κινήματά
" των, πρόβλημα διόλου ψευδὲς καὶ ἀνύπαρκτον, καὶ μόνης
" τῆς ἰδικῆς των ματαιοφροσύνης ἀπόκυημα· ἐπειδὴ, ἐνῷ τὸ
" τοιοῦτον εἶναι ἀδύνατον ἠθικῶς, καὶ πολλῆς πρόξενον μομφῆς
" εἰς τὴν ῥωσσικὴν αὐτοκρατορίαν, καὶ ὁ ἴδιος ἐνταῦθα ἐξοχώ-
" τατος πρέσβυς αὐτῆς ἔδωκεν ἔγγραφον πληροφορίαν, ὅτι
" οὐδεμίαν ἢ εἴδησιν, ἢ μετοχὴν ἔχει τὸ ῥωσσικὸν κράτος εἰς
" αὐτὴν τὴν ὑπόθεσιν, καταμεμφόμενος μάλιστα καὶ ἀποτρο-
" πιαζόμενος τοῦ πράγματος τὴν βδελυρίαν. Μὲ τοιαύτας
" ῥᾳδιουργίας ἐσχημάτισαν τὴν ὀλεθρίαν σκηνὴν οἱ δύο οὗτοι,
" καὶ οἱ τούτων συμπράκτορες φιλελεύθεροι, ἢ μᾶλλον εἰπεῖν
" μισελεύθεροι, καὶ ἐπεχείρησαν εἰς ἔργον μιαρόν, θεοστυγὲς
" καὶ ἀσύνετον, θέλοντες νὰ διαταράξωσι τὴν ἄνεσιν καὶ ἡσυ-
" χίαν τῶν ὁμογενῶν μας, πιστῶν ῥαγιάδων τῆς κραταιᾶς
" βασιλείας, τὴν ὁποίαν ἀπολαμβάνουσιν ὑπὸ τὴν ἀμφιλαφῆ
" σκιὰν αὐτῆς μὲ τόσα προνόμια ἐλευθερίας, ὅσα δὲν ἀπολαμ-
" βάνει ἄλλο ἔθνος ὑποτελὲς καὶ ὑποκείμενον, τά τε ἄλλα καὶ
" εἰς τὰ τῆς θρησκείας μας κατ' ἐξοχήν, ἥτις διεφυλάχθη καὶ
" διατηρεῖται ἀσκανδάλιστος μέχρι τῆς σήμερον ἐπὶ ψυχικῇ
" ἡμῶν σωτηρίᾳ. Ἀντὶ λοιπὸν φιλελεύθεροι ἐφάνησαν μισε-
" λεύθεροι· ἀντὶ φιλογενεῖς καὶ φιλόθρησκοι ἐφάνησαν μισο-
" γενεῖς, μισόθρησκοι καὶ ἀντίθεοι, διοργανίζοντες, φεῦ, οἱ
" ἀσυνείδητοι μὲ τὰ ἀπονενοημένα κινήματά των τὴν ἀγανά-
" κτησιν τῆς εὐμενοῦς κραταιᾶς βασιλείας ἐναντίον τῶν ὑπη-
" κόων της ὁμογενῶν μας, καὶ σπεύδοντες νὰ ἐπιφέρωσι κοινὸν
" καὶ γενικὸν τὸν ὄλεθρον ἐναντίον παντὸς τοῦ γένους.

" Τοιαῦτα τοίνυν ἀκούσαντες ἡμεῖς τε καὶ πᾶσα ἡ περὶ ἡμᾶς
" ἱερὰ ἀδελφότης, καὶ ὅλα τὰ ἐνταῦθα μέλη τοῦ εὐσεβοῦς ἡμῶν
" γένους ἑκάστης τάξεως, κατηφείας ἐπλήσθημεν πολλῆς καὶ
" καιρίας ὀδύνης, καὶ προήχθημεν ὑπὸ φιλοστοργίας πατρικῆς
" καὶ προνοίας ἐκκλησιαστικῆς ἀμέσως εἰς τὸ νὰ ἐμπνεύσωμεν

"ὑμῖν τὰ σωτήρια. Καὶ δὴ γράφοντες ἐντελλόμεθα καὶ
" παραγγέλλομεν τῇ ἀρχιερωσύνῃ σου, καὶ ὁ ἴδιος ἀμέσως καὶ
" διὰ τῶν ὑπαλλήλων σοι ἡγουμένων, ἱερομονάχων καὶ πνευ-
" ματικῶν πατέρων νὰ διακηρύξῃς τὴν ἀπάτην τῶν εἰρημένων
" κακοβούλων ἀνθρώπων, καὶ νὰ καταρτίσῃς τοὺς ὑπὸ τὴν
" πνευματικὴν προστασίαν σου Χριστιανοὺς ἑκάστης τάξεως
" εἰς τὴν διατήρησιν τοῦ πιστοῦ ραγιαλικίου, καὶ τῆς ἄκρας
" ὑποταγῆς καὶ δουλικῆς εὐπειθείας πρὸς αὐτὴν τὴν θεόθεν
" ἐφ᾽ ἡμᾶς τεταγμένην κραταιὰν βασιλείαν· νὰ διαλύσῃς μὲ
" τὰς πραγματικὰς ἀποδείξεις τῆς ἀληθείας τὰς πλεκτάνας
" τῶν ὀλεθρίων ἐκείνων ἀνθρώπων καὶ νὰ τοὺς ἀποδείξῃς κοι-
" νοὺς λυμεῶνας καὶ ματαιόφρονας, χωρὶς μήτε ἡ ἀρχιερωσύνη
" σου, μήτε τὸ λογικόν σου αὐτὸ ποίμνιον νὰ δώσητε εἰς τοὺς
" λόγους των καὶ εἰς τὰ κινήματά των κἀμμίαν προσοχήν·
" μάλιστα δὲ νὰ τοὺς μισῆτε καὶ νὰ τοὺς ἀποστρέφεσθε,
" καθότι καὶ ἡ ἐκκλησία καὶ τὸ γένος τοὺς ἔχει μεμισημένους,
" καὶ ἐπισωρεύει κατ᾽ αὐτῶν τὰς παλαμναιοτάτας ἀράς, ὡς
" μέλη σεσηπότα τοὺς ἔχει ἀποκεκομμένους τῆς καθαρᾶς καὶ
" ὑγιαινούσης χριστιανικῆς ὁλομελείας. Ὡς παραβάται τῶν
" θείων νόμων καὶ ἀποστολικῶν διατάξεων, ὡς καταφρονη-
" ταὶ τοῦ ἱεροῦ χρήματος τῆς πρὸς τοὺς εὐεργετήσαντας εὐ-
" γνωμοσύνης καὶ εὐχαριστίας, ὡς ἐναντίοι τῶν ἠθικῶν καὶ
" πολιτικῶν ὅρων, ὡς τὴν ἀπώλειαν τῶν ἀθώων καὶ ἀνευθύνων
" ὁμογενῶν μας ἀσυνειδότως τεκταινόμενοι, ἀφωρισμένοι ὑπάρ-
" χουσι καὶ κατηραμένοι καὶ ἀσυγχώρητοι καὶ ἄλυτοι μετὰ
" θάνατον, καὶ τῷ αἰωνίῳ ὑπόδικοι ἀναθέματι καὶ τυμπανι-
" αῖοι· αἱ πέτραι, τὰ ξύλα καὶ ὁ σίδηρος λυθείησαν, αὐτοὶ
" δὲ μηδαμῶς· σχισθεῖσα ἡ γῆ καταπίοι αὐτούς, οὐχ ὡς τὸν
" Δαθὰν καὶ Ἀβειρών, ἀλλὰ τρόπῳ δή τινι παραδόξῳ, εἰς
" θαῦμα καὶ παράδειγμα· πατάξαι Κύριος αὐτοὺς τῷ ψύχει,
" τῷ πυρετῷ, τῇ ἀνεμοφθορίᾳ καὶ τῇ ὤχρᾳ· γενηθήτω ὁ οὐρανός,
" ὁ ὑπὲρ τὴν κεφαλὴν αὐτῶν, χαλκοῦς, καὶ ἡ γῆ, ἡ ὑπὸ τοὺς
" πόδας αὐτῶν, σιδηρᾶ· ἐκκοπείησαν ἀώρως τῆς παρούσης ζωῆς
" καὶ προσζημιωθείησαν καὶ τὴν μέλλουσαν· ἐπιπεσάτωσαν
" ἐπὶ τὰς κεφαλὰς αὐτῶν κεραυνοὶ τῆς θείας ἀγανακτήσεως·
" εἴησαν τὰ κτήματα αὐτῶν εἰς παντελῆ ἀφανισμὸν καὶ εἰς
" ἐξολόθρευσιν· γενηθήτωσαν τὰ τέκνα αὐτῶν ὀρφανὰ καὶ αἱ
" γυναῖκες αὐτῶν χῆραι· ἐν γενεᾷ μιᾷ ἐξαλειφθείη τὸ ὄνομα

ΣΗΜΕΙΩΣΕΙΣ. 333

" αὐτῶν μετ' ἤχου, καὶ οὐ μὴ μένῃ αὐτοῖς λίθος ἐπὶ λίθου·
" ἄγγελος Κυρίου καταδιώξαι αὐτοὺς ἐν πυρίνῃ ῥομφαίᾳ,
" ἔχοντες καὶ τὰς ἀρὰς πάντων τῶν ἀπ' αἰῶνος ἁγίων καὶ τῶν
" ὁσίων καὶ θεοφόρων πατέρων, καὶ αὐτοὶ καὶ ὅσοι τοῖς
" ἴχνεσιν αὐτοῖς κατηκολούθησαν ἀμεταμελήτως, ἢ κατακο-
" λουθήσουσι τοῦ λοιποῦ. Τοιαῦτα ἀπαρώμεθα κατ' αὐτῶν,
" κρουνοὺς δακρύων ἐκ τῶν ὀφθαλμῶν ἡμῶν ἀφίεντες καὶ
" πλήρεις ἀγανακτήσεως δικαίας ὑπάρχοντες. Ἐπειδὴ δὲ πρὸς
" τοῖς ἄλλοις ἐγνώσθη, ὅτι οἱ τὸ σατανικὸν τῆς δημεγερσίας
" φρόνημα νοήσαντες καὶ ἑταιρίαν τοιαύτην συστησάμενοι
" πρὸς ἀλλήλους συνεδέθησαν καὶ μὲ τὸν δεσμὸν τοῦ ὅρκου,
" γινωσκέτωσαν, ὅτι ὁ ὅρκος αὐτὸς εἶναι ὅρκος ἀπάτης, εἶναι
" ἀδιάκριτος καὶ ἀσεβής, ὅμοιος μὲ τὸν ὅρκον τοῦ Ἡρώδου,
" ὅστις, διὰ νὰ μὴ φανῇ παραβάτης τοῦ ὅρκου του, ἀπεκε-
" φάλισεν Ἰωάννην τὸν βαπτιστήν· ἂν ἤθελεν ἀθετήσει τὸν
" παράλογον ὅρκον, τὸν ὁποῖον ἐπενόησεν ἡ ἄλογος ἐπιθυμία
" του, ἔζη τότε βέβαια ὁ θεῖος πρόδρομος, ὥστε ἑνὸς παρα-
" λόγου ὅρκου ἐπιμονὴ ἔφερε τὸν θάνατον τοῦ προδρόμου· ἡ
" ἐπιμονὴ ἄρα τοῦ ὅρκου εἰς διατήρησιν τῶν ὑποσχεθέντων
" παρὰ τῆς φατρίας αὐτῆς, πραγματευομένης οὐσιωδῶς τὴν
" ἀπώλειαν ἑνὸς ὁλοκλήρου γένους, πόσον εἶναι ὀλεθρία καὶ
" θεομίσητος, εἶναι φανερόν· ἐξ ἐναντίας ἡ ἀθέτησις τοῦ ὅρκου
" αὐτοῦ, ἀπαλλάττουσα τὸ γένος ἐκ τῶν ἐπερχομένων ἀπαρα-
" μυθήτων δεινῶν, εἶναι θεοφιλὴς καὶ σωτηριώδης. Διὰ τοῦτο
" τῇ χάριτι τοῦ παναγίου Πνεύματος ἔχει ἡ ἐκκλησία διαλε-
" λυμένον τὸν ὅρκον αὐτῶν καὶ ἀποδέχεται καὶ συγχωρεῖ ἐκ
" καρδίας τοὺς μετανοοῦντας καὶ ἐπιστρέφοντας καὶ τὴν προ-
" τέραν ἀπάτην ὁμολογοῦντας καὶ τὸ πιστὸν τοῦ ῥαγιαλικίου
" αὐτῶν ἐναγκαλιζομένους εἰλικρινῶς· ἀποτείνοντες δὲ τὸν
" λόγον ἰδίως καὶ πρὸς τὴν ἀρχιερωσύνην σου ἀποφαινόμεθα,
" ἐὰν μὴ βαδίσῃς εἰς ὅσα ἐν πνεύματι ἁγίῳ παραινοῦμεν διὰ
" τοῦ παρόντος ἐκκλησιαστικῶς, ἐὰν δὲν δείξῃς ἐν ἔργῳ
" τὴν ἐπιμέλειάν σου καὶ προθυμίαν εἰς τὴν διάλυσιν τῶν
" σκευωριῶν, εἰς τὴν ἀναστολὴν τῶν καταχρήσεων καὶ ἀταξιῶν,
" εἰς τὴν ἐπιστροφὴν τῶν πλανηθέντων, εἰς τὴν ἄμεσον καὶ
" ἔμμεσον καταδρομὴν καὶ ἐκδίκησιν τῶν ἐπιμενόντων εἰς τὰ
" ἀποστατικὰ φρονήματα, ἐὰν δὲν συμφρονήσῃς τῇ ἐκκλησίᾳ,
" καὶ ἑνὶ λόγῳ, ἐὰν καθ' οἱονδήποτε τρόπον κατενεχθῇς κατὰ

ΣΗΜΕΙΩΣΕΙΣ.

" τῆς κοινῆς ἡμῶν εὐεργέτιδος κραταιᾶς βασιλείας, σὲ ἔχομεν
" ἀργὸν πάσης ἀρχιεροπραξίας, καὶ τῇ δυνάμει τοῦ ἁγίου
" Πνεύματος ἔκπτωτον τοῦ βαθμοῦ τῆς ἀρχιερωσύνης καὶ τῶν
" ἱερῶν περιβόλων ἀπόβλητον καὶ τῆς θείας χάριτος γεγυμνω-
" μένον καὶ τῷ πυρὶ τῆς γεέννης ἔνοχον, ὡς τὴν ἀπώλειαν τοῦ
" γένους ἡμῶν αἱρετισάμενον καὶ προτιμήσαντα.

" Οὕτω τοίνυν, ἀγαπητοὶ ἀδελφοὶ, ἀνανήψατε πρὸς Θεοῦ
" καὶ ποιήσατε καθὼς ἐκκλησιαστικῶς ὑμῖν γράφοντες κε-
" λευόμεθα, ὅτι περιμένομεν κατὰ τάχος τὴν αἰσίαν τῶν γραφο-
" μένων ἐκτέλεσιν, ἵνα καὶ ἡ τοῦ Θεοῦ χάρις καὶ τὸ ἄπειρον
" ἔλεος εἴη μετὰ πάντων ὑμῶν.

" ͵αωκά ἐν μηνὶ μαρτίῳ.

" Ὑπεγράφη συνοδικῶς ἐπὶ τῆς ἁγίας Τραπέζης παρὰ τῆς
" ἡμῶν μετριότητος, καὶ τῆς μακαριότητός του καὶ πάντων
τῶν ἁγίων ἀρχιερέων.

" ὁ Κωνσταντινουπόλεως ΓΡΗΓΟΡΙΟΣ ἀποφαίνεται.
" ὁ Ἱεροσολύμων ΠΟΛΥΚΑΡΠΟΣ συναποφαίνεται.
" ὁ Καισσαρείας ΙΩΑΝΝΙΚΙΟΣ.
" ὁ Ἡρακλείας ΜΕΛΕΤΙΟΣ.
" ὁ Κυζίκου ΚΩΝΣΤΑΝΤΙΟΣ.
" ὁ Νικομηδείας ΑΘΑΝΑΣΙΟΣ.
" ὁ Νικαίας ΜΕΛΕΤΙΟΣ.
" ὁ Χαλκηδόνος ΓΡΗΓΟΡΙΟΣ.
" ὁ Δέρκων ΓΡΗΓΟΡΙΟΣ.
" ὁ Θεσσαλονίκης ΙΩΣΗΦ.
" ὁ Τυρνόβου ΙΩΑΝΝΙΚΙΟΣ.
" ὁ Ἀδριανουπόλεως ΔΩΡΟΘΕΟΣ.
" ὁ Προύσσης ΜΕΛΕΤΙΟΣ.
" ὁ Δυδιμοτοίχου ΚΑΛΛΙΝΙΚΟΣ.
" ὁ Ἀγκύρας ΑΘΑΝΑΣΙΟΣ.
" ὁ Ναξίας ΓΡΗΓΟΡΙΟΣ.
" ὁ Σίφνου ΚΑΛΛΙΝΙΚΟΣ.
" ὁ Φαναρίου καὶ Φερσάλων ΔΑΜΑΣΚΗΝΟΣ κτλ. κτλ."

ΣΗΜΕΙΩΣΕΙΣ. 335

(β.)

Ἰδοὺ δύο ἄλλα νεώτερα ἔγγραφα τοῦ σουλτάνου περὶ τῶν αὑτῶν, τὸ μὲν πρὸς τὸν κεχαγιάμπεην, τὸ δὲ πρὸς ὅλον τὸ ἔθνος τῶν Μουσουλμάνων. Τὸ πρὸς τὸν κεχαγιάμπεην ἔλεγεν·

" Οὐδεὶς ἀγνοεῖ τὰ κατὰ τὰς ἐπαρχίας τῆς Βλαχίας καὶ τῆς
" Μολδαυΐας ἐσχάτως συμβάντα, καὶ τὴν παντοτεινὴν τοῦ
" ἔθνους τῶν Ἑλλήνων ἀπιστίαν. Ἄς ἐλπίσωμεν εἰς τὸν Θεὸν
" ὅτι ἡ ἡσυχία θὰ ἐπανέλθει. Εἶναι ὅμως ἀναγκαῖον νὰ φέ-
" ρεται εἰς τὸ ἑξῆς ἕκαστος Μουσουλμάνος ἀξίως τῶν σημερι-
" νῶν περιστάσεων, αἵτινες ἀπαιτοῦν τὴν ἀπάρνησιν πάσης
" τρυφῆς, ἥτις τοὺς ᾐχμαλώτευσε, τὴν ἐπάνοδον εἰς τὴν ἐν τοῖς
" στρατοπέδοις ζωὴν ὡς ἀνέκαθεν καὶ τὴν κατ' ὀλίγον μίμησιν
" τῶν ἠθῶν τῶν προγόνων μας. Εἶναι ἐπίσης ἀναγκαῖον καὶ οἱ
" ὑπουργοὶ τοῦ κράτους καὶ οἱ ὑπάλληλοι καὶ οἱ γραφεῖς ν'
" ἀπαρνηθῶσι πᾶσαν ἡδυπάθειαν καὶ νὰ ἑτοιμασθῶσιν εἰς τὴν
" περὶ ἧς ὁ λόγος μεταβολὴν τῶν ἠθῶν ἀγοράζοντες ὅπλα καὶ
" ἵππους."

Ἰδοὺ τὸ πρὸς τὸ ἔθνος τῶν Μουσουλμάνων.

" Οἱ ἄπιστοι, μάρτυρες τῶν ἀκολασιῶν τῶν ὑπουργῶν καὶ
" τῶν ὑπαλλήλων τοῦ κράτους μου, καὶ προβλέποντες ὅτι
" οὗτοι δὲν ἦσαν ἱκανοὶ ν' ἀντισταθῶσιν, ἐτόλμησαν νὰ κινή-
" σωσιν ἔνοπλον χεῖρα. Ἠξεύρουν τοῦτο ὅλοι οἱ μεγιστᾶνες,
" οἱ ὑπουργοὶ καὶ οἱ ὑπάλληλοι τοῦ κράτους μου· καὶ ὅμως
" οὐδεὶς δεικνύει τὸν πρέποντα ζῆλον· μόλις οἱ γραφεῖς ἔρχον-
" ται εἰς τὰ ἔργα των τὴν γ' ὥραν. αἱ ὑποθέσεις δὲν διεξά-
" γονται πρεπόντως κατὰ τὸν τρόπον τοῦτον· ὅλαι αἱ ὧραι
" δὲν εἶναι ὧραι τρυφῆς. Ἰδοὺ τὰ ἐλεεινὰ ἀποτελέσματα τῆς
" τοιαύτης ζωῆς. Ἐψυχράνθησαν οἱ Μουσουλμάνοι. Τινὲς
" κακεντρεχεῖς δὲν παύουν χλευάζοντες καὶ κατηγοροῦντες τοὺς
" ἄλλους· διὰ τοῦτο δὲν θὰ συμβουλεύω εἰς τὸ ἑξῆς, ἀλλὰ θὰ
" παραδίδω εἰς τὰς χεῖρας τοῦ δημίου τοὺς ζῶντας ταύτην τὴν
" ζωήν, τοὺς ὀλιγωροῦντας τὴν ἐντολὴν τοῦ νὰ θεωρῶσιν ὡς
" ἀδελφοὺς τοὺς ἄλλους, τοὺς τρέφοντας μῖσος κατ' αὐτῶν,
" τοὺς μὴ φροντίζοντας διὰ τὴν ἐκπλήρωσιν τῶν καθηκόντων,
" τοὺς ἐρχομένους παρ' ὥραν εἰς τὰ ἔργα των καὶ τοὺς κακολο-

" γοῦντας ἀλλήλους. Ἃς ἀνοίξωσιν οἱ τοιοῦτοι καλὰ τὰ
" ὄμματά των. Αἱ σημεριναὶ περιστάσεις δὲν εἶναι ὡς αἱ παρ-
" ελθοῦσαι. Πρόκειται περὶ θρησκείας. Ὁ αὐτοκρατορικὸς
" σκοπός μου εἶναι νὰ κερδίσω τὰς καρδίας τῶν ἀληθῶν πιστῶν
" καὶ νὰ ἐνισχύσω τὸν νόμον τοῦ Μωάμεθ. Εἴθε νὰ φανῆτε
" ὅλοι ἄγρυπνοι! Ἀμήν!"

Σημειωτέον, ὅτι ὅσα τουρκικὰ ἔγγραφα ἐκδίδω μετεφράσθησαν ὅλα ἐκ γαλλικῶν μεταφράσεων.

(γ.)

Μετά τινας ἡμέρας ἀπεκεφάλισεν ἡ Πύλη καὶ ἕνα τῶν υἱῶν καὶ τὸν ἀδελφὸν τοῦ Παπαρρηγοπούλου.

(δ.)

Ὅτι ἀκρίτως καὶ ἀνεξετάστως καὶ ἐπὶ ἁπλῇ ὑποψίᾳ ἐφόνευαν οἱ Τοῦρκοι τοὺς Χριστιανούς, ἀρκεῖ ν' ἀναφέρω, ὅτι τὸ ἔγγραφον τῆς καταδίκης τοῦ Γεωργίου Μαυροκορδάτου ἔλεγεν, ὅτι " κατεδικάσθη εἰς θάνατον, διότι μετέφερεν ἔξωθεν κανό-
" νια ἔμπροσθεν τῆς οἰκίας του εἰς ἀνατροπὴν τῆς τουρκικῆς
" Ἀρχῆς." Ἡ δὲ παραμορφωθεῖσα ἀλήθεια ἔχει οὕτως. Ἡ οἰκία του ἦτο παραθαλάσσιος, καὶ ἔμπροσθεν αὐτῆς ἠγκυροβόλουν πλοῖα ἀποβιβάζοντα συνήθως χάριν ἐπισκευῆς τὰ κανόνιά των.

(ε.)

Ἐξωρίσθη καὶ ὁ μέγας οὗτος διερμηνεὺς καὶ κληθεὶς εἰς γεῦμα ἐπὶ τῆς ἐξορίας του παρὰ τῷ διατρίβοντι ἐν τῇ ἐξοχῇ διοικητῇ ἐδολοφονήθη καθ' ὁδὸν ὑπό τινων τῶν ὑπηρετῶν αὐτοῦ τοῦ διοικητοῦ ὑποκριθέντων ὅτι ἦσαν λησταί.

(ε δίς.)

Ἰδοὺ αἱ ὁδηγίαι δι' ὧν ὁ σουλτάνος ἐφωδίασε τὸν νέον ἀρχιβεζίρην Μπεντερλῆ-Ἀλήπασαν.

" Ἀλήπασα.
" Σύ, ὁ εὐυπόληπτος ἀρχιβεξίρης μου καὶ ὁ γενικὸς ἐπίτρο-
" πός μου, μετὰ τοὺς αὐτοκρατορικοὺς χαιρετισμούς μου μάθε,

ΣΗΜΕΙΩΣΕΙΣ. 337

" ὅτι ὁ προκάτοχός σου Σαΐδ-Ἀλήπασας δὲν ἔδειξε τὴν ἀναγ-
" καίαν σταθερότητα· ἠγάπα τὰς ἀναπαύσεις καὶ τὰς τρυφὰς
" καὶ δὲν ἦτον ὁ ἄνθρωπος τῶν σημερινῶν περιστάσεων, διὰ
" τοῦτο τὸν ἔξωσα· ὕψωσα δὲ εἰς τὴν ἀξίαν τοῦ ἐπιτρόπου μου
" σέ, τὸν διακρινόμενον μεταξὺ τῶν βεζιρῶν μου διὰ τὸν ζῆλόν
" σου, τὴν ἀνδρίαν σου, τὴν πρὸς ἐμὲ πίστιν σου καὶ τὴν εὐθύ-
" τητά σου, καὶ τὸν δόσαντα μέχρι σήμερον δείγματα φρονή-
" σεως διὰ τῆς διαγωγῆς σου καθ' ἃς σοὶ ἐνεπιστεύθην ὑποθέ-
" σεις· ἀναμένω δὲ νὰ ἴδω καὶ τὰς πράξεις σου ἐν τῇ σημερινῇ
" ὑπηρεσίᾳ σου. Ὁ σημερινὸς καιρὸς δὲν ὁμοιάζει τοὺς ἄλ-
" λους. Παράστησε διὰ τοῦ ὀρθοῦ λόγου σου, διὰ τῆς τιμιό-
" τητός σου καὶ διὰ τοῦ πρὸς τὴν θρησκείαν ζήλου σου, ὅτι
" εἶναι ἐπάναγκες ὅλοι οἱ πιστοὶ νὰ ἑνωθῶσι κατὰ τὸ ἀκόλου-
" θον ἱερὸν ῥητὸν τοῦ κορανίου, ' ὁ δὲ Θεὸς βλέπει ἱλαρῶς
" ' τοὺς πιστοὺς τοὺς προσκυνοῦντας αὐτὸν ὑπὸ τὸ δένδρον
" ' καὶ τοὺς ἀξίους τῆς θείας χάριτος.' Διάταξε τοὺς ἀγαπη-
" τούς μου οὐλεμάδας, τοὺς βεζίρας καὶ ὑπουργοὺς τῆς αὐτο-
" κρατορίας μου, τοὺς ἀρχηγοὺς τῶν γενιτσάρων νὰ ζῶσιν ἐν
" ὁμονοίᾳ, καὶ νὰ μὴ κατηγορῇ ὁ εἷς τὸν ἄλλον· οἱ ὑπουργοί, οἱ
" μεγιστᾶνες, οἱ ἀγάδες τῶν γενιτσάρων, οἱ ὑπηρέται μου ἐν
" γένει ὀφείλουν ν' ἀφήσωσιν εἰς τὸ ἑξῆς πᾶσαν ἡδυπάθειαν
" καὶ πολυτέλειαν καὶ ἐν γένει τὸν συνήθη τρόπον τοῦ ζῆν,
" μόνον ἀνεκτὸν ἐν καιρῷ εἰρήνης· μήτε δὲ ν' ἀσωτεύωσι πρέπει
" ἢ ν' ἀργῶσιν· ἀλλά, καθὼς διατάττει ὁ νόμος τοῦ προφήτου,
" νὰ προσεύχωνται οἱ μὲν μεγιστᾶνες τῆς αὐτοκρατορίας μου
" ἰδίᾳ καὶ δημοσίᾳ, ὁ δὲ κοινὸς λαὸς ἐν τοῖς ζαμίοις καὶ τοῖς
" εὐκτηρίοις. Προμήθευσε δὲ πρὸ πάντων τὴν βασιλεύουσαν
" παντὸς εἴδους τροφῶν καὶ ἐπαγρύπνει μεθ' ὅλων τῶν ὀρθῶς
" φρονούντων καθὼς καὶ μετὰ τῶν ὑπουργῶν καὶ λοιπῶν ὑπαλ-
" λήλων τὴν ἀσφάλειαν τῆς βασιλευούσης καὶ τῶν ὁρίων. Κοι-
" νοποίει μοι πᾶσαν ὑπόθεσιν ἀξίαν λόγου, ὥστε οὐδεμία ν'
" ἀμελῆται ἢ ν' ἀναβάλλεται.

" Εἴθε ὁ Παντοδύναμος νὰ εὐλογήσῃ καὶ ἐν τῷ νῦν αἰῶνι καὶ
" ἐν τῷ μέλλοντι ὅλους ὅσοι σὲ συνδράμουν καὶ ὅσοι ὑπακού-
" σουν τὴν θείαν φωνὴν τὴν λέγουσαν ' ἔσω ταπεινὸς ἐνώπιον
" ' τοῦ Θεοῦ καὶ εὐπειθὴς εἰς τὸν προφήτην.' Αὕτη εἶναι ἡ
" δοθεῖσα πρώτη ἐντολή."

(στ.)

Ἰδοὺ τὸ χάτι σερίφι περὶ τῆς καθαιρέσεως τοῦ Μπεντερλῆ-Ἀλήπασα καὶ περὶ τῆς ἐγκαταστάσεως τοῦ διαδόχου του Σαλήχπασα·

" Σαλήχπασα·

" Δέξου τοὺς αὐτοκρατορικοὺς χαιρετισμούς μου καὶ μάθε,
" ὅτι ἀφ᾽ ὅτου ἔγεινε φανερὰ ἡ ἀπροσδόκητος ἀποστασία τοῦ
" γένους τῶν Ἑλλήνων, ὅλοι οἱ βεζῖραι, ὅλοι οἱ ἄνθρωποι τοῦ
" νόμου, ὅλοι οἱ ἀρχηγοὶ καὶ σημαντικοὶ τῶν στρατευμάτων
" μου, γνωρίζοντες ὅτι ὅλοι οἱ Μουσουλμάνοι εἶναι ἀδελφοί,
" ἡνώθησαν χάριτι θείᾳ καὶ ἀγρυπνοῦν ἔνοπλοι νύκτα καὶ
" ἡμέραν εἰς ἀπόσβεσιν τῆς ἀποστασίας παιδεύοντες τοὺς
" πρωταιτίους της· ἀλλ᾽ ὁ προκάτοχός σου Μπεντερλῆ-Ἀλή-
" πασας, ὅστις ἐφάνη ἐξ αὐτῆς τῆς ἀρχῆς τῆς ὑπηρεσίας του
" μήτε τῶν νόμων τῆς αὐτοκρατορίας μου, μήτε τῶν αἰτιῶν τῆς
" ἀποστασίας γνῶσιν ἔχων, ἠθέλησε νὰ φεισθῇ τῆς ζωῆς
" τῶν Ἑλλήνων, ὧν ἡ προδοσία εἶναι πασίγνωστος, μὴ κατα-
" νοήσας τὰ ἀποτελέσματα τῆς ἀνακαλυφθείσης ἀποστασιας.
" Τολμηρὸς ἐδείχθη ἐξ αἰτίας τῆς ἀγνοίας του καὶ ἐπολιτεύθη
" ὅπως δὲν ἔπρεπε· παραδείγματος χάριν, ἐτόλμησε νὰ ἐναν-
" τιωθῇ εἰς τὴν τιμωρίαν τοῦ ἀξιοκαταφρονήτου τούτου ἔθνους,
" νὰ ψυχράνῃ τὸν ζῆλον τῶν Μουσουλμάνων, νὰ διαλύσῃ τὴν
" ὑπάρχουσαν ἀγάπην καὶ ὁμόνοιάν των καὶ νὰ σπείρῃ μεταξὺ
" ὅλων τῶν κλάσεων τὰ ζιζάνια τῆς διαφωνίας. Ἐπειδὴ τοι-
" αύτη διαγωγὴ ἐδύνατο νὰ φέρῃ ἀποτελέσματα ἐλεεινά, ἐκρίθη
" ἀναγκαῖον ὄχι μόνον νὰ μὴ ἀναβληθῇ ἡ πτῶσίς του, ἀλλὰ
" καὶ ν᾽ ἀπομακρυνθῇ καὶ μείνῃ ἐκτὸς πάσης ὑπηρεσίας.

" Ἐπειδὴ σὺ εἶσαι ἐκ τῶν παλαιοτέρων ὑπουργῶν μου καὶ
" γνωρίζεις ἐπίσης καλῶς καὶ τὰς αἰτίας καὶ τὰ ἀποτελέσ-
" ματα παντὸς ἔργου, προσδοκῶ παρὰ σοῦ τιμιότητα καὶ
" ζῆλον· δι᾽ ὃ καὶ σὲ ἀνέδειξα ἀρχιβεζίρην. Φανοῦ λοιπὸν
" τοιοῦτος ὁποῖον σὲ νομίζω· πολιτεύσου μετὰ τῆς συνήθους
" σου τιμιότητος καὶ τοῦ ζήλου σου· ἑνώσου μετὰ τῶν βεζιρῶν
" μου, τῶν ὑπηρετῶν τοῦ νόμου, τῶν ὑπουργῶν τῆς αὐτοκρατο-
" ρίας μου καὶ τῶν ἀρχηγῶν τῶν στρατευμάτων μου κατὰ τὴν
" ἐντολὴν τοῦ προφήτου, καὶ πρόσεχε μηδεμία ὑπόθεσις ν᾽
" ἀμελῆται, ἀναφέρων πρὸς ἐμὲ ταχέως τὰς κατεπειγούσας·
" διάταξε δὲ ὅλους τοὺς Μουσουλμάνους ν᾽ ἀπαρνηθῶσι τὴν
" ἡδυπάθειαν, τὴν πολυτέλειαν καὶ τὴν ἀσωτίαν, μεταβάλ-

ΣΗΜΕΙΩΣΕΙΣ. 339

" λοντες τὴν κατάστασιν τῆς εἰρήνης εἰς κατάστασιν πολέμου
" καὶ πράττοντες κατὰ τοὺς νόμους τοῦ προφήτου. Φρόντισε
" νὰ ἐνεργηθῶσι τὰ διαταττόμενα.

" Εἴθε ὁ Παντοδύναμος ν' ἀνταμείψῃ καὶ ἐν τῷ νῦν αἰῶνι
" καὶ ἐν τῷ μέλλοντι ὅλους τοὺς μὴ τὴν παροῦσαν ἀποστα-
" σίαν ὡς ἀσήμαντον ἐκλαμβάνοντας, τοὺς θεωροῦντας τὸ
" βασίλειόν μου ὡς βασίλειον τοῦ Μωάμεθ, τοὺς πεπεισμένους
" ὅτι τὸ συμφέρον ὅλων τῶν Μουσουλμάνων κρέμαται ἀπὸ
" τῆς εἰλικρινοῦς ἑνώσεως ὅλων καὶ τοὺς ἐνεργοῦντας ἐκ συμ-
" φώνου καὶ σεβομένους τὰς διαταγάς σου. Αὕτη εἶναι ἡ ἐπι-
" θυμία μου!"

ΚΕΦΑΛΑΙΟΝ Ζ.

(α.)

Ἰδοὺ τὸ αὐτοκρατορικὸν κατὰ τοῦ Ὑψηλάντου διάταγμα.

" 1. Ὁ Πρίγκηψ Ἀλέξανδρος Ὑψηλάντης ἀποβάλλεται
" τῆς ὑπηρεσίας τῆς Ῥωσσίας.

" 2. Νὰ τῷ γνωστοποιηθῇ, ὅτι ὁ μεγαλειότατος αὐτοκράτωρ
" ἀποδοκιμάζει ἐπισήμως τὸ ἐπιχείρημά του καὶ ὅτι εἰς ὑπο-
" στήριξιν αὐτοῦ μηδεμίαν ἔπρεπέ ποτε νὰ προσδοκᾷ συνδρο-
" μὴν παρὰ τῆς Ῥωσσίας.

" 3. Νὰ σταλῶσι ῥηταὶ διαταγαὶ πρὸς τὸν κόμητα Βιτγεν-
" στέην, γενικὸν ἀρχηγὸν τῶν ἐπὶ τοῦ Προύθου καὶ ἐν Βεσ-
" σαραβίᾳ ῥωσσικῶν στρατευμάτων, ὅπως διατηρῇ αὐστηρο-
" τάτην οὐδετερότητα καὶ ἀμεροληψίαν ὡς πρὸς τὰς ἐκρα-
" γείσας ἐντὸς τῶν ἡγεμονειῶν ταραχάς.

" 4. Νὰ κοινοποιηθῶσιν αἱ ἀποφάσεις αὗται τῷ ἐν Κων-
" σταντινουπόλει πρέσβει τῆς Ῥωσσίας, ὅπως τὰς γνωστο-
" ποιήσῃ τῇ ὑψηλῇ Πύλῃ ἐπαναλαμβάνων ἐν ταὐτῷ τὰς εἰλι-
" κρινεῖς καὶ καθαρὰς διαβεβαιώσεις τὰς παρ' ἡμῶν ἐπὶ τῆς
" ἀποστασίας τῶν ἡγεμονειῶν δοθείσας· νὰ ἀναγγείλῃ δὲ
" αὐτῇ ῥητῶς, ὅτι ἡ πολιτικὴ τοῦ μεγαλειοτάτου αὐτοκράτορος
" εἶναι καὶ θὰ εἶναι ἀλλοτρία τῶν ῥᾳδιουργιῶν, δι' ὧν ἐπαπει-
" λεῖται ἡ ἡσυχία ὁποιουδήποτε τόπου· ὅτι πᾶσα τοιαύτης
" φύσεως ἐνοχὴ ἀντίκειται εἰς τὴν εὐθύτητα τῶν σκοπῶν του,
" καὶ ὅτι περὶ τῶν πρὸς τὴν Πύλην σχέσεών της ἡ μεγα-
" λειότης του δὲν τρέφει ἄλλον σκοπὸν οὐδ' ἄλλην ἐπιθυμίαν

" παρὰ τὴν διατήρησιν καὶ τὴν ἀκριβῆ ἐκτέλεσιν τῶν συνθη-
" κῶν τῶν δύο Δυνάμεων."

ΚΕΦΑΛΑΙΟΝ Η.

(α.)

Ἀφ' οὗ ὁ Πεντεδέκας ἥρπασε τὴν ἐξουσίαν, οἱ ἄρχοντες τῆς Μολδαυΐας διέσωσαν τοὺς ῥηθέντας Τούρκους στειλαντές τους εἰς Βεσσαραβίαν.

(β.)

Ὑπαινίττεται ὁ Ὑψηλάντης τὸ πρὸς αὐτὸν ἐξ ὀνόματος τοῦ αὐτοκράτορος γράμμα τοῦ Καποδιστρίου καταχωριζόμενον ἐνταῦθα ὅπως ἐδημοσιεύθη τῷ καιρῷ ἐκείνῳ ἐν ταῖς ἡγεμονείαις.

" Ἐν Λαϋβάχῃ, τὴν 14 μαρτίου τοῦ 1821 ἔτους.

" Κομισάμενος τὴν ἀπὸ 24 φεβρουαρίου ἐπιστολήν σας ὁ
" Αὐτοκράτωρ ἐδοκίμασε λύπην τοσοῦτον μᾶλλον βαθεῖαν,
" ὅσον ἐτίμα τὸ εὐγενὲς τῶν αἰσθημάτων σας, τῶν ὁποίων
" ἐδώκατε πεῖραν ἐν ὑπηρεσίᾳ τῆς μεγαλειότητός του. Ἡ
" αὐτοκρατορικὴ μεγαλειότης του ἦτον λοιπὸν μακρὰν παντὸς
" φόβου, ὅτι ἠδύνασθέ ποτε αἴφνης νὰ παρασυρθῆτε ὑπ' αὐτοῦ
" τοῦ πνεύματος τῆς σκοτοδινιάσεως, ὅπερ φέρει τοὺς ἀνθρώ-
" πους τοῦ αἰῶνός μας νὰ ζητήσωσιν εἰς τὴν λήθην τῶν πρώ-
" των χρεῶν των ἐν ἀγαθόν, τὸ ὁποῖον οὐδέποτέ τις δύναται νὰ
" τὸ ἐλπίσῃ εἰ μὴ μόνον ἀπὸ μιᾶς ἀκριβοῦς διατηρήσεως τῶν
" κανόνων τῆς θρησκείας καὶ τῆς ἠθικῆς. Τὸ λαμπρὸν τοῦ
" γένους σας, ἡ ὁδός, τὴν ὁποίαν ἠρχίσατε, ἡ δικαία ὑπόληψις,
" τὴν ὁποίαν ἀπεκτήσατε, ὅλα αὐτὰ σᾶς ἐχορήγουν τὴν περί-
" στασιν καὶ τὰ μέσα νὰ φωτίσητε πρὸς τὰ συμφέροντα αὐτῶν
" τοὺς τὰ πρῶτα φέροντας τῶν Γραικῶν, οἱ ὁποῖοι σᾶς ἔδειχναν
" μίαν τόσον δικαίαν ἐμπιστοσύνην. Βέβαια ἀνθρώπινον εἶναι
" ἡ ἔφεσις τῆς βελτιώσεως τῆς τύχης του· βέβαια παλαιαὶ
" περιστάσεις ἐμπνέουν εἰς τοὺς Γραικοὺς τὴν ἐπιθυμίαν τοῦ
" νὰ μὴ μείνωσιν ἀλλότριοι εἰς τὴν ἰδίαν αὐτῶν τύχην.
" Ἀλλὰ διὰ τῆς ἀνταρσίας τάχα καὶ δι' ἐμφυλίου πολέμου
" δύνανται νὰ ἐλπίσωσι τὴν ἄφιξιν τοῦ μετεώρου σκοποῦ των;
" μήπως διὰ σκοτεινῶν ὑπωρύχων καὶ ζοφωδῶν σκευωριῶν

ΣΗΜΕΙΩΣΕΙΣ. 341

" δύναται εν έθνος να ελπίση αναβιώσιν και ύψωσιν εις τον
" βαθμον των ανεξαρτήτων εθνών; ο Αυτοκράτωρ δεν το
" φρονεί· έσπευσε ν' ασφαλίση εις τους Γραικούς την υπερά-
" σπισίν του δια των μεταξύ της Ρωσσίας και Πόρτας γεννη-
" θεισών συνθηκών. Την σήμερον αι ειρηνικαι αύται ωφέλειαι
" είναι ηθετημέναι, και νόμιμοι οδοι εγκαταλελειμμέναι, και
" φαίνεται, ότι θέλετε να προσηλώσητε τ' όνομά σας εις συμ-
" βεβηκότα, τα οποία αδύνατον άλλως η απαράδεκτα να ηναι
" τη μεγαλειότητί του τω αυτοκράτορι πασών των Ρωσσιών.
" Η Ρωσσία είναι εις ειρήνην μετα της οθωμανικης μοναρ-
" χίας. Η εις την Μολδαυΐαν διαρραγεισα δημεγερσία δεν
" δύναται κατ' ουδένα λόγον να δικαιώση διάρρηξιν μεταξυ
" των δύο Δυνάμεων. Όθεν ήθελεν είσθαι διάρρηξις μετα της
" οθωμανικης διοικήσεως, ήθελεν είσθαι τρόπος εχθρικος προς
" αυτήν, ήθελεν είσθαι εν ενι λόγω αθέτησις της πίστεως των
" συνθηκών, βοηθουντες καί τοι δια σιωπηλου αισθήματος μίαν
" αποστασίαν, της οποίας το σκοπούμενον είναι να κατα-
" στρέψη μίαν Δύναμιν, προς την οποίαν η Ρωσσία εκήρυξε
" και κηρύττει ότι έχει στερεαν απόφασιν να διαφυλάττη στα-
" θερας σχέσεις ειρήνης και φιλίας.

" Άλλως, οποίον καιρον εξελέξατε να πολεμήσητε την
" Πόρταν; αυτην την ιδίαν στιγμήν, καθ' ην αι πραγματείαι
" καθημέραν ευφορώτεραι μετ' ευτυχων αποβάσεων επεριτρι-
" γύριζον αυτην την ειρήνην με νέας εγγυήσεις· την στιγμήν,
" καθ' ην αι απαιτήσεις της οικογενείας σας έμελλον να ικανο-
" ποιηθώσιν. Η εκλαμπρότης σας εξεύρετε, ότι ο σουλτάνος
" εσκόπευε να σας αποδώση μίαν πλήρη και εντελη δικαιο-
" σύνην. Ιδόντες τας περιστάσεις ταύτας, και γνωρίζοντες
" τας αρχάς, αι οποίαι έχουσι να ευθύνωσι πάντοτε την πολι-
" τικην της μοναρχίας, πως ετολμήσατε να υποσχεθητε εις
" τους κατοίκους των ηγεμονειών την υποστήριξιν μιας μεγά-
" λης Δυνάμεως; αν προς την Ρωσσίαν ηθελήσατε να στή-
" σητε τας όψεις των, οι συμπατριωταί σας θα την ίδωσιν
" ακίνητον, και μετ' ολίγον θα αισθανθητε πίπτουσαν επάνω
" σας μ' όλον της το βάρος την απολογίαν μιας επιχειρήσεως,
" την οποίαν τα εν μανία πάθη μόνα ηδύναντο να υπαγορεύ-
" σωσι. Μολοντούτο δεν είναι ποτε πολλα αργα ν' αποδώ-
" σητε το ανηκον σέβας εις τον ορθον λόγον και εις την αλή-
" θειαν· εισέτι εις χείράς σας έχετε την σωτηρίαν των περι-

ΤΟΜ. Α. 2 Β

" στοιχούντων σας πεπλανημένων ανθρώπων, δύνασθε να τους
" φέρητε εις αναγνώρισιν των επακολουθημάτων τοῦ σκοπού
" των και του ιδικού σας. Επανέλθετε εκ ταύτης της ολεθρίας
" τυφλότητος· δύνασθε να τους αποσύρητε και ν' αποφύγητε ο
" ίδιος εκ της εκδικήσεως μιας διοικήσεως, εις την οποίαν τα
" πολυτιμότερά της συμφέροντα υπαγορεύουσι να εκθέσῃ κατά
" σοῦ και κατ' αυτών μίαν δικαιοτάτην αυστηρότητα. Ουδεμία
" βοήθεια άμεσος ή έμμεσος δεν θέλει σας χορηγηθῇ παρά
" τοῦ αυτοκράτορος· επειδή, επαναλαμβάνομεν, ότι ανάξιον
" είναι να υποσκάπτωμεν τα θεμέλια της οθωμανικής μοναρ-
" χίας δια της αισχίστου και υπευθύνου ενεργείας μιας μυστι-
" κής Εταιρίας. Αν η Ρωσσία είχε μέμψεις εννόμους κατά
" της Πόρτας, και η Πόρτα απέφευγε να δικαιώσῃ αυτάς, αν
" εν ενί λόγῳ η χρήσις της δυνάμεως των όπλων κατήντα
" άφευκτος, εις αυτήν την δύναμιν έπρεπε να καταφύγῃ· αλλ'
" εξ εναντίας σχέσεις διόλου ειρηνικαί συνίστανται μεταξύ
" των δύο Δυνάμεων, και αι πραγματείαι, τας οποίας οι υπουρ-
" γοί των ήρχισαν, επιβεβαιούσι καθημέραν επί πλείω την
" ελπίδα των ευτυχεστέρων αποτελεσμάτων.

" Σταθμίσατε, πρίγκηψ μου, τας υπό του αυτοκράτορος προ-
" τεθειμένας σοι παρατηρήσεις προς απόδοσιν της τελευταίας
" αποδείξεως της προς την εκλαμπρότητά σας καλοκαγαθίας
" του, ωφελήθητε από μιας σωτηρίου υποθήκης, διορθώσατε το
" κακόν, όπερ ήδη επράξατε, προλάβετε την καταστροφήν, την
" οποίαν μέλλετε να επισύρητε επί την καλήν και δυστυχῇ
" πατρίδα σας. Αν μας ενδείξητε τα μέσα να καταπαύσουν
" αι ταραχαί χωρίς να χαλασθώσιν αι υπάρχουσαι συνθήκαι
" μεταξύ Ρωσσίας και της οθωμανικής Πόρτας, χωρίς να
" επιφερθῇ η παραμικρά παρέκβασις εις ουδέν των συμφωνη-
" θέντων, ο Αυτοκράτωρ δεν αποφεύγει να μεσιτεύσῃ προς την
" οθωμανικὴν διοίκησιν να την υποχρεώσῃ να λάβῃ μέτρα
" συνετά, τα οποία να μεταφέρωσιν εις την Μολδοβλαχίαν την
" γαλήνην, της οποίας αύται αι επαρχίαι έχουσι τόσην αφεύ-
" κτως ανάγκην· εις πάσαν δε άλλην υπόθεσιν, η Ρωσσία
" θέλει είσθαι θεατής των συμβεβηκότων, και τα στρατεύματα
" του αυτοκράτορος έσονται ασάλευτα.

" Μήτε η εκλαμπρότης σας, μήτε οι αδελφοί σας είσθε
" πλέον εις την υπηρεσίαν της αυτοκρατορικής του μεγαλειό-
" τητος. Η πριγκηπέσσα Υψηλάντη θέλει είσθαι όμως υπό

ΣΗΜΕΙΩΣΕΙΣ. 343

" την υπεράσπισίν του· αλλ' εις ο,τι αποβλέπει το υποκείμενόν
" σας, ο αυτοκράτωρ δεν συγχωρεί επ' ουδεμιά υποθέσει να
" επανέλθητε εις την Ρωσσίαν.

" Αύτη η επιστολή θέλει σας αποσταλή δια του βαρώνου
" κυρίου Στρογανόφ, όστις αφ' ου την κοινοποιήσει εις την
" Πόρταν, είναι προσταγμένος να σας την εξαποστείλη· εις
" αυτήν προσθέτει συμβουλάς, τας οποίας ο αυτοκράτωρ σας
" παρακινεί και πάλιν να τας ακολουθήσητε.
" Ίσον απαράλλακτον
" Αλέξανδρος Πίνης."

ΚΕΦΑΛΑΙΟΝ Θ.

(α.)

Ο Παπάς ούτος κατέφυγεν εις το αυστριακόν λοιμοκαθαρτήριον, και αποβληθείς επί τη αιτήσει των Τούρκων επανήλθεν εις Βλαχίαν, εσυλλήφθη μαχόμενος και εστάλη εις Σιλιστρίαν όπου και εκρεμάσθη. Ο ανδρείος ούτος αλλά κουφόνους παπάς ηγάπα να κρεμά επί του στήθους του πολλούς σταυρούς ως παράσημα.

(β.)

Τα περιστατικά ταύτα μας ενθυμίζουν τας προ του θανάτου εν Θερμοπύλαις ετοιμασίας των περί τον Λεωνίδαν.

(γ.)

Ήσαν δε ούτοι ο Θανάσης Καρπενησιώτης, ο Κοντογόνης Πελοποννήσιος, ο Σοφιανός Κείος, οι δύο αδελφοί Μιγγλιάραι Κεφαλήνες, ο Σταυράκης Αγιομαυρίτης, ο Ιντσές, ο Τρύφων Κλήρης και ο Πάτρος Καρβουνώφ. Διηγούμενος ο Ρίζος τα εν Σκουλενίω συμβάντα λέγει· " Είδα τον στρατιωτικόν διοι-
" κητήν της Βεσσαραβίας επιστρέφοντα από του λοιμοκαθαρ-
" τηρίου, όπου υπήγε και αυτός εις θέαν της μάχης, και ήκουσα
" παρ' αυτού, ότι αν ο Αλέξανδρος Υψηλάντης ήτο τόσω τυ-
" χηρός ώστε να έχη υπό τας οδηγίας του δεκακισχιλίους ομοί-
" ους των μαχητών του Σκουλενίου, ημπόρει ευκόλως ν' ανθέξη
" εναντίον τετραπλασίων Τούρκων."

ΣΗΜΕΙΩΣΕΙΣ.

(δ.)

Ὁ Ὑψηλάντης κατηγορήθη ὅτι ἐν τῇ κατὰ τὸ Τεργόβιστον κατοικίᾳ του ἔστησεν ἰδιαιτέραν κλίμακα ἄγουσαν κατ' εὐθεῖαν εἰς τὰ δωμάτιά του πρὸς χρῆσιν μόνον τῶν ἀδελφῶν του καὶ τῶν τιτλοφόρων· ἀλλ' ἐγὼ ἐβεβαιώθην, ὅτι ἡ κοινὴ χρῆσις τῆς κλίμακος ταύτης ἀπηγορεύετο ἐπὶ μόνῳ τῷ σκοπῷ νὰ ἐμποδίζεται ἡ δι' αὐτῆς εἰς τὰ ἰδιαίτερα δωμάτια ἀνάβασις ὑπόπτων.

ΚΕΦΑΛΑΙΟΝ Ι.

(a.)

Τὸ περὶ τῆς κινήσεως τῶν πλοίων διαγραφόμενον σύστημα εἶναι ἀκριβῶς τὸ τῆς Ὕδρας· τοιοῦτον ἦτο καὶ τὸ τῶν Σπετσῶν. Τὸ δὲ τῶν Ψαρῶν διέφερε, καὶ τὰ πλοῖα αὐτῶν ὡς ἐπὶ τὸ πλεῖστον ἐναυλόνοντο.

(β.)

Ἰδοὺ τὸ ἔγγραφον τῆς πληρεξουσιότητος.

" Δηλοποιεῖται διὰ τοῦ παρόντος κοινοῦ ἐσφραγίστου τε καὶ
" ἐνυπογράφου γράμματος ὅτι, συνελεύσεως κοινῆς γενομένης
" διὰ τὴν καλὴν σύστασιν τῆς πατρίδος μας, ἐκρίναμεν ἄξιον
" διὰ νὰ ἀναδεχθῇ τὴν φροντίδα τῆς τοπικῆς διοικήσεως τὸν
" τιμιώτατον πατριώτην μας κύριον καπητὰν-Ἀντώνιον Οἰκο-
" νόμου, τῷ ὁποίῳ δίδομεν πᾶσαν πληρεξουσιότητα εἰς τὸ νὰ
" διοικῇ μετὰ τῶν κατὰ καιρὸν συμψηφισθέντων προεστώτων
" προκρίτων, κάτωθεν ὑποσημειωμένων, τὴν πολιτείαν ταύτην,
" κρίνων καὶ ἀνακρίνων πᾶσαν ἐπιτυχοῦσαν ὑπόθεσιν πολιτικήν
" τε καὶ ἐμπορικήν.

" Ὁ ἀναγορευθεὶς κοινῇ ψήφῳ διοικητὴς κύριος καπητὰν-
" Ἀντώνιος θέλει ἔχει μεθ' ἑαυτοῦ καὶ δώδεκα συμβούλους
" ἐκλελεγμένους ὑπ' αὐτοῦ, οἱ μὲν δύο θέλει ἔχουσιν εἰς πᾶσαν
" συνέλευσιν ἐλευθέραν τὴν εἴσοδον καὶ τὴν ψῆφον ἰσοδύναμον
" τοῖς κατὰ καιρὸν προεστῶσι προκρίτοις, οἱ δὲ δύο μόνην τὴν
" αὐτοπρόσωπον παράστασιν πρὸς ἡσυχίαν τοῦ λαοῦ.

" Ὁ ῥηθεὶς διοικητὴς καπητὰν-Ἀντώνιος ἔχει ἀπόλυτον
" ἐξουσίαν, χρείας τυχούσης, νὰ ἐκστρατεύσῃ διὰ ξηρᾶς τε καὶ

ΣΗΜΕΙΩΣΕΙΣ.

" θαλάσσης κατ' άρέσκειαν πᾶσαν ἀναγκαιοῦσαν δύναμιν ἐπὶ
" κεφαλῆς τῆς ὁποίας δύναται νὰ ἀπέλθῃ καὶ ὁ ἴδιος ὀψέποτε
" βουληθῇ. Ἡμεῖς δὲ οἱ κάτωθεν γεγραμμένοι προεστῶτες οἱ
" φέροντες τὸ πρόσωπον τοῦ κοινοῦ τούτου ὑποσχόμεθα ἑτοίμως
" καὶ ἀναντιρρήτως προμηθεῦσαι τὴν τοιαύτην δύναμιν καὶ τὴν
" ἔξοδον τοιαύτης ἐκστρατείας.

" Ἡ ἀναγκαία κουστωδία τῆς πατρίδος θέλει εἶναι ὑπὸ τὴν
" ἐξουσίαν τοῦ διοικητοῦ κυρίου καπητὰν-'Αντωνίου καὶ θέλει
" εἶναι εἰς χρέος δι' αὐτῆς νὰ διατηρῆται ἡ εἰρήνη, δικαιοσύνη
" καὶ ἡ καλὴ διαγωγὴ πάντων τῶν κατοίκων χωρὶς νὰ παρα-
" βλέπεται ἡ παραμικρὰ ἀταξία.

" Οἱ κατὰ καιρὸν προεστεύοντες θέλουν εἶναι ἀνεξάρτητοι
" ἀπὸ τοῦ διοικητοῦ κυρίου καπητὰν-'Αντωνίου.

" Οὕτως εὐχαριστήσει ἡμῶν τελείᾳ συνεφωνήθη, διὸ καὶ εἰς
" τὴν περὶ τούτου ἔνδειξιν ὑπογραφόμεθα αὐτοχειρὶ πάντες.

" "Υδρᾳ 31 μαρτίου 1821."

(γ.)

" Ἐν ὀνόματι τοῦ Θεοῦ Παντοκράτορος.

" Τὸ Ἑλληνικὸν ἔθνος βεβαρυμένον πλέον νὰ στενάζῃ ὑπὸ
" τὸν σκληρὸν ζυγόν, ὑπὸ τοῦ ὁποίου τέσσαρας περίπου αἰῶνας
" καταθλίβεται ἐπονειδιστικῶς, τρέχει μὲ γενικὴν καὶ ὁμό-
" φωνον ὁρμὴν εἰς τὰ ὅπλα, διὰ νὰ κατασυντρίψῃ τὰς βαρείας
" ἁλύσους τὰς ὑπὸ τῶν βαρβάρων Μωαμεθανῶν περιτεθείσας
" εἰς αὐτό. Τὸ ἱερὸν ὄνομα τῆς ἐλευθερίας ἀντηχεῖ εἰς ὅλα τὰ
" μέρη τῆς Ἑλλάδος, καὶ πᾶσα ἑλληνικὴ καρδία ἀναφλέγεται
" ἀπὸ τὴν ἐπιθυμίαν τοῦ νὰ ἐπαναλάβῃ τὸ πολύτιμον τοῦτο
" δῶρον τοῦ Θεοῦ, ἢ νὰ ἀπολεσθῇ εἰς τὸν ὑπὲρ τούτου ἀγῶνα.

" Οἱ κάτοικοι τῆς νήσου Ὕδρας δὲν θέλουν μείνει ὀλιγώ-
" τερον πρόθυμοι εἰς τὸν εὐγενῆ τοῦτον ἀγῶνα· ἀλλὰ κατα-
" φρονοῦντες πάντα κίνδυνον διὰ νὰ καταστρέφωσι τοὺς τυράν-
" νους των, θέλουν μεταχειρισθῇ τοῦτο τὸ μόνον μέσον, τὸ
" ὁποῖον ἡ φύσις τῆς τοπικῆς αὐτῶν θέσεως δίδει εἰς αὐτοὺς
" πρὸς τὸν σκοπὸν τοῦτον. Ἡμεῖς οἱ προὔχοντες, οἱ συγκρο-
" τοῦντες τὴν διοίκησιν τῆς νήσου ταύτης, ἐπιτρέπομεν εἰς τὸν
" καπητὰν-Γιακουμάκην Νικολάου Τουμπάζη, τοῦ πλοίου ὁ
" Θεμιστοκλῆς, τὸ ὁποῖον ἔχει κανόνια δέκα ἓξ καὶ ἄλλα
" πολεμικὰ ὅπλα ὑπὸ τὴν Ἑλληνικὴν σημαίαν, νὰ ὑπάγῃ μετὰ

" τοῦ πλοίου τούτου ὅπου ἤθελε κρίνει ὠφέλιμον καὶ ἀναγκαῖον
" εἰς τὸν κοινὸν ἀγῶνα, καὶ νὰ ἐνεργῇ κατὰ τῶν ὀθωμανικῶν
" δυνάμεων διὰ ξηρᾶς τε καὶ θαλάσσης πᾶν ὅ,τι συγχωρεῖται
" εἰς νόμιμον πόλεμον ἕως οὗ ἡ ἐλευθερία καὶ ἀνεξαρτησία τοῦ
" ἑλληνικοῦ γένους νὰ ἀποκατασταθῇ μὲ στερέωσιν.

" Παρακαλοῦμεν τοὺς ἄρχοντας τῶν θαλασσίων καὶ ἠπειρω-
" τικῶν Δυνάμεων πασῶν τῶν εὐρωπαϊκῶν ἐξουσιῶν, ὄχι μόνον
" νὰ μὴν ἐπιφέρωσι κανένα ἐμπόδιον εἰς τὸ πλοῖον τοῦτο καὶ
" εἰς τὰς ἐνεργείας τῆς ἀποστολῆς αὐτοῦ, ἀλλὰ καὶ νὰ προσφέ-
" ρωσι πᾶσαν βοήθειαν καὶ ὑπεράσπισιν συγχωρημένην ἀπὸ
" τὴν οὐδετερότητα αὐτῶν. Ταῦτα ἐλπίζομεν ἐκ μέρους τῆς
" γενναιότητος τῶν πολιτευμένων ἐθνῶν, καὶ ἤθελεν εἶσθαι
" ὕβρις πρὸς αὐτοὺς ἐὰν ἀμφιβάλλαμεν κἂν μίαν στιγμὴν περὶ
" τῆς προθύμου αὐτῶν εὐνοίας εἰς τοῦτον τὸν ἀγῶνά μας, ὅστις
" γίνεται ὑπὲρ τῶν δικαιωμάτων τῆς ἀνθρωπότητος.

" Οἱ ἀπόγονοι τῶν ἐνδόξων ἐκείνων ἀνδρῶν, οἵτινες ἐτίμη-
" σαν τὸ ἀνθρώπινον γένος μὲ τὰς ὑψηλὰς αὐτῶν ἀρετὰς καὶ
" ἐφώτισαν τὸν κόσμον, μάχονται ὑπὲρ τῆς ἐλευθερίας ἐναντίον
" εἰς τοὺς τυράννους των βαρβάρους ἀπογόνους τοῦ βαρβάρου
" Ὀσμάνου, τοὺς ἐξολοθρευτὰς τῶν ἐπιστημῶν καὶ τεχνῶν καὶ
" ἐχθροὺς τῆς ἱερᾶς θρησκείας τοῦ Ἰησοῦ Χριστοῦ. Τίς θέλει
" εἶσθαί ποτε τοσοῦτον ἀπάνθρωπος, ὥστε νὰ γένῃ ὀχληρὸς
" εἰς τὴν φοβερὰν ταύτην περίστασίν μας, ἢ νὰ μὴν εὔχηται
" ὑπὲρ ἡμῶν;

" Ἐξεδόθη εἰς τὴν καγγελαρίαν τῆς νήσου Ὕδρας, τὴν 16
" ἀπριλίου 1821.

" Οἱ κάτοικοι τῆς νήσου Ὕδρας."

(δ.)

" Διάταξις περὶ διανομῆς τῶν λειῶν.

" Λ'. Ἡ διανομὴ τῶν θαλασσίων λειῶν θέλει γίνεται ὡς
" ἀκολούθως. Τὸ ἓν τρίτον ἐκ τούτων θέλει μερίζεται εἰς τὰ
" διαμαχόμενα πλοῖα, τὸ ἕτερον τρίτον εἰς τοὺς ναύτας, καὶ τὸ
" διαμένον ἓν τρίτον θέλει ἀποταμιεύεται εἰς τὸ κοινὸν τῆς
" πολιτείας. Τὰ δὲ λάφυρα, ὅπου ἤθελε πορισθῶσιν οἱ ναῦταί
" μας εἰς τὴν πρώτην κατὰ τοῦ ἐχθροῦ προσβολήν, ὡσὰν
" ἄρματα, ροῦχα καὶ ἄλλα τοιαῦτα μικρὰ πράγματα, μὴ ὑπερ-
" βαίνοντα τὴν ποσότητα τῶν ἑκατὸν γροσίων, αὐτὰ ἀναλογοῦν

ΣΗΜΕΙΩΣΕΙΣ. 347

" εἰς ἐκεῖνα μόνον τὰ καράβια ὅπου ἤθελαν ἐφορμήσει κατὰ
" τῶν ἐχθρικῶν πλεουμένων.

" Β'. Τὰ πλοῖα, ὅπου παραδίδονται χωρὶς πόλεμον, αὐτὰ
" λογίζονται κοινά, καὶ οὐδεὶς ἐκ τῶν μαρινάρων ἐκείνων τῶν
" καραβίων, ὁποῦ θέλει κάμουν τὴν τοιαύτην λείαν, δὲν ἔχει
" τὸ δικαίωμα νὰ λαμβάνῃ τὸ παραμικρὸν πρᾶγμα, ἀλλ' ὅλα
" θέλει εἶναι τῆς κοινότητος.

" Γ'. Διὰ νὰ ὑπάρχῃ εὐταξία καὶ σύμπνοια εἰς ὅλα τὰ
" καράβιά μας, ὁποῦ δουλεύουν τὴν πατρίδα, ἀπεφασίσαμεν ὡς
" δίκαιον καὶ νόμιμον, ὅσαι λεῖαι γίνονται, αὐταὶ νὰ ἦναι κοιναὶ
" εἰς ὅλα τὰ ἐφωπλισμένα πλοῖα διὰ τὴν μάχην, τὰς πολιορ-
" κίας καὶ καταδρομάς, ἐξαιρούμενα ὅσα μένουν ἀκίνητα εἰς τὸν
" λιμένα, ἢ εἰς κανένα ἄλλο μέρος.

" Δ'. Κρίνομεν ὡσαύτως νόμιμον, ὅσα καράβια περιφέ-
" ρονται διὰ καταδρομήν, μετὰ παρέλευσιν ἑνὸς μηνὸς νὰ
" ἐπιστρέφουν εἰς τὴν πατρίδα διὰ νὰ ἀλάσσουν τὸ διαβατή-
" ριόν των, διευθυνόμενα ἐκ νέου ὅπου τὰ προσδιορίσουν οἱ
" ἔφοροι. Ἂν δὲ καὶ δὲν ἐπιστρέφουν εἰς τὴν αὐτὴν προθεσμίαν
" ἄνευ λόγου, θέλει λογίζονται οἱ πλοίαρχοι τούτων ὑπεύθυνοι.

" Ε'. Ὀφείλουσα ἡ πατρὶς νὰ ἀντιβραβεύῃ τὸν συμπολίτην,
" ὅστις ἤθελε πάθει μαχόμενος εἰς τὸ ἱερὸν τοῦτο στάδιον,
" κρίνομεν δίκαιον νὰ ζωοτρέφεται διὰ βίου ἀπὸ τὸ κοινὸν
" ταμεῖον, καὶ ἂν θανατωθῇ, νὰ τρέφεται διὰ κοινῶν ἐξόδων ἡ
" ὀρφανὴ οἰκογένειά του, καταγράφοντες εἰς τὸν κώδηκα τῆς
" πολιτείας τὸ ὄνομα ἑνὸς ἑκάστου, διὰ νὰ μακαρίζεται ἀπὸ
" τὰς ἐπερχομένας γενεάς, καὶ νὰ τιμῶνται οἱ τούτων ἀπό-
" γονοι.

" Στ'. Ἐπειδὴ καὶ ὁμοφώνως οἱ καπητάνοι εὑρῆκαν εὔλο-
" γον νὰ μερίζωνται ἐκ τρίτου μὲ τοὺς ναύτας των τὰς λείας
" τῶν ὅσα πλοῖα ἐξέπλευσαν πρὸς ὑπεράσπισιν τῆς πατρίδος,
" οἱ ἴδιοι καπηταναῖοι κρίνουν ὀρθὸν καὶ δίκαιον νὰ δουλεύωσιν
" οἱ αὐτοὶ ναῦται χωρὶς νέον μισθὸν ἕως νὰ τελειώσουν τὰ δύο
" μηνιαῖα ὁποῦ ἐπληρώθησαν, καὶ εἰς τὸ τέλος αὐτῶν τῶν δύο
" μηνῶν τότε ἐπιστρέφοντα ἐδῶ τὰ καράβια νὰ μερίζωνται αἱ
" λεῖαι, καὶ νὰ γίνεται δευτέρα σκέψις παρὰ τῶν ἐφόρων διὰ
" τὴν νέαν ἔξοδον τῶν αὐτῶν καραβίων καὶ περὶ τοῦ τρόπου
" ὅπου μέλλουν νὰ εὐχαριστήσουν τοὺς ναύτας των.

" Σπέτσαις τῇ 22 ἀπριλίου 1821."

(ε.)

" Ἐντιμότατοι κύριοι καπητάνοι τοῦ Ἑλληνικοῦ στόλου.

" Ἡ ἔγερσις τοῦ ἑλληνικοῦ ἔθνους κατὰ τῶν τυράννων του
" καὶ ἡ ἀποστολὴ τοῦ στόλου μας γίνεται μόνον ἐπὶ σκοπῷ νὰ
" βλάψωμεν τὸν κοινὸν ἐχθρόν. Ἕως οὗ νὰ ἀποκτήσωμεν τὰ
" δίκαιά μας καὶ τὴν ἐλευθερίαν μας ὅλαι αἱ φροντίδες μας
" πρέπει νὰ ἦναι προσηλωμέναι εἰς τοῦτο τὸ τέλος, τοῦ ὁποίου
" τὴν ἔκβασιν ἐπιθυμοῦμεν καὶ βέβαια θέλομεν ἀπολαύσει,
" ἐὰν ὁδηγηθῶμεν μὲ φρονήματα ἄξια ἐλευθέρων ἀνδρῶν.

" Τὰ πολιτισμένα ἔθνη τῆς Εὐρώπης θέλουν βέβαια εὐφη-
" μήσει τὴν ἀπόφασίν μας· πρέπει ὅμως καὶ ἡμεῖς νὰ πορευ-
" θῶμεν πρὸ αὐτὰ μὲ ὅλην τὴν ὑπόκλισιν, σεβόμενοι τὰ
" δικαιώματά των καὶ προσφέροντες ἀνήκουσαν εὐλάβειαν εἰς
" τὴν οὐδετερότητά των.

" Ἀνάγκη λοιπὸν εἶναι νὰ σᾶς ἐνθυμίσωμεν, ὅτι ἡ οὐδετέρα
" σημαία σκεπάζει καὶ διαφυλάττει τὰς ἐχθρικὰς πραγμα-
" τείας· μάλιστα δὲ σᾶς διορίζομεν νὰ ἀπέχητε ἀπὸ κάθε
" πρᾶξιν, ἡ ὁποία ἤθελεν ἐπιφέρει σύγχυσιν ἢ δυσαρέσκειαν
" εἰς τοὺς καπηταναίους τῶν ἐμπορικῶν καραβίων φερόντων
" σημαίαν τινὸς τῶν εὐρωπαϊκῶν Δυνάμεων· νὰ μὴ συγχωρή-
" σητε νὰ τοὺς γίνεται βίζιτα βιαστικῶς, οὔτε νὰ τοὺς ζητῆτε
" τὰ χαρτία των διὰ νὰ τὰ ἐξετάσητε· ἡ μόνη προσοχή σας
" θέλει περιορίζηται νὰ βεβαιωθῆτε ἐὰν τοιαῦτα καράβια
" μετακομίζουν πολεμικὰ ἐφόδια καὶ στρατεύματα ἐχθρικά,
" καὶ εἰς αὐτὴν μόνην τὴν περίστασιν θέλετε ἐμποδίσει τὴν
" πρόοδόν των καὶ θέλετε παραλάβει τὰ ἐφόδια, πληρώνοντες
" τὸν ναῦλον, ἢ ἐὰν φέρουν στρατεύματα, νὰ διορίσητε νὰ
" ἐπιστραφοῦν εἰς τὸν τόπον ἀπὸ τὸν ὁποῖον τὰ ἐπαράλα-
" βαν. Ὑγιαίνετε.

" "Ὕδρᾳ 19 ἀπριλίου 1821.
" Οἱ κάτοικοι τῆς νήσου "Ὕδρας."

(στ.)

" Πανοσιώτατοι ἱερεῖς καὶ ὁσιώτατοι μοναχοὶ τῶν εὐσεβῶν
" καὶ ὀρθοδόξων Χριστιανῶν.

" Ἡ φιλογενεστάτη πατρίς μας, βλέπουσα τὴν γενικὴν
" κίνησιν τῶν ὁμοπίστων καὶ ὁμογενῶν εἰς τὸ νὰ ἀποσείσῃ τὸν
" ἀσεβῆ καὶ τυραννικὸν ζυγόν, ἐκινήθη καὶ αὐτὴ μὲ ὅλας της

ΣΗΜΕΙΩΣΕΙΣ. 349

" τὰς δυνάμεις, ὕψωσε μὲ ἱερὰν καὶ δημοσίαν τελετὴν τὴν
" πανευφρόσυνον σημαίαν τῆς ἐλευθερίας τοῦ γένους τῶν εὐσε-
" βῶν καὶ ὀρθοδόξων Χριστιανῶν, καὶ προσκαλεῖ μετὰ τῆς
" κοινῆς πατρίδος ὅλους εἰς τὸν ὑπὲρ αὐτῆς ἱερὸν πόλεμον.
" Ἄνδρες θεῖοι, μεσῖται Θεοῦ καὶ ἀνθρώπων, γένητε τώρα συν-
" ελευθερωταί· ἐνδύσασθε τὴν πανοπλίαν τοῦ οὐρανίου Βασι-
" λέως καὶ τὰ ἐπίγεια ὅπλα ὁμοῦ κατὰ τῶν βλασφημούντων
" τὸ πανάγιον ὄνομα τοῦ Ὑψίστου, κατὰ τῶν βεβηλούντων
" τοὺς θείους του ναούς, κατὰ τῶν ἀσεβεστάτων καὶ τυραν-
" νικωτάτων Ὀθωμανῶν. Αἱ ἱεραὶ χεῖρές σας, αἱ εὐλογοῦσαι
" τοὺς ὀρθοδόξους Χριστιανούς, ἃς λάβωσι τώρα μάχαιραν καὶ
" πῦρ κατὰ τῶν τυραννούντων τοὺς ὀρθοδόξους. Μιμήθητε
" τὸν Μωϋσῆν, τὸν καταβαλόντα τὸν Αἰγύπτιον. Τὸν Ἰησοῦν
" τοῦ Ναυῆ τὸν καταπολεμήσαντα τοὺς Ἀμαλικήτας. Τὸν
" Θεσβίτην Ἠλίαν, τὸν ἐν στόματι μαχαίρας ἐξαφανίσαντα
" τοὺς ἱερεῖς τῆς αἰσχύνης· ἐγέρθητε Χριστιανοὶ ἥρωες. Ὁ
" Κύριος τῶν Δυνάμεων εἶναι μεθ' ὑμῶν· ὑπὲρ ἐλευθερίας τοῦ
" γένους ὁ ἀγών· ὑπὲρ ἐλευθερίας τῆς πίστεως μάχεσθε, εὐ-
" λογεῖτε, ἐνθαρρύνεσθε, κανεὶς ἃς μὴ μείνῃ ἀργὸς εἰς τὸν ἱερὸν
" τοῦτον πόλεμον. Παρακαλοῦμεν νὰ μᾶς εἰδοποιῆτε περὶ
" τῶν νικητικῶν προόδων σας.

" Ἐξεδόθη ἀπὸ τὸν ἑλληνικὸν στόλον, συναινέσει τῶν
" προὐχόντων τῶν τριῶν νήσων Ὕδρας, Σπετσῶν καὶ Ψαρῶν."

" Προκήρυγμα ἐθνικόν.

" Γενναῖοι ἀδελφοί, φιλελεύθεροι Ἕλληνες, ἔφθασε τὸ τέλος
" τῶν στεναγμῶν σας διὰ τὰς ἀδικίας, τὰς ὕβρεις, τὰς ἀτιμίας
" καὶ τ' ἄλλα ἄπειρα κακὰ ὅπου ἐπάσχετε. Ἐπεσκέψατο
" ἡμᾶς ἐξ ὕψους ὁ Σωτὴρ ἡμῶν. Εἰς ὅλους ἐνέπνευσεν ὁ Θεὸς
" ἀμετάτρεπτον ἐνθουσιασμὸν τοῦ νὰ ἀποτεινάξωμεν τὸν
" σκληρότατον καὶ ἀνυπόφορον ζυγὸν τῶν βαρβάρων καὶ ἀσε-
" βῶν τυράννων μας. Χιλιάδες ἀνδρεῖοι ἀδελφοί μας μὲ τὸν
" ἀρχιστράτηγον πρίγκηπα Ἀλέξανδρον Ὑψηλάντην προχω-
" ροῦν καὶ καταβαίνουν μὲ γιγαντιαῖα βήματα ἀπὸ τὸν Δούναβιν
" εἰς τὴν Κωνσταντινούπολιν διὰ νὰ καταβάλωσιν ἐκ θεμελίων
" τὸν τύραννον, ὅπου ἤδη κλονεῖται. Ἡ Πελοπόννησος καὶ ὅλη
" ἡ Ἑλλὰς ἐσήκωσαν τὴν σημαίαν τῆς ἐλευθερίας καὶ ὁ σταυρὸς
" τώρα βασιλεύει. Εὐσεβεῖς ἀπόγονοι ἀνδρειοτάτων προγόνων,

"κάτοικοι των νήσων και της ξηράς, όσοι μένετε ακόμη εις τον
" τουρκικον ζυγόν, σηκωθήτε, πιάσετε τα όπλα δια την κοινήν
" ελευθερίαν· όσοι έχετε καράβια μικρά και μεγάλα άρμα-
" τώσετέ τα και ενωθήτε με τον ελληνικον στόλον, οπού
" συγκροτείται από τας ναυτικάς δυνάμεις των Ύδριωτών,
" Σπετσιωτών και Ψαριανών, και σας υπόσχεται την ελευθερίαν
" όλου του Αρχιπελάγους. Μή δειλιάσετε απόγονοι του Μιλ-
" τιάδου και Θεμιστοκλέους· μη φανήτε ανάξιοι της ελευθερίας
" σας. Ο πόλεμος γίνεται δια την πίστιν και την πατρίδα.
" Συλλογισθήτε πόσα κακά, πόσας τυραννίας υποφέρετε από
" τους Τούρκους. Συλλογισθήτε πόσα κακά θέλουν κάμει,
" εάν (όπερ μη γένοιτο) ξαναπιάσωσι τα άρματα. Δεν πρέπει
" να λυπηθήτε μήτε άσπρα μήτε κορμία, μήτε κανεν άλλο
" πράγμα, δια να κερδίσητε και ζωήν και ελευθερίαν. Τώρα
" είναι καιρός εις τον οποίον όποιος θέλει να σώση την ψυχήν
" του, πρέπει να την απολέση. Όποιος ημπορών να συν-
" αγωνισθή και να συντρέξη με όποιον τρόπον ημπορεί, ήθελεν
" είναι αδιάφορος εις τον κοινον πόλεμον του έθνους, ο τοιού-
" τος είναι εθνοκατάρατος, βδέλυγμα ανθρώπων και εξουθένημα
" λαού. Αλλά μη γένοιτο να φανή κανείς τοιούτος· ανδρίζεσθε
" λοιπον αδελφοί· σηκωθήτε εξ όλης ψυχής και καρδίας· πιά-
" σετε τα όπλα και κατακόψετε τους τυράννους, δια να λάβητε
" την ελευθερίαν οπού όλοι κοινώς επιθυμούμεν.

" Διαδίδεται δια μέσου του Ελληνικού στόλου."

" Προκήρυγμα του Ελληνικού στόλου.
" Φίλοι ομογενείς προεστώτες των ελληνικών νήσων και
παραλίων, και λοιποί κάτοικοι αυτών.
" Ομογενείς, οι προεστεύοντες των ελληνικών νήσων και
" όλοι οι κάτοικοι αυτών. Ο πόλεμος, τον οποίον κάμνομεν
" κατά των ασεβών τυράννων, δεν είναι κλέπτικος, αλλ' όλου
" του έθνους μας, αποφασισμένος Θεόθεν και ωργανισμένος
" από μεγάλους άνδρας. Ζητούμεν την ανεξαρτησίαν του γέ-
" νους μας, και δι' αυτην συνεισφέρομεν όλοι και όπλα και
" πλοία και σώματα. Πρέπει λοιπον να προσέχωμεν εις όλα
" μας τα κινήματα· να έχωμεν ενωμένην την ανδρίαν με την
" τιμήν, τα οποία χαρακτηρίζουν τους αληθινούς φίλους της
" ελευθερίας· να μην ενοχλώμεν τους ομοπίστους και ομο-

ΣΗΜΕΙΩΣΕΙΣ. 351

" γενεῖς μας· ἐξ ἐναντίας μάλιστα πρέπει καὶ νὰ βοηθῶμεν τὴν
" ὑπὲρ τοῦ γένους ἀγαθὴν προθυμίαν των· ὁμοίως πρέπει να
" σέβησθε καὶ τῶν ἄλλων Δυνάμεων τὰ πλοῖα καὶ τοὺς ὑπη-
" κόους. Ἡμεῖς δὲν πολεμοῦμεν παρὰ μόνους τοὺς τυράννους
" μας Ὀθωμανούς, τὰς δὲ ἄλλας Δυνάμεις σεβόμεθα καὶ τιμῶ-
" μεν. Προσέχετε λοιπὸν, ἀδελφοὶ, νὰ μὴ πειράξῃ κανεὶς οὔτε
" ἄνδρα ὁμογενῆ οὔτε πλοῖον ἑλληνικόν, ἀλλὰ νὰ φέρησθε
" ὅλοι πρὸς ἀλλήλους μὲ ἀγάπην καὶ φιλανθρωπίαν· κατὰ
" δὲ τοῦ τυράννου μὲ ἀμετάτρεπτον ἐνθουσιασμόν. Ὅστις
" ἤθελε τολμήσει νὰ πειράξῃ ἀδίκως καὶ ληστρικῶς πλοῖον
" ἑλληνικόν, ἢ ἄνδρα Χριστιανόν, ἢ ἄλλης Δυνάμεως οὐδε-
" τέρας, ὁ τοιοῦτος θέλει κρίνεται ἐχθρὸς τοῦ γένους καὶ ὡς
" τοιοῦτος θέλει καταтρέχεται.
" Ὑγιαίνοιτε εὐτυχοῦντες ἐν ἀδελφικῇ ἀγάπῃ καὶ ὁμονοίᾳ
" κατὰ τοῦ κοινοῦ ἐχθροῦ.
" Ἐξεδόθη ἀπὸ τὸν ἑλληνικὸν στόλον συναινέσει τῶν τριῶν
" νήσων Ὕδρας, Σπετσῶν καὶ Ψαρῶν."

(ζ.)

Τυφλότερον καὶ φονικώτερον εἶναι τὸ πρὸς ἀλλήλους μῖσος τῶν ὁμοθρήσκων καὶ μὴ ὁμοδόξων παρὰ τὸ μεταξὺ ἀλλοθρήσκων. Ἀπόδειξις τρανὴ τῶν λεγομένων εἶναι ὅσα κακὰ ὑπέφεραν οἱ Λουθηροκαλβῖνοι ὅπου ἐπεκράτει τὸ δόγμα τῆς ἐκκλησίας τῆς Ῥώμης. Ἰδοὺ ἓν φρικτὸν ἄκουσμα.

Ὁ βασιλεὺς τῆς Ἰσπανίας Φίλιππος ὁ β΄ ἐγγυήθη τοῖς Μωαμεθανοῖς τῆς Γρενάδης τὰ τῆς θρησκείας των, ἀφ' οὗ ἔγειναν ὑπήκοοί του· ἀλλὰ τοὺς Λουθηροκαλβίνους Χριστιανοὺς τῶν Κάτω-Χωρῶν, τοὺς πρὸ πολλοῦ πιστοὺς καὶ ὠφελίμους ὑπηκόους του, τόσον κατετυράννησε, διότι δὲν ἐπρέσβευαν τὸ δόγμα τῆς ρωμαϊκῆς ἐκκλησίας ὅπερ ἐπρέσβευεν αὐτός, ὥστε τοὺς ἐβίασε νὰ κινηθῶσι καὶ εἰς φανερὰν ἀποστασίαν. Ὁ χριστιανικώτατος οὗτος βασιλεὺς ἐσύστησεν ἐν τῇ Ἰσπανίᾳ δεκαοκτὼ δικαστήρια καταγινόμενα ἀκαταπαύστως νὰ καταδικάζωσιν εἰς τὸν διὰ πυρὸς θάνατον ὅλους τοὺς μὴ δεχομένους τὸ ρωμαϊκὸν δόγμα Χριστιανούς. Δεκατρεῖς ἐκάησαν μίαν ἡμέραν ἐνώπιόν του, καὶ ὄχι μόνον δὲν ἐκινήθη εἰς συμπάθειαν, ἀλλ' εἶπε παρρησίᾳ πρός τινα τῶν εὐγενῶν ἑλκόμενον εἰς τὴν πυρὰν καὶ ἐπικαλούμενον τὸ ἐλεός του, ὅτι ἕτοιμος ἦτο νὰ

ΣΗΜΕΙΩΣΕΙΣ.

καύση διὰ τῶν ἰδίων χειρῶν καὶ αὐτὸν τὸν υἱόν του, ἂν ἦτον αἱρετικός. Τόσον αἱ αἱρέσεις ὑπὸ τὰς ἀντιχρίστους μάλιστα εἰσηγήσεις φανατικῶν κληρικῶν νοθεύουν τὸ ἐπιεικὲς πνεῦμα τοῦ θείου χριστιανισμοῦ!

(η.)

Ἰδοὺ τί ἔγραφαν συγχρόνως καὶ οἱ Ὑδραῖοι πρὸς τὸν στόλον.

" Προσέξατε, ἀδελφοί, πάντες ἀκριβῶς, καὶ τοῖς Ψαριανοῖς καὶ
" λοιποῖς Ἕλλησι παραγγείλατε, νὰ μὴν ἐνοχληθῇ οὐδεὶς ἐκ
" τῶν εὐρωπαϊκῶν ἐθνῶν, διότι ἀντιπράττοντες θέλετε ὑπο-
" πέσει εἰς τὴν ἀγανάκτησιν καὶ ἐκείνων καὶ τοῦ γένους μας.
" Ὕδρᾳ 20 ἀπριλίου 1821.
" Οἱ κάτοικοι τῆς νήσου Ὕδρας."

ΚΕΦΑΛΑΙΟΝ ΙΒ.

(α.)

Ζήτει τὴν σημασίαν τῶν ὀνομασιῶν ἀνατολικῆς καὶ δυτικῆς Ἑλλάδος ἐν τῷ ΚΕ΄ κεφαλαίῳ.

(β.)

Κατά τινας τῶν ἐντοπίων οἱ κάτοικοι τῆς νήσου ἐλογίζοντο, χριστιανοὶ μὲν 200,000, τοῦρκοι δὲ 150,000.

(γ.)

Ὅστις ἀμφιβάλλει περὶ ὧν διηγοῦμαι, ἂς ἀναγνώσῃ τὸ περὶ Κρήτης ἐν ἔτει 1837 ἐκδοθὲν σύγγραμμα τοῦ Ἄγγλου περιηγητοῦ Πασλέη (Pashley), ὅπου εὑρίσκεται ἡ ἐπικύρωσις τῶν λεγομένων ὄχι μόνον ἐκ τῆς μαρτυρίας αὐτοῦ, ἀλλὰ καὶ ἐξ ἀποσπασμάτων ἐπισήμων γραμμάτων τῶν τότε ἐν Κρήτῃ προξένων Γαλλίας καὶ Αὐστρίας.

(δ.)

Ὅρα τὰ ἐν τῷ συγγρ΄μματι τοῦ Πασλέη ἐπίσημα ἔγγραφα.

ΣΗΜΕΙΩΣΕΙΣ.

ΚΕΦΑΛΑΙΟΝ ΙΓ.

(α.)

Ἀκούσαντες οἱ ἐν Ἄργει τὰ περὶ τῆς εἰσβολῆς τοῦ κεχαγιάμπεη καὶ θέλοντες νὰ βεβαιωθῶσιν ἂν οὕτως εἶχαν, ἔστειλάν τινα συμπατριώτην των ἔφιππον εἰς κατασκοπὴν δόσαντές τῳ καὶ γράμμα πρὸς τὸν Δικαῖον, ἂν τὸν ἀπήντα. Ὁ σταλεὶς ἔτυχε νὰ ἦναι οἰνοπότης καὶ δὲν ἔπαυσε πίνων, ἐν ᾧ ὥδευε πρὸς τὴν Κόρινθον, ἕως οὗ ἐμέθυσε· φθάσας δὲ τὴν νύκτα ἔπεσεν εἰς τὴν ἐχθρικὴν φυλακήν. "Ποῖος εἶσαι" τὸν ἠρώτησεν ὁ φύλαξ· " ἐγὼ εἶμαι, ἀδέλφια," ἀπεκρίθη, νομίζων ὅτι ἦτο μεταξὺ φίλων. "Χριστὸς ἀνέστη καὶ τοῦ χρόνου τὰ κόκκινα αὐγά." Τότε ὁ φύλαξ τὸν ἐξεπέζευσε καὶ τὸν ἔφερεν ἐνώπιον τοῦ κεχαγιάμπεη τραυλίζοντα καθ᾽ ὁδὸν ἐκ τῆς μέθης τὰ ἑξῆς. "Δόξα σοι ὁ Θεός! τὸ κερδίσαμε, ἀδέλφια, τὸ ῥω- " μαίϊκο, τὸ κερδίσαμε." Ἰδὼν δὲ τὴν γενειάδα τοῦ κεχαγιάμπεη τὸν ὑπέλαβεν ὡς ἀρχιερέα καὶ τῷ εἶπε " προσκυνοῦμεν " ἀφέντη δεσπότη." Ἀλλ᾽ ὁ κεχαγιάμπεης, λαβὼν γνῶσιν τοῦ γράμματος, τὸν ἐξέλαβεν ὡς ὑποκρινόμενον τὸν μεθυσμένον καὶ διέταξε νὰ σουβλισθῇ καὶ νὰ ψηθῇ.

Τὸ κωμικοτραγικὸν τοῦτο ἀνέκδοτον διηγήθησαν μετὰ τὴν πτῶσιν τῆς Τριπολιτσᾶς Ἀλβανοὶ ἐκ τῶν ἐκστρατευσάντων μετὰ τοῦ κεχαγιάμπεη.

(β.)

Τόση ἦτον ἡ πολεμικὴ φήμη τοῦ Κολοκοτρώνη ἀρχομένου τοῦ ἀγῶνος ὥστε ὁ Στάϊκος εἰς σύστασιν τῆς ὑπολήψεώς του ὑπεγράφετο Κολοκοτρώνης.

(γ.)

Σημειόνω ἐνταῦθα τὸν ἐπὶ τῆς ἐπαναστάσεως κατ᾽ ἐπαρχίαν ἀριθμὸν τῶν Τούρκων καὶ τῶν Ἑλλήνων καθ᾽ ὃν κατάλογον οἱ πρόκριτοι τῆς Πελοποννήσου κατέστρωσαν ἐπὶ τοῦ κυβερνήτου Καποδιστρίου κατ᾽ αἴτησιν τῶν εἰς Πόρον συνελθόντων πρέσβεων τῶν τριῶν συμμάχων Αὐλῶν.

ΣΗΜΕΙΩΣΕΙΣ.

Ἐπαρχίαι.	κάτοικοι Χριστιανοί.	κάτοικοι Τοῦρκοι.
Κόρινθος καὶ Δερβενοχώρια	38,000	2,000
Βοστίτσα	10,000	300
Καλάβρυτα	40,000	450
Πάτραι καὶ Ῥίον	30,000	3,500
Γαστούνη, Πύργος καὶ Λάλα	40,000	5,000
Φανάρι	13,000	2,500
Ἀρκαδία	26,000	3,000
Νεόκαστρον	3,000	1,000
Μοθώνη	6,000	2,500
Κορώνη	12,000	1,000
Καλαμάτα	12,000	50
Ἐμπλάκικα	15,000	
Ἀνδρούσα καὶ Νησὶ	10,000	750
Μικρομάνη	2,000	
Λεοντάρι	13,000	1,500
Καρύταινα	40,000	200
Μιστρᾶς καὶ Πραστὸς	60,000	6,000
Τριπολιτσὰ	25,000	7,000
Μονεμβασία	8,000	1,500
Ἅγιος Πέτρος	10,000	
Ἄργος	18,000	1,000
Ναύπλιον καὶ Κάτω-Ναχαγιὲς	10,000	3,500
Μάνη	30,000	
	471,000	42,750

ΚΕΦΑΛΑΙΟΝ ΙΔ.

(α.)

Τὸ ῥῆμα "σουβλίζω" εἶναι, ὡς εἰκάζω, τὸ παρὰ τοῖς ἀρχαίοις "ὀβελίζω" ὀλίγον παρηλλαγμένον· τὸ ἐπροτίμησα δὲ τοῦ πάντη ἀσυνήθους ταυτοσήμου ῥήματος "ἀνασκολοπίζω" ὡς συνηθέστατον παρ' ἡμῖν.

(β.)

Κατ' ἄλλους ὁ φονεύσας τὸν δερβίσην ἦτον ὁ παρακολουθῶν πάντοτε τὸν Ὀδυσσέα μωαμεθανὸς Μουσταφᾶς.

ΣΗΜΕΙΩΣΕΙΣ.

ΚΕΦΑΛΑΙΟΝ ΙΕ.

(*a*.)

Ἐπὶ τῆς πρώτης ἐκστρατείας, ὡς εἴδαμεν, ὁ Γιακουμάκης Τομπάζης κατέστη ἀρχηγὸς τοῦ ὑδραϊκοῦ στόλου ὑπὸ τῶν πλοιάρχων τοῦ στόλου· ἐπὶ δὲ τῆς δευτέρας ταύτης ὑπὸ τοῦ κοινοῦ τῆς Ὕδρας.

(*β*.)

Εἶχαν καὶ οἱ παλαιοὶ Ἕλληνες τὰ πυρπολικά των. Ὁ Θουκυδίδης ἐν τῇ Ζ' Συγγραφῇ, ὅπου ἀναφέρει, ὅτι οἱ Συρακούσιοι καὶ οἱ σύμμαχοί των ἐνίκησαν κατὰ θάλασσαν τοὺς Ἀθηναίους καὶ ἐκυρίευσαν 18 πλοῖά των, προσθέτει· " Καὶ ἐπὶ τὰς λοι- " πὰς (ναῦς), ἐμπρῆσαι βουλόμενοι, ὁλκάδα παλαιὰν κληματί- " δων καὶ δᾳδὸς γεμίσαντες (ἦν γὰρ ἐπὶ τοὺς Ἀθηναίους ὁ ἄνε- " μος οὔριος) ἀφεῖσαν τὴν ναῦν πῦρ ἐμβαλόντες. Καὶ οἱ Ἀθη- " ναῖοι δείσαντες περὶ ταῖς ναυσὶν ἀντεμηχανίσαντό τε σβε- " στήρια κωλύματα, καὶ παύσαντες τὴν φλόγα καὶ τὸ μὴ προσ- " ελθεῖν ἐγγὺς τὴν ὁλκάδα τοῦ κινδύνου ἀπηλλάγησαν."

Κατεσκεύασαν τοιοῦτόν τι πλοῖον καὶ οἱ Τύριοι ἐπὶ τῆς πολιορκίας των· ἰδοὺ πῶς περιγράφει τὴν κατασκευὴν αὐτοῦ ὁ Ἀῤῥιανός.

" Οἱ δὲ Τύριοι πρὸς ταῦτα ἀντιμηχανῶνται τοιόνδε. Ναῦν " ἱππαγωγὸν κλημάτων τε ξηρῶν καὶ ἄλλης ὕλης εὐφλέκτου " ἐμπλήσαντες, δύο ἱστοὺς ἐπὶ τῇ πρῴρᾳ καταπηγνύουσι, καὶ " ἐν κύκλῳ περιφράσσουσιν ἐς ὅσον μακρότατον, ὡς φορυτόν τε " ταύτῃ καὶ δᾷδας ὅσας πλείστας δέξασθαι. Πρὸς δὲ πίσσαν τε " καὶ θεῖον καὶ ὅσα ἄλλα ἐς τὸ παρακαλέσαι μεγάλην φλόγα " ἐπὶ ταύτῃ ἐπεφόρησαν. Παρέτειναν δὲ καὶ κεραίαν διπλῆν " ἐπὶ τοῖς ἱστοῖς ἀμφοτέροις, καὶ ἀπὸ ταύτης ἐξήρτησαν ἐν " λέβησιν ὅσα ἐπιχυθέντα ἢ ἐπιβληθέντα ἐπὶ μέγα τὴν φλόγα " ἐξάψειν ἔμελλεν. Ἕρματά τε ἐς τὴν πρύμναν ἐνέθεσαν τοῦ " ἐξᾶραι εἰς ὕψος τὴν πρῴραν πιεζυμένης κατὰ πρύμναν τῆς " νεώς· ἔπειτα ἄνεμον τηρήσαντες ὡς ἐπὶ τὸ χῶμα ἐπιφέροντα, " ἐξάψαντες τριήρεσι τὴν ναῦν κατ' οὐρὰν εἷλκον. Ὡς δὲ ἐπέ- " λαζον ἤδη τῷ τε χώματι καὶ τοῖς πύργοις, πῦρ ἐμβαλόντες " εἰς τὴν ὕλην, καὶ ὡς βιαιότατα ἅμα ταῖς τριήρεσιν ἐπανελ- " κύσαντες τὴν ναῦν ἐνσείουσιν ἄκρῳ τῷ χώματι. Αὐτοὶ δὲ οἱ

"ἐν τῇ νηΐ καιομένῃ ἤδη ἐξενήξαντο οὐ χαλεπῶς· καὶ ἐν τούτῳ
" ἥ τε φλὸξ πολλὴ ἐνέπιπτε τοῖς πύργοις, καὶ αἱ κεραῖαι περι-
" κλασθεῖσαι ἐξέχεαν εἰς τὸ πῦρ ὅσα ἐς ἔξαψιν τῆς φλογὸς
" παρεσκευασμένα ἦν. Οἱ δὲ ἀπὸ τῶν τριηρῶν πλησίον τοῦ
" χώματος ἀνακωχεύοντες, ἐτόξευαν ἐς τοὺς πύργους ὡς μὴ
" ἀσφαλὲς εἶναι πελάσαι ὅσοι σβεστήριόν τι τῇ φλογὶ ἐπέφερον.
" Καὶ ἐν τούτῳ κατεχομένων ἤδη ἐκ τοῦ πυρὸς τῶν πύργων,
" ἐκδραμόντες ἐκ τῆς πόλεως πολλοὶ καὶ ἐς κελήτια ἐμβάντες
" ἄλλῃ καὶ ἄλλῃ ἐποκείλαντες τοῦ χώματος, τόν τε χάρακα
" οὐ χαλεπῶς διέσπασαν τὸν πρὸ αὐτοῦ προβεβλημένον καὶ
" τὰς μηχανὰς ξυμπάσας κατέφλεξαν ὅσας μὴ τὸ ἀπὸ τῆς νεὼς
" πῦρ ἐπέσχεν."

Καὶ ταῦτα μὲν περὶ τῶν παρὰ τοῖς ἀρχαίοις πυρπολικῶν. Περὶ δὲ τῶν καθ' ἡμᾶς ἐκθέτω ἐνταῦθα χάριν τῶν περιέργων ὅσα ἐπορίσθην ἔκ τινων ἀνεκδότων ὑπομνημάτων τοῦ πυρπολητοῦ Κωνσταντίνου Νικοδήμου πρὸς γνῶσιν τῆς παρασκευῆς, τῆς ἐφοπλίσεως καὶ τῆς χρήσεως αὐτῶν.

Τὸ μεταποιούμενον εἰς πυρπολικὸν πλοῖον ἔπρεπε νὰ ἔχῃ δύο πατώματα· τὸ ἐπάνω, ἤγουν τὸ κατάστρωμα ἢ κατάφραγμα, καὶ τὸ κάτω ἢ ὑπόφραγμα, τὸ κοινῶς λεγόμενον κοραδοῦρον· ὁσάκις δὲ τὸ πλοῖον ἐξ αἰτίας τῆς μικρότητός του εἶχε μόνον τὸ ἐπάνω, κατεσκευάζετο τὸ κάτω ἐκ τοῦ προχείρου, διότι ἐπ' αὐτοῦ παρεσκευάζοντο τὰ εἰς ἐμπρησμὸν ἀναγκαῖα. Γύρωθεν τῶν ἄκρων τοῦ ἐπάνω πατώματος καὶ ἐν τῷ μέσῳ αὐτοῦ κατὰ μῆκος ἠνοίγοντο κατὰ σειρὰν στόμια, κοινῶς λεγόμενα ῥοῦποι. Ὁ ἀριθμός των ἦτον ἀνάλογος τοῦ μήκους τοῦ πλοίου, τὸ σχῆμα τετράγωνον, αἱ δὲ πλευραὶ δύο γαλλικῶν ποδῶν. Ἠνοίγοντο δὲ καὶ τέσσαρα στόμια δεξιόθεν καὶ ἀριστερόθεν τοῦ καταρτίου τῆς πρῴρας· καὶ ὑποκάτω μὲν αὐτῶν καὶ δύο τριῶν ἄλλων ἐκ τῶν ἐπὶ τῆς μέσης τοῦ πλοίου ἐτίθεντο πίθοι (βαρέλια) προσηλωμένοι, κλίνοντες πρὸς τὰ ἔμπροσθεν, καὶ ἀνοικτὸν μὲν ἔχοντες τὸ ἐπάνω μέρος, τρυπημένον δὲ τὸ κάτω· ὑποκάτω δὲ ἑνὸς ἑκάστου τῶν λοιπῶν στομίων ἐτίθετο ἐσχάρα ὑπὸ τεσσάρων δοκῶν βασταζομένη ἐπὶ τῶν τεσσάρων γωνιῶν τοῦ στομίου προσηλωμένων καὶ ἐπὶ τοῦ κάτω πατώματος στηριζομένων· ἐτίθεντο δὲ καὶ ἐπιστόμια εἰς προφύλαξιν ἀπὸ τῆς βροχῆς καὶ τῆς θαλάσσης μὴ ἀφαιρούμενα εἰμὴ καθ' ἣν ὥραν ἐπρόκειτο νὰ καῇ τὸ πλοῖον· ἐπὶ δὲ τοῦ κάτω πατώματος προσηλοῦτο γύρωθεν ὅλου τοῦ πλοίου ἀπὸ τῆς μιᾶς

ΣΗΜΕΙΩΣΕΙΣ. 357

θυρίδος τῆς πρύμνης μέχρι τῆς ἄλλης ἀσκεπὴς τετράπλευρος σωλὴν ἐκ σανίδων, δύο δακτύλων ἔχων ὕψος καὶ πλάτος δύο ἥμισυ· ἀπὸ τοῦ σωλῆνος δὲ τούτου ἐξεπορεύοντο ἄλλα ταυτόσχημα σωληνάρια ἀπολήγοντα ὑπὸ τὰς ἐσχάρας καὶ πίθους· τὸ δὲ ἐφόλκιον (ἐφόλκιον δὲ καλῶ ἐν τῷ συγγράμματι τούτῳ τὴν λέμβον τοῦ πυρπολικοῦ) ἐσύρετο πάντοτε ἐπὶ τῆς θαλάσσης, καὶ εἰς προφύλαξιν αὐτοῦ ἀπὸ πάσης ἐχθρικῆς βολῆς ἠνοίγοντο συνήθως ἑκατέρωθεν τῆς πρύμνης δύο θυρίδες, καὶ δι' αὐτῶν ἐσύρετο τὸ ἐφόλκιον κατὰ τὰς περιστάσεις ποτὲ δεξιᾷ καὶ ποτὲ ἀριστερᾷ διὰ σχοινίων δεδεμένων πρὸς τὴν πρῷραν τοῦ πλοίου· ἠνοίγοντο δὲ καὶ ἄλλαι θυρίδες ἐπὶ τῶν πλευρῶν τοῦ πλοίου εἰς ἐπιτυχεστέραν φλόγισιν αὐτοῦ ἐν καιρῷ δι' εἰσαγωγῆς ἀέρος, καὶ εἰς ταχυτέραν διάδοσιν τῶν φλογῶν πρὸς τὰ ἔξω. Αἱ εἰς χρῆσιν δὲ ὗλαι ἦσαν ἡ πυρῖτις, τὸ οἰνόπνευμα βαθμῶν 36 μέχρι 42, ἡ νάφθα, τὸ θεῖον, οἱ κληματάνθρακες, ἡ πίσσα, ἡ ῥητίνη, αἱ δᾷδες καὶ τὰ ἐχινοπόδια (εἶδος φρυγάνων). Ἐκ τῶν πέντε δὲ πρώτων εἰδῶν κατεσκευάζοντο φλογιστικαὶ σφαῖραι κατὰ τὸν ἀκόλουθον τρόπον· ἐρρίπτετο ἐν ξυλίνῳ ἀγγείῳ ποσότης τις πυρίτιδος, ἐπεχέοντο οἰνόπνευμα καὶ νάφθα, καὶ ἀφ' οὗ ἔπινεν ἡ πυρῖτις τὰ ῥευστὰ ταῦτα, ἐρρίπτοντο ἐν τῷ ἀγγείῳ θεῖον καὶ κληματάνθρακες τριπτοί, συνεμιγνύοντο ὅλα ταῦτα τὰ εἴδη, ἐρρίπτοντο καὶ αὖθις εἰς ζύμωσιν οἰνόπνευμα καὶ νάφθα, καὶ ἐκ τῆς συμπεφυρμένης ταύτης φλογώδους ὕλης ἐσχηματίζοντο αἱ περὶ ὧν ὁ λόγος σφαῖραι καὶ ἐξηραίνοντο ἡλιαζόμεναι. Τὸ δὲ ἐσωτερικὸν τοῦ πλοίου, δηλαδὴ τὸ κάτω πάτωμα καὶ τὸ πρὸς αὐτὸ βλέπον πρόσωπον τοῦ ἐπάνω πατώματος καὶ αἱ πλευραὶ αὐτοῦ, ἠλείφοντο διὰ πίσσης, ῥητίνης, οἰνοπνεύματος, θείου καὶ νάφθας. Καὶ αὗται μὲν ἦσαν αἱ πρὸ τῆς ἀναγωγῆς τοῦ πυρπολικοῦ προπαρασκευαί.

Μετὰ δὲ τὴν ἀναγωγὴν ἐβάλλετο κατὰ πρῶτον ἐν ἑκάστῃ τῶν πρὸς τὴν πρῷραν ἑστιῶν 15 ἕως 20 ὀκάδων πυρῖτις ἐντὸς τῶν τρυπημένων πίθων ἢ καὶ πλειοτέρα κατὰ τὴν δύναμιν τοῦ πλοίου, ἠλαττοῦτο δὲ βαθμηδὸν ἡ ῥιπτομένη ποσότης ἐν ἑκάστῃ τῶν ἐν τῷ μέσῳ τοῦ ἐπάνω πατώματος ἄλλων ἑστιῶν ἀναλόγως τῆς ἀποστάσεως αὐτῶν ἀπὸ τῆς πρῴρας, καὶ ἀπετίθοντο ὑφ' ἑκάστην τῶν λοιπῶν δύο ἢ τρεῖς φλογιστικαὶ σφαῖραι καὶ ἐπ' αὐτῶν μέχρι τῆς ἐσχάρας μεταξὺ τῶν τεσσάρων δοκῶν ἐχινοπόδια, ἐπὶ δὲ τῆς ἐσχάρας δᾷδες· ἐρραντίζοντο δὲ αὗται καὶ τὰ ἐχινοπόδια διὰ νάφθας ἢ οἰνοπνεύματος. Ἐν ᾧ δὲ ὁ ἑλληνικὸς στόλος ἐπλησίαζε τὸν ἐχθρικόν, ἔρριπταν πυρίτιδα εἰς τὸν μεγάλον σωλῆνα ἀπὸ τῆς μιᾶς μέχρι τῆς ἄλλης ἄκρας, προσέχοντες μὴ τύχῃ καὶ μείνῃ κενόν τι μέρος αὐτοῦ· ἔρριπταν πυρίτιδα καὶ εἰς τὰ σωληνάρια, ἐξεσκέπαζαν τὰ ἐπὶ τοῦ ἐπάνω πατώματος στόμια, καὶ ἐπέθεταν πίθους, τρυπητοὺς ὑποκάτωθεν, ἀνοικτοὺς ἐπάνωθεν, καὶ περιέχοντας ἀνὰ 40 ἢ 50 σφαίρας καὶ ὀλίγην πυρίτιδα· ἐκρέμων δὲ ἐπὶ τοῦ δόλωνος (μπομπρέσου) καὶ πίθον φέροντα τοιαύτας ὕλας· ἔβαλλαν καὶ ἐπὶ διαφόρων μερῶν τοῦ ἐπάνω πατώματος ἀσκοὺς πλήρεις πίσσης καὶ ῥητίνης καὶ ἀγγεῖα πλήρη οἰνοπνεύματος καὶ νάφθας· ἐτύλιζαν ὄπισθεν τοῦ πηδαλιούχου τοὺς κάλωας εἰς προφύλαξιν αὐτοῦ· μετεβίβαζαν εἰς τὸ πλησιέστερον πυλεμικὸν πλοῖον τὰς τροφάς, τὰ φορέματα καὶ ὅ,τι περιττόν, καὶ ἠρώτα ὁ πλοίαρχος τοὺς ναύτας του, ἄν τις ἐξ αὐτῶν μικροψυχήσας ἐνώπιον τοῦ κινδύνου ἐπεθύμει νὰ μεταβιβασθῇ εἰς ἄλλο πλοῖον.

Ὑψουμένου δὲ τοῦ σημείου τῆς μάχης παρὰ τοῦ ναυάρχου, ἐκρέμων οἱ πυρπολῆται ἐπὶ τῶν ἀκροκεραίων ἅρπαγας (τσιγκέλια) πρὸς ἀντιλαβήν, καὶ εἰσήρχοντό τινες τῶν ναυτῶν εἰς τὸ ἐφόλκιον ἔχον ὡς ἐπὶ τὸ πλεῖστον δύο κανόνια, τὸ μὲν ἐπὶ τῆς πρύμνης τὸ δὲ ἐπὶ τῆς πρῴρας, καὶ ἑτοιμάζοντες ἐν αὐτῷ τὰ πάντα εἰς πλοῦν καὶ εἰς κωπηλασίαν ἄναπταν πῦρ ἐν σιδηρᾷ σκάφῃ ἐπὶ τῆς πρῴρας αὐτοῦ κειμένῃ καὶ τὸ μετέφεραν ἀπὸ τοῦ ἑνὸς εἰς τὸ ἄλλο μέρος τοῦ πλοίου κατὰ τὰς περιστάσεις μὴ πάθῃ τι πυροβολούμενον, διότι δι᾽ αὐτοῦ ἤλπιζαν τὴν σωτηρίαν των.

Τούτων οὕτως ἐχόντων, ὥρμα τὸ πυρπολικὸν ἐν μέσῳ τοῦ ἐχθρικοῦ στόλου ὑπὸ τὴν ἀδιάκοπον ὡς ἐπὶ τὸ πλεῖστον κανονοβολὴν καὶ τουφεκοβολὴν τοῦ ἐχθροῦ. Ἐπολέμουν δὲ καὶ οἱ ἐν τῷ πυρπολικῷ ἔχοντες συνήθως δύο κανόνια πρὸς τὴν πρύμνην. Συνέβαινεν ἐνίοτε γαλήνη, καὶ τὰ τουρκικὰ πλοῖα ἔστελλαν τοὺς δρόμωνας (κατσαμπάσια) εἰς σύλληψιν αὐτοῦ, ἀλλ᾽ ἐπέστρεφαν συνήθως ἄπρακτοι ἐξ αἰτίας τῆς τόλμης καὶ τῆς ἐπιδεξιότητος τῶν Ἑλλήνων.

Καθ᾽ ἣν δὲ στιγμὴν ἐπρόκειτο νὰ ῥιφθῇ τὸ πυρπολικὸν ἐπὶ τὸ ἐχθρικὸν πλοῖον, ἐπεθεωροῦντο τὰ πάντα ἂν ἦσαν ἐν τάξει, ἐνδιέμεναν ὁ πλοίαρχος καὶ τρεῖς ἢ τέσσαρες ναῦται, καὶ οἱ λοιποὶ κατέβαιναν εἰς τὸ ἐφόλκιον· οἱ δὲ μείναντες, ἀφ᾽ οὗ

ΣΗΜΕΙΩΣΕΙΣ. 359

εκόλλων το πυρπολικόν, έδεναν το πηδάλιον όπου έπρεπε και ερρίπτοντο και ούτοι εις το εφόλκιον, ύστερος δε πάντων ο πλοίαρχος, και τότε ο ιστάμενος παρά την καιομένην ανθρακιάν εντός του εφολκίου έρριπτεν αυτήν δια χαλκίνης κυψέλης έσω των επί της πρύμνης ή των πλευρών του πυρπολικού θυρίδων, δηλαδή όθεν ο κίνδυνος ήτον ολιγώτερος, και αμέσως απεμακρύνετο το εφόλκιον και διεσώζοντο οι εν αυτώ επί του πολεμικού πλοίου παρακολουθούντος επί τω σκοπώ τούτω όσον εδύνατο πλησιέστερον το πυρπολικόν. Ο κυριεύων δε φόβος τους Τούρκους επί τη θέα του πλησιάζοντος πυρπολικού και η εντεύθεν σύγχυσις και ταραχή ήσαν ανέκφραστα.

(γ.)

Περί του πλοίου τούτου όρα κεφάλαιον ΙΗ.

ΚΕΦΑΛΑΙΟΝ ΙΣΤ.

(α.)

Εις απόδειξιν του μεγάλου φόβου, ον συνέλαβαν οι πρόξενοι των ευρωπαϊκών αυλών και πριν συμβώσι τα δυστυχήματα ταύτα, εκδίδω το ακόλουθον γράμμα σταλέν παρ' όλων ομοθυμαδόν μεσούντος του μαΐου προς τον διοικητήν του τόπου. Εντεύθεν φαίνεται η δεινή θέσις της Σμύρνης.

" Επιστεύαμεν όλοι αδιστάκτως την πλήρωσιν των υπο-
" σχέσεών σας· αλλά παρά τας διαβεβαιώσεις σας τα κακά
" όχι μόνον δεν έπαυσαν, αλλά και ηύξησαν· συνηύξησαν δια
" τούτο και οι φόβοι των γυναικών μας και των τέκνων μας.
" Πιστεύομεν, ότι ενηργήσατε ό,τι εδυνήθητε. Αλλά δεν ευρί-
" σκεται τάχα τρόπος συντελεστικώτερος προς πλήρωσιν των
" υποσχέσεών σας; ύβρεις και απειλαί εξερεύγονται καθ' ημέ-
" ραν από του συναθροιζομένου όχλου διασπείρουσαι τόσον
" τρόμον εις την ενορίαν των Φράγκων, ώστε το μάλλον κινδυ-
" νεύον αυτής μέρος κατέφυγεν εις το άλλο. Τοιαύτη κατά-
" στασις πραγμάτων δεν είναι δυνατόν να διαρκέση. Οι
" Φράγκοι ευρίσκονται ενταύθα υπό την σκέπην των συνθη-
" κών· ο σουλτάνος τους έθεσε πάντοτε υπό την προστασίαν

"των ανδρείων του γενιτσάρων· αι συνθήκαι τοις υπόσχονται
" ασφάλειαν· αν εναντίον των ιερών τούτων δικαίων δεν παύ-
" σωσιν αι κατ' αυτών ύβρεις και οι μέχρι θανάτου φοβερισμοί
" εξ αιτίας πάλης αλλοτρίας θ' αναγκασθούν να μεταχειρισ-
" θώσιν εις ασφάλειάν των το ναυκτικόν των και να φύγωσι
" δια παντός εκ πόλεως, ήτις τόσον ήκμαζε προ ολίγου εξ
" αιτίας της ομονοίας των εγκατοίκων, και την σήμερον κατα-
" πατά όλα τα καθήκοντα της φιλοξενίας. Τί θα καταντήσει
" η πόλις αύτη, αν πέση το επί τόσους αιώνας πλουτίσαν
" αυτήν εμπόριον; τί θα καταντήσουν αι πέριξ πεδιάδες της,
" αν ουδείς αγοράση πλέον τα προϊόντα της; μη λησμονήσετε,
" ότι δια τοιαύτας αιτίας παλαιαί και πλούσιαι πόλεις
" έπεσαν. Εξ αιτίας της παύσεως του εμπορίου της
" Σμύρνης έπαυσαν από τούδε τα εισοδήματα του τελωνείου.
" Πολλαί χιλιάδες κατοίκων είναι αργοί. Η φήμη των τωρι-
" νών κακώσεων θα διαδοθή εις όλην την Ευρώπην και θα
" φθάσει και εις την Αμερικήν. Όσοι έμελλαν να φέρωσιν
" εδώ πλούτη δεν έρχονται πλέον, και τα έξωθεν είδη θ' ακρι-
" βύνουν διπλάσιον ή και τετραπλάσιον. Ανδρείοι γενίτσαροι,
" φρόνιμοι γέροντες, αρχηγοί στρατιωτικοί οι έχοντες τα όπλα,
" μεταχειρισθήτε τα εις παύσιν της γενικής δυσπιστίας· επ-
" αγρυπνείτε τους ραγιάδες σας, αφοπλίσατέ τους, αλλά μη
" στερείσθε των δια σας εργαζομένων χειρών· και προ πάντων
" μη συγχέετε ημάς και εκείνους· εστέ βέβαιοι, ότι αν είχαν
" οι ημέτεροι κακούς σκοπούς, ημείς πρώτοι θα τους εμποδί-
" ζαμεν. Δεν έχομεν ολιγώτερον συμφέρον. Το συμφέρον
" των Φράγκων είναι το συμφέρον των Μουσολμάνων. Μη
" επιτρέπετε λοιπόν να συμπεριλαμβάνωσι και ημάς οι μη
" ειδότες τα πράγματα εις τα εκδικητικά των σχέδια· εμ-
" ποδίσατέ τους επίσης να παιδεύωσι τους αθώους δια τα
" πταίσματα των αποστατών. Οι αποστάται μόνοι είναι άξιοι
" τιμωρίας, και η τιμωρία των δεν θα αργήσει· διδάξατε
" τους αμαθείς, φωτίσατε τους τυφλούς τους βάλλοντάς σας
" εις κίνδυνον, είπατέ τοις να μη πιστεύωσιν, ότι έχετε φιρμάνι
" διατάττον τον εξολοθρευμόν όλων των Χριστιανών. Αν μας
" ασφαλίσετε την ζωήν, δεν θα παύσωμεν φέροντες εις την
" πόλιν σας πλούτον και αφθονίαν· αλλ' αν δεν παύσωσιν αι
" ύβρεις και αι απειλαί, σας λέγομεν, ότι αναχωρούμεν εις τα
" ίδια."

ΣΗΜΕΙΩΣΕΙΣ. 361

(β.)

Ἂν ὑποθέσῃ τις ὅτι ἐνοχοποιῶ τοὺς Τούρκους ὑπὲρ τὸ δέον, τὸν παραπέμπω εἰς τὸ XI κεφάλαιον τῆς ἱστορίας τῆς ἑλληνικῆς ἐπαναστάσεως τοῦ Ῥαφενέλου, συγγραφέως ἀλλοεθνοῦς καὶ καθολικοῦ, ἀλλ᾽ αὐτόπτου ὅσων διηγεῖται περὶ Σμύρνης.

ΚΕΦΑΛΑΙΟΝ ΙΖ.

(α.)

Ἐναπέμεινάν τινες γυναῖκες μετὰ τῶν τέκνων, ὡς ἀπόντων τῶν ἀνδρῶν.

(β.)

Παρόμοιόν τι ἔπραξαν καὶ οἱ Πέρσαι ὅτ᾽ ἐπολιόρκουν τὰς Ἀθήνας. Ἰδοὺ τί διηγεῖται ὁ Ἡρόδοτος βιβλ. Η΄.

" Οἱ δὲ Πέρσαι ἱζόμενοι ἐπὶ τὸν καταντίον τῆς ἀκροπόλιος
" ὄχθον, τὸν Ἀθηναῖοι καλέουσι Ἀρήϊον πάγον, ἐπολιόρκεον
" τρόπον τοιόνδε· ὅκως στυπεῖον περὶ τοὺς ὀϊστοὺς περιθέντες
" ἅψειαν, ἐτόξευαν εἰς τὸ φράγμα."

(γ.)

Ἀξίαν σημειώσεως κρίνω τὴν πρὸς τὸν πρόκριτον τῶν Καλαρρύτων Κωνσταντῖνον Τουρτούρην ἀκόλουθον ἐπιστολὴν ἀπαιδεύτου τινὸς Ἀλβανοῦ, τοῦ Ἰβραὴμ-Πρεμέτη, διὰ τὰ ἐν αὐτῇ ὑγιῆ καὶ γενναῖα φρονήματα. Ἡ ἐπιστολὴ αὕτη, ἣν ἀντέγραψα ἐκ τοῦ πρωτοτύπου ταὐτολεξεί, χρησιμεύει καὶ ὡς παράδειγμα τοῦ ἐν κοινῇ χρήσει ὕφους τοῦ γράφειν παρὰ τοῖς πλείστοις τῶν ἐν τοῖς πράγμασιν ἡμιπαιδεύτων ἐπιστολογράφων ἐπὶ τῆς ἡγεμονίας τοῦ Ἀλήπασα Τεπελενλῆ.

" Κατὰ πολλὰ ἠγαπημένε μου κὺρ Κωσταντῆ σὲ χαιρετῶ
" ἀδελφικὰ καὶ σοῦ φιλῶ τὰ μάτια.

" 1821, ἰουλίου 4, Καλαρύτες.

" Ἔλαβα τὸ ἀγαπητόν μου γράμμα σου καὶ εὐχαριστῶ τὴν
" ἀδελφικὴν ἀγάπην σου καὶ φιλίαν· εἶδα καὶ τὰ ὅσα φιλικὰ
" μοῦ λέγεις καὶ τὰ ἐκατάλαβα, διὰ τοῦτο σοῦ ἀποκρίνομαι.
" Ἐγὼ, φίλε μου, καλὰ ἠξεύρεις, ὅτι ἐστάλθηκα ἐδῶ ἀπὸ τοὺς
" πολυχρονεμένους βεζιράδες μου διὰ φύλαξίν σας, μαντὰμ

" ὁποῦ τὰ ταξεράτια τοῦ πολέμου ἔτσι εἶναι, φίλε μου, ἐγὼ
" δὲν ἔλαβα τὴν χώραν σας οὔτε ἐλπιζάμι, οὔτε βοηβοδα-
" λίκη, μὲ ὅλον ὁποῦ ἦλθα καθὼς ἐδῶ καὶ ἔφαγα ψωμὶ εἰς
" τὴν χώραν σας, δὲν σᾶς ἀγάπησα τὸ ζαράρι, ἀμὴ ἔβανα τὸ
" κεφάλι του διὰ τὸ διαφορόν σας καὶ διὰ τὴν ἀγάπην σας.
" Ὅμως τὸ ἐπήρετε λάθος καὶ ἔπρεπε νὰ μᾶς τὸ εἰπῆτε
" ἐσκερέ, ὅτι ἡμεῖς ἄξιοι διὰ πόλεμον δὲν εἴμασθαν, καὶ ἡ
" αὐθεντία σας νὰ πάρετε τὰ μέτρα σας· τότε ἡμεῖς ἀληθινὰ
" ἐπέρναμεν τὰ μέτρα μας καὶ δὲν ἀκολουθοῦσαν αὐτὰ ὅπου
" ἀκολούθησαν· τὰ ταξιράτια τοῦ πολέμου ἔτσι εἶναι· διὰ δὲ
" τὸ νὰ μοῦ γράφῃς ὅτι εἴμεσθαν πέντε ἀδέλφια καὶ ὅλα εἰς
" τὸν πόλεμον, εἶναι ἀλήθεια, καὶ ἐγὼ ὁποῦ ζῶ μὲ ἔδωσεν ὁ
" Θεὸς καὶ βιὸ καὶ τσευτιλήκια καὶ ἠμπορῶ νὰ ζήσω ἀφεν-
" τικά· μαντὰμ ὁ ἄνθρωπος εἰς τοῦτον τὸν ψεύτικον τὸν του-
" νιὰ μίαν φορὰν θὰ ἀποθάνει, καθὼς μίαν φορὰν γεννᾶται,
" ὅμως πρέπει, φίλε μου, νὰ ἀποθάνῃ μὲ πίστιν, μὲ τιμὴν καὶ
" μὲ ὑπόληψιν, καὶ ἰταέτι εἰς τὰς βασιλικὰς προσταγάς· καὶ
" ὅποιος ἀπεθένει ἔτσι, αὐτὸς εἶναι τιμημένος εἰς τοῦτον τὸν
" τουνιά. Ἐγὼ φίλε μου στοχάζομαι πῶς ἔχω πίστιν, τιμήν,
" ὑπόληψιν καὶ ἰταέτι εἰς τὸ δεβλέτι, καὶ δὲν κάμνω αὐτό,
" ὅτι ἐγγίζω τὴν πίστιν μου καὶ τιμήν μου, καὶ ἔχω ἀπό-
" φασιν μαζῆ μὲ τὸν Χουσεΐναγα καὶ Ματούσιαγα νὰ στα-
" θοῦμεν κατὰ τὴν τιμήν μας καὶ νὰ ἀποθάνωμεν μὲ αὐτήν.
" Ἡμεῖς διὰ αὐτὴν τὴν τιμὴν ἀποφασίζομεν νὰ πολεμήσωμεν
" ἀνδρειωμένα ἕως ὅπου ἔχομεν ζαερέν, καὶ ἔπειτα ὅπως μᾶς
" τὸ ἔχει ὁ Θεὸς ταξηράτι. Δὲν ἔπρεπε νὰ κάμετε αὐτὸ τὸ
" λάθος, μάλιστα ὁ ἀδελφός σου, ὅταν ἐκινήσαμεν ἀπὸ τὰ
" Γιάννινα, μοῦ ἔδοσεν ὅλην τὴν πίστιν του καὶ ἔδοσα ὅλην
" τὴν πίστιν μου, ὁποῦ ἔξω ἀπὸ μίαν πίστιν τὸν ἔκαμα ἀδελ-
" φόν, καὶ διὰ τοῦτο δὲν ἔπρεπε αὐτὸς νὰ κάμῃ αὐτὸ τὸ λάθος
" καὶ νὰ ἐγγίξῃ τὴν τιμήν του εἰς ἐμένα καὶ νὰ ἀκολουθήσουν
" αὐτὰ ὁποῦ ἀκολούθησαν· καὶ μάλιστα εἶσαι βέβαιος ὡς μοῦ
" τὸ γράφεις ὁποῦ εἰς ἕναν χρόνον μοῦ ἠκολούθησαν τόσα
" ταξεράτια. Διακήμ, φίλε μου, ἂν ἀποφασίσετε νὰ χαλά-
" σετε ἑπτακόσους Ἀρβανίτας, μὴ στοχασθῆτε νὰ σώσετε
" τὴν Ἀρβανιτιάν, καὶ ὅποιος ἤθελεν αὐτὰ τὰ ἀνακατώματα
" καὶ αὐτὰ τὰ κακά, ἂς τὸ ἔβρῃ ἀπὸ τὸν Θεόν. Ἐγὼ κάνω
" τέλος εἰς τὸ γράμμα μου μὲ τοῦτο, ὅτι μὴ στοχαστῆτε ὅπου
" ἐκλεισθήκαμεν ἡμεῖς· διατὶ ὅποιος ἠξεύρει ἀπὸ τουφέκι,

" τὸ στοχάζετε ὅτι κλείονται καὶ ῥηγάτα διὰ τὴν τιμήν τους
" καὶ βερέδες γίνονται καὶ εἰς τοὺς βασιλιάδες, καὶ ἐντροπὴ
" δὲν εἶναι. Φίλε μου, ἐγὼ θέλω ἀνταμώσω καὶ τὸν Χουσεΐν-
" αγα καὶ τὸν Ματούσιαγα νὰ τοὺς εἰπῶ τοὺς χαιρετισμούς
" σου νὰ μοῦ δώσουν τὴν γνώμην τους, καὶ νὰ ἔχω τὸ τσεβάπι
" σου, καὶ ὑγίαινε.

" Ὁ φίλος Σας
" Ἰμπραὴμ Πρεμέτης."

(Τ. Σ.)

ΚΕΦΑΛΑΙΟΝ ΙΗ.

(a.)

Ἡ λέξις "Ἑπτάννησος" ἐγράφετο ἕως χθὲς διὰ δύο ν· καὶ οἱ περιώνυμοι Εὐγένιος, Θεοτόκης, καὶ Κοραῆς διὰ δύο ν τὴν ἔγραφαν καὶ αὐτοί. Οἱ πλεῖστοι σήμερον τὴν γράφουν δι' ἑνὸς θεωροῦντες ἴσως ἀδικαιολόγητα τὰ δύο· ἀλλ' ἰδοὺ τί λέγει ὁ Στράβων ἐν βιβλίῳ ΙΓ΄ περὶ τοῦ πλεονάζοντος ν.

" Κατὰ δὲ τὸν πορθμόν, τὸν μεταξὺ τῆς Ἀσίας καὶ τῆς
" Λέσβου, νησία ἐστὶ περὶ εἴκοσιν. . . . Καλοῦνται δ'
" Ἑκατόννησοι συνθέτως, ὡς Πελοπόννησος, κατὰ ἔθος τι
" τοῦ ν γράμματος πλεονάζοντος ἐν τοῖς τοιούτοις, ὡς Μυόν-
" νησος καὶ Προκόννησος λέγεται καὶ Ἀλόννησος, ὥστε
" Ἑκατόννησοί εἰσιν, οἷον Ἀπολλωνόννησοι."

ΚΕΦΑΛΑΙΟΝ ΙΘ.

(a.)

Ἀνηγορεύθησαν μετὰ ταῦτα μέλη τῆς γερουσίας ὁ Π. Πατρῶν Γερμανὸς καὶ ὁ Ἀσημάκης Ζαήμης.

ΠΑΡΟΡΑΜΑΤΑ.

Σελίς.	Στίχος.	ἀντὶ	ἀνάγνωθι
ιζ'	12	ε	ἡ
ιη'	30	ἰδι ζοντα	ἰδιάζοντα
20	28	ἑταιρίας	Ἐταιρίας
29	26	πάσαν	πᾶσαν
72	10	Δεδέμπεη	Τετέμπεη
74	34	(ζ)	......
87	9	καρακιοίου	Καρακιοίου
91	21	συναδελφοὺς	συναδέλφους
92	7	τὶν	τὴν
94	33	ἀλλ' ἐπὶ	ἀλλ' οὗτος ἐπὶ
131	16	καί που	κἄπου
140	24	δικαιεστέρου	διακαεστέρου
149	2	τῆς	της
167	26	ἐριῤῥοήν	ἐπιῤῥοήν
184	27	μακρὺς	μακρὸς
201	16	Ἀμάρι	Ἀμαρίου
209	9	ἐξεστράτευσαν διὰ	ἐξεστράτευσαν τὴν 13 διὰ
240	9	πυριταποθήκη	πυριτοθήκη
249	27	πατῶντες	πατοῦντες
251	13	ἀφήσαντες τὸ	ἀφήσαντές το
255	1	Κυττίων	Κιτίου
,,	,,	Κυρηνίας	Κερυνείας
257	25	ἀνατολῆς	Ἀνατολῆς
296	34	καὶ ἡ θερμὴ συμπάθεια καὶ ὁ μέγας ἐνθουσιασμὸς	καὶ ὁ μέγας ἐνθουσιασμὸς καὶ ἡ θερμὴ συμπάθεια

Τέλος

τοῦ πρώτου τόμου.

Για το Συγγραφέα

Πρωτότοκος γιος του Ιωάννη Τρικούπη και της Αλεξάνδρας Παλαμά. Γεννήθηκε στο Μεσολόγγι το 1788 και πέθανε στην Αθήνα το 1873.

Μαθήτευσε στην ακμάζουσα σχολή των Παλαμάδων που λειτουργούσε στο Μεσολόγγι, ύστερα πήγε στην Πάτρα, όπου έμαθε Ιταλικά, Αγγλικά και Γαλλικά και προσελήφθη ως υπάλληλος του εκεί αγγλικού προξενείου. Από τη θέση αυτή απέκτησε πολλές και καλές σχέσεις αλλά και αξιόλογη τριβή με τα πολιτικά πράγματα. Σχετίσθηκε με τον Άγγλο φιλέλληνα λόρδο Guilford, έγινε γραμματέας του και εστάλη ως υπότροφος του στη Ρώμη και το Παρίσι για ανώτερες σπουδές στη Φιλοσοφία και Φιλολογία, ενώ προοριζόταν για τη θέση του εφόρου και οργανωτή της υπό του Guilford ιδρυθείσας στην Κέρκυρα Ιονίου Ακαδημίας. Η οικειότητα που είχε με τον Guilford έδωσε την ευκαιρία στον Τρικούπη να γνωρίσει πολλούς επιφανείς άνδρες, κυρίως Άγγλους, μεταξύ των οποίων και τον Γεώργιο Κάνιγγ του οποίου ο φιλελληνισμός τον είχε βαθύτατα συγκινήσει.

Με την έκρηξη της Ελληνικής Επανάστασης διέκοψε τις σπουδές του επιστρέφοντας στην Ελλάδα στις αρχές του 1822, συνδέθηκε αμέσως με τον Αλέξανδρο Μαυροκορδάτο, αναλαμβάνοντας μυστική αποστολή στα Επτάνησα και αφιέρωσε όλες του τις δυνάμεις στην Επανάσταση. Μετέχοντας με τον πατέρα του στην εκστρατεία του Μαυροκορδάτου το 1822, πήγαινε όπου τον καλούσαν οι ανάγκες τις πατρίδας, στην Τρίπολη, τη Ζάκυνθο, την Κέρκυρα, το Μεσολόγγι και πάλι στην Τρίπολη, όπου είχε και την έδρα της η διοίκηση.

Από το 1824 εκλεγόμενος συνεχώς βουλευτής και πληρεξούσιος του Μεσολογγίου, έγινε το 1826 μέλος της προσωρινής επαναστατικής κυβέρνησης και εξακολούθησε καθ' όλο τον Αγώνα να μετέχει στην πρώτη γραμμή της πολιτικής κίνησης, έγινε ένας από τους σπουδαιότερους άνδρες του έθνους, οι οποίοι διηύθυναν τα εσωτερικά, αλλά ιδίως τα εξωτερικά ζητήματα της κρίσιμης και ιστορικής εκείνης εποχής.

Ο Τρικούπης παντρεύτηκε το 1826 την Αικατερίνη Μαυροκορ-

δάτου, αδελφή του Αλέξανδρου, με την οποία απέκτησαν έξι παιδιά, από τα οποία δύο θα πεθάνουν σε βρεφική και δύο, η Αγλαΐα και ο Όθων, σε εφηβική ηλικία. Θα επιζήσουν ο Χαρίλαος, μετέπειτα πρωθυπουργός της Ελλάδας, και η Σοφία.
Επί Καποδίστρια, διορίσθηκε, το 1828, γενικός γραμματέας της επικράτειας (πρωθυπουργός) και συνεργάσθηκε κατ' αρχήν αρμονικά με τον Κυβερνήτη, διαφώνησε όμως αργότερα ως προς την εσωτερική πολιτική αυτού και αφού παραιτήθηκε, δέχτηκε να διατηρήσει – την χάρη σ' αυτόν- ιδρυθείσα θέση του γραμματέα της Επικράτειας επί των Εξωτερικών υποθέσεων.
Το 1829 εγκαταστάθηκε στο Άργος, όπου είχε τότε συγκεντρωθεί ο πυρήνας της αντιπολίτευσης κατά του Κυβερνήτη, της οποίας επιφανές μέλος ήταν και ο Σπυρίδων Τρικούπης.
Στο Άργος τότε είχαν μετακομίσει ο Αλέξανδρος Μαυροκορδάτος, ο Νέγρης, ο Πωλυζωΐδης, ο Ιατρού κ.α. που πλαισίωναν και στήριζαν την πολιτική του Τρικούπη. Κατόπιν νέων έντονων διαφωνιών για τα μέτρα που εφαρμόζονταν από τον Κυβερνήτη και ιδίως για τις περί των πληρεξουσίων αντιλήψεις του, παραιτήθηκε και από τη θέση του πληρεξουσίου Μεσολογγίου και από τη θέση του στη γραμματεία των Εξωτερικών Υποθέσεων.
Ο Καποδίστριας, πληροφορηθείς τις ύποπτες συναθροίσεις στο Άργος, που τον ενοχλούσαν έντονα, αποφάσισε να διαλύσει το συνωμοτικό αυτό κέντρο. Απέστειλε λοιπόν τον αρχηγό του Ιππικού Δημήτριο Καλλέργη με ισχυρή στρατιωτική δύναμη και με την διαταγή να διαλύσει την αντιπολιτευτική αυτή ομάδα και να εξορίσει από την πόλη τους δύο αρχηγούς της κίνησης, τον Αλέξανδρο Μαυροκορδάτο και τον Σπυρίδωνα Τρικούπη.
Ο Καλλέργης ενημέρωσε τον Τρικούπη, ο οποίος υπακούοντας στην διαταγή και μη έχοντας άλλη επιλογή, αναγκάσθηκε να καταφύγει με τον Μαυροκορδάτο και άλλους αντιπολιτευόμενους στην Ύδρα όπου υπήρχε άλλο αντιπολιτευτικό κέντρο, υπό τον Κουντουριώτη. Στο Ναύπλιο επέστρεψε μετά τη δολοφονία του Καποδίστρια και ανέλαβε πρωτεύοντα ρόλο στα κυβερνητικά πράγματα. Έγινε υπουργός των Εξωτερικών και διηύθυνε τις διαπραγματεύσεις με τις Προστάτιδες Δυνάμεις και τη βαυαρική Αυλή, οι οποίες κατέληξαν στην εκλογή του βασιλιά Όθωνα.
Κατά την περίοδο της αντιβασιλείας (1833) διορίσθηκε πρωθυπουργός και υπουργός των Εξωτερικών και Εκκλησιαστικών του Βασιλείου της Ελλάδος, αλλά επειδή ήταν εμπόδιο στις απολυταρχικές διαθέσεις των Βαυαρών, διορίσθηκε (1834-

1837) πρέσβης στο Λονδίνο, όπου προσέφερε νέες και μεγάλες υπηρεσίες προς την πατρίδα, απολαμβάνοντας μεγάλη εμπιστοσύνη και υπόληψη εκ μέρους των Άγγλων, ιδίως από το λόρδο Πάλμερστον ο οποίος ασκούσε μεγάλη επιρροή στα πράγματα της Ανατολής.
Λόγω των εξαιρετικών τιμών με τις οποίες τον περιέβαλε η Αγγλική κυβέρνηση, περιέπεσε στη δυσμένεια του Όθωνα και απομακρύνθηκε το 1838 από τη θέση του πρεσβευτή στο Λονδίνο, στην οποία επανήλθε το 1841. Εκεί παρέμεινε μέχρι την κατάργηση των πρεσβειών το 1843, οπότε επέστρεψε στην Ελλάδα και μετέχοντας στην εθνοσυνέλευση συνετέλεσε αρχικά στην ψήφιση του Συντάγματος και διορίσθηκε υπουργός Εξωτερικών και Παιδείας στην πρώτη κυβέρνηση που συγκροτήθηκε υπό τον Μαυροκορδάτο προς εφαρμογή του Συντάγματος.
Όταν ανατράπηκε αυτή, ο Τρικούπης ως γερουσιαστής και αντιπρόεδρος της γερουσίας επί πενταετία (1844 – 1849), διηύθυνε την αντιπολίτευση του λεγόμενου αγγλικού κόμματος, από το οποίο όμως έφυγε όταν αυτό έδειξε στασιαστικές διαθέσεις και ήρθε σε ρήξη και με τον πρέσβη της Αγγλίας Λάϋονς και με το Μαυροκορδάτο. Υποστήριξε την κυβέρνηση του Γ. Κουντουριώτη και συνέδραμε πατριωτικά τον Όθωνα σε αυτή την περίσταση.
Τήρησε απόλυτη ανεξαρτησία και αντιτάχθηκε σε άλλες μετέπειτα εκδηλωθείσες αυθαιρεσίες του βασιλιά, τάχθηκε στο πλευρό του κατά τα Παρκερικά, οπότε αγωνίσθηκε σθεναρά και στη γερουσία και στο Παρίσι, όπου εστάλη για να αποκρούσει την ανελεύθερη ξενική επέμβαση (1850).
Όταν έγινε η ανασύσταση των Πρεσβειών το 1849, ο Τρικούπης επανήλθε ως πρέσβης στο Λονδίνο, όπου διαφωτίζοντας την αγγλική δημόσια γνώμη για τα ελληνικά πράγματα, καλλιέργησε την ιδέα της παραχώρησης της Επτανήσου στην Ελλάδα, εξυπηρετώντας εν γένει την εθνική πολιτική. Συγχρόνως δε συγγράφοντας την "Ιστορία της Ελληνικής Επαναστάσεως", διέμεινε στο Λονδίνο μέχρι το 1862, οπότε για λόγους υγείας εγκατέλειψε εκουσίως τη θέση του πρεσβευτή στο Λονδίνο και εγκαταστάθηκε στην Αθήνα σε μια εποχή με γάλων πολιτικών ανωμαλιών.
Με τη μεταπολίτευση και την ένωση της Επτανήσου τερματίζεται η πολιτική καριέρα του επίλεκτου άνδρα, ο οποίος δεν έπαψε και ως ιδιώτης να παρέχει πολύτιμες γνώμες και συμβουλές σε όσους νεώτερους πολιτευόμενους τις επικαλούντο για σπουδαία και γενικά πολιτικά ζητήματα μέχρι το θάνατό του, το 1873.

Ο Τρικούπης, τον οποίο χαρακτήριζε γνήσια και άδηλη φιλοπατρία, ανεξαρτησία φρονήματος και παρρησία γνώμης, ειλικρινής σεβασμός προς τους νόμους και προς τη θέληση του έθνους, θερμή αγάπη προς τους φιλελεύθερους θεσμούς και διπλωματική ευφυΐα, διαλλακτικότητα και αποστροφή προς τα βίαια μέτρα και τις κομματικές διαμάχες, αποτελεί υπόδειγμα πολιτικού ανδρός, που εργάσθηκε περισσότερο από κάθε άλλον στην αποκατάσταση της ελευθερίας και στη παγίωση της τάξης, κατά την πρώτη, ασταθή και πολυτάραχη περίοδο της πολιτικής ζωής της χώρας.
Αλλά, πλην των πολιτικών ο Τρικούπης είχε μεγάλες και σπάνιες φιλολογικές αρετές. Θούρια όπως "ο καιρός αδελφοί της ελευθερίας φθάνει", τραγούδια όπως "Ο Δήμος" και η "Λίμνη του Μεσολογγίου" και άλλα δείχνουν την ποιητική διάθεση και φαντασία του.
Ο Τρικούπης συν τοις άλλοις, υπήρξε ένας από τους πρώτους λάτρεις και θαυμαστές της δημοτικής ποίησης. Σε αυτόν χρωστάει το έθνος τον Σολωμό, γιατί αυτός τον έπεισε να γράφει τα ποιήματά του αντί της Ιταλικής, στην ελληνική και μάλιστα στη δημοτική γλώσσα, της οποίας τον χειρισμό δίδαξε στο μεγάλο ποιητή και της οποίας τη χάρη και την αξία διέκρινε έκτοτε, καταπολεμώντας την τάση της επικράτησης της καθαρεύουσας, προς την οποία όμως – όπως ο ίδιος ομολογεί – αθέλητα παρασύρεται.
Η ευγλωττία του και το μέγα ρητορικό του τάλαντο είχαν αναδείξει τον Τρικούπη σε εθνικό ρήτορα του Αγώνα. Αυτός νεκρολόγησε τον Καραϊσκάκη, τον Άστιγγα, τον Ανδρέα Ζαΐμη, τον Πετρόμπεη, τον Νοταρά, ο δε περίφημος επικήδειος του στο Βύρωνα (1824) έγινε γνωστός στα πέρατα του κόσμου. Αυτός πανηγύρισε τις νίκες του Καφηρέα, της Αράχωβας, του Ναυαρίνου, την ανάκτηση του Μεσολογγίου, επωφελούμενος δε από την αμνηστία του 1825 εξεφώνησε τον εμπνευσμένο "περί ομονοίας" λόγο.
Οι περισσότεροι ρητορικοί λόγοι του Τρικούπη είναι αυτοσχέδιοι και αποτελούν απαράμιλλα μνημεία της νεοελληνικής ρητορικής λογοτεχνίας. Το σπουδαιότερο όμως έργο του Τρικούπη είναι η τετράτομη "Ιστορία της Ελληνικής Επαναστάσεως" η οποία εκδόθηκε για πρώτη φορά στο Λονδίνο το 1856. Αν και δεν την χαρακτηρίζει μεγάλη κριτική δύναμη, την χαρακτηρίζει όμως σαφήνεια και γλαφυρότητα έκφρασης και ευσυνείδητη προσπάθεια του συγγραφέα να ιστορήσει με αλήθεια και ακρίβεια πράγματα, πρόσωπα και γεγονότα της Επανάστασης, όπως αυτός τα είδε και τα γνώρισε.

www.ingramcontent.com/pod-product-compliance
Lightning Source LLC
Chambersburg PA
CBHW031307150426
43191CB00005B/110